U0809866

泉港年鉴

QUANGANG YEARBOOK

2021

中共泉州市泉港区委党史和地方志研究室 编

方志出版社
Publishing House of Local Records

图书在版编目（CIP）数据

泉港年鉴. 2021 / 中共泉州市泉港区委党史和地方志研究室编. —北京 : 方志出版社, 2021.12
ISBN 978-7-5144-5227-3

Ⅰ. ①泉… Ⅱ. ①中… Ⅲ. ①区(城市)－泉州－2021－年鉴 Ⅳ. ①Z525.74

中国版本图书馆CIP数据核字(2021)第272029号

责任编辑：王娜
责任校对：刘玉霞
责任印制：梅中英
出 版 者：方志出版社
地　　址：北京市朝阳区潘家园东里9号（国家方志馆4层）
邮　　编：100021
网　　址：http://www.zgfzcb.cn
发　　行：方志出版社图书营销中心（010-67110500）
印　　刷：福州报业鸿升印刷有限责任公司
开　　本：889毫米×1194毫米　1/16
印　　张：21.5
字　　数：697千字
版　　次：2021年12月第1版
印　　次：2021年12月第1次印刷
定　　价：280.00元

· 版权所有 侵权必究 ·

（如有印装质量问题，请与我社图书营销中心联系）

泉港区地方志编纂委员会暨
《泉港年鉴》编纂委员会

顾　问： 梁炳辉　区委书记

主　任： 颜朝晖　区人民政府区长

副主任： 王文晖　区委常委、总工会主席
陈相成　区政府党组副书记
刘地惠　区委办主任
刘昭暄　区政府办主任

委　员： 陈荣川　区纪委副书记、监委副主任
蔡志阳　区委办副主任
戴春涛　区委组织部副部长
傅国强　区委宣传部副部长
林顺建　区委统战部副部长
薛小明　区委政法委副书记
刘跃民　区委编办主任
汪文炎　区直机关党工委常务副书记
陈三龙　区委文明办主任
林永明　区委巡察办主任
林进辉　区委党史和地方志研究室主任
王清洪　区委党校常务副校长
张和亮　区档案馆副馆长
陈春通　区融媒体中心主任
郑志阳　区人大常委会办公室主任
肖坚松　区政府办副主任
连　治　区政协办主任
刘玉强　区发改局局长
陈建雄　区教育局局长
吕伟成　区科技局局长
吴文辉　区工信局局长
刘开南　区民政局局长

柯富华　　区司法局局长
李海军　　区财政局局长
吴太平　　区人社局局长
林昀瑜　　区自然资源局局长
郭志雄　　区住建局局长
朱辉阳　　区交通运输局局长
庄学根　　区农水局局长
肖银河　　区商务局局长
刘　冰　　区文体旅游局局长
施文勇　　区卫健局局长
肖德宝　　区退役军人事务局局长
庄向阳　　区应急管理局局长
刘森海　　区审计局局长
洪良杰　　区市场监督管理局局长
林永骏　　区统计局局长
胡伟强　　区信访局局长
程进强　　区城管局局长
邱清满　　区行政服务中心管委会主任
郭淑平　　区供销联社主任
林瑞群　　区总工会常务副主席
刘婉娥　　团区委书记
叶彬彬　　区妇联主席
龚锦泉　　区工商联常务副主席
王梅珠　　区侨联主席
林建南　　区科协主席
钟兴枝　　区社科联主席
林龙章　　区计生协会常务副会长
叶月明　　区残联理事长
李美美　　区文联主席
肖天定　　区贸促会会长
王慧敏　　区红十字会专职副会长
庄学忠　　区慈善总会秘书长

郭惠卿　　石化工业园区管委会综合科科长
王月明　　区人民法院副院长
陈荣茂　　区人民检察院副检察长
王福东　　区公安分局政委
苏兴福　　区交警大队大队长
郑明炎　　区生态环境局局长
江　岚　　区税务局局长
洪五洲　　区公路分局局长
庄勇生　　国有资本投资运营有限公司总经理
叶家云　　山腰盐场场长
邱建忠　　新城投资公司执行董事
庄　猛　　区水利水务建设发展公司执行董事
段存成　　石化工业区建设发展公司总经理
朱志卿　　高新产业园区公司执行董事
林文煌　　区大众公交有限公司执行董事
施茂春　　区文旅开发有限公司执行董事
陈宝喜　　南埔镇人民政府镇长
庄占彬　　界山镇人民政府镇长
张燕婷　　后龙镇人民政府镇长
林素宝　　峰尾镇人民政府镇长
林坤清　　山腰街道办事处主任
郭森波　　前黄镇人民政府镇长
连溥恩　　涂岭镇人民政府镇长

泉港区地方志编纂委员会暨《泉港年鉴》编纂委员会下设办公室，办公室主任由林进辉兼任，办公室副主任由柯金清兼任。

主　　编　　林进辉
执行主编　　陈小燕
副 主 编　　张骏俊　　柯金清
编　　辑　　蔡志阳　　李　婧　　王馨萍　　陈裕盛　　庄国辉　　刘晓辉
技术校对　　蔡黎薇
编　　务　　黄丽虹　　刘美华

编辑说明

一、《泉港年鉴（2021）》以马克思列宁主义、毛泽东思想、邓小平理论、“三个代表”重要思想、科学发展观、习近平新时代中国特色社会主义思想为指导，坚持辩证唯物主义和历史唯物主义的立场、观点和方法，力求实事求是地记载泉港自然、经济、政治、文化和社会的建设发展状况，反映物质文明、政治文明、精神文明、社会文明、生态文明建设的新成就、新经验以及出现的新情况、新问题，为社会各界和海外人士了解泉港、研究泉港、创业泉港、旅游泉港提供尽可能全面、翔实的地情资料。

二、《泉港年鉴（2021）》采用分类编辑法，主体内容设篇目、分目、条目三个结构层次，以条目为表现内容的基本形式。

三、《泉港年鉴（2021）》着重反映2020年的基本情况。全书设特载、专记、年度要闻、大事记、区情概况、中共泉州市泉港区委员会、泉州市泉港区人民代表大会、泉州市泉港区人民政府、政协泉州市泉港区委员会、纪检 监察、民主党派 工商联、群众团体、法治、军事、外事 侨务 台港澳事务、经济管理与监督、财政税务、产业园区建设、农业、工业、金融、商贸 旅游、城乡建设与管理、交通 邮政 通信、教育、科技、文化、卫生 计划生育、社会生活、各镇（街道、场）、荣誉 人物、附录，共162个分目。

四、《泉港年鉴（2021）》记述的时限2020年1月1日至2020年12月31日，选介资料、相关链接及部分图表跨年度选编。

五、《泉港年鉴（2021）》标点符号以《标点符号用法》（GB/T 15834—2011）为准，数字以《出版物上数字用法》（GB/T 15835—2011）为准，计量单位以《量与单位》（GB 3100～3102—1993）为准。文中凡简称“党员”，均指中国共产党党员，“省、全省”均指福建省，“市、全市”均指泉州市，“区、全区”均指泉港区；面积单位采用报送单位习惯用法。民国以前使用年号纪年，民国以后使用公元纪年。

六、《泉港年鉴（2021）》所列数据，除统计部门正式公布的外，均由各有关部门和行业提供，并经供稿单位审核。因统计口径等原因，有些部门和行业个别数据与统计部门数据不尽一致时，以统计部门数据为准。

泉港植物园

福建省地图出版社 编制 审图号：泉S〔2021〕7号 资料截至：2020年12月

泉港区地图
比例尺1：90 000
仙游县
枫亭镇
园庄镇
文子水库
枫
慈
溪
仙游
洛江区
惠安县
苍厝
吟兜
界山
湄洲湾南岸铁路
棋盘
秀溪
顶寨埔
水蛙窟
洪厝坑
横溪
清美林场
大南尾
溪埔岭
泗
甘蔗园
山外水库
幸福
溪头
清美
芹坑
小坝
泗洲水库
洲
寨后
岭头尾
后宫林场
观音山
上新
岭口
涂岭镇
涂岭
芦朴
林口
岭头
樟脚
泉港西部森林公园
大仁岭
红星生态园
西安
后埔
旗山茶场
和溜
松园
G15沈海
下虎岩
大垵
溪
涂型
顶头
黄田
大厅
尾寮
青云岭
温厝
前欧
顶中
下厅
南埔
菱
陈田水库
菱溪水库
虎岩山郊野公园
涂仁
老鼠田
湖仔内
后厝坑
后樟林
厝斗
蔡田
鲁寮
顶山
福厦铁路
半岭
岭后
后山仔
驿坂
后宅
笔架林场
大雾山埔
溪西林场
路口
路口庄
前烧
三朱
前黄镇
塘灶
大雾山
菱
G324
大埔窑
乞乌崎
虎窟
红山场
驿坂
下后郭
金山
普安
丘后
驿坂
杉桥头
五社
加田
溪
香芹
中角
上黄
岭下
溪西
涵仔
鸾峰
叶厝
辋川镇
林
图例
县级行政中心
镇、街道
社区居委会 村委会
自然村
农林场
设区市行政区域界
县级行政区域界
乡镇级行政区域界
高速公路及出入口
铁路及火车站
在建铁路
G324 国道及编号
县道
主要街道
其他道路
服务区
河流
水库
港口、码头
堤坝
景点
山峰
医院 学校
酒店
企事业单位
汽车站
注：本图界线为权宜画法，不作划界依据。
泉港城区
离相寺
区科技局
交警大队
泉港五中
新宅
肖厝海关
区民政局
曼哈顿泉港大酒店
峰尾中心小学
山腰中学
泉港车站
郭厝
山腰街道
锦山
龙山
聚福
荷塘小区
区税务局
荷池
泉港一中
泉港医院
锦塔
区政府
国土大厦
泉港二中
陈庄
祥云寺
联岩
区法院
泉港文化中心
锦联
埭港
德惠广场
锦绣公园
圭峰中学
后龙湾
辋
溪

（连键刚 摄）

前黄镇区一角 （连键刚 摄）

乡村荷韵 （施惠清 摄）

醉美盐田 （郑伶阳 摄）

活力原野 （施惠清 摄）

① 锦绣湖·水云间 （王雄海 摄）
② 五里滩涂 （郑伶阳 摄）
③ 古县湿地公园 （庄绍坤 摄）

2020年8月12日，省政协副主席洪捷序（右三）到泉港开展“培优做强重点产业，推进‘十四五’产业基地高级化和产业链现代化”课题调研。图为调研组一行在福建联合石化展厅参观　　（林弘棂 摄）

2020年4月8日，省委教育工委副书记、省教育厅党组成员王建南到泉港调研2020年春季高三复学复课工作　　（林弘棂 摄）

2020年5月14日，市委常委、统战部部长林万明（右二）一行到泉港调研同心安居工程建设

（区委报道组 供图）

2020年5月20日，省委巡视十组巡视泉港区情况反馈会召开 （区委报道组 供图）

2020年8月5日，区委书记梁炳辉（左二）督查泉港创建全国文明城市、卫生城市工作落实情况

（区委报道组 供图）

2020年1月20日，区长颜朝晖（中）看望慰问坚守在维稳、交通、新闻、医疗服务一线的干部职工 （庄国辉 摄）

2020年3月2日，国乔泉港石化项目以福州、泉州、台湾高雄三地视频连线方式实现签约　（区委报道组 供图）

2020年4月25日，泉州市第二批重大项目集中“云签约”活动举行，泉港陆地港项目（二期）成功签约

（区委报道组 供图）

2020年5月22日，益海嘉里·泉州大米一期项目投产仪式举行

（区委报道组 供图）

2020年6月3日，峰尾一级渔港建设工程海洋生态补偿增殖放流活动举行

（区委报道组 供图）

2020年6月24日，吉祥泉港•美食嘉年华暨夜色经济示范街区创建活动启动仪式在永嘉天地举行

（区委报道组 供图）

2020年6月28日，泉港区首届“6·28电商直播节”活动暨东青泉港电商直播基地揭牌仪式举行

（区委报道组 供图）

2020年8月29日，泉港设分会场参加泉州市产业链招商推介会暨项目集中签约活动 （区委报道组 供图）

2020年12月28日，泉港招商大会签约仪式举行 （区委报道组 供图）

2020年12月16日，泉港区危险化学品生产安全事故综合应急演练在福建联合石油化工有限公司举行　（林弘棱 摄）

2020年1月2日，泉港区“情暖腊八节·为爱益起来”爱心送粥活动举办（区委报道组 供图）

2020年7月15日，泉州市“志愿者统一行动日”活动泉港分会场启动仪式在逸涛广场举行
（区委报道组 供图）

2020年5月12日，泉港区纪念“5·12”国际护士节活动举办　　（区委报道组 供图）

2020年11月9日，泉港区“119消防日”宣传活动举办　　（林弘棂 摄）

2020年12月2日，三个省级医疗基地（中心）落户泉港　　（区委报道组 供图）

2020年12月28日，泉港区教育发展基金会成立大会举行　　（区委报道组 供图）

2020年1月14日，泉港区文化科技卫生“三下乡”集中服务活动在界山镇玉湖村举办

（区委报道组 供图）

2020年8月7日，“小候鸟”亲子游活动在界山镇举办

（区委报道组 供图）

2020年8月29日，“红砖家园情 文明共传递”文明同心行系列活动在后龙镇虎石自然村举办

2020年9月16日，庆祝建区20周年暨民族团结进步宣传月活动在锦绣广场开幕

（林弘棂 摄）

2020年9月24日，泉港区新时代文明实践中心揭牌仪式举行　　（林弘棂　摄）

2020年11月19日，泉港百姓书房获全国先进称号，图为界山镇东张村百姓书房　　（区委报道组　供图）

2020年12月8日，泉港区2020年乡村（城市）学校少年宫特色项目展演活动举办　　（林弘棂　摄）

2020年1月29日，泉港区医院成立疫情防控青年突击队（区委报道组 供图）

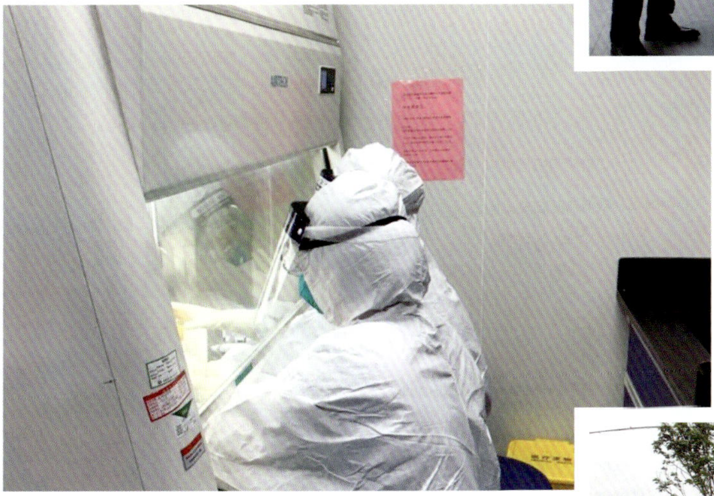

2020年2月2日，泉港区疾控中心新型冠状病毒核酸检测实验室正式启用（区委报道组 供图）

2020年2月5日，泉港区国企防控疫情先锋队组建（区委报道组 供图）

2020年2月16日，全区新冠肺炎防控工作指挥部会议召开（区委报道组 供图）

2020年2月18日，全区村（社区）支部书记疫情防控工作推进视频会召开（林弘棂 摄）

2020年4月16日，泉港区支援宜昌防治新冠肺炎医疗队队员返岗欢迎仪式举行（区委报道组 供图）

特载

专记

年度要闻

大事记

区情概况

中共泉州市泉港区委员会

泉州市泉港区人民政府

政协泉州市泉港区委员会

纪检　监察

民主党派 工商联

群众团体

法 治

军 事

外事 侨务 台港澳事务

经济管理与监督

财政 税务

产业园区建设

农 业

工 业

金 融

商贸 旅游

城乡建设与管理

交通 邮政 通信

教 育

科技

文化

卫生 计划生育

社会生活

各镇（街道、场）

荣誉 人物

附 录

索 引

凝心聚力创新业 砥砺奋进奔小康
——在2020年全区工作会议上的讲话

梁炳辉

（2020年3月6日）

各位领导，同志们：

人勤春来早，万事日相催。我们初一就上班，响应习近平总书记号召，众志成城，勇打疫情防控前三轮阻击战，守一方平安。天道酬勤！今年是我区有史以来最勤的一年，必将是奋力作为的一年，必将是收获梦想的一年，必将是精彩纷呈的一年！

今天召开全区工作会议，统筹推进新冠肺炎疫情防控和经济社会发展工作。一是定方向、谋发展。传达贯彻中央、省委、市委经济工作会以及组织、宣传、统战、政法、农业农村工作会，和省委、市委、区委全会精神，锚定发展方向，谋划今年工作。二是明责任、压担子。会上颁发了镇（街道）2020年度平安建设（综治工作）、生态环保等两份责任书，这两项工作关乎百姓、事关大局，希望各镇（街道）逐条逐项兑现到位。三是树榜样、提士气。刚才表彰的都是各领域的标兵，大家要以他们为榜样，提振士气，鼓足干劲，全力夺取首季“开门红”，为全年工作开好局、起好步。刚才，朝晖同志对今年工作作了详细部署，很全面、很到位，我都同意，各级各部门要认真抓好落实。

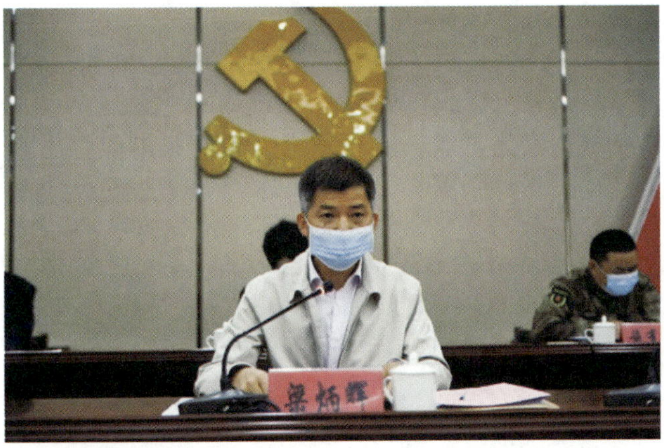

区委书记梁炳辉讲话　　　　（区委报道组 供图）

回顾过去一年：成绩来之不易 更加坚定必胜信心

过去一年，我们辛勤耕耘，岁物丰成，很辛苦、很充实，有付出、有硕果，可以用4个词12个字概括：（1）方向明。一年来，我们坚定不移沿着“观念立区、主业强区、生态优区、富民兴区、和谐安区”发展道路，殚精竭虑、砥砺奋进，推动高质量发展实现新突破，地区生产总值增长7.6%，固定资产投资、工业投资、制造业投资等三项指标增幅全市第一，“五个一批”各项指标均居全市前列，季度综合成绩全省第二、全市第一，高质量发展步伐更加坚实稳健。（2）人心齐。一年来，我们致力于讲好泉港故事，传播泉港好声音，广泛凝聚“泉港好大家会更好”思想共识，各阶层正能量、精气神、大智慧交融汇聚，社会风貌焕然一新，热爱家乡、赞美家乡、建设家乡的情怀更加激发，社会影响面“负减正升”。我们深入创建“吉祥泉港”，群众安全感率从全省倒2跃居全市第3，创历史最好成绩；实施扫黑除恶“治根”“治本”专项行动，在“强基促稳”专项考评中位列全市第一，社会大局更加和谐稳定。（3）干劲足。一年来，我们以实干担当、只争朝夕的奋斗姿态，以攻城拔寨、闯关夺隘的拼搏精神，解决了一批长期想解决而没有解决的问题，办成了一些过去想办而没有办成的事情，以干部的辛苦指数换取群众的幸福指数，建档立卡贫困户全部提前脱贫，20个扶贫重点村全部摘帽，经营性收入5万元以下薄弱村全面消除，居民人均收入2.85万元、增长8.7%，群众日子过得更加红火。尤其是付出“一万”的努力，防止“万一”的发生，举全区之力推进石化安控区项目，突出典型开路，以第四片区为标兵样板，培育典型经验，通过先行撤并关闭两所学校，为征迁工作营造声势、铺平道路，有效加快了安征迁进度；突出急需先行，找准切口，加大第六片区工作力度，确保联合石化用地需求，实现重点区域突破。目前项目已进入最后攻坚阶段，“厂村混杂”历史性问题有望彻底解决。（4）变化大。一年来，我们致力于建设景美心悦的品质新城，城乡环境不断净化、绿化、美化。高铁、高速沿线环境综合整治系统推进，“三图五单”等创新做法成为全省先进典型；驿坂廊道、祥云路、驿峰西路等道路改造基本完成；郭厝溪、菱溪环境综合治理等民生项目取得新进展；城镇化率提升至54.1%，森林覆盖率达41.4%，城市宜居度进一步提高，清新美丽、诗情画意的山海泉港成为更多人宜居宜商宜业宜游的一方热土。

回顾一年来的奋斗历程，我们激流勇进、奋力争先，克服了种种艰险，迈过了道道沟坎，向全区人民交出了一份厚重的答卷，为全面建成小康社会奠定了坚实基础。成绩来之不易，凝聚着全区广大干部群众的心血和汗水。借此机会，我谨代表区四套班子和石化园区领导班子，向为泉港发展作出贡献的各级各部门、各企事业单位和社会各界人士表示衷心的感谢！向今天受表彰的先进单位、先进个人表示热烈的祝贺！

成绩诚然可喜，经验弥足珍贵。一年来的探索积累、负重奋进，我们从中领悟到：方向正确才能行稳致远。我们始终以习近平新时代中国特色社会主义思想为指导，在思想上拥护核心、政治上维护核心、行动上紧跟核心，切实做到了上级有要求、泉港见行动，确保了党的大政方针和决策部署在泉港落地生根，有效保障了各项事业沿着正确方向前进。坚定信心才能有所作为。我们坚持践行“新发展理念”，牢牢把握“提高质量效益”这个取向，始终坚持“观念立区、主业强区、生态优区、富民兴区、和谐安区”发展战略，有效保障了泉港经济社会发展不断开创新局面。实干担当才能赢得未来。我们传承和发扬夙兴夜寐的敬业精神、对标赶超的奋斗精神、敢为人先的创新精神，始终把“马上就办、真抓实干”作为基本准则，务实进取、勇于担当、奋发作为，有效凝聚了各方力量，提振了创业激情。特别是妥善处理碳九事故后续工作，更加稳定了民心，鼓舞了斗志。

在看到成绩的同时，面对新的发展形势和要求，我们不得不深入思考五个问题：在经济转型发展的大背景下，以石化产业为主导的泉港区，如何进一步激发可持续发展的动力，找准推动高质量发展的着力点；在当前经济承压下行的大背景下，疫情对经济的短期冲击不可避免，如何争分夺秒补上缺口，实现稳产提质保运行、促发展；在城市化进程加快的大背景下，作为一座石化新城，如何进一步增强城市集聚力，提高城市价值；在社会高速发展的大背景下，针对社会多燃点、低燃点的复杂形势，如何进一步加强社会管理创新，维护社会和谐稳定；在以人为本的大背景下，面对人民日益增长的美好生活需要，如何进一步深挖民生福祉潜力，提升人民群众幸福感。基于这些问题的长期性、复杂性和艰巨性，我们要高度重视并切实加以解决。

展望新的一年：肩负神圣使命 矢志奋斗不负韶华

2020年是全面建成小康社会和“十三五”规划收官之年，是为“十四五”良好开局打基础的关键之年，也是泉港建区20周年，做好今年工作意义重大。今年工作的总体思路是：以习近平新时代中国特色社会主义思想为指导，全面贯彻党的十九大和十九届二中、三中、四中全会精神，坚决贯彻党的基本理论、基本路线、基本方略，增强“四个意识”、坚定“四个自信”、做到“两个维护”，紧扣全面建成小康社会和“十三五”规划圆满收官目标任务，坚持稳中求进工作总基调，坚持新发展理念，坚持以供给侧结构性改革为主线，坚持以改革开放为动力，推动高质量发展落实赶超，坚决打赢“三大攻坚战”、疫情防控“三战”，全面做好“六稳”工作，主动融入新福建、“五个泉州”建设大局，作答“三个时代命题”，奏响“泉港好大家会更好”主旋律，加快实施“观念立区、主业强区、生态优区、富民兴区、和谐安区”发展战略，奋力开创美好泉港建设新局面。

新的一年，我们必须紧紧抓住关键环节，突出抓好三方面工作：

一、聚焦重点，精准发力，美好泉港谋强出彩

习近平总书记指出，推动高质量发展是做好经济工作的根本要求，是从“有没有”转向“好不好”。建设美好泉港的愿景，就要立足当前、着眼长远，统筹抓好经济发展、城乡建设、民生福祉、改革创新等重点工作，蹄疾步稳推进经济社会高质量发展，奋力在新福建和“五个泉州”建设大局中担使命、作贡献。

*1.突出主攻点，推动经济发展再提速。*牢记习总书记“做足石化产业文章”嘱托，紧扣石化、高新、传统等三个

领域，加快建设主导产业清晰、比较优势明显、集聚效应突出的现代产业体系，积蓄经济社会发展的新动能。要加快石化产业链的填平补齐和关联发展，力促联合石化新建、长弘、百宏等一批项目开工建设、建成投产，紧紧抓住此次三会场连线三级见证总投资500亿元新台币台湾国乔项目签约落地的契机，发挥溢出效应，进一步强链建链补链，壮大石化集群规模，打造全国一流的绿色石化产业基地。要围绕GDP增长7.5%一揽子指标，加强经济运行调度，统筹做好"六稳"工作，虑前思远抢先机，争分夺秒赶指标，尽可能降低疫情对经济的影响，确保完成全年经济社会发展目标任务。要突出"健康管理就是生产力"，坚持"企业现实防控力与复工复产生产力相匹配"原则，精准用好"三个三"机制，打通企业复产复工"操作链"，深入落实各项惠企政策，有力有序推进生产企业和重点项目复工复产。要积极倡导"泉港人在泉港就业最安全、泉港企业招泉港工人成本最低廉"，加强劳务供需对接，鼓励企业优先聘用本地工人，引导返乡人员本地就业，实现企业得民心、群众得实惠、地方得发展。

2.找准切入点，确保城乡建设再提质。坚持高起点规划、高标准建设、高水平管理，打造现代化的泉州北翼新城。要秉持"树立战略眼光、彰显地域特色、科学经营城市"的原则，抓住石化安控区大征迁、氯碱片区即将启动搬迁的契机，科学编制"十四五"规划，启动全区国土空间规划，对城区规划进行调整完善，协调推动"一中心、四组团"联动发展，进一步增强城市的承载力、集聚力、竞争力。要着力补齐城乡基础设施短板，加快推进"七镇连通"工程，抓好学府北路拓宽、324国道路灯改造、通港路改造提升等建设，加快坝头溪流域整治、植物园二期等建设，不断提升城市建设的能级和品位，塑造良好城市形象。要突出精细化管理，加快"智慧城管"建设，强化"两违"综合整治，推进垃圾分类和海漂治理，打好污染防治攻坚战，让泉港的天更蓝、水更绿、空气更清新。

3.着眼落脚点，实现民生福祉再提升。要牢记党的根本宗旨，坚持执政为民，全力以赴推进石化安控区项目，建立科学合规的绩效考评机制，坚决打赢打好安征迁攻坚战，确保今年全面完成安征迁工作任务。要加强社会保障，深入实施全民参保计划，突出抓好涉迁群众、高校毕业生、农民工和就业困难人员等群体就业工作。要深化教育领域综合改革，推动"区管校聘"全覆盖，着力补齐教育短板，促进教育优质发展。要以紧密型医联体建设为抓手，完善现代医院管理制度，推进优质医疗资源下沉，突出匹配服务石化产业的专科建设，提升专业化医疗水平。要加强应急管理体系和能力建设，防范化解重大安全风险，提高防灾减灾救灾能力。要严格落实"四个最严"要求，加强食品药品监管，保障群众"舌尖上的安全"。特别是当前要毫不放松抓实抓细新冠肺炎疫情防控工作，以对人民群众生命安全高度负责的精神，从讲政治、讲忠诚的高度突出抓好各项疫情防控措施的落地落实，筑牢疫情防控的坚固防线。要牢固树立"全区一盘棋、全民总动员、全力抓防控"，严格按照低风险地区"外防输入、统筹兼顾"防控策略要求，各负其责、各尽其职，落实"2334"无缝衔接即时排查管理办法，严防境外疫情输入，扎实抓好村（社区）防控工作，深入做好物资储备、民需供应、企业用工健康管理等各项工作，决战决胜疫情防控阻击战，守一方平安、保人民安全。

4.抓住关键点，坚持改革创新再提效。在连续两年跻身"中国科技百强区"的良好基础上，坚持改革不停顿、创新不止步，让创新活力充分迸发、创造潜能充分释放，全力破除制约区域发展的各种障碍，助推区域经济转型升级、高质量发展。要深化"放管服"改革，秉持"不拿企业分文的高效优质服务，给足企业面子的温馨体贴关怀"的泉港态度，健全完善"跑一趟没办成投诉中心"建设，制定招商签约企业投资建设全链条限时廉洁高效优质服务跟踪监管办法、涉及政府生产要素供给限时机制，打造一流的营商环境。要进一步深化党政机构、国企、教育、医疗、养老等领域改革，持续巩固和扩大改革成果。要整合提升"两院四中心"，加强与厦门大学能源学院、四川大学等院校科研平台对接，加快高新技术产业园区、石化科技众创园（一期）工程建设，全力跟踪服务"中国福建化学工程科学与技术实验室"建设，健全产学研用机制，逐步打造有区域影响力的石化产业科技高地。

二、统领全局，筑牢根基，党的领导贯穿始终

党的领导是党和国家事业发展的"定海神针"。习近平总书记强调，"要顺利推进新时代中国特色社会主义各项事业，必须完善坚持党的领导的体制机制，更好发挥党的领导这一最大优势"。进入新时代，我们要深入贯彻新时代党的建设总要求，全面加强党的领导，总揽全局、协调各方，凝聚众智、集聚众力，推动党的建设再上新台阶。

1.围绕党建引领、强基固本，扎实抓好组织工作。要树立"抓好党建就是最大政绩"，把做好新时代基层党建工作作为重大政治使命、政治责任，建立"不忘初心、牢记使命"制度，统筹推进农村、城市、企业、机关等各领域党建工作，坚持育"盆景"、造"风景"，大力创树一批党建典型，实现"墙内开花墙外香"，推动党建工作提质增效。要坚持党管干部原则，扎实推进素质培养、知事识人、选拔任用、从严管理、正向激励"五个体系"建设，健全完善关心关爱基层干部、职务职级并行、容错纠错、村（社区）防控专项绩效奖励等正向激励政策以及单位正职末位淘汰等反向约束措施，坚持在疫情防控、三大攻坚战、安控区征迁等严峻斗争实践、急难险重工作中，考察识别一批敢于担当、善于担当、出彩担当的干部，树立良好的干部成长导向。要深化"双创泉港"人才战略，抓好引才、用才、育才、留才关键环节，打好人才工作组合拳，为推动经济社会高质量发展提供强有力的人才支撑。

2.围绕守正创新、提神鼓劲，扎实抓好宣传工作。要唱

响“泉港好大家会更好”主旋律，围绕建区20周年策划系列主题宣传，加强主流媒体宣传推介，充分展示泉港发展的辉煌历程和美好愿景。要强化思想理论武装，做到“学思用贯通、知信行统一”，推动习近平新时代中国特色社会主义思想入脑入心、落地生根。要抓牢意识形态工作领导权，细化“七个纳入”可操作性措施，把好舆论导向，大力营造向上向善的社会风气。要健全“1+N”工作机制，规范升级突发事件报告、现场应急指挥、权威信息发布等工作流程，加强舆情监测，提高敏感舆情引导处置能力，尤其当前要在新冠肺炎疫情防控引导上发力，加强正面宣传，凝聚防控力量。要加快国家公共文化服务体系示范区创建，健全创城创卫常态化机制，全力打好全国文明城市和省级文明城区共创复评攻坚战。要强化社会主义核心价值观引领，倡导移风易俗，加强优质文化供给，更加满足群众精神文化需求。

3.围绕发挥优势、凝聚力量，扎实抓好统战工作。始终坚持党对统战工作的领导，紧扣凝聚人心这个根本，突出思想政治引领这条主线，充分调动方方面面的积极性，最大限度地激发社会活力，形成合力推动泉港发展的洪峰巨流。要引导民主党派、党外知识分子、新社会阶层人士深入调研，更好发挥建言献策职能作用，为区委科学决策提供更多有益的参考。要在维护稳定上作贡献，充分发挥统战联谊的优势，协助做好疏导情绪、协调关系、化解矛盾等工作。要积极维护民族团结良好局面，支持少数民族村发展，继续打造小坝、钟厝等少数民族特色村寨。要加强宗教领域规范化建设，严防境外宗教势力干扰渗透，严查治理各种宗教乱象问题，着力提高宗教工作法治化水平。

4.围绕安定稳定、公平正义，扎实抓好政法工作。要全面提升政法工作现代化水平，围绕实施“强基促稳”“末端落实年”行动，深入开展“治安最安全、执法最满意、社会最平安”吉祥泉港创建“巩固年”行动，持续拓展2019年攻坚成果，完善责任传导和专项治理机制，开展重点行业、重点领域、重点问题专项整治，不断稳定提升综治“三率”，力保“平安泉港”建设更上新台阶。要强化风险意识、增强底线思维，全力维护国家政治安全，依法打击暴力恐怖活动，深化扫黑除恶专项斗争，建立健全“拆伞”“破网”长效常治机制，保持严厉打击高压态势，铲除黑恶势力滋生蔓延土壤。要积极探索推广新时代“枫桥经验”，固化“强基促稳”制度性成果，在基层社会治理上打造“泉港样本”，同时坚持依法治访，坚决打击非法缠闹访、谋取不正当利益行为，维护社会公平正义。

5.围绕生活富裕、生态宜居，扎实抓好“三农”工作。坚持农业农村优先发展，以实施乡村振兴战略为总抓手，抓重点、补短板、强基础、促改革，促进农业现代化和农民增收。要加大“三农”投入力度，强化乡村人才和科技支撑，深化农村集体产权制度改革，推动社会治理和服务重心向基层下移。要坚决落实防返贫控新贫稳脱贫措施，继续实施造福安居、医疗救助、助学济困、就业培训、应急救难“五项工程”，帮助贫困户稳定实现“两不愁、三保障”，务必确保全区贫困人口脱贫不落一人。要加快现代特色农业发展，探索发展壮大村级集体经济措施，力争100%村（居）集体经营性收入突破10万元、60%以上村（居）突破20万元。同时，继续实施“一革命四行动”“三清一改”，确保农村人居环境整洁有序、景美心悦。

三、凝心聚力，攻坚克难，一招不让狠抓落实

计熟事定，举必有功。建设美好泉港是泉港人民为之企盼的愿景，是我们全体干部为之奋斗的目标。全区各级各部门要坚定信心决心、发扬斗争精神，始终保持昂扬向上、奋力拼搏的精神状态，保持一往无前、锐不可当的旺盛斗志，全力以赴攻坚克难、提速发展。

1.咬定目标不放松。在新时代的发展征程中，既有风雨、更有彩虹，要看到机遇、看到变化、看到前景，切实增强发展信心。全区上下要紧盯决胜全面小康及“十三五”规划圆满收官的目标，带着强烈的责任感、使命感和紧迫感，抓重点、补短板、强弱项，有力有效地深化改革、扩大开放、推进创业创新，坚决交好民生改善、社会兜底、安全稳定等事关全局、关乎百姓的“大账”，不获全胜、绝不收兵。

2.转变作风抓落实。作风就是形象，作风就是战斗力，有什么样的作风就有什么样的结果。各级各部门要把全面从严治党贯穿到经济社会发展的方方面面，把刹住“四风”作为巩固党心民心的重要途径，在长和常、严和实、深和细上下功夫。纪委监委、效能办等相关部门要持续深入开展纪律作风整顿，坚决整治作风漂浮懒散、表态多调门高、行动少落实差等形式主义、官僚主义突出问题，用好作风引领抓落实的正能量，真正抓出成效、管成习惯，以作风建设全面营造风清气正的干事环境。

3.凝心聚力促发展。精诚团结者兴，上下同欲者胜。泉港各项事业发展要靠全体泉港人并肩担当、共同奋斗。各级各部门要树立大局观念，正确处理局部与全局、当前与长远的关系，识大体，顾大局，心往一处想、劲往一处使，相互支持、密切配合、合力共为。要敢于挑最重的担子、啃最硬的骨头、接最烫的山芋，对标先进、树高标准、迎难而上、敢为人先，确保各领域、各条块都有一至两项工作走在全市甚至全省前列。

同志们，“腾飞蓝图催人奋进，跨越征程任重道远”。让我们更加紧密团结在以习近平同志为核心的党中央周围，锁定前行目标，鼓起信念风帆，铆足劲头、只争朝夕、不负韶华，全面打赢疫情防控“三战”，全力打好全面小康和“十三五”规划收官之战，坚定不移推进“观念立区、主业强区、生态优区、富民兴区、和谐安区”、奋力开创美好泉港建设新局面，以优异成绩为建区20周年献上一份满意的答卷！

泉港区人民政府工作报告
——在泉港区第四届人民代表大会第五次会议上的讲话

颜朝晖

（2021年1月28日）

各位代表：

现在，我代表泉港区人民政府向大会报告工作，请予审议，并请各位政协委员和其他列席人员提出意见。

一、2020年主要工作和“十三五”工作回顾

2020年，在区委的坚强领导下，在区人大、区政协的监督与支持下，区政府以习近平新时代中国特色社会主义思想为指导，坚持稳中求进工作总基调，把统筹推进疫情防控和经济社会发展作为重中之重，全力建设活力泉港、宜居泉港、和谐泉港，较好地完成区四届人大四次会议确定的目标任务。全年实现地区生产总值增长3.8%；一般公共预算总收入下降7.8%；一般公共预算收入增长1%；居民人均可支配收入增长5.6%。一年来，我们把政府工作报告分解为157项任务，以“五个贯穿始终”全力推动落实，主要工作和成效是：

（一）坚持安全为先，把风险防范化解贯穿始终。以付出“一万”努力，防止“万一”发生的态度，坚决贯彻安全发展理念。（1）疫情防控措施有力。创新采取计时排查法、邀约督查、闭环监督、1对1跟踪服务、百医连百校、千医连万企、海上入境智能化管控等做法，筑牢疫情防控坚固防线，泉港区成为福建沿海县市区少有的无疫情区，相关做法中央电视台予以报道。（2）厂居分离加快实施。石化安控区建设按下加速键，通过组建征迁攻坚突击队、出台专项绩效考评方案、一线管理考察干部等措施，建立起分级包干、人人担责的攻坚机制，累计完成房屋签约12369栋、签约率99.89%，腾空11871栋、腾空率95.87%，拆除11412栋、拆除率92.16%。出台《氯碱片区整体搬迁方案》，完成片区控规编制、土壤污染状况调查等前期工作，正按序时推进搬迁。（3）安全隐患全面整治。成立安全隐患大排查大整治、房屋安全隐患整治指挥部，坚持排查专业化、风险标识化、执法战役化、管控明细化，共排查安全隐患17345项，已整改17194项，其余151项按序时推进；房屋安全隐患排查整治以“零漏排”成绩通过市对区抽查验收，在全市率先实现重大安全隐患人员密集场所房屋、非人员密集场所房屋、督办件、交办件闭环处置“四清零”，处置进度居全市第一。

（二）坚持发展为要，把落实“六稳”“六保”贯穿始终。实施“六稳”“六保”12个追赶行动，区域经济延续好的势头。（1）产业发展跨台阶。石化项目新引进4个、开

区长颜朝晖作政府工作报告（区委报道组 供图）

工3个、投产4个，石化产值在成品油及化工品价格大幅下降中仍稳定在千亿元以上。益海嘉里小麦制粉及大米加工改扩建、福海粮油四期项目顺利投产，食品饮料产业产值超百亿元。化肥催化剂国家工程研究中心投用，全区工业技改投资增幅居全市第一，企业创新赋能氛围浓厚。（2）项目攻坚大比拼。218个重点项目完成投资295亿元，新开工亿元以上项目15个，建成投产项目21个，工业投资增长48.4%，居全市首位。招大引强成效明显，新签约项目59个、总投资565.97亿元，实际利用外资增长277.9%，增幅居全市第一、全省第二，“云签约”台湾国亨化学项目是我市三年来投资额最大的台资项目，省委省政府主要领导专门见签。（3）企业服务走在前。出台打通“五难”操作链实施方案等援企稳岗政策，开展“三个三”服务跟踪，兑现惠企资金1.07亿元，全年新增减税降费4.87亿元；举办云购节、电商直播、美食嘉年华等促消费活动，开展线上招聘活动，在全省率先实现全链条复工复产、复商复市；外贸逆势上扬，完成进出口总额39.7亿元，增长4%。推出16条优化营商环境新举措，出台政府投资项目前期工作导则和加快社会投资工业项目落地办法，推行中介代理机构“点菜式”选择，获评全国公共资源交易百强县。

（三）坚持生态为基，把推动产城融合贯穿始终。统筹做好生产、生活、生态三篇文章，让城市见文见物见生活。（1）城市更新提速推进。扎实推进129个城建项目建设，完

成投资99.25亿元。福厦客专泉港段全线完成征迁，南山北路启动改建，海南街东段（一中段）、南龙路东延伸段、学府路北延伸段等梗阻路贯通，“内联外畅”开启新格局。实施水利项目19个、完成投资3.6亿元，双溪水库、顶五孔水闸改建工程完工验收。（2）城市生态提质建设。完成造林绿化1890亩、10个口袋公园建设，植物园（二期）完成主要节点景观建设，提前超额完成市级下达的水土流失治理任务。建成黄田、龙马溪2个清新流域样板工程和5条示范河段，坝头溪流域综合整治被确定为全市观摩学习点。实施20个大气减排精准治理项目，环境空气质量优良率为98.5%。加快涂岭镇省级乡村振兴特色镇和7个省级乡村振兴试点村建设，实施8个乡村休闲公园建设、14千米生态示范路建设和重要县乡道专项养护，顺利完成农村人居环境整治任务。（3）城市管理提效实施。创新“四色法”智慧督查考评，开展住宅小区、集贸市场、主次干道专项整治，巡查整改“两违”、占道经营、车辆“滴撒漏”、市政设施损坏等问题21898个，完成厕所革命、垃圾分类、危房改造、农房整治等年度任务，创卫考评成绩名列全市前茅。

（四）坚持民生为本，把全面建成小康贯穿始终。把近80%的财力倾斜保障民生支出，推动基本民生向质量民生升级。（1）保障扩面解民忧。实行城乡低保统一标准，人均补差498元，受益8855人，低保标准城乡一体化和覆盖率走在全市前列。拓展“救急难”“505”微心愿做法，通过政府救助、免费购险、社会认领等方式，助力困难群体共抗疫情、稳定脱贫。实施3个农村饮水安全巩固提升工程、8个农村自来水改造工程，惠及5.9万人。新建5个村级老年服务中心、6个居家养老服务站，为737户困难老年人家庭实施适老化改造。（2）资源拓容惠民需。投入3.2亿元，推进18个教育基建项目，新增中小学幼儿园学位5100个，安控区征迁户子女就学有序安置；开展公办学校教师工作岗位全员竞聘，新招聘教师141人，教师结构性紧缺问题逐步缓解。加快泉港区医院病房大楼2#楼、门诊医技综合楼建设，完成“120”急救指挥系统提升和12个一体化村卫生所建设，完善疾控中心及泉港区医院实验室检验检测设备配置，入选省级慢性非传染性疾病综合防控示范区。加快构建现代公共文化服务体系，新建30个综合文化服务中心，7个镇（街道）文化站提升全部达标验收，百姓书房入选全国服务农民、服务基层文化建设先进集体。（3）治理创新保民安。深化平安泉港创建，实施“雪亮工程”四期、反走私防控体系建设，深入推进社会治理网格化服务、“1+7+N”矛盾纠纷多元化解机制，开展“百名警长进百村”活动，上半年群众安全感率和扫黑除恶好评率再创历史新高，分别居全市第3位、第2位。

（五）坚持制度为核，把加强自身建设贯穿始终。严格落实全面从严治党，进一步转职能、改作风、优服务。（1）自觉担当于事。综合运用述职评价、奖优罚劣、问责问效等办法，推动区委区政府重大决策部署落实。办复人大代表建议142件、政协委员提案171件，诚峰一级渔港建设、老旧小区改造等事项办理反响良好。落实基层减负，区政府文件和会议分别精简48.49%、51.93%。（2）循法循矩于行。出台《法治政府建设拓展提升项目清单》，落实行政执法“三项制度”，顺利通过“七五”普法验收。坚决抓好省委巡视和市委、区委巡察反馈问题整改，倒逼干部主动履职、正确履责。对10个单位18个重点网络平台进行全面“体检”，牢牢掌握意识形态工作的领导权、管理权和话语权。（3）勤政廉政于位。开展审计项目26个、效能督查46次，以零容忍态度严惩群众身边微腐败、关系网、保护伞问题，共处置问题线索102件，立案63件，党纪政务处分63人，做到以案示警。

各位代表，2020年各项工作取得的扎实成效，为“十三五”收官作出了积极贡献。回顾过去五年，我们着力实施石化倍增、港口振兴、产城融合、质量民生、服务提升五大行动计划，经济社会发展在更高的起点上提级进位、跨越前行。主要成效体现在“三个最”：

——*最长远的影响是产业提速、质量提档，泉港更具活力*。加快“135”产业体系协同发展，形成搬不走的产业优势。（1）区域经济呈现“节节攀升”势头。坚持把项目建设作为主抓手，五年累计征地征海1.05万亩、搬迁房屋591.9万平方米，建成投产重点项目226个、总投资410亿元。在项目的带动下，区域经济节节攀升，2015—2019年GDP连续突破300亿元、400亿元、500亿元、600亿元、700亿元大关，综合实力位列全国工业百强区，泉港石化园区连续8年跻身中国化工园区20强。（2）产业结构形成“四链一体”格局。产业链延长壮大，石化产业产值突破千亿量级，食品饮料产业产值达百亿规模。价值链初具雏形，基本建成“一基地五中心”物流贸易体系，泉港关区与“一带一路”25个国家的进出口额约占全省1/4。科技链有力支撑，建立省级清源创新实验室，“两院四中心”全面投用，连续两年上榜全国科技创新百强区。循环链持续完善，热电联供、火炬气回收等项目投产运营，循环化改造示范试点工作走在全国前列。（3）营商环境打造“马上就办”样板。全省首创政务服务24小时“不打烊”便民模式，率先实现“4029”快速审批，营商环境指数绩效考评全市第一。实施“双创泉港”战略，五年新增各类市场主体2.8万家，新增各类人才5.7万名，超过建区来前十五年的总和，泉港正在成为企业竞相置业的投资热土。

——*最显著的变化是城市变大、形象变美，泉港更加宜居*。把握“扩体量、提品质、聚人气”三条主线，妥善解决“人进城、建好城、管好城”问题。（1）城市发展从“分散”向“聚合”转变。坚持工业进园区、居民进小区，氯碱片区整体搬迁全面启动，石化安控区建设进入扫尾攻坚。总部经济区和荷池、龙山片区等组团式开发，建成47个现代小区，新开工房地产项目建筑面积455万平方米，是“十二五”时期的2.2倍，建成区面积扩大到20平方千米，城镇化率从48.3%提升至55%。（2）市政配套从“补短”向“精致”提升。实施综合交通、公共配套、特色小镇、美丽乡村、规划管理“五大提升工程”，推进祥云路、驿峰路、驿坂廊道等28条主次干道建设或改造，加快推进“七镇连通”、口袋公园等一批市政精品，群众实实在在感受到城市在变好。开展农村人居环境整治三年行动，实施农村生活污水治理、厕所革命、垃圾收集转运等专项行动，健全完善市容环卫、市政维护、园林绿化等机制，“两违”工作考评成绩连续三年居全市首位。（3）生态建设从“达标”向“创优”迈进。以系统思维治水治气治土，全面抓好中央和省级环保督察反馈问题整改，取得全区饮用水水质100%达标、入海小流域全面消劣、空气质量考核指标全部达到国家二级标准、土壤污染防治工作成为全省试点等多项成绩。开展高铁高速沿线环境整治，湿地公园建设、坝头溪流域整治等一批重大项目加快推进，辖区多个村居荣膺美丽休闲乡村、文明村、森林乡村、最美渔村、乡村治理示范村和历史文化名村、传统村落、少数民族特色村寨等国家级荣誉。

——最可喜的收获是民生共建、发展共享，泉港更加和谐。实施民生“1+4”补短板、XIN行动等，不遗余力增民享、解民需、保民安。（1）以大投入落实大保障。五年累计民生支出131亿元、占一般公共预算总支出的76.9%，164件为民实事办好办实。提前两年完成脱贫攻坚任务，100%村集体经营性收入突破10万元、60%村突破20万元。实施安控区涉迁村“离土不离村、乔迁利不减”服务管理创新行动，创新推行“互联网+”居家养老助残、“505”微心愿、房票安置、“救急难”等做法，投用中心敬老院，社会保障体系持续扩面升级。（2）以高标准赢得高质量。坚持高位嫁接，与福建师范大学、福建医科大学附属医院开展合作办学办医，泉港区中医医院建成投用，“区管校聘”“府院共办融合型医联体”改革经验成为全国先进典型。投用文化馆、图书馆、方志馆、科技馆，建成一批文明礼堂、百姓书房，基本建成“共建共享共治”的泉港公共文化服务模式。开展平安泉港创建，深化扫黑除恶、强基促稳、打击成品油走私等专项行动，在全省率先建立行政争议调解中心，获评全国法治先进区、省级平安县（市、区）。（3）以新行动激励新作为。开展“两学一做”学习教育、“不忘初心、牢记使命”主题教育，建立健全意识形态分析研判、督查通报机制，全面抓好巡视、巡察、审计等发现问题整改，以政治体检促进强身健体。完成政府机构改革和区属国企整合重组，出台干部绩效量化考评、一线考察干部、单位正职末位淘汰和容错纠错、信访举报失实澄清等制度，激励广大干部新担当新作为。

各位代表！五年来，我们坚定信心，攻坚克难，全区上下形成了全方位推动高质量发展超越的广泛共识和自觉行动，基本完成“十三五”规划确定的目标任务，这是上级党委、政府和区委正确领导的结果，凝聚着全区人民的不懈努力，得益于方方面面的奉献和支持。在此，我谨代表泉港区人民政府，向辛勤工作在全区各条战线上的广大干部群众、企业家和来泉港就业创业人员，致以崇高的敬意！向给予政府工作大力支持的人大代表、政协委员，离退休老领导、老同志，各民主党派、工商联和无党派人士，各人民团体、驻泉港直属单位和全体驻军部队官兵，以及所有关心、支持和参与泉港建设发展的海内外朋友，表示衷心的感谢！

在前进的道路上，我们还面临不少困难和挑战。主要是：（1）财政收支矛盾加大。安控区建设资金缺口巨大，财政“两难”局面将持续存在。（2）要素瓶颈制约明显。当前环境容量受限、用林用海用地政策全面收紧，产业转型、高质量发展超越面临要素保障的挑战。（3）制度建设有待加强。个别干部专业素养、服务能力有待提高，作风建设成果运用有待进一步落实，等等。对于这些问题，我们要增强忧患意识，更加有为地采取措施推进解决。

二、“十四五”总体目标

“十四五”时期是我国开启全面建设社会主义现代化国家新征程、向第二个百年奋斗目标进军的第一个五年。根据区委四届十四次全会通过的“十四五”规划《建议》，今后五年我区经济社会发展的总体要求是：高举中国特色社会主义伟大旗帜，深入贯彻党的十九大和十九届二中、三中、四中、五中全会精神，深入学习贯彻习近平总书记重要讲话重要指示批示精神，坚定不移贯彻创新、协调、绿色、开放、共享的新发展理念，坚持稳中求进工作总基调，以全方位推动高质量发展超越为主题，以深化供给侧结构性改革为主线，以改革创新为根本动力，以满足人民日益增长的美好生活需要为根本目的，主动融入以国内大循环为主体、国内国际双循环相互促进的新发展格局，突出石化高质发展、产城高质融合，坚定不移推进“创新立区、主业强区、港口兴区、生态美区、和谐安区”，实现经济行稳致远、社会安定和谐，为努力建设新时代美好泉港，全面建设社会主义现代化开好局、起好步。“十四五”时期经济社会发展主要目标：坚持目标导向和问题导向相结合，坚持守正和创新相统一，努力实现经济实力实现新跃升、产城融合展现新活力、改革开放打造新样板、精神文明树立新风尚、生态环境塑造新颜值、民生福祉达到新水平、治理体系得到新提升，在全方位推动高质量发展超越上迈出重要步伐。至2025年，全区生产总值年均增长6.5%，提出经济发展、创新驱动、民生福祉、生态文明四大类23项指标。

在“十四五”规划预期目标的基础上，要力争实现“三项突破、三个翻番”：“三项突破”，即到2025年，地区生产总值要突破1000亿元大关，实现人均GDP全市第一；规上工业产值要突破3000亿元（其中，石化产值要突破2000亿元），实现工业亩均产值全市第一；一般公共预算总收入和海关代征增值税要突破300亿元，实现人均财税收入全市第一。“三个翻番”，即实现居民人均可支配收入比2015年翻一番；实现新兴服务业增加值、高端人才总量比2020年翻一番。致力打造“三个标杆”：

——打造全链条产业标杆。遵循习近平总书记“做足石化产业文章，大力发展港口经济”的嘱托，规划建设高端电子化工产业集群，延伸发展乙烯、丙烯、芳烃等石化产业链，构建完善“四链一体”产业生态圈，打造国内一流、国际领先的绿色石化基地；推进码头、仓储整合发展，完善“一基地五中心”配套，依托港后区建设粮油食品加工产业园，提升港航物贸能级。整合提升“两院四中心”，完成清源创新实验室建设，打造集科技创新、产学研对接、人才培养、质量检验检测为一体的科技服务高地。推动营商环境制度化建设、科技化提升、互联网运用，致力“全天候、宽领域、自动化”政务服务，让泉港成为企业和人才离成功最近的地方。

——打造融合型城市标杆。融入泉州“一湾两翼三带”空间格局，加快新片区建设、城中村改造，建成区面积扩大至22.5平方千米，城区人口达24.7万人，城镇化率提高至60%。完成石化安控区征迁、氯碱片区搬迁，彻底解决“厂村混杂”问题。着力解决“堵、挖、涝、停、扰”城市病，营造“乡村振兴+交通畅行+业态高端+城市智慧+共建共治”等五大场景的现代化未来社区。大力开展城市“双修”、城市展示面建设，切实保护山水林田湖草沙生态本底，传承城市历史、文化、肌理，布局发展生态旅游、健康养生、休闲农业，建设宜居宜业宜游美丽家园。

——打造高质量民生标杆。持续推进“四心”工程和民生“XIN”行动，健全完善就业、低保、安居、救助、养老五大保障体系，推进区管校聘、医联体、文化之乡等更多亮点在泉港先行先试、成为样板，实现公共资源从“过得去”向“过得硬”转变。深化平安泉港、法治泉港创建，全面推行社会治理网格化，进一步打通“强基促稳”“最后一千米”，建设更高水平的平安泉港。坚决守住石化基地安全和环保生命线，推进绿色发展。

三、扎实做好2021年工作

五年看三年，三年看头年。2021年经济社会发展预期目标为：全区生产总值增长8%，农林牧渔业总产值增长1%，工业增加值增长8%，建筑业增加值增长8%，第三产业增加值增长8%；一般公共预算总收入增长6%，一般公共预算收入增长6%，固定资产投资增长8%；实际利用外资增长持平，出口商品总值增长7%；社会消费品零售总额增长8%，居民人均可支配收入增长7.5%。重点做好“五个聚力”：

（一）聚力创新创业，争当高质量发展超越“排头兵”

心无旁骛做实业是本分，也是全方位推动高质量发展超越的关键。要在高基数下跑出“加速度”，我们将重点把握三个关键：

1.产业链：这是优势，也是实力。（1）突出强链补链。开展“项目攻坚2021”，力争新开工项目42个、竣工投产40个，全年完成投资225亿元以上。攻坚一批核心技术，加快补齐研发设计、现代金融、法务、会计、结算平台等薄弱环节，引导工业企业剥离发展服务业，构建全链条产业生态圈。（2）完善载体平台。抓好石化园区道路、绿化、综合管网等7个在建项目和公共污水管、高边坡防护等5个项目前期，增强综合承载力。加快肖厝作业区、鲤鱼尾作业区泊位及仓储和湄洲湾航道四期建设，鼓励企业新增车船落籍和外挂车船回迁，完善提升现代物流体系。（3）突出梯队培育。推动龙头企业就地增资扩营、留根扩能，建设垂直供应链体系。开展中小企业对标“精益之旅”，推进“个转企”“小升规”“规改股”“股上市”，新认定一批“专精特新”企业、“小巨人”企业。

2.创新力：这是核心，也是潜力。（1）激活创新驱动。加快清源创新实验室、石化科技众创园建设，完善“研发—孵化—加速—产业化”链条，推动更多技术成果、孵化项目落地转化。实施重点技改项目12个以上，新认定高新技术企业5家以上、市级“数字化车间”2个以上，力争8个项目列入省级两化融合重点项目。（2）突出数据赋能。落实数字经济赶超行动工作清单，推进移动无线网络工程、泉港5G新基建项目建设，实现乡镇5G网络覆盖75%以上。大力推广“互联网+”应用，引导10家企业“设备上云”“流程上云”，培育一批智慧企业、智慧工厂。（3）打造人才高地。扩大企业自主评价高层次人才试点范围，认定各类高层次人才150人以上。引导企业对接高校职校，开展委托培养、顶岗实习等多形式合作，培育更多技能型实用型人才。完善高层次人才子女入学、津补贴、医疗健康、住房保障等政策，精准优化人才服务体系。

3.机制活：这是保障，也是活力。（1）前期要快。全面推行受审分离“一号一窗一网”改革，实施行政服务中心及交易中心硬件提升工程，出台代办工作考核制度，开展第三方测评监督，完善中介组织管理办法，提高服务满意度。深化“互联网+政务服务”，基本实现政务数据中心整合和政务数据全量汇聚。（2）要素要保。建立闲置厂房空间数据库，运用供、用、盘、撤4种模式，清理批而未供土地500亩和闲置土地300亩以上。持续开展“一线协调•银企直通”，推动银税互动、云电贷、线上信用贷等增户扩面，改善面向制造业、中小微企业的金融服务供给。发挥政策性融资担保机构作用，用好企业应急周转金，加快重点企业破圈解链、不良出清，持续压降不良率。（3）服务要优。常态运用电视专栏、惠企政策微信群等平台，多形式、多载体开展“送政策进园区、进企业活动”。落实区处级领导联系服务规上企业机制和企业接待日制度，实施“点对点”精准帮扶。

（二）聚力品质品位，做好高质量产城融合“大文章”

主动融入泉州“跨江发展、跨域融合”战略，强化精致建设、精细管理、精心维护，让城市更具颜值、更富活力、更加清新。

1.推动城市能级跃升。（1）推进新一轮城市拓展。加快福厦客专泉港段、站前广场及其配套设施和下穿福厦客专通道工程建设，开展国道228线泉港段改线工程前期工作，推动联十一线和国道228线泉港段与沈海高速扩容二期“三线”共线实施，规划“泉港北接仙游、南连市区”的城市快速中通道，构建城市快速交通圈。推进园区、镇区、小区配套道路建设，完善区间路网。完善“一镇（街道）一枢纽站”建设和接驳换乘系统，提高通行效率。（2）推进新一轮城市更新。实施城市街景、绿景、夜景、水景“四景”提升工程，推进116个城建项目，统筹布局夜间经济、新零售等业态，培育一批地标性商圈、高品位街区。（3）推进新一轮管理提标。完成国土空间规划编制，启动电力、地下管廊、市政工程以及公共设施等专规和中心城区单元控规编制，实现规划管理全域覆盖、全要素管控。开展市容市貌、交通秩序、农贸市场等专项整治，推进垃圾分类投放、收集、处置。

2.用心守护生态环境。（1）完善环保基础设施。完成七镇连通工程建设，力促北部城区、城区涝点、滨海干道等排污管道投用。启动污水处理厂二期建设，推动污水处理能力、出水水质提升，实现建成区污水处理率95%以上。（2）推进污染全域治理。加快石材加工行业转型提升，实施臭氧污染精准防控，建设石化园区监控点空气自动监测站，保持空气质量优良率95%以上。严格落实河（湖）长制，实施河道清淤疏浚50千米以上，加强陆源入海排污口整治，确保主要小流域水质稳定在Ⅲ类以上，城市建成区黑臭水体得到消除。完成重点区域、行业土壤和地下水调查，督促落实氯碱片区土壤检测和修复，健全污染地块联动监管机制。（3）打造绿色生态空间。开展“全民动员、绿化泉港”活动，植树造林2000亩以上，治理水土流失2000亩以上。加快郭厝溪、坝头溪流域整治和菜堂湿地公园、岩山公园慢道一期工程建设，建成植物园二期，打造城市亲水系统、慢性绿廊。

3.加快建设文化强区。（1）以文化彰显底蕴。实行“古村、古街、古厝”挂牌保护，开展文物火灾隐患和消防能力提升三年行动，建设文保单位电气线路套管敷设及智慧用电系统，完成三普文物点保护范围划定及定线落图。创新活态传承，做活展演展示，让文化融入城市、走进生活。（2）以文化激发活力。深化国家公共文化服务体系示范区创建，实施文化惠民“暖心”工程、图书馆提升工程，举办第九届全民健身运动会，开展文艺精品公益性演出百场以上。支持发展创意设计、工艺美术、游学亲子等业态，以“福船”“浮粿”“红团”为创作原型打造泉港IP和特色文创产品，促进文化与产业深度融合。（3）以文化涵养精神。弘扬社会主义核心价值观，拓展新时代文明建设中心、文明礼堂建设，常态化开展宣传教育、志愿服务、移风易俗等活动，推动文明城市常态化、制度化创建。加强红色文化遗址保护利用，提升城市展馆展示内涵，讲好泉港故事、涵养泉港精神。

（三）聚力基层基础，筑牢高质量乡村振兴“压舱石”

按照“五大振兴、三个全面”总要求，加快推动资源要素向农村流动、新型基础设施向农村延伸、公共服务向农村覆盖。

1.让乡村更富饶。（1）深化农村体制改革。用好农村集体产权制度改革和土地确权成果，支持村集体组织通过租赁、承包、联合经营等方式盘活资源资产，重点扶持集体创收项目10个。完成村级组织换届选举工作。（2）壮大特色现代农业。推进涂岭休闲农业基地、界山现代农业生态产业园规模化集约化发展，新建高标准农田5000亩以上。建设诚平二级渔港、肖厝-惠屿新型塑胶网箱养殖示范基地，全面推动食用水产品源头赋码，实现产地准出与市场准入相衔接。落实粮食安全行政首长责任制，执行最严格的耕地保护制度，确保稳产保供。（3）强化示范引领带动。实施新型农业经营主体培育工程，壮大农民专业合作社，扶持一批涉农电商企业、电商带头人发展。完善以科技特派员为主体的科技服务体系，实施农村青年创业致富“领头雁”培养计划，培训农村实用人才1000人次以上。

2.让乡貌更美丽。（1）设施短板要“补”。实施农村公路新改建8千米、养护专项工程2.5千米，持续创建“四好农村路”示范镇、示范村。加快推进陈田至泗洲、菱溪至泉港等引调水工程，实施8个农村自来水改造，保障农村供水安全。（2）人居环境要“整”。深化“三清一改”“一革命四行动”，推进规模化畜禽养殖污染防治，实现农村卫生厕所全域覆盖、垃圾和污水全域治理；首批建设16个乡村微景观和一批小型停车场、体育设施等公共空间，打造集中连片示范典型村10个以上。（3）乡村旅游要“育”。坚持一村一特色，推进惠屿岛、土坑历史文化街区等项目招商，深化实施乡村记忆文化项目建设，打造省级乡村旅游村。完善“食住行、游乐购”全链条，投用福安洲际酒店、希尔顿欢朋酒店，推进西部旅游道路建设，培育文旅特色街区，推出研学教育实践旅行、红色旅游等特色线路，推动“一日游”向“过夜游”提升。

3.让乡风更文明。（1）以德治“春风化雨”。用好道德讲堂，持续开展好人推荐评议等活动，注重发掘基层一线、身边群众的好人好事，力争更多典型入选中国好人榜、福建好人榜。深化文明礼仪养成教育、文明交通等行动，整理一批家规家训，推出一批乡风文明创建试点，力争50%以上村镇成为文明村镇。（2）以法治“定分止争”。启动“八五”普法，加强《中华人民共和国民法典》宣贯。开展“百村解千难”活动，加强信访法治化建设，提高初信初访办理质效。推行“网格化+调解”“网格化+职能应用”社会治理模式，发挥好微网格公众服务平台作用。（3）以自治“激发活力”。强化村规民约作用，推动95%以上的行政村（社区）建立红白理事会、村民议事会、道德评议会、禁毒禁赌会，充分发挥自治组织和关键人群示范带动作用，力争群众对移风易俗满意率95%以上。

（四）聚力共建共享，织密高质量民生普惠“保障网”

坚持把近八成的财力投向民生领域，加强普惠性、基础性民生建设，把高质量发展更多体现在高保障民生上。

1.强化兜底落实基本民生。（1）完善社会保障。全面落实防止返贫监测和帮扶机制，为特困、低保人员和孤儿等群体购买人身意外伤害保险，实现防返贫、控新贫、稳脱贫。开展劳动力培训3000人次以上，促进征迁群众、农民工、失业人员充分就业创业。完善城乡低保标准动态调整机制，进一步提高城乡居民保基础养老金和征地人员养老保障金标准。建立镇（街道）临时救助备用金，救急难型救助实行先行救助、后补手续，确保救助资金5个工作日内到位。设立劳动人事争议仲裁法律援助服务站。（2）解决急难愁盼。落实14项31件为民办实事项目，确保当年议定、当年完成。完善食品“一品一码”追溯体系，分类分批落实学校食堂自主经营，确保“舌尖上”安全。开展小区物业专项整治，做好公租房动态配租、保障性安居工程建设。加快泉港公交综合车站建设，整治驿峰路坝头路交叉口等事故多发点、易堵点。（3）实施关爱行动。实施中心养老院改扩建，新建4个居家养老服务站，健全居家社区机构相协调、医养康养相结合的养老服务体系。投用儿童福利院，新建儿童之家5个、提升22个。落实妇女“两癌”免费筛查和关爱女孩“五项工程”。

2.扩容资源打造质量民生。一方面，要实施教育优先战略。加快福建师范大学泉港实验小学建设，继续推进泉港五中、三朱学校和第二实验小学教育集团和星校区扩建等17个项目建设，推动教育资源扩容提质。巩固提高幼儿园公办率、普惠率，做到“入园不难、入园不贵”。复办泉港区职业中专学校。完善教师队伍“区管校聘”管理机制，激发教师队伍活力。坚持立德树人，重视青少年身体素质和心理健康教育，完善德育一体化协同育人机制。另一方面，要增进群众健康福祉。加快泉港区医院病房大楼2#楼及附属配套设施工程、泉港区医院门诊医技综合楼及附属配套设施工程、泉港区医院传染病大楼等项目建设，新增住院床位350张以上。毫不放松抓好“外防输入、内防反弹”工作，坚决落实常态化疫情防控各项措施，加强疾控中心及二级医院实验室检验检测设备配置和能力建设。实施基层医疗卫生设施和设备完善工程，健全乡村卫生服务一体化建设和管理。

3.创新治理构建和谐民生。（1）实现更高标准的安全生产。深入推进安全生产专项整治三年行动，持续开展消防、道安、房屋安全、企业生产等重点领域、重点行业安全隐患专项整治，建立“政府购买服务、专家查找隐患、企业抓好整改、部门督促销号”闭环管理机制。基本完成石化安控区范围群众搬迁。督促加快氯碱片区搬迁，确保年底前氯碱公司所有装置去功能化和场地、管道及装置内危化品清理干净。（2）建设更高水平的平安泉港。加强智慧警务建设，实施“雪亮工程”五期与人脸识别系统项目，继续为群众免费购买社会治安综合保险，健全社会治安综合治理体系。全面完成“强基促稳”三年行动，扎实推进治重化积三年行动，建立健全扫黑除恶长效常治机制，重拳整治毒品犯罪、电信网络诈骗等违法行为。（3）构建更高层次的治理体系。坚决落实意识形态工作责任制。建设区融媒体中心综合服务平台，推进媒体深度融合。争创双拥模范城“六连冠”。支持工会、共青团、妇联在创新社会治理中发挥作用，加强外事、侨务、海防、档案、民族宗教、国防动员等各项工作。

（五）聚力敢拼敢赢，彰显高质量为民服务“新作为”

推动泉港经济社会发展，政府全体人员必须从自身做起，坚持执政为民、忠诚履职、勤勉尽责，努力建设人民满意的政府。

1.建设担当政府。（1）旗帜鲜明讲政治。坚持用习近平新时代中国特色社会主义思想武装头脑、指导实践，增强“四个意识”、坚定“四个自信”、做到“两个维护”，不折不扣贯彻落实上级党委政府和区委各项决策部署。（2）强化执行抓落实。认真执行区人大及其常委会决议决定，依法接受人大监督，自觉接受政协民主监督和各方面监督，认真办理建议提案。动态梳理政府权责清单，做到不缺位、不越位、更到位。（3）完善机制促活力。落实鼓励激励和能上能下机制，严格执行绩效量化考评，以实绩为导向，让实干者得实惠。完善容错纠错会商和诬告陷害行为联动查处机制，更好地为担当者担当，为负责者负责。持续为基层减负，整治“文山会海”，让一线干部集中精力服务群众、推动发展。

2.建设实干政府。（1）推行清单化管理。持续落实“一图一表”“周协调、月调度、季小结”“半小时工作法”“亮灯发函”和指挥部管理等好的机制，对政府工作进行项目化、清单化管理，深入开展突破“难、硬、重、新”工作行动，让“马上就办、真抓实干”见清单、见行动，以成果说话、以实绩交卷。（2）提升干事真本领。全面增强履职担当八项本领、七种能力，不断提升科学谋划的前瞻性和精准度。坚持学以致用，注重在项目一线、风险防控、资金争取等关键岗位锤炼干部，切实提高干部斗争精神、专业素养和综合素质。（3）当好法治践行者。严格执行《福建省行政执法条例》，深入推进行政执法公示、执法全过程记录、重大执法决定法制审核三项制度落实。加强府院联动，做好行政复议、行政应诉工作，落实公众参与、风险评估、合法性审查、信息公开等机制，把政府工作全面纳入法治轨道。

3.建设廉洁政府。（1）坚持制度为先。落实政府党组全面从严治党主体责任，完善工程建设、公共资源交易、政府采购、国有资产管理等领域廉政监督机制，实现用制度管人管权管事。加强农村集体“三资”监管，建立村级财务审计常态化机制，拓宽“阳光村务”公开渠道。（2）坚持正风肃纪。强化行政问责和效能监察，坚决纠正教育医疗、生态环境等各领域损害群众利益的不正之风。深入落实中央八项规定及实施细则精神，不折不扣抓好各级巡视、巡察和审计监督反馈问题整改落实。（3）坚持节用裕民。稳妥化解债务存量，有效降低政府债务风险等级。精打细算过“紧日子”，严控“三公”经费等一般性支出，强化预算刚性约束，把有限的财政资金优先用于支持重点建设和民生改善。

各位代表，行胜于言，落实为要。让我们坚定以习近平新时代中国特色社会主义思想为指导，在上级党委政府和区委坚强领导下，紧紧依靠全区广大人民，共同书写美好泉港建设新篇章，以优异的成绩迎接中国共产党成立100周年！

附：名词解释

1.**“六稳”“六保”**：即稳就业、稳金融、稳外贸、稳外资、稳投资、稳预期；保居民就业、保基本民生、保市场主体、保粮食能源安全、保产业链供应链稳定、保基层运转。

2.**打通“五难”操作链**：即打通企业用工难、疫情防控难、交通物流难、供应链协同配套难、市场拓展难等“五难”操作链。

3.**“三个三”服务跟踪**：即“三个一、三包干”“三种地方、三标识”“三类人员、三闭环”服务企业复工复产工作机制。

4.**“四色法”智慧督查考评**：即将所有发现问题用“红色、橙色、黄色、绿色”通过定位在地图上展示，分别代表“未受理、处理中、超期未处理、已处理”。

5.**“505”微心愿**：即在全区101个村（居）各征集5个贫困家庭的微心愿，共505个，通过网上发布、志愿者认领，帮助实现其微心愿。

6.**“雪亮工程”**：即以县、乡、村三级综治中心为指挥平台、以综治信息化为支撑、以网格化管理为基础、以公共安全视频监控联网应用为重点的“群众性治安防控工程”。

7.**“1+7+N”矛盾纠纷多元化解机制**：“1”即建设区矛盾纠纷多元化解中心；“7”即建设7个镇（街道）分中心；“N”即建设101个村（社区）矛盾纠纷多元化解工作室。

8.**“135”产业体系**：即推动石化主导产业高端发展，港口物流业、粮油食品、新材料三大支柱产业集聚发展，特色现代农业、文化旅游、现代服务业、房地产业、新兴产业五大配套产业规模发展。

9.**“四链一体”**：即以“产业链、价值链、科技链、循环链”为一体的产业生态圈。

10.**“一基地五中心”**：一基地指石化物流贸易基地，五中心指石化产品交易中心、综合信息中心、码头仓储中心、海上航运服务中心、陆地港服务中心。

11.**“两院四中心”**：即福州大学石油化工学院、福建师范大学泉港石化研究院，国家阀门产品质检中心、国家化肥催化剂工程研究中心、福建石化产品质检中心、福建环境友好高分子材料创新中心。

12.**“4029”快速审批**：“4”是指企业开办审批时限压缩至4小时，“0”是指企业开办0费用，“29”是指工程项目审批时限压缩至29个工作日。

13.**“双创泉港”**：即创业泉港、创新泉港。

14.**“七镇连通”**：即打通六镇一街道污水管网，通过北部城区供水和排污管道工程、污水主干管沿途乡镇污水收集及处理工程、城区主要涝点整治项目、滨海干道污水管道工程（峰尾段）等项目，形成“两横两纵”的雨污收集主干体系。

15.**民生“1+4”补短板**：指加快社会事业发展，补齐教育事业、卫生健康、养老服务、城乡民生基础设施等四个领域民生短板。

16.**“区管校聘”**：指将全区公办学校教职工的编制、岗位、绩效工资等原来多头管理的人事关系全部归由区教育局进行全区统筹管理，实现教师从“学校人”到“系统人”的身份转变，打破教师交流轮岗的体制机制障碍，促进教师资源均衡配置。

17.**泉州“一湾两翼三带”空间格局**：一湾，即以泉州、晋江和石狮三大中心城区为主体，发展定位为城市职能培育的主要地区。两翼，北翼即环湄州湾南岸地区，构成主体为惠安和泉港；南翼即环围头湾地区，构成主体为安海、水头。三带，包括战略提升带、战略预留带、战略辐射带。

18.**“四心”工程**：即教育舒心工程、卫生与健康暖心工程、养老贴心工程、民生基础设施安心工程。

19.**“五大振兴、三个全面”**：“五大振兴”是指产业振兴、人才振兴、文化振兴、生态振兴、组织振兴；“三个全面”是指农业全面升级、农村全面进步、农民全面发展。

20.**“四好农村路”**：即建好、管好、养好、运营好农村公路。

21.**“三清一改”**：三清是：清理农村生活垃圾、清理村内塘沟、清理畜禽养殖粪污等农业生产废弃物。一改是：改变影响农村人居环境的不良习惯。

22.**“一革命四行动”**：即农村“厕所革命”、农村垃圾治理行动、农村污水治理行动、农房整治行动、村容村貌提升行动。

23.**“两癌”免费筛查**：即免费筛查宫颈癌和乳腺癌。

24.**治重化积三年行动**：即开展集中治理重复信访、化解信访积案三年行动。

25.**“一图一表”**：即项目前期工作计划图和项目建设计划表。

26.**八项本领、七种能力**：八项本领即学习本领、政治领导本领、改革创新本领、科学发展本领、依法执政本领、群众工作本领、狠抓落实本领、驾驭风险本领；七种能力即政治能力、调查研究能力、科学决策能力、改革攻坚能力、应急处突能力、群众工作能力、抓落实能力。

27.**农村集体“三资”**：指在集体所有制下，农村集体所有的资金、资产和资源。

28.**“三公”经费**：指政府部门人员因公出国（境）经费、公务车购置及运行费、公务招待费产生的消费。

泉港区疫情防控与复工复产两手齐抓

泉港地处泉州北大门，毗邻一湾三县，周边地区多点爆发，且本土具有闽南习俗、莆仙习俗、惠北习俗，民俗多、交流频，输入风险高，防控压力大。2020年，新冠肺炎疫情发生后，泉港区贯彻落实中央、省委、市委疫情防控部署，成立泉港区新型冠状病毒感染的肺炎疫情应急指挥部，迅速行动、精准施策、科学防治，成立172支突击队、先锋队、服务队等，抽调454名优秀干部驰援防控一线，保持指挥部运作机制不放松，区、镇、村三级全面处于战时状态，疫情防控与复工复产两手齐抓。

泉港区作为福建沿海经济较发达县市区中少有的“零疫情区”，通过创新“计时排查法”“邀约督查”“国际采购组”，建立企业复工复产“三个三”工作机制，采取“五个一”做法，倡导“泉港人在泉港就业最安全、泉港企业招泉港工人成本最低廉”，推动“无疫”复工复产。截至2021年2月24日，全区规上工业企业94家，复工93家、复工率98.9%、复产率99.2%，居全省、全市各县市区前列。大中型商贸企业111家，复工110家、复工率99%；限上商贸企业45家，开工44家（1家系疫情前停产），开工率97.8%。农业企业复工率100%。省市重点项目已复工10个、复工率100%；区级续建重点项目115个，复工108个、复工率93.9%。

一、严格疫情防控

（一）加强重点场所管控。民政部门对殡葬服务机构、城乡社区、社会组织等窗口的疫情防控工作分3个工作专班，细化实化防控措施，严格执行各项防控工作制度，履行疫情监测和报告责任。司法部门对刑满释放人员和社区矫正人员建立出市出省台账，通过线上线下等方式与监狱、乡镇（街道）沟通，做好疫情防控期间刑满释放人员衔接安置工

2020年2月8日，泉港在辖区各大交通要道设置检查站，全方位布控，严防死守。图为驿坂高速出口检查站　　（连键刚　摄）

作。公安分局结合本地疫情防控情况，按照“科学冷静、循序渐进”的原则，统筹做好疫情常态化防控和大型群众性活动安全许可和摸排指导工作。制定“痕迹化”排查流程图，利用“大数据”全面分析核实流入人员，建立1小时内迅速“定格”、2小时内精准“找人”快速反馈机制。发挥基层社区网格化管理，组建242个排查小组，对全区222个住宅小区“拉网式”访查、登记，加强对常住人口、流动人口和重点人群的分类管理，掌握流动人口数据，落实中高风险地区入区人员管控措施。指导各医疗卫生单位规范设置发热门诊，落实预检分诊、发热门诊，强化对流感样病例和不明原因肺炎病例的监测、排查与报告管理。依据社区疫情传播情景，选定泉港合众医院作为泉港区医院传染病区，按规范进行改造，匹配相应医疗救治设备和医务人员。各类学校优化调整寒假放假、春季开学时间，安排学生分批次有序放假离校、开学返校。提前制定期末、寒假及春季开学工作方案，做好线上线下教育教学安排、居家学习安排等预案，加强全体师生员工及家长宣传教育。倡议在泉港工作、就学的外地师生员工就地过年，帮助解决生活困难。对寒假期间外地师生员工返乡情况详细摸排，建立台账，提前做好报批、健康监测和防控指引等管理工作。

（二）落实重点人群管控。组建街道、村（社区）、包组疫情防控三级网格员队伍，进村入户对国内中高风险地区人员摸排核查、信息反馈，做到“大走访+细排查”全面摸底、“大数据+土办法”深度摸排、“大动员+敢处置”不留遗漏，按照要求落实相关管控和健康管理措施。落实境外入区人员分类管理措施，截至2021年1月13日，累计境外入区2042人，全部完成核酸检测，结果均为阴性。深化实施“百名警长进百村”行动，结合海防监控轮巡、高清探头盯防及传统巡防等方式，加强对全区海岸线进行24小时监控，对可能发生偷(私)渡的村居、港澳口、交通要道等敏感部位加强布控，未发现各类疑人、疑船、疑物，严防非法入境人员入境。截至2021年2月28日，靠泊境外船舶355艘次6649人次，无异常情况。发布通告要求在外的尤其是国外和国内疫情中、高风险地区的泉港乡亲尽量留在当地过年，确需返乡的应主动提前向目的地村居（社区）报告，动员1000余名外出人员留在当地过节；落实来自高风险、中高风险地区人员集中医学观察、核酸检测、居家健康管理等举措。倡议在泉港企业务工人员留在泉港过年，非必要不返乡，动员2884名外地员工留在本地过年。

（三）实施“人物同防”。落实重点人群“应检尽检”，落实扩大新冠病毒核酸检测范围，加密核酸检测频次。截至2020年10月28日，摸排各类“应检尽检”人群17865人，完成各类人群核酸检测27317人次。加强进口冷链食品防控，成立区进口冷链食品疫情防控专项工作小组，全面排查进口冷链食品生产经营单位底数，接触进口冷链食品从业人员落实一周一次核酸检测。截至2020年11月1日，检测进口食品从业人员272人次进行核酸检测，检测率100%，未发现阳性。对所有进口冷链食品拆装进行全覆盖采样检测，截至2020年11月3日，共采集进口冷链食品样本4498份，核酸检测结果均为阴性；进口冷链食品外环境核酸检测3865份，核酸检测结果均为阴性。组织市场监管局、交通运输局、商务局、卫健局开展联合行动，各市场监管所加大力度检查辖区冻品市场，其间共出动执法人员408人次，检查冻品生产经营户178家次，责令整改4家，立案3起，罚没款3.215万元。成立新型冠状病毒疫苗接种工作领导小组，按照职能分工下设6个工作小组，制定新冠疫苗紧急接种方案，指定仁爱医院、南埔镇卫生院、涂岭镇卫生院3家医院作为疫苗接种单位，指定泉港医院作为疫苗异常反应救治医院。全区每日最大接种量810人次，根据后续疫苗接种需求增设4个预备接种点。截至2020年12月24日，全区累计摸底各类重点人群6971人，涉进口冷链食品的口岸一线海关检验检疫人员，口岸装卸、搬运、运输等相关人员，集中隔离医学观察场所工作人员3类人员摸底140人。截至2021年1月13日，完成重点人群接种1300人次。

（四）提升防控能力。依托福建医科大学附属第一医院优质医疗资源，确定泉港区医院为全区新型冠状病毒感染的肺炎救治定点医院，组建由22名区医院医疗专家组成的医疗救治临床专家组，负责全区新型冠状病毒感染的肺炎医疗救治工作。指定泉港合众医院为新型冠状病毒感染的肺炎救治传染病区，新增可用隔离病房30间，组建22名由全区各医疗机构骨干医护人员组成的区级医疗救治应急队，需要时进驻泉港合众医院。根据全区疫情规模，按照1名本地确诊病例需要100间房间的标准。在原有集中医学观察点（47间住宿用房）基础上，预备泉港酒店（房间128间）作为预备隔离场所。按照“实物储备、合同储备、产能储备”相结合方式进行应急防护物资储备，截至2021年1月14日，全区库存各类口罩294600个、医用防护服5937件、84消毒液4372瓶、酒精消毒液2559瓶、免洗消毒液2084瓶、隔离面罩3646个、隔离眼罩891个、隔离衣7868套；库存治疗药品α干扰素1200支、阿比多尔450支、甲泼尼龙1800支、连花清瘟口服液180盒、核酸检测试剂28608份、呼吸机24台。区卫健局配合区商务局完成393.25万元重点应急医疗物资的储备采购合同签订。

二、推动复工复产

（一）做好排查管控。线上创新“计时排查法”，制定“痕迹化”排查流程图，利用“大数据”全面分析核实流入人员，建立1小时内迅速“定格”、2小时内精准“找人”快速反馈机制，形成一张严密“管控网”。线下实施“网格大排查”，按照网格化组建242个排查小组，对全区222个住宅小区“拉网式”访查、登记，建立流动人口大数据，做到“小区不漏户、户户不漏人”。仅两天多就摸排小区房屋944幢21353套（间），排查群众6万多人，查出漏管流动人口450人。倡导移风易俗新风尚，共劝阻不办“红事”1625场次、简办“丧事”201场次、停办“佛事”778场次，迅速处置平息外地传导到泉港的“抢粮风波”。以疫情防控为契机，进一步规范“村规民约”、建立“物委会”。

（二）落实双向督查。成立企业疫情防控责任落实督查组，由区领导带队，纪委监委、生态环境、市场监管、公安分局等9个部门联合组成7个督查组，通过发邀约函、见面约谈，对全区190家规上企业和涉及重点疫区员工企业全覆盖走访督查，明责任、提要求。要求企业凡是来自或经停疫情重点地区人员及其密切接触者，所在企业必须第一时间登记报备，必须签订健康管理责任书，必须设立专门区域进行隔离并指派2名员工跟踪服务。同时，针对子女在泉港就读的涉疫地区人员，建立教师“1对1”联系服务机制，做好劝返思想工作和自我防疫工作。

（三）“多媒”联动宣传。坚持三个层面加强宣传。依法依规发布13号通告，由执法部门对疫情防控措施进行详细解读。发动群团组织向企业家发出倡议书，让企业认识疫情危害性和严峻性。发动“大V”、电视、微博、微信、“村村响”等一切媒体宣传，结合泉港多方言特点，录制闽南话、头北话、界山话版本防控须知，编撰推送“三句半”“顺口溜”等科普短视频，让广大群众“管住自家门、管好自家人”。

（四）物资保障强化。成立国际采购领导组，多渠道发动购赠医疗物资。启用全市首批新型冠状病毒核酸检验实验室，实行市场供应保障日调度机制，仅3天率先启动公众在线预约口罩，共7批次、12.8万只、服务群众2.56万人、累计点击量103.4万人次。组织20家餐饮企业开展集体配供餐服务，累计提供超30000份。发挥石化产业基地优势，实施全产业链复产，协调联合石化、湄洲湾氯碱等企业，加紧口罩、消杀剂等防控物资原料生产，满足下游企业生产需求。创新开通“农超对接”应急直通车，5天内化解禾兴农业鸡蛋滞销60多万斤，对接海西农业滞销辣椒33万斤。开通物流运输“绿色通道”，加强对物资车辆和人员“健康管控”，确保区内企业原料运得进、产品输得出。全区28家普通货物运输、9家危化运输、3家水运企业全部在连续运作。成立组织纪律工作组，开展“一线督查”，建立问题清单，实施“黑名单”制，压实各基层党组织责任，防止层层设置“障碍”，简单搞“一刀切”。成立172支突击队、先锋队、服务队等，抽调454名优秀干部驰援防控一线，制定防控一线考察识别干部措施，出台村“两委”干部、老协会专项绩效奖励办法。

（五）精准服务企业。坚持“企业现实防控力与复工复产生产力相匹配”原则，制定“三个一三包干、三个一三标识、三人员三闭环”（“三个一三包干”即由10名处级领导、14名部门“一把手”组成1个工作专班，分8个区域每个区域组建1个服务跟踪组，为每家企业指派1名以上专门网格员入驻服务督导，对企业创造条件复产复工、企业复工健康管理、企业健康监督实行“三包”；“三个一三标识”即在企业每一个车间、每一间食堂、每一间宿舍分别设置疫情防控规范标识，对企业生产、员工用餐、员工住宿等各项防控要求作出具体规定；“三人员三闭环”即实施驻厂工人闭环管理、驻厂外工人闭环管理、运输车辆人员闭环管理）工作机制，打通企业复产复工“操作链”。坚持“一难一策、一事一策、一业一策、一企一策”的“四个一”措施，出台打通“五难”操作链实施方案、支持中小微企业“16条措施”、扶持个体工商户“7方面办法”，引导企业建立“一日一会商一决策”制度，通过不抽贷、到期续贷、利率优惠等形式，保障生产要素供给，帮扶企业纾解困难、尽快复产。倡导“泉港人在泉港就业最安全、泉港企业招泉港工人成本最低廉”，鼓励企业优先聘用本地工人，引导返乡人员本地就业，实现企业用工和群众就业“双赢”。创新成立疫情缺工服务中心，精准对接企业复工复产后用工需求，引导企业通过网络招聘缓解用工缺口。

泉港区总工会推行“131”模式助力石化产业技能人才成长

2020年，泉港区总工会聚焦区委区政府中心工作，创新推行石化产业技能人才培养“131”模式，通过搭建石化技能人才成长平台，补齐石化产业工人成才渠道狭窄、引领提升乏力、激励保障不足等短板，持续提升职工技能水平、增强就业能力，以稳就业、稳队伍助力稳产业、稳发展，为全区石化产业高质量发展注入人才动能。

一、完善“1”套机制，源头培育技能人才。积极完善技能竞赛、学历提升和服务保障等一套机制“组合拳”，加速技能人才的培养、提升，更好地反哺产业发展。一是健全技能竞赛机制。出台《泉港区职工劳动和技能竞赛组织管理暂行规定》，建立“集中+分散”的竞赛机制，开展区、镇（街道）、企业多层级竞赛活动，通过层层选拔、集中决赛等方式，广泛组织石化行业工人同台切磋、比拼技艺，在“实战练兵”中发掘和培养一批工匠型、技能型和创新型技术人才。启动为期1年的石油化工行业大练兵活动，评出第一阶段包括钳工、电气维修、电气运行和仪表维修4个工种“学习标兵”12名。二是探索学历提升机制。积极探索学历提升补助机制，开展全区职工技能“大培训”活动，通过工会自主举办、与企事业单位联办、动员职工自行参与等方式，为企业职工提供便捷培训并给予经费补助，动员一线职工通过电大参与“求学圆梦”学历提升行动，探索与福大石化学院合作设立产业工人职业教育基地，开展学历提升、技能培训和综合素质提升项目，让工人既有技术“底气”，也有学历“本子”。对符合条件的职工将连续3年给予补助，标准为1000元/学年・人，全年培训5298人。三是完善服务保障机制。出台《泉港区劳模评选管理办法》，制定“泉港金牌工人”评定方案，每隔3年评选表彰“泉港工匠”，对获评各类先进荣誉的产业工人，积极向上申报优秀人才，及时获得财政奖励以及住房补贴、子女就学等配套政策，让优秀产业工人有上升通道，激发干事创业热情。第一至第五层次人才每人每月可获工作津贴1000～7500元，选择在泉港购房可获补贴3万～80万元；为第一至第三层次人才提供免租金人才公寓。

二、建好“3”个基地，打通技能提升通道。通过企地工会共建共享工作机制，联合企业推行“劳模+基地”模式，打造集“仪器仪表+安全体验+生产培训”为一体的综合实训基地，全链条打通技能提升通道。一是技能实训基地。依托全国劳模张肇宏创新工作室，在全省首创石油化工行业职工技能实训基地，主要用于开展仪器仪表等装备技能实操培训。基地总占地2000平方米，拥有一支60多人的教学团队，仪表仪器培训设备69套（台）总价值高达1000余万元，可同时容纳200人进行理论培训课，100人开展实操训练。全年开展各类培训55场次，参与职工1000多人次。二是安全教育基地。依托省劳模黄小滨安全工作室优势资源，联合建立全区石化行业职工安全教育基地，通过“体验+培训”模式，分时段、分批次组织职工参加安全实践活动，有效提升石化行业职工安全技能。工作室开设机械伤害等体验项目7个，可举办高空作业、临时用电、现场急救等实操培训项目7个。三是生产培训基地。依托市劳模、泉州工匠吴良江创新工作室，利用联合石化整条闲置生产线，组建生产技能实操培训基地，集培训教学、竞赛比武、应急演练、成果展示等功能为一体，实现对生产模块各流程培训的全覆盖。基地下设加热炉、压缩机、机泵和综合设备4个培训小组，组织新员工岗前培训42名、生产培训5场次72人。

三、引领“1”群劳模，推动技艺心手相承。充分发挥劳模工匠“领头雁”作用，深化“传帮带”，进一步拓宽技能传承的深度和广度，让优秀技能在传承中推动发展、彰显价值。一是广搭传承平台。在原有劳模创新工作室基础上，创新组建工匠基地、工匠工作室，以劳模或工匠领衔管理，积极开展业务交流、师徒帮带和技术攻关，传承劳模、工匠优秀技艺，带动青年职工提升技能水平。有省级劳模创新工作室3家、市级5家，工匠工作室和基地6家。二是创新传承载体。通过实施劳模、工匠“跨域联带”行动，组建劳模宣讲团、帮扶团，指导劳模、工匠与乡村、企业开展结对帮扶，开展乡村行、企业行等活动，共同为乡村振兴建言献策，帮助解决生产中碰到的技术难关。组织“名师带高徒”签约结对14对，开展进基层宣讲活动10场次，梳理乡村发展意见9条，破解企业技术难题7个。三是聘请传承专家。发挥工匠人才的技能专长，聘请技术过硬、经验丰富的工匠担任“兼职讲师”，深入职工培训基地、企业、学校等地开展巡回授课，与青年职工结对子，点对点开展传帮带；参加跨专业、跨职能的技术交流和技术协作，聘请5名石化行业工匠人才担任兼职讲师，指导有创新潜力的团队组建创新工作室，带动更多技能人才脱颖而出。

年度要闻

全区首家村级侨史馆对外开放

1月3日，全区首家村级侨史馆——凤翔侨史馆正式对外开放。侨史馆总面积500多平方米，设有展示厅、凤翔学堂、书屋等，其中展示厅详细记载旅马华侨陈秋标等一些杰出华侨代表早年漂洋过海艰苦创业，致富不忘桑梓，返乡捐资的动人事迹；凤翔学堂利用周末和节假日时间组织开展书画活动，使村民接受良好的家风家训教育。

泉州山腰盐获国家首个“生态海盐”认证

2月28日，中国盐业协会生态海盐评审管理技术委员会向隶属于福盐集团旗下的食盐定点生产单位——莆田市晶秀轻化有限公司和泉州晶海轻化有限公司颁发全国首张“生态海盐”产品审定证书。其中，泉州晶海轻化食用盐的产地为泉港区山腰盐场。山腰海盐含有对人体有益的钾、钙、镁、锌、硒等微量元素，年产日晒盐近8万吨，其中生态海盐核准产量2.88万吨。目前，山腰盐场拥有1.5万亩盐田，员工近600人，是福建省最大的食盐生产基地。

台湾国乔石化项目视频签约正式落户泉港石化工业园区

3月2日，总投资500亿元新台币的国乔泉港石化项目以福州、泉州、台湾高雄三地视频连线方式实现签约，标志着年产100万吨丙烷脱氢及90万吨聚丙烯项目将正式落地泉港石化工业园区。项目分2期建设，其中一期投资300亿元新台币。该项目建成投产后预计新增年产值100亿元人民币，可带动下游医用塑料、食品级塑料制品等行业的发展。项目主体公司——泉州国亨化学有限公司于4月10日取得营业执照。

泉港首批6个“妇女微家”成立

5月15日，泉港首批6个“妇女微家”成立，包括泉港区电子商务行业协会妇女微家、汇美丽家政妇女微家、泉港区医院天使妇女微家、兴通妇女微家、郑惠琼文体志愿妇女微家以及泉港郁馨瑜伽馆妇女微家，涉及创业创新、巾帼家政、健康宣教、暖心公益、文体志愿和文娱健身六个方面。

益海嘉里·泉州大米项目（一期）正式投产

5月22日，益海嘉里·泉州大米项目（一期）正式投产。该项目系总投资6亿元的益海嘉里泉州企业群四期首个项目，投资6000万元，于2019年4月动建，主营水稻与大米加工，年产大米10万吨，可新增泉州市物流口岸年10万吨稻谷吞吐量及10万吨白米吞吐量、年产值5亿元、新增就业人数100多人。

泉港首支国企私募债券在深交所成功发行

6月11日，区国资运营公司在深圳证券交易所成功发行2020年第1期非公开发行公司债券。该债券期限3年，发行规模10亿元，首期发行规模5亿元，主体和债项评级AA，票面利率4.8%，创2017年以来泉州市同级同期最低年票面利率，与同期银行贷款利率相比，可节约财务成本1300万元。

首届“吉祥泉港·云购节”举办

6月12日至7月12日，首届“吉祥泉港·云购节”举办。活动为期1个月，同步举办促进夜色经济消费月、美食嘉年华等系列活动，拉动消费3亿多元。其中消费券发放196141张，券面值为5～1000元，覆盖商场超市、餐饮酒店、泉港名优、建材家居、通信燃油和汽车母婴等领域，参与人数近10万人次，消费券流量达到438.62万人次，有效推动泉港落实“六稳”“六保”任务。

泉港首家百人企业调解室成立

7月16日，泉港首家百人企业调解室在后龙镇兴通海运集团揭牌成立。百人企业调解室是在百人以上规模企业设立调解工作室，以便更好鼓励和帮助企业自主解决劳动争议，推动企业建立劳资沟通对话机制，充分发挥基层人民调解化解矛盾、维护社会稳定第一道防线的作用。泉港首家百人企业调解室的成立，将为后龙辖区100多家企业、8000名员工打通劳资矛盾调处服务的“最后一千米”，让职工劳动争议化解省时、省心、省力，为全面建设小康社会和构建“平安后龙、和谐后龙”做出积极的努力。

中国福建化学工程科学与技术创新实验室（清源创新实验室）在泉港成立

9月27日，中国福建化学工程科学与技术创新实验室（清源创新实验室）在泉港成立。清源创新实验室是由泉州市人民政府牵头，依托福州大学与中化能源股份有限公司（含下属单位中化泉州石化有限公司）共同建设的四家省创新实验室之一，总部与科研中心位于泉港石化科教园区，小中试研究基地位于中化泉州石化有限公司厂区内。清源创新实验室采取三方共建模式，以引领石化产业发展为导向，以汇聚高层次人才为根本，聚焦催化科学与技术、合成材料、精细化学品、环保与安全技术、过程与产品工程等五大重点方向，整合多方优势研究力量，汇聚国内外创新资源；探索高层次人才引进和培养新模式，创新体制机制，立足国际学术和技术前沿，融通化学和化工学科，建成人才汇集与培养、技术创新与转化、产业培育与示范为一体的紧密联动型实验室。

泉港石化工业园区8年蝉联中国化工园区前20强

10月15日，2020中国化工园区与产业发展论坛在福建省漳州市召开。中国石油和化学工业联合会化工园区工作委员会发布2020化工园区30强和潜力10强名单。其中泉港石化工业园区居2020年中国化工园区第12位，比2019年提升2位。

泉港上榜2020年“中国工业百强区”榜单

11月13日，中国信息通信研究院主办的中国县域工业经济发展论坛上发布《中国县域工业竞争力地图》，并揭晓2020年“中国工业百强县”“中国创新百强县”“中国工业百强区”榜单。福建省共有7个区上榜“中国工业百强区”，泉港列第74位。

泉港百姓书房获全国先进称号

11月19日，中宣部、文化和旅游部、国家广电总局下发《关于表彰第八届全国服务农民、服务基层文化建设先进集体的决定》，第八届全国服务农民、服务基层文化建设先进集体名单正式向社会公布。泉港“百姓书房”获“全国先进农家书屋和基层图书发行单位”称号。近年来，泉港依托辖区乡村、城市公园、青年创业园等场所，在全市率先建成10个集阅读、休闲、娱乐、交流为一体的“百姓书房”。“百姓书房”馆藏图书4万多册，累计服务人数4万多人次，外借图书6万多册次，为老百姓带来便捷舒适的阅读新体验，持续推进全民阅读，让书香真正“飞入寻常百姓家”。

三个省级医疗基地（中心）落户泉港

12月2日，福建医科大学附属第一医院消化肿瘤闽南中心、福建省队列研究泉州基地、福建医科大学消化道恶性肿瘤教育部重点实验室泉州实验室在福建医科大学附属第一医院泉港总医院揭牌成立。三个医疗基地落户泉港，将补齐泉州地区消化道肿瘤科研、预防、综合治疗的短板，推动泉州生命科学领域研究和医疗健康核心技术取得突破，进一步带动提升泉港综合办医水平。

泉港区教育发展基金会成立

12月28日，泉港区教育发展基金会成立大会召开。基金会共获得各界捐助2.67亿元，加上之前全区各学校80个“教育基金会”“教育促进会”“奖教奖学金”等各类教育基金1.39亿元，全区教育基金总额共计4.063亿元。

相关链接：建区以来，区委、区政府高度重视教育发展，大力实施教育强区战略，持续加大教育投入，改善提升办学条件，深化教育改革创新，保障教育均衡公平，全区教育事业呈现蓬勃向上的良好态势，先后获得“福建省教育工作先进区”“国家义务教育发展基本均衡区”“国家第二批义务教育教师‘县管校聘’管理体制改革示范区”等荣誉。

1月

2日 泉港区“情暖腊八节·为爱益起来”爱心送粥活动举办。

3日 全区首家村级侨史馆——凤翔侨史馆正式对外开放。

7日 泉港天线宝宝食品股份有限公司、大象农业开发有限公司等4家企业入选新一轮农业产业化省级重点龙头企业。

8日 泉港区“护航春运”消防安全宣传活动举办。

9日 市委常委、市军分区政委刘建军，副市长吕刚分别带队到泉港开展春节走访慰问计生困难户、道德模范及驻泉部队活动。

10日 泉港区“不忘初心110，共建共治享安宁”警营开放日宣传活动举办。

11日 2019年泉港区“繁荣群众文艺 畅想文化泉港”公益性培训汇报演出暨2020年“我们的中国梦 文化进万家”送春联活动在泉港文化中心举行。

14日 2020年泉港区文化科技卫生“三下乡”集中服务活动在界山镇玉湖村举办。

同日 泉港区“慈善情暖万家、新春爱满泉港”2020年慈善总会新春慰问活动举办。

同日 福建联合石化公司“碧水蓝天”工作室揭牌。

15日 区政协开展“爱心链接——慰问病困户”专题活动。

同日 “四海一家·欢聚泉港”活动举办。

同日 2020年泉港区少儿春节联欢晚会在泉港会议中心举办。

16日 “礼赞新中国 点赞新泉港”泉港区2019年度“开心辞典”知识竞赛决赛在郭永钦艺术馆举行。

同日 “福建省老年门球之乡”揭牌仪式在山腰街道金山门球场举行。

17日 全区“不忘初心、牢记使命”主题教育总结大会召开。

同日 全区基层党（工）委书记抓基层党建工作述职评议会议召开。

同日 泉港区“把爱带回家”暨“儿童之家”素质展演在涂岭镇前欧村文明礼堂举行。

20日 “迎新春 送温暖 献爱心”活动在界山镇东张村举行。

21日 市长王永礼到福建联合石化公司、中化泉州公司慰问节日期间坚守岗位的职工。

22日 中共泉港区纪委四届五次全会召开。

同日 泉港区2020年春节团拜会召开。

25日 全区新型冠状病毒感染的肺炎防控工作指挥部会议召开。

27日 泉港区防控捐赠工作专题会召开。

28日 区委书记梁炳辉、石化工业园区管委会主任刘敏坚到福建联合石化公司督查防控疫情工作落实情况。

2月

2日 泉港区新型冠状病毒核酸检测实验室正式启用。

3日 泉港区新型冠状病毒感染的肺炎疫情应急指挥部工作会商会召开。

4日 全区新型冠状病毒感染的肺炎疫情应急指挥部专题会议召开。

同日 区委书记梁炳辉到泉港高速路口、324国道检查点及界山镇、涂岭镇等镇检查防疫措施落实情况。

5日 区委书记梁炳辉到小丰医疗科技有限公司现场协调口罩新设生产线事宜。

同日 区长颜朝晖检查指导区教育系统新型冠状病毒感染的肺炎疫情防控工作。

同日 全区金融机构防控新型冠状病

毒感染的肺炎疫情专题工作会议召开。

6日　市直单位疫情防控驻村工作队的92名干部到泉港支援村（社区）疫情防控工作。

同日　全区交通管制工作会商会召开。

同日　区委书记梁炳辉检查区内商贸疫情防控工作。

同日　福建联合石化公司首批30吨口罩原料装车发往厦门无纺布生产企业。

6—9日　泉港在全市率先向公众公开投放首批口罩7.28万个。

8日　区政协主席陈龙津到山腰街道聚福社区督导政协下派干部开展疫情防控工作。

10日　市委常委、市纪委书记游宇飞到泉港区调研企业复工复产情况。

11日　市人大常委会副主任吴汉宗到泉港走访了解疫情防控工作。

同日　区委书记梁炳辉走访企业指导复产复工和疫情防控工作。

同日　区长颜朝晖检查区内部分在产企业疫情防控和复工复产情况。

12日　区长颜朝晖检查指导交通防疫工作、看望慰问一线值守人员。

13日　泉港在全市率先启动“农超对接应急直通车”。

16日　全区新型冠状病毒感染的肺炎防控工作专题会议召开。

17日　市委书记、市防控新型冠状病毒感染的肺炎疫情应急指挥部总指挥长康涛到泉港检查指导疫情防控、企业复工复产工作。

同日　泉港区服务企业复工复产工作专题会召开。

18日　全区村（社区）支部书记疫情防控工作推进视频会召开。

19日　省委常委、副省长张志南到泉港检查疫情防控及复工复产工作。

同日　省纪委副书记、监委副主任薛云官到泉港督导企业复工复产情况。

25日　新华社采访全国十个低风险县（零确诊县），区委书记梁炳辉接受新华社记者采访。

27日至3月2日　区红十字会开展“博爱泉港、携手战疫”公益口罩免费发放活动。

3月

2日　国乔泉港石化项目以福州、泉州、台湾高雄三地视频连线方式实现签约。

3日　泉港“莉莉女警官86666110”防骗咨询专线开通。

同日　“暖春先锋助农网络推介活动”在涂岭镇党群服务中心开启网络直播。

5日　区政府与邮政储蓄银行泉州分行签订战略合作协议。

6日　2020年全区工作会议召开。

同日　区政府2020年第一次全体会议召开。

同日　省委统战部“关爱福建支援湖北医务工作者家庭捐赠”活动在福州举行，福海粮油公司向闽援鄂医务工作者家庭捐赠百万物资。

7日　福海粮油公司2020年外贸首船3000吨豆粕正式装船出口日本。

9日　2020年吉祥泉港巩固年、绩效考评方案工作汇报会召开。

同日　泉港区电信网络诈骗案件赃款发还大会举办。

同日　泉港区医院全面实行门诊网络预约。

同日“防疫情　助春耕　稳农业”送农资农技下乡活动举办。

12日　全区招商引资工作领导小组会议召开。

16日　副市长吕刚到泉港督导安全生产隐患大排查大整治活动开展情况。

18日　泉港设分会场参加全省重大项目视频连线集中开工活动。

同日　2020年全区宣传思想文化工作推进会召开。

同日　全区消防安全大排查大整治暨百日攻坚行动部署会召开。

同日　全区“百医连百校”启动仪式在泉港二中举行。

19日　市委常委、组织部部长孔繁军到泉港开展2019年度落实全面从严治党主体责任集体约谈。

同日　泉港设分会场参加2020年全市重大项目集中云签约活动举行。

同日　区妇联四届四次执委会暨2020年区妇联工作会议召开。

20日　泉港区打击成品油走私联合专项整治行动部署会召开。

23日　全区房屋安全“百日大整治”行动工作会商会召开。

同日　全区学校新冠肺炎疫情防控应急演练现场观摩活动在泉港二中举办。

27日　全区统战系统工作推进会召开。

28日　“传承2020·清明祭英烈”网上祭扫活动举办。

30日　省委常委、省纪委书记，省监察委员会主任刘学新到泉港调研企业复工复产和安全隐患排查整治工作。

31日　全区高三年级复学复课准备工作专题会召开。

4月

1日　泉港召开市委脱贫攻坚专项巡察“回头看”见面沟通会。

同日　泉港区高三复学专项工作部署会议召开。

同日　泉港区清明期间暂停祭扫安全保障工作部署会议召开。

同日　全区清明节期间森林防火工作动员部署会召开。

2日　区委书记梁炳辉到泉州海关驻泉港办事处调研区严防境外疫情输入工作。

同日　泉港区与福建联合石化有限公司企地联席会议召开。

3日　泉港国有企业非公开定向债务融资工具（PPN）首次成功发行。

8日 省安委会副主任、应急厅党组书记郑李亭到泉港调研安全隐患大排查大整治工作开展情况。

同日 省委教育工委副书记、省教育厅党组成员王建南到泉港调研2020年春季高三复学复课工作。

同日 市委常委、政法委书记林锦明到泉港调研反偷渡工作。

10日 泉港区抓党建促决战决胜脱贫攻坚会议召开。

14日 泉港区双拥共建工作领导小组会议暨配合泉州市争创全国双拥模范城“九连冠”迎检工作会议召开。

15日 泉港区初三年级复学复课准备工作专题会召开。

16日 泉港区支援宜昌防治新冠肺炎医疗队队员朱明、丁海波、许国荣三位同志返岗欢迎仪式举行。

20日 全区脱贫攻坚、防汛抗旱工作专题培训会议召开。

21日 泉港区“两纲”重难点指标落实情况推进会召开。

同日 泉港区打击无证砂场专项行动会议召开。

23日 市委书记康涛到泉港调研海上入境管控和房屋安全“百日大整治”工作。

24日 泉港区青年工作联席会议第一次全体会议召开。

25日 泉州市第二批重大项目集中“云签约”活动举行，泉港陆地港项目（二期）在泉港分会场成功签约。

26日 泉港区石化行业岗位大练兵活动举办。

27日 全区涉台专题会议召开。

同日 全区渔业安全生产和伏季休渔工作会议召开。

28日 泉港区“两区一园”建设工作推进会召开。

29日 全区“百名警长进百村”活动视频部署会召开。

同日 “五四精神·薪火相传”线上火炬传递活动在全区101个村（社区）举办。

30日 市委常委、军分区政委刘建军到泉港调研市级党建工作重点项目（深化提升跨村联带“365”机制，助力构建现代乡村治理体系）实施进展情况。

同日 全区学校复学复课专题部署会议召开。

5月

1日 泉港58艘渔船参加伏季休渔。

5日 市委书记康涛到泉港调研检查疫情防控、经济社会发展、安全生产工作。

6日 泉港区创建全国文明城市、省级文明城区工作推进会召开。

7日 泉港区医用材料及器械大健康产业链发展座谈会召开。

同日 泉州国亨化学有限公司66万吨/年PDH和45万吨/年PP项目准入远程“云”评审会召开。

9日 泉港区拥军优属福利工程暨捐赠活动协调会召开。

12日 副省长林宝金到泉港调研福建联合石化公司疫情防控和复工复产工作。

同日 泉港区2020年纪念“5·12”国际护士节活动举办。

14日 全区理论工作推进会暨党委（党组）理论学习中心组经验交流会召开。

同日 省人大常委会委员、侨（台）工委主任陈雄到泉港调研宗教事务立法工作。

15日 福建省党政领导干部学习习近平生态文明思想专题培训班开班式举行。

同日 泉港区2020年第一期“村支书导师论坛”活动举办。

同日 泉港区农超应急直通车鲍鱼专场对接活动在南埔镇惠屿村启动。

同日 泉港首批6个“妇女微家”成立。

18日 泉港设分会场参加全省第二季度重大项目视频连线集中开工活动。

同日 全区稳定劳动关系会商工作会议召开。

20日 省委巡视十组向泉港区委书记梁炳辉的反馈会议、向泉港区委领导班子反馈巡视情况会议召开。

同日 中国海峡人才市场泉港分部签约揭牌。

21日 泉港区河湖物业化管理服务中心揭牌。

22日 益海嘉里·泉州大米一期项目投产仪式举行。

23日 “山海有约·云游泉港”首站直播活动在涂岭镇黄田村举行。

25日 中共福建医科大学附属第一医院泉港总医院委员会成立大会暨揭牌仪式举行。

同日 泉港区2020年免费月嫂技能培训班开班。

26日 省委统战部副部长、工商联党组书记李家荣到泉港调研民营企业疫情防控、复工复产和基层工商联改革发展情况。

同日 全区小学一、二年级及幼儿园复学复课准备工作专题会召开。

27日 省发改委主任张灿民到泉港区调研“十四五”规划重大项目及企业复工复产情况。

同日 区政协开展“爱心链接——六一慰问病困儿童”专题活动。

28日 2020年全区卫生健康工作会议召开。

同日 全区油品质量专项整治工作会召开。

6月

2日 全区发展壮大村集体经济务虚会召开。

3日 峰尾一级渔港建设工程海洋生态补偿增殖放流活动举办。

10日 2020年上半年吉祥泉港创建宣传抽奖活动举行。

12日 泉港区创建全国文明城市、省级文明城区工作会商会召开。

同日 首届“吉祥泉港·云购节”正式启动。

16日 全区深入推进镇（街道）机构改革工作动员会暨业务培训会召开。

23日 全区乡村振兴暨脱贫攻坚工作推进会召开。

同日 2020年泉港区液化石油气储罐泄漏事故救援演练举行。

同日 “诚信泉港建设”2020年创建诚信经营示范街区宣传实践活动举办。

24日 全区迎接“七五”普法总结验收暨提升法治政府建设工作动员部署会召开。

同日 吉祥泉港·美食嘉年华暨夜色经济示范街区创建活动启动仪式在永嘉天地举行。

28日 泉港区首届“6·28”电商直播节活动暨东青泉港电商直播基地揭牌仪式举行。

29日 泉港区政府与区政协“强化医联体管理，推进‘321+X’医共体建设”专题协商会议召开。

同日 全区宗教活动场所安全工作推进暨消防安全知识培训会议召开。

7月

2日 省教育厅副厅长吴伟平到泉港开展高考安全专项调研。

同日 区直机关“强化政治机关意识”专题优秀党课表彰会议召开。

同日 泉港区“安全生产、青年当先”主题实践活动举办。

3日 泉港首家五星级酒店——福安国际大酒店封顶。

8日 区委党校2020年主体班开学。

同日 泉港区全民科学素质工作推进会召开。

8—9日 三明市人大常委会副主任、宁化县委书记余建地到泉港对接山海协作工作。

13日 泉港区第三届预选大学生实践锻炼服务团启动仪式举行。

同日 泉港天骄化学“高固含量聚合物多元醇TPOP-2045”入选2020年度第一批省工业和信息化重点新产品推广目录。

14日 泉港区2020年中考考前工作会议召开。

同日 泉港钜港环保科技有限公司、博广轻纺有限公司等5家企业获评省2020年新增科技小巨人领军企业。

15日 界山镇首届葡萄采摘节暨界山镇机关党支部“践行初心使命·倾情扶贫助农”主题党日活动举行。

同日 2020年泉州市“志愿者统一行动日”活动泉港分会场启动仪式举行。

同日 益海嘉里·泉州面粉工厂项目正式投产。

同日 2020年泉港广电探索小记者团夏令营开营。

16日 市人大常委会副主任蔡思红到泉港调研石化工业园区生态环境保护工作整改情况。

同日 泉港首家百人企业调解室揭牌。

17日 福建省生态环境厅调研组到福建湄洲湾氯碱工业有限公司调研中央第二轮生态环保督查反馈问题整改情况。

20日 2020年上半年全区经济运行分析会召开。

同日 泉港东鑫石化有限公司、福建炼化林德气体有限责任公司等3家企业入列第二批一二三产业“百千”增产增效行动方案制造业重点企业。

同日 2020年全区民族宗教工作三支队伍综合培训班举办。

21日 “泉港区同心直播间”开播仪式举行。

同日 全区村卫生所建设和医保“村村通”工作推进会召开。

22日 副省长郭宁宁到福建联合石油化工有限公司察看企业运营情况。

同日 泉港区“心系河长制，有我‘河小禹’”主题实践活动举办。

26—28日 泉港区“助力乡村振兴助推文旅融合”系列活动举办。

27日 市长王永礼到泉港调研督查防灾减灾工作。

28日 副市长吕刚到泉港调研创城工作情况。

同日 2020年泉港区新闻发言人培训班举办。

同日 2020年区直机关党务干部培训班开班。

30日 全区中小学校园周边校外培训机构专项整治工作协调会召开。

同日 “浓情八一·情系军属”双拥活动举办。

8月

7日 全区镇（街道）、村（社区）创城工作专题会召开。

同日 夏季人力资源市场线上招聘暨泉港人社直播间开播仪式举办。

同日 “小候鸟”亲子游活动在界山镇举办。

8日 泉港区中央第一轮环保督察整改项目石化安控区征迁攻坚大会召开。

12日 省政协副主席洪捷序到泉港开展“培优做强重点产业，推进‘十四五’产业基础高级化和产业链现代化”课题调研。

同日 全区危险化学品安全监管局际联席会暨危险化学品安全生产专项整治三年行动工作部署会召开。

同日 “传承北管文化 演绎两岸情缘”主题活动举办。

13日 泉港区“文明出行·青春护城”青年志愿服务活动举办。

15日 泉港区建材行业协会成立。

16日　泉港区老区建设促进会换届大会暨第五届第一次会员代表大会召开。

17日　市委常委、市纪委书记、市监委主任游宇飞到南埔镇、峰尾镇等地调研当前重点工作情况。

同日　石化安控区征迁攻坚妇联工作会召开。

同日　泉港区第一次土壤环境风险防控工作联席会召开。

18日　全区网络人士统战工作会议暨新的社会阶层人士统战工作联席会议召开。

同日　吉祥泉港促消费系列活动启动仪式暨艾倪文创园开园仪式举行。

19日　泉港区迎接泉州市“七五”普法总结验收检查工作汇报会召开。

同日　市人大常委会副主任黄阳春到泉港开展“七五”普法总结验收实地检查。

20日　泉港区人民武装部宣布命令大会召开，泉州市军分区政委刘建军宣布栗桂珍任泉港区武装部部长。

同日　泉港区“文艺下基层　众人齐创城”文明实践主题宣传活动举办。

21日　泉港区邮政惠农助农产业直播活动暨邮政惠农助农直播基地签约揭牌仪式举行。

同日　泉港区2020年农村电子商务公益培训班开班。

24日　市委书记康涛到泉港调研创城、创卫、安全生产工作。

同日　全区2020年秋季开学工作部署会召开。

25日　全区国有企业退休人员社会化管理工作动员部署会召开。

同日　全区打击治理电信网络新型违法犯罪工作推进会召开。

26日　县级融媒体中心省级验收组到泉港开展验收工作。

27日　泉港区2020年度建筑业银企对接活动举办。

同日　天马科技集团入选“2020年福建省民营企业100强”“福建省民营企业制造业榜单50强”。

28日　中共泉州市泉港区委四届十三次全体会议召开。

29日　泉港设分会场参加泉州市产业链招商推介会暨项目集中签约活动。

同日　“红砖家园情　文明共传递”文明同心行系列活动举办。

31日　市长王永礼到泉港检查创城工作。

9月

1日　泉港区创城迎检专题工作会议召开。

2日　市委常委、市纪委书记、监委主任游宇飞到南埔镇惠屿村调研党建引领乡村振兴工作九大项目。

同日　平潭综合实验区土地房屋征收安置工作小组到泉港交流学习石化安控区安征迁工作经验。

同日　泉港绿优家庭农场、海西农业有限公司和绿宇园艺有限公司3家企业入选第四批泉州国家农业科技园区示范基地（企业）。

3—4日　泉港区“海西春雨”助学系列活动举办。

4日　市政协副主席骆沙鸣、王祖耀到泉港开展“泉州海洋文化产业发展情况”视察活动。

8日　泉港区教育系统建设项目推进会召开。

同日　泉港钟山化工公司、天骄化学公司等5家企业入选2020年度省工业和信息化高成长培育企业。

8—11日　第二十一届中国国际投资贸易洽谈会举行，益海嘉里面粉三期及酵母项目在泉州市外资项目招商对接会上签约。

9日　泉港区2020年尊师重教座谈会召开。

15日　第三届“陈善富奖教奖学基金”颁奖大会举行。

16日　纪念“惠安暴动”90周年暨泉州市红色文化、廉洁家风经典旅游线路启动仪式在泉港举行。

同日　庆祝建区20周年暨民族团结进步宣传月活动开幕。

同日　市人大常委会副主任张建生到泉港调研全民健身工作。

同日　全区自建房加工场所消防安全整治攻坚行动部署会召开。

17日　泉港区2020年度“渔业资源增殖放流”活动举行。

18日　2020年全区村（社区）党组织书记培训班开班。

19日　泉港区民族团结进步宣传月启动暨“中国少数民族特色村寨”揭牌仪式举行。

21日　泉港联合石化公司、钟山化工公司等12家企业入选2020年泉州市产业龙头企业。

22日　《福建省家庭教育促进条例》宣传周活动在泉港举办。

同日　后龙镇“党建e点通”平台启动仪式举行。

同日　泉州市文明校园创建现场交流推进会（泉港专场）召开。

同日　市侨联到南埔镇惠屿村开展“纪念《中华人民共和国归侨侨眷保护法》颁布30周年”侨法宣传及义诊赠药服务活动。

24日　泉港区2020年政党协商专题座谈会召开。

同日　泉港区新时代文明实践中心揭牌。

同日　市人大常委会领导陈灿辉、吴宗汉到泉港调研“十四五”规划编制情况。

同日　泉港区“同心讲坛”首场讲座开讲。

25日　泉港区2020年度“军事日”活动举办。

同日　泉港区创建国家公共文化服务体系示范区迎检动员大会召开。

26日　山西省晋中市政协副主席岳志坚到泉港开展“激活农村资源、推进乡村振兴经验”专题调研。

27日 中国福建化学工程科学与技术创新实验室（清源创新实验室）第一届理事会第一次会议在福州大学石油化工学院泉港校区召开。

28日 泉港石化工业园区干部大会召开。

29日 泉港区“携手筑梦 温暖随行”2020年“金秋助学”活动举办。

同日 泉港区2020年庆国庆、迎中秋“奋进小康路 共筑中国梦”——文化进万家文艺志愿服务团走进峰尾镇暨《诚平之歌》展示活动举办。

30日 泉港区区属国有企业经营班子成员座谈会召开。

10月

5日 中石化集团党组书记、董事长张玉卓到泉港调研联合石化工作，看望慰问节日期间坚守工作岗位的干部职工。

9日 中央第一轮环保督察整改项目石化安征迁片区指挥长第26次会议召开。

10日 区委书记梁炳辉和区长颜朝晖共同签发泉港区第1号河长令，决定对提升流域水质、治理黑臭水体和整治河湖“四乱”等河湖历史顽疾发起攻坚。

12日 2021年度全区城乡居民基本医保参保登记和基金征缴工作会议召开。

12—14日 第三届数字中国建设峰会在福州举行，泉港在智能制造分论坛共对接签约项目5个，总投资9.5亿元。

13日 中央第一轮环保督察整改项目石化安征迁项目“区内公职人员安征迁任务突破月”相关单位负责人集体约谈会召开。

14日 区直机关创建模范机关动员会暨机关党建重点工作推进会召开。

同日 泉港路通管业公司、博超实业公司等6家企业入选2020年度泉州市瞪羚企业培育库入库企业名单。

同日 国家发改委产业司石化处副处长李翔，省发改委二级巡视员周元勋、工业处副处长夏星到泉港调研石化基地建设情况。

19日 全区第四季度经济工作和人普工作会议召开。

20日 省高级人民法院党组书记、院长吴偕林到泉港调研指导工作。

同日 全区安全生产专题会暨第四季度防范重特大生产安全事故例会召开。

22日 “凝聚职工力量，助力创卫创城”活动暨户外劳动者服务驿站揭牌仪式举行。

23日 市政协副主席王春金到泉港开展2020年市政协委员年度视察活动。

同日 2020年泉港区社会科学普及宣传周活动启动仪式暨庆祝建区20周年书法篆刻临摹精品展开幕式举行。

同日 《20年，我们一起走过》——泉港建区20周年百村行系列报道开机仪式举行。

同日 副市长吕刚到泉港石化工业园区调研指导工作。

同日 福建省粮食安全宣传教育基地在泉港揭牌。

23—24日 区委书记梁炳辉、区长颜朝晖到界山镇、南埔镇走访慰问百岁老人。

25日 泉港区第四届“网络孝文化节”活动——重阳情·圭峰行文艺下乡演出举办。

26日 阿里巴巴集团战略发展部福建总监林志聪到泉港参观考察。

同日 泉州市农村妇女就业创业（育婴月嫂）培训暨泉港区第二期月嫂家政培训班开班。

27日 泉港区招商大会系列活动工作专题会召开。

30日 泉港区2020年退役军人选岗会召开。

11月

2—3日，区委书记梁炳辉、区长颜朝晖分别参加人口普查登记。

3日 泉港区第三代（智能化）残疾人证首发仪式举行。

4日 区委书记梁炳辉到石狮市永宁镇学习考察乡村振兴工作。

5日 区委书记梁炳辉到三明市宁化县考察对口帮扶工作。

5—10日 泉港组织参加第三届进博会。

6日 区领导梁炳辉、颜朝晖到福建百宏石化有限公司现场办公。

7日 省委常委、常务副省长赵龙到湄洲湾氯碱公司调研搬迁工作。

9日 泉港区2020年第一期河长培训班举办。

同日 泉港区2020年“11·9”消防日宣传活动举办。

10日 市委书记康涛到泉港调研并召开座谈会。

同日 2020年下半年“治安最安全、执法最满意、社会最平安”吉祥泉港创建宣传活动举办。

同日 泉港区乡贤普查工作专题会召开。

11日 全区“十四五”乡村振兴规划工作专题会召开。

同日 泉港区迎接省级文明城区总评工作部署会召开。

13日 泉港区中央第一轮环保督察整改项目石化安征迁片区指挥长第二十七次会议召开。

16日 泉港区创建省级文明城区总评工作专题会商会召开。

17日 市政协副主席、市计生协会长王春金到泉港调研计生协工作。

同日 泉港区冷链食品安全监管暨预防性全面消毒培训会召开。

19日 泉港区“酒驾”专项整治行动工作部署会召开。

同日 2020年泉港区赃款赃物发还大会在山腰街道永嘉天地举行。

同日 泉港“百姓书房”获“全国先进农家书屋和基层图书发行单位”称号。

20日 泉港区河湖长制工作会议暨河长述职汇报会召开。

同日 副市长吕刚到泉港开展项目年终冲刺“一线协调活动旬”工作。

23日 学习贯彻中共十九届五中全会精神市委宣讲团报告会在泉港举行。

26日 锦川小区立项问题整改专题协调会召开。

同日 栖霞社区被占用店面清理专题协调会召开。

同日 全区基层工会干部业务知识培训班举办。

27日 宁化县县长姚文辉到泉港考察对接山海协作工作。

同日 新材料项目成果推介会暨产业协同创新联盟启动仪式在泉港举行。

30日 泉港区“十四五”规划征求意见会召开。

同日 全区冬至期间森林防灭火工作动员部署会召开。

是日至12月1日，“知名主流媒体泉港行”采风活动举办。

12月

1日 泉港区突破“难、硬、重、新”项目和重点专项工作推进会召开。

2日 市委常委、政法委书记林锦明到泉港调研政法工作并宣讲中共十九届五中全会精神。

同日 福建医科大学附属第一医院消化肿瘤闽南中心、福建省队列研究泉州基地等3个省级医疗基地（中心）揭牌成立。

4日 泉港区2020年“12·4”国家宪法日主场综合宣传活动举办。

同日 “吉祥泉港促消费”系列活动暨2020年泉港区家政服务节启动仪式举行。

8日 2021年区《政府工作报告》征求意见会召开。

同日 泉港区2020年乡村（城市）学校少年宫特色项目展演活动举办。

9日 泉港区中央第一轮环保督察整改项目石化安征迁片区指挥部第二十八次会议暨表彰大会召开。

同日 闽西南协同发展区劳模联盟工作推进会在泉港区石化行业职工技能实训基地召开。

同日 阿里巴巴集团战略发展部考察团到泉港洽谈项目合作事宜。

10日 2020年全区公安交警业务技能竞赛举办。

同日 泉州市学习宣传中共十九届五中全会精神“微宣讲+志愿服务”示范活动泉港专场走进山腰街道钟厝村。

同日 2020年泉港区残疾人联络员培训班开班。

11日 区政府与区人民法院、区人民检察院联席会议召开。

同日 区政府与区总工会2020年联席会议召开。

同日 副市长吕刚到泉港调研生态环境领域突出信访问题，并召开2021年市《政府工作报告（征求意见稿）》《“十四五”规划纲要（征求意见稿）》征求意见会。

同日 泉港区维护妇女儿童人身权益工作座谈会召开。

12日 泉港区慈善总会换届大会暨第二届会员（理事）大会第一次会议召开。

15日 《馨风传家——泉港区家风故事汇》首场赠书仪式暨家风分享会举行。

16日 福建泉州泉港2020年危险化学品生产安全事故综合应急演练在福建联合石油化工有限公司举行。

同日 泉州市文化下基层暨界山镇第二届孝廉文化节活动举办。

18日 副市长吕刚到泉港开展新冠肺炎疫情常态化防控督导检查。

同日 2020年度市对泉港区绩效评估迎检工作推进部署会召开。

同日 全区“依法行政”专题培训会召开。

22日 全市未成年人心理健康辅导经验交流活动在泉港举行。

23日 庆祝建区20周年“新时代•新泉港”美术作品展开幕。

同日 峰尾镇渔业协会成立。

25日 泉港区职业女性联谊会第三届第三次会员大会召开，副区长蔡奔腾出席。

同日 泉港举行明代复原福船“拔落令”仪式。

26日 泉港建区20周年暨“泉港有约·同游‘第二故乡’”土坑行直播活动举办。

26—28日 泉港区第九届异地商会会长联席会召开。

27日 峰尾诚平二级渔港项目开工仪式举行。

28日 2020年全区招商大会召开。

同日 泉港区教育发展基金会成立。

同日 全区重点项目集中开竣工活动举办。

同日 “海丝新航”迎新文艺晚会在区会议中心举办。

29日 泉州市学习贯彻中共十九届五中全会精神农民宣讲小分队走进南埔镇惠屿村开展专场宣讲活动。

30日 泉港区安能公共安全协同创新研究院揭牌。

自然环境

【位置·面积】 泉港区位于福建省泉州市东北部，湄洲湾南岸，北纬25°03′～25°15′，东经118°41′～119°01′。南与惠安县毗邻，西南与洛江区相连，西北及北面同仙游县接壤。根据2020年度土地利用现状变更调查，至2020年泉港区行政区域土地面积共计340.52平方千米。

【地貌】 泉港区地处戴云山南麓，由低山丘陵、红土台地和中部海积—冲积平原组成。整个地势由西北向东南倾斜，大致在福厦公路以西主要为海拔500米以上的中低山，夹孤状丘陵。大雾山为最高山峰，海拔797.5米。山脉多呈北北东—南南西走向，山坡东缓西陡，多具陡崖峭壁，河谷深嵌。福厦公路以东则以剥蚀侵蚀丘陵台地为主，山丘浑圆，平缓起伏。沿海有断续滨海小平原，海岸曲折，岛屿罗列。泉港区属闽南东新华夏系沉积带，处于长乐—诏安断裂带上，在中生代活动强烈，伴随强烈岩浆活动。长乐—诏安断裂带就陆地所见，主要由3条近于平行的断裂带组成，自西向东为闽侯南屿—云霄断裂、长乐—东山断裂、平潭—东山沃角断裂。境内具有较多的基岩裸露，乱石散布，多由中生代火山岩和花岗岩构成。

【河流水系】 泉港区属于山海型丘陵地区，区域内无大河流，境内低山高丘较多，坡度峭，溪流多，密度大。坝头溪、菱溪、龙马溪为区域内最大的3条溪流，径流短，流量的季节性变化大。（1）坝头溪：坝头溪流域发源于涂岭镇吊船山，流域总面积97.785平方千米，干流长23.51千米，自北向南穿过泉港地理中心，向南方向经涂岭、南埔、前黄、山腰及山腰盐场入海，沿途保护12个行政村、19万人、3066.67公顷耕地，素有“泉港区母亲河”之称。流域地势呈西北向南部海面倾斜，地形以盆地、丘陵为主。流域内有中型水库1座（泗洲），小（1）型水库3座（红星、山外、石门坑），小（2）型水库3座（幸福、四清、丰收），及中型水闸5座、拦水坝4座。（2）菱溪：源于小架山，止于惠安许厝闸，汇入林网溪，全长27.93千米，多年平均径流量6280万立方米，流域面积102.35平方千米。其中，菱溪干渠泉港段总长5.24千米，灌溉涂岭镇的驿坂、路口、邱后、溪西、五社5个行政村、1333.33公顷的农田。（3）龙马溪：源于涂岭镇天马山北侧，向东北方向经涂岭镇白潼村，界山镇玉山、玉湖、槐山、大前、狮东和潘南盐场，经潘南盐场六孔闸入海。集雨面积16.8平方千米，主河道长7.87千米，灌溉233.33公顷耕地。沿溪有中型水闸两座，分别是东方水闸和潘南盐场六孔闸，以及数座小型水闸。

表1

泉港区主要河流特征表

河名	流域面积（平方千米）	主河道长（平方千米）	平均比降（‰）	多年平均流量（米³/秒）	平均径流深（毫米）	不同保证率下年径流量（亿立方米）				
						平均	10%	50%	90%	97%
菱溪	102.35	27.93	10.47	1.99	613.85	0.60	0.96	0.56	0.29	0.21
坝头溪	97.785	23.33	4.18	1.69	617.10	0.51	0.82	0.47	0.24	0.18
龙马溪	16.8	7.87	4	0.32	615.20	0.10	0.16	0.09	0.05	0.035

【气候条件】 气温 泉港区地处东亚季风区，属南亚热带海洋性季风气候，常年气候温和，冬无严寒夏无酷暑，干湿季分明。全区年平均气温20.3℃，最冷月份2月平均气温11.4℃，最热月份7月平均气温28.5℃。山腰地区极端最高温39.0℃（出现于1966年8月16日）；极端最低气温0.3℃（出现于1957年2月12日）。

湿度 泉港区多年平均相对湿度77%，6月系雨季高峰期，相对湿度大，最高6月86.1%；7月、8月结束（台风雨除外），处副热带高压控制，相对湿度小，最低11月69.1%；3—8月湿度较大，相对湿度大于80%，其余月份较小，相对湿度70%左右。

降雨 泉港区多年平均降雨量1291.3毫米，年降水变差系数0.23（据南埔雨量站1956—2009年实测资料），年际变化大，年内分配不均。降雨区域分布，由半岛、沿岸向内陆方向递增。一年中6月降水量最多，月平均降水量224.9毫米，降水主要来自台风，平均每年有4～5个台风影响泉港。2020年，全区年平均降雨量1010毫米，比上年减少4.7%，降水量年内主要集中在5—6月的梅雨季节及7—9月的台风季节，主要表现短历时强降雨较多。

风 泉港区全年多风，主导风向为东北风，夏季以南风为主，年平均风速7.15米/秒。属湄洲湾区域，年平均风速为2.6～7.1米/秒，分布趋势呈海面大于陆地，沿海大于内陆。月平均风速以秋冬季（10—11月）最大，春、夏两季平均风速最小。

潮型 泉港区属湄洲湾潮型，属半日潮。根据最新实测，秀屿最高潮位5.45米（黄海高程），最低潮位-0.59米（黄海高程）。

【主要灾害天气】 泉港区主要灾害天气：（1）旱害：夏旱次数多且危害严重，为泉港区农业生产最频繁最严重的自然灾害。（2）风害：尤其是台风危害最甚，严重危害水稻、龙眼、瓜菜，对畜牧业、渔业及农田水利有较大破坏性。（3）涝害：以坝头溪下游山腰、前黄受害最甚，多是大风暴雨加上海水大潮顶托，无法排洪，造成涝淹。（4）霜冻害：涂岭霜期45天，霜冻低温对越冬甘薯苗和正在开花灌浆的大小麦威胁较大。（5）冰雹：多发生在春季，局部地区受害，范围不大。

【资源】 土地资源 泉港区行政区陆域总面积共计340.93平方千米，其中，耕地55.3782平方千米，园地19.8141平方千米，林地90.7362平方千米，草地2.7256平方千米，城镇村及工矿用地70.9981平方千米，交通运输用地15.2155平方千米，水域及水利设施用地69.0838平方千米，其他土地16.9845平方千米。

矿产资源 截至2020年底，全区已发现和探明资源储量的矿产有饰面用花岗岩（闪长岩）石材、建筑用花岗岩（凝灰岩）石料、陶瓷土（瓷石）、高岭土、建筑用砂、脉石英、钼等。其中陶瓷土目前探明资源储量2433.2万吨，主要分布于涂岭镇大湖山、笔架山，资源保障程度较高。泉州市建筑陶瓷企业众多，作为陶瓷原料用的高岭土、瓷石（陶瓷土），需求量大，矿产品供不应求。建筑用花岗岩探明资源储量232.7万立方米，主要分布于南埔镇、前黄镇等。建筑用凝灰岩31.1万立方米，主要分布于涂岭镇等。饰面用花岗岩探明资源储量50.9万立方米，主要分布于前黄镇、南埔镇等。钼探明资源储量1.031万吨，主要分布于涂岭镇。

海洋资源 泉港区海域面积119平方千米，海岸线全长75千米。辖区内有居民海岛1个（惠屿），无居民海岛21个，分别为过山屿、露尾屿、

菱溪水库 （连键刚 摄）

外乌屿、蟹屿、泉港牛屎礁、牛心礁、泉港洋屿、白塔礁、泉港黑礁、螺仔礁、户尾屿、椅轿尾屿、中格屿、头格屿、石鸡屿、光头岛、白石头、虎空、泉港鲎屿、白牛礁、小白岛，多数处于自然状态。海洋空间资源类型齐全，海域海岛资源丰富。海洋生物479种（浮游植物128种，浮游动物82种，底栖生物269种）以上。可供水产养殖的种类包括鱼类、虾蟹类、贝类和藻类等。贝类主要有牡蛎（吊蛎、石蛎、棚架蛎）、鲍鱼、菲律宾蛤仔、泥蚶和缢蛏等；鱼类主要有鲈鱼、鲷科鱼类、石斑鱼类、美国红鱼等；海藻主要有海带、紫菜和江蓠等；虾类主要有日本对虾、长毛对虾和南美白对虾等；蟹类主要有锯缘青蟹和梭子蟹等。海洋生物资源丰富，开发利用潜力大。

水资源　根据泉州市水文水资源勘测分局2009年编制的《泉州市水资源量计算与分析》的成果，泉港区多年平均地表水资源量1.731亿立方米，地下水资源量0.52亿立方米。泉港区供水水源主要有蓄水工程、引提水工程和地下水井工程等。泉港区内已建有蓄水工程33处，总集雨面积61.03平方千米，总库容2719.51万立方米。其中有中型水库1座（泗洲），小（1）型水库3座（不含正在兴建的双溪水库1座），小（2）型水库8座，小山塘21座；引水工程有248处，集雨面积122.6平方千米；有自备水源井463口，有效灌溉面积3316.67公顷，其中蓄水灌溉2104公顷，引水工程灌溉799.33公顷，提水工程灌溉413.33公顷，保证灌溉面积为2950公顷，分别占总耕地的90.1%和80.2%。节水灌溉面积3.016万亩，占有效灌溉面积的60.6%。

蓄水工程：1. 水库：泉港区共有水库共12座，其中1座中型、3座小（1）型（不含正在兴建的双溪水库1座）、8座小（2）型。中型：泗洲水库；小（1）型：山外水库、石门坑水库、红星水库；小（2）型：加田水库、后山水库、幸福水库（已降等）、潼清水库、湖仔内水库、丰收水库、昆山水库、前烧水库、四清水库。集中分布在涂岭、前黄2个镇，其中涂岭镇小（1）型水库2座、小（2）型水库4座；前黄镇小（1）型水库1座、小（2）型水库5座。2. 山围塘：全区山围塘共21座，其中5万～10万立方米3座，1万～5万立方米18座。（1）库容5万～10万立方米：后山（涂型村）、许厝（许厝村）、东风（界山村）。（2）型库容1万～5万立方米：黄山郑（下炉村）、谢子（樟脚村）、面前内坝（樟脚村）、社厝内（寨后村）、西蔡（白潼村）、大滥（前欧村）、蓝田（小坝村）、峰前（峰前村）、五星（塘头村）、寨山（柳厝村）、立新（天湖村）、佳云（柳厝村）、深马里（槐山村）、狮东（狮东村）、土仁（古县村）、古县（古县村）、光洋（前烧村）、割林（凤林村）。主要分布在涂岭、前黄、南埔、界山、后龙镇。山围塘坝型有均质土坝、土石坝两种类型，其中均质土坝20座，土石坝1座。

引、提水工程：泉港区本地水资源短缺，城市用水主要来自61.74千米长的湄洲湾南岸引水工程，工程近期引水规模3立方米每秒，远期规模6.5立方米每秒。引水工程从晋江金鸡闸引水，经过金鸡北干渠输水至洛阳江，通过黄塘溪取水口泵站提升后，至泉港区南埔镇枫林坑，并在枫林坑设终端调节池一座。第一期工程（3立方米每秒）已经建成，供水范围为后龙组团、山腰北部工业区、南埔、涂岭。泗洲水库至枫林坑的引水工程是泉港北区的一个辅助原水水源，供水规模5万立方米每秒，这两个引水工程是泉港区的重要规划水源。小型河道提水工程，灌溉面积约为333.33公顷。

自来水厂：泉港区有3座城市水厂，均位于泉港北部，分别是湄丰水厂（第一水厂）、凤阳水厂（第二水厂）和南埔水厂（第三水厂）。湄丰水厂位于南埔镇枫林坑，水源为泗洲水库和湄南供水工程，一期工程设计供水规模为2.5万米^3/天，二期工程扩建2.5万米^3/天规模，已建成通水，设计供水总规模5万米^3/天，实际最高日供水量3万米^3/天。南埔水厂位于南埔镇岭口村东，水源为泗洲水库和湄南供水工程，经挖潜改造后供水规模1万米^3/天，由于建设年代较早，标准较低，工艺较落后，很难满足现行国家标准的要求，已停产。凤阳水厂（第二水厂）位于泉港南部的凤阳水厂近期5万米^3/天于2016年建成通水，泉港区城市用水由湄丰水厂和凤阳水厂联合供水。区内有4座工业用水水厂，其中，南山水厂主要为泉港石化园区提供工业用水，供水规模为5万米^3/天，其余3座为企业自备水厂，分别是福炼水厂、氯碱水厂和南埔火电厂水厂，均建在各自厂区内，为企业自身供水。

表2

泉港区水厂情况一览表

类别	水厂名称	设计供水规模（万米^3/日）	实际供水规模（万米^3/日）	净水工艺	水源
城市用水水厂	湄丰水厂	5.0	3.0	网格絮凝池→斜管沉淀池→V型滤池	泗洲水库、湄洲湾南岸供水工程
	凤阳水厂	5.0	5.0	折板絮凝池→平流沉淀池→翻板滤池	泗洲水库、湄洲湾南岸供水工程
	南埔水厂（已停产）	1.0	0.0	混凝罐→斜管沉淀池→重力式无阀滤池	泗洲水库、湄洲湾南岸供水工程

续表 2

类别	水厂名称	设计供水规模（万米^3/日）	实际供水规模（万米^3/日）	净水工艺	水源
工业用水水厂	南山水厂	5.0	5.0	栅条絮凝池→平流沉淀池→翻版滤池	泗洲水库、湄洲湾南岸供水工程
	福炼水厂	4.0	2.5	泗洲水库、湄洲湾南岸供水工程	—
	南埔火电厂水厂	1.0	0.4	泗洲水库、湄洲湾南岸供水工程	—
	氯碱水厂	2.0	1.5	泗洲水库、湄洲湾南岸供水工程	—

地下水工程：泉港区地下水主要受当地降水补给，其中坝头溪地下水相对比较丰富，年可开采量约100万立方米，可作为涂岭镇区、塘头、坑内等供水水源地。有自备水源井463口，主要供农灌机电井、农村生活和大型工厂企业用水，农业灌溉约240公顷。

林地林木资源　泉港区有林业用地12199.29公顷，森林覆盖率41.71%。在林业用地中，乔木林地面积9659.01公顷，占林业用地面积的79.18%；竹林地面积4.048公顷，占林业用地面积的0.03%；疏林地46.17公顷，占林业用地面积的0.38%；灌木林地1866.54公顷，占林业用地面积的15.3%；未成林造林地219.22公顷，占林业用地面积的1.8%；苗圃地87.89公顷，占林业用地面积的0.72%；迹地99.75公顷，占林业用地面积的0.82%；宜林地216.67公顷，占林业用地面积的1.78%。在乔木林地面积中，用材林面积1730.78公顷，占乔木林地面积的17.9%；薪炭林1591.92公顷，占乔木林地面积的16.5%；防护林5567.71公顷，占乔木林地面积的57.6%；特用林758.92公顷，占乔木林地面积的7.9%；经济林9.68公顷，占乔木林地面积的0.1%。在林分优势树种面积中，杉木317.59公顷，占优势树种面积的3.3%；马尾松4018.51公顷，占优势树种面积的41.6%；阔叶树1696.44公顷，占优势树种面积的17.66%；木麻黄62.03公顷，占优势树种面积的0.64%；桉树3554.77公顷，占优势树种面积的36.8%。

2020年，全区林地上林木总蓄积978312立方米，其中用材林194928立方米，占林木总蓄积量的19.92%；薪炭林150714立方米，占林木总蓄积量的15.41%；防护林556891立方米，占林木总蓄积量的56.92%；特用林62774立方米，占林木总蓄积量的6.42%；疏林地708立方米，占林木总蓄积量的0.07%；散生木11349立方米，占林木总蓄积量的1.16%；经济林948立方米，占林木总蓄积量的0.1%。非林地上森林蓄积量42249立方米。全区林分蓄积量965307立方米，平均每公顷99.9立方米。其中幼龄林89341立方米，占林分蓄积量的9.3%；中龄林397405立方米，占林分蓄积量的41.2%；近熟林157574立方米，占林分蓄积量的16.3%；成过熟林320987立方米，占林分蓄积量的33.3%。在林分蓄积量中，杉木（含珍贵针叶树）蓄积量45121立方米，占林分蓄积量的4.7%；马尾松369027立方米，占林分蓄积量的38.2%；阔叶树（含珍稀阔叶树、硬阔、软阔）131296立方米，占林分蓄积量的13.6%；木麻黄5903立方米，占林分蓄积量的0.6%；桉树413960立方米，占林分蓄积量的42.9%。2020年度全区木材产量6911立方米，其中商品材6911立方米。全区共有古树名木358株，种类有榕、樟、枫香、秋枫、荔枝等21种。

野生动物资源　泉港区野生动物资源丰富，记录有两栖类1目4科7种，爬行类 2目6科20种，鸟类9目25科73种，哺乳类7目9科15种。国家一级重点保护野生动物有鼋、蟒蛇、黑鹳、黄腹角雉、金斑喙凤蝶等11种。国家二级重点保护动物有蛇雕、大灵猫、穿山甲等56种。

野生植物资源　泉港区野生植物资源丰富，记录有野生维管束植物98科234属301种（包括逸生和归化种），其中蕨类植物16科18属23种，裸子植物2科3属5种，被子植物80科213属273种。其中国家二级重点保护植物有桫椤1种，省级重点保护植物有樟树、福建柏、柳杉、粗齿桫椤等4种。

环境质量

【大气环境】　根据泉港区环境监测站城区空气自动监测数据，2020年泉港区空气质量有效监测天数366天，其中，一级天数217天，二级天数145天，优良率为98.9%（超标天数为4天，均为臭氧超标）。

【水环境】　2020年，全区集中式饮用水水源地黄塘溪监测频率12次，泗洲水库取水口监测频率12次，按照《地表水环境质量标准》（GB 3838—2002）中的Ⅲ类水质标准评价，水质达标率

100%。市控断面坝头溪莱堂桥入海口断面水质、菱溪泉港区与惠安交界的梧山桥断面水质分别为《地表水质环境质量标准》Ⅲ类、Ⅲ类标准。近海水域水质总体优于功能区标准，2020年近岸海域海水水质达到或优于Ⅱ类水质海域面积比例100%。

【声环境】 2020年，泉港区区域环境噪声昼间平均等效声级为56.8分贝，达到三级；道路交通噪声昼间平均等效声级为68.3分贝，达到三级。

建置沿革

【南北朝前】 夏商两代，今泉港区域划属扬州。西周至东周初期，泉港属七闽地。春秋末期至战国初期，泉港属越国地。周赧王九年（前306）前后，越亡，泉港属楚国地。前221年，秦王嬴政扫平六合，统一全国，分天下为三十六郡，泉港属闽中郡辖地，为闽越族无诸所领。汉初，泉港属闽越王国。西汉元鼎五年（前112）废闽越王国，改隶会稽郡冶县。东汉建安元年（196）属侯官都尉辖地。三国吴永安三年（260）后泉港属建安郡东安县地。西晋太康三年（282）后属晋安郡。南北朝时，南朝宋泰始四年（468）改晋安郡为晋平郡，泉港属晋平郡。梁天监（502—519）中，析晋平郡地置南安郡，泉港属南安郡南安县。

【隋唐五代】 隋朝时属泉州（州治在福州）南安县地。唐开元六年（718）准刺史冯仁智奏请，析南安县东南15个里置晋江县，泉港为晋江县属地。为加强管理，晋江县在县东北增设一个官署（在今前黄镇古县村），治理今惠安、泉港等地。五代十国时，泉港属闽国辖地。南唐保大三年（945），即闽国王延政天德三年，闽国为南唐所灭，泉港属南唐清源军晋江县。

【宋元明清时期】 北宋乾德二年（964），清源军改为平海军，泉港属焉。北宋太平兴国六年（981），析福建路晋江县东乡16个里置惠安县，设3个乡，今泉港区域内设一乡五里，即城山乡，领崇德、德音、光德、待贤、民苏等5个里。自此，泉港一直归属泉州府惠安县管辖，到1996年肖厝经济开发区管委会成立止。元、明、清时，今泉港区域内设忠恕乡，辖德音、光德、待贤、民苏等4个里，下设六、七、八、九、十、十一、十二、十三8个都。

【民国时期】 中华民国初泉港属厦门道惠安县。1933年“闽南事变”期间，属“中华共和国”兴泉省惠安县，1935年8月，行保甲制，惠安县分8个区，泉港区域设坝头、涂岭2个区。1943年裁撤区公所，泉港区域设山腰、坝头、涂岭3个乡。

【中华人民共和国成立后】 1949年8月18日，山腰盐警起义，泉港地区解放。23日，惠安县城解放。9月5日，惠安县人民政府成立，泉港属焉。1958年10月，惠安全县成立5个人民公社，泉港辖地为超先公社。1959—1960年，山腰盐场改为国营盐场，实行场带队体制，并划附近4个生产大队归其管辖。1991年7月设立肖厝镇，原南埔、后龙、山腰、涂岭4个乡改为办事处。1996年3月，设立泉州市肖厝经济开发区管理委员会，为泉州市人民政府派出的正县级行政机构，下辖南埔、后龙、山腰、涂岭、埭港5个镇和国有山腰盐场。1999年8月，镇级行政区域调整为南埔、界山（从南埔析出）、后龙、峰尾（从后龙析出）、山腰、前黄（从山腰析出）、涂岭7个镇和国有山腰盐场。2000年4月12日，经国务院批准，设立泉港区，辖6个镇、1个街道、100个行政村。

区划人口

【行政区划】 泉港区辖有界山、南埔、后龙、峰尾、前黄、涂岭6个镇，1个山腰街道办事处和1个国有盐场，下辖92个村委会和9个社区居委会。

表3 泉港区各镇（街道）所辖村（居）一览表

单位	村（居）委会名称（92个村委会、9个社区居委会）
界山镇（13个）	岭头村、鸠林村、河阳村、大前村、东凉村、东张村、界山村、鹅头村、槐山村、玉湖村、下朱村、狮东村、玉山村
南埔镇（15个）	南埔村、柳厝村、塘头村、天湖村、天竺村、仙境村、凤翔村、施厝村、仑头村、先锋村、邱厝村、柯厝村、沙格村、肖厝村、惠屿村
后龙镇（13个）	上西村、峰前村、许厝村、后墘村、后田村、涂坑村、东山村、田里村、割山村、坑仔底村、后龙村、柳亭村、栖霞社区
峰尾峰（8个）	诚峰村、诚平村、前亭村、峥嵘村、上楼村、联岩村、奎璧村、郭厝村
山腰街道（17个）	荷池社区、龙山社区、聚福社区、新宅社区、锦祥社区、锦塔社区、陈庄社区、锦联村、锦山村、锦川村、莱堂村、埭港村、钟厝村、鸢峰村、叶厝村、普安村、海滨村

续表 3

单位	村（居）委会名称（92 个村委会、9 个社区居委会）
前黄镇（13 个）	凤南村、凤北村、凤山村、凤阳村、凤安村、凤林村、坑内村、古县村、后张村、前黄村、三朱村、前烧村、香芹村
涂岭镇（22 个）	清美村、白潼村、下炉村、世上村、秀溪村、芦朴村、汶阳村、松园村、小坝村、涂岭村、溪头村、幸福社区、涂型村、樟脚村、寨后村、黄田村、驿坂村、路口村、前欧村、溪西村、五社村、邱后村

【人口】 2020年末，全区公安户籍人口为422456人。按户口所在地分，山腰街道人口为73134人，占17.3%；南埔镇人口为80296人，占19.0%；界山镇人口为59383人，占14.1%；后龙镇人口为51453人，占12.2%；峰尾镇人口为57787人，占13.7%；前黄镇人口为43885人，占10.4%；涂岭镇人口为56158人，占13.4%。按性别分，男性人口为217028人，占51.5%；女性人口为204828人，占48.5%。按年龄分，18岁以下人口为100012人，占23.7%；18～34岁人口为104697人，占24.7%；35～59岁人口为155001人，占36.8%；60岁及以上人口为62746人，占14.9%。

民族 宗教

【民族】 泉港区共有汉族、回族、畲族、蒙古族、黎族等民族34个，聚居的少数民族村6个，少数民族人口2.2712万人，占全区总人口的5.38%，占全市少数民族总人口的9.91%，是全省20个民族工作重点县（市、区）之一。其中蒙古族人口占全省蒙古族人口的90%以上。

【民族村】 泉港区共有民族村6个，分别为：后龙镇柳亭村（回），少数民族人口2598人；峰尾镇郭厝村（回族），少数民族人口8361人；山腰街道龙山社区（回族），少数民族人口2421人；山腰街道钟厝村（畲族），少数民族人口5429人；山腰街道鸾峰村（畲族），少数民族人口1055人；涂岭镇小坝村（蒙古族），少数民族人口2198人；涂岭镇樟脚村（蒙古族），少数民族人口250人；涂岭镇前欧村（蒙古族），少数民族人口400人。

【宗教和民间信仰】 泉港区共有佛教、道教、基督教、天主教四大宗教，民间信仰活动场所375处，是省市宗教工作的重点县（市、区）之一。已登记佛教活动场所90处、道教活动场所55处、基督教活动场所19处、天主教活动场所1处，共165处。

华侨及台胞

【华侨】 泉港区有海外华侨华人16.34万人，主要聚居在马来西亚、新加坡两个国家，少数在印度尼西亚、菲律宾、缅甸、日本、泰国、美国、澳大利亚、孟加拉国、英国、加拿大等国家。根据最新侨情普查数据，共有归侨142人，侨眷34277人，海外华侨华人38384人。海内外乡亲社团24个，主要分布在马来西亚、新加坡等国家。其中马来西亚社团13个、新加坡社团2个、菲律宾社团2个，缅甸、印度尼西亚、澳大利亚、加拿大、日本、孟加拉国和北美洲地区各1个。

【台胞】 泉港区有台胞12万余人，祖籍以界山、南埔、后龙、峰尾、山腰等沿海乡镇为主，主要分布在台湾西部沿海地区，其中苗栗县4万余人，高雄市1万余人，台北市1万余人，嘉义县近1万人，其他多散居于新竹、台中、基隆、云林、桃园、澎湖等市（县）。

姓 氏

【概况】 自汉至今，泉港人口历经至少7次大迁入、9次大迁出，终由1200余支系迁入构成现陈、林、庄、刘、连、张等80个世居姓氏。

【分布】 全区世居姓按镇分布情况看，依次是：涂岭镇60个姓，南埔镇35个姓，界山镇32个姓，前黄镇30个姓，山腰街道24个姓，峰尾镇21个姓，后龙镇17个姓。全区7个镇、街道共376个姓。其中人口上万的姓有11个，依次是陈、林、庄、刘、连、张、黄、郭、郑、王、吴。千人以上的姓氏有33个；百人以下的姓氏有307个；1人的姓氏有115个。各镇姓氏总数排序依次为山腰街道213个，南埔镇202个，涂岭镇193个，界山镇190个，后龙镇174个，前黄镇164个，峰尾镇161个。

物 产

【农作物】 泉港区主要农作物有番薯、水稻、大麦、小麦、芋头、大豆、花生等。区内广种林、果、茶、蔗、麻等，已知林果品类51科、150多种。松、柏、枫、樟、柯、杉、相思树、桉树等为主要林木，其中桉树栽种面积最大。龙眼、荔枝、余甘、桃、李、柑、橘、杨梅、杨桃为主要水果品种，南埔、界山、涂岭等地在明清时期有成片龙眼树；余甘见诸文字记载有近200年历史；邱后荔枝曾作为进献京都佳果闻名。涂岭干炒红茶传世150多年，后山茶场生产的“雨石牌观音红芽”自2011年以来连续两届获“中茶杯”全国名优茶评比一等奖。2000年以后，泉港区推进优势农林副产品区域布局，建立农业产业化基地，在潘南垦区、坝头洋、溪西和埭中建立万亩粮食生产基地，在324 国道沿线建立龙眼、荔枝、余甘、枇杷为主的水果种植基地，保护和发展传统农林果产品。

【渔业】 泉港区沿海渔民以海为田，业航捕鱼历史悠久。明清两度开海禁后，肖厝、沙格、峰尾渔民除用定置网和内海围网捕鱼外，使用大型对船拖网和大钓船钓鳙作业。宋元时期，滨海之民造舟船，以盛产的海盐、苎布、蔗糖等通商。20世纪50年代以后，泉港渔业生产得到较快发展，钓业、流网作业和传统作业形式不断革新，灯围、机拖大型作业开始兴起，海洋捕捞机械化、电讯化科学捕捞程度较大提高，捕捞范围进一步扩大，南至广东，东至台澎列岛，北至浙江和渤海渔场，捕捞鱼类不断增加。主要经济鱼有白带鱼、鳗鱼、黄花鱼、马鲛鱼、鲳鱼、鱿鱼、对虾、梭子蟹等。水产加工业得到发展，主要有干品加工、盐渍加工和冷冻加工三大类，如鳗鱼干、鱿鱼干、乌贼鲞、钓饵干、鱼捻子、卤鲜带鱼、卤咸黄花鱼等。20世纪80年代后，沿海乡镇充分利用自然资源，发展各种海水养殖业。全区建成肖厝、金腊、溪南、上西、峰尾等7个海水养殖基地。贝类养殖种类有牡蛎、缢蛏、花蛤、贻贝、鲍鱼等。惠屿鲍鱼获省级无公害农产品产地认定证书。藻类养殖和加工，主要为紫菜、海带、琼脂。上西村海带养殖面积是泉州市最大的海带养殖基地。该村鑫盛海藻有限公司加工的海带结等系列产品先后获得中国1999年昆明世博会金奖、2001年福建省名优特新产品金奖和泉州市农业产业化龙头企业等荣誉和称号。金燕海洋生物科技股份有限公司（前身为泉港化工厂）利用末水紫菜提取琼脂的先进技术，填补国内空白，荣获国家发明奖以及福建省和泉州市科技进步一等奖，产品远销日本、韩国、俄罗斯等国家以及欧洲、东南亚等地区，出口率90%以上，享有国际声誉。网箱养殖的鱼类有石斑鱼、花鲈、大黄鱼、美国红鱼、真鲷鱼、包公鱼、锯缘青蟹和三疣梭子蟹等。肖厝海水网箱养殖基地为泉州市最大的海水网箱养殖基地。

【矿产】 泉港区主要矿产资源为日晒盐、石材和花岗岩瓷石矿。山腰盐场生产的日晒盐以“细、白、纯、干”而著称，原细盐质量达到国家一级标准。盐场面积11万平方千米，年产销日晒盐10万吨，是福建省两大国有盐场之一和原盐重点生产、出口基地，产品畅销全国六省一市，远销新加坡、菲律宾、马来西亚、美国、印度等国家和中国港澳台地区。

【传统工艺】 泉港区传统工艺主要有榨油作坊、农家酿酒坊、造船业、粮食加工业、手工纺织业、壳灰业和家具制造业等。造船业以峰尾黄氏造船世家及其所制造的黑舶五桅堰船为突出代表。泉港的雕花床工艺精湛，风格独特，清中期传入台湾。村妇手工纺织的苎麻布（俗称“夏布”）以透气爽身著称，被誉为“福建绸”，清代已畅销广州、汕头、江浙和莆田一带，并由商贾通货于东南亚。

【风味小吃】 泉港风味小吃品类繁多，有糕粿类、煎炸类、汤丸类和其他零星小吃四大类，食材均以本地特产为主要原料，风味以闽南的甜、咸、香、酥、脆、韧为主要特征，如红团粿、汤丸、发糕、糖粿、九重粿等小吃，象征红火、吉利、甜蜜、团圆和发祥，为群众逢年过节必备习俗佳品。

红团粿 （连键刚 摄）

文化遗存

【概况】 2020年，泉港区共有中国历史文化名村2个、中国传统村落3个、省级传统村落5个；各级文物保护单位66处，其中全国重点保护单位1处、省级文物保护单位7处、市区级文物保护单位58处，一般文物点86处；区以上级非物质文化遗产29项，联合国急需保护的非物质代表性名录1项，其中国家级2项、省级2项、市级15项、区级9项。

2001 年 12 月，泉港区公布第一批区级文物保护单位 56 处。2012 年 7 月，泉港区公布三普文物点 90 处。2013 年 7 月，峥嵘郑氏宗祠、出氏翰林第、陈庄陈氏祠堂、中共地下党“火花”支部旧址（陈春三故居）、诚峰刘氏南门祖祠、山腰庄氏古民居等 6 处新增为第七批市级文物保护单位。2019 年 10 月，前黄合隆商行旧址、三朱革命旧址、新桥张氏建筑群等 3 处新增为第八批市级文物保护单位。1996 年 9 月，沙格灵慈宫列入福建省第四批文物保护单位。2005 年 5 月，黄素石楼列入福建省第六批文物保护单位。2013 年 7 月，诚峰东岳庙、闽中特委（地委）三朱地下交通站列入福建省第八批文化保护单位。2016 年 12 月，土坑村古建筑群增补为福建省第八批文物保护单位。2018 年 9 月，山腰庄氏古民居、大成古厝列入福建省第九批文物保护单位。2019 年 10 月，土坑村古建筑群列入第八批全国重点文物保护单位。

【古遗址、古石塔】 泉港境内有芦朴蚁山遗址、曾炉寺治铁遗址、界山槐山窑址、天湖烟墩山烽火台、塘头龟石山烟墩、九峰山烟墩、原峰尾尾山埔古城等古遗址。有诚平圭峰塔、仙境石塔等古石塔。

【古桥、古井】 泉港境内有驿坂大德桥、溪头无量桥、下埕中井、下埕八角井、下厝双孔井、前亭古井等古桥古井。

天湖烟墩　　（连键刚 摄）

【古墓葬】 泉港境内有水曲林禄墓、前黄黄理墓、下炉庄应祯墓、新村陈云崖墓、山腰普安墓群等古墓葬。

【古宅第民居】 泉港境内有泉港土坑古民居群、黄素石楼、山腰庄氏古民居、大成古厝、新桥古建筑群、合隆商行旧址、卢琦故居、郭良故居、埭港望海楼、前黄侍卫府、出氏翰林第、溪乾连志超故居、石埕连雪花民居、前黄黄栋水民居、馆仔瑞峰民居、石桥庄景贤民居、上西张秋花民居、上西大石门民居、割山治盛典店、北头萧理庭民居、柳厝柳五华民居、南埔大夫第、尾山埔邱二娘故居等。

【寺庙宫观】 泉港境内有太白峰寺、青狮古洞、灵慈宫、九峰山寺、瑞云殿、离相寺、曾炉寺、白石宫、龙见宫、天湖岩寺、乌石宫、义烈庙、重光寺、笔架寺、东岳庙、青龙洞、永全社、燕山寺、莲山宫、山头寺、龙凤宫、龙济宫、清莲庵、虎岩寺、东张宫、中兴宫、祥云寺、青龙庙、龙亭宫、昭灵宫、硎山宫、云门寺、锦山宫、樟山祠、重兴宫、大圣寺、天源堂、怀恩寺、清德庵、圣美宫、后安宫、莲峰社、见龙宫等寺庙宫观。

【祖祠家庙】 泉港境内有锦山庄氏家庙、郭厝郭氏家庙、陈庄陈氏祠堂、洪厝坑出氏家庙、前黄黄氏祠堂、大厅连氏家庙、荷池郑氏宗祠、峥嵘郑氏宗祠、大房瑞润祖祠、大房玉湖祖祠、虎石黄氏宗祠、后街尾刘氏家庙、后街瞻德堂、棒地钟德堂、后林朱氏家庙、西吴连氏宗祠、馆仔陈氏祖厝、上西张氏新祖厝、上西张氏宗祠、上西张氏旧祖厝、割山陈氏祖厝、北头萧氏五代同堂祖厝、下埕萧氏宗祠、柳厝柳氏祖厅、南埔林氏祠堂、前亭龙厝祖厝、峥嵘种德堂等祖祠家庙。

【石雕、摩崖石刻及其他石刻、碑刻】 泉港境内有白石宫石雕、观莲洞摩崖弥勒佛造像等古代石雕。有缪公全海功德碑、大前法元堂碑刻、蔡头桥纠风碑、驿坂古道修路碑、涂岭陈公修路颂德碑、柳厝贞节坊等碑刻。

经济发展概况

【综合】 2020年，泉港生产总值716.34亿元，比上年增长2.8%。其中，第一产业增加值10.84亿元，增长0.2%；第二产业增加值565.02亿元，增长4.4%；第三产业增加值140.48亿元，下降1.4%。第一产业增加值占地区生产总值比重为1.5%，第二产业增加值比重为78.01%，第三产业增加值比重为19.67%。

【农业】 2020年，泉港区粮食种植面积28828亩，比上年减少879亩。其中，稻谷种植面积9630亩，比上年减少996亩；小麦种植面积566亩，比上年减少2亩。全年粮食产量10990吨，比上年减产1.5%。其中，稻谷产量4203吨，减产5.4%；小麦产量98吨，与上年持平。全年猪牛羊禽肉产量8267吨，比上年下降7.6%。其中，猪肉产量3243吨，下降9.3%；牛肉产量140吨，增长4.8%；羊肉产量469吨，增长8.4%；禽肉产量4414吨，下降8.2%。禽蛋产量8031吨，增长78.1%。年末生猪存栏36501头，比上年末增长28.9%；全年生猪出栏40462头，比上年下降9.5%。全年水产品产量88298吨，比上年增长0.2%。

【工业和建筑业】 2020年，泉港区规模以上工业增加值增长5.1%。在规模以上工业中，分经济类型看，国有控股企业增加值增长25.7%；股份制企业下降34.9%，外商及港澳台商投资企业增长23.5%；私营企业下降28.9%。分门类看，采矿业下降18.0%，制造业增长5.4%，电力、热力、燃气及水生产和供应业增长5.0%。全年规模以上工业企业利润105.29亿元，主营业务收入利润率6.8%。全年建筑业总产值33.12亿元。全区具有资质等级的总承包和专业承包建筑业企业利润总额1.68亿元。

【固定资产投资】 2020年，泉港区固定资产投资下降16.6%。第一产业投资下降100.0%，第二产业投资增长48.4%，第三产业投资下降33.4%。基础设施投资下降11.7%，占固定资产投资的比重为19.8%。民间投资下降27.2%，占固定资产投资的比重为67.6%。全年房地产开发投资41.11亿元，比上年下降49.6%。其中，住宅投资31.21亿元，下降48.6%；办公楼投资0.17亿元，下降95.5%；商业营业用房投资3.84亿元，增长9442.0%。年末商品房待售面积10.59万平方米，比上年末减少2.50万平方米。

【国内贸易】 2020年，泉港区社会消费品零售总额133.87亿元，比上年下降15.7%。全年限额以上单位商品零售类值中，粮油、食品类商品零售额比上年增长15.6%，饮料类增长15.6%，烟酒类增长31.0%，服装、鞋帽、针纺织品类下降28.3%，化妆品类下降1.3%，日用品类增长26.4%，家用电器和音像器材类下降62.6%，中西药品类下降52.2%，文化办公用品类增长3.6%，家具类增长27.7%，石油及制品类下降73.5%，建筑及装潢材料类下降15.5%。

【财政金融】 2020年，泉港区一般公共预算收入25.58亿元，比上年增长1.0%。其中税收收入20.59亿元，增长2.3%。全区一般公共预算支出35.91亿元，比上年增长8.9%。年末全部金融机构本外币各项存款余额272.34亿元，比年初增加48.02亿元，其中人民币各项存款余额270.77亿元，比年初增加49.16亿元。全部金融机构本外币各项贷款余额252.40亿元，比年初增加7.36亿元，其中人民币各项贷款余额232.92亿元，比年初增加4.37亿元。

【人民生活】 2020年，泉港区居民人均可支配收入30157元，比上年名义增长5.6%。按常住地分，城镇居民人均可支配收入39011元，比上年名义增长2.8%；农村居民人均可支配收入22698元，比上年名义增长5.7%。城乡居民人均可支配收入比值为1.72，比上年缩小0.05。全年全区居民人均消费支出18699元，比上年名义下降0.5%。按常住地分，城镇居民人均消费支出21956元，比上年名义下降2.1%；农村居民人均消费支出15948元，比上年名义下降0.6%。

中共泉州市泉港区委员会

重要会议及活动

【区委全会】 2020年8月28日，泉港区委召开四届十三次全体会议，审议通过《中共泉港区委关于深入学习贯彻习近平总书记重要讲话重要指示批示精神，全方位推动高质量发展超越的决定》。会议主要任务是以习近平新时代中国特色社会主义思想为指导，全面贯彻中共十九大和十九届二中、三中、四中全会精神，深入学习贯彻习近平总书记对福建工作的一系列重要讲话重要指示批示精神，科学谋划新一轮发展目标和举措，充分凝聚“泉港好大家会更好”思想共识，动员全区广大干部群众牢记嘱托、乘势而上、砥砺奋进，紧扣“石化高质发展、产城高质融合”主旋律，以更加坚定的信念、更加饱满的热情、更加昂扬的斗志，加快推进“观念立区、主业强区、生态优区、富民兴区、和谐安区”、建设美好泉港，全方位推动高质量发展超越，为全国、全省、全市大局作出更大贡献。

【区委常委会扩大会】 2020年3月11日，区委书记梁炳辉主持召开四届区委常委会扩大会议，传达国务院安全生产委员会办公室《关于切实加强涉疫场所和复工复产安全防范的通知》和全省安全隐患大排查视频会议主要精神，部署全区安全隐患大排查、复工复产安全生产工作。

2020 年 7 月 24 日，区委书记梁炳辉主持召开四届区委常委会扩大会议，传达市创城工作专题会精神，研究贯彻意见；研究调整中央第一轮环保督察整改项目泉港石化工业区安全控制区安征迁工作领导小组成员名单；听取区人大常委会党组、区政府党组、区政协党组、区纪委监委、区法院党组、区检察院党组、石化工业园区党工委工作汇报。

2020 年 11 月 2 日，区委书记梁炳辉主持召开四届区委常委会扩大会议，传达学习中共十九届五中全会和省委、市委常委会（扩大）会议精神，研究学习宣传贯彻意见。

【区委常委会】 2020年1月16日，区委书记梁炳辉主持召开四届区委常委会第117次会议，传达学习习近平总书记在中央政治局“不忘初心、牢记使命”专题民主生活会上的重要讲话和2020年新年贺词、在全国政协举行的新年茶话会上的重要讲话以及省委常委会会议精神，研究贯彻意见；传达《中共中央关于印发〈中国共产党党和国家机关基层组织工作条例〉的通知》精神，研究贯彻意见；传达省十三届人大三次会议、省政协十二届三次会议和市十六届人大五次会议、市政协十二届四次会议精神，研究贯彻意见；研究2020年全区工作会议有关工作事项。

2020 年 1 月 21 日，区委书记梁炳辉主持召开四届区委常委会第 118 次会议，传达学习习近平总书记在十九届中央纪委四次全会上的重要讲话精神和省纪委十届五次全会、市纪委十二届五次全会精神，研究贯彻意见，审议区纪委四届五次全会《工作报告》；传达全市深化乡镇（街道）机构改革部署培训会主要精神，研究贯彻意见；研究 2020 年泉港区各镇（街道）党政领导平安建设（综治工作）责任书（送审稿）；研究 2020 年泉港区各镇（街道）党政领导生态环境保护目标责任书（送审稿）；听取 2019 年度各镇（街道）绩效评估考评有关工作情况及 2019 年度全区经济社会先进单位和先进个人名单初步方案汇报。

2020 年 1 月 26 日，区委书记梁炳辉主持召开四届区委常委会第 119 次会议，传达贯彻中央政治局常委会和省委常委会、市委常委会研究新型冠状病毒感染的肺炎疫情防控工作会议精神，对做好泉港区防控工作进行再研究、再部署、再动员。

2020 年 2 月 4 日，区委书记梁炳辉主持召开四届区委常委会第 120 次会议，传达贯彻中央政治局常委会和省委常委会研究加强新型冠状病毒感染的肺炎疫情防控工作会议精神、省应对新型冠状病毒感染的肺炎疫情工作领导小组会议精神以及市委常委会会议精神，听取泉港区当前疫情防控工作情况汇报，研究下一步防控工作。

2020年2月13日，区委书记梁炳辉主持召开四届区委常委会第121次会议，传达贯彻习近平总书记在中央全面依法治国委员会第三次会议上的重要讲话和省委常委会会议、市委常委会会议精神；传达学习贯彻习近平总书记在中央政治局常务委员会会议上的重要讲话和在北京市调研指导新冠肺炎疫情防控工作时的重要讲话和省委常委会扩大会议精神；传达《中央办公厅印发〈关于2019年中央政治局贯彻执行中央八项规定情况的报告〉和〈关于解决形式主义突出问题为基层减负工作情况的报告〉的通知》精神；传达泉委密办密电〔2020〕1号文件和省、市领导批示精神，研究贯彻意见。研究推荐全国劳动模范，福建省五一劳动奖状、奖章和工人（五一）先锋号候选对象建议名单事宜。

2020年2月18日，区委书记梁炳辉主持召开四届区委常委会第122次会议，研究《关于在新冠肺炎疫情防控工作中实行村（社区）专项绩效奖励的办法（送审稿）》，并就做好村（社区）疫情防控工作进行研究部署。

2020年2月26日，区委书记梁炳辉主持召开四届区委常委会第123次会议，传达学习贯彻习近平总书记在中央政治局会议、全国统筹推进新冠肺炎疫情防控和经济社会发展工作部署会上的重要讲话以及习近平总书记就关心爱护参与疫情防控工作的医务人员专门作出的重要指示精神及省委常委会、省委常委会（扩大）会议、市委常委会会议精神；传达全国、全省退役军人工作会议精神和省委常委会、市委常委会会议精神，研究贯彻意见；研究泉港区推荐2020年泉州市三八红旗手（集体）名单、干部工作等事项。

2020年3月5日，区委书记梁炳辉主持召开四届区委常委会第124次会议，传达学习习近平总书记在中央政治局常委会上的重要讲话、在北京考察新冠肺炎防控科研攻关工作时的重要讲话以及省委常委会（扩大）会议暨省应对新冠肺炎疫情工作领导小组第十八次会议精神，传达全国、全省、全市组织部长会议主要精神，传达全国、全省、全市统战部长会议和各级民族宗教有关会议精神，传达中央、省委、市委政法工作会议精神，传达中央、省委、市委农村工作会议和全省农村人居环境整治工作会议精神，研究贯彻意见。

2020年，区委书记梁炳辉主持召开四届区委常委会第125次会议，研究干部工作。

2020年3月17日，区委书记梁炳辉主持召开四届区委常委会第126次会议，传达学习习近平总书记在武汉考察疫情防控工作时的重要讲话和省委常委会（扩大）会议精神，传达学习习近平总书记在决战决胜脱贫攻坚座谈会上的重要讲话和省委常委会（扩大）会议精神，传达全国、全省、全市宣传部长会议主要精神，传达中央网信委、省委网信委、市委网信委第三次会议和全市网信办主任视频会议主要精神，审议《泉港区2019年网信工作总结暨2020年网信工作要点（送审稿）》，传达贯彻全市安全生产工作会议精神，研究贯彻意见；研究《开展"治安最安全、执法最满意、社会最平安"吉祥泉港创建巩固年实施方案（送审稿）》；传达省、市房屋安全隐患大排查大整治有关会议精神，研究《全区房屋安全"百日大整治"行动方案（送审稿）》，部署全区房屋安全隐患排查整治工作；研究确定第一批区级疫情防控和复工复产先进基层党组织、先进集体、先进个人通报表扬名单。

2020年3月30日，区委书记梁炳辉主持召开四届区委常委会第127次会议，传达学习习近平总书记在中央政治局常委会会议上的重要讲话和省委常委会会议、全省统筹疫情防控和复工复产视频会议、市委常委会会议精神，传达贯彻省委常委、纪委书记、监委主任刘学新到泉港调研检查疫情防控、复工复产、安全生产时的讲话精神；传达市委对泉港区2019年度全面从严治党主体责任落实情况检查集体约谈会精神，研究贯彻意见；研究《泉港区"强基促稳"三年行动2020年实施意见》《加快社会投资工业项目落实办法（试行）（送审稿）》；听取九届省委巡视反馈意见整改落实情况汇报和区委常委会2019年度述责述廉评议结果和整改情况报告。

2020年4月13日，区委书记梁炳辉主持召开四届区委常委会第128次会议，传达学习习近平总书记在中央政治局常委会会议上的重要讲话、在浙江考察时的重要讲话、对安全生产作出的重要指示、对四川西昌市经久乡森林火灾作出的重要指示和给武汉东湖新城社区全体社区工作者的回信精神以及省委常委会（扩大）会议精神、市委常委会会议精神；传达习近平总书记重要指示批示精神、于伟国书记在省委常委会暨省委审计委员会议上的讲话精神、唐登杰省长对审计的批示精神、康涛书记在市委常委会暨市委审计委员会议上的讲话精神并研究贯彻意见，听取区2019年审计工作情况暨2020年工作思路汇报并研究《2020年全区审计项目计划安排的初步意见（送审稿）》；传达全国、全省、全市政法系统当前疫情防控、维护国家政治安全和社会稳定工作电视电话会议精神，传达全市双拥共建工作领导小组第28次会议暨争创全国双拥模范城"九连冠"迎检工作视频会议主要精神，研究贯彻意见；听取2019年度吉祥泉港暨平安镇（街道）、区级平安单位考评情况汇报；研究新一届（2017—2019年度）泉港区精神文明建设各类先进推荐评选初步名单。

2020年4月23日，区委书记梁

炳辉主持召开四届区委常委会第129次会议，传达学习4月17日中央政治局会议精神和省委常委会（扩大）会议精神，研究贯彻意见；传达关于中央主题教育总结报告、省委常委会暨省委主题教育领导小组第十五次会议和市委常委会暨市委主题教育领导小组第八次会议精神，听取泉港区工作情况汇报；传达市委书记康涛到泉港区检查调研讲话精神，研究贯彻意见；传达学习《贯彻落实习近平总书记重要批示精神持续抓好宗教工作督查整改的情况报告》《宗教工作督查“回头看”对福建省的反馈意见》主要精神，研究贯彻意见和《中共泉港区委统一战线工作领导小组关于贯彻落实中央宗教工作督查“回头看”反馈意见的整改方案（送审稿）》；传达民主党派市委会负责人和县级党委统战部长座谈会主要精神，研究贯彻意见；研究《泉港区2020年度全区党建工作要点（送审稿）》。

2020年4月28日，区委书记梁炳辉主持召开四届区委常委会第130次会议，传达学习中央办公厅《关于持续解决困扰基层的形式主义问题为决胜全面建设小康社会提供坚强作风保证的通知》和省委常委会会议、市委常委会会议精神，中央生态环境保护督察、国家海洋督察反馈意见等突出生态环境问题整改推进会和2020年全市生态环境保护工作会议精神，研究贯彻意见；研究《2020年度镇（街道）落实党政领导平安建设责任书暨古祥泉港创建绩效评估工作方案》《2020年度区直机关事业单位、区属国有企业和省市驻泉港单位吉祥泉港巩固年暨平安单位创建绩效考评工作方案（送审稿）》。

2020年5月13日，区委书记梁炳辉主持召开四届区委常委会第131次会议，传达学习习近平总书记在4月29日、5月6日中央政治局常委会会议上、党外人士座谈会上的重要讲话和给郑州圆方集团全体职工的回信、寄语新时代青年的重要指示精神以及省委常委会会议、市委常委会会议、5月13日市防控疫情指挥部视频会议精神，省、市对台工作会议精神，研究贯彻意见；研究《2020年全区对台工作要点》《中共泉港区委统一战线工作领导小组民族工作联席会议制度》《中共泉港区委统战工作领导小组宗教工作专题会议制度》《关于全面深入持久开展民族团结进步创建工作铸牢中华民族共同意识的实施方案》《泉港区治理佛道教商业化问题实施方案》《2020年度泉港区绩效评估工作方案》，研究《中共泉港区委全面深化改革委员会2020年工作要点》《中共泉港区委财经委员会工作要点（送审稿）》。

2020年5月20日，区委书记梁炳辉主持召开四届区委常委会第132次会议，传达全国巡视工作会议暨十九届中央第五轮巡视动员部署会、全省巡视巡察工作会议暨十届省委第八轮巡视动员部署会和省委巡视泉港区反馈会精神，研究部署巡视反馈意见整改落实工作。

2020年5月29日，区委书记梁炳辉主持召开四届区委常委会第133次会议，传达学习习近平总书记在全国“两会”期间的重要讲话精神和十三届全国人大三次会议、全国政协十三届三次会议精神以及5月29日省委、市委常委会（扩大）会议精神，习近平总书记在5月14日中央政治局常委会会议、5月15日中央政治局会议上的重要讲话精神和习近平总书记在山西考察时重要讲话精神以及省委常委会会议、市委常委会会议精神，研究贯彻意见；研究《泉港区贯彻落实第二轮中央生态环境保护督察反馈意见整改方案》《关于新时代加强和改进人民政协工作的实施意见》《泉港区关于落实省委巡视十组对泉港区巡视情况反馈意见的整改任务与分解方案》《关于落实省委巡视组选人用人专项检查情况反馈意见的整改任务与分解方案》《关于落实省委巡视十组对泉港区落实意识形态工作责任制专项检查情况反馈意见的整改任务与分解方案》《关于落实省委巡视十组巡察工作专项检查组巡视检查泉港区委巡察工作的反馈意见的整改任务与分解方案（送审稿）》和新一届（2017—2019年度）泉州市精神文明建设各类先进推荐评选初步推荐名单。

2020年6月11日，区委书记梁炳辉主持召开四届区委常委会第134次会议，传达学习习近平总书记在主持专家学者座谈会时的重要讲话精神、对毛南族实现整族脱贫作出的重要指示、给科技工作者代表的回信、对广大少年儿童的寄语精神以及省委常委会（扩大）会议、委常委会会议精神，全国扫黑办第9次主任会议和全省全市扫黑除恶专项斗争“六清”行动推进会精神，中央、省委、市委国安委有关会议精神，研究贯彻意见；研究《中共泉港区委国家安全委员会2020年工作要点》《区委退役军人事务工作领导小组成员单位工作职责》《区委退役军人事务工作领导小组成员单位联络员工作职责》《区委退役军人事务工作领导小组2020年工作要点（送审稿）》。

2020年6月24日，区委书记梁炳辉主持召开四届区委常委会第135次会议，传达学习习近平总书记在宁夏考察时的重要讲话精神、省委关于认真学习贯彻习近平总书记重要指示精神全方位推动高质量发展超越的通知精神和省委常委会会议、市委常委会会议精神，传达学习习近平总书记在十九届中央政治局第二十次集体学习时的重要讲话精神和《中华人民共和国民法典》主要精神、省委全面依法治省委员会第六次会议和市委全面依法治市委员会第六次会议精神，传达学习《关于新形势下党内政治生活的若干准则》《党政领导干部选拔任用工作条例》《中国共产党党组工作条例》《中共中央办公厅印发〈关于加强乡镇干部队伍建设的若干意见〉的通知》《中共福建省委办公厅印发〈关于加强福建省乡镇干部队伍建设的实施意见〉的通知》精神，传达学习中央办公厅《党委（党组）意识形态工作责任制实施办法》、省委办公厅《关于在突发敏感舆情应对处置中落实意识形态工作责任制的通知》精神，传达《新时代爱国主义教育实施纲要》《新时代公民道德建设实施纲要》和福建省《实施意见》，研究贯彻意见和《中共泉港区委全面依法治区委员会2020年工作要点》《关于落实市委脱贫攻坚专项巡察“回头看”问题清单的整改方案（送审稿）》，听取2020年泉港区意识形态领域综合分析情况和2019年度第二、三、四、五系列绩效评估考评工作情况的汇报。

2020年7月9日，区委书记梁炳辉主持召开四届区委常委会第136次会议，传达学习习近平总书记在中央政治局第二十一次集体学习、中央政治局会议审议《中国共产党基层组织选举工作条例》时的重要讲话和对防汛救灾工作做出的重要指示精神及省委常委会会议、市委常委会会议精神，全市农村人居环境整治推进座谈会精神，研究贯彻意见；区委主要领导与区委班子成员开展党风廉政建设集体谈话；研究《2020年政党协商计划（送审稿）》。

2020年8月3日，区委书记梁炳辉同志主持召开四届区委常委会第137次会议，传达学习习近平总书记在中央政治局常委会会议上关于防汛救灾工作的重要讲话、对做好防汛救灾工作作出的重要指示和在企业家座谈会上的重要讲话以及省委常委会会议、市委常委会会议精神，《福建省2020年排查整顿农村发展党员违纪违规问题工作的实施方案》精神；听取省委巡视整改进展情况汇报；研究《全区安全生产专项整治三年行动实施方案》《泉港区深化改革加强食品安全工作实施方案》《泉港区残疾人联合会改革方案（送审稿）》；传达市委书记康涛对石化安控区建设的讲话和市长王永礼在泉港专题调研石化安控区建设的讲话精神，研究泉港石化安控区安征迁指挥部提出的中央第一轮环保督察整改项目泉港石化安控区项目2020年征迁需补充完善共性问题的处理意见、《中央第一轮环保督察整改项目泉港石化安控区项目2020年“1+N征迁攻坚”行动实施方案》《中央第一轮环保督察整改项目泉港石化安控区项目2020年绩效考评工作方案》《中央第一轮环保督察整改项目泉港石化安控区项目2020年涉迁村两委班子绩效考评实施方案》《中央第一轮环保督察整改项目泉港石化安控区项目2020年现场考评实施方案》《中央第一轮环保督察整改项目泉港石化安控区项目2020年评先评优工作实施方案》《中央第一轮环保督察整改项目泉港石化安控区项目2020年落地落实问责问效办法（试行）（送审稿）》。

2020年8月11日，区委书记梁炳辉主持召开四届区委常委会第138次会议，传达学习省委书记于伟国在畅通产业循环专题会议上关于石油化工产业方面的讲话精神。

2020年8月27日，区委书记梁炳辉主持召开四届区委常委会第139次会议，传达贯彻省委十届十次全会、市委十二届十二次全会精神，听取《区委四届十三次全体会议方案》有关事项汇报，审议《区委书记梁炳辉同志在区委四届十三次全体会议上的讲话》《中共泉港区委关于深入学习贯彻习近平总书记重要讲话重要指示批示精神，全方位推动高质量发展超越的决定（讨论稿）》《泉港区全方位推动高质量发展超越科技创新行动计划（征求意见稿）》《泉港区全方位推动高质量发展超越优化产业结构行动计划（征求意见稿）》《泉港区全方位推动高质量发展超越促进居民增收行动计划（征求意见稿）（送审稿）》；传达市委书记康涛到泉港区检查调研讲话精神；研究《泉港区关于扶持石化产业加快发展的若干意见（送审稿）》，泉港区交通文旅板块国企整合重组方案有关事项，原副区长陈清拥挂钩2020年区重点项目调整事宜。

2020年9月11日，区委书记梁炳辉主持召开四届区委常委会第140次会议，传达学习习近平总书记在全国抗击新冠肺炎疫情表彰大会上的重要讲话、在中央全面深化改革委员会第十五次会议上的重要讲话、在经济社会领域专家座谈会上的重要讲话、对“十四五”规划编制工作作出的重要指示、对制止餐饮浪费行为作出重要指示和省委常委会会议、省委贯彻落实习近平总书记重要讲话重要指示批示精神年中推进会、市委常委会会议精神，传达学习《习近平谈治国理政》第三卷出版座谈会精神和省委常委会会议、全省发行工作座谈会、市委常委会会议精神，传达省委印发《关于贯彻〈中国共产党农村工作条例〉的实施办法》的通知精神和全省全面建成小康社会补短板暨农村人居环境整治工作推进现场会精神，传达学习全省年轻干部座谈会、全市年轻干部培养工作座谈会、全市组织部长专题工作座谈会精神，研究贯彻意见；传达贯彻省政府隐性债务高风险地区化债工作专题会精神，听取泉港区债务化解情况汇报；研究《泉港区贯彻落实〈2019—2023年全国党政领导班子建设规划纲要〉实施方案》《泉港区紧密型县域医疗共同体建设实施方案（送审稿）》，研究确定泉港区软弱涣散村党组织整顿方案。

2020年9月27日，区委书记梁炳辉主持召开四届区委常委会第141次会议，传达学习习近平总书记在纪念中国人民抗日战争暨世界反法西斯战争胜利75周年座谈会上的重要讲话、在科学家座谈会上的重要讲话、在湖南考察时和在基层代表座谈会上的重要讲话、在教育文化卫生体育领域专家代表座谈会上的重要讲话、对新时代民营经济统战工作的重要指示、致中国延安精神研究会第六次会员大会的贺信、对教育工作的重要论述和省委常委会会议、省委教育工作领导小组会议、市委常委会会议精神，《中华人民共和国公职人员政务处分法》精神，省委省政府关于评选省级文明城区等文件精神，研究贯彻意见。研究《泉港区平安建设领导小组及其办公室工作规则》《泉港区平安建设领导小组专门工作组组成方案（送审稿）》；部署国庆、中秋节假日有关工作。

2020年10月16日，区委书记梁炳辉主持召开四届区委常委会第142次会议，传达学习习近平总书记在9月28日中央政治局会议上和在中央政治局第二十三次集体学习时、中央党校（国家行政学院）中青年干部培训班开班仪式上、在深圳特区建设40周年庆祝大会上和广东考察时的重要讲话精神、对供销合作社工作作出的重要批示精神、致第三届数字中国建设峰会贺信、致“摆脱贫困与政党的责任”国家论坛研究讨论会贺信精神以及中共中央关于印发《中国共产党中央委员会工作条例》的通知精神和省委常委会会议、市委常委会会议精神；听取2019年度省委、市委主体责任检查反馈问题整改情况的汇报；研究区领导挂钩联系镇（街道、场）调整事宜、2020年区重点项目挂钩领导调整事宜。

2020年10月29日，区委书记梁炳辉主持召开四届区委常委会第143次会议，传达学习习近平总书记在中央政治局第二十二次集体学习时、在纪念中国人民志愿军抗美援朝出国作战70周年大会上的重要讲话和给四川省革命伤残军人休养院全体人员回信精神以及省委常委会会议、省秋冬新冠肺炎疫情防控工作视频会议、市秋冬新冠肺炎疫情防控工作视频会议精神，全国、全省、全市深入推进扫黑除恶专项斗争工作会议精神，《市委办市政府办关于印发〈防范化解重大风险不力问题责任倒查工作机制（试行）〉的通知》精神，研究贯彻意见；部署落实市交办泉港区镇（街道）安全生产“1+X”全交叉专项督导问题清单有关工作；研究《泉港区招商大会系列活动工作方案（送审稿）》；通报镇（街道）经济指标完成情况。

2020年11月11日，受区委书记梁炳辉委托，区委副书记、区长颜朝晖主持召开四届区委常委会第144次会议，传达学习习近平总书记在党外人士座谈会上的重要讲话、在中央全面深化改革委员会第十六次会议上的重要讲话、在参加第七次全国人口普查登记时的重要指示、对推进农村土地制度改革、做好农村承包地管理工作作出的重要指示精神，中央网信办、省委、市委领导在《信息专报》上的批示精神，市委康涛书记来泉港区集中座谈讲话精神，全市县（市、区）政协工作交流座谈会精神，研究贯彻意见；研究《关于进一步学懂弄通做实〈习近平谈治国理政〉第三卷的具体措施（送审稿）》。

2020年11月20日，区委书记梁炳辉主持召开四届区委常委会第145次会议，传达学习习近平总书记在浦东开发开放30周年庆祝大会、江苏考察调研、全面推动长江经济带发展座谈会、中央全面依法治国工作会议和出席金砖国家领导人第十二次会晤时的重要讲话精神、对平安中国建设作出的重要指示精神和省委常委会（扩大）会议、省委常委会会议、市委常委会会议精神，研究贯彻意见；研究《泉港区区属国有企业领导人员竞争上岗工作方案（送审稿）》；听取中央生态环境保护督察反馈意见整改及2020年度泉港区领导生态环境保护目标责任书工作进展情况汇报，研究部署下一步工作；听取区直机关党工委、区委党校、区总工会、团区委、妇联工作汇报；听取河长述职汇报。

2020年12月2日，区委书记梁炳辉主持召开四届区委常委会第146次会议，传达学习习近平总书记在全国劳动模范和先进工作者表彰大会上的重要讲话、在亚太经合组织工商领导人对话会上的主旨演讲、在第十七届中国—东盟博览会和中国—东盟商务与投资峰会开幕式上的致辞、向世界互联网大会•互联网发展论坛贺信精神以及全省抗击新冠肺炎疫情表彰大会精神，传达省委常委、省纪委书记、监委主任李仰哲来泉调研工作有关精神，研究贯彻意见；研究区四届人大五次会议、区政协四届五次会议有关事项。

2020年12月14日，区委书记梁炳辉主持召开四届区委常委会第147次会议，传达学习习近平总书记在中央政治局审议《中国共产党统一战线工作条例》《中国共产党党员权益保障条例》和中央政治局第二十五次集体学习时的重要讲话、在中央政治局常委会听取脱贫攻坚总结评估汇报时的重要讲话精神、关于做好关心下一代工作的重要指示及中国关工委成立30周年会议精神和省委常委会会议、市委常委会会议精神，研究贯彻建议；传达习近平总书记会见全国精神文明建设表彰大会代表作出的重要指示精神，研究贯彻建议和《泉港区精神文明创建活动管理办法（修订）（送审稿）》，以及泉港区推荐新一届（2018—2020年度）福建省文明村镇、文明单位、文明社区、文明校园名单；传达《中共福建省委政法委关于进一步严格执行防止干预司法“三个规定”的通知》精神、全市“强基促稳”三年行动分析评估暨工作推进会精神，研究贯彻意见；听取全区2020年度落实全面从严治党主体责任形势分析情况汇报。

2020年12月22日，区委书记梁炳辉主持召开四届区委常委会第148次会议，传达学习习近平总书记在12月11日中央政治局会议上的重要讲话、在中央经济工作会议上重要讲话、在党外人士座谈会上的重要讲话和省委十届十一次全会、省委常委会（扩大）会议、省委经济工作会议精神，研究贯彻意见。

2020年12月25日，区委书记梁炳辉主持召开四届区委常委会第149次会议，传达学习习近平总书记在中央政治局第二十六次集体学习时的重要讲话和省委常委会会议、市委常委会会议精神，全省近邻党建工作推进会精神，市委十二届十三次全会、市委经济工作会议精神，研究贯彻意见；研究2021年区委区政府为民办实事项目、区重点项目建设有关问题，听取招商大会系列活动筹备工作进展情况汇报。

综合协调

【政策研究】 2020年，泉港区委办以站位全区的大局观念当好参谋。注意从形势变化中了解政策新导向、从沟通协调中掌握基层新动向、从具体实践中提出工作新见解，为区委决策提供参谋服务。参与制定泉港“十四五”规划和二〇三五年远景建议稿，深入各镇（街道）、区直各部门开展调查研究、广泛听取意见、探讨起草思路，征求意见建议248条，对“十四五”规划的总体思路、奋斗目标等提出务实建议。

【协调沟通】 2020年，泉港区委办履行承上启下、协调左右、沟通内外的职责，确保区委高效有序运转。坚持每周与上级部门和区人大、政府、政协、石化园区管委会办公室加强对接衔接，统筹提出区委一周工作安排方案，提高工作安排的计划性、主动性和前瞻性。全年共承办区委全会、全区工作会议、招商大会等重要会议39场，常委会和常委（扩大）会36场，以及全区工作检查、领导调研等重要活动170多场，科学制定周详的工作方案，严格组织实施。响应党号召、冲在第一线，带领35名党员干部下沉镇村一线参与疫情防控和企业复工复产工作，凝聚上下联动、内外协同、共同战疫的强大合力。

【办文办会】 2020年，泉港区委办严格执行发文、开会的计划申报、审批、统计报备制度，深入推行“精文减会”，一年来共制发区委文件53份，比上年同期241份精简78%；召开区委会议29场次，比上年同期84场次精简65.5%。

【以文辅政】 2020年，泉港区委办创新推行文字综合材料“凡文必研、凡稿必读”制度，注重以创造性思维去谋篇布局、提炼观点，指导文字综合材料撰写人员站在区委的高度来分析形势、探讨问题、提出对策，把握区委中心工作、贴近领导思路意图、符合形势政策要求，做到观念新、思路广、内容实、语言活、定位准，确保指导性、针对性、实效性。

【信息参谋】 2020年，泉港区委办围绕区委区政府中心工作和领导关注的重大问题，指导文秘人员采编具有规律性、参考性、决策性、建议性的信息，努力“参”在点子上、“谋”在关键处，2020年信息工作排名全市第6位。

【决策督查】 2020年，泉港区委办对重大决策全力抓、对专项工作迅速抓、对热点问题跟踪抓，严格督办区委重大决策事项、重点项目、实事项目、人大建议政协提案等，确保区委的决策部署落到实处、取得实效。

组织工作

【实施基层党建“全域提升、全面提质”行动】 2020年，泉港区对接省、市农村基层党建“整乡推进、整县提升”示范县乡创建部署，在全市率先出台《泉港区开展基层党建“全域提升、全面提质”行动的实施方案》，打造基层党建典型点、精品线、示范片，推动形成一批党建亮点品牌。三年来在各领域累计打造基层党建示范点52个、精品线8条，实现点线建精、整片建强、全域提升、全面提质。

【深化提升跨村联带“365”机制】 2020年，泉港区在打造“跨村联带”党建模式基础上，出台《关于深化提升泉港区跨村联带“365”机制助力构建现代乡村治理体系的实施方案》，发挥优秀村级党组织带头人“领头雁”作用，带动先进支部提质扩面、中间支部晋位升级、后进支部整顿转化，推动构建“联域联动、共治共享”乡村治理新体系。

【拓展“村支书导师团”模式】 2020年，泉港区健全落实导师团管理办法，完善导师团常态化帮导机制。通过举办“导师论坛”“导师在现场”等活动，组织13名导师深入25个村拉练问诊，解决村级难题130多项。安排软弱涣散村、薄弱村的13名村党组织书记和36名后备力量到导师所在村异村挂职，提升履职本领。制作并展播由7名导师主讲的红色精品党课，开展线下巡讲活动16场次。村支书导师挂钩帮导的23个村中，80%的村实现转化提升。建立“云端导师问诊平台”，开展线上调研会5场，在线接待服务群众240多人次，帮助解决群众诉求。

【党员教育管理】 2020年，泉港区建立党委（党组）书记党支部工作联系点制度，全区56名党委（党组）书记挂钩联系71个联系点，通过走访调研、一线协调，集中解决一批制约党组织作用发挥、群众反映强烈的突出问题。开展“党代表冠名工作室”创建活动，组织73名市、区党代表挂钩联系农村、社区、机关、学校等领域党支部，实行党代表提案提议办理制度，及时传递党的声音、收集民情民意、指导支部工作。推行党员积分精细化管理评价机制，通过基本要求“积分”、工作表现“评分”、先锋引领“加分”、荣誉表彰“奖分”、违纪违规“扣分”、一票否决“零分”等方式，强化党员队伍规范化管理。出台《关于全面推行党员“政治生日”活动的通知》，通过发送短信祝福、重温入党誓词、组织关爱活动等措施，增强党员责任感、使命感和归属感，全年累计发送党员政治生日短信9100多条。

【创新党建引领城市基层治理】 2020年，泉港区构建城市基层党建“126”模式，在全区84个居民小区中成立党组织67个、覆盖78个小区，组织覆盖率92.86%。成立“红色业委会”和“红色物业”典型点4个，聘任36名党员街巷长、147名党员楼长，新推动580多名在职党员落实“双报到”制度，完成“三清单”项目140多个，解决居民诉求350多项。创建聚福小区“近邻晤福”党建服务品牌，创设“党员+青少年成长营”“邻里红”党建联盟等平台，建立全省首个“26℃近邻温度”党群服务小栈，打造多涉迁村集中购置小区治理样板。

【非公企业党建】 2020年，泉港区围绕党建融入企业治理，实施“两新”组织“红色影响力”工程八大攻坚提升行动，选派党建片区兼职组织员和企业党支部第一书记14名、党建指导员239名，实施党建惠企联合行动清单19项。新培育出纳川管材公司“五心五力”等9个非公典型案例，提升非公党建实效。创新试行“支部参议制”，由党支部牵头为企业提供决策前参谋，把好企业决策“方向盘”，推动党组织和党员深度融入企业经营治理。全年19家试点企业共累计商讨119个议题，征集“金点子”183条。

宣传工作

【政治理论学习】 2020年，泉港区印发《关于进一步推动全区党委（党组）理论学习中心组学习制度化规范化建设的通知》《泉港区党委（党组）理论学习中心组学习巡听旁听工作实施方案（试行）》，举办全区理论工作推进会暨党委（党组）理论学习中心组经验交流会，推动理论学习制度化、规范化建设。举办区委中心组学习《习近平谈治国理政》第三卷和系列采访实录等专题学习会30场，适时印发学习提醒，带动全区各级党委（党组）中心组及时跟学。高质量推进“学习强国”学习平台推广运用，加入认证组织党员比例、参与度、人均积分、稿件供应等指标均位居全市前列，其中向福建分平台供应稿件450多篇、刊播230多篇（其中获总平台刊发29篇），创历史新高，被省委宣推荐为直报点。开展“学习强国”线下推广活动10多场，举办“爱国心·报国情·强国志”主题征文活动，提升“学习强国”学习平台知晓率、影响力。

【深化理论研究阐释】 2020年，泉港区实施理论宣讲进万家工程，打造以“土专家”“土教材”“土办法”为主要特点的泉港“乡土味”宣讲，组建区委宣讲团和农村、校园、网络、巾帼、渔船渔排等10支宣讲小分队，建立理论宣讲基层示范点21个，开展“微宣讲+志愿服务”示范活动，举办异地商会、渔船渔排等各类主题宣讲300多场。“理论宣讲进万家工程”入选2020年度福建省基层理论宣讲创新项目名单，获评市委“强基促稳”优秀创新案例、全市机关特色党建项目展评一等奖，经验做法在《八闽快讯》《福建改革财经情况》等刊发，并在人民网、中国网、人民日报等主流媒体报道。开展以“献礼建区20周年 建设美好新泉港”为主题的第十六届“泉港论坛”理论征文等活动，《“乡土味”宣讲传播党的“好声音”》等24篇论文获奖。培育泉港文化中心、山腰盐场晒盐技艺坊等2个市级社科普及示范基地，举办社科普及宣传周系列活动，评选出《泉港区“农民变市民”之素养提升的思考与策略》等11个社科规划项目，为区委区政府决策提供有效参考。

【把牢意识形态关口】 2020年，泉港区把学习贯彻《中国共产党宣传工作条例》《党委（党组）意识形态工作责任制实施办法》作为一项重要政治任务，加强组织领导，区委成立宣传思想工作领导小组（意识形态工作领导小组）及办公室，制定领导小组工作规则（试行），区委常委会7次专题研究部署宣传思想和意识形态工作，研判意识形态领域风险挑战并部署防范举措。开展意识形态工作制度化、规范化建设专项行动，建立健全政治安全、文化安全工作协调、意识形态领域会商协调、考核督查等10多项制度机制，落实落细“八个纳入”。严格落实“一会（展）一报”和公共领域宣传载体定期巡查机制，结合创城创卫更新全区2000多块户外公益广告牌，确保更新及时、导向正确。深入开展“扫黄打非”工作，实施“泉铁屏”防线建设，深化“五大专项行动”，建立40多家出版物经营单位和印刷企业台账，规范出版传播活动。以各级巡视巡察、全面从严治党主体责任检查、专项督查为抓手，对14个单位党组织负责人进行谈话提醒，结合区委第七、八轮巡察对2个镇（街道）、20个区直单位开展落实意识形态工作责任制专项巡察，督促指导意识形态工作责任制落到实处，完成省委巡视泉港意识形态工作责任制落实情况有关问题整改。

【提升社会宣传实效】 2020年，泉港区统筹推进疫情常态化防控和经济社会发展宣传引导，在泉港电视台、泉港网等开设专题专栏8个，编印《战疫风采》25期，发放各类宣传单、防疫短信100多万份（条），推送H5、短视频近百个，累计点击量200多万次。制作闽南话、头北话、界山话方言科普音频30

多个、疫情防控信息4000多条次，通过“村村响”广播、流动宣传车、电视台等循环播放，织密疫情防控宣传网络。泉港区作为全国10个零确诊县代表之一，典型做法在新华社《国内动态清样》刊发；在全市疫情宣传工作经验交流会议作交流发言；区宣传系统党委被省委、省政府评为抗击新冠肺炎疫情先进集体区委宣传部。完善公益广告建档审核、巡查机制和公益广告发布台账，指导区、镇、村三级加强公共领域宣传载体规范化管理，新增主题景观小品等一批宣传载体。开展“创城于指尖，文明在心间”有奖问答微信H5，参与答题活动4万余人次。

【新闻报道工作】 2020年，泉港区围绕决胜全面小康、决战脱贫攻坚、疫情防控、“六稳”“六保”、高质量发展超越以及区委区政府中心工作，在“学习强国”福建学习平台刊发稿件230多条，在市级以上主流媒体刊发新闻首超万篇，其中，央级媒体刊发3700多篇，央视《新闻联播》3次刊播泉港做法，《新华社内参》和《经济日报》头版推介“国乔石化项目落户泉港”情况，《人民日报》点赞报道“百名警长进百村”活动。策划推出庆祝建区20周年媒体采风、系列丛书、书画展览、迎新晚会等活动，开展“知名主流媒体泉港行”采风活动，邀请20多家中央、省市主流媒体集中采访报道建区20周年以来社会经济发展成就，共在《人民日报》、新华网客户端等主流媒体刊发新闻、短视频100多篇，总点击量超千万次。新华网客户端《这个村子真好看》点击量132万次；俄罗斯国家电视台报道惠屿岛脱贫攻坚、致富奔小康生动历程；以展现泉港20年发展巨变的主题新年文艺晚会获得广泛好评。

【强化网络综合治理】 2020年，泉港区严格落实党委（党组）网络意识形态、网络安全工作责任制，健全舆情通报、协同处置等工作机制，建立网络安全和信息内容管理执法联席会议制度，构建“信息共享、部门响应、联动处置”的长效机制。加强常态化网络值班，办理网上答复109件，处置完成率100%。落实网络舆情通报反馈机制，编印《一周舆情分析报告》等舆情分析报告，为区委、区政府提供决策参考。落实网络执法联席会议制度，印发《泉港区贯彻落实网络信息内容生态治理规定实施方案》，开展基础设施网络安全检查、信息网络摸底调查、网络企业走访调研等工作，做到“底数清、情况明”。在全市率先探索“圈层化”管理模式，经验做法得到中央网信办和省委、市委、区委主要领导批示肯定，并获评市委“强基促稳”十佳示范案例。区委宣传部（网信办）被市委网信办评为泉州市网评工作先进集体、网络应急处置先进集体。

【推进媒体融合发展】 2020年，泉港区整合区域新闻媒体资源，打造内融外通的“共商、共管、共享”资讯平台，推动“媒体+政务+服务”转型，区融媒体中心建设走在全市前列，系全市第一家经公开招投标并一次建设到位、完整投用的县级融媒体中心，通过省级验收，成为全省首批互联网新闻信息服务许可单位，被省广电局推荐参评全国媒体融合先导单位。参加全市机关体制机制创新优秀案例评选获二等奖，经验做法《“飞入寻常百姓家”——泉港区着力构建县级融媒体传播新格局》在《八闽快讯》刊发。形象展示片《山水泉港》在新华网等平台展播，阅读量超100万。微信公众号“i泉港”连续4年进入全国县级电视台微信百强榜。开展海上惠屿“鲍”福助农直播活动、秀溪枇杷节暨“暖春先锋助农”活动等“云直播”50多场，助力解决疫情期间农副产品滞销问题。

【特色文化品牌打造】 2020年，泉港区推进国家公共文化服务体系示范区创建，培育优秀传统文化传承发展示范点34个、红色教育基地示范点13个，举办科技文化卫生综治“三下乡”集中服务、文艺志愿服务活动16场，“百姓书房”项目获评“全国先进农家书屋和基层图书发行单位”。培育文化产业，打造惠屿、后龙、前黄、东张、钟厝、诚峰等一批文体旅游融合试点村，举办“山海有约·云游泉港”、第五届秀溪线上枇杷节等云文旅活动，与腾讯公司合作推出全国首款海丝人文手游《新剑侠情缘手游·龙雀出渊》。弘扬优秀文化，“涂岭红”红茶、峰尾渔网具制作、山腰海盐晒制被列入文化和旅游部项目——“泉州海丝文化微视频”，螺钿制作技艺、圣公陪妈祖、掌中木偶戏入选第六批市级非物质文化遗产代表性项目名录。举办第四届“网络孝文化节”，新华社、新华网客户端总点击量120万人次。举办第二届福安文艺创作奖励扶持基金颁奖仪式，15个文艺项目获评市级以上表彰，《诚平村歌》获中国农民丰收节“百佳村歌”；《北管新韵》获第十四届福建音乐舞蹈节二等奖。

【宣传思想队伍建设】 2020年，泉港区成立宣传思想工作领导小组，配齐配强各镇（街道）宣传委员，整合设置党建工作办公室承担镇（街道）宣传思想、意识形态等工作，101个村（社区）配备宣传员。全区所有党组织均明确负责宣传工作专兼职人员，做到党政机关、人民团体宣传工作或岗位全覆盖。深入开展宣传文化队伍“四力”提升工程，调整充实区委宣传部、区融媒体中心股级干部，举办“锦绣讲坛”“文化名家讲堂”“微课堂”等宣讲38场，选派优秀记者参加全市广播影视岗位职工技能竞赛并获二等奖。2020年宣传系统获市级以上集体荣誉10项、个人表彰20人次。认真贯彻落实《党委（党组）全面从严治党主体责任规定》和《中国共产党党和国家机关基层组织工作条例》，明责、履责、尽责抓好全面从严治党工作，紧盯宣传思想文化领域各种“四风”问题新表现，坚决防范不正之风反弹回潮，区宣传系统党委被省委评为全省先进基层党组织。

统一战线工作

【夯实思想根基】 2020年，泉港区委统战部持续在学懂弄通做实习近平新时代中国特色社会主义思想上下功夫，巩固“不忘初心、牢记使命”主题教育成果，部理论中心组学习、研讨12次学习习近平总书记重要讲话重要指示批示精神，研读《习近平谈治国理政》以及《习近平在福建》等系列采访实录。领导干部领学促学，系统党委书记带头组织全体党员学习中共十九届五中精神，部机关党支部专题党课《做奋进新时代的统战人》，获评区直机关“强化政治机关意识”优秀党课展评活动三等奖。举办“同心讲坛”活动，开展《习近平总书记关于统一战线的重要论述》《铸牢中华民族共同体意识》等专题讲座，组织进行“泉港好，大家会更好”异地商会、在外乡贤主题宣讲。召开全区统战工作推进会、民主党派负责人座谈会、网络人士暨新的社会阶层人士统战工作会议。运用学习强国平台、福建干部网络学院、“党员e家”等多种渠道及时跟学。

【参与疫情防控】 2020年，泉港区委统战部在疫情暴发期间，募集防疫资金322.868万元和医用应急物资价值1200万元。组织开展“关爱福建支援湖北医务工作者家庭捐赠”活动，为1393位赴湖北医务人员家庭赠送慰问品价值近100万元。全区各民主党派、知联会、新阶联同心同力，创作《闽南四句》等文艺作品为防疫工作加油鼓劲，40多名民主党派医务工作者奋战在一线岗位，5名民主党派成员获省市抗疫表彰。严格宗教及民间信仰活动场所疫情管控，在全市率先落实“双暂停、两不”防疫举措，3个民族村获评区疫情防控工作先进村“两委”班子和村级老年协会。助力民营企业复工复产，举办“同心带货拓市场”活动，首期直播30多场次，成交订单14.6万件，成交金额539万元。驰援海外社团，捐赠口罩12.746万只、防护服100套，推送防疫中药方。做好防控宣传引导，向9个国家（地区）26个社团开展防控宣传2.3万多人次，累计劝导150多批次暂无归国必要的侨胞暂缓返乡。

2020年12月10日，区委统战部开展党的十九届五中全会精神和《习近平谈治国理政》第三卷宣讲活动 （区委统战部 供图）

【服务社会发展】 2020年，泉港区委统战部坚持大统战工作格局，开展“同心筑梦·吉祥泉港”系列行动，探索创新“同心·凝聚共识”行动、“同心·防抗疫情”行动、“同心·扶贫攻坚”行动、“同心·建言献策”行动、“同心·共促和谐”行动、“同心·助推发展”行动等“6颗同心+N项活动”统战工作机制，获得市委领导批示肯定并在全市范围推广。结合泉港招商大会的召开，举办第九届异地商会会长联席会，9个项目投资总额401.6亿元签约落户，区内外企业家乡贤捐资超4亿元成立区教育基金会，表彰7家“热心公益、造福桑梓”先进商会、25名抗疫民营经济先进个人。落实“同心安居工程”，77户贫困群众危旧房完成改造。巩固“统赞泉港”活动成果，营造良好社会氛围。

【密切政党关系】 2020年，泉港区委统战部制定全年政党协商计划，组织召开政党协商专题座谈会、各民主党派负责同志座谈会等12场次，就统筹常态化疫情防控和经济社会发展等全局性问题，听取区各民主党派、工商联和无党派代表人士的意见建议。引导区各民主党派建言献策，提交政协提案63件、人大议案7件；提交社情民意反映53件，被农工党中央、省委办公厅、农工党省委会采用12件。加强沟通协商，做好民革、民建、民进换届准备工作。

【助推民营经济发展】 2020年，泉港区委统战部开展“守法诚信经营、坚定发展信心”理想信念教育实践活动，协调区商家服务协会获泉州银行泉港支行授信5000万元，开展民营经济人士综合评价2批次5人次。推荐东鑫石化、佑达环保、台诚食品、兴通海运集团党总支及涂坑家规家训文化教育基地为市级新时代民营经济人士学习实践基地。开展泉港区在外乡贤普查工作，筹备编撰“泉港人在××”系列丛书。开展“服务六稳六保、护航民企发展”主题检察开放日活动，推动华友电器、新路家股份、泉港家园网共同成立“新电商销售公司”。引导民营企业家简办家事捐资1000多万元支持奖教奖学、1200多万元参与扶贫助困等公益事业，厦门商会、广东促进会举办“海西春雨助学”系列活动，捐资41.6万元资助学生74人。推进成都泉港商会筹备工作，区商家服务协会及厦门、龙岩等3家商（协）会获评福建省“四好”商会，西安、南安等2家商会获评该市“四好”商会，厦门泉港商会获评“2017—2020年度脱贫攻坚工作突出贡献单位”。

【促进民族团结】 2020年，泉港区委统战部争取各级少数民族补助资金150万元，启动民族中学校园改扩建工程，完善郭厝村综合服务文化中心，实施鸾峰村矿底环境整治工程、柳亭村后柳自然村公共厕所工程等7个项目。线上线下联动举办以“同舟共济 守望相助 团结奋斗”为主题的庆祝建区20周年暨民族团结进步宣传月活动，其中，网络竞答参与人数42611人次，抖音点击人数34525人次，得到人民网、福建日报等媒体报道。举办少数民族干部培训班，开展铸牢中华民族共同体意识暨教育系统意识形态专题调研，《以文化论发展——泉港区民族乡村振兴的实践》在《福建民族宗教》刊发。开展民族团结进步创建工作，泉港区获评“第一批全省民族团结进步重点区”，系泉州市唯一获命名的县（市、区）。推进少数民族特色村寨建设，小坝村入选首批省民族乡村振兴示范点培育名录；钟厝村命名挂牌第三批中国少数民族特色村寨，在全市特色村寨建设互观互学活动作经验交流。区民宗局在全省“讲好新时代民族宗教故事”主题交流研讨活动作典型发言，民族中学在“闽东之光”首届畲族文化主题研讨活动作交流发言。

【规范宗教事务管理】 2020年，泉港区委统战部抓实抓细宗教工作督查“回头看”整改工作，开展佛道教商业化、清真食品管理专项治理，严打新天地教会、基督教私设聚会点，调处肖厝基督教堂、真诚堂15年矛盾问题，虎岩寺送子观音造像补办手续通过国宗局许可，落实宗教工作三级网络两级责任制。开展全区宗教活动场所安全隐患大排查大整治及专项整治三年行动，解决清源庵重大房屋安全隐患。开展安全宣传培训4次、安全检查47次，摸排整治消防安全隐患92处，完成消防划线管理26处。深化“四进”宗教场所活动，127处有条件的宗教活动场所升挂国旗。开展“正信仰、守戒规、讲修行、树形象”宗教教风建设年主题创建活动、移风易俗宣传工作，举办宗教活动场所财务监督管理培训班，新增6处宗教活动场所开设对公账户，149处宗教活动场所开立单位银行账户。推进宗教活动场所管理规范化，办理场所负责人变更8件，九峰寺教职人员入驻管理结束8年无教职人员管理的历史。鼓励社会各界关心宗教活动场所孤弃儿童，人大代表、党员教师带队到清莲庵、清源庵开展“呵护心灵、陪伴成长”志愿活动，对46个孤儿进行心理、学习等辅导照料。引导宗教界与社会主义社会相适应，参与“百家场所帮百村”、同心安居工程等活动捐款131.5万元。

【推进党外知识分子与新的社会阶层人士统战工作】 2020年，泉港区委统战部加强区知联会、新阶联活动阵地管理，协调解决会址建设装修问题。结合脱贫攻坚战活动，引导区知联会、新阶联深入鸾峰村、郭厝村开展慰问活动。突出党建引领，成立区新阶联党支部。调研区内重点互联网企业，掌握区新媒体从业人员情况，稳妥推进网络人士联谊会筹建工作。开展“吉祥泉港 你我同心”抖音短视频征集大赛，推动全区社会各界热心人士和广大网民积极参与，全方位、多角度、立体式展现泉港20年来的新成就、新变化。

【构建大统战工作格局】 2020年，泉港区加强党对统战工作的领导，调整区委统一战线工作领导小组成员，落实“四个纳入”“三个带头”。强化统一战线各领域制度建设，建立民族工作联席会议制度和宗教专题工作会议制度，健全宗教领域情报信息协作工作机制、涉民族宗教网络舆情预警处置机制、宗教事务联合执法工作机制，形成党委领导，相关部门各司其职、协同配合的工作格局。

精神文明建设

【文明城市（区）创建】 2020年，泉港区贯彻落实市委市政府、区委区政府创建全国文明城市和省级文明城区各项工作部署，制定出台《泉港区迎接全国文明城市和省级文明城区总评工作方案》《泉港区文明城市创建考核办法》等文件，调整区创建全国文明城市暨省级文明城区工作指挥部组成人员、指挥部办公室和九个职能组成员单位及工作职责，实行“点、线、面”全方位管理、全过程创建。构建集检查、反馈、监督为一体的考评体系，对存在问题实行建立“一单一销”机制，根据问题的整改情况进行“销号”或者“挂单”处理，连续2次整改不到位的，由挂钩区领导进行约谈。严格落实相关问责规定。对工作力度大、动作快、效果好的单位和个人，落实表彰奖励；对措施不力、行动迟缓、推诿扯皮、影响整体进度的单位和个人催办约谈、通报批评，造成不良影响的予以严肃追责问责。共发出整改通报16份、效能警示函2份，约谈科级干部7人次。区委、区政府和创城指挥部召开21次专题会议，各挂钩区领导到各个点位进行实地督查25次。泉港区作为泉州组成区之一通过中央文明办届末暗访总评，在负面清单影响下，测评总分超80分，获市委主要领导高度评价。该届省级文明城区总评以全省第4名的佳绩，蝉联新一届省级文明城区荣誉称号。

【群众防疫意识宣传引导】 2020年，泉港区利用微信公众号、微信朋友圈、微信工作群等线上渠道，面向全区发出《万众一心抗击疫情 争做疫情防控的文明践行者》倡议书，倡导婚嫁酒席延期不办、聚会宴会取消不去、治丧办丧删繁就简、宗教文化活动停办，刊发疫情防控系列漫画公益广告，并动员各镇（街道）、各级文明单位转发宣传，扩大影响面，提升群众文明意识和行为。发动各镇（街道）、各村（居）利用宣传栏、宣传车、村村通广播、发光二极管显示屏、横幅、发放张贴宣传单等多种宣传方式进行宣传普及，组织党员、志愿者等入户宣传防疫知识，提高群众自我保护意识和防病能力，共发放各类宣传材料5万余份。结合防控工作实际，印发《关于开展“汇聚文明力量、移风易俗携手阻击疫情”行动的通知》，明确要求全区各级各类文明单位强化示范引领，发挥职能作用，重点将移风易俗作为本单位阻击疫情、群防群治的重要举措，争做疫情防控的宣传者、疫情防控的践行者、健康泉港的守护者。落实《泉港区人民政府办公室关于新型冠状病毒感染的肺炎疫情防控期间简化治丧活动的通知》《泉港区人民政府办公室关于新型冠状病毒感染的肺炎疫情防控期间严禁超规定办理丧事的通知》文件精神，严格执行喜宴不办、丧事简办、佛事停办工作要求，倡导乐善好施，支援疫情防控。全区劝导禁止取消集体聚餐568起，劝阻“红事”停办1632场次。

2020年11月12日，泉港区创建省级文明城区总评工作部署会召开

（林弘棂 摄）

【社会主义核心价值观氛围创建】 2020年，泉港区结合全国文明城市和省级文明城区创建，创新载体建设，拓宽宣传途径，着重围绕“社会主义核心价值观”“讲文明树新风”“文明健康、有你有我”“‘八不’行为规范”等主题，对公益广告进行统一规划设计，做到内容、色调与周围城市景观风貌相融合、与城市历史文化相承接、与市民接受方式和欣赏习惯相契合。全年增设各类大型主题景观小品8座、精神文明建设工作宣传栏7座、高立柱大型户外广告牌23块、栏杆造型牌137面、道路造型牌200余座、灯杆旗1000多个，发送宣传短信100余万条。充分利用门户网站、微信公众号、短视频平台等新兴媒体，在人民网、新华网、各级文明网、泉州晚报等媒介上刊发新闻信息稿件300多篇，精神文明信息宣传工作位居省、市前列。

【道德模范宣传】 2020年，泉港区委文明办广泛宣传本土道德模范先进事迹，弘扬道德模范的高尚品格，在全社会倡导崇尚模范、学习先进的价值追求。9月，新建成的泉州道德模范馆展示泉港区蔡玉华等15名市级以上道德模范先进事迹，为市民群众树立正确道德标杆。深化“我推荐我评议身边好人”“道德讲堂”活动，每月向市委文明办推荐“身边好人”事迹。全年推荐上报身边好人12人，其中有1人入选、2人入围中国好人榜，2人入选、3人入围福建好人榜。开展泉港区道德讲堂活动两期，全区200余名干部职工参加，推动形成崇德向善、见贤思齐的浓厚社会氛围。落实帮扶礼遇道德模范相关措施，组织开展慰问贫困道德模范、身边好人活动，走访慰问20余人，送去慰问金、慰问品

2万余元，帮助解决实际问题，弘扬好人好报、德者有得的价值导向。

【家风建设】 2020年，泉港区委文明办严格按照“四有”标准，推进家风家训场馆建设，推荐界山镇玉湖村和前黄镇前黄村2个家风家训馆参评市级家风家训馆，其中界山镇玉湖村家风家训馆荣获第三批泉州市家风家训馆称号。联合区妇联开展泉港区家教家风教育基地评选活动，评选出南埔镇凤翔学堂等6座家教家风教育基地并予以命名。与区妇联共同编印《泉港区家风故事汇·馨风传家》，汇编全区具有代表性、影响力的家庭先进事迹，带动广大家庭立家规、正家风、严家教，形成以德治家、以学兴家、文明立家、忠厚传家的良好风尚。组织开展“文明家庭”评选活动，推荐上报一批具有示范作用的先进家庭，推动社会主义核心价值观在家庭里生根、在传播中升华，营造家风好、民风淳、党风正、政风清的社会氛围。陈碧星家庭等6户家庭入选市“文明家庭”。

【文明村镇创建】 2020年，泉港区委文明办指导各村镇将创建工作分解到每个时间节点，按照要求及时报送工作材料，将创建工作做到日常、经常和平常。2020年，46个村镇获评“泉港区文明村镇”，8个村镇获评“泉州市文明村镇”。前欧村荣获新一届“全国文明村”称号，东张村、黄田村保留“全国文明村”称号。培育建设2个“文明乡风联系点”，东张村入选省级“乡风文明联系点”，前欧村入选市级“乡风文明联系点”。按照“五个有”标准推进文明礼堂建设，新增大前村等3个文明礼堂示范点。全区建成10个文明礼堂，农村宣传阵地建设、村容村貌治理、文化文明涵养等方面得到全面提升。

【文明单位创建】 2020年，泉港区贯彻落实中央文明委《关于深化新时代文明单位创建工作的意见》，发布泉港区2020年度文明单位创建工作提示，组织开展新一届（2020—2022年度）市、区两级文明单位申报和新一届（2017—2019年度）省级文明单位创建总评工作。将文明行业创建融入文明单位创建，支持、指导兴通船务股份有限公司、东鑫石化有限公司等非公企业参与创建，拓展文明单位创建工作覆盖面。全区有区级及以上文明单位102个，其中国家级1个、省级10个、市级44个、区级47个，文明单位创建参与率100%，为创建全国文明城市和省级文明城区提供强大基础。

【文明校园创建】 2020年，泉港区根据文明校园评选细则和操作手册，引导全区中小学、公办幼儿园严格按照创建标准，开展文明班级、文明宿舍、文明食堂、文明处室创建活动。落实文明校园创建活动的组织实施、检查督导和考核评比工作，加强文明校园创建工作常态化管理，全区12所学校参加第二届省级文明校园创建、19所学校获评首届市级文明校园、43所学校获评首届区级文明校园。召开泉州市文明校园创建工作现场交流推进会（泉港专场），60名文明校园校长参加，现场交流文明校园创建经验、创新做法。

【移风易俗提升】 2020年，泉港区制定印发《泉港区2020年移风易俗深化行动工作方案》，推进“强基促稳”乡风文明示范创建专项行动，围绕“推进移风易俗，树立文明乡风”主题，开展移风易俗“三个‘十佳’”推荐评选活动，广泛宣传移风易俗先进典型，评选、表彰、宣传一批移风易俗工作成效突出的镇（街道）、村（居）和个人，营造比、学、赶、超良好氛围。做好移风易俗“三率”（知晓率、支持率、满意率）和“好婆媳、好妯娌、好邻居”评选，在全区开展“学案例、用案例、促提升”活动，提升移风易俗“三率”。是年，泉港区移风易俗年度考评成绩位列全市前列，被评为“A档”优秀等次，峰尾镇、东张村等单位和个人入选全市移风易俗“三个一百”先进典型，中国文明网专题刊发泉港区移风易俗调研文章——《福建泉州泉港：移风易俗助推乡村治理 涵养文明风尚》。全区101个村（居）全部建立“一约四会”，移风易俗“三率”99%，完成市委市政府乡村振兴战略移风易俗三年行动目标任务。

【新时代文明实践中心试点建设】 2020年，泉港区制定印发《泉港区新时代文明实践中心建设工作实施方案》，在全市非国家、省级试点地区率先成立县级文明实践中心，整合党建、文化、科技、教育等资源，打造“七大文明实践平台”，形成区、镇、村三级贯通，中心、所、站密切联动的工作格局。指导涂岭镇、界山镇两个市级试点镇成立新时代文明实践所，试点镇辖区村成立新时代文明实践站，立足地方实际，精准对接群众需求，推动在职党员开展文明实践志愿服务活动，培育“暑期公益培训班”“留守儿童结对帮扶”“夕阳红调解室”等优秀公益志愿服务项目，打造“我为老区添书香”“众创空间”“研学活动”等一批文明实践品牌。全年开展各类新时代文明实践主题志愿服务活动22场次，参加人数2000余人次。

【志愿服务】 2020年，泉港区制定《泉港区2020年志愿服务工作实施方案》，组织开展春节、清明、学雷锋日、端午节、重阳节、国庆节、志愿者日等主题志愿服务活动。推行公共场所志愿服务活动网格化管理，组织41个市级以上文明单位，在每月第一周周六固定开展公共场所志愿服务活动，共开展12场次，1000余人参加。区委文明办联合区民政局开展“505”微心愿公益活动，在全区101个村（居）505个贫困家

2020年12月8日，2020年度泉港区乡村（城市）学校少年宫特色项目展演活动在区文化中心举办　（区委文明办 供图）

庭征集微心愿，共开展“505”微公益主题志愿服务活动12场次，征集微心愿物品500余份，参与总人数1000余人次。依托全国志愿服务信息系统，推进“互联网+志愿服务”制度建设，指导各级文明单位（学校、社区）做好志愿者注册、招募以及志愿活动项目发布等工作。全区有志愿者团体207个，注册志愿者53060人，发布志愿者项目11679个，服务时长总计26万个小时。鼓励、支持、指导民间志愿服务组织依托志愿服务驿站等载体开展帮扶困难群众、关爱环卫工人、环境保护、助老敬老等主题志愿服务。发布《关于号召广大志愿者和志愿服务组织积极有序参与疫情防控的倡议书》，相关部门联合组建网络传播志愿服务队、医学类返乡大学生志愿服务队、环境卫生整治志愿服务队和心理危机干预志愿服务队等队伍，动员全区各级文明单位、各镇（街道）和志愿服务组织开展移风易俗、防疫宣传、救助救护、环境整治、心理疏导等志愿服务项目，配合疫情防控工作。全年全区开展各类志愿服务活动350余场次，参与志愿者2600余人次。泉港区家园义工协会庄顺辉荣获“福建省五星志愿者”称号。

【未成年人工作】　2020年，泉港区开展“扣好人生第一粒扣子”主题教育实践活动，利用重要时间节点，组织开展清明祭英烈、“新时代好少年”学习宣传、童心向党、向国旗敬礼等主题活动以及社会主义核心价值观进校园、进社区、进家庭活动。组织开展泉港区“童心向党”歌咏展演活动，全区共12所学校参加。开展泉港区“新时代好少年”学习宣传活动，推选5名“新时代好少年”先进典型参加第二届泉州市“新时代好少年”学习宣传活动，培养德智体美全面发展的社会主义事业建设者和接班人。建好管好用好乡村（城市）学校少年宫，落实学校少年宫年度运转经费，推进省级文明校园与学校少年宫结对共建活动，举办2020年泉港区学校少年宫特色项目展示活动，推动学校少年宫常态化开展优秀传统文化进校园活动，前黄坝头中心小学《替孩子一生幸福着想　为学生终身发展奠基》被纳入省级经验交流材料汇编。督促区未成年人心理健康辅导站开展师资培训、公益咨询、知识普及宣传进社区、进校园、进家庭活动，全年开展“防控疫情　珍爱生命”心理健康教育宣传活动52场次。举办泉州市未成年人心理健康辅导经验交流会，全市文明办、教育局系统相关领导、业务科室负责人和校外未成年人心理健康辅导站共80余人参加，泉港区在会上做工作经验典型发言。加强社区未成年人文体活动设施场所建设，组织锦祥社区等6个社区开展“暑期活动营”活动，600多名未成年人参加。聚福社区获评泉州市社区未成年人“十佳活动场所”。

保密工作

【落实密码安全保密管理】　2020年，泉港区委机要局严格落实24小时值班制度，启动长节假日密码通信工作预案，全年共收办绝密电报1份、中央发电1份、密码电报405份、明电236份，发送密码电报2份，清退中央发电1份。在四届区委常委会第121次会议上传达《关于认真贯彻落实于伟国同志批示精神切实加强密码安全保密管理工作的通知》文件和省、市领导批示精神，提出4点贯彻意见。制定《关于明电管理有关要求的通知》，对全区各单位的明电使用、管理、公布提出具体指导措施。做好加密电话调试、联通工作和区委政法委主要领导与市委政法委加密电话通话服务保障工作。落实密码设备定期巡检、核对制度，加强机要场所消防和安保措施，开展屏蔽室屏蔽效能检测，补充机房消防安全设施，开展卫生保洁，及时更换核心密钥和政务内网密码设备密钥，排除安全隐患和网络故障，配合市委机要局开展主渠道电磁屏蔽室屏蔽效能检测，更换损坏的保密柜控制面板，进行设备维护、线路迁移，确保通信主渠道、政务内网安全畅通。升级主渠道机要文电系统，做好数据备份和升级后联通测试。清退核心密码设备及配套设备至市委机要局。

【配合做好涉密工作】　2020年，泉

港区委机要局配合区纪委监委做好全省纪检监察内网迁移到电子政务内网工作，配合区委组织部排除涉密网接入网络问题。对区纪委监委、区公安分局、区检察院等密码使用单位开展2轮检查，提出整改要求。开展党政密码通信主渠道基础设施建设情况调查。全面完成区委办“1028”工程，替换普通计算机38台、涉密计算机3台、涉密服务器7台，根据工作需要提出分配方案，并对使用管理提出建议，帮助解答各股室使用操作疑问，做好涉密信息系统风险评估迎检准备工作。协调配合完成区政府办“1028”工程。启用第四期采购目录，明确采购要求，解答各单位政策咨询10多次。

【《中华人民共和国密码法》宣传】 2020年，泉港区委机要局开展《中华人民共和国密码法》宣传教育活动，到区行政服务中心向办事群众、企业发放《中华人民共和国密码法》宣传折页100多份。在党务、政务公开栏，制作悬挂《中华人民共和国密码法》大型宣传壁纸。强化经费支持，提升机要密码通信保障能力。向市委机要局报送机要密码工作信息、征文、调研文章等13篇，被采用8篇。

【密码安全保密检查自查】 2020年，泉港区委机要局开展密码安全保密检查自查工作，迎接市委机要局密码安全保密检查，针对反馈问题抓好整改。做好2020年度市对区党政机要密码工作绩效考评，居全市第7名，排名较2019年上升4名，获评2020年度泉州市党政系统机要密码工作绩效考评优秀单位。加强机要密码干部业务培训，组织机要干部参加业务培训和汉字录入、业务知识等密码业务考核。参加全市党政机要系统密码通信业务技术比赛，团体成绩居全市第9名。通过邮政机要渠道接收密件166封，均及时送达收件部门。

【指导保密工作】 2020年，泉港区委机要局出台《关于加强工作秘密管理的通知》，为全区各单位区分国家秘密和工作秘密、管好工作秘密提供指导。出台《关于进一步做好新冠肺炎疫情防控期间保密工作的通知》，要求各单位加强人员管理、严格载体管控、强化技术防范。出台《关于做好即时通信工具和网络新媒体信息发布保密工作的通知》，严防即时通信工具和网络新媒体成为失泄密新渠道。出台《关于切实加强基层保密工作的通知》，包括思想认识、加强管理、注重宣教、强化检查、人防技防5个方面。转发《国家秘密解密暂行办法》，指导各单位解密工作，督促开展2020年到期的国家秘密的解密工作。把保密工作纳入2020年度区级绩效评估察访核验评分细则。

【保密检查】 2020年，泉港区委机要局督促各单位开展保密自查和党政机关、事业单位互联网门户网站保密安全整治。应邀对区自然资源局开展保密检查和技术指导，抽查重点股室计算机，要求抓好违规行为整改。开展2020年关键信息基础设施网络安全检查，对区效能办、交通运输局、公共资源交易中心、纪委监委、应急局、教育局、交警大队、界山镇8个单位进行保密检查。依托市级年度保密检查，对区文印中心、区委办、政府办、卫健局、妇联、审计局、自然资源局开展保密检查，针对反馈问题抓好整改，特别是针对区文印中心保密检查指出的问题，向全区通报检查情况并提出具体保密工作要求。

【保密宣传】 2020年，泉港区委机要局结合全民国家安全教育日宣传教育活动，同步宣传《中华人民共和国保守国家秘密法》等法律法规，挑选《中华人民共和国保守国家秘密法》《保密法规定的12种严重违规行为》等微动漫，利用大楼内电梯旁的电视播控系统、锦绣广场大型LED循环播放。应邀到区应急局开展机关保密知识宣教活动。向区委宣传部报送课题，将保密宣传教育纳入区委中心组学习议题。订购《网络密战》（秘密级）保密教育专题片2套，动员各单位自行征订或到区委保密办借阅，做好借用登记手续，对观影活动提出保密要求。组织征订2021年《保密工作》。

机关党建

【模范机关建设】 2020年，泉港区坚持将党的政治建设摆在首位，召开区直创建模范机关暨机关党建重点工作推进会，贯彻省市关于加强和改进新时代机关党的建设意见及措施，部署开展创建模范机关活动，推动机关党组织不断提高政治敏锐性，增强组织战斗力。开展“强化政治机关意识”专题党课暨优秀党课评展活动，全区125名机关党支部书记为所在支部上一堂专题党课；组织专家评委评选出一等奖1名、二等奖2名、三等奖3名、优秀奖5名、优秀组织奖3个；建立优秀党课库，汇编优秀党课视频学习资料向机关推广，提升“关键少数”政治能力，引领机关广大党员增强“四个意识”、坚定“四个自信”、做到“两个维护”。

【政治建设】 2020年，泉港区坚持思想先行、理论为先，深化拓展“不忘初心、牢记使命”主题教育成果。深入学习中共十九大及十九届二中、三中、四中、五中全会精神，学习《习近平谈治国理政》第三卷和《习近平在厦门》《习近平在宁德》《习近平在福州》《习近平在福建》等党的创新理论，分发学习书籍超1.6万本，举办机关专场宣讲2场次、系统专场宣讲15场次；组织机关党员参与全市党员干部职工学习中共十九届五中全会精神网上答题竞赛活动；设立微信公众号学习专栏，分期分批推送机关党员学习心得体会；开展“书香机关”创建活动，营造机关党员比学赶超浓厚氛围。督促机关党组织健全理论学习中心组常态化学习新思想制度，发挥领导干部领学促学作用。督促机关党组织抓好“学习强国”平台运用，每周通报机关“学习强国”学习积分和活跃度情况，促使机关党员理论学习在全区起到示范引领作用。

【党内政治生活】 2020年，泉港区严格执行《关于新形势下党内政治生活的若干准则》，下发通知规范区直机关党支部内设党小组相关制度，督促机关党组织规范落实“三会一课”制度，按时序开展民主生活会和组织生活会，落实领导干部参加双重组织生活制度，督促机关党员领导干部经常性接受政治体检，增强政治免疫力，营造风清气正的良好政治生态。开展多彩主题党日和党员过“政治生日”活动，编办党支部联合惠安编办党支部深入惠屿岛开展“支部联学联建，助力海岛振兴”联动活动；区直机关党工委到清莲庵开展“‘疫’路守护，让爱不孤单”志愿服务活动；总工会党支部组织党员到泉州市党内政治生活体验馆参观学习；泉港公安分局机关党委组织党员重温入党誓词；住建局党支部向当月过政治生日的党员赠送学习书籍等，强化党员身份意识、责任意识、宗旨意识，激发党员政治热情，厚植党内政治文化。

【意识形态工作】 2020年，泉港区成立党工委宣传工作领导小组，明确分工责任，强化领导保障。落实主管主办责任，将意识形态工作纳入机关党建工作全过程，纳入机关党建工作要点、创建模范机关暨机关党建重点工作推进会、机关党的政治建设和机关党建重点工作落实情况“回头看”、党员科级领导干部民主生活会对照检查材料、书记抓基层党建工作述职报告等重要内容。抓强党建阵地建设，规范室外宣传教育载体内容，加强网络正面宣传力度，在微信公众号上围绕疫情防控、复产复工、文明创建、移风易俗、平安综治、志愿服务等热点要点发布信息上百条，加强社会主义核心价值观宣传，加强宪法和法治宣传教育，加强模范先进事迹宣传力度，弘扬新风尚，传播正能量，增强凝聚力向心力。

【党支部建设】 2020年，泉港区贯彻执行《中国共产党党和国家机关基层组织工作条例》《中国共产党支部工作条例（试行）》，抓实“软弱涣散”党组织整顿工作和“海丝先锋”党支部达标创星活动，采取“一支部一方案”帮扶政策指导后进党支部实现达标晋级，机关党支部优秀率50%。落实基层党组织按期换届提醒督促机制，开展区直机关党组织按期换届专项排查整改“回头看”工作，指导机关党组织如期换届。加强社会组织党建工作，推进“嵌入式党员”和党建工作指导员选派工作，提高社会组织“党建入章”比例，打造泉港家园义工协会党支部为社会组织党群服务中心，稳步提升社会组织“红色影响力”。建立示范创建督导机制，注重前期策划指导，加强中期调研跟进，抓严后期考核评估，提速保质培育机关示范工程21个，区级观摩点8个，发挥示范点典型引领作用，推动机关党的组织力整体提升。

【党建项目】 2020年，泉港区深化机关“党建联动强堡垒”党建工作新模式，党建联动党支部41对，开展联动活动160余场，党员参与人数2900余人次。宣传部机关支部联合涂岭镇党委开展“为老乡添书香”活动；财政系统党委联合7家区属国有企业开展党员服务抗疫活动；供销社党支部联合组织部党支部、涂岭镇党委、农水系统党委举行“暖春先锋助农”大型网络推介活动等，推动机关党组织走出机关、向村镇延伸、与企业联动，形成共同促进、以强带弱、强强联手的党建工作新局面。优化特色党建项目，《凸显宣讲“乡土味” 传播党的“好声音”》《红色领航，绘就“吉祥泉港”》两个项目在市级特色党建项目竞赛中分获一、三等奖，党工委获特别成就奖。

【党务队伍建设】 2020年，泉港区组织77名党务干部举办机关党务培训

2020年10月16日，泉港召开区直机关创建模范机关动员会暨机关党建重点工作推进会
（区直机关党工委 供图）

班，提升党务干部政治素养和专业能力，推动党建工作专业化、科学化。采取“线上线下”融合模式，组织139人开展发展党员培训工作，锻造入党积极分子的坚强党性，严格党员发展程序，确保发展党员工作制度化、规范化。出台《2019—2023年度区直机关党员教育培训工作实施方案》，分层次高质量开展机关党员教育培训，把党史学习教育、党性教育和理想信念教育贯穿始终，开创党员教育培训工作新局面。

【助力疫情防控】 2020年，泉港区直机关党工委把疫情防控工作作为践行“两个维护”的一次具体实践，推动机关党组织和党员在疫情防控工作中走前头作表率，带头践行疫情防控倡议书，带头分发疫情防控知识指南和宣传册，带头踊跃捐款42万多元，开展“为疫线助力、送党员温暖”“抗疫情献爱心捐款”“全民防控不放松、万众一心保平安”等主题党日活动。传播共同抗击疫情的“正能量”，在福建日报手机客户端、旗帜网和“学习强国”福建学习平台等媒体刊发机关先进事迹35篇次，宣传机关党组织、党员在疫情防控斗争中涌现出的先进典型和感人事迹，宣传疫情防控好经验好做法，彰显战“疫”一线“红色”风采。

【体制机制创新】 2020年，泉港区直机关党工委推动机关党建与业务深度融合，常态化开展体制机制创新案例征集推介活动和机关党建课题调研，发掘、总结提炼体制机制创新做法，加强党建调研成果转化运用，激发机关活力，提升机关效能。《推进融媒体中心建设打造微矩阵传播格局》《跨域联心育幼苗》《创新“两高”整治，改善人居环境》等三篇案例在市第三届体制机制创新案例评选中获得二等奖1篇、三等奖2篇。《凸显宣讲“乡土味”传播党的新思想——泉港区创新“宣讲党建”同频共振新模式的实践与思考》《关于充分发挥党建载体作用助推模范机关建设的实践与思考》《泉港区落实党建工作责任“最后一千米”的实践与思考》等三篇课题调研成果在全市党建课题调研成果评比中获得二等奖1篇、三等奖2篇。

【党组织建设】 2020年，泉港区以开展“我为社区办实事”主题实践活动为主线，深化机关党组织和党员 “双报到”活动，“七一”期间共计领办“为民办实事”项目70多件。农水系统党委到荷盛小区为社区群众送去消灭红火蚁药品，传授安全使用办法；科协党支部到聚福小区开展白色垃圾集中清理活动；统计局党支部为沙格村困难党员家庭送去生活物资；政法委党支部到玉湖村开展平安创建和普法宣传，听取群众对社情民意、社会治安的评价和意见建议等，促进形成机关党员“工作在单位、活动在社区、奉献双岗位”的服务工作新格局。推进8名党代表挂钩联系党支部，创建5个党代表冠名工作室，发挥党代表在密切党群关系、化解矛盾纠纷、推动经济社会发展的积极作用。开展“文明泉港、党员先行”主题实践活动，以培育和践行社会主义核心价值观为根本，发动机关党员自觉站在创城、创卫工作最前列，助力完成文明养成、为民服务、志愿服务、美化环境等各项创建任务。

巡察工作

【概况】 2020年，泉港区委共开展两轮三批次常规巡察，并配合市委巡察机构对7个镇（街道）集中开展脱贫攻坚专项巡察“回头看”，实现对全区59个单位党组织一届任期内巡察全覆盖共发现问题216个，移交问题线索59条，提出意见建议41条立案调查1人，党纪政务处分1人，追回资金35.24万元。

【常规巡察】 2020年，泉港区共召开区委书记专题会议1次，专题研究区委第六轮第二批次、第三批次常规巡察综合报告，区委书记对巡察发现的重点问题，做到点出具体人头提出具体意见，会上点人1次、点题17次，推动解决区国有资产盘活不力、履行行政执法不规范、干部队伍作风漂浮等中心工作和群众关心关注的问题。共召开5次区委常委会，传达中央、省委巡视巡察有关会议精神和省委巡视泉港区反馈会精神研究巡视反馈意见整改落实方案，部署推进巡察工作。

【专项巡察】 2020年度，根据区委巡察工作领导小组安排，围绕脱贫攻坚、扫黑除恶、移风易俗、乡村振兴、形式主义和官僚主义等区委区政府的决策部署落实情况，专门设立专项巡察组，全面走访7个镇（街道）、23个区直单位党组织和5家企业、17个市（区）定点扶贫村87户贫困户，移交问题线索11类29个。针对巡察组指出个别镇在落实建档立卡贫困户“两不愁 三保障”中住房安全保障不到位问题，结合房屋结构安全隐患大排查大整治百日攻坚行动，对贫困户的住房安全情况进行全面再摸排，对排查出来的22户C、D级危房采取房屋翻建、修缮等方式予以解决；在巡察区属国有企业过程中，针对企业、个体户反映受新冠肺炎疫情冲击后复工复产难等问题，引导全区国有企业在巡察期间迅速盘活国有闲置厂房、店面，短时间内实现国有闲置厂房较大程度盘活利用，以精准监督推动上级关于决胜脱贫攻坚、落实“六稳”“六保”等决策落地生根。

【落实巡察整改主体责任】 2020年5

月20日，省委巡视十组巡察工作专项检查组反馈对泉港区委巡察工作专项检查的意见，指出4个方面10个问题。区委巡察机构针对反馈的10个问题制定整改措施28条。

【建立健全工作机制】 2020年，泉港区委巡察机构修订《区委巡察工作手册》《区委巡察工作领导小组工作规则》等规范性文件，明确巡察工作流程，提升巡察工作的规范化水平。在同被巡察党组织配合层面上，强化被巡察党组织履行全面从严治党配合巡察工作主体责任。在同区直职能部门协作层面上，完善区委巡察机构与纪检监察、组织、宣传、审计、信访等部门的协作机制，规范巡察整改有关违款收缴、完善区委巡察人员抽调制度、畅通巡察综合信息共享，有效形成统筹协作、有序衔接、互为补充的监督链条。

老干部工作

【深化离退休干部党建工作】 2020年，泉港区开展老干部思想政治教育活动，全年举办“中国共产党党史”“庆祝建党九十九周年”等学习讲座15场。创新老干部学习教育方式，依托老年远程教育云平台、“福建离退休干部”公众号、“福建老干部”App等载体，引导老干部在线学习政治理论。推广前黄镇“镇级离退休干部党支部+村级党小组”工作模式，探索“一方隶属、多重管理”的离退休党建工作机制。成立“老党员之家”和“老党员服务站（室）”，为离退休干部党员就近学习、活动和发挥作用提供平台。是年，共建立老党员之家4个、老党员服务站14个、老党员活动室44个。深化“桑榆金晖映党旗”离退休干部党建项目，开展示范离退休干部党支部创建活动，构建“一支部一特色”党建工作新格局，涂岭镇离退休干部党支部获评“省级示范性离退休干部党支部”，山腰街道离退休干部党支部获评“泉州市示范性离退休干部党支部”，章纪辉、柯玉忠被评为“泉州市先锋离退休干部党员”。

【强化离退休干部作用发挥】 2020年，泉港区贯彻落实全国离退休干部“双先”表彰大会精神，实施“银龄正能量，聚力新泉港”主题活动，开展“聆听党的声音”学习宣讲、“我看脱贫攻坚新成就”调研座谈等10项“银龄增辉”专项行动，激励老干部发挥自身价值，为党和人民事业增添正能量。开展桑榆志愿服务工作，推进“桑榆志愿服务驿站”建设，依托离退休干部党组织组建志愿服务队，推动老干部将组织生活和志愿服务有机结合起来，开展政策宣传、文明创建、综治维稳和关心下一代等志愿服务。组建桑榆志愿服务队7支，有桑榆志愿者310名。

【优化离退休干部精准服务】 2020年，泉港区开展冬送温暖、夏送清凉、节送慰问、难送帮扶、病送关怀“五送”活动，疫情期间采取电话慰问的方式，做好跟踪服务工作。共走访慰问老干部280多人次，发放慰问金16.8万元。更新离休干部“一人一策”信息库，深入开展“亲情助老”“健康助老”和“智慧助老”等专项行动，提升老干部个性化服务水平。发放本区离休干部“医疗优待证”，为老干部就医提供便利。落实老干部挂钩制度，针对居住外地的老干部，提供医药发票“报销跑腿”服务。组织老干部错峰进行健康体检，建立健全老干部健康档案，做到无病早预防、有病早发现，提高老干部医疗保健服务水平。

党校教育

【干部教育培训】 2020年，泉港区委党校在新冠肺炎疫情期间做好常态化疫情防控工作的同时，根据疫情防控需要，创新教育模式，优化培训资源，依托“中央党校（国家行政学院）网上党校”“福建干部网络学院”平台，采取线上线下相结合方式，开展区管干部学习贯彻中共十九届四中全会精神轮训，举办科级干部培训、股级干部培训班、区直机关党务干部、全区村（社区）党组织书记培训班等11个班次，共有1140多人参训，较好避免学员聚集，提高干部培训的针对性和时效性。

【基层党校巡回讲堂建设】 2020年，泉港区委党校发挥各基层党校的平台作用，指导推进基层党校特别是镇（街道）党校规范化建设，促进基层党校培训工作常态化运作。开展“基层党校巡回大讲堂”活动，精选7个专题52个选学课题，重点推动学习贯彻中共十九大精神、习近平新时代中国特色社会主义思想理论培训。全年举办讲座培训7场次，460多人次参加学习。

【教学科研活动】 2020年，泉港区委党校加大科研力度，制定完善科研激励方案，出台《中共泉港区委党校科研管理及激励制度》，鼓励全体教职工积极申报课题，深入开展调研工作。调研文章《关于加强石化产业安全生产应急管理建设的思考——以泉港为例》获得市委党校“市情调研”课题遴选结项。同时，结合工作实际，组织开展《泉港区干部教育培训的现状和对策》调研，总结分析干部培训存在问题，研究提升发展思路，推动泉港区干部教育培训工作提档升级。

2020年7月8日，2020年科级培训班、股级干部培训班开班

（区委报道组 供图）

【党校教师队伍建设】 2020年，泉港区委党校实施“名师工程”，采用选、聘结合方式，组建由基层干部、专家、学者30多人组成的外聘“教师库”，师资结构完整合理。

【推进新校舍建设】 2020年，泉港区委党校推进校地共建融合，根据建设使用需求与福州大学石化学院和高新公司共同对建设方案进行细化调整，项目方案设计、可行性研究报告及施工和监理招标等前期工作基本完成，于2020年12月开工建设。

机构编制

【巩固机构改革成果】 2020年，泉港区制定落实镇（街道）机构改革实施方案，9月底基本完成各镇（街道）“三定”规定制定、机构挂牌运行、人员转隶等改革重点任务。组建7支镇（街道）综合执法队伍、推进执法重心下移。按照“撤一设一、撤多设少”原则，加大“小、弱、散”等事业单位的撤销整合力度，全年撤销52家、新设24家事业单位。组织各镇（街道）和区直有关部门开展全区镇（街道）权责清单的梳理调整工作，共梳理南埔、界山、后龙、峰尾4个镇法定事项各计185项，前黄、涂岭2个镇法定事项176项，差别的9项主要涉及海域、船舶、渡口等的监督管理工作；梳理山腰街道法定事项137项。法定事项经梳理后比2016年公布的精简17%。

【发挥编制保障作用】 2020年，泉港区开展超职数配备干部自查自纠，从严从实梳理现有超配干部52名，并协助制定消化计划，确保机构编制严肃性。加大力度挖掘现有编制潜力，盘活21名编制用于公务员考录。突出政策性用编保障，配合组织人事、军人退役部门做好大学生村官转任、选调生任用、军官转业安置、退役士兵安置工作。加强全区编制统筹，腾出47名事业编制倾斜保障教育卫生、疫情防控等重点民生领域关键环节人员编制需求。协同推进教师“区管校聘”改革，科学核定教职工人员控制数，核准招聘小学、幼儿园编外教师174人。

【法人登记管理】 2020年，泉港区坚持“抓源头、抓核心、抓重点、抓关键”的工作思路，提高事业单位法人登记管理行政效能，共办理设立登记1家、变更登记17家和补领证书2家，提前完成全区165家事业单位法人年度报告书公示工作，探索推行简易注销登记，整改清理因撤销、合并、分立或改制“撤而不销”事业单位法人22家。

【加强域名注册管理】 2020年，泉港区结合全区党政机构改革、乡镇机构改革和事业单位改革，梳理全区党政机关和事业单位中文域名，做到域名底数清、变化情况清、域名状态清，完善网上名称管理工作电子台账。2020年度续费政务和公益域名284个，新注册政务和公益域名34个，注销、不续费机关和事业域名单位共计95家，登记率100%，统一代缴中文域名运行费6.3万元。

【优化信用代码管理】 2020年，泉港区坚持从严从紧从快、统一管理原则，提高全区统一社会信用代码赋码工作科学化、法制化、规范化水平，不违法违规赋码，不越权赋码，不违反程序赋码，深化部门互动，明确责任分工，全区共发放机关代码证74张、群团代码证12张，变更换证19张。

泉州市泉港区人民代表大会

综述

【概况】 2020年，泉港区人大常委会坚持以习近平新时代中国特色社会主义思想为指引，聚焦新时代新任务新要求，贯彻落实以人民为中心的发展思想，履行各项法定职责，发挥人大职能作用，为全方位推动泉港高质量发展超越做出积极贡献。

【会议视察】 2020年，泉港区人大常委会共召开6次常委会会议、14次主任会议，听取和审议10个专项工作报告，组织19次视察、专项调研，开展5次执法检查、1次工作评议、1次专题询问、2次满意度测评，作出5项决议决定，完成区四届人大四次会议确定的各项任务。

重要会议及活动

【区第四届人民代表大会第五次会议】 2021年1月27—29日召开，出席会议代表179名。会议听取和审议区长颜朝晖所作的《泉港区人民政府工作报告》。审查和批准泉港区国民经济和社会发展第十四个五年规划和二〇三五年远景目标纲要（草案）。审查和批准泉港区2020年国民经济和社会发展计划执行情况及2021年国民经济和社会发展计划草案的报告，批准泉港区2021年国民经济和社会发展计划。审查和批准泉港区2020年预算执行情况及2021年预算草案的报告，批准泉港区2021年区本级预算。会议还听取和审议区人大常委会主任陈守川所作的《泉港区人民代表大会常务委员会工作报告》、区人民法院院长林天法所作的《泉港区人民法院工作报告》、区人民检察院检察长黄清源所作的《泉港区人民检察院工作报告》。会议通过关于泉港区人民政府工作报告、泉港区国民经济和社会发展第十四个五年规划和二〇三五年远景目标纲要、泉港区2020年国民经济和社会发展计划执行情况及2021年国民经济和社会发展计划、泉港区2020年预算执行情况与2021年预算、泉港区人民代表大会常务委员会工作报告、泉港区人民法院工作报告、泉港区人民检察院工作报告的

2021年1月28日，泉港区第四届人民代表大会第五次会议召开

（区委报道组 供图）

决议。此次大会共收到代表建议、批评和意见146件。大会依法选举产生泉州市泉港区监察委员会主任，王洪龙当选泉州市泉港区监察委员会主任。

【区四届人大常委会第二十四次会议】

2020年1月17日召开。会议传达贯彻省十三届人大三次会议和市十六届人大五次会议精神；听取和审议人民政府《关于提请审议2020年新增地方政府专项债务并相应调整政府性基金预算方案（草案）的议案》《区人大常委会2020年工作要点》。审议通过有关人事任免事项。

【区四届人大常委会第二十五次会议】

2020年6月30日召开。会议传达学习十三届全国人大三次会议精神（书面），传达贯彻《中共福建省委关于加强新时代人大工作和建设的决定》；听取和审议区人大常委会执法检查组关于《中华人民共和国食品安全法》及《食品安全条例》实施情况的报告、区人大常委会执法检查组关于《福建省法治宣传教育条例》实施情况的报告、区人民政府关于全区环境保护工作情况和环保目标任务完成情况的报告、区人民政府关于全区社会养老保险工作情况的报告、区人民检察院关于刑事检察工作情况的报告、区人大常委会调研组关于全区全面复工复产情况的报告（书面）、区人大常委会调研组关于全区生态环境保护工作情况的报告（书面）。审议通过有关人事任免事项。

【区四届人大常委会第二十六次会议】

2020年8月26日召开。听取和审议区政府关于2019年区本级财政决算的报告、关于2019年区本级预算及其他财政收支情况的审计工作报告、审查和批准2019年区本级财政决算、区政府关于2020年1—6月份国民经济和社会发展计划执行情况、关于2020年1—6月预算执行情况的报告、区人民政府2018年度区本级财政预算执行情况审计整改情况的报告、区人大常委会调研组关于2019年审计查出问题整改情况的调研报告（书面），并开展满意度测评、区人民政府关于全区国有资产管理情况的报告、区人大常委会调研组关于全区国有资产管理情况的报告（书面）、区人大常委会调研组关于石化安控区涉迁群众子女就学情况的报告（书面）、区人大常委会调研组关于全区闲置土地处理情况的报告（书面）。听取部分市人大代表履职报告。审议通过有关人事任免事项。

2020年11月18日，区人大常委会组织区人大代表视察泉港重点项目和为民办实事项目建设情况 （区人大办 供图）

【区四届人大常委会第二十七次会议】

2020年10月21日召开。会议听取和审议区人大常委会执法检查组关于《福建省物业管理条例》实施情况的检查报告、区人大常委会执法检查组关于《公共文化体育设施条件》实施情况的检查报告、区人大常委会执法检查组关于《宗教事务条例》实施情况的检查报告。审议通过有关人事任免事项。

【区四届人大常委会第二十八次会议】

2020年11月27日召开。会议开展区人大常委会2020年度工作评议会议测评。听取和审议《泉港区人民政府关于提请审议泉港区2020年财政预算调整（草案）的议案》、区政府关于2020年度重点项目的报告、区政府关于2020年度为民办实事情况的报告、区政府关于区四届人大四次会议代表建议办理情况的报告、《泉港区人大常委会关于补选部分泉港区第四届人民代表大会代表的实施方案》（草案）、区人大常委会调研组关于区法院“一站式”诉讼服务情况的调研报告（书面）、区人大常委会调研组关于农村个人建房审批工作情况调研报告（书面）。审议通过有关人事任免事项。

【区四届人大常委会第二十九次会议】

2020年12月23日召开。会议听取和审议区人民政府关于泉港区“十四五”规划纲要编制情况的报告、区人民政府《关于简化殡葬改革手续的建议》和《关于简化和加快个人建房审批的建议》办理情况的报告、区人大常委会调研组关于以上2件代表建议办理情况的调研报告（书面），开展满意度测评、泉港区人大常委会关于召开泉港区第四届人民代表大会第五次会议的决定（草案）、区第四届人大五次会议文件1-7（草案）、区第四届人大五次会议第一次全体会议上主席台就座人员名单（草案）、区人大常委会工作报告、区第四届人民代表大会常务委员会代表资格审查委员会关于个别代表的代表资格审查报告、《关于提请接受陈沙龙同志辞去泉州市第十六届人大代表职务的议案》及《关于提请补选傅建飞等同志为泉州市第十六届人大代表的议案》。通报区人大常委会2020年工作评议结果。审议通过有关人事任免事项。

2020年7月15日，区人大常委会组织开展全区闲置土地盘活利用工作情况专题调研活动 （区人大办 供图）

依法履职

【助推经济社会发展】 2020年，泉港区人大常委会依法审议计划、预算执行和审计工作报告，针对财政预算基金执行管理等问题，督促区政府落实“六稳”“六保”工作、加大产业招商力度、补齐民生短板，确保经济平稳健康发展。建立人大预算联网监督工作室，推进联网审查监督，逐步实现结果监督向过程监督转变。听取审议一般公共预算收支和政府性基金预算收支调整报告，要求正视本级财政增收乏力、预算收支平衡压力加大、政府偿债压力较大、风险指标偏高等问题，督促严格使用专项资金，重视债务风险防控。强化审计整改的跟踪监督，通过问题清单和整改清单，对审计查出问题实行挂号销号动态管理，进行满意度测评。将国有资产管理纳入监督重点内容，开展调研并专项审议，推动国有资产监管制度的完善和落实。

【回应人民群众关切问题】 2020年，泉港区人大常委会重视社会事业协调发展，调研石化安控区涉迁群众子女就学情况，推动政府解决“就学难”问题；审议全区社会养老保障工作，力促失地农民养老保险资金落实；视察市政基础设施建设、管理情况，促进海南街东段等梗阻路段贯通工作；视察海上丝绸之路史迹保护情况，黄素石楼等历史文物得到重视和保护。提升农村人居环境水平，调研农村个人建房审批工作，推动政府规范审批流程，缩减审批时限；视察农村饮用水安全提升工程和自来水改造工程，惠及5.9万人；视察村级卫生室建设，推进建立一体化管理新模式。维护群众生产生活安全，开展安全生产和生态环保综合监督，调研、视察、审议全区安全环保工作，跟踪上年生态环保专题询问问题整改落实。

【促进被测评单位工作质效提升】 2020年，泉港区人大常委会开展道路交通安全管理情况专题询问，常委会会前召开座谈会，实地察看岩山公园停车场等项目，征集意见建议，采取随机提问、连续追问、扩大询问等方式，就道路交通规划及设施建设滞后、交通运输企业安全隐患突出等提出13个问题，进行现场询问，相关部门当场应询，泉港电视台等媒体宣传报道，社会反响良好。建立提高审议意见办理质量制度，落实问题“清单”制、办结“提醒函”、满意度测评、“回头看”等措施，强化审议意见办理监督力度。开展年度工作评议，综合运用调研座谈、明察暗访、网络投票、代表参评、会议测评等各种手段，客观公正评议，增强监督实效，测评结果为“满意”的单位46家，比上年增加13家；平均分数84.1分，比上年提高3.2分，促进被测评单位工作质效提升。

代表工作

【注重平台建设】 2020年，泉港区人大常委会推动各镇（街）及村居“代表联系群众活动室（站）”活动常态化、运行高效化，组织代表围绕复工复产、道路交通安全、创城创卫等主题开展集中履职活动，积极参政议政，凸显代表作用。创新代表工作，建立石化行业、高新行业和教师行业3个代表专业小组，指导代表专业小组活动室标准化建设，组织高新行业代表专业小组开展企业疫情防控和复工复产调研等活动，为代表发挥专业优势提供平台。全年代表进室（站）活动574人次，收集建议43件，推动邻里房屋纠纷、贫困户住房困难等28个问题解决。

【激发代表活力】　2020年，泉港区人大常委会丰富代表活动内容和形式，邀请代表参与视察调研、执法检查、专题询问、列席常委会会议，参加党委、“一府一委两院”征求意见会、绩效评估公众评议工作等活动600多人次，及时向代表通报重要工作，寄送《人民代表报》《中国人大》《人民政坛》等报纸杂志，拓宽代表知情参政渠道。及时向各级人大代表发出疫情防控倡议书，各级代表积极响应，在医疗诊治、社区防疫、农村防控、物资保障、复工复产等方面走在前头。全区各级人大代表捐款捐物450多万元，“泉港人大”微信公众号连续11期刊发《疫情防控　人大代表在行动》专题报道，彰显人大代表的社会责任和时代担当。加强代表管理工作，依托履职管理平台，线上线下相结合，开展代表履职监督评估考核，做到履职有记载、考核有依据；开展代表接待选民和向选民述职活动，组织52名市、区代表回选区向选民报告履职情况并接受测评；评选18名年度履职优秀区代表。

【督促建议办理】　2020年，泉港区人大常委会把督促代表建议办理落实作为提升代表履职实效的重要体现，促进满意率和办成率“双提升”。将加快公办幼儿园建设等7件建议作为领导重点督办件跟踪办理。组织开展“代表建议督办月”活动，通过现场检查、“回头看”、满意度测评等方式，跟踪监督办理情况，对代表答复不满意的13件建议，会同相关各方分析原因，进行二次督办。区四届人大四次会议144件建议件均按法定时限办结答复，农村电线电缆专项整治、简化殡葬手续、完善村级卫生室建设等代表关注的热点难点问题逐步得到解决，办成48.6%，比上年提升7.6个百分点，代表反馈满意率100%。

人事任免

【规范人事任免】　2020年，泉港区人大常委会坚持党管干部与人大依法任免相统一原则，严格落实任前法律知识考试、供职发言、审议表决、向宪法宣誓等制度，增强任命人员政治意识、宪法意识、宗旨意识。依法任免国家机关工作人员26人次，补选市、区人大代表7人次。

【任免情况】　区第四届人大常委会第二十四次会议（2020年1月17日），任命陈剑锋为泉州市泉港区人民政府副区长；免去陈明聪的泉州市泉港区人民政府副区长职务。任命庄萍萍为泉州市泉港区人民法院审判员；任命庄曙新为泉州市泉港区人民法院审判员；任命许淑锋为泉州市泉港区人民法院审判员；任命何志勇为泉州市泉港区人民法院审判员；任命林育群为泉州市泉港区人民法院审判员；任命钟伟科为泉州市泉港区人民法院审判员。

区第四届人大常委会第二十五次会议（2020年6月30日），任命肖锦萍为泉州市泉港区人力资源和社会保障局局长；任命郭小强为泉州市泉港区人民政府信访局局长；免去吴太平的泉州市泉港区人力资源和社会保障局局长职务；任命钟叶嘉为泉州市泉港区人大常委会办公室副主任；免去陈学明的泉州市泉港区人大常委会办公室副主任职务。

区第四届人大常委会第二十六次会议（2020年8月26日），免去黄白莹的泉州市泉港区人大常委会人事代表委员会副主任职务。免去陈清拥的泉州市泉港区人民政府副区长职务。任命刘婉娥为泉州市泉港区农业农村和水务局局长；免去庄学根的泉州市泉港区农业农村和水务局局长职务。任命陈华彬为泉州市泉港区监察委员会委员；免去王博古的泉州市泉港区监察委员会委员职务。

区第四届人大常委会第二十七次会议（2020年10月21日），任命蔡奔腾为泉州市泉港区人民政府副区长；免去谢梓骞的泉州市泉港区人民政府科技副区长职务。

区第四届人大常委会第二十八次会议（2020年11月27日），任命王洪龙为泉州市泉港区监察委员会副主任。任命李新鹏为泉州市泉港区人民检察院副检察长、检察委员会委员、检察员；免去张志庚的泉州市泉港区人民检察院副检察长、检察委员会委员、检察员职务。接受陈沙龙辞去泉港区监察委员会主任职务。决定泉港区监察委员会副主任王洪龙代理泉港区监察委员会主任职务。

区第四届人大常委会第二十九次会议（2020年12月23日），接受陈沙龙辞去泉州市第十六届人民代表大会代表职务的请求，并报泉州市人民代表大会审查、备案和公告。补选傅建飞、王洪龙为泉州市第十六届人民代表大会代表，并报泉州市人民代表大会审查、备案和公告。任命张井丽为泉州市泉港区人民政府副区长。

重要会议及活动

【常务会】 2020年2月5日，区长颜朝晖主持召开区政府第49次常务会议，传达省、市、区委常委会会议暨省、市应对新型冠状病毒感染的肺炎疫情工作领导小组会议精神，研究进一步加强防控工作；传达《泉州市人民政府关于疫情防控期间支持中小微企业生产经营九条措施的通知》精神，研究《泉港区应对新型冠状病毒感染的肺炎疫情扎实做好“六稳”工作的若干措施》等有关问题。

2020年2月26日，区长颜朝晖主持召开区政府第50次常务会议，研究整合泉港区牲畜定点屠宰场、泉港区畜禽养殖禁养区调整方案等有关问题。

2020年3月31日，区长颜朝晖主持召开区政府第51次常务会议，传达学习习近平总书记对审计工作的重要指示和全国、全省审计工作会议精神，研究区政府贯彻意见并听取区审计工作汇报；听取关于防范境外输入、学校复学准备工作、重大事故隐患排查督办情况汇报，研究部署相关工作；研究泉港区“两项督导”省级督导评估反馈意见及整改任务分解，泉港高铁站前广场及配套工程、泉港高铁站周边配套道路及附属工程项目房屋征迁补偿安置实施方案等有关问题。

2020年4月26日，区长颜朝晖主持召开区政府第52次常务会议，听取2019年妇女儿童发展纲要实施情况汇报；传达贯彻中央生态环境保护督察、国家海洋督察反馈意见等突出生态环境问题整改推进会和2020年全市生态环境保护工作会议精神；传达全国、全省、全市司法行政工作会议精神，研究区政府贯彻意见。

2020年5月25日，区长颜朝晖主持召开区政府第53次常务会议，研究整合泉港区牲畜定点屠宰场和《屠宰场地块控制性详细规划》有关问题。

2020年6月11日，区长颜朝晖主持召开区政府第54次常务会议，研究进一步优化营商环境行动方案、天竺中学更名为“福建省泉州市泉港区南埔中学”、涂岭镇朝阳公路扩宽改造和香蜜湖连接道路工程等3个项目房屋征迁补偿安置实施方案等有关问题。

2020年7月1日，区长颜朝晖主持召开区政府第55次常务会议，传达贯彻中央领导关于防洪救灾工作的重要指示和重要批示精神，以及省、市领导有关批示和部署要求；传达国务院安委会部署开展安全生产专项整治三年行动会议主要精神，听取安全生产专项整治工作进展情况汇报；部署统筹推进常态化疫情防控和“六稳”“六保”重点工作；传达全市农村人居环境整治推进座谈会主要精神，研究区政府贯彻意见；研究《泉港区农村生活污水治理专项规划》等有关问题。

2020年7月17日，区长颜朝晖主持召开区政府第56次常务会议，研究《泉港区安全生产专项整治三年行动实施方案（征求意见稿）》《泉港区深化改革加强食品安全工作实施方案》《泉港区鼓励和支持台湾青年来泉港创业就业若干措施（试行）》等有关问题。

2020年7月28日，区长颜朝晖主持召开区政府第57次常务会议暨石化安征迁片区指挥长第24次会议，研究泉港石化安控区项目2020年“1+N征迁攻坚”行动实施方案等有关问题。

2020年8月6日，区长颜朝晖主持召开区政府第58次常务会议，听取上半年消防安全工作汇报，研究《泉港区贯彻落实福建省消防安全责任制实施办法的若干意见》《泉港区海上危化品事故应急预案》《泉港区中心城区声环境功能区划》《泉港区南山北路改建工程项目房屋征迁补偿安置实施方案》等有关问题。

2020年8月18日，区长颜朝晖主持召开区政府第59次常务会议，研究《泉港区关于扶持石化产业加快发展若干意见》《泉港区交通文旅板块国企整合重组方案（送审稿）》有关问题。

2020 年 8 月 26 日，区长颜朝晖主持召开区政府第 60 次常务会议，传达市委书记康涛到泉港检查调研讲话精神，研究贯彻意见；研究《泉港区全方位推动高质量发展超越促进居民增收行动计划（送审稿）》《泉港区全方位推动高质量发展超越优化产业结构行动计划（送审稿）》《泉港区全方位推动高质量发展超越科技创新行动计划（送审稿）》等有关问题。

2020 年 9 月 10 日，区长颜朝晖主持召开区政府第 61 次常务会议，传达全省全面建成小康社会补短板暨农村人居环境整治工作推进现场会精神，研究贯彻意见；传达福建省政府研究隐性债务高风险地区化债工作专题会精神，部署全区债务化解工作；研究泉州市菱溪水库至泉港区供水工程 PPP 项目变更、泉港区涂岭镇 324 国道溪西段景观整治工程参照泉港石化工业区安全控制区项目房屋征迁补偿安置实施方案、泉港区紧密型县域医疗卫生共同体建设实施方案等有关问题。

2020 年 9 月 24 日，区长颜朝晖主持召开区政府第 62 次常务会议，传达全市深化创城创卫专题会议精神，部署全区深化创城创卫工作；学习《防范和惩治统计造假弄虚作假重要文件选编》，研究贯彻意见；研究泉港区支持政策性融资担保业务发展实施方案等有关问题。

2020 年 10 月 22 日，区长颜朝晖主持召开区政府第 63 次常务会议，传达全省、全市深入推进扫黑除恶专项斗争工作会议精神，研究贯彻意见；研究《泉港区电力设施建设补偿实施方案》《泉港区扶持电子商务发展的若干措施》、泉港区销售平台纳税贡献奖励、高铁站前经济区 4 条道路等有关问题。

2020 年 11 月 12 日，区长颜朝晖主持召开区政府第 64 次常务会议，听取中央生态环境保护督察反馈意见（含信访件）整改及 2020 年度泉港区领导生态环境保护目标责任书工作进展情况的汇报，研究部署下一步工作；研究开办泉港区第二实验幼儿园学府园区、南埔第二中心幼儿园等两所公办幼儿园等有关问题。

2020 年 12 月 3 日，区长颜朝晖主持召开区政府第 65 次常务会议，研究《泉港区凤安片区控制性详细规划》《国电泉州热电有限公司循环水排海延长段海底管道工程海域使用补偿方案》《泉港区锦川片区已批未供项目房屋征迁补偿安置实施方案》和泉港污水处理厂二期工程建设等有关问题。

2020 年 12 月 16 日，区长颜朝晖主持召开区政府第 66 次常务会议，研究 2021 年区《政府工作报告》《泉港区 2020 年国民经济和社会发展计划执行情况与 2021 年计划草案的报告》《泉港区 2020 年财政预算执行情况和 2021 年财政预算草案的报告（送审稿）》以及 2021 年全口径预算草案编制情况有关问题、2021 年泉港区重点项目建设、2021 年区委区政府为民办实事项目、泉港区支持改（扩）建酒店发展的补充规定、调整泉港区城乡居民基本养老保险基础养老金标准有关问题，听取文物和文化遗产保护工作汇报，研究部署相关工作。

【专题会】 2020年1月21日，区长颜朝晖主持召开传达贯彻国家、省、市有关防控会精神专题工作会议，传达国家、省和全市防控会议精神，听取区卫健局关于武汉疫情发生后泉港区有关工作开展情况的汇报，研究下一步疫情防控举措。

2020 年 2 月 25 日，区委常委王文晖、副区长柯明好组织召开第二轮中央生态环境保护督察交办件办理协调推进会议，研究推进第二轮中央生态环境保护督察交办件的办理及销号攻坚工作。

2020 年 3 月 25 日，在收听收看全省统筹推进疫情防控和稳就业电视电话会议后，副区长陈清拥主持召开全区促进就业工作专题会，研究部署全区统筹推进疫情防控和稳就业工作。

2020 年 3 月 26 日，区长颜朝晖带队调研福厦客专泉港段项目复工复产情况，实地察看福厦客专泉港站复工情况，并召开专题协调会议，听取相关单位关于高铁主线和站前项目建设情况的汇报，研究解决项目建设有关问题。

2020 年 4 月 2 日，区长颜朝晖和福建联合石化公司总裁安文佑，共同主持召开泉港区与福建联合石化公司企地联席会议，听取有关情况汇报，研究解决相关问题。

2020 年 4 月 16 日，副区长黄少伟主持召开国道 228 线改线工程（泉港段）涉福厦客专调跨事宜专题会议，听取区交通运输局关于国道 228 线改线工程（泉港段）与福厦客专交叉处调跨事项的汇报，与会各单位充分发表了意见及建议，并明确有关问题。

2020 年 4 月 28 日，区长颜朝晖在副区长黄少伟陪同下，率区直有关部门主要负责人开展安全隐患大排查大整治、房屋安全“百日大整治”行动调研暨“五一”国际劳动节前安全生产检查，实地检查至尊国际会所、泉港油库公司、肖厝渡口安全生产工作情况并现场办公。

2020 年 5 月 9 日，副区长黄少伟、区政府四级调研员苏纯益和石化园区管委会副主任杨新智联合主持召开泉港区石化园区周边道路规划论证会。会议邀请朱志峰、朱宝信、张文杰等 3 位石化安全专家参加，并成立专家组，对国道 228 线及通港街部分路段分流方案进行安全论证。会议听取区交通运输局、石化园区规建科、环安科关于石化园区导行有关情况汇报后，并就相关问题进行交流研讨。

2020 年 5 月 13 日，副区长庄一鸣主持召开渔港项目建设、网箱养殖设施清退及升级改造工作专题会议，听取相关情况汇报，研究项目建设有关问题。

2020年5月26日，副区长黄少伟、柯明好和区政府四级调研员苏纯益组织召开新建福厦铁路界山牵引站220千伏外部供电工程路径方案协调会议，听取国网福建省电力有限公司泉州供电公司、中国电建集团福建省电力勘测设计院有限公司相关工作情况汇报，研究解决有关事宜。

2020年6月2日，区政府党组副书记陈相成主持召开全区重点项目调度会，听取区发改局提交会议协调调度的25个项目进展情况、存在问题的汇报，协调解决相关问题，部署下阶段工作。

2020年6月8日，区长颜朝晖主持召开沈海高速扩容二期工程与国道228线泉港段、联十一线泉港段路由方案论证会，听取区交通运输局和规划编制单位福建省交通规划设计院有限公司对沈海扩容二期工程、国道228线泉港段与联十线规划和路由情况的汇报，与会各单位充分发表意见和建议，并明确有关问题。

2020年6月8日，区长颜朝晖主持召开城市涝点整治工程协调会、郭厝溪流域综合整治工程和水体整治工程推进会暨区防汛指挥部会议，研究全区涝点整治基本情况、七镇连通工程进展情况、驿峰西路改造提升工程进展情况和郭厝溪流域综合整治工程和水体整治工程进展情况，并协调解决相关问题。

2020年6月18日，副区长黄少伟主持召开湄洲湾航道四期工程—南岸航道工程（南山片区公共航道）工作推进会，听取项目代建单位有关航道进展情况和存在问题的汇报，与会人员讨论研究问题解决方案，并明确有关事项。

2020年6月18日，副区长黄少伟与中国农业发展银行泉州市分行副行长周丽明一行在区行政管理中心101会商室对接南山北路改建工程融资问题。听取区交通运输局关于南山北路改建工程进展情况和融资前景的汇报，农发行相关负责人分析公路建设项目融资政策，达成初步共识。

2020年6月19日，区长颜朝晖在区领导苏松炎、王艺彬陪同下，带领有关部门负责人，到涂岭镇开展社会治理网格化服务专题调研，并召开现场协调会。

2020年6月23日，区政府党组副书记陈相成主持召开退还（或减免）使用房票购买的商品住房城市基础设施配套费专题协调会，听取有关情况汇报，并协调解决相关问题。

2020年6月29日，区长颜朝晖在区领导苏纯益陪同下，带领有关部门负责人，到福海粮油停车场、福宁楼周边停车场、泉港陆地港服务中心、湄洲湾氯碱厂区外停车场等地，就危化品运输车辆规范停车、道路交通安全隐患排查等情况进行调研检查，并召开现场协调会。

2020年6月30日，区政府党组副书记陈相成主持召开郭厝溪流域综合整治工程和水体整治工程推进会，听取各相关部门的工作汇报，研究协调解决项目推进过程中存在的问题。

2020年7月16日，区长颜朝晖主持召开栖霞安置小区历史遗留问题处置专题会议，听取后龙镇、住建局、新城投资有限公司、水利水务有限公司、供电服务中心等单位关于栖霞安置小区历史遗留问题处置情况的汇报，研究解决有关问题和下阶段工作安排。

2020年7月17日，区长颜朝晖主持召开泉港区基础设施提升工程PPP项目合规性整改相关事项的专题会议，听取区财政局、住建局就泉港区基础设施提升工程PPP项目合规性整改有关情况的汇报，并协调解决相关问题。

2020年7月29日，区领导陈龙津、庄一鸣、邱金谋召开专题协调会。通过远程视频连线身在澳门的区政协委员张文真，组织承办单位和委员开展面对面双向协商，共同探讨关于修复五里海沙的提案办理工作。

2020年7月21日，区政府党组副书记陈相成主持召开324国道溪西段景观整治工程、锦绣公园BT项目工程奖励问题协调会，协调解决有关问题。

2020年7月31日，副区长陈剑锋主持召开海晶大厦项目遗留问题专题会议，听取各相关单位汇报，就海晶大厦项目扫尾验收工作以及一冶公司和宏地公司工程款纠纷等问题进行专题研究，协调解决有关问题。

2020年8月13日，区长颜朝晖主持召开泉港高铁站站前经济区项目建设专题协调会，听取设计单位和相关部门关于项目建设有关情况汇报，研究解决项目设计和建设中存在问题。

2020年8月14日，受区长颜朝晖委托，副区长庄一鸣主持召开坝头溪小流域环保督查协调会，传达《泉州市生态环境保护委员会办公室关于对坝头溪小流域综合整治进行督办的通知》等有关文件要求，听取相关镇（街道）和单位关于工作进展情况的汇报，研究解决环保整治有关问题。

2020年8月27日，副区长黄少伟主持召开国电泉州热电有限公司循环水排海延长段海底管道工程项目收海协调会，听取区自然资源局关于南埔电厂循环水排海延长段海底管道工程有关情况的汇报，研究部署下阶段工作。

2020年9月18日，副区长柯明好组织召开福建气柜设备安装有限公司项目协调会，听取区发改局、工信局、财政局等参会部门的意见建议，研究解决福建气柜公司“2000吨/年纳米分子吸附新材料”项目入驻相关事宜。

2020年9月30日，区长颜朝晖在区领导王艺彬、柯明好的陪同下，率区直有关部门主要负责同志开展国庆、中秋节前安全生产检查，实地检查银河音乐工厂、屈臣氏永嘉天地店、肖厝渡口、实华石油运输有限公司安全生产工作情况并现场办公。

2020年10月10日，副区长陈剑

锋主持召开界山新城项目工程推进专题会议，听取各相关单位汇报，就界山新城项目泉莆、一号、三号、新东西路等配套工程推进工作进行专题研究并协调明确相关问题。

2020年10月15日，区长颜朝晖主持召开栖霞安置小区历史遗留问题处置专题会议，听取上一阶段栖霞安置小区历史遗留问题处置情况汇报，研究解决有关问题和下阶段工作安排。

2020年11月9日，副区长庄一鸣组织召开区儿童福利院项目建设工作协调会议，听取区民政局、高新产业园区建设公司、特殊教育学校等单位有关情况汇报，讨论研究项目建设相关事项。

2020年11月16日，副区长陈剑锋、蔡奔腾组织召开进口冷链食品疫情防控工作专题会，传达省、市有关文件和11月15日市政府专题会议精神，研究部署当前工作。

2020年11月26日，副区长黄少伟主持召开《泉港区农村公路网规划(2020—2035年)审查会。会议听取编制单位关于规划文本的汇报，研究提出优化完善意见，形成专家组评审意见。

2020年11月26日，副区长黄少伟主持召开泉港区“十四五”综合交通运输发展规划（送审稿）评审会，听取区交通运输局和规划编制单位福建省交通规划设计院有关规划的汇报，与会代表及专家进行讨论研究。

2020年12月4日，区政府党组副书记、菱溪水库至泉港区供水工程PPP项目组长陈榈成主持召开泉州市菱溪水库至泉港区供水工程PPP项目设施农业征地补偿专题协调会，听取前黄镇关于福建省中益农业开发有限公司的设施农业大棚征迁情况及存在主要问题的汇报，并明确有关事项。

2020年12月11日，区长颜朝晖主持召开区政府与区总工会2020年联席会议，听取区总工会工作情况汇报，协调解决有关问题。

2020年12月30日，区长颜朝晖在区领导张井丽、柯明好陪同下，率区直有关部门主要负责人开展岁末年初疫情防控、防范应对寒潮天气和安全生产督导检查，实地检查泉港医院核酸采样点疫情防控情况、国电泉州热电公司寒潮天气防范和安全生产情况、山腰街道锦祥社区消防安全突出问题整改情况，并召开专题会议研究部署。

政务纪要

【服务中心工作】 2020年，泉港区政府办抽调8名干部参与新冠肺炎疫情防控指挥部、房屋安全整治指挥部、安全生产大整治大排查指挥部工作，3个指挥部办公室文件办理和活动安排均由政府办1名科级领导牵头负责。完成疫情指挥部和房屋安全隐患指挥部各类材料共计166份，累计向市疫情应急指挥部上报信息173条，编发本级工作动态285期，2名干部因抗疫表现突出受到表彰。强化3个指挥部文电运转效率，秘书股工作日中午、晚上和周末安排文电人员值班，确保文件第一时间流转到位。加强行政管理中心安保管理，配合疫情防控指挥部做好机关大楼进入人员的体温检测和八闽健康码验证工作。加强食堂用餐管理，实行分时分餐提包方式，减少人员密集接触。做好大楼空调通风系统检测和启用风险评估工作，根据疫情防控要求，适时分段启用，确保机关正常运作。会同区纪委监委、组织部、区委督查室等部门组成督查工作小组，采取“四不两直”的方式、以实地抽查、查阅资料、访谈座谈等方式，深入到各职能组、镇、村（社区）、企业、学校等一线重点开展督促检查。其中，疫情防控共发出督导提醒或整改督办单103份，督促整改问题155个；安全隐患大排查共发现信息系统使用、“六张清单”落实、企业自查自纠、辖区检查等8方面问题。

【精简文件会议】 2020年，泉港区政府办落实为基层减负各项措施，精简文件会议。发文方面，严格执行年度、月份发文计划，根据要求压缩文件号，每月向各部门征求下个月拟以区政府或区政府办名义发文的计划安排，统筹衔接好计划内的文件，除区领导批示或上级要求限时印发的文件，计划外的文件原则上不再受理。是年区政府本级发文55件（以市基层减负统计口径），同比减少46.6%。提倡合并开会、套开会议，尽量做到少开会、开短会。区政府本级召开会50场（以市基层减负统计口径），同比减少53.7%。完善收文办理和登记，规范区政府批示件办理工作，明确公文办理时限、强化办理情况督查，提升文件运转时效，确保文件办理“件件有落实、事事有回音”，是年共办理政府收文3077份，其中本级收文1381件、市级来文403件、省级来文138件、信访件21件、秘密文件60件、临时文件1074件，未发生文件延误、误办、错办、漏办。

【强化督查督办职能】 2020年，泉港区政府办共发出《督办通知》27期，政务督查通报7期，交督办省、市政府工作任务、全区工作会、为民办实事项目、区政府工作报告、人大建议、政协提案、区政府常务会及区领导批示等各类任务计4262项。办复区人大代表建议142件，政协提案176件，办复率100%，满意率100%，见面率97%。制定2020年度督查检查考核计划，严格控制总量，政府系统共梳理督查检查考核事项15条。建立月重点工作清单制度，督促区政府各部门细化分解每月重点工作任务，形成工作清单，明确责任领导、具体责任人、进度安排等，对各个阶段需承担的工作任务进行统筹部署，并抄送区政府分管领导，为区政府领导进一步决策提供参考。

【信息工作】 2020年，泉港区政府办累计完成区政府各类文字材料237篇，其中完成区领导讲话稿192篇，整理区政府、区政府党组会议纪要45篇。开展政务信息工作，全年共向省上报信息153条，被采用8条。向市上报信息273条，被采用82条，其中获王永礼市长批示肯定1条。信息工作获评2019年福建省政府系统信息报送先进单位、2019年泉州市政府系统信息报送先进单位，发挥信息工作的参谋助手作用。

【严格值班值守】 2020年，泉港区政府办严格落实24小时值班制，值班人员定岗定责，完善工作台账，规范填写值班记录，确保值班工作有序运转。在重要节假日开展值班督查，确保节假日信息报送畅通、突发事件处置及时。加强与区委宣传部、公安分局网安办的沟通衔接，共同分析、研判涉及敏感信息、舆论舆情，快速捕捉，第一时间核实并迅速上报，为区委区政府妥善处置紧急突发事件提供信息支撑。是年，接报各类突发公共事件和前兆信息182条，编制泉港区委区政府总值班室信息呈报件95期，记录并呈报重要值班电话信息19期，接听群众电话450多个，转相关单位办理的电话70余件，上报市值班信息报告5份。

【后勤保障】 2020年，泉港区政府办制定机关大院大物业管理制度，提升后勤服务水平。做好消防重点单位建设，逐项抓好行政管理中心消防安全隐患整改，新建微型消防站。开展疫情防控环境卫生整治，对机关大院进行全面消杀。升级改造垃圾设备，做好机关大楼垃圾分类工作。制定《2020年全区公共机构节约能源资源工作安排》，做好节能设施设备改造，获评2019—2020年全国节约型公共机构示范单位。加强对平台公务用车的日常监管，平台65部公务用车全部接入省公车平台2.0北斗定位系统。联合财政局、车改办对峰尾镇、城管局、大众公交公司等3个单位开展公车专项督查，针对存在问题，要求限期整改。开展驻泉港部队服务工作，协调防疫物资送军营，开展慰问活动为驻泉港部队争取上级补助资金，改善驻泉港部队官兵的生活条件。

信访工作

【概况】 2020年，泉港区信访工作在“打基础、攻难点、补短板”三个方面持续发力，推进民意诉求回应机制专项行动、逐级走访强化信访案件化解攻坚专项行动，打造“阳光信访、责任信访、法治信访”，维护群众合法权益，促进社会和谐稳定。1—12月，群众到国家信访局上访3人次，比上年下降76.9%，进京到非接待场所上访2人次，比上年上升100%；群众到省上访20批20人次（无到省集体访），比上年批次下降37.5%、人次下降51.2%；到市上访16批21次，比上年批次下降46.7%、人次下降48.8%。

【落实责任信访】 2020年，泉港区委、区政府主要领导经常对信访工作做出批示，带头亲自包案信访疑难案件。区分管领导常态化组织召开信访问题协调会，化解信访突出问题。开展每月15日接访群众和每天1名区领导到信访局轮值接听群众来电、接待群众来访活动。是年开展书记、区长接访群众活动8场次，接待群众30批35人次，其他区领导接访群众52批103人次，解决一批涉及民生的信访问题。深化“四门四访”工作机制提高领导上门走访群众频率和次数。1—12月，全区开门接访213批287人次，进门约访55批69人次，登门走访84批144人次，上门回访57批93人次。健全大信访工作网络。各镇（街道）、村（居）成立专门组织，设立村居综治信访协管员，参与调处群众的矛盾纠纷。创新专职调解工作室，成立安泰调解工作室、秀奎等多个调解工作室和南埔镇调解超市等，吸纳化解大量的初信初访和信访突出问题。探索推行镇（街道）信访工作联席会议制度，构建横向到边、纵向到底的信访网络，让群众合理诉求在第一时间就地解决。区信访联席办组织对建立镇（街道）信访工作联席会议制度情况进行督促检查，推动相关工作落实到位。全区各镇（街道）信访工作联席会议制度均已落地并初显成效，共召开联席会议25场，协调化解信访事项28件。把镇（街

2020年4月16日，区长颜朝晖（右二）到区信访局接访群众　（林弘棂 摄）

道）信访工作联席会议相关工作与信访评理相结合，推动化解信访事项。发挥信访预警作用，对群众关切较为集中的重点领域和重点问题，信访部门及时向属地镇（街道）和主管部门发出预警函，督促属地镇（街道）和主管部门及时回应群众关切。规范管理特殊疑难信访问题补助资金。根据上级关于特殊疑难信访问题补助资金规定，出台区配套文件，严格规范使用和管理，积极梳理、申报适用特殊疑难信访问题补助资金的信访问题，推动化解重点信访案件。加大信访疑难问题化解专项资金投入，区委、区政府拨出100万元作为区级信访疑难问题化解专项资金，分别拨付15万元、4万元推动化解信访老案。

【落实领导包案】 2020年，泉港区按照挂钩联系乡镇（街道），对历史信访积案实行区领导包案督办，逐案压实化解主体责任，逐一制定“问题清单、任务清单、责任清单”，落实“六个一”化解措施，推动历史信访积案化解。市强基促稳交办的16件历史信访积案全部化解息访，提前一年完成市里下达的目标任务。泉州市重复事项化解任务清单涉及泉港区的3件信访案件，全部化解息访，化解息访率100%。

【提升信访“三率”】 2020年，泉港区信访局定期查询统计信访事项办理情况，通过电话督办、发文督办、系统督办、信访部门和效能办联合督办等多种形式，推动问题整改到位。推行点对点提醒催办、发函督办等工作措施，提高信访“三率”水平。信访机构及时受理率100%，有权处理机关及时受理率99.8%、按期答复率99.8%，群众对信访部门满意率96.2%、对责任单位满意率92.3%，群众满意率持续上升。

【推行“最多投一次”阳光信访工作机制】 2020年，泉港区信访局全面推行“最多投一次”阳光信访工作机制组织各镇（街道）、区直有关单位业务经办人员参加全市信访业务视频培训会，邀请市局业务科室科长到泉港区进行专题业务培训，推动提升全区信访基础业务规范化水平。严格按照“最多投一次”相关工作规定，紧扣“精准投诉”“精准转交”“精准研判”“精准办理”的要求，提升一次性办结率，推动信访事项实体性问题解决到位。全区办理“最多投一次”信访事项493件，一次性办结426件，一次性办结率90.3%，平均办理天数16.1天，开展“一事一分析”的382件、“首办责任登记”的355件。

【“12345”便民服务平台建设】 2020年，泉港区信访局督促指导各镇（街道）、区直有关部门按期查阅、及时办理群众诉求，开展回访工作，对诉求办结后群众评价不满意的，通过发函提醒等方式督促承办单位组织开展调查分析，重新办理回复并主动联系诉求人，提升群众满意率。共发出《提醒函》99份，185件不满意诉求件已整改111件。拓展延伸“12345”便民服务平台功能，以涂岭镇作为试点，探索推行网格信息平台增加“便民服务诉求”功能。1—12月，“12345”便民服务平台受理泉港区诉求件4439件，及时回复率99.72%，及时查阅率100%，群众满意率99.02%。

【涉疫信访问题化解】 2020年，泉港区在疫情期间，高度重视涉及疫情的群众信访事项办理工作，严格按照省联席办《涉疫情防控工作信访事项分类办理办法》精神，落实“四个第一时间”和“六个及时”要求，做好涉疫情信访事项办理工作，实行涉及疫情信访事项24小时内办结等相关机制，确保涉疫情信访事项及时有效办理。

【法治信访】 2020年，泉港区信访局安排1名分管领导和指定专人负责办理人大代表建议事项办理工作，全程加强与人大代表的沟通联系，人大代表对《关于从严打击非法上访、缠访、闹访行为的建议》事项办理回复工作表示满意。同时，认真借鉴人大代表对信访工作的建议和意见，加强和改进信访工作，以人民满意的工作成效回应广大群众对信访工作的新期待。落实依法分类处理。在诉访分离的基础上，厘清与职能部门的职责边界，对导入法定途径的投诉请求，做好衔接和跟踪，保障群众合法权益在法治框架内得以解决。全区办理依法分类信访事项99件。在全区推行律师参与接访工作机制，为群众解疑释惑。律师为65批197人次来访群众解答相关法律和政策规定。

【“三无”创建】 2020年，泉港区信访局针对综合治理越级上访和重复信访问题，责成属地镇（街道）成立工作专班，加大化解力度，重复信访占比50.9%，同比下降24.2%。全区6个镇（街道）、100个村（社区）实现“三无”创建目标。针对前黄镇凤安村重复信访突出问题，区委政法委将该村列入区级重点整治村，挂牌督办整治，重复信访问题得到有效改善。通过纪委监委主动介入，全面彻查重复信访乱象，查清信访人涉嫌诬告陷害等违纪违法事实，予以依法打击，做法得到市委书记康涛的批示。注重分类施策促化解，针对峰尾镇“8·31”信访老户问题，充分考虑信访人家庭经济、居住就业等实际生活困境，实施精准帮扶，7名“8·31”信访老户息访息诉6人。

【信访评理室建设】 2020年，泉港区信访局按照有评理台账、有评理员人才库等“七有”标准，共开设信访评理室110个，实现信访评理室全覆盖，夯实为民服务的硬件和软件。精挑细选评理员，在全区范围内挑选公道正派、不计较参加公益活动得失、无不良行为的人担任评理员，重点从法律工作者、社会贤达等人员当中挑选。共聘请评理员754名，开展评理494次，协调帮助群众解决信访问题449件次。

【信息对接】 2020年，泉港区信访局强化组织领导，建立健全线索摸排工作机制畅通与纪委监委、公检法等部门的信息对接渠道，强化线索信息快速移送反馈，通过采取集中摸排和滚动摸排相结合的办法，强化涉黑涉恶线索的时效性。专项斗争开展以来，共排查线索49条，其中3条线索已经公安机关处理。

效能建设

【深化机关效能建设】 2020年，泉港区效能办弘扬“马上就办、真抓实干”优良传统作风，组织开展“机关效能建设督查月”和全区纪律作风整顿等活动，通过采取实地走访、视频监控、直接体验、受理效能投诉等方式，对重点项目建设、防抗台风暴雨、节假日值班值守、为民办实事、“12345”便民服务平台以及行政服务效能和干部精气神情况等明察暗访。全年开展各项效能督查53次、发现存在问题28个、发出效能提示函1份、效能整改函2份、受理效能投诉件8件、效能问责5人、效能约谈4人。

【全区绩效考评】 2020年，泉港区效能办在2019年度绩效考评基础上，健全完善2020年度全区绩效评估工作方案，结合区委区政府重点工作，将新冠肺炎疫情防控、强基促稳、全面从严治党、意识形态、吉祥泉港等重点工作作为绩效评估目标考评重要内容，并全面覆盖各参评单位。将安控区工作单列考核，提高占比，对抽调参与区委区政府重点工作任务的人员给予绩效奖励倾斜。参照市直以及其他兄弟县市区，提高绩效考评结果绩效基础奖和绩效奖励金额度，严格要求落实单位内部量化结果运用。

重点项目

【概况】 2020年1—12月，全区218个区级重点项目累计完成投资295.03亿元，占年度计划的100.24%，比上年同期增长4.3%。其中：在建项目159个，累计完成投资270.88亿元，占年度计划的101.37%；预备项目59个，累计完成投资24.15亿元，占年度计划的89.13%。新开工建设项目57个，建成（或部分建成）投产项目63个。

【项目建设】 2020年1—12月，全区159个在建重点项目中超序时推进的有117个，占在建项目总数的73.59%；正常推进的项目有24个，占在建项目总数的15.09%；低于序时进度的项目有18个，占在建项目总数的11.32%。

泉港区2020年1—12月份重点项目进展情况表

表4 单位：万元

序号	项目名称	建设内容及规模	总投资	累计完成投资	工程进展情况	责任单位	备注
项目总计218个			16121158	2950271	—	—	—
一、镇/街道（扣除交叉重复项目）：（164个）			6318001	1784912	—	—	—
（一）南埔镇项目（23个）			1301766	610143	—	—	—
在建项目（19个）			1156766	597047	—	—	—
1	百宏250万/年吨精对苯二甲酸（PTA）项目	用地465亩，建设250万吨/年精对苯二甲酸（PTA）项目	570000	404200	主装置土建完成100%，主装置设备安装100%，地管完成100%，公用工程土建完成100%，公用工程设备安装100%。已具备生产条件，筹备试生产	石化工业园区 规建科 南埔镇	省市在建
2	40万吨/年聚羧酸减水剂项目	用地2.6公顷，建设内容包括新建合成生产车间、预溶车间及配套公用工程及辅助设施	18389	9490	12月24日取得工程规划许可证，正在开展施工和监理招标	石化工业园区 环安科 南埔镇	—
3	稀释剂项目	建设厂房、办公楼、仓库、罐区及相关配套装置设施。设计规模为稀释剂1.5万吨/年、改性表面处理剂1万吨/年、水性丙烯酸乳液10万吨/年、水性聚氨酯4万吨/年、改性胶黏剂2.5万吨/年	30722	17150	施工图审查中，能评送审待批复	石化工业园区 规建科 南埔镇 后龙镇	—

续表 4

序号	项目名称	建设内容及规模	总投资	累计完成投资	工程进展情况	责任单位	备注
4	天骄化学材料生产项目（二、三期）	建设 30 万吨 / 年高性能聚醚多元醇系列材料，其中：1. 二期项目建设投资 39312 万元，建设产能规模 19 万吨 / 年；2. 三期项目建设投资 33846 万元，建设产能规模 11 万吨 / 年	73158	40800	1. 二期土建完成，土建组织竣工验收；2. 二期 POP 装置设备全部就位，开始设备保温，POP 装置电气施工基本完成，装置工艺配管完成 80%，仪表施工安装；3. 二期 POP 装置试生产方案筹备	石化工业园区 经发科 南埔镇 前黄镇 后龙镇	省市在建
5	佑达精细电子化学新材料项目▲	研发楼、丙类车间、甲类仓库、门卫装修、设备安装投产	10000	1705	土建竣工资料已提交到质检站，一次联合验收完成，正在整改，待整改完进行二次验收	石化工业园区 经发科 南埔镇 峰尾镇 前黄镇	—
6	新立基沥青加工基地项目	用地 3.26 公顷，建设沥青加工基地。新增产能：年中转 20 万吨重交沥青和年生产 20 万吨改性沥青	12901	5773	项目一期 11 月份已经全部完工；项目二期施工建设中	石化工业园区 环安科 南埔镇	—
7	环保型粘胶剂项目	用地 50 亩，建设 8000 吨 / 年环保型粘胶剂项目	9800	4719	设备调试，筹备试生产相关工作	石化工业园区 经发科 南埔镇 山腰街道	—
8	聚合多元醇项目（一期）	建设 1 万吨 / 年聚合物多元醇项目	4500	3870	土建验收，设备安装，正在筹备办理试生产相关事宜	石化工业园区 规建科 南埔镇 前黄镇	—
9	油脂废弃物综合利用项目（二期）	建设用地 1.33 公顷，分摊公共用地 1.76 亩。建设厂房、研发楼及配套设施，总建筑面积 9992 平方米，年处理废弃油脂 18 万吨（皂脚 12 万吨 / 年，油脚 6 万吨 / 年）	7493	7280	建筑主体已完工，内外墙装修，部分设备安装	石化工业园区 环安科 南埔镇 后龙镇	—
10	福海粮油生产项目（四期）	福海粮油：用地 0.71 公顷，建筑面积 22140 平方米，日加工大豆 / 菜籽 2500 吨榨油车间一座，扩建 1000t/d 精炼厂，新增 21 万 t 大豆筒仓、42500t 散粕仓，新建 3 万吨油罐；益海嘉里面粉二期：用地 0.85 公顷，建筑面积 1.9 万平方米，扩建日加工小麦 1150 吨生产车间及相关配套设施，建设 3000 吨小麦筒仓 10 个，600 吨小麦星仓 4 个	65000	28373	1. 精炼车间：10 月 27 日竣工验收；2. 机修车间：车间装饰收尾，消防施工收尾；3. 大米加工：白米车间施工完成，消防验收完成，规划验收完成；4. 稻谷仓—机械楼：基础施工完成，机械楼主体安装完成，稻谷仓安装完成 1 个，稻壳仓安装完成 1 个，消防施工中，第三个仓拼装中	南埔镇	省市在建
11	祥茂建材建筑垃圾回收加工综合利用项目	用地 3.33 公顷，新建全封闭式钢结构厂房及办公楼、宿舍楼、原料堆场等相关配套设施，总建筑面积 2.3 万平方米，新建年加工能力 200 万吨建筑垃圾回收加工生产线一条	10000	6670	围墙建设完成，正开展土地平整和搅拌站建设	南埔镇	—
12	万豪 3 万吨 / 年石膏粉加工项目（三期）	用地 2 公顷，建设 2 条年产 3 万吨 / 年高性能石膏粉生产线	12000	3767	厂房建设完成，厂房装饰完成，设备调试中	南埔镇	—

续表 4

序号	项目名称	建设内容及规模	总投资	累计完成投资	工程进展情况	责任单位	备注
13	湄洲湾港肖厝港区鲤鱼尾作业区4号泊位工程及仓储项目▲	1. 码头建设规模：建设 50000 吨级液体化工泊位一个及相应配套设施，或可同时靠泊 2 艘 5000 船舶总吨位液化烃船，年设计通过能力为 339 万吨。2. 库区建设规模：建设 60000 立方米，双金属壁全容低温丙烷储罐 2 座；30000 立方米双金属壁全容低温丁烷储罐 1 座；4000 立方米的常温丙烯球罐 1 座、常温丙烷球罐各 2 座；常温 LPG 球罐 2 座及常温丁烷球罐 1 座，总容量 17.4 万立方米。并配套建设辅助生产及公用工程、汽车装卸区、办公管理区、环保设施等配套工程	120893	25958	完成码头 EPC、码头施工监理、库区 EPC 招标工作；完成码头项目预制场、指挥部等大临设施工程的建设；码头 EPC 工程已正式动工；正在开展库区施工监理招标及库区 EPC 勘察设计工作	石化工业园区环安科 南埔镇 后龙镇	—
14	湄洲湾港肖厝港区肖厝作业区 5 ～ 6# 泊位	建设 5 万吨级多功能通用泊位 2 座，并建成仓库及相应配套设施	103000	11780	继续隔堤砂垫层施工，回填块石施工	南埔镇	市管在建
15	东港石化南区扩建工程▲	用地 23.33 公顷，建设 14.4 万立方米共 48 个球罐的烃类液体化工品库区及码头至库区外管 13 条	57000	5670	进行土石方施工平整	后龙镇 南埔镇	—
16	裕盛雅苑	计容建筑面积 47507.40 平方米，不计容总建筑面积 11859.77 平方米，建设 1 ～ 3 号、5 ～ 6 号住宅楼及地下室、配电房等设施	20000	6300	1 号、2 号、3 号、5 号、6 号楼装修全部完成，配套工程进行中	南埔镇	—
17	远和仓储物流项目	用地 3 公顷，建设 1.45 万平方米仓储物流设施及办公楼、调度楼、宿舍楼、停车场等配套工程	4500	1935	土地平整中，停车场已建设完成	南埔镇	—
18	泉港惠屿生态休闲渔村及惠屿“生态岛礁”工程项目	主要开展巷道整治工程、海岛特色民居改造、海岛防护堤建设工程、滨海岸线整治与旅游道路建设工程、防护林修复与绿化工程、沙滩整治修复工程、休闲海钓基地、人工渔礁、海岛监视监测中心、陆岛交通码头工程、海洋科普体验中心，以及景观木栈道、观景亭等其他海岛旅游配套设施	21410	4902	巷道提升完成，绿化景观提升、防护林修复与绿化基本完成，岸线整治修复前期工程进行中，民居改造选址中	南埔镇	—
19	惠屿片区网箱养殖设施升级改造项目	根据《泉港区海水养殖水域滩涂规划（2018—2030 年）》，清退规划外网箱养殖面积 26.31 公顷（其中肖厝村 17.53 公顷、惠屿村 8.78 公顷）。拟升级改造新型网箱养殖面积 22.1 公顷，其中肖厝村海域 1.7 公顷，惠屿村海域 20.4 公顷（改造后设定网箱为 8064 格）	6000	6705	惠屿片区网箱基本完成征收，塑胶网箱建设一期正在施工中	南埔镇	—
预备项目（4 个）			145000	13096	—	—	—
20	甲基异丁基酮项目▲	用地 6.67 公顷，一期投资 1.66 亿元，建设 4.5 万吨 / 年甲基异丁基酮项目	45000	3190	正在开展土方平整回填工作	石化工业园区管委会 山腰街道	—

续表 4

序号	项目名称	建设内容及规模	总投资	累计完成投资	工程进展情况	责任单位	备注
21	20 万吨／年全加氢白油项目（一期）	用地 16.2 公顷，建设 20 万吨／年加氢焦化蜡油生产白油料装置、10 万吨／年白油深度加氢精制装置和 1 万立方纳米／时甲醇制氢装置共计 3 套装置	40000	400	企业股东纠纷未解决，后续项目计划顺延	石化工业园区经发科 南埔镇	—
22	丰泉工贸二期	用地 3.67 公顷，建设 1 万吨／年钢结构建设项目	10000	5876	办公楼已投入使用，钢结构厂房正在建设	南埔镇	—
23	泉昱产业园项目	整体盘活整合原泉昱鞋业 7.73 公顷用地、5.3 万平方米厂房，引进仓储物流、建材综合批发、家居家具设计生产、食品包装加工等项目入驻，打造区位优势突出、互惠互利共赢的综合产业园区	50000	3630	电商公司入驻，场地正在装修；新建厂房正办理前期手续；继续开展项目招商	南埔镇	—
（二）界山镇项目（16 个）			2000058	234494	—	—	—
在建项目（11 个）			905058	138153	—	—	—
1	丙烯新材料项目	用地 53.33 公顷，主要建筑面积 397064.13 平方米；建设厂房及相关配套设施。新增生产能力：丙烯新材料	650180	42020	企业资金到位问题未解决，项目无新进展	石化工业园区经发科 界山镇	—
2	中海油服新材料生产基地建设项目	5 万吨油田化学新材料，主要包括生产管控中心、生产车间、仓库、罐区、污水处理站等相关生产辅助设施	29678	12377	1. 地下管网施工即将完成； 2. 装饰装修工程施工即将完成，土建进入收尾阶段； 3. 罐区、液体车间、架空管廊工艺管道安装即将完成	石化工业园区规建科 界山镇	市在建
3	海雁涂料（二期）	新增用地 0.33 公顷，建设生产、销售水性涂料、精品腻子胶粉等涂料系类产品的生产厂房 1 座，并改造建设办公场地	5000	2000	完成项目全部主体建设和装修，第三方进行预验收，并进行相关整改工作，机器测试试生产	界山镇	—
4	天泰金属（二期）	建设铁桶堆场及废旧桶回收车间；并建设一条食品级无磷锂化线	5000	2400	完成自动缝焊机技改工作	界山镇	—
5	湄洲湾港肖厝港区肖厝作业区 18A、18B、18C 号泊位工程	建设 5 千吨级固体化工品泊位 2 个，7 千吨重件滚装码头 1 座，新建码头长度 398 米，后方陆域面积约 26.27 公顷	66100	6431	已完成北隔堤施工，续建项目施工合同已签订完毕，施工单位正在开展施工前准备工作；洽谈续建项目监理合同，监理人员已提前进场进行配合施工	界山镇	市在建
6	界山海防路建设项目	狮东村建设里程为 1.03 千米，路面宽 4.5 米，水泥混凝土路面；大前村建设里程 2 千米，路面宽 4.5 米，水泥混凝土路面；槐山村建设里程为 1.62 千米，路面宽 4.5 米，水泥混凝土路面	3000	1650	完成路基及垫层建设，完成路面硬化施工	界山镇	—
7	界山新城基础设施建设项目	建设 4 条道路、市民广场，沿海大通道市政配套设施	8600	2975	完成市民广场初验，泉莆路完成 K0+000 ～ K0+640 给水、污水管道、雨水管道、电力管道及 K0+000 ～ K0+500 道路工程；一号路、三号路完成全段雨污水管道、电力管道、给水管道及道路工程	新城投资有限责任公司 界山镇	—

续表 4

序号	项目名称	建设内容及规模	总投资	累计完成投资	工程进展情况	责任单位	备注
8	天马华耀城（一期）	用地 2 公顷，总建筑面积 8.4 万平方米，其中住宅 7.2 万平方米，商业建筑面积 0.4 万平方米，小区由 3 栋 26 层，共计 508 套高层住宅，65 席商业金街构成。地下室建设 0.87 万平方米	25000	5850	主楼内外装饰基本完成，目前正在进行配套项目施工和准备室外综合管网及围墙、景观、绿化工程的施工	界山镇	—
9	天马华耀城（二期）	用地 4.2 公顷，总建筑面积 16 万平方米，其中住宅 10.6 万平方米，商业建筑面积 1.3 万平方米，小区由 5 栋 26 层，1 栋 25 层，43 套生态别墅，95 席商业金街构成。地下室建设 4 万平方米	58000	15700	开展主楼内外装饰，各配套工程已进场施工	界山镇	—
10	天马华耀城（三期）	用地 4.67 公顷，总建筑面积 14 万平方米，其中住宅 9 万平方米，商业建筑面积 1.2 万平方米，小区由 5 栋 26 层，2 栋 18 层，52 套生态别墅，110 席商业金街构成。地下室建设 3.6 万平方米	52000	45200	主楼主体结构于 7 月份全面封顶，砌体工程同步进行施工中	界山镇	—
11	玉山村铁钉埕石结构房屋改造项目	完成 19 幢主体建设及外墙装修，建设老年人活动中心	2500	1550	老年活动中心已竣工，其余房屋进行外墙、屋顶装修	界山镇	—
预备项目（5 个）			1095000	96341	—	—	—
12	60 万吨 / 年丙烷脱氢及 45 万吨 / 年聚丙烯（第一期规划）	用地 53.33 公顷，建设丙烷脱氢 PDH：（第一期）60 万吨 / 年丙烯聚丙烯 PP：（第一期）45 万吨 / 年聚丙烯	650000	90570	安评正根据专家意见修改，能评已提交省发改委待审批，环评已送市生态环境局待审批。现场正在做围墙	石化工业园区经发科 界山镇	市预备
13	湄洲湾港肖厝港区肖厝作业区 14A、14B、14C 号泊位及罐区工程	新建 1 座液体化工码头，采用内外侧靠船的方案，布置 14A、14B、14C 3 个泊位，其中码头外侧建设的 14A 泊位为 10 万吨级泊位，码头内侧建设 2 个 3000 吨级泊位（14B 和 14C）及相应配套设施。前沿泊位长 395 米，后沿泊位长 260 米，码头双侧泊位平台宽 28 米、单侧泊位平台宽 22 米，引桥长 1348.82 米，宽 12 米	217000	1071	省发改委已于 4 月 3 日组织召开项目调整前期工作协调会，原则上同意项目调整，目前项目正根据会议精神，深入开展泉港石化园区南山片区及周边石化企业水运需求调研，夯实 14 号泊位可能涉及的货种、货量，为下一步项目调整工可编制提供依据	界山镇	市管预备
14	潘南盐场盐田废转项目	进行 80 公顷盐田废转	20000	1250	项目前期准备工作	界山镇	—
15	界山新城（二期）	用地 29.27 公顷，其中包含石化园区企业办公居住区 5.43 公顷（含蓝领公寓、八方码头总部区）、镇区商住区 3.67 公顷，安全控制区界山安置区 14.3 公顷（含实验小学预留地）以及基础配套设施 5.87 公顷	200000	1450	项目论证前期工作	界山镇	—
16	天马华耀城（五期 83 地块 -2）	用地 1 公顷，建设 4 栋商住楼，总建筑面积 2 万平方米	8000	2000	项目前期工作	界山镇	—
（三）后龙镇项目（17 个）			435243	192365	—	—	—
在建项目（14 个）			412766	188745	—	—	—

续表 4

序号	项目名称	建设内容及规模	总投资	累计完成投资	工程进展情况	责任单位	备注
1	稀释剂项目▲	建设厂房、办公楼、仓库、罐区及相关配套装置设施。设计规模为稀释剂 1.5 万吨 / 年、改性表面处理剂 1 万吨 / 年、水性丙烯酸乳液 10 万吨 / 年、水性聚氨酯 4 万吨 / 年、改性胶黏剂 2.5 万吨 / 年	30722	17150	施工图审查中，能评送审待批复	石化工业园区规建科 南埔镇 后龙镇	—
2	天骄化学材料生产项目(二、三期)▲	建设 30 万吨 / 年高性能聚醚多元醇系列材料，其中：1. 二期项目建设投资 39312 万元，建设产能规模 19 万吨 / 年；2. 三期项目建设投资 33846 万元，建设产能规模 11 万吨 / 年	73158	40800	1. 二期土建完成，土建组织竣工验收；2. 二期 POP 装置设备全部就位，开始设备保温，POP 装置电气施工基本完成，装置工艺配管完成 80%，仪表施工安装；3. 二期 POP 装置试生产方案筹备	石化工业园区经发科 南埔镇 前黄镇 后龙镇	省市在建
3	油脂废弃物综合利用项目(二期)▲	建设用地 1.33 公顷，分摊公共用地 1.76 亩。建设厂房、研发楼及配套设施，总建筑面积 9992 平方米，年处理废弃油脂 18 万吨（皂脚 12 万吨 / 年，油脚 6 万吨 / 年）	7493	7280	建筑主体已完工，内外墙装修，部分设备安装	石化工业园区环安科 南埔镇 后龙镇	—
4	华星石化增建液化石油气储罐项目	新增一座 8 万立方常压低温 LPG 储罐，一套处理能力为 300 吨 / 时的丙烷加热系统，及相关配套设施	35000	8578	1. 储罐承台浇筑完成，储罐钢板预制，储罐底板安装；2. 设备采购工作正在进行；3. 保冷项目已完成招标	后龙镇	市在建
5	华星石化 1 号、2 号辅助楼建筑工程	1 号辅助楼：建筑用地面积 336.58 平方米，建筑面积 1055 平方米；2 号辅助楼：建筑用地面积 162.05 平方米，建筑面积 338.82 平方米	3500	3641	主体施工至 3 层	后龙镇	—
6	湄洲湾港肖厝港区鲤鱼尾作业区 4 号泊位工程及仓储项目▲	1. 码头建设规模：建设 50000 吨级液体化工泊位一个及相应配套设施，或可同时靠泊 2 艘 5000 船舶总吨位液化烃船，年设计通过能力为 339 万吨。2. 库区建设规模：建设 60000 立方米双金属壁全容低温丙烷储罐 2 座；30000 立方米双金属壁全容低温丁烷储罐 1 座；4000 立方米的常温丙烯球罐 1 座、常温丙烷球罐各 2 座；常温 LPG 球罐 2 座及常温丁烷球罐 1 座，总容量 17.4 万立方米。并配套建设辅助生产及公用工程、汽车装卸区、办公管理区、环保设施等配套工程	120893	25958	完成码头 EPC、码头施工监理、库区 EPC 招标工作；完成码头项目预制场、指挥部等大临设施工程的建设；码头 EPC 工程已正式动工；正在开展库区施工监理招标及库区 EPC 勘察设计工作	石化工业园区环安科 南埔镇 后龙镇	—
7	兴通船务新增运力项目	拟新建一艘 12000 载重吨不锈钢油船 / 化学品船	15000	30838	新增 2 艘化学品油船均已投入使用，新增运力约 3.5 万吨	后龙镇	—
8	东港石化南区扩建工程▲	用地 23.33 公顷，建设 14.4 万立方米共 48 个球罐的烃类液体化工品库区及码头至库区外管 13 条	57000	5670	进行土石方施工平整工程	后龙镇 南埔镇	—
9	东方伟业城市广场（二期）	总建筑面积 7.5 万平方米，拟建设 3 栋 32 层商住楼、1 栋 27 层酒店式公寓及 1.2 万平方米地下室	25000	17584	竣工	后龙镇	—
10	邱厝馨秀庄园（2017−2号地块）	用地 2.77 公顷，计容建筑面积 69372.5 平方米，不计容建筑面积 13500 平方米，总建筑面积 82872.5 平方米	27000	16036	竣工	后龙镇	—

续表 4

序号	项目名称	建设内容及规模	总投资	累计完成投资	工程进展情况	责任单位	备注
11	涂坑海丝遗址宜居工程	用地 1 公顷，建设为申遗景区配套的新村住宅及小型商业服务设施，北侧规划 8 栋住宅，可容纳 32 户，建筑皆为 3 层，总建筑面积 6845 平方米；南侧小型商业综合体建筑面积 3300 平方米，配套建设骑楼步行街和道路	3500	2031	基础施工	后龙镇	—
12	福炼社区老旧小区改造提升工程	对福炼社区内的房屋、管道设施、监控安防、道路、园林绿地等公共基础设施进行维修、改造和提升，新建智能化系统工程和便民服务中心	4000	2841	安防工程、停车场正在施工；便民服务中心封顶，正在内外装修	后龙镇	—
13	湄港商住楼二期项目	用地 0.2 公顷，总建筑面积 4000 平方米，建设一栋 7 层商住楼及配套停车场、办公房等附属设施	4000	3111	竣工	后龙镇	—
14	泉港后龙医养结合综合体项目	用地 0.5 公顷，总建筑面积 5714 平方米，建设 1 栋 9 层医养结合综合体大楼及其他配套用房	6500	7227	竣工	后龙镇	—
预备项目（3 个）			22477	3620	—	—	—
15	燕麦精深加工系列产品改扩建工程	建设燕麦精深加工生产线 2 条及附属深加工车间和仓储设施	3500	1547	已拆除旧厂房	后龙镇	—
16	后龙镇区改造	用地 2.92 公顷，建设商住楼	10000	1529	完成征迁扫尾，等待土地招拍挂	后龙镇	—
17	第二实验小学教育集团和星校区扩建工程	建设教学楼、综合楼、多功能教室、防空地下室及门卫等建筑，用地 1.51 公顷，总建筑面积 22940 平方米，计容建筑面积 19640 平方米，并配套室外消防水池、绿化、道路硬化等附属设施建设	8977	544	完成土地征用，正在开展施工图审查、预算编制、财政审核等前期工作	区教育局	—
（四）峰尾镇项目（26 个）			760550	192938	—	—	—
在建项目（20 个）			608300	173153	—	—	—
1	佑达精细电子化学新材料项目▲	研发楼、丙类车间、甲类仓库、门卫装修、设备安装投产	10000	1705	土建竣工资料已经提交到质检站，一次联合验收完成，正在整改，待整改完进行二次验收	石化工业园区经发科 南埔镇 峰尾镇 前黄镇	—
2	建达花园（二期）	用地 2.4 公顷，总建筑面积 7 万平方米，建设 6 栋 18 层商住楼	35000	5020	桩基建设	峰尾镇	—
3	名峰华苑	用地 0.79 公顷，总建筑面积 28534.6 平方米	10000	5500	竣工	峰尾镇	—
4	金秋阳光海岸（二期）	用地 1.33 公顷，总建筑面积 4.4 万平方米	20000	10160	正在外立面装修及配套设施建设	峰尾镇	—
5	五经·蓝宝湾（二期）	用地 1.33 公顷，总建筑面积 3.4 万平方米	10000	4458	主体封顶	峰尾镇	—
6	力标·天璟湾	用地 1.65 公顷，建设商住楼。总建筑面积 35755.1 平方米计容面积 28205.1 平方米主要建筑物面积 35755.1 平方米	13000	10060	竣工	峰尾镇	—

续表 4

序号	项目名称	建设内容及规模	总投资	累计完成投资	工程进展情况	责任单位	备注
7	恒大雅苑	用地 6.67 公顷，设计 13 栋高层建筑，总建筑面积 25.5 万平方米，地上建筑面积 20.1 万平方米。其中一期用地 4.8 公顷，规划建设 9 栋，建筑面积 18 万平方米，地上建筑 14.3 万平方米	150000	11500	竣工	峰尾镇	—
8	君悦学府（二期）	建设 3 栋商住楼	25000	14900	已封顶，进入砌体工序	峰尾镇	—
9	颐仰小区	用地 0.87 公顷，建设 3 栋商住楼	8000	4320	竣工	峰尾镇	—
10	鑫顺房地产三期	建设 2 栋商住楼	3600	900	前期工作	峰尾镇	—
11	五里海岸（二期）	用地 1 公顷，建设商住楼	10000	5130	竣工	峰尾镇	—
12	恒达佳苑	用地 2.13 公顷，建设 3 万平方米现代高端花园式居住社区	10000	5500	竣工	峰尾镇	—
13	滨海星城	用地 3.18 公顷，建设商住楼	30000	12000	竣工	峰尾镇	—
14	荣凤大厦	用地 0.33 公顷，总建筑面积 1.5 万平方米	4500	2080	竣工	峰尾镇	—
15	森立·汇林阁▲	用地 1 公顷，建设 2.3 万平方米商住房	11000	5690	竣工	峰尾镇 山腰街道	—
16	佰盛嘉园▲	用地 0.55 公顷，建设 13660 平方米商住楼	6200	3380	竣工	山腰街道 峰尾镇	—
17	源昌·锦绣壹号▲	一期用地 11.27 公顷，建设 36 万平方米商贸综合体和高档居住小区	180000	35180	1 ～ 21 号楼竣工	山腰街道 峰尾镇	—
18	荷盛小区（四期）▲	四期用地 0.71 公顷	10000	4380	办理报建手续	山腰街道 峰尾镇	—
19	新和隆船舶服务园区（启航酒店）	用地 4.65 公顷，其中陆域 1.57 公顷，海域 3.08 公顷，岸线 110 米。建设船舶服务园区及配套设施	12000	2420	场地整理，临时便道建设	峰尾镇	—
20	福安酒店▲	用地 3.4 公顷，建设五星级酒店及相关配套设施	50000	28870	主体及副楼全部封顶、内外装修	山腰街道 峰尾镇	—
预备项目（6 个）			152250	19785	—	—	—
21	渔港路工程（二期）	全长 893.324 米，为城市支路，设计行车速度 30 千米 / 小时	9000	800	前期工作	新城投资有限责任公司 峰尾镇	—
22	君悦学府（三期）	建设 6 万平方米的小高层商住小区	25000	8100	施工证办理	峰尾镇	—
23	凯撒汽车	用地 2.2 公顷，建设 3 栋总建筑面积 3 万平方米的汽车展厅	10000	1080	征地已完成，土地已平整	峰尾镇	—
24	泉港渔港经济区	总用地 666.67 公顷，建设城市综合体，依托诚峰一级渔港，结合滨海观光旅游，发展海洋经济，打造渔港新区	100000	8600	正在招商及配套设施建设	峰尾镇	—
25	诚峰一级渔港疏浚工程	疏浚底高程 −3.50 米，疏浚工程量 77.94 万立方米；北拦沙堤加宽加高等工程	6000	1010	前期工作	峰尾镇	—
26	诚平二级渔港	新建码头 100 米，港池面积 12 万平方米，后方配套设施用地 1 万平方米	2250	195	可研和初步设计编制等前期	峰尾镇	—
（五）山腰街道项目（37 个）			1033600	371174	—	—	—
在建项目（28 个）			744600	301104	—	—	—

续表 4

序号	项目名称	建设内容及规模	总投资	累计完成投资	工程进展情况	责任单位	备注
1	环保型黏胶剂项目▲	用地 3.33 公顷，建设 8000 吨 / 年环保型黏胶剂项目	9800	4719	设备调试，筹备试生产相关工作	石化工业园区经发科 南埔镇 山腰街道	—
2	燕麦精智能化生产项目	用地 1.72 公顷，建设标准化厂房及仓库、办公楼、检验中心等	18000	4125	综合楼封顶、厂房主体施工	山腰街道	—
3	泉港工力文化产业园项目	用地 3.96 公顷，总建筑面积 27453.55 平方米，建设工力文化产业园项目及其配套附属设施	35600	10100	投产	山腰街道	—
4	新耀新材料项目（一期）	用地 4.18 公顷，建设厂房 1.6 万平方米，仓库 7000 平方米，综合楼 1 万平方米	25000	6570	投产	山腰街道	—
5	灵通鹿业	用地 2.74 公顷，建设综合办公楼及厂房	10000	3920	综合楼、宿舍楼竣工	山腰街道	—
6	迅达石化	用地 1 公顷，建设厂房及生活配套设施	5800	3350	投产	山腰街道	—
7	本益二厂	用地 2.47 公顷，建设厂房及生活配套设施	6300	4240	投产	山腰街道	—
8	开普勒（三期）▲	购置领航（福建）实业公司 3.33 公顷土地及厂房，建设开普勒三期	10000	3630	投产	山腰街道 前黄镇	—
9	富环建材生产项目▲	租用厂房面积 5000 平方米，建设新型建材生产项目	2500	2840	投产	前黄镇 山腰街道	—
10	中平神马生产线优化提升项目▲	优化提升尼龙 66 切片生产线	3000	3430	近期新增一台 350 万大卡天然气锅炉并调试完成，继续试投产中	前黄镇 山腰街道	—
11	森立·汇林阁▲	用地 1 公顷，建设 2.3 万平方米商住房	11000	5690	竣工	峰尾镇 山腰街道	—
12	迪信院	用地 1.8 公顷，建设 5 万平方米商住房	30000	22440	1 ～ 5 号楼封顶、内外装修	山腰街道	—
13	佰盛嘉园▲	用地 0.55 公顷，建设 13660 平方米商住楼	6200	3380	竣工	山腰街道 峰尾镇	—
14	源昌·锦绣壹号▲	一期用地 11.27 公顷，建设 36 万平方米商贸综合体和高档居住小区	180000	35180	1 ～ 21 号楼竣工	山腰街道 峰尾镇	—
15	荷盛小区（四期）▲	四期用地 0.71 公顷	10000	4380	办理报建手续	山腰街道 峰尾镇	—
16	永嘉天地 E 地块	用地 2.8 公顷，建设商住楼，总建筑面积 97902 平方米	48900	19370	6 ～ 8 号楼施工至 15 层，9 ～ 10 号楼施工至 3 层	山腰街道	—
17	永嘉天地 F 地块	用地 2.67 公顷，建设 11 万平方米商住房	45000	28010	15 ～ 19 号楼封顶、内外装修	山腰街道	—
18	名仕华府	用地 2.53 公顷，建设 60740 平方米商住房	21000	4800	竣工	山腰街道	—
19	逸涛学府新城（二期）	用地 5.33 公顷，建设 9.5 万平方米商住房	45000	18330	竣工	山腰街道	—
20	鸿泰雅园	用地 5.2 公顷，建设 12.5 万平方米商住房	68000	25620	竣工	山腰街道	—
21	华泉小区（三期）	三期建设 3.6 万平方米商住房	15000	7640	内外装修	山腰街道	—
22	山水华庭（三期）	用地 2.13 公顷，三期建设 2.6 万平方米商住房	10500	4790	竣工	山腰街道	—
23	锦锋泰富	用地 1 公顷，建设 23976 平方米商住房	13500	4850	1 ～ 2 号楼内外装修	山腰街道	—

续表 4

序号	项目名称	建设内容及规模	总投资	累计完成投资	工程进展情况	责任单位	备注
24	创嵘华庭	用地 1.8 公顷，建设 5.4 万平方米商住楼	21600	17760	1 ～ 9 号楼内外装修	山腰街道	—
25	万商凤凰城（一期）▲	用地 5.13 公顷，建设 10 幢 18 层商住楼，共分三期建设，一期 24 亩建设 4 幢	30000	8450	竣工	山腰街道 前黄镇	—
26	万商凤凰城（二期）▲	二期用地 1.4 公顷，建设 3 幢商住楼	8900	9070	5 ～ 9 号楼封顶、内外装修	山腰街道 前黄镇	—
27	福安酒店▲	用地 3.4 公顷，建设五星级酒店及相关配套设施	50000	28870	主体及副楼全部封顶、内外装修	山腰街道 峰尾镇	—
28	名仕酒店扩建项目	扩建酒店规模到 1.5 万平方米，增设配套设施	4000	5550	内外装修、设备安装	山腰街道	—
预备项目（9 个）			289000	70070			—
29	甲基异丁基酮项目▲	用地 6.67 公顷，一期投资 1.66 亿元，建设 4.5 万吨 / 年甲基异丁基酮项目	45000	3190	正在开展土方平整回填工作	石化工业园区管委会 南埔镇 山腰街道	—
30	ABS1 万吨 PET 再生料 9 万吨项目	购置厂房及配套设施，总建筑面积 4 万平方米，建设 24 条造粒料生产设备	22500	9320	办理前期手续、订购设备	山腰街道	—
31	亚伦轻工异地扩建项目▲	用地 3.87 公顷，建设 2 万平方米标准厂房，1 幢宿舍楼及 1 幢办公楼，总建筑面积 2 万平方米	12000	3160	基础建设已完成，两侧地块已平整，钢构架已定制	山腰街道 前黄镇	—
32	锦绣片区 500 亩二期地块（2017–5#）	用地 10.48 公顷，建设 31.57 万平方米的商住楼	145000	27500	前期工作	山腰街道	—
33	嘉诚石化总部大楼	用地 0.67 公顷，建设 2 万平方米的总部商住大楼	12000	11270	1 ～ 2 号楼封顶、内外装修	山腰街道 区总部办	—
34	纳川总部商住楼	用地 1 公顷，建设 3.5 万平方米商住房	15000	5010	1 ～ 5 号楼地下室、主体施工	山腰街道 区总部办	—
35	泉港希尔顿欢朋酒店	总部经济区大楼 1.2 万平方米，装修四星级酒店	25000	6840	主体工程、消防验收	山腰街道	—
36	锦川农贸市场	用地 2.67 公顷，建设 2 万平方米农贸综合市场	2500	2360	前期工作	山腰街道	—
37	山腰盐场盐文化特色小镇	建设区级盐文化展示中心特色小镇	10000	1420	前期工作	山腰盐场 山腰街道	—
（六）前黄镇项目（42 个）			700558	248065	—	—	—
在建项目（31 个）			431558	232145	—	—	—
1	天骄化学材料生产项目（二、三期）▲	建设 30 万吨 / 年高性能聚醚多元醇系列材料，其中：1. 二期项目建设投资 39312 万元，建设产能规模 19 万吨 / 年；2. 三期项目建设投资 33846 万元，建设产能规模 11 万吨 / 年	73158	40800	1. 二期土建完成，土建组织竣工验收；2. 二期 POP 装置设备全部就位，开始设备保温，POP 装置电气施工基本完成，装置工艺配管完成 80%，仪表施工安装；3. 二期 POP 装置试生产方案筹备	石化工业园区经发科 南埔镇 前黄镇 后龙镇	省市在建
2	佑达精细电子化学新材料项目▲	研发楼、丙类车间、甲类仓库、门卫装修、设备安装投产	10000	1705	土建竣工资料已经提交到质检站，一次联合验收完成，正在整改，待整改完进行二次验收	石化工业园区经发科 南埔镇 峰尾镇 前黄镇	—

续表 4

序号	项目名称	建设内容及规模	总投资	累计完成投资	工程进展情况	责任单位	备注
3	聚合多元醇项目（一期）▲	建设 1 万吨 / 年聚合物多元醇项目	4500	3870	土建验收，设备安装，正在筹备办理试生产相关事宜	石化工业园区规建科 南埔镇 前黄镇	—
4	开普勒（三期）▲	购置领航（福建）实业公司 3.33 公顷土地及厂房，建设开普勒三期	10000	3630	投产	山腰街道 前黄镇	—
5	天隆年产 400 万只锂电池项目	租用厂房面积 3000 平方米，建设年产 400 万只锂电池项目	3500	3200	投产	前黄镇	—
6	智能中医健康管理太空舱项目	用地 2.2 公顷，利用现有 3 层厂房面积 1872 平方米，新建厂房建筑面积 3120 平方米，建设智能中医健康管理太空舱项目	7000	7000	投产	前黄镇	—
7	天益达年产钢构件 2500 吨项目	租用厂房建筑面积 7000 平方米，用于生产建筑用钢结构，年产钢构件 2500 吨	3000	3000	投产	前黄镇	—
8	新型 HDPE 缠绕结构壁管生产线建设项目	建设新型 HDPE 缠绕结构壁管生产线 10 条	5000	5200	投产	前黄镇	—
9	新建干砂浆生产线一条和防水产品生产线扩建项目	用地 2.30 公顷，建筑面积 11006 平方米，新建一条年产 8 万吨干砂浆生产线和扩建防水生产线，新增防水产品 1.8 万吨 / 年	3000	3000	投产	前黄镇	—
10	富环建材生产项目▲	租用厂房面积 5000 平方米，建设新型建材生产项目	2500	2840	正在试投产	前黄镇 山腰街道	—
11	水性涂料新材料生产基地	建设水性涂料新材料生产基地	4000	3200	投产	前黄镇	—
12	中森卫生巾材料扩建项目	扩建女用卫生巾材料生产线	4000	7200	口罩生产线和无纺布生产线均已正式投产，溶喷布增加 6 条生产线及 1 条湿巾生产线	前黄镇	—
13	海丝堡新材料项目	购买原有鑫发互联网产业园 2.33 公顷用地，建设厂房 2 万平方米，建设 8 条海丝堡新材料生产线	15000	6500	生产线机台正在调试，正在采购大板机	前黄镇	—
14	年加工定型针织坯布 8000 吨项目	租用厂房 5000 平方米，建设年加工定型针织坯布 8000 吨生产线项目	5000	6000	第 2 台机台设备已安装调试完成，试生产中	前黄镇	—
15	中平神马生产线优化提升项目▲	优化提升尼龙 66 切片生产线	3000	3430	近期新增一台 350 万大卡天然气锅炉并调试完成，继续试投产中	前黄镇 山腰街道	—
16	泉港客运西站（一期）	用地 2.09 公顷，以二级客运站标准建设，建筑面积 3.07 万平方米。一期建设候车大楼 1.9 万平方米及配套	6000	5100	主体已全部完工，继续内装修	前黄镇	—
17	凯凌轻工地块项目	用地 1.47 公顷，总建筑面积 4 万平方米	12000	4950	目前已施工到零点平台	前黄镇	—
18	恒基房地产（三期）	建设两栋小高层，总建筑面积 3 万平方米	16000	6600	3 号楼、4 号楼和 5 号楼外架拆除完成，继续地下室涂料施工	前黄镇	—
19	万商凤凰城（一期）▲	用地 5.13 公顷，建设 10 幢 18 层商住楼，共分三期建设，一期 24 亩建设 4 幢	30000	8450	竣工	山腰街道 前黄镇	—
20	万商凤凰城（二期）▲	二期用地 1.4 公顷，建设 3 幢商住楼	8900	9070	5 ~ 9 号楼封顶、内外装修	山腰街道 前黄镇	—

续表 4

序号	项目名称	建设内容及规模	总投资	累计完成投资	工程进展情况	责任单位	备注
21	瑞景新城(二期)	用地 2 公顷，建设商住楼 8 栋，总建筑面积 4.5 万平方米，其中二期 2 栋，设计 9 层，总建筑面积 1 万平方米	15000	7100	验收阶段	前黄镇	—
22	蓝海国际(二期)	用地 33.33 公顷，建设总建筑面积 15 万平方米商住楼	60000	20800	1. 别墅：6 栋封顶，其中南 17#、南 19# 砖砌结构完成 50%，3 栋别墅地下室底板钢筋绑扎、5 栋别墅地下室防水防护层完成；2. 高层：5 号楼 16 层梁板、6 号楼 16 层梁板、10 号楼 14 层梁板、11 号楼 14 层梁板	前黄镇	—
23	景泰嘉苑	用地 0.67 公顷，建设 2 幢小高层商住楼，总建筑面积 2 万平方米	8000	7200	1 号楼共 8 层，外架已拆除；2 号楼共 15 层已封顶	前黄镇	—
24	银泰大学城（一期）	一期用地 4.17 公顷，总建筑面积 15.92 万平方米，总户数 969 户，建设 10 栋高层住宅	60000	40000	A 区 1 号、2 号、11 号、12 号楼屋面装饰完，外墙装修完成 80%，铝合金、栏杆安装至 15 层，14 层以上外架拆除完; B 区 3 号、8 号、9 号、10 号主体结构封顶，砌体完成 60%，内墙粉刷完成 10%，5%、6% 主体结构完成 90%，砌体砌筑完成 10%	前黄镇	—
25	金盾·理想城（二期）	用地 2 公顷，建设 6 幢小高层及 A、B 幢商场，总建筑面积 5.35 万平方米。一期建设 1 ~ 2 号楼及 A、B 商场面积 2.1 万平方米；二期建设 3 号、5 ~ 7 号四栋及地下室，总建筑面积 3.2 万平方米	20000	4300	竣工验收	前黄镇	—
26	海丝·台湾美格农场（一期）	引入台湾观光农业模式，近期建设台湾美格幸福农场，中远期将打造环昆山湖生态文化旅游产业带	15000	2300	上半年计划种植的罗汉松和树葡萄都已种植完成。正在做平日的修整工作	前黄镇	—
27	福州大学化肥催化剂国家工程研究中心项目	该中心发挥福州大学以工为主、理工结合的多学科优势，进行化肥等工业催化剂的科研开发，开发出新型、高效、节能、污染小的化肥、环保、石油化工等催化剂产品及其应用技术，促进科研成果向生产力转化。利用计算机技术改造中小型合成氨厂，逐步实现智能化控制，促进化肥行业的技术进步，同时为化肥催化剂行业培养高层次的人才	10000	1500	一期工程设备安装完毕，正在启用中	前黄镇	—
28	后张美丽乡村提升改造项目	1. 后张村休闲公园—休闲小道工程，建设用地 1.93 公顷，道路建设用地 0.07 公顷，包括休闲小道和园路景亭等项目。2. 生活污水治理，营造乡村良好风貌。3. 筹建老年人活动中心	3000	2200	竣工	前黄镇	—

续表 4

序号	项目名称	建设内容及规模	总投资	累计完成投资	工程进展情况	责任单位	备注
29	前黄村传统村落建设项目	主要建设黄文惠故居修缮工程项目、黄素石楼修缮项目、传统古街整改项目和布袋戏南音非遗文化保护项目等	3000	2800	黄素石楼主楼智慧用电已在施工；涂楼传统村落生活污水处理项目已在施工；黄素石楼周边道路提升已完工；前黄村公园已完工；前黄村进村路口提升已在施工；前黄村宫口谭绿化提升已完工；前黄村主路照明工程提升已在施工；黄素石楼主楼已修缮完工，附属楼之顶馆、文馆、下顶三幢历史建筑已完成设计预算准备招标	前黄镇	—
30	博文中学扩建项目	扩建博文中学，新建 1 幢综合楼、2 幢学生宿舍（含食堂）、1 幢教师宿舍。用地 2800 平方米，建筑面积 16300 平方米（其中综合楼 6980 平方米、宿舍楼 9320 平方米）	9500	8000	正在档案馆归档材料，即将竣工验收	前黄镇	—
31	坝头溪支流生态整治提升项目	一期对连通昆山水系的 3 条水系（仁爱医院旁、博文中学旁、富兴钢板旁）进行整治，整治里程约 1 千米，工程内容含改造渠道、疏浚清淤、坡岸护砌、景观提升等。二期进行坝头溪支流前黄镇凤南段改造提升、凤北大水渠改造提升等	2500	1200	一期已完成工程量的 100%，二期已完成设计预算，正在立项财审	前黄镇	—
预备项目（11 个）			269000	15920	—	—	—
32	亚伦轻工异地扩建项目▲	用地 3.87 公顷，建设 2 万平方米标准厂房，1 幢宿舍楼及 1 幢办公楼，总建筑面积 2 万平方米	12000	3160	基础建设已完成，两侧地块已平整，钢构架已定制	山腰街道 前黄镇	—
33	荣盛大型钢构件生产基地	用地 11.76 公顷，新建厂房及配套设施 10.9 万平方米。建成钢结构绿色建筑住宅产品集成房屋生产线 3 条，年产 5 万吨钢结构件加工生产线，其中重钢生产线两条、轻钢生产线 4 条、次构件生产线一条	32000	2600	继续钢结构安装，在评地中	前黄镇	—
34	天邦化纤新材料研发生产基地	用地 8.47 公顷，建设研发中心，生产厂房及配套 4 万平方米	30000	2300	设备安装	前黄镇	—
35	博超实业（二期）	用地 2.67 公顷，增加球墨铸铁检查井盖生产线，提升产能至 2 万吨 / 年	5000	1200	用地报批走流程	前黄镇	—
36	百川三厂	购置用地 6.67 公顷，建设百川三厂	11000	1150	已先租用领亿厂房 5000 平方米堆放相关物资	前黄镇	—
37	群山路续建工程	起点自前黄派出所至南北七路，总长度 3 千米，宽度 40 米	10000	720	继续开展项目前期手续	前黄镇	—
38	泉港盛景·金茂府	用地 1.93 公顷，建设 2 幢商住楼及文化广场，总建筑面积 1.5 万平方米	20000	900	已签订合作框架协议，已完成公司注册登记，规划设计修改中	前黄镇	—
39	前黄特色小镇	通过 3 年的培育创建，建设一批产业特色鲜明，体制机制灵活，人文气息浓厚，创业创新活力迸发，生态环境优美，多种功能融合的特色小镇	100000	1600	已完成规划设计，已通过专家评审	前黄镇	—

续表 4

序号	项目名称	建设内容及规模	总投资	累计完成投资	工程进展情况	责任单位	备注
40	凤山美丽乡村建设项目	用地 4.67 公顷，进行乡村改造、道路硬化等，建设商住楼 7 万平方米	23000	1050	道路硬化等待预算，铁路边的道路建设已完成	前黄镇	—
41	亲亲家园养老院（一期）	用地 1.67 公顷，建设医养结合养老院	6000	560	土地正在报批	前黄镇	—
42	高新区实验小学及实验幼儿园工程	新建高新区实验小学和实验幼儿园，建设教学楼、综合楼、运动场及附属设施等	20000	680	等待区块控规方案设计，并组织专家评审	区教育局 前黄镇	—
（七）涂岭镇项目（25 个）			841300	196120	—	—	—
在建项目（10 个）			366300	172200	—	—	—
1	泉州晟通建材项目	用地 10 公顷，建设砂石骨料破碎筛分及整形制砂生产线的综合生产基地，建设碎石除泥除土系统，破碎筛分车间，整形制砂生产线，年产高品质机制砂石骨料 100 万立方米的产能	15000	14000	正在平整山地，机械设备已到位，并开始生产	涂岭镇	—
2	朝阳公路拓宽改造及红星香蜜湖连接道路提级改造工程	总里程 10 千米，三级公路（部分局限区域采用四级公路），双向两车道，路基宽度 6.5 米工程。其中，红星香蜜湖连接道路提级改造为四级公路标准兼城市次干路，双向两车道，路基宽度 12 米	23000	5000	已完成征地，正在施工建设	文旅开发公司 涂岭镇	—
3	泉港区 324 线驿坂廊道拓宽改造及立面整治工程（二期）	驿坂高速出口至驿峰西路总长 3 千米，宽 20～25 米，建设驿坂街房屋折迁（该旧街两侧整治改造项目共需拆除旧房屋 147 栋（间）2.23 万平方米，涉及拆迁户 178 户、店面 105 间，总用地 5.91 公顷），道路工程，市政管线，绿化亮化工程，立面、广告牌整治，标识标线提升及配套完善，夜景工程	29300	13000	完成一期工程扫尾工作，完成二期房屋拆迁，正在开展用地报批手续，12 月 28 日参加全区招商大会竣工仪式	高新产业园区公司 涂岭镇 区城管局	—
4	先锋嘉园	用地 5.93 公顷，其中可建设用地 4.47 公顷	50000	27700	完成 4 幢小高层基础施工，正在主体施工	涂岭镇	—
5	绿创璞悦山庄	用地 8.21 公顷，建设住宅小区，总建筑面积 150165 平方米，其中计容建筑面积 123165 平方米	72000	39000	继续土方平整及 20 幢主体工程建设	涂岭镇	—
6	万兆山庄（二期）	用地 14.67 公顷，建设 410 幢连体别墅高端住宅小区，总建筑面积 15 万平方米	80000	21500	继续 B 区房屋主体及 C 区配套扫尾工程建设，小区道路、绿化同步推进	涂岭镇	—
7	泉州香蜜湖住宅小区	用地 1.63 公顷，二期建设小高层建筑 3 幢共 3 万平方米	15000	15000	继续 3 幢高层主体建设，一期道路、绿化、亮化正在同步进行	涂岭镇	—
8	金钟潭生态旅游项目（三期）	建设以观光、休闲、体验为一体的乡村旅游度假区	12000	3500	按环保督查完善整改，继续配套设施建设	涂岭镇	—
9	黄田溪漂流项目（二期）	建设温泉酒店、农业观光等配套设施	10000	5500	完成花海、农业观光、农耕体验、热气球等建设，继续配套设施建设	涂岭镇	—
10	普洛斯智能仓储物流园	用地 23.33 公顷，建设石化中下游产品及相关中间工业原料的仓储中转基地，其中仓储物流仓库 10 万平方米、办公管理等用房 1 万平方米，并将建成高端智能化、立体式、标准化的现代仓储物流产业园区	60000	28000	完成坟墓迁移，正在继续征地扫尾，部分用地在平整，基础临建施工	涂岭镇	省市在建

续表 4

序号	项目名称	建设内容及规模	总投资	累计完成投资	工程进展情况	责任单位	备注
预备项目（15 个）			475000	23920	—	—	—
11	智能电力线路检修机器人产业化项目	建设1座产品研发中心8700平方米，自动化生产线（检测）2条，试验场地6500平方米。建成国内首家、国际最先进、环境最真实、功能最完备，能够模拟输电线路各种型式的试验场所，力争成为国网公司输电线路巡检机器人入网检测中心，将来进一步发展为第三方检测中心	10000	1100	继续开展前期手续，优化设计方案	涂岭镇	—
12	涂岭镇经八路延伸段道路工程	总里程718米，三级公路标准兼城市次干路，双向四车道，路基宽度24米	5000	930	正在开展前期手续	文旅开发公司 涂岭镇	—
13	涂岭镇樟脚馆仔至加田水库道路提级改造工程	总里程10.835千米，四级公路标准，双向两车道，路基宽度为6.5米	5000	930	正在开展前期手续	文旅开发公司 涂岭镇	—
14	涂岭镇黄田厝斗至樟脚馆仔道路提级改造工程	总里程16.304千米，四级公路标准，双向两车道，路基宽度6.5米	12000	930	正在开展前期手续	文旅开发公司 涂岭镇	—
15	涂岭镇樟脚至小坝道路提级改造工程	总里程14.274千米，四级公路标准，双向两车道，路基宽度6.5米	9000	930	正在开展前期手续	文旅开发公司 涂岭镇	—
16	涂岭镇小坝至界山道路提升改造工程	总里程19.885千米，四级公路标准，双向两车道，路基宽度6.5米	15000	930	正在开展前期手续	文旅开发公司 涂岭镇	—
17	涂岭镇拥军路七千米至鲁寮场道路提级改造工程	总里程8.11千米，四级公路标准，双向两车道，路基宽度为6.5米	8000	930	正在开展前期手续	文旅开发公司 涂岭镇	—
18	涂岭镇乌缸潭至笔架林场厝斗工区道路提级改造工程	总里程5.8千米，四级公路标准，双向两车道，路基宽度为6.5米	5000	930	正在开展前期手续	文旅开发公司 涂岭镇	—
19	涂岭镇驿坂至大雾山公路（拥军路）提级改造工程	总里程8.742千米，四级公路标准，双向两车道，路基宽度为6.5米	7000	930	正在开展前期手续	文旅开发公司 涂岭镇	—
20	涂岭镇驿坂至大雾山公路（拥军路）改线道路工程	总里程0.795千米，三级公路标准，双向四车道，路基宽度15米	4000	930	正在开展前期手续	文旅开发公司 涂岭镇	—
21	前欧小镇	用地40公顷，建设用地30公顷，总建筑面积60万平方米。计划分4期实施，建成高端、休闲的小城镇综合体	300000	1750	完成征地，正在继续开展招商工作	涂岭镇	—
22	颐园小区	用地1.97公顷，总建筑面积29714平方米，建设商住楼	20000	2400	完成招拍挂，正在勘探设计等前期手续	涂岭镇	—
23	山外山庄新村	用地5.33公顷，建设新村住宅30幢	5000	5400	一期9幢主体已封顶，正在统一外装修	涂岭镇	—
24	海峡花园·泉港无忧谷康养小镇	总用地80公顷，一期用地33.33公顷，建设国际医疗康复园区、养老养生公寓园区、酒店会展配套园区及商务综合配套园区	50000	3700	正在开展前期手续	涂岭镇	—

续表 4

序号	项目名称	建设内容及规模	总投资	累计完成投资	工程进展情况	责任单位	备注
25	禾兴生态农业蛋鸡养殖基地（二期）	用地 3.33 公顷，建设年产 60 万枚的现代化蛋鸡养殖基地	20000	1200	已完成选址，正在办理用地等前期手续	涂岭镇	—
二、区直项目（54 个）			9803157	1165359	—	—	—
在建项目（46 个）			5270157	1160269	—	—	—
1	泉港石化工业区安全控制区建设项目	在泉港石化工业区规划边界外建设安全控制区	3550000	874000	本月完成协议签订 110 栋，面积 6.21 万平方米；开工至今累计征迁房屋 12851 栋、447.3 万平方米，占征迁总量的 92.7%	安全控制区建设项目指挥部新城投资有限责任公司	省市在建
2	联合石化油品质量升级项目 -30 万吨 / 年烷基化装置	30 万吨 / 年烷基化装置、3 万吨 / 年废酸再生装置及装置配套的界区外系统	61496	37300	设备和管道等安装完成，压力管道试压工作完成，项目施工完成，12 月 28 日装置中交	石化工业园区经发科	省市在建
3	中国福建化学工程科学与技术创新实验室(一期)项目	中国福建化学工程科学与技术创新实验室一期选址泉港区石油化工科教园区，依托福州大学建设，建筑面积 137140 平方米，其中科研实验室面积 57079 平方米，项目计划投入 30 亿元，泉州市、泉港区、惠安县等以土地、实验室建设、人才经费和科研经费等形式投入 14 亿元，福州大学及其他参加单位投入 1 亿元，申请财政补助 25 亿元	400000	21500	正在进行桩基础施工，场地土方开挖及平整	区科技局 区教育局 高新产业园区公司	省市预备
4	福厦客专泉港段及站点建设项目	全长 17.6 千米（其中陆域 16.5 千米，海域 1.1 千米），涉及 5 标（16.1 千米）和 4 标（1.5 千米），地方征迁费暂估为 7.5 亿元。需建设桥梁 9 座、隧道 4 条，途经三镇一街，17 个行政村，涉及红线永久用地约 66.67 公顷，临时用地 43.33 公顷，海域 7.73 公顷，需征迁房屋 361 幢，需迁改坟墓 360 座。建设周期 4 年，设备安装及试运行期 1 年，将于 2022 年正式建成通车	320000	62800	房屋需拆迁 427 栋，已拆 427 栋，拆除率 100%；完成征地约 67.47 公顷，完成率 100%；完成三电迁改 525 处，完成率 99%	项目指挥部 区交通运输局	省（管）市在建

续表 4

序号	项目名称	建设内容及规模	总投资	累计完成投资	工程进展情况	责任单位	备注
5	泉港高铁站前广场及配套工程	包括站前广场，交通综合楼、旅游集散中心、商业配套、酒店、办公、地下停车场以及高架匝道、风雨连廊等配套设施，规划范围用地87864平方米，其中南侧站前广场用地48800.27平方米，北侧商业服务设施用地24069.63平方米，其他（包括道路用地等）用地面积14994.10平方米；交通综合楼12089.8平方米，商业配套12703.7平方米，旅游集散中心15527.3平方米，办公8520.78平方米，酒店10771.4平方米；地下停车场72615.4平方米（其中南侧站前广场地下停车场面积38345.2平方米，北侧商业服务设施地下停车场面积34270.2平方米）	137871	15050	完成用地报批、施工图设计等工作，正在进行初设及概算报批、土石方平整、施工图纸审查和预算编制等工作	区交通运输局新城投资有限责任公司	省市在建
6	泉港区高铁站周边配套道路及附属工程	包括8条市政道路，分二期建设。其中一期为泉港区高铁站周边道路工程，包括站前大道（站南路至通港路段）、天湖路及坝头路（站后路至站前大道段），站前大道（站南路至通港路段）长约786米，天湖路长约366米，坝头路（站后路至站前大道段）长约316米；二期为泉港区高压线走廊道路工程，包括站前大道（坝头路至站南路段）、临山大道、站后路、坝头路（站前大道至临山大道段）及站南路，站前大道（坝头路至站南路段）长约220米，临山大道长约1418米，站后路长约722米，坝头路（站前大道至临山大道段）长约558米，站南路长约379米	54934	21297	完成施工图设计工作，正在进行用地、土石方平整、施工图纸审查和预算编制等工作	区交通运输局新城投资有限责任公司	省市在建
7	南山北路改建工程	利用现状南山北路600米道路中线进行建设，后中部路线在原南山北路东侧边线采用新建道路向南延伸，经白石仔、虎石村后向南至岭脚瓦厂，后与现状南山北路相交并沿用现状南山北路中线至驿峰路圆盘处，全长约4.7千米	41368	15150	1. 已完成工可批复，初步设计已审查；2. 概算已完成编制并完成审查，近期将批复；3. 项目征迁协议已签订71户；4. 已完成联合石化原水管及新奥燃气管线的物探工作	区交通运输局	—
8	东邱路（二期）工程	起点位于南埔路，终点位于北线排洪渠，长1228.8米，红线宽20米	4477	1127	土方已卸载	石化工业区建发公司	—

续表 4

序号	项目名称	建设内容及规模	总投资	累计完成投资	工程进展情况	责任单位	备注
9	湄洲湾航道四期工程—南岸航道工程（南山片区公共航道）	建设范围由主航道F点起，至南山片区规划18号泊位末端N点，航道总里程约8.22千米。1.F—L航段：由主航道F点起至14A泊位前沿附近，长约5.76千米，满足10万吨级油船全潮单线通航要求。其中F～H航段4.77千米为扩建，H～L航段0.99千米为新建；2.新建L～N航段：由14A泊位前沿附近L点至18C泊位前沿N点，航道长约1.89千米，满足5000吨级杂货船（货种为固体化工品）和7000吨海驳船全潮单线通航；3.新建P～Q航段：由P点至14A泊位后方Q点，航道长约0.66667千米，满足3000吨级化学品船全潮单线通航	28000	11177	累计完成疏浚约74.52万立方米，炸礁29.71万立方米，清礁7.08万立方米	区交通运输局	省市在建
10	泉港区公交综合车站	用地2.8公顷，其中停车场面积1.33公顷，维修保养车间面积0.2公顷，办公楼用地0.17公顷。按照公交综合场站建设标准建设集停车、充电、保养、维修、办公等功能于一体的综合公交车站，实现管理人员、车辆、驾驶员、维修人员的集约化管理	5730	1000	已完成综合办公楼及维修车间加固工程，完成加固检测工作	大众公交有限公司	—
11	祥云路改造提升工程	路面加铺沥青、绿化改造提升，设置警示标识、沿线“蜘蛛网”整改、市政管网改造、夜景照明、立面改造等工程	31250	8206	项目已完成初验［其中立面改造项目，根据区领导在《关于取消祥云路改造提升工程立面改造分项的申请》（泉港中建川〔2020〕6号）的批示精神，同意取消施工。立面改造费用约1600万元］	新城投资有限责任公司	—
12	南北七路市政工程	设计全长988.645米，工程起讫桩号为K0+000～K0+988.645，道路标准红线宽度24～38米，按城市次干道标准设计，双向四车道，设计车速为40千米／小时	8100	0	项目停工	区交通运输局	—
13	驿峰西路改造提升工程	西起324国道、东至驿峰中路，全长约6.04千米，规划红线50米，现状宽度60米，主要包括道路、桥梁、给排水、电气、绿化、交通等工程	21029	7710	1.辅道沥青底层完成100%；2.路灯及电缆完成90%；3.侧分带绿化完成95%；4.入口公园绿化种植完成100%	高新产业园区公司 区城管局	—
14	经三路和纬六路（源昌项目段）市政道路工程	道路总长约970米，经三道路长约468米，宽18米，纬六路长约502米，宽20米，并配套建设相应的雨污水及其他附属设施	5324	1800	已完成水泥搅拌桩12429根，共计157521米	新城投资有限责任公司	—
15	学府路北延伸段（怡庭商务酒店至植物园）道路工程	建设怡庭商务酒店至植物园路段，设计速度40千米／小时，道路总长350米，道路等级为城市次干道	2000	1815	基本完工，正在进行扫尾工作	区城管局	—

续表 4

序号	项目名称	建设内容及规模	总投资	累计完成投资	工程进展情况	责任单位	备注
16	泉港区市政给排水七镇连通工程 PPP 项目	1. 收集区各村庄污水，对可纳入污水处理厂的收集到市政污水管网集中处理，无法纳入污水厂的，采用人工湿地、氧化塘等分散式处理。2. 对全区 9 处较大涝点进行整治。3. 滨海干道污水管道工程。沿省道 201 建设管径 DN300 ～ 1200 污水管道 8.2 千米，一座 0.6666 立方米 / 天污水提升泵站。4. 泉港北部城区供水和排污管道工程。供水主管道管径 DN400 ～ 600，总长 10 千米，污水主管道管径 DN400 ～ 800，总长 5.9 千米，污水提升泵站 2 座	38000	9180	1. 北部城区工程：污水管道完成 11.8 千米，给水管道完成 10 千米，管道工程部分已完工，消防栓安装开始施工；1 号泵站上部泵房结构施工；2 号泵站高压旋喷桩施工。2. 污水主干管工程：界山镇南枫路段农污管道已全部完工；山腰街道钟山路段农污管道施工完成约 1100 米，占 27.5%。3. 城区涝点整治工程：驿峰西路 3 个路段在施工、完成 67%，西海路段涝点施工进场。4. 滨海干道工程（峰尾段）：污水重力流管道完成 7756 米，占 97.2%；污水顶管沉井完成 25 座、占 100%；雨水管道完成 3996 米，占 95.3%；1 号泵站沉井基础施工完成，准备进行下沉开挖	区城管局	—
17	郭厝溪流域综合整治工程和水体整治工程	栖霞段（驿峰中路～柳山街）清淤截污工程：东侧新建污水管道总长 1.22 千米，管径 DN300~500、新建雨水管道总长 1.04 千米，管径 DN300~1000；西侧新建污水管道总长 1.07 千米，管径 DN300、新建雨水管道总长 1.06 千米，管径 DN300~500，投加底质改良型环境修复剂 3183 公斤；西渠世茂段（驿峰中路—郭厝村路）清淤截污工程：投加底质改良型环境修复剂 2843 公斤	59602	770	1. 办理前期基建手续，目前已完成初步设计及概算评审，正在办理环评、水保及用地预审和选址意见；2. 学府路周边截污改造工程已完成；3. 世贸段先行清淤施工	新城投资有限责任公司	—
18	泉港区农村生活污水及管网建设工程（郭厝溪流域段）	坑仔底村污水处理（日处理污水 757 吨、管网长 43.49 千米）、新宅社区（山前）、后柳村污水处理（日处理污水 318 吨、管网长 15.419 千米）、郭厝村（日处理污水 1320 吨、管网长 57.77 千米）	6032	3052	四个村农村污水管道合计开挖埋管 87995 米。其中：郭厝村开挖埋管 40384 米；坑仔底村开挖埋管 33524 米；后柳村开挖埋管 7354 米；山前村开挖埋管 6733 米	新城投资有限责任公司	—

续表 4

序号	项目名称	建设内容及规模	总投资	累计完成投资	工程进展情况	责任单位	备注
19	菱溪水库至泉港区供水工程	菱溪水库至泉港区供水工程有输水隧洞、输水管道等项目组成。本工程输水线路自菱溪水库至泉港区共划分为三段线路：双溪水库至菱溪水库、菱溪水库至湄丰水厂（南山水厂）及至凤阳水厂支线，其中：双溪水库至菱溪水库线路总长2562.192米（隧洞段总长1915.026米，管道段总长647.166米）；菱溪水库至湄丰水（南山水厂）线路总长12368.477米（隧洞段总长10461.971米，管道段总长1906.506米）；至凤阳水厂支线线路总长3838.513米（隧洞段总长2246.029米，管道段总长1592.484米）	40000	5003	完成虎岩山支洞、亭头和西坝场地平整、工区布置；完成西坝灌注桩施工；完成后张管道过河段围堰施工；完成虎岩山支洞掘进32.5米、蚁山隧洞出口掘进109.5米	区城管局 水利水务建发公司	—
20	泉港城区电力电缆管沟工程	包括中兴街、学府路、公园东路、东西二路、新民街及奎峰路等六条市政道路的电力电缆管沟建设	8000	1040	1. 城区五条路电力管沟：区自然资源局已批复项目设计方案，项目可研报告报批；2. 圭峰路电力管沟：完成圭峰路电力管1800米铺设，完成滨海路300米的电力管的铺设	水利水务建发公司 区城管局 区供电客服分中心	—
21	泉港石化工业园区石化有毒有害气体环境风险预警平台	在现有石化园区突发事件应急指挥平台的基础上，完善监测布点及硬件设施，建立功能完备的有毒有害气体环境风险预警平台	2866	2000	泉港石化工业园区有毒有害气体环境风险预警平台按时序推进，完成项目建议书审批、初步设计概算（代可研）审批、项目监理单位和承建单位采购招标等工作。系统软件功能开发、三维建模，2个微型站、5个标准站房和2个双层站站房建设和监测设备安装及调试均已完成，项目已基本建成	区石化应急救援中心	—
22	海沙片区改造项目	总面积25.73公顷，征拆房屋195栋，对锦绣公园南侧地块（北至东西二路，南至滨海南路，西至南山南路，东至公园东路）利用入海河道规划建设滨水公园（约10公顷），并对公园沿线开发整治，进行土地储备招商	150000	0	已对海沙片区工程地块规划要求及现场条件进行初步摸底调查，并开展可研相关工作。与设计单位探讨，对该地块规划进行方案调整	山腰街道 新城投资有限责任公司	—
23	泉港植物园二期工程	规划面积4.67公顷，主要建设基础设施，观景亭（桥）、建筑物、构筑物、园林小品、植物专类以及配套道路、广场、大门、给排水、夜景等	4000	1040	已完成人防意见、施工许可证及质安监等。已平整用地约4.33公顷，完成东部挡墙砌筑及围栏架设，完成雨污水管道埋设，完成西侧管理房屋面及外墙砌筑，正在进行绿化种植，西侧管理房内外装修，公厕模板搭盖，主园路路基浇筑等	区城管局	—

续表 4

序号	项目名称	建设内容及规模	总投资	累计完成投资	工程进展情况	责任单位	备注
24	泉港区污水处理厂二期工程	1. 新建进水泵房、粗格栅、细格栅及沉砂池、氧化沟、二沉池、配水井及污泥泵房、紫外消毒池、污泥浓缩池、脱水间、配电间、综合楼、中间提升泵房、高效沉淀池、转鼓式微过滤器、接触消毒池、加药间、再生水回用泵房、值班室调度室、反硝化滤池、AAO 生物池、大门及传达室、控制系统等污水处理厂工程。2. 在一期 2.5 万立方米 / 天的基础上扩建 2.5 万立方米 / 天及相关配套设施	16000	910	完成前期手续，临时建筑施工中	区城管局	—
25	岩山公园慢道工程（一期）	岩山公园慢道工程，总长 3.903 千米，总投资约 5000 万元	5000	1500	项目部临时活动板房搭设完成，施工队正在砍伐林木清表现场，正在办理施工许可证	新城投资有限责任公司	—
26	峰尾工业区规划道路工程	峰尾工业区 6 条市政道路，长 2.67 千米，路基宽度 12 ~ 24 米，包括道路工程、交通工程、给排水工程、强弱电工程、照明工程、绿化工程等，拟分两期建设，第一期总投资 6000 万元，第二期总投资 3219 万元	9219	0	已完成可研评审，委托编制土地利用规划调整方案，我司完成用地红线、宗地图测绘，进行用地预审和选址意见、设计招标等手续办理	水利水务建发公司 区城管局	—
27	涂岭镇涂岭村寨山体修复工程及郊野公园项目	用地 48.11 公顷，东西长 983 米，南北宽 698 米。对现有的涂岭镇涂岭村寨山山体进行修复复绿及建设郊野公园，构建郊野山地景观、绿道系统、标识系统、服务设施、景观雕塑家具小品等，改善涂岭村寨山生态环境及提升整体景观形象	4300	725	项目已完成初验，正在进行问题整改。根据《泉港新城投资有限公司关于泉港新城基础设施建设(EPC) 工程建设规模及投资调整有关事项的请示(泉港新城投〔2020〕156 号)》的批示精神，同意对寨山项目投资进行调整，下调 1000 万元，由 4500 万元更改为 3500 万元	新城投资有限责任公司	—
28	绿建周边道路（民峰路、通勤路、景祥路）工程	位于岩山片区奎壁村处，民峰路为南北走向的城市支路，起点与现状滨海南路相接，终点与规划新西路相接，全长 323.448 米，红线宽 18 米；通勤路为东西走向的城市支路，起点与规划民峰路相接，终点位于奎壁碧海园小区门口南侧，全长 185.834 米，红线宽度 18 米；景祥路为南北走向的城市次干路，起点与现状滨海南路相接，终点与规划通勤路相接，全长 160.666637 米，红线宽 30 米	5516	0	初步设计及概算已完成审查审批，正在进行施工图设计	新城投资有限责任公司	—

续表 4

序号	项目名称	建设内容及规模	总投资	累计完成投资	工程进展情况	责任单位	备注
29	中兴街（锦川小区段）市政道路工程	全长 625.277 米，为城市主干道，其中 0+000 ～ 0+333.207（驿峰中路—规划道路段）道路宽 50 米，0+333.207 ～ 0+625.277（规划道路—锦川小区大门段）道路宽 40 米，主要建设内容：道路工程、交通工程、给水工程、雨水工程、污水工程、电力工程、通信工程、照明工程、景观绿化工程及其他附属工程的建设	4500	500	办理项目前期基建手续中，截至目前已办理完成立项、可研、用地红线、方案设计评审，现正在征地拆迁中，办理初步设计、概算编制、环评水保编制和用地报批	新城投资有限责任公司 山腰街道	—
30	二小教育集团福炼校区教学综合楼工程	新增 1 幢教学综合楼共 6 层，总建筑面积 7298.5 平方米，其中包括地下消防水池（建筑面积 273.3 平方米），同时完成相应的水、电、绿化、道路等附属设施	2600	1810	内外装修	区教育局	—
31	泉港区石化科技众创园建设项目	对众创园办公楼、宿舍楼（含一楼食堂）、厂房、配电房等进行二次装修，建设众创园大门及办公楼、宿舍楼周边室外配套工程（含道路、景观设计，室外综合管网、智能化工程）	2140	970	已进场施工	区科技局 高新产业园区公司	—
32	泉港区儿童福利院项目	在南埔镇凤翔村（现泉港区特殊学校用地），用地 2.77 亩，总建筑面积 4500 平方米，工程建设资金立项匡算约 2000 万元（二次装修及设备部分后期由区民政局自行采购）。项目配套建设救灾物资储备库、室外道路、给排水工程、景观绿化、停车位等设施	3000	825	1. 外装修完成 100%；2. 室内水电完成 90%；3. 室内铺贴完成 90%；4. 铝合金门窗完成 100%	区民政局 高新产业园区公司	—
33	荷福小区	用地 2.79 公顷。总建筑面积 129778.8 平方米，其中地上住宅建筑面积 86173.96 平方米，地下车库建筑面积 36478 平方米，商业面积 3179 平方米，项目建设 9 栋住宅楼，住宅总套数 675 套	63000	19842	本小区共 9 幢已全部封顶，正在进行墙体砌筑抹灰、水电、消防、门窗安装等同步施工	新城投资有限责任公司	—
34	圭峰中学综合楼工程	新建建筑面积 12881 平方米，并配套门卫房、室外消防水池、绿化、道路硬化、学校大门等附属设施建设	4716	2240	竣工	区教育局	—
35	审判业务用房及室外配套工程	用地 0.37 公顷，拟建设 3 层结构，总建筑面积 4931 平方米	3229	1620	地下室车库自流坪地面涂刷完成；围墙栏杆、防护栏杆安装完成	区人民法院	—
36	泉港移动无线网络工程	LTE 项目：共立项 88 个站点，主要以广、深、厚为规划原则，加强农村区域的广度覆盖，实现城区和乡镇中心的深度覆盖，高用户集中区的厚度覆盖。5G 项目：主要在主城区山腰优先大规模铺开建设，共立项 60 个站点，主要解决已有 5G 信号覆盖	3000	3000	LTE 目前立项 88 个站点，完成 88 个新建站点的开通；5G 第一阶段立项 33 个站点，已经完成 33 个新建站点工程安装以及开通；5G 第二阶段计划已立项 17 个站点，目前已完成全部站点的工程安装以及开通	区工信局	—

续表 4

序号	项目名称	建设内容及规模	总投资	累计完成投资	工程进展情况	责任单位	备注
37	泉港联通 FDD-LTE 建设项目	FDD-LTE 建设 173 个站点。主要进行广度补点覆盖原则，加强农村区域及旅游景区等深度覆盖	3460	2330	全年计划工程部分已全部完工	区工信局	—
38	泉港区殡仪馆	用地 30 亩，总建筑面积 7994.40 平方米。建设一幢殡仪馆主楼及相关设备；一幢吊念楼，设八个吊念大厅；一幢殡葬用品超市及食堂和住宿综合楼	6000	0	项目停工	区民政局	—
39	公安基础设施建设工程	项目包含：基层派出所建设（山腰派出所用房改造、南埔派出所用房及室外配套等 2 个建设项目）、惠警惠民建设（警营文化、立体停车库、分局路段人行天桥等 3 个分局建设项目）、泉港区看守所改造装修及武警用房装修等 6 个小项目，总建筑面积 7500 平方米、装修提升总面积 2445.2 平方米、车位 72 个、桥梁跨度 50 米	5650	681	1. 涂岭派出所：已竣工搬迁；2. 警营文化活动中心：已立项、设计、预算；3. 分局立体停车场：已立项、设计；4. 山腰派出所：已设计、向区政府报告建设经费来源；5. 南埔派出所新所：正在选址；6. 看守所改造装修工程：绿化及室外配套项目正进行整改	泉州市公安局泉港分局	—
40	锦川实验小学及附属配套道路工程	用地 55 亩，总建筑面积 26219.6 平方米。建设教学楼、综合楼、教师宿舍楼、变配电室、门卫传达室、250 米田径运动场和其他附属设施等；建设锦川实验小学配套道路项目，总长 1.14 千米，沥青混凝土路面	13235	1400	规划一路、二路、三路完成初步验收；项目停工	区教育局	—
41	福师大泉港实验小学教学综合楼工程	用地 46.92 亩，总建筑面积 35470 平方米。建设教学楼、综合楼、体育馆、地下停车场等，并配套 1 个运动场、绿化、道路硬化、安装电器、给排水以及其他附属设施	18186	6000	土方开挖	区教育局	—
42	泉港区医院病房大楼 2# 楼及附属配套设施项目	总建筑面积 18128.44 平方米，其中病房楼二：17823.35 平方米，消防水池及泵房 12.58 平方米，地下建筑面积 292.51 平方米，本地块建筑类型为公共建筑。病房楼二：地上 12 层，消防水池及泵房：地下 1 层，地上 1 层	7500	2349	项目停工	区卫健局 高新产业园区公司	—
43	泉港区医院门诊医技综合楼及附属配套设施工程	项目位于病房楼北侧，建设用地 1.57 公顷，建筑基底面积 5326.7 平方米，总建筑面积 33932 平方米，地上五层，地下一层，地上建筑面积 28058.40 平方米（含连廊面积 234 平方米），地下建筑面积 7927.92 平方米。项目涵盖建筑配套智能化系统、通风及空调系统、电梯、配电系统、中心供氧吸引系统、污水处理系统、绿化景观、道路、大门及围墙等。为满足项目两路独立 10 伏专线电源的使用需要，本项目配套建设新民街和公园东路 2 条道路的电力管。新民街：在道路南侧人行道下新建电力排管 3 排 12(3×4) 个孔，长度约 2 千米；公园东路：在道路东侧人行道下新建电力排管 3 排 12(3×4) 个孔，长度约 1 千米	23983	0	已办理红线图、项目建议书、可研、用地预审、选址意见书、建设用地规划许可证等手续，该项目于 2019 年 12 月 13 日发布招标公告，后因项目涉及重大建设内容调整，泉港医院于 2020 年 3 月 5 日中止项目招标工作，项目后续建设需由泉港医院另行上报确定	区卫健局 新城投资有限责任公司	—

续表 4

序号	项目名称	建设内容及规模	总投资	累计完成投资	工程进展情况	责任单位	备注
44	泉港区妇幼保健院迁址重建项目（一期）	用地 1.39 公顷，一期总建筑面积 20686 平方米，其中地上建筑面积 16091 平方米，地下建筑面积 4595 平方米，主要建设门诊综合楼（地下 1 层、地上 9 层）、附属楼、配电房、洗衣房和氧气站等单体工程及设备工程，道路、广场及硬化、景观绿化、夜景照明及综合管网等配套工程。一期工程建设落成后可容纳床位数 150 张	11354	0	项目停工	区卫健局 高新产业园区公司	—
45	泉港区教育科普基地（泉港科技馆二期）	装修布展科技大楼 3 ～ 5 层共 3000 平方米、外墙 5500 平方米及其他空间改造 585 平方米（二层改造 85 平方米、办公室及公共空间改造面积约 500 平方米）	2986	0	展品场外研发设计、多媒体设计制作中，外立面改造工程、场馆装饰工程造价预算及施工设计图审进行中，展品机械图纸审核中	区科协	—
46	泉港区坝头溪流域综合整治 PPP 项目	工程范围为坝头溪泗洲水库至坝头溪出海口共 14.8 千米的流域，以沿河两岸 30 米用地范围为基准进行控制，局部生态景观节点区域面积扩大，满足节点打造的需求，总面积 171.3 平方千米。主要包括水利工程、环境综合整治及水生态修复工程、生态景观提升工程	71504	11550	1. 堤防工程：完成 8.7 千米堤防工程建设，完成河道清淤 22.5 万立方米，占 75%。2. 闸坝工程：完成玉山滚水坝、四清滚水坝、龙田滚水坝改造加固工程，新建汶阳滚水坝，占 80.0%。3. 截污工程：完成截污工程管道铺设 17995 米，占 81.8%；检查井安装 389 座，占 62.8%。4. 完成鱼翔桥、蚌溪桥、鹭飞桥、三心桥、鱼翔桥主体结构工程施工；青年桥、无味桥正在主体施工。5. 生态景观工程：古县湿地公园基本完成，占 95%；莱堂湿地公园土建工程基本完成，基本完成小品结构施工，占 98%；正在小品结构装饰装修，占 6%；正在各区苗木绿化种植	坝头溪流域综合整治项目指挥部 水利水务建发公司	市在建
预备项目（8 个）			4533000	5090	—	—	—
47	20 万吨环保再生纤维循环经济产业园项目	用地 550 亩，年产 20 万吨环保再生纤维循环经济产业园	450000	90	项目论证，可研报告修改并提交专家预审（根据项目洽谈、论证结果，才能确定后续项目计划）	石化工业园区经发科	—
48	新建 120 万吨 / 年乙烯及下游装置	用地 3945 亩。化工部分：乙烯裂解装置 120 万吨 / 年、EVA 装置 14 万吨 / 年、EO/EG 装置 18/40 万吨 / 年、1 号 HDPE 装置 20 万吨 / 年、2 号 HDPE 装置 45 万吨 / 年、EB 装置 65 万吨 / 年、PO/SM 装置 28/60 万吨 / 年、PP 装置 30 万吨 / 年、苯酚丙酮装置 35 万吨 / 年、双酚 A 装置 24 万吨 / 年、丙烯腈装置 26 万吨 / 年、MMA 装置 9 万吨 / 年、丁二烯抽提装置 15 万吨 / 年、裂解汽油加氢装置 55 万吨 / 年、MTBE/ 丁烯 −0.25 装置 8/4.5 万吨 / 年	3820000	2000	前期论证，编制可行性研究报告；申请列入国家石化产业布局方案储备项目	石化工业园区经发科	市预备

续表 4

序号	项目名称	建设内容及规模	总投资	累计完成投资	工程进展情况	责任单位	备注
49	泉港城区公交枢纽站（首末站）	位于峰尾镇恒达佳苑附近，用地10亩，将建设成集车辆维修、充电补给、驾驶员休息等多功能于一体，连接高铁站、汽车站等重要交通集散点的城区公交枢纽站（首末站）	5000	300	峰尾枢纽站正在申请用地协调，与区自然资源局规划股对接红线范围已确定完毕	大众公交有限公司	—
50	联十一线	起于界山镇东张加油站附近，路线往南从东张无公害蔬菜基地中间穿过，下穿福厦高铁、通港路后继续往南至前黄镇坑内村附近后向西展线，下穿规划的沈海高速复线和福厦客专后接入现状国道324线红星生态园路口，路线利用现状国道324线进行提升改造至驿坂村，后往西北方向新建路线接入联十一线惠安段起点。采用一级公路建设标准，设计时速80千米/小时	220000	1500	2020年11月30日，市交通运输局傅远辉总工带队至省公路发展中心汇报联十一线路由方案，即三线共线方案。省公路发展中心表示认可	区交通运输局	—
51	福厦高铁（客运专线）泉港段预留东张及前黄通道	1. 东张通道：在界山镇东张村利园农业处规划建设，为下穿福厦客专的桥下桥预留通道工程，计划投资约6000万元；2. 前黄通道：为今后相关道路的建设预留建设空间，避免后续运营期间的涉铁审批，计划投资约5000万元	11000	700	1. 已出具工可初稿；2. 铁路桥调跨出资协议已请示区政府同意，并与东南公司签订协议；3. 已由区长办公会研究通过项目业主为新城公司，委托铁路方面实施代建	区交通运输局	—
52	岩山公园二期工程	用地27.52公顷，公园内部共设计6处景观节点	12000	0	正在推进前期手续办理，征地及迁坟工作。二期设计方案已召开评审会，正在进一步完善方案	新城投资有限责任公司	—
53	泉港区大型标准化机械化牲畜定点屠宰厂	建设一家标准化机械化牲畜定点屠宰场，附设牛羊屠宰车间，建设用地1.67公顷，设计生猪日屠宰量为1000头，牛羊日屠宰量350头（只）	3000	0	已委托环评单位编制环评报告及可研业已在进行	区商务局 区农水局	—
54	五里海沙实验小学工程	建设教学楼、综合楼、运动场及附属设施	12000	500	初步方案设计优化，可研编制	区教育局	—

泉港区委区政府2020年为民办实事项目情况

【概况】　2020年，泉港区共确定8项31件为民办实事项目，计划总投资23797.9万元，其中，市级以上拨款8955.07万元，区级拨款11067.83万元，自筹资金3775万元。截至年底，项目均已完成或基本完成。

【项目谋划】　2020年，泉港区委区政府为民办实事项目涉及教育学位扩充、征迁劳动力培训、救助体系完善、营商环境优化、乡村设施提升、安全环保生态、服务阵地建设、社会综合治理等方面，项目在选定时向弱势群体倾斜，同时关注项目的普惠性和迫切性，做到点面结合、统筹兼顾，打造一批高质量、受惠广、可操作性的亮点工程。

【项目建设】　2020年，泉港区委区政府兴办为民办实事项目，致力改善民生、提升群众福祉、弥补民生短板，增强人民群众的获得感和幸福感。拓宽民生项目受益面。提升乡村建设，每年区级财政配套不下2000万元，镇村相应配套，重点用于建设乡村休闲公园、道路亮化、卫生设施设备等民生工程。投入

700多万元建设“四好农村路”并创建市级交通安全示范镇1个、区级示范村7个。吸纳人大建议、政协提案为年度为民办实事，做好昆山水系连通整治工程和行政服务中心提升改造等项目。强化民生项目延续性，“雪亮工程”与人脸识别系统已完成四期，共投入2000多万元对视频监控增点扩面，把治安防范措施延伸到群众身边，发动社会力量和广大群众共同参与治安防范，逐步实现治安防控“全覆盖、无死角”。将家庭财产损失、家庭财产盗窃损失、“两抢”、诈骗救济救助责任、突发性事件造成第三者人身伤亡及财产损失、政法干部责任、见义勇为人员人身保障责任、道路交通事故救济救助责任等八个方面纳入社会治安综合保险，减少群众损失，提升群众治安满意率。群众饮水工程从2009年至今连续11年，累计为92个村进行铺设、改造，受惠群众超过40万人。实施低保家庭安居房建设、农村居家养老服务站等多个项目，结合“十三五”规划安排进行年度细化、逐年巩固，提升社会保障水平，提高人民群众的生活质量。

表 5 2020 年泉港区委区政府为民办实事项目情况汇总

项目类别	序号	项目名称	资金安排	建设内容	主办单位	完成情况
教育学位扩充	1	第二实验小学教育集团福炼校区教学综合楼工程	总投资额 2600 万元，省级以上拨款 1480 万元，区级拨款 1120 万元	新建教学综合楼一幢，总建筑面积 7298 平方米；配套建设消防水池、绿化、硬化等附属设施	区教育局	已完成
	2	第二实验幼儿园学府园区工程	总投资额 2000 万元，区级拨款 2000 万元	新建教学综合楼及附属设施，建筑面积 4500 平方米	区教育局	基本完成
	3	泉港二中（新宅校区）C 幢宿舍楼及食堂建设	总投资额 3082 万元，省级以上拨款 1900 万元，区级拨款 1182 万元	新建学生宿舍楼、食堂及围墙等附属设施，建筑面积 5616 平方米	区教育局	已完成
	4	泉港六中扩建工程	总投资额 3076 万元，省级以上拨款 1900 万元，区级拨款 1176 万元	新建学生宿舍楼、食堂及消防水池、绿化、硬化等附属设施，建筑面积 6663 平方米	区教育局	已完成
征迁劳动力培训	5	征迁劳动力职业技能培训	总投资 300 万元，市级以上拨款 200 万元，区级拨款 100 万元	组织职业技能培训 3000 人，创业培训 200 人，转移就业 2500 人	区人社局	已完成
救助体系完善	6	低保安居工程	总投资额 300 万元，市级拨款 150 万元，区级拨款 150 万元	建设 50 户低保安居房，计划投资 300 万元，由市、区财政按 1 ：1 比例分担，每户补助 6 万元，其中市级每户补助 3 万元，区级补助 3 万元	区民政局	已完成
	7	社会救助对象人身意外伤害险	总投资额 35 万元，区级拨款 35 万元	为全区 9548 名社会救助对象购买人身意外伤害险，其中特困人员 614 人，城乡最低生活保障人数 8691 人	民政局	已完成
	8	扶助残疾学生和残疾人家庭子女就学	总投资额 31.5 万元，市级拨款 15.27 万元，区级拨款 16.23 万元	根据《泉州市扶助残疾学生和残疾人家庭子女就学实施方案》，2020 年我区拟扶助约 170 名在校就读高中及以上学历的残疾学生和残疾人家庭子女，保障残疾人受教育权利、缓解残疾学生及残疾人家庭子女就学困难	区残联	已完成
	9	残疾人意外伤害保险	总投资额 29.4 万元，市级拨款 9.8 万元，区级拨款 19.6 万元	为约 9800 名持有第二代残疾人证的各类残疾人办理残疾人意外伤害保险，帮助残疾人增强抵御意外伤害风险能力	区残联	已完成
	10	严重精神障碍患者监护人责任保险	总投资额 9 万元，区级拨款 9 万元	截至 2019 年 10 月，全区在册严重精神障碍患者 396 人（不完全统计），2020 年拟为 450 名严重精神障碍患者监护人购买保险。对精神障碍患者因不能辨认或者不能控制自己行为造成第三方人身伤害和财产损失的，由保险公司按合同约定给予理赔	区委政法委	已完成

续表 5

项目类别	序号	项目名称	资金安排	建设内容	主办单位	完成情况
营商环境优化	11	行政服务中心智能政务服务工作台建设	总投资额 85 万元，区级拨款 60 万元，自筹 25 万元	智能政务服务工作台精细化集成 20 余项专用设备，并预留可扩展模块，可与证照打印机、发票打印机等其他部门专属设备对接，具备高度的扩展性，未来可根据业务应用推进情况逐步上线更多的服务，进而提升设备服务能力，提高自助服务实用程度	区行政服务中心管委会	已完成
乡村设施提升	12	“四好农村路”建设	总投资 755 万元，市级以上拨款 255 万元，区级拨款 500 万元	根据《泉州市人民政府办公室关于印发泉州市进一步推进“四好农村路”建设（2018—2020 年）实施方案的通知》文件精神，结合乡村振兴战略工作要求，计划创建市级示范镇 1 个，奖励 60 万元，示范村 7 个，奖励 35 万元，2020 年计划实施油港路—祥云路—西海路 8.9 千米农村公路养护生态示范路，计划投资 180 万元，计划实施县道南枫路（南埔街口到惠华中学）养护专项工程 3.4 千米，计划投资 210 万元，计划实施农村公路安全生命防护工程 11.7 千米，计划投资约 30 万元；推动乡镇实施农村公路新改建里程 15 千米，预计补助 240 万元（具体以乡镇报送计划为准）	区交通运输局	已完成
	13	乡村休闲公园建设	总投资额 150 万元，区级拨款 100 万元，自筹 50 万元	计划建设 6 ~ 8 个乡村休闲公园，每个休闲公园建设面积原则上不少于 1000 平方米，主要功能设施配备必须有小型活动广场、新增绿地、休闲路径、景观亮化、户外体育设施、桌椅、亭台等园林景观	区农水局	已完成
	14	乡村道路亮化工程	总投资额 350 万元，区级拨款 250 万元，自筹 100 万元	1. 路灯亮化：计划安装路灯 1200 盏，初步预算区财政安排补助资金 235 万元，自筹 90 万元；2. 路灯维修：计划维修路灯 200 盏，初步预算区财政安排补助资金 15 万元，自筹资金 10 万元	区农水局	已完成
	15	乡村医疗卫生服务提升工程	总投资额 560 万元，区级拨款 280 万元，自筹 280 万元	1.2020 年拟新、改、扩建乡村卫生服务一体化管理村卫生所 12 家，每家建筑面积约 120 平方米，每平方米需 2500 元，合计每家 30 万元（区镇按 1 ：1 配套），总计 360 万元，其中区级 180 万元，各镇配套 180 万元。2. 对南埔、峰尾、涂岭镇卫生院及山腰街道社区卫生服务中心等 4 家基层医疗卫生单位污水处理设施进行重新建设，每家 50 万元，合计 200 万元，其中区级拨款 100 万元	区卫健局	已完成
	16	乡村（社区）综合文化服务中心建设	总投资额 300 万元，区级拨款 240 万元，自筹 60 万元	按照现代公共文化示范区创建要求，2020 年度全区拟建 30 个集宣传文化、党员教育、科技普及、普法教育、体育健身等多功能于一体的综合文化服务中心，每个补助 8 万元，共 240 万元。建筑面积不低于 200 平方米，基本功能包括一栏（宣传文化栏）、一场（室外群众文体活动广场）、一点（农村电影固定放映点）、五室（一个多功能室、一个图书室、一个科普活动室、一个广播室、一个文体活动室）	区文体旅游局	已完成

续表 5

项目类别	序号	项目名称	资金安排	建设内容	主办单位	完成情况
乡村设施提升	17	乡村“智慧音箱”布点建设（一期）	总投资额 80 万元，区级拨款 60 万元，自筹 20 万元	2020 年，第一期项目在 20 个行政村投建“智慧音箱”，预计投资 80 万元。实现村庄安防的音视频联动，治安点实时可视可播，也可用于党的政策法规宣传、村部政务信息发布、文化科技宣传以及防汛预告、灾害预警、气象发布等级，性能稳定、功能多样、涵盖面广，对加快推进乡村思想文化建设、维护乡村稳定、促进农业发展、服务农民，以及改善全区农村有线广播“村村响”设施设备老化及落后现状，弥补应急广播功能不足具有重要意义	区委宣传部	已完成
	18	乡村记忆文化工程	总投资额 341 万元，市级拨款 30 万元，区级拨款 65 万元，自筹 246 万元	该项目为市政府实施乡村振兴战略九大工程之一。支持 5 个市级试点村建设，扶持 4 个区级试点村建设，惠及人口 5.66 万人。重点推进乡村文史挖掘、档案整理、家风传承、馆藏建设和文创发展；依托区方志馆建设乡村记忆展示厅，展示乡村生活形态，收集整理乡村文化	区委史志室、区档案局	已完成
安全环保生态	19	农村自来水改造工程	总投资额 1280 万元，区级拨款 760 万元，自筹 520 万元	对部分农村自来水管网进行提升改造，其中，山腰街道：锦川村（80 万元）、莱堂村一期（80 万元）；峰尾镇：诚峰村一期（150 万元）、上楼村一期（60 万元）、诚平村二期（80 万元）、峥嵘村一期（80 万元）、前亭村一期（80 万元）；界山镇：玉湖村（150 万元）	区水利水务建设发展有限公司、界山镇、峰尾镇、山腰街道	已完成
	20	昆山水系连通整治工程	总投资额 500 万元，区级拨款 300 万元，自筹 200 万元	对连通昆山水系山腰段的三条水系（仁爱医院旁、博文中学旁、富兴钢板旁）进行整治，整治里程约 1 千米，工程内容含改造渠道、疏浚清淤、坡岸护砌、景观提升等，缓解驿峰路雨天积涝压力	前黄镇	已完成
	21	120 急救指挥提升工程	总投资额 270 万元，区级拨款 200 万元，自筹 70 万元	建设数字程控交换机子系统、数字录音子系统、计算机网络子系统、急救受理信息子系统、综合管理信息子系统、云端地理信息子系统、大屏幕子系统、不间断电源子系统、急救车载信息终端子系统、急救车载视频监控子系统、急救分站子系统、互联网 + 急救服务子系统、手机报警定位子系统等	区卫健局	已完成
	22	国保、省保单位电气线路套管敷设及智慧安全用电系统建设	总投资额 210 万元，区级拨款 105 万元，自筹 105 万元	完成南埔镇的灵慈宫、大成古厝，后龙镇的土坑古建筑群，峰尾镇的东岳庙，山腰街道的庄氏古民居，前黄镇的三朱地下交通站、黄素石楼等省级以上（含省级）文物保护单位电气线路套管敷设及智慧安全用电系统建设	区文体旅游局	已完成
	23	南埔镇肖厝—惠屿新型网箱改造项目	总投资额 5000 万元，省级拨款 3000 万元，区级拨款 500 万元，自筹 1500 万元	为合理调整养殖生产布局，推广生态养殖模式，保护和改善养殖水域生态环境，拟分期升级改造惠屿村海域网箱 8000 格，清退旧网箱 8027 格，2020 年完成第一期改造 4000 格、清退 4000 格任务	南埔镇	基本完成

续表 5

项目类别	序号	项目名称	资金安排	建设内容	主办单位	完成情况
服务阵地建设	24	城乡社区居家养老服务站建设（农村幸福院）	总投资额 45 万元，市级拨款 15 万元，区级拨款 30 万元	根据泉港区《关于加快养老事业发展实施意见》，至 2020 年农村居家养老服务站（农村幸福院）不少于 68 个，农村养老服务设施覆盖率 60% 以上。2020 年继续建设 3 个农村居家养老服务站（农村幸福院），以满足老年人生活照料、餐饮服务、文化娱乐、情感交流、精神慰藉等基本需求为主，相应设立厨房、餐厅、日间照料室、娱乐活动室、健身房等。达到“七个有”要求，即有日间照料场所、有厨房和餐厅、有文化娱乐场所、有老年服务队伍、有服务内容和老年服务热线、有管理制度、有筹资渠道	区民政局	已完成
	25	“互联网 +”居家养老助残服务	总投资额 269 万元，区级拨款 200 万元，自筹 69 万元	“互联网 +”居家养老助残服务为 2020 年省、市为民办实事项目，2020 年继续为 80 周岁以上老年人（山腰、峰尾、后龙中心城区 70 周岁以上）、特困供养人员、低保对象、留守老年人、建档立卡的贫困人口、重点优抚对象、计划生育特殊家庭成员的中老年人和重度残疾人服务。服务内容分为基础信息服务和实体援助服务；基础信息服务（约 9000 人）：政府免费为服务对象配发具有 SOS 一键呼救功能的老人手机并提供每人每月 20 元的基础信息服务费。实体援助服务（约 300 人）：政府为部分符合条件的服务对象（特困失能老人、重度残疾人、特困供养人员）提供助洁、助餐、助浴、助残、助行、换季、代购等多种上门服务；为 5 个夕阳红康乐服务站试点村老人提供居家养老服务	区民政局	已完成
	26	老年服务中心建设	总投资额 450 万元，区级拨款 60 万元，自筹 390 万元	建设 5 个村级老年服务中心，以满足老年人生活照料、餐饮服务、文化娱乐、情感交流、精神慰藉等基本需求，每个建筑面积不少于 500 平方米	区卫健局	已完成
	27	城乡社区“儿童之家”建设	总投资额 70 万元，区级拨款 50 万元，自筹 20 万元	按照推进落实“两纲”提出的：“到 2020 年，90% 以上的城乡社区建设一所为儿童及其家庭提供游戏、娱乐、教育、卫生、社会心理支持和转介等服务的儿童之家”的目标。2020 年度拟续建 7 个城乡社区“儿童之家”	区妇联	已完成
	28	“青年之家”综合服务平台建设	总投资额 70 万元，区级拨款 50 万元，自筹 20 万元	建设 7 个“青年之家”实体化平台，实现“青年之家”对乡镇街道的全覆盖，为有效覆盖青年群体、开展青年工作提供稳固的组织和阵地依托	团区委	已完成

续表 5

项目类别	序号	项目名称	资金安排	建设内容	主办单位	完成情况
社会综合治理	29	“雪亮工程”四期与人脸识别系统项目	总投资额 600 万元，区级拨款 600 万元	为了后续“雪亮工程”防控体系项目能充分发挥作用，2020 年拟新增雪亮工程监控点位 1000 个（400 万元）、人脸识别摄像机 100 个（200 万元）	区公安分局	已完成
	30	社会治安综合保险	总投资额 250 万元，区级拨款 150 万元，自筹 100 万元	通过政府购买保险，群众发生盗抢、电信诈骗时可以获得理赔	区公安分局	已完成
	31	公安沿海防控体系	总投资额 700 万元，区级拨款 700 万元	建设一套雷达、热成像仪、无人机、电子哨兵、车辆卡口等硬件，借助移动政务网开发助手、系统终端，集成一套先进的沿海管控系统，用于沿海管制、海上救援等工作	区公安分局	基本完成

政府信息公开

【规范信息公开】　2020年，泉港区政府办有序推进政务公开标准化规范化工作，出台《泉港区人民政府办公室关于印发政务公开标准化规范化工作实施细则的通知》，开展基层政务公开标准目录编制业务培训，完成26个试点领域基层政务公开标准目录汇编工作。推进线下政务公开专区建设。按时主动公开信息120份，受理公民依申请公开37件，已全部答复。

【门户网站信息保障】　2020年，泉港区政府办做好区政府门户网站信息保障工作，累计发布信息6100条，通过省市6次抽查通报。做好疫情期间视频会议技术保障工作，共排除各类故障25次，保障310场次，总时长为25000多分钟的视频会议召开。做好全区政务新媒体管理，全区34个政务新媒体全部登记备案，关停8个无力维护的新媒体。每季度开展检查，对濒临超期的政务新媒体进行督促提醒，保证全区政务新媒体在省市通报检查中不出问题。

行政服务

【概况】　2020年，泉港区行政服务中心管委会共收件75142件，办结74541件，总办结率99.2%，提前办结73769件，提前办结率98.96%，即办件57401件，即办率77.01%。区公共资源交易中心共完成各类交易586宗，交易额14.107亿元。全省首创企业申报信息录入5分钟，首个将企业开办时限压缩至4小时以内，实现企业开办“零费用”。《首创“信息集成导入系统”，助推企业开办“加速度”》获评泉州市优化营商环境“最具获得感”十大举措之一。

【推行服务“六办”】　2020年，泉港区行政服务中心管委会严格行政服务大厅现场管控，对进出行政服务中心的办事群众，即时进行体温检测，查验身份证和“八闽”健康码，并做好登记；劝导办事群众错峰排队，提醒保持安全距离，做到即办即走，减少在大厅等待逗留时间。做到大厅消毒到位、进出人员体温检测到位、服务大厅现场管控到位，确保办事群众和窗口工作人员的生命安全和身体健康。联合审改办出台《关于疫情防控期间全面落实政务服务“马上办、就近办、网上办”工作措施的通知》，推行“六办”“不见面”方式服务群众。2—3月，开展网上办1696件、自助办210件、预约办150件、邮递办4件。

【厘清“最多跑一趟”事项】　2020年，泉港区行政服务中心管委会出台《关于进一步优化营商环境行动方案》，推出16条具体举措，持续深化推进“放管服”改革，加大要素资源保障力度。对进驻部门“一趟不用跑、最多跑一趟”事项进行

泉港区行政服务中心办事大厅一角　　（区行政管理中心管委会 供图）

了动态梳理和调整，至年底进驻中心“一趟不用跑”事项的比例88%。梳理并公布1561个“零跑腿”事项和1738个“最多跑一趟”事项清单。

【规范“自由裁量权”工作】 2020年，泉港区行政服务中心管委会对部分事项从审批服务要素上进行再细化再规范再精简。共对28个部门进行规范梳理，梳理事项共884项，其中鼓励允许类480项（已100%授权到窗口审批），限制类398项，禁止类6项。明确主要领导审批28项，分管领导审批245项，授权至窗口审批股长611项。

【健全“全岗通”机制】 2020年，泉港区行政服务中心管委会在“企业开办”“一件事” 套餐服务工作的基础上，根据省审改办、数字办《关于推进“一件事”集成套餐服务改革的通知》精神，统一设置“一件事一次办”“全岗通”受理窗口，逐项逐事突破，分级分类分步推进，分别梳理公布本级实施的“一件事一次办”事项目录清单。对15件“一揽子事”涉及多个部门的材料、表格依法进行精简、优化、合并，整理成一张材料清单，形成示例范本，方便群众和市场主体到现场或通过网上平台一次性阅知、一次性填报，成熟一个，推广一个，以点带面，带动其他事项尽快落实。依法对“一件事一次办”事项相关部门的审批环节予以取消、归并、简化，全面推行集成服务，实现一次表单、统一受理、同步分发、同步评估、同步评审、同步审批、统一反馈。通过梳理，15个“一件事” 集成套餐服务事项总共压缩办事时限57个，精简办事环节53个。

【绘制项目审批服务“一张图”】 2020年，泉港区行政服务中心管委会出台《加快社会投资工业项目落地办法（试行）》，绘制社会投资项目落地关键路线图，实行全流程跟踪，实现在企业投资协议签订后，半年内完成生产要素供给。出台《泉港区政府投资项目前期工作导则》，科学策划生成项目，强化前期把关论证，打通政府投资项目落地的堵点，推进项目的联合预审，提升政府投资项目审批质量和效率。建立“多规合一”“多审合一”“多测合一”“多验合一”高效审批制度，推动事项流程优化和标准化，减时限80%，减资料50%，减流程38%。

【整合项目审批服务“一张表”】 2020年，泉港区行政服务中心管委会根据项目类型、投资类别、规模大小，将工程建设项目划分为7类每类项目审批流程划分为“立项用地规划许可”“工程建设许可”“施工许可”和“竣工验收”4个阶段，每个审批阶段确定一家牵头部门，实行“一家牵头、并联审批、限时办结”，减少企业“多头跑”；每个审批阶段均实行“一份办事指南，一张申请表单，一套申报材料，完成多项审批”的运作模式，不同审批阶段的审批部门共享申报材料，不再要求申请人重复提交。2020年工程建设项目全流程审批服务事项改革后申报材料精简50%以上。

【健全工程项目服务“联审制”】 2020年，泉港区行政中心管委会推进福建省工程建设项目审批管理系统(2.0版)上线运行，依托市一体化平台建成并联审批应用系统，助推并联审批资料传输、信息传递的快速化、精确化。同时嵌入电子监测系统，在线监控审批行为，实施全过程跟踪督办，确保无超期办件。是年上线运行项目188个，涉及事项55个，压缩办理时间279个工作日。

【推行“自助办”】 截至2020年底，泉港区行政服务中心管委会24小时“自助+智助”服务区共进驻13个部门15台自助终端设备，可办理便民事项60项，行政审批事项700项，解决上班没空办事，下班无处办事的难题。是年共受理办件12000多件，办结率100%。

【推进“不见面”审批服务】 2020年，泉港区行政服务中心管委会推进入驻中心服务窗口与网上办事大厅有机融合，以审批智能化、服务自主化、办事移动化为重点，构建政府服务窗口、网上办事大厅、移动客户端、自助终端、服务热线等多种形式相结合、相统一的公共服务平台。入驻中心33个窗口单位和7个镇（街道）便民服务中心共1791项事项完成省网上办事大厅进驻工作，进驻事项均达到“三星级”及以上（其中“五星级”事项1225项），96%可实现网上在线办理。配合市中心做好电子证照月度考核工作，每月定期检查中心办件证照生成与应用，电子证照生成4529个，应用证照1022个。梳理不再重复提交电子证照事项，其中电子证照生成事项233项，电子证照应用事项351项。

【提升整体服务水平】 2020年，泉港区行政服务中心管委会在规范中介服务上，对接市级中介超市，为企业提供专业的第三方服务，实现中介代理机构“点菜式”选择。截至2020年底，在泉州市网上中介平台已对外公布84个服务事项，共有256家中介公司在泉州市中介超市泉港区域实行备案登记，有16个项目通过平台选取中介，实行平台监管。在政民互动拓宽上，一方面设立“跑一趟办不成投诉中心”。凡属“最多跑一趟”和“一趟不用跑”办事清单事项，企业和群众到区行政服务中心跑一次没办成，均可投诉。制定相应的投诉流程和相关要求，指派专人负责接件、记录和反馈，做好投诉台账登记。设立“找茬窗口”，征求优化服务“金点子”。提升公众的获得感和体验度，全年共收到找茬意见157条，回复157条。

【促进交易减负增效】 2020年，泉港区行政服务中心完成公共资源交易中心场所标准化建设，依托泉州市公共资源交易平台、福建省公共资源交易电子公共服务平台、省公共资源交易电子行政监督平台，对接政府采购网上超市、电子招投标工作有序开展。全面推行工程招投标年度保证金、银行保函、电子保函等方式递交投标保证金，开展遗留保证金清退，加大对历史遗留保证金的清退力度，取消工程交易服务费，减轻企业负担，提升市场主体活力。推行年度保证金及电子保函，2020年共为企业节约投标保证金占用26.17亿元；集中开展清退工作，共退还历史遗留保证金74笔（260.25万元）；开发使用保证金退还系统，按规定及时退还投标保证金的本金和利息，共退还利息15.6万元；取消工程建设交易服务费，共为企业减负14.65万元。

人事人才

【人才引培】 2020年，泉港区探索柔性引才机制，完善人才政策体系，拓宽高层次人才认定范围。开展人才总量倍增行动，用好石化人才服务平台，与中国海峡人才市场签订合作协议，提升引才渠道。着重吸引高校毕业生来泉港就业创业工作，精准壮大人才总量，全区人才总量新增1.61万人，用人单位吸纳高校未就业毕业生见习人员103人，均提前完成市级下达指标任务。

【人才服务优化升级】 2020年，泉港区突出用人主体评价主体作用，开展企业自主认定高层次人才试点工作，指导企业自主认定高层次人才7人。兑现引进高层次人才省级推介奖励资金5人17万元；发放市智能制造产业集群高端人才补助金19人95万元、购房补贴10人23.58万元；组织开展2020年度高层次人才健康体检活动。

【干部管理】 2020年，泉港区组织2019年秋季事业单位工作人员18人报到，做好2020年度25名事业单位和编外工作人员招聘工作，配合开展2020年度新任教师公开招聘工作，共招聘24人。以本局为试点，推行“阳光制”职称竞聘上岗方式，依照成效以点带面逐步推广，激发全区事业单位专业技术人员工作积极性。

【线上和线下“1+X”规范津补贴专项检查】 2020年，泉港区人社局开展线上和线下“1+X”规范津补贴专项检查，对发现超范围、超标准发放津补贴的3个单位，分别下发整改通知书，督促其认真整改，共清退违规发放的津贴补贴39706元。

2020年5月20日，中国海峡人才市场泉港分部签约揭牌仪式举行 （区人社局 供图）

政协泉州市泉港区委员会

综 述

【调研视察】 2020年，政协泉港区委员会按照既定调研视察开展专题调研4次，组织专题视察7次，收集民情民意9件。配合省、市政协开展专题调研5次。

【文史宣传】 2020年，政协泉港区委员会就全区现存古石刻进行摸排、搜集、考证，编辑出版涵盖宫庙祠观、路桥水利、旌表牌坊等各类石刻的文史图书《泉港石刻选编》；编辑出版《泉港文史资料》第十九辑；与省内外相关单位交流、互赠文史资料，向区图书馆、百姓书屋以及10所中小学，7个镇（街道）赠送文史图书2万余册，发挥文史资料“存史、资政、团结、育人”的功能。“泉港政协”微信公众号改版升级，宣传党的方针政策，讲好泉港故事、政协故事，成为区政协加强思想政治引领、广泛凝聚共识的鲜活载体。

【委员履职】 2020年，政协泉港区委员会引导政协委员发挥优势，在防疫物资捐赠、疫情防控一线、脱贫攻坚战役、奖教奖学基金募捐等工作中作表率。完善委员履职考核制度，修订《泉港区政协委员履职量化考评规定》，将委员参加政协会议、学习培训、调研视察、撰写提案等履职情况进行综合量化考评，结合年度工作要点布置“委员作业”，在年底亮“成绩单”进行通报。组织开展“华峰杯”政协委员乒乓球赛，促进委员交流联谊。在微信公众号推出“委员风采”栏目，就政协委员在疫情防控、复工复产、脱贫攻坚一线的模范事迹和先进典型开展系列报道，激发委员使命感和光荣感。

【民主监督】 2020年，政协泉港区委员会动员政协委员投身“吉祥泉港”创建活动，定期邀请区委政法委通报全区社会治安综合治理情况，发挥委员桥梁纽带作用，提升群众对“吉祥泉港”创建的知晓率和满意率。重视基层矛盾纠纷化解，开展全区人民调解工作专题视察，通过实地察看、座谈交流、书面征求政协委员意见等形式，查找基层调解工作的短板弱项，协商推动创新人民调解工作。关注依法治区，组织政协委员参加法院庭审和检察院开放日活动，就“两院”工作作风、执法程序和普法宣传工作参与评议监督，参与“七五”普法和法律“六进”活动，为推动法治建设，维护群众合法权益献计出力。

【疫情防控】 2020年，政协泉港区委员会动员机关干部、广大政协委员和社会各界参与疫情防控斗争，第一时间与海内外人士联系，争取海内外乡贤的物资捐助，前期共收到各类口罩128.7万个、防护服6540套、隔离衣13700多套等急用物资，为疫情防控一线、机关办公、窗口单位人员物资需求解决“燃眉之急”。协调推行口罩微信预约，设立定点投放商家药店。政协班子成员分赴各镇（街道）做好疫情防控和复工复产指导工作，机关干部组成疫情防控驻村工作队，下沉一线协助村居（社区）和企业开展防控工作，服务企业复工复产。广大政协委员发挥自身优势，参与疫情防控、捐款捐物、复工复产、保障供应、舆论宣传等工作，为打赢疫情防控和复工复产“双胜利”贡献政协力量。

【联络联谊】 2020年，政协泉港区委员会全面开展“政协走亲”活动，加强同民主党派，党外知识分子、非公有制经济人士、新的社会阶层人士等的沟通联系。注重发挥少数民族界委员作用，坚持定期走访宗教团体和宗教界代表人士。强化台港澳委员政治责任和使命担当，引导港籍委员主动发声，支持拥护香港国安法，确保台港澳籍委员与党中央决策部署“同频共振”。扩大与海外乡贤、民间团体、行业协会的联系交往，通过《一封信》、电话、微信等方式，向海外疫情地区侨胞、港澳乡贤传达关心和问候，向防控物资紧缺的海外乡贤社团开展反向驰援行动，捐助口罩等防疫物资，提升凝聚力、向心力。加强与上级政协协同联动，组织做好省、市政协到泉港开展石化产业链、石化园区环境治理、海洋文化产业发展等方面调研、视察及慰问活动5批次。增强对外宣传与交流合作，全年接待山西晋中市、德化县等省内外政协考察交流7批次，组织政协委员赴华侨大学厦门校区考察，就石化产业项目校企合作进行座谈交流，为泉港石化产业强链补链寻求新的发展机会。

【慈善活动】 2020年，政协泉港区委员会助力打赢脱贫攻坚战役，开展“爱心链接”活动，帮助困难群众解决实际问题，先后在春节、“六一”国际儿童节前组织慰问病困户、病困儿童，落实帮扶资金23.5万元。

2021年1月27日，政协泉港区第四届委员会第五次会议召开

（区委报道组 供稿）

重要会议及活动

【区政协四届五次会议】 2021年1月27日至28日召开。会议听取并审议了政协泉州市泉港区第四届委员会常务委员会工作报告和提案工作情况报告，听取委员发言；列席泉港区第四届人民代表大会第五次会议，听取并讨论《政府工作报告》和“十四五”规划纲要（草案）、计划、预算报告；邀请泉州市泉港区人民法院、人民检察院通报工作情况；审议通过政协泉州市泉港区第四届委员会提案审查委员会关于政协四届五次会议提案审查情况的报告。区政协四届五次会议期间，共收到委员提案152件，立案143件。

【常委会会议】 区政协四届十九次常委会会议 2020年6月29日召开。传达学习习近平总书记在中央政治局第二十次集体学习时的重要讲话精神，组织学习《中华人民共和国民法典》主要内容；传达学习全国政协会议十三届三次会议精神；传达学习《中共泉州市泉港区委关于新时代加强和改进人民政协工作的实施意见》；研究通过《中国人民政治协商会议泉州市泉港委员会提案工作细则》；协商通过姚泽安辞去政协泉州市泉港区第四届委员会常务委员职务和委员资格事项； 邀请石化园区管委会通报石化园区产业招商发展情况。

区政协四届二十次常委会会议 2020年9月30日召开。会议议程分两个阶段：第一阶段围绕“加强小区物业管理，助推城乡社区治理”开展部门对口协商；邀请区政府苏纯益副调研员参加，区住建局、城市管理局、山腰街道、聚福社区及相关行业代表在会上作相关情况汇报，7名政协委员在会上发言，提出意见建议。第二阶段学习区委四届十三次全会精神、通过区政协人民调解工作专题视察报告、审议撤销吴龙清委员资格。

区政协四届二十一次常委会会议 2020年12月18日召开。邀请区政府通报区政协四届四次会议提案办理情况；邀请区委政法委通报2020年度全区平安建设（综治工作）情况；传达学习《中共十九届五中全会精神及省、市、区委贯彻意见》精神；协商通过区政协四届四次会议有关事项。

区政协四届二十二次常委会会议 2021年1月27日召开。听取各组汇报四届五次会议期间关于区政协常委会工作报告、四届四次会议以来提案工作情况报告以及“两院”工作情况通报的讨论情况；协商通过邱金谋辞去政协泉州市泉港区第四届委员会副主席职务及委员资格事项。

区政协四届二十三次常委会会议 2021年1月27日召开。听取各组召集人汇报四届五次会议期间关于泉港区人民政府工作报告、“十四五”规划纲要（草案）和计划、预算报告的讨论情况；审议通过区政协四届五次会议决议（草案）。

政治协商

【协商建言】　2020年，政协泉港区委员会聚焦高质量发展的短板弱项和“十三五”规划收官充分协商议政，集思广益为党政提供智力和民意支持。四届四次会议上，委员们围绕《政府工作报告》和“两院”报告开展多次小组讨论，提出石化人才引进、降低企业成本、促进中小企业创新和提升乡村治理能力等建议，经梳理形成34条意见专报作为区委区政府决策参考。围绕贯彻习近平总书记为泉港指明的“做足石化产业文章，大力发展港口经济”的发展方向深入调研，组织四届十九次常委会就泉港石化产业链招商进行专题协商，委员们针对石化产业链规划、公共配套和要素支撑、产学研合作等问题建言献策。主动融入国内大循环新发展格局，遴选出“促进夜间经济发展”作为年度重点课题深入调研，提出以点带面打造全区三大夜间经济特色商圈，提升城市活力、促进产城融合发展等一系列切合实际、可操作的意见建议。

【专题协商】　2020年，政协泉港区委员会针对“321+X医共体建设”，推进优质医疗资源同质平移这一群众关切问题，就医联体主体龙头作用、医保资金统筹、乡镇卫生院特色办医等方面深入调研，与区政府联合召开专题协商会议，提交了12份建设性材料，协商成果呈报区委区政府转交相关部门办理，助推“321+X医共体建设”提质增效；关注“一老一小”问题，组织全区养老事业发展专题调研协商，通过区内调研视察，赴兄弟县（市、区）考察交流，与职能部门充分互动协商，形成加快社会养老事业发展专项调研报告；组织视察全区学前教育三年行动计划落实成效，察看城区部分幼儿园及在建工程，就学前教育用地规划、校园安全、教师待遇、社会投入等方面深入研讨，助推安控区搬迁后学前教育的优化布局和普惠发展。

【对口协商】　2020年，政协泉港区委员会广泛开展“有事多商量，请你来协商”专题活动，以“小区物业管理”为切入点，邀请多名社区工作者、一线物业管理人员与政协委员、相关部门负责人，就社区在物业管理中的作用发挥、老旧小区共建共治、安置小区物业管理等方面进行面对面的协商，通过实地调研、与相关部门深入研讨，最终形成专题调研报告，为规范物业管理工作，提升城乡治理水平提供重要参考建议。立足城市精细管理的数字化、智能化发展趋势，组织政协委员视察区网络化图像信息系统演示、区公安分局指挥情报中心实战平台演示等智能化管理平台建设，了解泉港城市智能化建设取得的显著成效，并从信息安全保护、数据资源共享、网格化管理等方面提出意见和建议，聚智发力智慧泉港创新基层治理。围绕“防范化解重大风险、精准脱贫、污染防治”三大攻坚战，把加强卫生应急队伍装备建设、港口危化品安全作业及应急处置能力提升作为2020年重点提案进行督办。组织提案人、行业委员和相关部门座谈面商，共同商讨解决办法，指导承办单位制订提案办理方案，明确办理时限和部门责任。

2020年8月7日，全区首个“政协委员之家”在山腰街道办事处揭牌成立

（区政协办　供图）

【升级协商平台】　2020年，政协泉州市泉港区委员会“网络云协商”平台正式运作，实现委员们运用网络议政远程协商，澳门籍委员首次通过线上与职能部门就提案办理“见面协商”。山腰“政协委员之家”挂牌成立，协商民主向基层延伸。

提案工作

【提案办理实效】　2020年，委员们在区政协四届四次会议期间共提出大会提案188件，经审查立案179件，立案率95.2%。未予立案的9件提案，均作为委员意见和建议转交有关部门参考。立案的提案中，委员个人提案121件，参加提案的委员111人次；党派团体集体提案67件，占立案数35.6%。有关经济建设39件，占21.8%；精神文明建设39件，占21.8%；其他方面101件，占56.4%。立案提案分解为242件，交由46个相关单位办理，截至规定时限已全部办复。《泉港区政协提案工作细则》修订出台，首创提案办理双向协商机制，将协商民主贯穿提案工作全过程，四届四次会议立案的179件提案办理工作质效显著提升；其中：提案所提问题已经解决或列入计划准备解决的占98%以上；因政策或条件所限一时难以解决的，承办单位实事求是地向提案人做出解释。一些群众关心、委员关注的实际问题得到有效解决，提案办理的综合满意率100%。

2020年7月7日，区政协开展“创新人民调解模式，深化社会治理共建共享工作”专题视察活动
（区政协办 供图）

【助力经济复苏】 2020年，政协泉州市泉港区委员会在夜间经济、产业招商、乡村振兴等方面提案办理中，承办单位认真研究提案内容，落实相关建议，培育一批新的经济增长点。针对建设泉港夜市（美食）街区的提案，商务局联合工信等部门出台系列惠企措施，从土地厂房转让、发展“众创空间”等方面支持中心工业区夜市（美食）街区的改造。针对泉港高新园区发展提案，科技局加快规划设计等前期工作，改善园区基础设施，谋划招商项目5个。针对落实乡村旅游业、现代农业发展方面提案，区文体旅游局加大海岛旅游品牌、特色村镇及精品线路培育和推广，区财政增加对设施农业项目补助，区农水局联合南埔镇、涂岭镇开展农产品网上直播活动，帮助群众解决疫情期间的农产品销售难题。

【推动民生改善】 2020年，政协泉州市泉港区委员会在食品安全、医疗卫生、教育提质、物业管理等方面提案办理中，区政府及相关职能部门把提案办理作为民生工程，将民生方面提案纳入为民办实事项目谋划和实施当中。区市监局针对食品外卖行业监管的提案，推进“明厨亮灶”工程，开展食品安全监督抽检130批次，从严整治网络订餐各个环节；区卫健局采纳加强应急队伍建设的建议，调整充实应急队伍力量，及时添置部分应急装备；区人社局主动对接区教育局，对提案涉及的公办编外教师、民办教师，给予参照公办编内教师参与职称评定。

【聚焦热点问题】 2020年，政协泉州市泉港区委员会在农村环境整治、港口安全生产和应急处理等方面提案办理中，承办单位通力协作，积极回应委员关切。城管局专门采购1辆餐厨垃圾车收运城区餐厨垃圾，新城投资公司抓紧建设建筑垃圾综合处置项目。针对农村生活污水治理的提案，相关职能部门在完成4577户农村化粪池新建改造及14个行政村生活污水治理的基础上，编制《泉港区农村生活污水治理统一规划》，按区域分类将农村生活污水纳入城镇污水处理厂或村庄集中式处理。针对海上溢油应急及港口危化品处理提案，相关职能部门出台海上危化品事故应急预案，并开展相关应急处置演练，有效提升安全管理和应急处置能力。

纪检 监察

政治建设

【政治监督】 2020年，泉港区纪委监委坚守政治机关定位，把政治监督摆在突出位置，全面履责、精准监督。抓住各级领导干部和党组织主体责任，见人见事落实政治监督“责任树”“线路图”，点人点事推动政治巡察整改落实，完成省委巡视反馈问题整改、四届区委巡察全覆盖，首次实现对区直单位主体责任检查全覆盖。运用“两档案”“两调研”“两报告”分析研判维护政治生态，分层次组织对300多名科级干部廉政谈话，坚持巡改并重推动建章立制77项，精准问责处理主体责任履职不力的9名领导干部和2个党组织，推动重大决策部署落地见效。

【巡察工作】 2020年，泉港区纪委监委用好巡察“利剑”，全面政治体检，共组织对22个单位党组织开展2轮3批次常规巡察、配合上级对区检察院开展内部巡察，区委书记专题听取巡察工作汇报，对14个巡察单位发现的涉及违纪、行政执法、国企发展等重要情况点人1次，给予党纪政务重处分1人，点事点问题17个，完善相关制度10项，挽回损失17.11万元。四届区委计划巡察59个单位，已开展巡察59个单位，覆盖率100%，共反馈问题216条，移交问题58条，从中立案15人，党纪政务处分14人，诫勉11人，谈话提醒37人，批评教育14人，通报2人。

2020年1月22日，中共泉港区纪委四届五次全会召开

（区委报道组 供图）

正风肃纪反腐

【案件处置】 2020年，泉港区纪委监委坚持标本兼治一体推进，全年共受理检控类信访举报215件次，处置问题线索102件，运用第一、二种形态处理112人次，占比82.35%，共给予党纪政务处分63人。参与欣佳酒店坍塌事故和涉黑腐败重大案件查办，高质量完成市纪委监委指定管辖的留置案件2件，受到市专案组肯定。开展纪律处分执行情况“回头看”，针对党员干部高利转贷违纪违法等问题，发出纪检监察建议书9份，抓实案后整改，以案释法。

【专项治理】 2020年，泉港区纪委监委强化民生领域专项治理，开展4个方面16个专项行动，严肃查处“微腐败”

2020年5月22日，区纪委监委机关工会举办全区纪检监察系统审理业务技能竞赛（区纪委监委 供图）

问题12个处理19人。重点围绕脱贫攻坚决战决胜、扫黑除恶专项斗争，全力打好两个收官战，实现对脱贫攻坚交叉巡察、入户访查全覆盖和涉黑涉恶线索大起底大清仓，累计查处扶贫领域违纪违法问题20个处理34人、党员干部涉黑涉恶和充当“保护伞”问题11个处理11人，让群众有更多的获得感、安全感。

监督首责

【监督效能】 2020年，泉港区纪委监委针对监督力量分散问题，在内部改革完善纪检监察工作片区“1+N”协作机制，5个纪检监察室挂钩联系5个片区，实现监督检查和审查调查“一竿子”插到底，涉及重要问题线索实施片区提级监督；在外部做全做实“1+X”大监督机制，由区委“一事一授权”，围绕中心任务，牵头整合资源高位高效监督，推动制度优势转化为治理效能。针对神经末梢和监督“最后一千米”问题，镇级层面，结合“跨村联带”整合镇村纪检员队伍，探索推行村级区域联动协作一线监督工作法，及时发现纠正62个损害群众利益和不正之风的问题，推动解决160户贫困户住房、饮水安全问题；派驻层面，出台派驻监督执纪执法工作绩效管理、廉政风险防控、谈话教育提醒、问题线索处置、片区提级监督“五张清单”机制，每季度汇总通报履职业务数据，督促主动约谈341人次，推动整改问题46个。

【作风建设】 2020年，泉港区纪委监委组织开展纪律作风集中整顿，加大监督检查力度，坚决整治“四风”问题，提升党员干部的精气神，2020年来共查处违反中央八项规定精神问题7起8人，形式主义官僚主义问题14起21人。针对基层反应强烈的表格填报乱象问题开展专项清理，镇村两级表格数量分别下降34.68%、43.48%，减轻基层负担，区委区政府主要领导予以批示肯定。整治婚丧喜庆大操大办问题，以良好党风促政风带民风。

【强化基层治理】 2020年，泉港区纪委监委针对日常监督执纪、巡视巡察发现的共性问题，梳理编印村级“小微权力”清单及流程规范，以“三单一图”的形式进行公开，方便群众监督，促进村级“小微权力”运行更加透明；针对群众反映强烈的村集体“三资”监管难问题，督促职能部门出台3份制度性文件，探索实行镇级“三资”监管中心、公共资源交易中心、会计核算中心合署办公，推动基层党委更好落实监管责任。

【激励担当作为】 2020年，泉港区纪委监委牵头细化建立容错纠错会商和巡察问题线索移交会商研判两项机制，区分公私政策界限，对6个问题予以容错免责，对2批次巡察移交问题线索研判处置，专项工作获评全市“强基促稳”三年行动调研评估第一名。在正向失实澄清正名制度的基础上，结合2019年泉港区查处的全市首例诬告陷害案例，从反向上出台试行《部门联动处置诬告陷害行为实施办法》，形成完整制度链条，累计失实澄清55人次。信访公开评议以正视听，运用“纪检监察+派出所片警+综治调解”模式，创新信访积案联动化解“三联三促”机制，回击不实举报歪风邪气，推动信结事了人和，获市纪委主要领导批示肯定。全区重复信访举报件比上年下降50%多，位列全市“强基促稳”专项行动考评第一方阵。

中国国民党革命委员会泉州市委会泉港支部委员会

【概况】　截至2020年12月底，中国国民党革命委员会泉州市委会泉港支部委员会共有党员43名，其中市政协常委1人，区政协委员2人；副处级干部1人，正科级干部1人，副科级干部3人。是年发展新党员2名。

【学习教育】　2020年，中国国民党革命委员会泉州市委会泉港支部委员会坚持每两月召开一次支委会议，每季度召开一次党员会议，并形成制度。深入学习贯彻落实习近平新时代中国特色社会主义思想和习近平总书记系列重要讲话，学习中共十九届四中、五中全会精神和民革中央十三届四中全会精神。要求党员们思想上行动上与习近平同志为核心的中共中央保持高度一致。定期开展组织生活会，组织党员参加省、市委会组织的报告会、座谈会、研讨会、培训班。9月，到德化开展“不忘合作初心，携手共创未来”主题教育活动；10月，党员杜天瑞参加民革福建省委2020年省、市骨干党员培训班。

【参政议政】　2020年，中国国民党革命委员会泉州市委会泉港支部委员会积极参政议政，向市委会提交《应尽快规范建立我市公共应急队伍》《精耕细作科学完善基层疫情防控工作的建议》《应发挥重大公共安全问题预警研判机制的作用》《党外人士建议进一步提升法律援助工作水平》《建立集中援助平台，推进困难帮扶全覆盖》等5篇社情民意。完成《关于产教融合中政府加大硕士人才引进的建议》等调研文章。

【服务社会】　2020年，中国国民党革命委员会泉州市委会泉港支部委员会支部响应泉港区委区政府和民革泉州市委的号召，鼓励党员奔赴抗击疫情一线和组织抗击疫情捐款活动，支持新型冠状病毒感染的肺炎疫情防控工作。党员陈德义、陈智平、庄宗辉、钟满宏、贺玲俐和郑海洪奔赴抗击疫情一线；党员钟云平向全国各地共捐赠消毒剂5万多公斤、现金2000元、口罩1050个和酒精43瓶；党员林嘉林捐款1万元；党员杜天瑞向泉港教育局捐赠口罩1万个。3月1日，组织慰问在疫情防控一线的党员，为卡点的工作人员分发慰问品。在了解到东凉村消毒液紧缺的情况后，副主委林文将动员党员钟云平再次捐赠消毒液500公斤给东凉村。3月16日，支部走访清源庵，与清源庵肖主持一同围绕清源庵疫情防控工作进行探讨，为清源庵捐赠口罩、消毒液和食用油等防疫用品和生活用品。3月17日，支部走访挂钩联系的民族社区龙山回族社区，与社区负责人一同围绕社区疫情防控工作进行探讨，帮助协调解决困难。走访慰问郭梅红等6户困难群众，送上食用油、米等慰问品。

中国民主同盟泉州市委员会泉港区总支部委员会

【概况】　截至2020年12月底，中国民主同盟泉州市委员会泉港区总支部委员会共有盟员95人，本科学历盟员71人，占74.7%；中高级职称盟员70人，占73.7%；文化教育界别39人，占41.9%；女盟员20人，占21.05%；退休盟员6人，占6.32%。有市人大代表1名，区人大代表1名，区政协委员10名，区政协副主席1名，民盟泉州市委会常委1名、委员1名。

【学习教育】　2020年，中国民主同盟泉州市委员会泉港区总支部委员会组织盟员深入贯彻习近平新时代中国特色社会主义思想、中共十九大和十九届二中、三中、四中、五中全会精神。在庆祝中国共产党成立70周年之际，开展“不忘合作初心，继续携手前进”主题教育实践系列活动，坚持正确政治方向，坚定不移走中国特色社会主义道路，践行“四个自信”、坚决做到“两个维护”。6月10日，盟总支传达习近平总书记4月29日、5月6日在中央政治局常委会会议上、党外人士座谈会上的重要讲话和给郑州圆方集团全体职工的回信、寄语新时代青年的重要指示精神和5月8日在中共中央召开的党外人士座谈会上发表的重要讲话精神。传达学习全区统战系统工作推进会议精神及《2020年全区统战工作要点》。学习贯彻落实《中共中央关于加强中国特色社会主义参政党建设的意见》及《民盟中央关于新时代组织发展工作座谈会纪要》等。9月20日，民盟晋江市委会一行到泉港交流，瞻仰陈平山烈士纪念碑，参观盟员创办学校泉港博文中学，调研峰尾古城文化保护工作，民盟泉港总支主委王梅珠，副主委王明通、段靖莲等陪同。11月，民盟永春总支一行到惠屿岛、土坑古民居参观调研传统古民居保护、开发、利用情况，民盟泉港总支主委王梅珠，副主委王明通、段靖莲、刘碧新陪同调研。

【参政议政】 2020年，中国民主同盟泉州市泉港区总支部委员会在“两会”上，盟总支及盟员提交区政协集体提案15件、个人提案20件，大会发表15篇，完成《聚力脱贫攻坚 助推乡村振兴》等专题协商发言，配合盟市委开展《构建泉港、泉惠石化园区的污染防控协作长效管理机制》专题调研，为区委、区政府及市委会决策提供参考。参加人大、政协、法院、检察院等视察、检查、工作通报，在区政府、法院、检察院等工作报告征求意见会，工作情况通报会上，提出意见建议。盟员人大代表、政协委员、监督员等围绕“脱贫攻坚”议题进行专题视察，把参政议政、盟务工作、社会服务等融入脱贫攻坚民主监督工作中，有效发挥民主监督作用。9月11日，民盟泉州市委会主委陈建通带队到泉港调研港区安全生产体系建设情况，泉港区政协副主席、民盟泉港总支主委王梅珠参加调研。

【社会服务】 2020年，中国民主同盟泉州市委员会泉港区总支部委员会积极开展各类社会活动。2月4日，盟员刘宗训以“三句半”为群众宣传如何预防新型冠状病毒感染；盟员庄少强用《闽南四句》和传统木偶戏，宣传新型冠状病毒感染的肺炎疫情防控措施。在区政协副主席、总支主委王梅珠的带领下，启动抗击疫情捐款活动，共募捐42800元爱心款。在防疫资源严重紧缺的状况下，总支主委王梅珠通过联系海外侨胞，购买等防疫物资，第一时间送到医疗前线。盟员、区城市管理局南埔执法中队中队长郑育能参与交通设卡、物资配送、街道巡查、核酸检测等；盟员、区住建局政策法规股负责人、区住建局派驻后龙镇疫情防控驻村工作队领队郑惠春到后龙镇田里村开展驻村疫情防控工作。“六一”国际儿童节期间，主委王梅珠带领盟总支一行10多人到祥云寺看望慰问寺内孤儿，送去价值近6000元物品。7月，盟总支到泉港博文中学调研，了解博文中学办学条件、师资力量、办学质量等情况。8月，接待原福建省政协副主席、民盟福建省原主委、福建师范大学教授王耀华一行到泉港调研北管传承、保护和发展情况，为泉港区成立“侨之韵文管乐社”揭牌。11月21日，民盟泉州市委会秘书长黄金电带队，经济工作委员会一行走进峰尾镇诚平村开展助力乡村振兴行动，民盟泉港总支主委王梅珠、副主委段靖莲、刘碧新等参加，市、区两级盟组织分别拨付10000元、5000元支持诚平小学更新教学设备，与该校师生现场进行掌中木偶互动表演。

中国民主建国会泉州市委员会泉港区支部委员会

【概况】 截至2020年12月底，2020年，中国民主建国会泉州市委员会泉港区支部委员会会员人数共35人，男会员27人，占77.14%；女会员8人，占22.86%；中级职称14人，占40%；副科级干部3人，在单位、企事业中担任中、高层负责人20人。有市政协委员1名，区政协委员5名，人民检察院党风检风监督员1名。

【学习教育】 2020年1月20日，中国民主建国会泉州市委员会泉港区支部委员会召开2019年工作总结暨2020年新春座谈会，会上传达学习中共十九届四中全会精神及近期重要文件精神。7月10日召开上半年工作会议，传达学习全国“两会”精神，布置学习《中华人民共和国民法典》。9月24日，副主委陈志东与会员陈惠蓉、肖明春、施锦英参加泉港区“同心讲坛”首场讲座。10月16日，召开调研课题讨论会，传达学习省委十届十次全会精神、《习近平在福建》，布置学习《习近平谈治国理政》第三卷。10月23日，会员林明珠、陈秋芳参加民建市委2020年度新会员培训班。11月26日，副主委陈志东、会员庄元平参加泉港区“同心讲坛”第二场讲座。

【组织建设】 2020年1月20日，中国民主建国会泉州市委员会泉港区支部委员会召开2020年工作会议，回顾总结2019年所取得的成效，对2020年工作提出要求，表彰肖明春、陈阿琼2名优秀会员，肖宗耀、庄元平、张振如3名积极分子。8月，支部被评为2019年度民建泉州市优秀支部。11月8日，民建泉州市委纪念中国民主建国会成立75周年书画摄影展开幕式在惠安县聚龙小镇隆重举行，会员廖晓红、陈志东、陈惠蓉、郭东玲等参加活动。12月，郭东玲荣获“民建全省优秀会员”称号，庄元平荣获“2020年度全省民建社会服务工作优秀个人”称号，陈惠蓉荣获“民建泉州市第十二届委员会优秀会员”称号，肖明春荣获“民建泉州市委抗击新冠肺炎疫情先进个人”称号，肖小江荣获“2020年度民建泉州市委社会服务工作优秀个人”称号，施锦英荣获“2019—2020年度民建泉州市委新闻宣传工作先进个人”称号。2020年发展新会员1名。

【参政议政】 2020年，中国民主建国会泉州市委员会泉港区支部委员会在区政协四届五次会议上积极建言献策，共提交提案9篇。其中集体提案5篇，会员个人提案4篇。提案内容分别涉及经济建设、城市规划建设、医疗卫生、文化教育、民生经济等领域。《关于改善小区物业管理 提升物业服务质量的提案》被列为区政协四届四次会议重点提案。完成《关于在泉港区推进真正可降解塑料袋研发及运用的建议》《关于全面建立我区青少年近视防控体系的建议》等调研文章的撰写，提出具有建设性、合理性的对策和建议。贯彻民建中央《关于进一步加强参政议政工作的意见》，发挥整体功能和群体优势，围绕区委、区政府提出的工作目标，履行参政议政职能。参与区委、区政府、区政协召开的民主协商会、情况通报会、征求意见会，有建设性地提出意见建议，为党委、政府科学决策提供参考。6月召开的“区各民主党派负责同志座谈会”、9月召开的“听取对区委重点工作意见建议座谈会”，副主委陈志东代表支部在会上作专题发言。

【社会服务】 2020年1月4日，中国民主建国会泉州市委员会泉港区支部委员会与泉州市委会财经二支部联合在泉港奇美购物广场举办“迎新春 送春联 送祝福”活动，共送出250副春联等。组织会员参与抗疫活动，2月1日，会员庄元平向南安市捐赠应急防疫物资口罩2050个；2月27日，会员庄元平筹集口罩、一次性手套等防疫物资送到市委会；3月17日，到界山镇鸠林村青莲庵开展慰问活动，把支部筹集的口罩、粮油等爱心慰问品运送到庵堂；4月8日，走访挂钩联系的涂岭镇小坝蒙古族村，与镇村干部探讨疫情防控工作，并捐赠5000元支持做好抗击新冠肺炎疫情及复工复产工作；5月26日，会员肖小江捐赠免洗杀毒凝胶100瓶；7月3日，向中共泉州市委统一战线工作部同心助学工程捐款2万元，用于开展“同心松柏，助学工程”捐助贫困大学生。

中国民主促进会泉州市委员会泉港区支部委员会

【概况】 截至2020年12月，中国民主促进会泉州市委员会泉港区支部委员会会员总数19人，男性会员13人，占68.42%；女性会员6人，占31.58%；大专以上学历18人，占94.74%；中、高级职称9人，占47.37%；副科级干部1人，区政协委员2人，区政协常委1人。

【学习教育】 2020年，中国民主促进会泉州市委员会泉港区支部委员会组织会员以会议或书面阅读的形式，学习贯彻中共十九大报告精神，学习中共十九届四中、五中全会精神及习近平总书记在中共中央党外人士座谈会上的重要讲话精神；学习习近平总书记关于统筹推进疫情防控和经济社会发展工作系列重要讲话精神；深化“不忘合作初心，继续携手前进”主题学习教育活动。

【组织建设】 2020年，中国民主促进会泉州市委员会泉港区支部委员会积极贯彻落实民主集中制，实行支部委员责任制和个人分工负责制，推动支部议事决策向科学化、程序化、规范化和制度化发展。做好人才发现、培养工作，扩充后备干部队伍人才库；组织会员参加各种培训班、学习研讨班，全面提高会员自身素质。

【参政议政】 2020年，中国民主促进会泉州市委员会泉港区支部委员会在区政协四届五次会议上积极建言献策，共提交6件集体提案。提案内容涉及教育文化、城市规划建设、环境保护、民生改善等领域。围绕泉港城区建设、民生问题等重点课题开展走访调研，调研文章《泉港区网络餐饮服务食品安全监管工作调研》入选区政协四届五次大会《会议发言材料汇编》。

【社会服务】 2020年，中国民主促进会泉州市委员会泉港区支部委员会积极组织会员参与各项抗疫活动。1月，主委李祎山向省委会组织的帮扶政和县澄源乡抗疫捐款2000元。2月3日，全体会员及入会积极分子为湖北宜昌疫情捐款合计9510元。2月15日，会员陆富中自筹资金2万多元为龙山社区、普安村、前烧村等送去口罩、消毒液等急需的防疫物资。2月16日，支部向前黄镇前烧村捐赠5000元现金、向涂岭镇下炉村捐赠3000元现金，助力村民做好疫情防控工作。3月13日，配合挂钩村（钟厝村）开展疫情防控宣传工作，会员们进村入户为村民发放口罩及宣传单。3月14日，配合区委统战部开展“践行雷锋精神，我们共同战‘疫’”学雷锋志愿服务活动，支部向山腰街道离相寺捐赠大米、食用油等生活物资。6月1日，开展“六一赠书”活动，向山腰街道菜堂小学捐赠总价值约1.2万元的校园文化建设图书。8月，参与同心助学活动，深入了解本区困难大学生的情况，宣传发动同心助学公益活动，为5名学生通过不同渠道提供助学资金解决大学生的求学困难。9月11日，参与民进泉州市委会“扶贫捐书，送教下乡”活动，向峰尾镇诚平小学捐赠价值5000元图书。10月7日，开展“九九重阳送温暖”慰问活动，为前黄镇前烧村老协会送去慰问金5000元。11月30日，在泉港一中会议室举行“民进泉港区支部2020年泉港一中助学金”发放仪式，现场为5名品学兼优的贫困学生每人发放助学金1000元。

中国农工民主党泉州市委会泉港总支部委员会

【概况】 截至2020年12月，中国农工民主党泉州市委会泉港总支部委员会共有主委1人，副主委3人，总支委员5人，下设综合、医卫、文教、经济科技和泉港医院5个支部，党员人数96人。其中，大专以上学历83人，占86.46%；中、高级职称65人，占67.71%；文化、教育界31人，占32.29%；医卫界39人，占40.63%；生态环保、经济科技、法律界27人，占28.13%。有处级领导1人，正、副科级领导5人，在各个单位担任中、高层负责人的有30多人。

【学习教育】 2020年，中国农工民主党泉州市委会泉港总支部委员会坚持思想理论学习常抓不懈。由于新冠肺炎疫情影响，根据上级有关部门的工作部署要求，相应减少人员聚集，采取以线上为主学习活动，以微信公众号为平台，创建农工党泉港总支微课堂，坚持发布《习近平在福建》等相关理论文章，组织党员们学习。在党员微信群和微信公众号上组织党员学习农工党中央陈竺主席在“不忘合作初心，继续携手前进”主题教育活动动员部署会上的讲话，并把此项活动作为总支思想建设的重点来抓。7月31日，农工党中央专职副主席曲凤宏一行莅临泉港区开展海丝文化调研。以“8·19”医师节为契机开展主题学习教育，由主委林金辉带队，组织医卫支部及泉港医院两个支部的党员到德化进行为期两大的学习教育活动。11月22日，召开总支扩大会，组织领导班子学习中共十九届五中全会精神。组织党员参加上级有关部门组织的各项专题征文活动。戴清秀撰写的《论在新型政党制度建设下如何提升农工党履职实效性》获2020年农工党中央理论征文优秀论文奖三等奖，农工党福建省委会2020年理论研究优秀论文二等奖。

【组织建设】 2020年，中国农工民主党泉州市委会泉港总支部委员会发展新党员3名。多次组织骨干党员参加各级各类培训，1人次参加省委会组织的骨干党员信息培训，2人次参加市委会组织的社情民意信息研讨会，1人次参加市委统战部组织的党外知识分子代表人士培训班，1人次参加民主党派基层组织负责人培训班，4人次参加区委统战部组织的党外干部暨三支队伍培训班，4人次参加区委统战部组织的才溪调查精神学习活动；组织3名新党员参加泉州市委会举办的新党员培训班。完善党员联络平台，创建特色党员之家，依托总支海丝文化实践基地建成农工党泉州市委会市级组织的第一家党员活动室。利用总支微信群以及“农工党泉港总支”微信公众号等，建成“网上党员之家”，在公众号上开设“党员之家”专栏。5月12日，总支主委林金辉带队到泉港区医院慰问奋战疫情防控一线的农工党党员护士，送上节日鲜花和祝福。10月23日，开展重阳节慰问老党员活动，送去总支关怀。

【参政议政】 2020年，中国农工民主党泉州市委会泉港总支部委员会关注民生热点，全年向市委会报送40余篇社情民意，内容涉及社会发展建设的方方面面。其中《关注香港犬只感染新冠病毒事件加强宠物行业防疫管理》《关于加强对养老机构监管，保障老人合法权益的建议》得到农工党中央采用，《当前中小企业复工复产还存在几个问题》《老年人群体智能手机使用困境亟待化解》被省领导批示，《建议发挥福建泉港产业优势打造国家级医疗卫生防护用品产业集群》《建议全面复学后解决学生托管接送难题》两篇被中共福建省委办公厅采用。组织数名骨干党员，由主委林金辉带队，与泉港区政协联合开展主题为“关于加强我区公共卫生应急队伍建设”的调研活动。通过会议讨论、实地调研等方式形成优质调研报告。调研选题《关于加快推进泉州石化新材料产业发展的建议》作为二季度市政协常委会重点发言。11月22日，总支召开总支扩大会，讨论年底区“两会”政协提案初稿，形成13篇优质提案。

【社会服务】 2020年，中国农工民主党泉州市委会泉港总支部委员会积极组织投身抗疫工作，并根据抗击疫情物资需要，组织党员企业捐赠口罩累计10万多个，价值20余万元。党员庄小峰率先主动转产生产口罩，供应省市区各级政府保障防疫工作，企业入选省级重点防疫防控保障企业，并成为国家级首批疫情防控重点保障企业之一。医卫支部主委刘建成积极响应省市号召，前往香港支援核酸检测工作。3月10日，向挂钩联系民族社区龙山社区捐赠一批口罩及消毒液。3月12日，向泉港区委统战部捐赠定向用于宗教场所疫情防控的防疫口罩5000个。3月13日，向挂钩联系宗教场所香山庵捐赠一批口罩及生活物资。3月17日，向泉港区教育局捐赠20000个口罩；向福建师范大学福清分校捐赠10000个口罩；向清华大学科技园捐赠10000个口罩。3月18日，向安溪卫校捐赠5000个口罩。3月24日，向泉港区教育局捐赠30000个口罩。4月7日，向香港惠安同乡会捐赠20000个口罩。组织多名党员为抗击疫情和企业复工等建言献策，组织上报《关于企业复工复产时人口流动的建议》等近十篇社情民意，并报送相关上级部门，有部分被省委办公厅采用，一篇被八闽快讯采用。戴清秀、陈小燕、陈振峰等撰写的诗歌、宣传稿件，发表在各级各类公众号平台。开展社会服务活动。5月30日，总支文教支部主委林俊华、副主委林锡强走访慰问清源庵、香山庵的孤残儿，送去粮油及生活用品，价值1000余元。11月7日，总支主委林金辉带队到涂岭镇黄田村开展2020年“同心助医”义诊活动，11位医卫界党员参加，共为当地80多名群众提供义诊赠药及健康咨询服务，赠医送药约计3000元。

中国致公党泉州市泉港区总支部委员会

【概况】 截至2020年12月底，中国致公党泉州市泉港区总支部委员会共有党员　人。全年发展新党员5名，其中科级干部2人，中级职称以上3人，平均年龄36.9岁。践行“四新”“三好”要求，学习贯彻中共十九大和十九届二中、三中、四中全会精神，发挥民主党派界别优势。健全和完善领导班子成员岗位责任制，每季度坚持召开领导班子成员中心组学习会和民主评议会，完善“一支部一提案”活动机制，根据市委会统一部署要求，对标全面建成小康社会和“十三五”规划收官要求，围绕稳增长、促改革、调结构、惠民生、防风险、保稳定工作等群众关切的热点方面问题，开展调查研究。创新侨务工作举措，多措并举做好爱心助学、助困、助侨等社会服务工作。

【学习教育】 2020年，中国致公党泉州市泉港区总支部委员会成立主题教育活动领导小组，制订活动实施方案，完善领导班子、骨干党员理论学习制度。开展“党员之家”建家活动，实现“出示范、出品牌、出先进、出成果”的“四出”目标。坚持把查找不足、整改提高贯穿主题教育活动，领导班子成员强化自身建设作表率，下发市委会主题教育活动征求意见表。结合庆祝中华人民共和国成立70周年、人民政协成立70周年，开展形式多样的主题宣传教育活动。协助省委会在泉港举办“侨海同心筑梦　礼赞祖国华诞”全省机关气排球赛；选送作品参加泉港区政协“新时代　新泉港”庆祝新中国成立70周年、人民政协成立70周年书画摄影展；选送作品参加“我和我的祖国”——泉州市统一战线庆祝新中国成立70周年宣讲会；参加区委统战部“弘扬才溪调查精神，提升参政议政质量”主题调研活动，为泉港区乡村振兴建言献策；选送3名新党员到市委会参加“不忘合作初心，继续携手前进”主题教育活动暨新党员培训班；参加全区统一战线庆祝中华人民共和国成立70周年“我和我的祖国”音乐快闪活动；协助致公党泉州市委会到南埔镇肖厝村举办“义诊赠药及慰问帮扶活动”，为辖区群众提供免费医疗服务。以中国致公党成立95周年为契机，开展优良传统教育主题活动，加强对习近平总书记关于中国特色社会主义新型政党制度理论以及加强和改进统一战线工作重要思想的学习，夯实共同思想政治基础。选派代表参加区委统战部党外干部“三支队伍”培训班，提升工作能力。

【参政议政】 2020年，中国致公党泉州市泉港区总支部委员会经深入调研，在政协泉港区四届四次会议上提交集体提案12件，政协委员提交个人提案8件。内容涉及人才工作、乡村振兴、政务改革、社会管理、侨务工作等方面。其中《关于安征迁大背景下如何提升党群干群关系的调研》作为大会发言材料在会上交流。完善“一支部一提案”活动机制，开展“提案质量年”活动，发挥领导班子、基层党员的集体智慧，完善调研机制，通过合作、成立调研组、深入基层收集材料等形式，调动广大党员的积极性和专业特长，提高调研成果质量。全年总支共向市委会申报8个调研课题，立项6件。

【社会服务】 2020年，中国致公党泉州市泉港区总支部委员会举办庆祝新中国成立70周年义诊赠药活动2场，协助区委统战部开展“统一战线泉州健康行——庆祝中华人民共和国成立70周年义诊赠药活动”，为周边群众提供免费疾病问诊、健康咨询等服务，惠及群众300多人。开展“幸福新时代，泉港新风貌”暨重阳节退休老党员慰问活动，联合区民政局到南埔镇柳厝村开展“爱心帮扶”慰问活动，为2名贫困户发放“爱心款”2000元。选送作品参加“讲同心故事，话改革开放”征文活动，以“泉港好，大家会更好”为主题，开展泉港好声音传播活动，为喜迎新中国70华诞营造良好氛围。协助区委统战部更新和完善侨情资料库，做好泉州市侨乡文化名镇名村申报工作，加大对泉港区华侨名人故居、华侨特色宅院等侨乡文化的保护力度，因地制宜推进侨文化发展。发挥民主党派成员联系广泛的优势，在安控区安征迁工作、重点项目攻坚克难等社会综合治理方面中做好矛盾化解工作，促进社会和谐稳定。

泉港区工商业联合会

【概况】 2020年，泉港区工商联以习近平新时代中国特色社会主义思想为指导，深入学习贯彻中共十九大和十九届二中、三中、四中、五中全会精神，围绕区委、区政府中心工作，落实习近平总书记在民营企业座谈会的重要讲话精神，围绕泉港区委、区政府中心工作，以章程为指南，创新机制，认真履职，推进工商联所属商会改革和发展工作，引导民营企业努力实现高质量发展。

【共抗疫情】 2020年，泉港区工商联向全区广大民营经济人士和基层商协会、异地商会及会员企业发出《致全区广大统一战线成员的倡议书》《泉港区工商联关于全力以赴抗击新型冠状病毒感染的肺炎疫情致广大民营经济人士的公开信》《众志成城抗疫情 守土尽责勇担当》《用工就在本地找 携手共创泉港好》等倡议书，号召会员企业积极网络接龙，营造疫情期间“泉港人在泉港就业最安全，泉港企业招泉港工人成本最低廉”的用工氛围。通过工商联微信公众平台和工作群，每天密集转载《人民日报》、新华社、泉港广电等主流媒体的正面权威信息，发布疫情动态，全面提高群众疫情防控知识覆盖面和知晓率。通知会员企业做好企业及其员工的教育引导和宣传工作，科学防范，自我保护，做正能量的传播者和守护者，不信谣、不传谣，共同守护泉港净土。全区广大民营经济人士、商协会、会员企业弘扬优秀企业家精神，踊跃捐资捐物，助力防抗疫情。共有174家民营企业、14家商协会（异地商会）向泉港捐资178万元，捐献口罩44.61万个（其中N95口罩1.11万个）、红外线额测体温计490把、医用隔离服2500件、消毒液47吨、有机肥60吨，以及食品、酒精等物资。

【护航企业发展】 2020年，泉港区工商联及时汇总整理中央、省市区扶助企业应对疫情的惠企政策，并向企业家推送，增强发展信心，有效发挥工商联与各成员单位直联优势，促进会员企业“战疫生产两不误”。落实区委区政府关于扶持小微企业发展的措施，为会员租户减免租金2.66万元。引导福海粮油、万家鑫轻工、开普勒车用电机等劳动力密集型企业严格执行防疫措施，专车接回省外返岗员工，在动车站、机场对员工点对点接送，进行健康消毒、体温测量、登记健康档案等严密举措，鼓励雇用本地员工。推动华友电器、新路家股份、泉港家园网三家公司契合行业特质和共性，共同成立“新电商销售公司”，推行社区团购、同城配送等营销模式转型升级，联袂共赢，为我区新一轮发展蓄势而发。泉港区“战疫情促发展”，服务民企疫情防控、复工复产的工作举措以及推进工商联改革发展的创新做法，受到省委统战部副部长、工商联党组书记李家荣的充分肯定；并且刊登在《中华工商时报》5月19日的“民经新闻”专版头条。为会员开拓市场解忧纾困，组织天马科技集团等10家会员企业亮出二十余种本土产品，创新开展“同心带货拓市场”直播展销，开通泉港“同心直播间”平台，邀请区内统一战线知名人士、网络名人等为产品做直播带货，借助广电、微信公众号、抖音等媒体帮助民企开拓市场，提升知名度，共直播30余次，观看人数636.3万人，成交订单14.6万件，总金额539万元，推动“同心筑梦·吉祥泉港”成效显现。

【倡导移风易俗、公益事业】 2020年，泉港区工商联向民营经济人士发出《倡简办家事树文明新风》倡议书，通过典型企业家现身讲述移风易俗好故事，引领民营经济人士树立“不比排场比慈善”的文明新风。1月，福建天马科技集团捐款100万元，在界山镇各村开展“新春慰问困难老人”活动。9月3日，厦门市泉州泉港商会乡贤返乡举行“海西春雨”助学活动，共为54名受助学生分发助学金31.6万元。截至是年，厦门市泉州泉港商会连续13年返乡开展助学活动，共捐款359.4万元，累计资助贫困大学生848人次。9月4日，广东省泉港经济文化促进会乡贤代表返乡开展“海西春雨”助学活动，共向20名受助学生发放10万元助学金。截至是年，广东省泉港经济文化促进会连续9年返乡开展“海西春雨”助学活动，共捐款64.6万元，累计资助学生150人次。12月，天马集团董事长陈庆堂等企业家踊跃为家乡教育基金会捐资逾4.06亿元。总商会主动帮扶拆迁困难户，发放慰问金8000元。

【“泉港好，大家会更好”主题宣讲】 2020年，泉港区工商联联合区委党史和地方志研究室、区广电传媒公司赴深圳市泉港商会、山东省泉港商会共同承办由区委宣传部主办的“泉港好，大家会更好”异地商会、在外乡

2020年9月4日，广东省泉港经济文化促进会2020年“海西春雨”助学活动举行
（区委报道组 供图）

贤主题宣讲传递泉港好声音，讲述泉港好故事，全方位集中展示泉港区人文历史、风土人情、地方特色、生态环保、建设成就、投资环境、发展愿景等，增进在外乡贤对泉港的深度认识，增强在外乡贤对家乡的归属感、认同感、荣誉感和自豪感，坚定在外乡贤“同心共建泉港好”“广泛宣传泉港好”的信念和力量。率先在全市同步开展在外乡亲普查摸底工作，为编撰“泉港人在××”系列丛书做好前期准备。

【优化营商环境】 2020年，泉港区工商联与区法院合作，建立民营经济领域纠纷多元化解机制，帮助企业解决纠纷，化解矛盾，组织会员企业参加市中级人民法院知识产权案件庭审现场观摩及司法答疑会活动和“青年企业家法制教育课”，增强基层商协会、会员企业的知识产权保护意识和依法办企观念。同区检察院合作，建立社会信用排查和预警机制，参照执行市检察院、工商联《关于建立健全检察机关与工商联沟通联系机制继续深化十二项工作的实施意见》，净化泉港民营经济从业环境。同区公安分局合作，建立联系通报协作机制，重点打击防范经济犯罪，保护企业合法权益。同政府有关部门合作，建立民企诉求沟通机制，实行不定期“探亲式”走访调研会员企业，及时梳理汇总企业发展中遇到的问题，报送协调有关部门，推动问题解决与反馈，加强民营经济重点产业行业运行预测和研析，为党委、政府决策提供参考依据。同金融机构合作，建立金融服务机制，促进银企对接，在区内六大国有银行为总商会授信70亿元的基础上，是年泉州银行泉港支行再次授信区商家服务协会5000万元，破解会员商户融资瓶颈。组织会员代表走进区检察院，开展“服务六稳六保，护航民企发展”为主题的检察开放日活动，增强企业家们法律风险防控意识。

【四届五次执委会议召开】 2020年12月9日，泉港区工商联召开四届五次执委会议，书面学习习近平总书记在企业家座谈会上的重要讲话精神及对新时代民营经济统战工作重要指示精神，通报泉港区2020年经济社会发展情况及教育发展情况，总结2020年泉港区工商联（总商会）工作成效，谋划2021年工作思路。会议表决调整陈炳林为工商联（总商会）秘书长，增补5位工商联常务委员，增补9位工商联执行委员。

【主办泉港区第九届异地商会会长联席会】 2020年12月27日，泉港区第九届异地商会会长联席会召开，主题为“建区成就20载，民营经济兴伟业”。来自全国19个异地泉港籍商会的会长、监事长、秘书长、兄弟商会代表和各级领导共襄盛举。大会邀请专家作“形成强大国内市场，构建经济内外双循环新发展格局”演讲；发出《“倡简办家事 树文明新风”——致民营经济人士倡议书》；各异地商会作工作经验交流。会上通报表扬陈庆堂、刘顺枝、庄跃海等25位企业家获“泉港区抗击新冠肺炎疫情民营经济先进个人”荣誉称号；授予陈庆堂、施锦珊、林森、林蓉等26位企业家“移风易俗 热心公益”荣誉称号；授予福州市泉州泉港商会、三亚市（福建）泉港商会、深圳市泉州泉港商会等6个单位为“热心公益造福桑梓”荣誉单位。大会为增进异地商会、同业协会、企业家之间交流互动搭建效能平台，推进移风易俗工作，弘扬时代新风，提振在外乡贤回归创业的信心，实现“凝聚乡情、沟通交流、合作共赢、助力发展”的办会目标。

【推进基层商（协）会改革发展】 2020年，泉港区工商联通过常规管理服务和动态走访调研，加强对基层商协会、异地商会的指导、引导和服务，提升其科学化运作水平。厦门市泉港商会、龙岩市惠安泉港台商区商会、区商家服务协会荣获“福建省四好商会”称号。截至12月，成都市泉港商会筹备组发展30家会员企业，符合注册条件，为正式成立奠定坚实基础。以党建促会建，组织配备党建工作指导员，指导推动区商家服务协会、物流同业公会成立党组织。

【19个异地泉港商会会长名录】

1. 永安市惠安·泉港商会会长：江伟忠
2. 厦门市泉州泉港商会会长：陈凯军
3. 沙县惠安·泉港商会会长：
4. 福州市泉州泉港商会会长：陈庆昌
5. 三亚市（福建）泉港商会会长：连式林
6. 海口市福建泉港商会会长：林志强
7. 西安市福建泉港商会会长：朱梅元
8. 深圳市泉州泉港商会会长：刘国彬
9. 广东省泉港经济文化促进会会长：连国鹏
10. 三明市惠安·泉港商会会长：
11. 北京惠安·泉港·台商区商会会长：张荣清
12. 长三角惠安·泉港·台商区商会会长：黄世杰
13. 龙岩市惠安·泉港·台商区商会会长：邱庆宗
14. 河北省惠安·泉港·台商区商会会长：李国兴
15. 南安市惠安·泉港·台商区商会会长：黄明忠
16. 漳州市惠安·泉港·台商区商会会长：杨国斌
17. 北京泉港企业商会：庄清宝
18. 石狮市惠安·泉港·台商投资区商会会长：萧惠扬
19. 山东省泉港商会会长：连清强

泉港区总工会

【概况】 2020年，泉港区总工会以习近平新时代中国特色社会主义思想为指导，全面贯彻中共十九大和十九届四中、五中全会精神，围绕区委决策部署，突出讲政治、勇担当、促发展、抓服务、强基础，团结动员全区广大职工为扎实推进“观念立区、主业强区、生态优区、富民兴区、和谐安区”发展战略、建设美好泉港而接力奋斗。承办“传承中华孝道、助力乡村振兴”市、区、镇三级工会党建联创活动。

【启动“大学习”活动】 2020年，泉港区总工会通过开设网上学习专题、举办有奖知识竞答、为基层赠阅图书、与一线职工座谈交流等方式，在全区广大职工中深入开展“大学习”活动，传承弘扬习近平总书记在福建工作时创造的宝贵思想财富、精神财富和实践成果。传达学习习近平总书记给郑州圆方集团职工回信精神和在全国“两会”上的重要讲话精神，全面掀起中共十九届五中全会精神学习热潮，组织职工谈心得、话体会，立足平凡岗位续写不平凡故事。

【舆论宣传】 2020年，泉港区总工会做好舆论宣传，工会工作获市级以上主流媒体报道48次，其中《工人日报》、中工网19次，学习强国福建平台14次，《侨区快讯》增刊2期。刊印《竞技争锋》《工匠风采》宣传册，引导崇尚劳动、争当先进风气。发挥“泉港工会”微信公众号意识形态宣传阵地作用，推送微信报道700多条。筹划工会系统庆祝泉港建区20周年暨“礼赞新时代·奋进新泉港”系列活动，凝聚全区职工爱乡情怀和干事创业激情。

【疫情防控】 2020年，泉港区各级工会干部深入企业走访排查，引导职工服从疫情防控应急安排。通过“泉港工会”微信公众号及时推送疫情防控政策、举措、常识，向全区职工发出倡议，组织疫情防控知识网上答题，开展一封抗疫家书征集活动，评选表彰抗疫最美家庭36户。到6个防疫执勤点慰问一线防控工作人员，送去防寒大衣及生活物资价值4.73万元；发动劳模捐款28万元、捐物3万元、口罩1万个；下拨专项资金5万元用于泉港医院开展疫情防控工作。

【服务复工复产】 2020年，泉港区各级工会实施“十项行动”，支持企业复工复产。“点对点”包机、包车接回四川、贵州等外来务工人员，为34名返岗人员发放交通补贴1.6万元。通过“网上春风行动”，发布165家企业4014个岗位信息。减半收取11家小微企业医疗互助金1.54万元惠及职工642人，为12家企业返还工会经费1.5万元。发动19家单位1312名会员购买消费券总价65.6万元，拉动消费、扩大内需。关注疫情防控期间职工权益保障工作，线上开展“遵礼守法、携手筑梦”法治系列宣传活动，线下指导企业工会开展“特别要约”行动，全区发放协商邀约16份涉及职工3512人，号召职工和企业共商共谅、共克时艰。

【创城创卫】 2020年，泉港区各级工会开展“凝聚职工力量、助力创城创卫”主题活动，邀请劳模代表发出倡议，成立职工文明志愿服务队，开展文明礼仪、环境保护、交通安全等志愿服务活动，向职工普及创城创卫相关知识，发动企业参与诚信建设活动，走访慰问创城创卫一线工作人员。设立户外劳动者休息驿站，为环卫工人、快递员等创城创卫一线参与者提供驻足休息场所。

【实训基地建设】 2020年，泉港区总工会依托福建联合石化公司技术和资源优势，打造石化行业仪器仪表、安全体验、生产实操三个培训基地，全链条打通技能提升通道，实现新员工岗前培训“一站式”覆盖。其中，总占地32亩的生产技能实操基地于是年8月正式运作，组织42名新员工参加为期3周的第一期岗前培训，生产培训5场次72人参加。在技能实训基地大力开展社会化培训，组织各类社会化培训93场次、参与职工2400多人次，推动技培资源惠及区内石化企业，服务泉港石化产业发展，获评“泉州市产业工人技能培训基地”。

【岗位练兵】 2020年，泉港区总工会承办2020年闽西南协同发展区劳动模范联盟工作推进会，泉港区全国劳模张肇宏作典型发言。启动为期1年的石化行业大练兵活动，涉及钳工、电气维修、电气运行和仪表维修等4个岗位工种，评出第一阶段“学习标兵”12名。承办全市钳工技能竞赛，泉港区职工林开斌斩获第1名，被评为市“五一劳动奖章”和“技术能手”。联合泉港区教育工会举办全区高中物理、初中化学教师教学技能竞赛，50名一线教师参加。职工技术创新成效显现，泉港区职工在全省百万职工“五小”创新大赛中荣获一等奖1个、二等奖2个、三等奖8个。“安康杯”竞赛深入推进，9个基层单位和3名职工获得市级表彰。

【先锋榜样引领】 2020年，泉港区获评福建省“五一劳动奖状”单位1家、“五一（工人）先锋号”单位2家，泉州市“五一（工人）先锋号”5家。吴良江获评省“五一劳动奖章”，庄细强获评“泉州工匠”，2人获评泉州市重点项目先进个人，3人获评“泉州市五一劳动奖章”。经公众评议和专家评审，评选表彰第二批“泉港工匠”10名。组织石化园区企业赴联合石化开展“学劳模、强担当”主题活动，聘请5名泉港工匠担任“兼职讲师”。

【普惠服务】 2020年，泉港区总工会将每月25日定为工会会员日，常态化发放会员福利，开展线上活动10场，惠及职工1300人次。邀请196名“新泉港人”同吃年夜饭、48对“新泉港人”家庭参加亲子游，利用节假日、双休日分批次组织42名非公企业“新泉港人”免费游泉州。提升助学标准，筹集助学金21.2万元帮扶困难学子38名。投入10万元开展“送清凉”活动，走访慰问重点建设项目、户外作业场所等44个，送去清凉饮品695箱、防暑降温物品2500盒。

【职工帮扶】 2020年，泉港区总工会推进精准识别、复合帮扶工作，是年累计慰问困难职工和一线职工115人次、金额28.17万元，委托第三方抽样走访脱困解困职工52户，全国档困难职工核减至1户，地方档全部脱困注销，脱贫成效显著。开通医疗互助网上申报渠道，为270人次职工发放救助金55.88万元，帮助7名大病职工申请专项补助2.25万元。开展“服务安控区”专项活动，分赴7个片区看望一线抽调干部，送去慰问物资840件价值3万元；慰问涉迁困难群众44户；举办征迁劳动力就业服务专场，提供招聘岗位571个。

【精准服务】 2020年，泉港区总工会开展“情暖五一·致敬劳动”、关爱湖北籍职工、“服务职工在基层”、“工”益“童行”等主题活动，关心关爱一线劳动者和职工子女。5个项目入选“泉州市农民工创业联盟示范基地”，争取扶助资金40万元，带动农民工就业212人。下拨经费补助5万元，指导泉港医院设立医生休息室。组织17名

2020年12月9日，闽西南协同发展区劳模联盟工作推进会在泉港举办 （区总工会 供图）

2020年9月17日，区委常委、区总工会主席王文晖（左三）慰问泉港石化安控区困难征迁群众（区总工会 供图）

一线职工参加疗休养，促进身心健康。全区已建“妈妈小屋”14家，日均服务女职工130多人次。

【夯实工会基层基础】 2020年，泉港区总工会以新产业、新业态为重点领域，推动民营企业和社会组织依法组建工会。推进快递员、货车司机、保安员等农民工相对集中的“八大员”入会，组建工会20家、发展会员1356人。以小微企业经费返还工作为突破口，推动13家小微企业加入工会“大家庭”，吸收会员231人。集中开展“强基础、补短板、增活力”行动，下沉力量和资源。规范“职工之家”创建工作，泉港供电服务中心获评全国“职工小家”，福海公司工会副主席林伟娥获评“全国优秀工会工作者”，福建省级“职工之家”2家、“职工小家”1家、优秀工会工作者2人；新建市级“职工书屋”示范点1家。推动机关单位工会经费直接列入预算，劳务派遣人员自2020年起按照工资总额1%计提工会经费，并纳入财政预算，保障基层工会正常开展工作，推动职工依法享有正当福利。推动基层工会经费审计常态化、长效化、专业化，管好、用好工会经费。通过“1+X”季度督查、年度审计和专项审计，对74家基层工会开展审计督查，及时发现问题，确保100%完成整改；指导区直单位和国有企业工会开展工会经费收支问题专项整治；督促4个市委交叉巡察发现问题的重点单位整改到位。

共青团泉港区委员会

【概况】 2020年，共青团泉港区委员会高举习近平新时代中国特色社会主义思想伟大旗帜，学习贯彻习近平总书记关于青年工作的重要思想，全面贯彻落实区委和团市委工作部署，围绕疫情防控、“六稳”“六保”、安全生产、强基促稳、文明创建等党政中心工作，切实履行共青团基本职能，团结带领广大团员青年为决胜全面建成小康社会、决战脱贫攻坚、加快推进“观念立区、主业强区、生态优区、富民兴区、和谐安区”发展战略，奏响“泉港好大家会更好”主旋律贡献青春力量。

【“青年大学习”网络主题团课学习】 2020年，共青团泉港区委员会引领广大团员青年深入学习领会习近平新时代中国特色社会主义思想，共开展网络主题团课学习18期，每期学习率均排在全市前3位。

【引导青少年传承红色基因】 2020年，共青团泉港区委员会联合区教育局开展“追梦五四 致青春”三行诗比赛，以青春的方式向祖国表白，比赛入围作品33首；搭建“云祭扫”平台，开展“传承2020·清明祭英烈”网上祭扫活动，全区参与“网上祭英烈”活动人数达10.3万人次，其中网上签名寄语4.7万余条，点赞和鞠躬献花6.5万人次；开展“五四精神·薪火相传”线上火炬传递活动，活动在全区101个村（社区）全线推开，累计参与青年35202名。

【引导青少年传承优秀传统文化】 2020年，共青团泉港区委员会联合区创建全国公共文化服务示范区领导小组办公室、区文体旅游局、区教育局、区文联等举办2020年“我们的中国梦 文化进万家”送春联活动，20余名书法爱好者、志愿者参加，共送出600多副春联；结合“不忘初心、牢记使命”主题教育，联合区青年商会、区家园义工协会、后龙中心小学、泉州银行泉港支行举办“青春同行·墨香献礼”“不忘初心跟党走，感恩奋进新时代”主题党日活动，共送出500多副春联。

【提升“青春泉港”公众号影响力】 2020年，共青团泉港区委员会坚持把青年网络舆情引导作为共青团维护意识形态安全的关键抓手，针对网上各类错误言论和现象，敢发声、善斗争，旗帜鲜明传播正能量，构筑清朗网络空间。“青春泉港”微信公众号入选2019年度全市微信综合影响力榜单前列。

【青年志愿服务】 2020年，共青团泉港区委员会加强青年党员志愿者队伍建设。联合区委文明办、区民政局、泉港济困公益协会、泉港ET街舞的青年志愿者们开展“青春同行·携手志愿”走进泉港区特殊教育学校活动。组织动员广大志愿者进村入户，有针对性地为贫困孤寡老人、事实孤儿、残疾对象提供生活料理、医疗保健、心理辅导等方面志愿服务。开展学雷锋志愿服务活动。动员机关志愿者积极参与活动，广泛开展志愿服务精神的宣传教育和思想引领，使学雷锋志愿服务工作落到实处。

【关爱困难青少年群体】　2020年，共青团泉港区委员会依托区民政局“505微公益”平台，征集弱势青少年“微心愿”，发布“梦想清单”动员爱心企业和社会爱心人士实现弱势青少年新年梦想，圆101个微心愿。联合泉港区民政局、区科技馆、区济困公益协会开展“童在蓝天下 让爱伴成长”欢乐过“六一”主题活动，邀请18名困境儿童参观科技馆、做游戏、包饺子、领取心愿礼物。开展“爱益起”青年文明号“户号结对”帮扶活动，共结对帮扶家庭困难的残疾青少年12人，解决“黑户”落户等实际问题。

【未成年人保护】　2020年，共青团泉港区委员会开展“青春自护·平安泉港”青少年安全自护教育活动。组织泉港二中100多位学生参加泉港分局举行以“警民携手110，共创平安迎大庆”为主题的警营开放日及110宣传日活动，从课堂走进警营，零距离感受警营风采。联合区公安分局开展“健康人生 绿色无毒”禁毒知识讲座。做好青少年毒品预防教育工作，营造有利于青少年健康成才的社会环境，共计5场，为800多名学生普及禁毒知识。落实“七五”普法规划，加强青少年法治宣传教育。提升广大中小学生法治观念和依法自护能力，联合人民检察院、区教育局等单位，面向全区中小学生开展“法护青春·关爱成长”线上法律知识有奖竞答活动。

【深化“全团抓学校”机制】2020年，共青团泉港区委员会联合泉港一中开展“致敬战疫英雄·逐梦崭新未来”泉港区2020年少先队员离队暨新团员入团仪式。牢固树立“全团抓学校”的意识，严把入团关口，规范入团程序，层层考察确定108名新入团学生，从源头上确保发展团员质量，推动工作资源和工作力量向学校领域倾斜，探索形成全团抓学校的有效机制。

【防控宣传】　2020年，共青团泉港区委员会在疫情防控期间，通过“青春泉港”微信公众号平台及时滚动发布官方权威信息，协助澄清事实，发动青年团员倡议、招募令、无偿献血倡议书等信息；推出《战“疫”路上的90后》专栏，宣传防控疫情的正面典型和事迹；推送防疫达人试卷，通过扫描二维码进行答卷，提高群众自护能力；发动少先队员积极参与防疫知识宣传和自发编制《防疫锦囊六计》短视频等宣传，“青春泉港”微信公众平台发布本级微信推文共118篇，总阅读量超过30万次，光明网、中国网、学习强国福建学习平台等各级媒体共刊发报道120余篇。

【拓展就业】　2020年，共青团泉港区委员会联合区人才办、福州大学石化学院举办空中双选会——“云”上求职，及时出台《应对疫情关爱人才企业生产经营11条措施》，梳理高校毕业生就业创业支持政策，建立就业信息网、就业公众号、就业工作群、智联招聘线上双选会平台“四位一体”的线上综合网络体系，确保高校毕业生稳定就业。共梳理泉州及周边县市企事业单位111家445个岗位，投递简历近900份，线上达成合作意向400多个。联合区人才办举行第三届预选大学生实践锻炼服务团启动仪式，共有62位来自全国各高校的泉港籍学子，走向基层一线岗位，在实践中增长才干，激发建设家乡的热情。

【激发企业活力】　2020年，共青团泉港区委员会发起战“疫”助农活动，借助阿里助农平台，沟通协调快递公司，采取“线上下单+线上支付+当地配送”方式实现产销对接；联合开展“先锋助农”活动，依托“青春泉港”与“泉港论坛”推出“‘土味’直通车”线上销售平台；与宁化团县委进行“山海协作，共迎春来”，通过宁化共青团的微信公众号齐心助农等活动，化解产品滞销问题，协助辖区内农业公司线上销售滞销辣椒5万公斤、闽秀玫瑰基地鲜花近30万枝，帮助企业、农户解决农产品销售难题。打造助农新动能。建立“银团合作”机制，依托福建农信“福e购”电商平台、银行发售线下转线上签办贷模式，协调金融机构推出“成功宝”“小微征信贷”等信贷产品，深化“战‘疫’助农”行动，目前，已有3家企业产品上架福e购线上平台；办理线上贷款7012笔、金额2.09亿元解决春耕备耕、复工复产资金需求等问题。

【选树青春“榜样”】　2020年，共青团泉港区委员会推出《战“疫”路上的90后》微信专栏，推出“青春奋斗正当时”专题报道。报道一批在疫情防控、创新创业、项目建设、安全生产等领域涌现出的优秀青年个人和青年集体，宣传防控疫情的正面典型和事迹。推出“泉港正青春”系列宣传海报30份、“青春志·家园情”短视频宣传30条，获点赞2万人次。举办“学习寄语精神，展现青春担当”为主题优秀青年（集体）事迹分享会。深入学习贯彻习近平总书记五四寄语精神，集中展示新时代青年的精神品格和价值追求。

【引领青年战“疫”】　2020年，共青团泉港区委员会开展网络志愿者招募。招募网络志愿者125名，发动志愿者积极提供联防联控线索，传播引导正确的舆论。在全市率先向辖区广大团员青年发出——主动到村（社区）防控一线报到的“行动令”。近1000名青年积极响应，组建青年志愿者队伍111支，主动参与村（社区）疫情防控工作一线。招募医学专业返乡大学生青年志愿者，23名医学专业大学生加入防控志愿者队伍，协助村（社区）开展居家医学观察人员的随访和疫情防控等工作。开通拨打心理咨询热线等多种线上通信手段，11名专业心理咨询志愿者老师加入心理危机干预志愿服务队，解决群众因疫情带来的焦虑问题。

【激励青年争先】 2020年，共青团泉港区委员会开展“青年安全生产示范岗”“青年文明号”“两红两优评选”等活动。全区获评“福建青年五四奖章”集体1个，“泉州青年五四奖章”集体1个、个人2个，“泉州青年五四奖章”疫情防控类优秀集体1个、个人3人，“福建省青年安全生产示范岗”单位3个，省“两红两优”先进集体和先进个人各2个，市“两红两优”先进集体9个和先进个人19个，区级“青年文明号”7家、区级“青年安全生产示范岗”7家。

【发动青年社会力量】 2020年，共青团泉港区委员会号召青商会员踊跃捐款用于购买疫情急需物资。筹集善款37666元，用于购买13000只防护口罩，并分送防控一线值守单位；倡议青商会企业带头担当社会责任，主动向社会公开复工承诺，并组织向青商会员企业赠送次氯酸钠等消杀剂，协助采购疫情防控物资，助力企业有序开工复工。联合泉港区济困公益协会发起“隔离病毒但不隔离爱”公益活动。为奋战在疫情防控一线的志愿者们送去爱心物资；联系洋屿环保公司捐赠宁化县84消毒液1350公斤，为宁化县27所学校全面消杀做好物资准备。

【助力文明城市创建】 2020年，共青团泉港区委员会以“青春助力文明城”为主题开展常态化周末公益活动，推动全民创城全面创城。组织峰尾镇、中国移动泉港分公司等单位青年志愿者，到五里海沙郭厝段沙滩开展环境卫生整治活动。联合区河长办开展“心系河长制，有我‘河小禹’”主题实践活动。贯彻生态文明发展理念，15名大学生志愿者、32名少先队员争当“河长”，参加“护河”“治水”行动，保护泉港的江河湖库，守护家乡的绿水青山。联合区交警大队开展“文明出行·青春护城”青年志愿服务活动。17名青年志愿者加入为期1个月的志愿服务，在城区四个路口开展交通协助服务，为文明城市创建工作贡献青春力量。

【打造青年婚恋平台】 2020年，共青团泉港区委员会落实《福建省中长期青年发展规划（2018—2025年）》，从解决青年婚恋实际问题出发，推出“团缘泉港”青年交流联谊小程序，打造“青春泉港·为爱团缘”青年交流联谊活动品牌，引导青年树立文明、健康、理性的婚恋观。

【引导青年安全生产】 2020年，共青团泉港区委员会联合福建联合石化公司团委、区应急局开展“安全生产、青年当先”主题团日活动，采用线上线下结合、线上为主线下为辅的方式，开展青年安全生产宣传教育，组建安全生产青年志愿服务队，推进安全进企业、农村、社区等场所；组织青年职工代表及青年团干代表，体验VR、触电体感等各类伤害对身体的影响，参与急救教学和实操项目；开展安全生产技能比武，通过知识竞赛和“隐患排查”实操，检验青年职工的安全意识和隐患排查能力，强化安全防范意识、提升安全作业技能。

【助力脱贫攻坚】 2020年，共青团泉港区委员会贯彻落实习近平总书记对希望工程的寄语精神，深化“青春同行·暖冬行动”“一元捐·百分爱”活动等系列活动，为贫困学生解决实际困难。走访了解挂钩帮扶村户的情况，结对帮扶南埔镇凤翔村6位贫困户、困境青少年慰问，共捐赠4100元，疫情期间走访慰问15户村民，赠送口罩150个和小孩衣服16件。以“团团助力·脱贫攻坚”为主题，联合区农水局开展线上直播活动。推销泉港区特色农产品，实现公益助农、精准扶贫与消费服务有效链接，把指尖助农、爱心惠农推上直播间，在线观看人数26.2万余人次，在线成交订单4858件，累计成交金额15万余元。

泉港区妇女联合会

【概况】 2020年，泉港区各级妇联组织围绕疫情防控、脱贫攻坚、石化安征迁等重点任务，服务大局、服务妇女，全面实施“县级妇联改革破难行动”市级试点工作、深化巾帼建功“八项行动”和“家家幸福安康工程”。在《中国妇女报》等市级以上主流媒体、主要刊物刊发相关信息29篇。全区获省级三八红旗手1个、市级三八红旗手（集体）9个，省抗疫最美家庭4户。峰尾镇妇联等5个单位获泉州市2020年“三百四有”创建活动基层妇联组织示范单位。

【妇女思想引领】 2020年，泉港区妇女联合会在微信公众号推出“最美巾帼劳动者”等线上活动，展现泉港妇女以劳动为荣，以奋斗为美的优秀品质。组建巾帼宣讲队、“红衣女”宣传小分队，开展学习贯彻中共十九届五中全会精神宣讲报告会，深入各镇（街道）、各村（社区）开展疫情防控、家庭教育等群众性宣传活动25场，受益妇女群众2600多人次。

2020年11月5日，区妇联联合区社科联在涂岭镇前欧村文明礼堂开展学习《中华人民共和国民法典》宣传 （区妇联 供图）

【巾帼建功】 2020年，泉港区妇女联合会联合区商务局举办家政服务节等活动。联合农商行实施“巧妇贷”项目，2020年放贷310户889笔，共计3400万元，银行让利约30万元。联合人社局等部门举办女性专题招聘会，提供2000多个适合岗位。举办职业女性沙龙4期，参与人数近160人。实施“农村妇女素质提升计划”，举办月嫂家政培训班2期、电商培训2期、党建+新型职业农民培训3期，共450余人参加。推出女性创业就业政策指南专题，为广大家庭及妇女提供便捷服务。命名“战疫一线”三八红旗手（集体）29个。全区荣获省级三八红旗手1个、市级三八红旗手（集体）9个，峰尾镇妇联等5个单位获泉州市2020年“三百四有”创建活动基层妇联组织示范单位。峰尾镇郭厝村党支部书记郭玉凤被授予福建省三八红旗手称号。开展“巾帼护河·共建生态家园”“巾帼美丽家园”建设活动40场。

【关爱妇女】 2020年，泉港区妇女联合会开展2020年“母亲健康1+1”公益募捐活动，共募集资金16.75万元。联合区职业女性联谊会、中国人寿保险泉港区支公司举办关爱女性健康公益讲座6场、义诊1场，共220人参加。联合区职业女性联谊会开展2020年“新春送温暖 巾帼暖人心”慰问活动，为安征迁项目动迁特困户、困难妇女群众、困境儿童等共114户送去慰问金和棉被、油、大米等慰问品，共价值近4.54万元。开展为贫困母亲儿童圆梦行动，为97位贫困母亲和儿童购置家电等，共赠送物资近5万元，慰问金额22.33万元。联合福建联合石油化工有限公司、区职业女性联谊会等单位共走访慰问涉迁群众2114户，慰问金额24.9万元。联合区直机关妇工委举办机关女子办公室瑜伽培训班，共13场。联合区职业女性联谊会开展“浓情八一 情系军属”走访慰问活动，为烈士遗属、部分驻泉港部队军嫂及泉港籍功臣军属送去鲜花和慰问品。

【家庭文明】 2020年，泉港区妇女联合会联合区委政法委命名99户“平安家庭”示范户。联合区总工会命名36户泉港区抗疫“最美家庭”。联合区委文明办命名6家首批泉港区家教家风教育基地，联合教育局命名15家泉港区示范家长学校。编撰《馨风传家——泉港区家风故事汇》，举办首场赠书仪式暨家风分享会。举办泉州市首场《福建省家庭教育促进条例》宣传周启动仪式。打造“爱家讲堂”品牌，围绕家风传承、家庭教育、家庭健康等主题举办宣讲活动19场次。联合区社科联开展“传承家风家训 助力脱贫攻坚”主题科普活动。推荐刘文党家庭、林金辉家庭、林松家庭、刘玉水家庭等4户家庭为福建省抗疫最美家庭。

【巾帼维权】 2020年，泉港区妇女联合会召开泉港区维护妇女儿童人身权益工作座谈会暨反家庭暴力专项协商会议。开展“为幸福家庭护航 化解家庭危机”专项活动，在全区共排查出101户矛盾纠纷家庭。依托家事调解室向法院申请人身保护令，发出3份。举办泉港区妇联系统维权培训班、“防诈骗”专题宣讲活动、《中华人民共和国民法典》专题讲座等培训活动，280人参加。区妇女援助中心共接待来信来访120人次64件，稳控率100%。

【儿童工作】 2020年，泉港区妇女联合会在涂岭镇前欧村举办“把爱带回家”暨“儿童之家”素质展演。指导各级“儿童之家”在寒暑假期间开设17项公益培训。建立村（社区）妇联执委与留守困境儿童的挂钩帮扶机制，对145位困难儿童及家庭的救助帮扶。开展“小手拉大手，争做环保小卫士”亲子秀照片征集活动，共征集60份。组织“儿童之家”开展“节约粮食 光盘行动”主题活动。联合区委宣传部开展“最美宅家·同阅书香”亲子阅读暨寻找“小小阅读推广大使”活动。开展“守护童年 牵手共成长”2020暑期儿童关爱服务系列活动。在妇女儿童活动中心开展为期5天的“儿童瑜伽”暑期公益培训班。

【“两纲”实施】 2020年，区长颜

朝晖主持召开第52次政府常务会，听取区妇儿工委2019年实施妇女儿童发展纲要情况汇报。召开泉港区“两纲”重难点指标落实情况推进会，联合区效能办开展2019年“两纲”完成情况考核，发出重难点指标整改函6份。9个“儿童之家”纳入市、区级为民办实事项目。召开“两纲”统计监测业务培训会议。开展十年“两纲”统计监测工作，“两纲”共100项指标，应实施指标97项，其中96项指标提前达标或进展平稳，完成率98.97%。

【组织建设】 2020年，泉港区妇女联合会落实市级“破难行动”试点工作，联合区委组织部出台《关于加强党建带妇建推动基层妇联组织建设的实施意见》。培育命名8个村（社区）妇女之家示范点，建立15个妇女微家。召开区妇联四届四次执委会暨2020年妇联工作会议，区委常委、总工会主席王文晖出席会议。召开区妇联四届五次执委会暨妇联改革“破难行动”推进会，增补6名执委。每月组织各级妇联执委开展集中学习会。指导区职业女性联谊会召开第三届第三次会员大会。新增泉港区护理学会为团体会员。在区域内拓展成立中国人寿保险股份公司泉港分公司妇联，系首家金融领域妇联。在各镇妇联开展比学赶超“十个一”活动、开展村（社区）妇联组织应知应会“十个一”活动，指导各级妇联组织发挥职能。开展“我为妇女儿童办实事”活动，妇联常委、执委为困难妇女群众办实事、做好事35件。

泉港区科学技术协会

【科普场馆建设】 2020年，泉港区科学技术协会贯彻落实《全民科学素质行动计划纲要》，按照“建阵地、常开放、树形象”的工作目标，推动社会化办科普进程，全区科普场馆建设平台稳步发展。在争取市科协补助15万元资金基础上，区科协配套补助14万元，建成界山玉湖中心小学和泉港区第五中学等2个校园创新工作室，建成后龙村青少年科学工作室，完成锦山村青少年科学工作室的全面升级，建成白潼村、寨后村和涂岭红茶协会等3个科普惠农服务站。泉港区科技馆争取全国科技馆免费开放补助资金104万元。泉港区教育科普基地（科技馆二期）完成招标工作，完成深化设计专家论证，其中大楼外立面改造工程施工设计、场馆装饰工程造价预算及施工设计图审及展品的研发、多媒体设计制作同步进行中，完成大楼内部三、四、五层拆除。

【基层科普行动计划项目申报】 2020年，泉港区科学技术协会推进《全民科学素质行动计划纲要》深入实施，按照规定程序积极组织申报基层科普行动计划项目，经市科协审核批准，泉港区2020年新增学校创新工作室、青少年科学工作室、科普惠农服务站、科普基地、科普带头人、农技协、企业科协等项目建设资金补助，提升基层科普服务能力和科普教育功能。落实基层科普行动计划项目补助资金共6万元，分别是：涂岭镇寨后村百草园中草药基地1万元；涂岭镇白潼村榕泉和休闲农业观光园3万元；峰尾镇紫菜协会1万元；泉港区科普带头人涂明珍0.5万元；泉港区科普带头人朱凤州0.5万元。基层科普组织建设补助资金共1万元；分别是：福建中科职业健康评价有限公司科学技术协会、界山玉湖中心小学科学技术协会各0.5万元。

【科普宣传】 2020年，泉港区科学技术协会共开展科普宣传活动28场，其中科普进社区8场、科普进村10场、科普进学校4场、科普进企业3场、健康知识讲座3场。活动现场通过举行科技展品展示、科普表演、科普图片展、专家讲座、分发科普书籍等，鼓励群众学习科学知识，践行绿色健康的生活方式。

【流动科技馆巡展】 2020年，泉港区科学技术协会加强中小学生的科技创新教育，培养学生的动手能力，提高青少年科学素质，承办为期3个月的“中国流动科技馆巡展活动”泉港站在岭镇红星生态园探索教育基地成功举行，参观人数近1.4万人次。承接“泉州市流动科技馆巡展”进校园活动，分别在益海实验小学和泉港二中举办。

【青少年科技创新】 2020年，泉港区科学技术协会发动区内中小学组织学生参加省、市青少年科技创新大赛、科学影像节等多个赛事，取得良好成绩。在第35届福建省青少年科技创新大赛中，全区获得科技创新项目三等奖1项，科幻画二等奖1项、三等奖1项。在第十七届泉州市青少年科技创新大赛中再创佳绩，获科技创新项目一等奖4个、二等奖1个、三等奖5个；科技实践项目二等奖3个、三等奖6个；科幻画获一等奖1幅、二等奖4幅、三等奖12项。在第六届泉州市青少年科学影像节活动中荣获4项一等奖、4项二等奖、5项三等奖的佳绩。在首届福建省青少年创意编程与智能设计大赛中获Micro：bit智能设计项三等奖1项。

【科普网络平台建设】 2020年，泉港区科学技术协会以“泉港科普”微信公众号为平台，刊发科普图文信息700多条，对“泉港科普”公众号、泉港区科普信息网进行优化升级；与泉港电视台签约，每周播放《科普新说》。加大推进科普信息化建设力度，解决科学传播“最后一千米”，提高基层科普服务能力，满足新时代公众日益增长和不断变化的科普服务需求，促进传统科普宣传方式与新兴媒体相结合，建成“科普中国e站”48个，其中“社区e站”7个、“乡村e站”30个、“校园e站”11个。

泉港区社会科学界联合会

【疫情防控宣传教育】 2020年，泉港区社会科学界联合会抓好常态化疫情防控下的科普宣传，动员泉港社科工作者主动担当社会责任、用好社科宣传阵地，共同做好疫情防控工作。制定出台《泉港区社科联关于新型冠状病毒感染的肺炎疫情防控宣传工作方案》，发挥各类社科普及载体作用，开展疫情防控社科知识宣传工作；组织社科基地落实好疫情防控各项要求，做好疫情防控的宣传普及、舆论引导；组织发动社科人才围绕防疫主题开展创作，其中与区音舞协会联合创作出品抗“疫”宣传歌曲《逆风飞翔》登上“学习强国”平台；组织到挂钩界山村进村入户发放防疫宣传单和口罩，宣传相关防疫知识；组织到挂钩企业德慈柏木艺有限公司开展实地调研，协助挂钩企业做好复工复产防疫工作；在“人文泉港”微信公众号开设“共同战疫”疫情防控科普专栏，普及科学防疫知识。

【社科书籍赠阅活动】 2020年，泉港区社会科学界联合会在线上加大推广“移动书屋”App，引导读者通过下载App的方式免费在线阅读社科书籍、便捷获取阅读资源，线下组织到涂岭、南埔、后龙等中心小学，捐赠“福建省历史人文丛书”等爱心社科书籍，为打赢疫情阻击战凝聚文化力量。做好文化扶贫工作，扶持区内边远村农家书屋建设，向界山村捐赠价值10000元社科书籍。了解掌握挂钩非公企业德慈柏木艺有限公司的社科普及需求，精心挑选《福建省民营经济发展论坛文集》《泉港论坛》等社科实用书籍赠送给企业图书角，促进企业职工思想理论水平和社科素养提升。联合泉港新华书店开展“好书伴成长”赠书活动，向界山、鸢峰等乡村小学捐赠价值26000元图书，涵盖社会科学、经典名著、儿童文学等领域，助力学校创建书香校园。向泉港社科人才信息库成员赠阅《习近平谈治国理政》第三卷、《中国制度面对面》、《习近平在宁德》、《习近平在厦门》等理论读物，在社科界持续兴起学习宣传贯彻习近平新时代中国特色社会主义思想的热潮。

【社科普及基地建设】 2020年，泉港区社会科学界联合会落实《关于加强社会科学普及基地建设的实施意见》，加强对社科普及基地的服务和指导，扶持泉港文化中心、山腰盐场晒盐技艺坊建设成为“泉州市社会科学普及基地（2020—2022年）”。至2020年，泉港共有9个区级社科普及基地和2个市级社科普及基地。各社科基地充分利用资源优势开展形式多样的社科普及活动，发挥宣传普及阵地作用。

【凝聚社科联席会议制度工作合力】 2020年，泉港区社会科学界联合会发挥好泉港区社会科学普及工作联席会议制度优势，组织、联系和协调各成员单位凝聚工作合力、开展科普宣传，形成泉港上下推进社科普及的整体氛围。联合区科协利用城区所有科普宣传栏，开展《泉港非遗图鉴》等非物质文化遗产主题宣传，向居民群众普及泉港人文社科知识。联合区妇联在“6·5”世界环境日开展“小手拉大手，争做环保小卫士”亲子秀照片征集活动，共评选出50个优秀作品。联合宣传部、教育局等部门在泉港范围内开展“爱国心·报国情·强国志”主题征文活动，共征集200多篇文章，分别评出一等奖15名、二等奖26名、三等奖53名、优秀组织奖3个。联合区妇联组织干部群众走进中国历史文化名村——涂坑古民居开展“传承家风家训 助力脱贫攻坚”主题科普活动。联合宣传部、文联等部门举办“向经典致敬”传统书法篆刻临摹精品展，共有93位书法家的115幅作品参展。

【优化“人文泉港”微信公众号】 2020年，泉港区社会科学界联合会把“人文泉港”微信公众平台打造成为泉港社会科学理论传播的重要窗口，2020年以来各类社科咨询共推送56期153条，涉及时事政治、社科资讯、人文历史、人物故事、健康养生等话题，新增“泉港游记”“泉港好”等专题，为庆祝泉港区建区20周年跨越发展营造浓厚氛围。

【社科理论课题研究】 2020年，泉港区社会科学界联合会发动社科工作者参与申报“2020年度福建省社会科学普及出版资助项目”“泉州市2020年社科活动资助项目”“2020年泉州市社会科学规划项目”等，鼓励推出有理论深度、有实践价值的社科成果。联合区委宣传部举办“献礼建区20周年 建设美好新泉港”为主题的第十六届“泉港论坛”理论征文活动，对“壮丽70年•建功新泉港”暨第十五届“泉港论坛”理论征文活动的获奖论文进行表彰通报，同时将“学习贯彻新思想·深化改革再出发”为主题的第十四届“泉港论坛”理论征文活动的获奖论文汇编成册。

【社科人才队伍建设】 2020年，泉港区社会科学界联合会组织开展2020年泉港区社会科学规划项目申报工作，鼓励社科人才围绕区委区政府中心工作积极贡献智库力量、发挥智囊作用，制定出台《泉港区社会科学规划项目立项评审工作方案》，组织市级评审库的专家对申报课题（社科课题8项、人文社科类书籍4部）进行立项评审，并召开评审组立项评审会议，研究通过《泉港区“农民变市民”之素养提升的思考与策略》等11项课题作为泉港区社会科学规划项目2020年立项资助课题。举办泉港社科界学习《习近平谈治国理政》第三卷专题研讨会，组织区内24名社科人才从不同角度交流研讨学习贯彻《习近平谈治国理政》第三卷的心得体会和工作思考，围绕泉港社科界学习贯彻落实习近平新时代中国特色社会主义思想积极建言献策，发挥人才库和智囊团作用。

【锦绣讲坛打造】 2020年，泉港区社会科学界联合会打造“可移动版”+“线上”锦绣讲坛，推动讲坛进机关、进乡镇（街道）、进村（居）、进企业、进学校和进基地，深化“锦绣讲坛”六进活动，提升泉港公众人文素养。举办“新闻报道通联交流”专题讲座、“学习领会新思想 提升意识形态能力”专题讲座、“解读经典，诠释方法”书法临摹讲座、“民法典的人民性解读”社科专题报告会和“文学创作的群众路线”等专题讲座。新冠肺炎疫情防控期间，为满足广大学生及家长的社科普及需求，创新开展“线上”锦绣讲坛公益讲座，邀请福州大学副教授刘漳辉到泉港二中举办“2020年高考志愿填报攻略”公益讲座，同时采用公众号“微直播”+泉港电视台“录播”方式，扩大讲座覆盖面和影响力。

【社科普及宣传周】 2020年，泉港区社会科学界联合会围绕“决胜全面小康，决战脱贫攻坚”主题，组织开展2020年社科普及宣传周系列活动，举办启动仪式暨书法展开幕式、“民法典”主题图片展、“学习强国”推广展、泉港非遗文化展播、社科普及读物推荐展、“社会科学在你身边”普及咨询、社会科学普及基地展览展示等10余个活动项目，广泛发动和组织社会大众踊跃参加“推进新时代新福建治理现代化”第12期和“深入学习贯彻《习近平谈治国理政》第三卷”第13期网上社科知识有奖竞答活动，营造全社会关心、支持、参与哲学社会科学普及的浓厚氛围。

泉港区文学艺术界联合会

【概况】 2020年，泉港区文学艺术界联合会围绕“决胜全面小康，决战脱贫攻坚”、疫情防控等主题，守正创新，组织主题文艺实践活动服务中心工作，引导推动文艺创作多出精品佳作，举办展览展示展演践行文艺惠民为民乐民，开展“学雷锋”文艺志愿服务助力新时代文明实践中心建设，实施“大学习 大宣讲 大创作”，围绕决胜全面小康、决战脱贫攻坚、疫情防控等主题，紧扣建区20周年等重要时间节点，服务区委、区政府中心工作，自觉承担起举旗帜、聚民心、育新人、兴文化、展形象的使命任务。

【助力疫情防控社会宣传】 2020年，泉港区文学艺术界联合会于1月29日和2月7日分别发出《致全区文艺工作者和全区文联系统干部职工倡议书》。2月1日至5月31日发动全区文艺工作者共创作抗疫主题文学作品（散文、诗词、对联）57篇（首）、音乐舞蹈作品（含音频、视频、曲谱）5个、曲艺作品（北管、文管、芗剧、闽南四句）28个、“复工复产”摄影作品14幅（组）、楹联书法作品95幅、美术作品68幅，泉港文联微信公众号共推出“同舟共济——文艺在行动”51期，其中有12篇在省级以上、26篇在市级宣传平台发布推广。4月，区文联荣获市文联系统“在疫情防控阻击中文艺创作和文艺宣传表现突出的先进单位”表彰，2人获先进个人称号。

【主题文艺活动】 2020年5—6月，泉港区文学艺术界联合会开展纪念“6·5”世界环境日“弘扬生态文明 共建美丽泉港”主题摄影创作活动。7—10月开展“泉港好 大家会更好”征文。10月23日至11月23日，举办“向经典致敬”传统书法篆刻临摹精品展。12月10日起举办“新时代·新泉港”美术作品展。12月，联合印刷出版庆祝建区20周年专题丛书《海丝港市遗址——土坑海商聚落空间解析》《泉之港——作家眼中的泉港》《家泉港——泉港建区二十周年摄影集》。11—12月，组织采编创作《良吏卢琦》文稿，摄制开播《泉港讲古——良吏卢琦》视频。

【为民惠民文艺志愿服务】 2020年，泉港区文学艺术界联合会发挥新时代文明实践中心泉港文艺志愿服务分团作用，组织广大文艺家“深入生活、扎

2020年9月29日，泉港区文化进万家文艺志愿服务活动在峰尾镇诚平村举办

（区文联 供图）

根人民”，开展艺术下乡、文艺进社区进校园进军营等文化惠民活动。1月14日，协办区文化“三下乡”活动，书法家协会开展义务书赠春联、摄影家协会开展免费拍摄全家福活动。1月11—12日，联办“繁荣群众文艺 畅想文化泉港”公益性文艺技能培训汇报演出、送春联活动。1月17日，区美术家协会到荷池清源庵开展“情系孤儿 七彩童年”庆新春送教送温暖活动；1月11—21日，书法家协会开展“美好泉港·畅想清风”等7场赠送春联活动；1月21日，圭峰文化研究会和音乐舞蹈家协会举办第二十三届“圭峰之春”文艺联欢晚会。3月11日、12月4日到挂钩村柳亭村开展“全民防控不放松、万众一心保平安”“大学习 大宣讲 大创作”支部共建助力乡村振兴活动。7月18日，指导圭峰文化研究会开办“百姓课堂”暑期公益性文化培训。8月，在峰尾镇开展“文艺下基层 众人齐创城”文明实践主题宣传活动。9月，成立泉港区文艺志愿服务团。9月29日，到峰尾镇诚平村开展2020年庆国庆、迎中秋“奋进小康路 共筑中国梦”文化进万家文艺志愿服务。10月，配合峰尾镇开展“你孝起来真好看”重阳节文艺志愿服务；到福州大学石油化工学院泉港校区开展“非遗文化走进校园”活动。

【实施文艺精品攀登计划】 2020年，泉港区文学艺术界联合会坚持以人民为中心的创作导向，把提高质量作为文艺作品的生命线，引导广大文艺工作者加强现实题材创作，创作讴歌党、讴歌祖国、讴歌人民、讴歌英雄的优秀文艺作品。2—12月，指导作家协会编纂印刷《泉港文学》2020年两辑。4月，陈小平长篇纪实文学《第一家园：闽台同名村的故事》、泉州市东南艺术院《闽台民间文学图书信息总库》2个项目获评2020年泉州市优秀传统文化传承发展专项资金资助项目。4月，陈小平《泉州：古刺桐港的故事》获福建省第33届优秀文学作品榜暨第15届陈明玉文学榜提名奖。10月，肖咸松楷书作品《林散之论诗二首》获福建省第九届百花文艺奖三等奖。10月，陈小平长篇纪实文学《第一家园：闽台同名村的故事》入选省台盟创作项目。12月，联合区妇联出版《馨风传家——泉港区家风故事汇》。

【壮大文艺骨干队伍】 2020年，泉港区文学艺术界联合会发挥文艺拔尖人才的示范引领作用，做好传帮带，采用“请进来、走出去”方式，邀请省市名家来泉港采风创作、笔会交流，举办名家讲座，提升全区文艺工作者艺术修养，培养文艺人才的文艺创作创新能力，壮大文艺骨干人才队伍。7月，指导筹备成立泉港区曲艺家协会，推动文艺组织和新文艺群体发挥积极作用。7—12月，组织开展2020年福安文艺创作奖励项目（46项）、重点文艺创作扶持项目（8项）申报评审工作，奖励自2018年7月1日至2020年6月30日期间发表、出版、展出的文艺创作成果和2020年防控新冠肺炎疫情主题优秀文艺作品，扶持资助重点文艺创作项目。10月，组织美术家协会开展画笔描绘新泉港、献礼建区20年走进美丽乡村写生活动；10月23日，举办“解读经典 诠释方法——书法临摹”讲座。12月，表彰奖励2018—2019年度泉港区文化艺术优秀人才3名；推行“艺术教育工作室”申报工作；12月10日，邀请市美协副主席戴毅强举办“写生与艺术创作琐谈”讲座；12月11日，组织部分文艺家前往台商区开展“大学习 大宣讲 大创作”学习交流活动。推荐庄绍英、刘宗益申报2019—2020年度泉州市文化艺术优秀人才。

泉港区归国华侨联合会

【提升为侨服务水平】 2020年9月，泉港区归国华侨联合会推荐界山镇侨联主席陈金山参加在山西省长治市太行干部学院举办的“中国侨联基层组织负责人培训班”，作为福建省代表作基层经验工作交流。界山镇侨联《着力打造侨乡特色平台推进基层侨联组织建设》《着力打造“五个一”特色平台 泉港区界山镇侨联焕发新活力》得到中国侨联副主席、福建省侨联主席陈式海的批示肯定。

【夯实基层组织建设】 2020年1月8日，前黄镇召开第二次归侨侨眷代表大会，完成换届，实现全区已届满的基层侨联组织全面换届，并办理基层侨联组织“统一社会信用代码证书”申领工作。落实区侨青联固定办公场所问题，指导筹备换届工作。筹备区侨联第四次侨代会，为全区侨联事业发展夯实基础。指导创建“侨胞之家”，界山镇东张村侨联获评2020年度全国侨联系统优秀“侨胞之家”、省级“侨胞之家”示范点、省级侨乡文化名村，界山镇侨联获评市级侨乡文化名镇。

【搭建交流平台】 2020年，泉港区归国华侨联合会组织区侨联机关干部和各镇（街道）侨联主席到峰尾镇诚峰村开展基层侨联工作交流会，探讨因地制宜发挥“侨桥”独特优势。区侨联领导率区侨青联到市侨青联开展学习交流活动，分享汇聚精英、广泛联谊、热心慈善、助力建设、参政议政等工作，组织机关干部到惠安县侨联学习交流。11月，组织山腰街道侨联前往德化县侨联、三班镇侨联学习交流“侨胞之家”、基层组织建设等工作经验。11月，市侨商工作年会在泉港召开，为泉港区侨商搭建交流互动平台。成立泉港文管侨之韵乐社，引导侨乡群众通过方言特色宣传地方文化。推动东张村成立华侨历史学会，聘请厦门大学国学研究院院长、中国明史学会会长陈支平教授为华侨历史学会高级顾问，加强联系交流。

【发挥侨力共防疫情】 2020年，泉港区归国华侨联合会贯彻落实区新型冠状病毒感染的肺炎疫情防控指挥部工作部署，配合区委统战部向海内外发出倡议书，号召全区侨界群众和海外侨胞配合防控疫情，捐赠防疫物资。区侨界青年联合会会员集体募集捐款购买额温枪，泉州维斯房地产开发有限公司、福建洋屿环保公司等会员企业捐赠抗疫紧缺物资，助力防控疫情。

【协助开展海外捐赠】 2020年，泉港区归国华侨联合会根据与海外侨亲了解到的需求，协助区政府捐赠马来西亚惠安总会、总商会一次性防护口罩2万个、槟城州一次性防护口罩6400个、防护服100套、鞋套100双、吉隆坡同善医院一次性防护口罩41060个，缓解海外侨胞防疫物资困难。

【开展“五个一”人文关怀】 2020年，泉港区归国华侨联合会做好出国（境）务工人员和海外留学生人文关怀工作，落实“五个一”（即成立一个专班，组织一场侨胞隔离点安全检查调研，赠送一份慰问品，发出一封慰问信，安排一张健康服务卡）工作措施，得到国（境）外入境隔离人员的认可。

【协助本地侨资企业复工复产】 2020年，泉港区归国华侨联合会多次深入益海嘉里泉州福海粮油公司、福建省兴通海运集团、福建洋屿环保公司、泉港绿笛山庄、顺美家居等侨资企业和侨青会员企业，了解企业疫情防控和复工复产情况，协助侨资企业做到“疫情防控与复工复产两不误”。

【推进“网上侨联”】 2020年，泉港区归国华侨联合会在疫情期间，通过电话、微信群等平台加强与海外社团、重点人士、新生代华侨华人的联络联谊，加强疫情期间的服务和引导工作，涵养侨务资源，促进海外侨务工作可持续开展。通过“泉港侨联”微信公众号向海外侨亲、归侨侨眷推送侨联工作信息115期，推进对家乡经济社会发展、疫情防抗情况及涉侨法律法规等的了解，传递侨界正能量、传播家乡好声音，提升侨界群众对家乡的关注度、对侨联工作的信任度和熟悉度。完成归侨侨眷普查信息采集表3350份，社团采集团14份验收上报工作。

【推进侨史馆布馆】 2020年，泉港区归国华侨联合会建设区“台港澳·侨史馆”、南埔镇凤翔村“侨史馆”、界山镇“侨史馆”，通过现代陈列手法，展示海外华侨华人迁徙繁衍、发展创业、情系家园、热心公益的光辉事迹，传承爱国爱乡的伟大精神。

【公益事业】 2020年两节期间，市、区两级侨联慰问、扶持侨界困难群众53户，“2020年度省级贫困侨救助专项资金”扶持10人，“2020年省华侨事务经费”扶持37人，“2020年市贫困侨救助” 扶持6户。区侨联配合市侨联到南埔镇惠屿村开展义诊赠药服务活动，为200多名群众提供诊疗，免费发放药品4000多元，讲解、发放《新型冠状病毒肺炎防护知识手册》100多本，普及防疫知识，提高卫生意识及自我防护能力。联合泉州爱尔眼科医院的医生为群众检测视力、测量眼压、筛查白内障。通过“侨青助学”为19位困难学生提供帮助。9月，南埔镇分别举行第二届“陈秋标奖教奖学基金”奖励活动，颁发奖金20万元；“王宗顺刘聪妹教育基金会”奖教奖学活动，发放奖金25万元。10月，第三十二届“郑银华奖教奖学基金会”在峰尾镇峥嵘小学举行仪式，发放奖金20470元，一年级学生每人校服一套。区侨联、侨青联争取市侨青联捐资50万元在南埔镇惠屿村建设幸福院。重阳节期间，指导界山镇侨联配合举办庆祝重阳节“孝满东张，德润桑梓”文艺演出活动。峰尾镇侨联开展“同心暖阳，关爱侨胞”主题慰问活动，慰问困难高龄归侨侨眷60余户，发放慰问品200余份。按照《“福建侨界万人助力冬奥”倡议书》要求，发动区、镇侨联和侨青会募集捐款21700元；侨眷筹集资金，整改村中休闲场所，助力美化家园。

2020年9月22日，市侨联到南埔镇惠屿村开展“纪念《中华人民共和国归侨侨眷保护法》颁布30周年”侨法宣传及义诊赠药服务活动 （区侨联 供图）

【维护侨益】 2020年，泉港区归国华侨联合会通过现场宣传、微信平台推送涉侨法律法规多方式结合，加大涉侨普法力度。配合市侨联在南埔镇惠屿村开展以“纪念《中华人民共和国归侨侨眷保护法》颁布30周年”为主题的侨法宣传活动，邀请福建尚民律师事务所律师，现场为海岛群众解答涉法疑难问题；发放并解读《中华人民共和国民法典》《中华人民共和国归侨侨眷权益保护法》《福建省华侨权益保护条例》，提高侨界群众合法权益的保护意识。组织侨联工作者参与第二届“侨商杯”侨法知识竞赛，扩大侨法知晓率，增强侨乡群众的法治观念。严格按照《中华人民共和国归侨侨眷权益保护法》《福建省实施〈中华人民共和国归侨侨眷权益保护法〉办法》等法律法规维护海外华侨和归侨侨眷的合法权益，规范涉侨案件、信访件的受理、调处、诉讼机制。加强涉侨检察工作协作，拓宽涉侨检察工作宽度和深度，与泉港区人民检察院联合制定出台《关于建立涉侨检察工作衔接互动机制的实施办法》，形成为侨服务强大合力。

泉港区残疾人联合会

【概况】 2020年，泉港区残疾人联合会紧扣“全面建成小康社会，残疾人一个也不能少”的目标任务，推进新冠肺炎疫情防控和残疾人工作，完成“十三五”加快残疾人小康进程规划。

【残疾人社会和生活保障】 2020年，泉港区残疾人联合会按照《泉港区“十三五”加快残疾人小康进程规划纲要》要求，构建民生保障网。全区3081名困难残疾人纳入低保、375名困难残疾人纳入特困户，9名残疾人享受孤儿保障。1151名一级重度残疾人享受每人每月115元护理补助，2987名二级重度残疾人得到每人每月85元护理补助。4825名残疾人（一、二级重度残疾人及三、四级低保残疾人）获得每人每月80元困难生活补助。全年6477人次一户多残家庭的残疾人每人每月得到50元或100元不等生活补贴。全区持证重度残疾人纳入新型农村合作医疗体系，为其缴交个人费用。推动残疾人参加新型农村社会养老保险工作，为重度残疾人代缴最低标准养老保险费，按最低缴费档次的50%代缴轻度残疾人养老保险费。投入29.457万元为全区9819名持证残疾人购买意外伤害保险。为14名精神残疾人服药、住院提供补助1.0388万元，临时救助129名困难残疾人，发放救助8.29万元。

【实施残疾人康复工程】 2020年，泉港区残疾人联合会建立辅具适配补助制度，全区44名残疾人购买辅助器具获得10.6228万元补助。开展残疾人托养工程，为88名省级残疾人居家托养提供补助，每名补助2000元。落实市级低保重度肢体残疾人居家托养补助511名，每名补助1000元。推进全区残疾儿童康复训练，131名0～14岁残疾儿童在定点康复机构进行康复训练，每人每年补助不超过15000元。印发视力残疾预防宣传手册3600本，加强残疾预防、辅具适配知识宣传。推行“互联网+”居家养老助残服务，为全区老年人、重度残疾人提供基础和实体服务，基础服务每人每月35元，实体援助服务每人每月50元，694名残疾人得到基础和实体服务。

【提高就业服务水平】 2020年，泉港区残疾人联合会开展残疾人就业援助和就业服务，组织残疾人参加残疾人就业专场招聘会4场，推荐到企业就业17名。落实“1+7”扶持残疾人就业创业政策，为16名自主就业创业残疾人提供社会保险补贴6.07万元。扶持农村困难残疾人就业创业，为21户困难“零就业”残疾人家庭开展就业创业和种养殖提供补助10.5万元。加强和规范残疾人就业保障金征收和管理工作，征收就业保障金993.15万元，为残疾人事业发展提供资金保障。

【教育、文体和维权工作】 2020年，泉港区残疾人联合会开展残疾学生及贫困残疾人家庭子女助学工程，143名大中专、高中残疾学生或贫困残疾人家庭子女获得扶残助学金26.7万元。选送3件作品参加泉州市2020年残疾人艺术作品网络展，并开展义卖活动。开展残疾人文化进家庭“五个一”活动，帮助贫困、重度残疾人读一本书、看一次电影、游一次园、参观一次展览、参加一次文化活动，丰富残疾人的精神文化生活。在泉港特校举办“助残日”文艺线上展演、微视频、摄影作品、绘画作品线上展评活动；在残疾人在线网站发布信息47篇，新建“泉港残联”微信公众号，发布信息71篇，通过移动公司播发助残短信4万条，在全社会营造关心、帮助残疾人的良好社会氛围。保障残疾人合法权益，健全信访和维权工作机制，专人负责“968891”残疾人服务专线平台、“12345”政务服务平台，完成区政协提案主办1件，“12345”政务服务平台8件。聘用律师为区残联常年法律顾问，协调解决残疾人来信来访69人次，办理残疾人法律援助1件，并及时执行到位，为残疾人挽回经济损失近10万元。加强残疾人证管理，全年换发第三代残疾人证8998本、核销残疾人证895本。

泉港区国际贸易促进会

【护航外贸企业疫情防控、复工复产】 2020年，泉港区国际贸易促进会做好抗击新冠肺炎疫情期间企业复工生产和日常的出证认证工作。通过企业微信群、发送邮件等方式，向企业宣传贸促机构在抗击疫情期间企业在日常的出证认证工作、出具不可抗力事实证明及推广“不见面办公”等相关举措。针对泉港区企业在疫情期间导致无法如期履行或不能履行国际贸易合同的实际，通过分析研判，协助企业办理不可抗力相关事实性证明，助力企业最大限度减轻因疫情造成不能履行合同的责任。疫情期间，协助华星燃气从厦门市贸促会开具不可抗力事实证明书1份，化解华星燃气延期收货滞期费90万美元。鼓励企业通过网上申请、电话咨询、邮寄资料等“不见面办公”方式，办理原产地证书、国际商事证明书、代办领事认证等业务。鼓励企业采用自主打印，企业只需配置一台任意型号彩色激光打印机，填写申请表完成申请即可开通。及时向区内相关外贸企业发送《中国贸促会关于有关国家（地区）因新冠肺炎疫情采取的相关措施提示》，提示涉及194个国家（地区）。6月17日，区委常委、统战部部长王晓莺带贸促会、工商联主要负责人，先后走访本益新材、弘耕鞋业、金燕海洋等区内多家外贸企业，深入企业生产一线察看并详细了解了相关企业疫情防控措施落实、复工复产、外贸订单与销售等有关情况。鼓励企业严格落实主体责任，发挥自身优势，把企业的损失降到最低。联合相关职能部门充分利用省、市、区在防控新冠病毒期间、企业复工复产出台的相关优惠政策，帮助企业渡过当前困难，创造条件为企业的安全生产、扩展销售保驾护航。

【展览商贸】 2020年，泉港区国际贸易促进会围绕区重点支柱产业，深挖展会资源，借助国际性展会的导向作用，提升企业参展意识和参展能力，深化与发改、工信、商务等部门合作，采取点对点、一对一等方式，做好展销企业的思想工作，引导企业参展，提升参展针对性和实效性。加强研究，精准参展，实现企业通过展会参与市场竞争，发现潜在的合作伙伴，助推企业“走出去”步伐。组织引导泉港区外贸企业积极参与“一带一路”建设。组织企业参加2020年一对一视讯采购洽谈会、线上韩国商品展-ICT视频洽谈会、“小型机动贸访团”线上洽谈会、泰国孔敬府的线上推介会、中国—阿联酋经济贸易数字博览会、2020年上海防疫物资展、2020年桃园国际采购商机大会、厦门国际投资贸易洽谈会、第六届中国（泉州）海上丝绸之路国际品牌博览会；组织企业参加墨西哥市场及数字展览营销能力线上培训会议、线上直播“闽港创新会展模式培训会”、中国贸促会举办的中小企业国际经营能力提升系列线上培训，“新外贸 新业态 共享未来”2020年（泉州站）活动等，通过组织行业优秀企业参展，推动泉港区优势企业开拓进出口业务。优化服务，开展展前、展中、展后的宣传、配对、回访等工作，建立企业参展“需求档案”，为扩大企业参展数量与质量提供基础数据，是年来为16家企业建立“需求档案”。

【商事法律服务】 2020年，泉港区贸易促进会组织企业参加防疫物资出口欧美市场的法规及相关认证要求线上培训会、开展互联网+福建省贸促会、“涉外商事法律服务八闽行”活动暨“出口防疫物资欧美认证辅导专场”、益会抗“疫”微课《疫情下国际商事合同履行和争议化解若干问题》、“国际商事合同法律风险防范与应对”讲座；为企业提供“新冠病毒”疫情下外贸企业适用不可抗力和情势变更制度法律指南、中国贸促会调解中心推出在线调解系统、福建省贸促会开通法律支援平台。

【拓宽服务领域】 2020年，泉港区贸易促进会密切关注中美贸易摩擦进展情况，深入企业开展调查研究，及时搜集企业生产经营情况及进出口贸易过程中遇到的困难问题和国际贸易摩擦中所受影响并向上反馈，提升企业抵御经贸摩擦能力。组织会员企业参加各类经贸交流活动，提供不同需求、方式多样的共性和个性化服务。通过业务培训、会员联谊、商务交流等活动平台，加强会员企业之间的交流互动。健全完善会员企业档案，注重会员队伍信息反馈，为有效服务开辟渠道。坚持深入企业了解所需，围绕企业需要解决的难题开展服务工作。

【配合做好省贸促会、省国际商会换届工作】 2020年，泉港区国际贸易促进会贯彻落实福建省贸促会、福建省国际商会换届工作动员部署会会议精神，根据《泉州市贸促会关于配合做好省贸促会、省国际商会换届工作的通知》要求，联系企业，推荐泉州恒昂工贸有限公司作为省国际商会第四届理事会企业理事参加省国际商会第四届会员代表大会。

泉港区红十字会

【疫情防控】 2020年1月28日，泉港区红十字会发布《共抗疫情，我们一起伸出援手》疫情防控募捐倡议书，接收疫情防控捐赠资金和物资。2月27—28日，向市民发放20000个一次性口罩和4000只N95口罩（非医用）。3月16—18日，组织19名红十字志愿者参与全区疫情保障集中无偿献血活动。截至2020年5月1日，共接收疫情防控工作公开募捐资金324.59万元、接收捐赠物资价值约112.19万元，所接收款物全部用于疫情防控工作。

【人道救助】 2020年1月，泉港区红十字会发放“泉港区刘经文红十字医疗救助基金”2019年第四季度救助款51.47万元，惠及67名困难群众。4月，发放“泉港区刘经文红十字医疗救助基金”2020年第一季度救助款23.02万元，惠及32名困难群众。7月，发放“泉港区刘经文红十字医疗救助基金”2020年第二季度救助款34.74万元，惠及45名困难群众。10月，发放“泉港区刘经文红十字医疗救助基金”2020年第三季度救助款32.53万元，惠及41名困难群众。

【应急救护知识普及】 2020年6月2日，泉港区红十字会在泉港第二实验小学开展应急救护普及讲座，共50余人参加。6月9日，在泉港第五中学开展应急救护普及讲座，共70余人参加。6月15日，在锦绣公园开展“急救侠摆地摊”主题活动，共400余人参加。6月22日，在锦绣公园开展“急救侠摆地摊”主题活动，共300余人参加。6月24日，在泉港基础建设EPC工程项目经三纬六路施工现场开展“应急救护进工地”暨消防应急救援演练活动，共50余人参加。7月2日，联合区文旅公司在涂岭镇汶阳村开展“七一”联建共建系列活动，共400余人参加。7月7日，举办2020年第1期急救员培训班，福海粮油公司共34人通过考核取得救护员证。7月10日，联合泉港医院举办2020年第2期急救员培训班，福建联合石油化工有限公司共16人参加。8月5日，在山腰街道锦川村开展“守护童年·悦享假期”暑期儿童关爱服务活动，共30余人参加。8月11日，举办2020年第3期急救员培训班，福海粮油公司共33人通过考核取得救护员证。8月12—16日，在文化中心红十字博爱学堂开办 “圆梦蒲公英”暑期主题活动的“生命守护”班，共40余人参加。8月14日，举办2020年第4期急救员培训班，惠安林德气体共6人通过考核取得救护员证。8月26日，联合区科技馆、福大石化学院在前黄村儿童之家开展“科普知识进社区”暑期科技下乡活动，共20余人参加。9月7日，在南埔镇举办征迁劳动力养老护理员免费技能培训，共150余人参加。9月16日，在三青社会实践基地开展应急救护普及讲座，共130余人参加。9月21日，在教育局开展应急救护普及讲座，教育系统工会共200余人参加。9月23日，在三青社会实践基地开展应急救护普及讲座，共170余人参加。10月8日，在三青社会实践基地开展应急救护普及讲座，共600余人参加。10月14日，在农水局开展河长办业务骨干、河道专管员防溺水急救普及讲座，共40余人参加。10月17日，举办2020年第5期急救员培训班，惠安林德气体共18人通过考核取得救护员证。10月19日，在三青社会实践基地开展应急救护普及讲座，共170余人参加。10月20日，在文化中心博爱学堂开展应急救护普及讲座，跆拳道协会共20余人参加。10月21日，在山腰中心幼儿园开展应急救护普及讲座，共70余人参加。10月28日，在南埔中心幼儿园开展体验式生命教育活动，共50余人参加。11—12月，在泉港益海实小开展9场应急救护普及讲座，共500余人参加。11月9日，在泉州市福源工贸发展有限公司开展应急救护普及讲座，共30余人参加。11月26日，在三青社会实践基地开展应急救护普及讲座，共130余人参加。12月4日，在小艺星幼儿园开展应急救护普及讲座，共50余人参加。12月10日，在山腰教堂开展应急救护普及讲座，山腰基督教会共57人参加。12月31日，在泉港高新产业园区开展消防应急演练活动，共80余人参加。

【志愿服务】 2020年1月16日，在山腰街道鸾峰村、清源庵开展“红十字博爱送万家”主题志愿服务活动。3月5日，在山腰街道鸾峰村开展“学雷锋、助雷锋、抗疫情、暖人心”主题志愿服务活动。5月8—10日，在栖霞社区、泉港中心敬老院开展“纪念世界红十字日暨红十字健康关怀进社区（乡村）活动”主题志愿服务活动。6月9日，在山腰街道钟厝村、鸾峰村、叶厝村开展“红十字健康关怀进社区（乡村）活动”主题志愿服务活动。12月30日，在清源庵开展“福建爱心公益日”主题志愿服务活动。

2020年8月29日，泉州市第三届红十字应急救护大赛在泉港举办

（区红十字会 供图）

政法与综治

【压实平安建设主体责任】 2020年，泉港区严格落实党政领导平安建设（综治工作）责任书，把提升群众安全感等平安建设“三率”水平，维护社会稳定大局作为工作的出发点和落脚点，多措并举，提高群众获得感、幸福感。区委常委会会议多次听取和研究吉祥泉港平安创建工作，区领导带头深入平安创建挂钩联系点，参与平安调研、平安宣传、入户访视等活动，协调解决具体问题，助力吉祥泉港平安创建顺利推进。是年全区工作会上，区委、区政府与各镇（街道）签订《党政领导平安建设（综治工作）责任书》。配齐配强镇（街道）政法委员。完成省平安办对泉港区平安县（市、区）实地调研考评工作；省级平安建设“三率”调查中群众安全感率、扫黑除恶好评率、执法工作满意率均创历史新高；获评市对泉港区党政领导平安建设（综治工作）责任书考评优秀等次。

【维护社会稳定】 2020年，泉港区贯彻落实总体国家安全观，加强国家安全人民防线工作，健全完善公安机关“415”工作机制，加强重点人员管控，完成全国“两会”“五中全会”等重大活动、敏感节点安保维稳任务。建立健全区镇村三级信访评理工作室，关注涉地、涉房、涉众型经济利益受损群体和“失独”人员等重点群体，做好疏导化解稳控工作。健全区域性治安突出问题常态排查发现机制，年初排查确定7个单位作为区级通报整改跟踪督导点，9月对“断卡”行动中涉案银行卡开户人户籍地较集中的9个重点村居实行区级通报整治，存在问题在较短时间内得到解决。全区共梳理排查公共安全领域风险隐患问题55条，已化解（或已整改、已稳控）51条、正在化解（或正在整改）4条，化解稳控率92.7%，依法维护社会面稳定可控，未发生影响恶劣的群死群伤公共安全事件和个人极端案件。结合普法宣传进机关、进企业、进学校、进宗教场所和上海岛、渔船等具有泉港特色的宣传形式，增强广大干部群众的敌情意识和国家安全意识。组织反邪教协理员、宣传员结合重要节日节点，开展“送温暖、送知识、送法律、送健康、送技能”的“五送”活动。完成区级、7个镇（街）关爱之家（工作站）建设。严格依照《泉港区区级国家司法救助分类标准》，实施救助9件、救助资金28万元，化解4起涉法涉诉信访积案。

【扫黑除恶专项斗争】 2020年，泉港区围绕线索清仓、逃犯清零、案件清结、伞网清除、黑财清底、行业清源等“六清”行动，聚焦重点行业领域乱象集中整治和源头治理，谋划扫黑除恶常态化机制，巩固深化专项斗争成果。专项斗争开展以来，共核查各类线索235条，部省级以上和市级线索认定办结率100%、“12337”平台线索14条办结率100%，共立案涉黑涉恶腐败6件6人，保护伞5件5人，作出党纪政务处分10件10人，组织处理1件1人；受理涉黑涉恶财产执行案件14件、涉案人数35人，执行标的298.5万元，执行到位金额290.8万元，执行到位率97.43%。是年林某等20人“软暴力”涉黑案件作为扫黑除恶专项斗争网上主题展览馆展品推送至省扫黑办。

【打击电信网络诈骗犯罪】 2020年，泉港区开展“云剑-2020”“断卡”等专项行动，坚持“快查快打、技术反制”相结合，稳、准、狠地打击电信网络诈骗犯罪分子。是年，立电信网络诈骗案件293起，破案84起、比上年上升7.7%，破案率28.67%，其中10万元以上案件破案率100%，排名全市第一；抓获犯罪嫌疑人96名，比上年上升118.2%，移送起诉38名，比上年上升35.71%。率先在全省县级公安机关开通“莉莉警官”防骗咨询专线“86666110”，创新以“线”带“面”反诈宣传工作法，奏响全区反诈宣传最强音。专线开通以来，共接到群众咨询电话630个（其中省外咨询电话63个），向671人解答关于电信网络诈骗疑问事项，劝阻142人被骗，止损500多万元。王莉莉警官获评泉州市首批“泉州政法网红”，“86666110防骗专线，为你守护钱袋子”在《长安评论》报道，《防范诈骗新利器 筑牢防诈防火墙——泉港区在全省首创反诈宣传“专线模式”》在《侨区快讯（增刊）》第42期刊发。

【打击“盗抢骗”犯罪】 2020年，泉港区坚持民生导向，分析传统“盗抢骗”犯罪的规律和趋势，推进合成作战中心建设，将侦查手段、办案力量最大限度地向打击传统“盗抢骗”犯罪工作倾斜，形成整体联动、协同作战的工作格局。全年共立盗抢骗案件726起，比上年下降25.39%，破案328起、破案率45.18%，比上年上升4.07个百分点。建设“雪亮工程”四期1000个高清视频监控、90个智能人像感知设备、10个其他智能设备。研发“泉港反走私实战智慧平台”，在峰尾海事码头安装高清探头和电子围栏，配置警用无人机，构建“全域覆盖、全时可用、全网共享、全程可控”的海陆空“智慧天网”。是年立现行刑事案件1359起，比上年下降2.86%；破获现行案件764起，比上年上升2.28%；破案率56.22%，比上年上升2.82个百分点，创历史新高。

【“酒驾”专项整治】 2020年，泉港区印发《关于开展全区“酒驾”专项整治工作的通知》，采取专项打击行动、综合治理施策、普法宣传教育和执法协调督导等工作措施，初步形成全民自觉拒绝酒驾良好风气。专项整治开展以来共组织专项打击行动12次，出动警力500多人次，查处酒后驾驶22起、醉酒驾驶12起，刑事立案10起，二次酒后立案2起，发放各类宣传材料万余份，展示宣传展板35张，曝光10起案例。

【创新疫情防控机制】 2020年，泉港区成立涉疫情大数据核查专班，创新大数据“计时排查法”，开展千人入户排查流动人口活动，在沿海各镇（街道）设立23个执勤卡点，开展24小时设卡、检查，在重点港澳口、码头新建27盏高亮度探照灯及安装82盏警灯，闭环式筑牢海域防线，助力打赢疫情防控阻击战。《八闽快讯》刊载《泉港区开展疫情防控期间“无死角全覆盖”流动人口大排查》《泉港区“三清”筑牢疫情输入防线》。从快从重打击利用疫情实施诈骗等犯罪行为，仅用10天快侦快诉快判陈某韬利用网络发布虚假售卖口罩信息实施诈骗案件，为全省首例宣判的涉疫情诈骗案。

【创新社会治理】 2020年，泉港区设立区、镇（街道）、村（社区）社会治安综合治理中心（社会治理网格化服务中心），制定完善全区社会治理网格化工作实施方案和专职网格员聘用管理办法等制度，搭设区镇村三级网格平台100个，聘用专职网格员232名，推进“1+5+N”网格化服务工作，配合协助公安、卫健、道安、市管、司法、消防、民宗等部门联合开展工作，实现微治理。《清朗天空》以《[护航]她们既是网格员，又是反诈宣传志愿者》，《平安泉州》以《“网格化、大联动”，泉港区涂岭镇做实做细疫情联防联控》《泉港区网格员疫情防控记》《用脚步丈量网格，用行动守护平安》等为题进行报道。坚持“边建设、边运行、边提升”，开展基层“十佳综治中心”评选表彰活动，以评促建、以建促用、以用促优，整合社会治理资源，创新社会治理方式，推进区镇村三级综治中心实体化规范化建设。《福建日报》以《泉州市泉港区涂岭镇：社会治理有了“推进器”》，《侨区快讯》以《泉港区涂岭镇：“微网格”推动基层治理“精细化”》为题进行报道。

【创新矛盾纠纷化解模式】 2020年，泉港区深化提升行政争议调解“泉港模式”，组建“金牌调解员巡回导师团”，加强网格化诉源管理分析研判，解决官民矛盾。行政争议调解中心成立以来，共受理行政争议案件113件，调解成功90件，调解成功率79.65%。区司法局与区公安分局联合设立警务司法工作室，全区公安（边防）派出所驻所人民调解工作室100%。与福州大学石化学院、湄洲湾氯碱公司组建校地、企地调解组织，成立涉军事务纠纷调解室，在后龙镇兴通海运有限公司试点推行百人企业调解室。是年，共受理各类社会矛盾1564件，调处1564件，调处率100%，其中调解成功1551件，调解成功率99.17%。

【严重精神障碍患者服务管理】 2020年，泉港区做好严重精神障碍患者服务管理工作，设立严重精神障碍患者专项基金，对落实严重精神障碍患者监护责任的监护人每人每月发放300元的看护管理奖金，是年共发放上年度奖金57.112万元。对家庭经济困难无力支付治疗费用的对象，由区财政每年预算专项资金统一兜底，是年共兜底132.6万元，解决患者家属的后顾之忧。采取政府购买服务的方式，与人保泉港支公司签订《泉港区严重精神障碍患者监护人责任保险》。是年未发生严重精神障碍患者肇事肇祸案事件。

【推进平安校园建设】 2020年，泉港区全区所有公办学校与公安机关指挥中心视频联网，实现校园封闭式管理、专职保安配备、一键报警与视频联网“三个100%”。开展校车安全管理暨道路交通安全培训，对全区61部校车进行全面“大体检”，召开全区学校消防安全标准化管理现场会。荣获第五届全国学生“学宪法 讲宪法”福建赛区知识竞赛初中组二等奖、泉州市演讲比赛高中组、初中组一等奖。

【护航家庭建设】 2020年，泉港区开展“为幸福家庭护航”巩固年专项活动，命名表彰99户泉港区“平安家庭”示范户。加强区妇女援助中心运作，是年共接待61件111人次，依托泉港区刘丽君律师家事调解室向法院申请人身保护令，区人民法院共发出人身安全保护令3份，推动《中华人民共和国反家庭暴力法》有力实施。指导家事纠纷调解室开展婚姻纠纷调解化解工作，解决矛盾纠纷30余件，联合出版《馨风传家——泉港区家风故事汇》。开展2020年度505微公益“微光成炬·助力脱贫攻坚”活动，帮助困难群众实现微心愿。是年共征集困难群众微心愿575个，发动认领575个，接收爱心物品485件，爱心物资价值28.75万元，完成7场微心愿物品派送。

【应急预警管理建设】 2020年，泉港区投入2500万元建设集应急指挥中心、预测预警中心、信息发布中心为一体的平安园区数字化、智能化应急指挥平台，投入2866万元推进有毒有害气体监控预警平台建设。对园内园外5支应急救援队伍、35家企事业单位的应急物资、专家、应急力量进行整合，开展消防应急救援演练4场次，有效应对各类突发事件、提升应急处置能力为320户自愿申请的留守老人、妇女、儿童“三留守”、严重精神障碍患者家庭等特殊困难家庭安装智能监控“云守护”，并由社工机构、公益组织、爱心人士提供“一对一”关爱帮扶及“互联网+线上线下”关爱服务。

【平安创建宣传】 2020年，泉港区在城区主干道、镇村主要路口或人群集中区域设置以“创建‘治安最安全、执法最满意、社会最平安’吉祥泉港”等为主要内容的大型宣传牌100多块、刷写固定标语500多幅，设置宣传栏300多个，利用沿街店铺LED滚动播放宣传标语。制作分发吉祥泉港宣传单两期22万张，为全区所有固话用户开通平安彩铃，向38万名移动用户发送平安宣传短信。依托平安泉港、泉港公安、泉港法院、泉港检察、泉港掌上公共法律服务平台等政法部门微信公众号，组建政法新媒体微矩阵，紧扣平安泉港、吉祥泉港、扫黑除恶、社会治理等主题，定期推送吉祥泉港平安创建微文。是年，“平安泉港”共推出192期 746条微文。在涂岭镇长安E站、“三所联调”“三室联调”、后龙镇兴通公司“海之讯”平台、前黄镇福大石化学院校地共建综治中心等基础上，新增界山镇“夕阳红”宣讲团、前黄镇“红袖章”跨村联防护村队、山腰街道“四锦一体”联合调解“和”作社、南埔镇调解超市、“乐龄e族”、峰尾镇海港平安综合平台、界山镇民法典公园等群防群治亮点，引导广大群众树立“人人都是平安建设参与者，人人都是平安建设受益者”。区直各有关单位深入各自挂钩村（社区）进村入户，开展吉祥泉港平安创建宣传，了解挂钩村（社区）情况，指导帮助平安建设“三率”巩固提升工作。《深耕“现代治理” 创建“吉祥泉港”》一文在省委政策研究室主办的《调研内参》刊发。《侨区快讯（增刊）》刊发《泉港区：做深社会治理大文章 提升人民群众安全感》、《泉州晚报》刊发《创建“吉祥泉港”筑牢“平安基石”》《泉港：“三治”融合托举乡村振兴》等。

公安

【概况】 2020年，泉州市公安局泉港分局坚持民意导向，统筹推进疫情防控和维稳安保工作，推进更高水平的“平安泉港”建设，为泉港全面建成小康社会、完成“十三五”规划收官目标贡献公安智慧和力量。疫情防控工作法、“百名警长进百村”和反诈宣传专线模式等做法分别被省委办《八闽快讯》、市委办《侨区快讯》刊发以及人民日报、人民公安报等中央级媒体报道，在区人大2020年度工作评议活动中以90.86高分荣获垂直管理部门第一名、获评“满意”等级。

【高效率核查涉疫数据】 2020年，泉州市公安局泉港分局第一时间成立新冠病毒疫情防控工作领导小组，全员进入战时状态，筑牢疫情安全防控屏障。组建涉疫大数据排查专班，创新大数据“计时排查法”，精细排查涉疫大数据，做到1小时内完成涉疫人员信息“三定”（定人、定地点、定去向）。泉港籍境外入境共计547人次、人员车辆数据973条。

【零盲区排查流动人口】 2020年，泉州市公安局泉港分局抽调232名民警辅警成立“战疫突击队”，会同区直454名干部和各镇（街）干部组成千人大排查流动人口战“疫”行动队，分成242个工作小组，开展“拉网式”入户排查，共摸排住宅小区222个、房屋944幢、套房21353套，流动人口4171人；共核查出入境信息400多人次，摸排登记境外人员88人、常住外国人13人，处罚不及时申报境外人员住宿登记2人。千人大排查流动人口成为全区历年来规模最大、力量最强、覆盖面最广的一次专项行动。

【闭环式筑牢海域防线】 2020年，泉州市公安局泉港分局实施人员闭环管理，摸排船舶841艘、渔船民2001人，逐一签订责任状，所有出入港渔船民凭有效身份证件登记上岸；实施船舶闭环管理，建立“一船一档”，设定10个固定船舶停泊点，严格船舶治安管理制度，实行船舶进出港24小时报备规定，所有进港船舶100%登船检查；实施海岸线闭环管理，设立23个海岸执勤卡点24小时设卡、检查，在重点港澳口、码头新建高亮度探照灯、安装警灯，形成岸线警示灯带，有效震慑境外非法人员从泉港上岸。

【打击涉疫犯罪】 2020年，泉州市公安局泉港分局坚持从重打击利用疫情实施诈骗、盗窃等犯罪，破获省公安厅督办涉疫案件3起。2月11日，成功抓获利用网络发布虚假售卖口罩信息实施诈骗的犯罪嫌疑人陈某，破获涉疫诈骗案15起，并主动与检法沟通会商，创新远程视频取证手段，仅用10天时间快侦快诉快判该案，成为全省首例宣判的涉疫情诈骗案。加强疫情期间网上巡查执法及时回应社会关切。

【服务复工复产】 2020年，泉州市公安局泉港分局聚焦服务保障“六稳”“六保”工作，制定出台《全区公安机关疫情防控期间服务保障企业复工复产十条措施》，创新出租房屋和流动人口服务管理“2334”工作机制，依托警务通等平台，实施“移动化、实时化”数据采集，审核复工复产企业返岗职工信息1万多人，指导300多家复工企业制定返岗疫情防控工作方案。建立挂钩企业服务制度，安排民警挂钩全区190家规上企业，提供便捷服务，并通过“网上办、掌上办、自主办、预约办”等举措，“无接触”办理相关手续及证件2000多件。

【维护社会稳定】 2020年，泉州市公安局泉港分局坚持早预警、早介入，搜集上报各类涉稳情报信息3000余条，及时预警、成功化解大部分利益群体集访苗头，成功处置中央第一街业主、世贸云城小区9号楼业主、亚伦集团欠薪纠纷、峰尾奎壁群众诉求小孩就学等聚集上访事件。护航石化工业园区安全控制区建设，靠前开展情报信息收集、矛盾纠纷化解、法治宣传教育等工作，妥善处置涉安控区安征迁警情72起、立治安件查处3起。

【守护公共安全】 2020年，泉州市公安局泉港分局开展安全隐患大排查大整治等专项行动，推进治安行业视频监控、行业场所和特种行业五大智慧安防体系建设，推动爆破企业完成爆破现场可视化管理中心建设及露天爆破作业100%使用电子雷管。开展集中清查收缴非法枪爆物品百日行动，收缴气枪和弩5支及手榴弹13枚、非制式雷管164发、火箭弹1发、黑火药1.84公斤。完成全区142所学校一键报警、视频监控与公安机关100%联网，校园安全工作“3个100%”位居全市前列。推动全区120部公交车100%完成防护隔离设施改造、视频安装、警戒线设置、警示标语张贴。强化寄递物流（快递企业26家，网点25家，物流企业13家）治安管控，严格督促落实“3个100%”制度。围绕交通事故预防“减量控大”总目标，狠抓“酒醉驾”等交通违法行为整治，推行交通网格化管理，开展交通安全管理，全年全区共发生适用一般程序处理交通事故140起、比上年上升6.87%，造成28人死亡、比降15.15%，136人受伤、比上年上升12.4%，直接财产损失45300元、比上年上升18.43%。

【维护网络安全】 2020年，泉州市公安局泉港分局深入推进“护网2020”专项行动，全面清理网上违法有害信息，报送省级及以上有害信息179条、市级有害信息3891条，核查落处30人，溯源屏蔽5起。开展关键信息基础设施网络安全专项检查，对全区党政机关信息网站及重要工作领域的网络关键信息进行安全检查，发现紧急漏洞174个、高危漏洞66个，发出限期整改通知书13份，治安处罚4起。

【扫黑除恶专项斗争】 2020年，泉州市公安局泉港分局瞄准“长效常治”目标，开展线索清仓、逃犯清零、案件清结、伞网清除、黑财清底、行业清源“六清”行动，精准靶向发力，扫黑除恶专项斗争圆满收官。专项斗争共打掉黑社会性质犯罪组织1个、恶势力犯罪集团2个、恶势力犯罪团伙3个；刑拘九类涉恶案件犯罪嫌疑人306人，破获九类涉恶案件152起。现行命案、“两抢”、八类案件破案率均实现100%，抓获历年命案逃犯1名，攻坚破获命案积案1起。统筹开展打击治理电信网络新型犯罪、打击成品油走私等专项整治行动，严厉打击黑拐枪、盗抢骗、黄赌毒、食药环等违法犯罪活动。共立现行刑事案件1359起，比上年下降2.86%，破获现行案件764起，比上年上升2.28%，实现“一升一降”目标。现行案件破案率56.22%，创历史新高；年中全省平安建设“三率”测评创历史新高，其中，群众安全感率排名全市第3位，扫黑除恶好评率排名全市第2位，群众夜间出门放心率排名全市第3位。

【打击侵财犯罪】 2020年，泉州市公安局泉港分局加大传统“盗抢骗”犯罪打击力度，构建多警种资源融合、派出所视频监控联侦、一线民警执勤联动等“大合成”作战体系，“两抢”案件、盗抢骗案件在24小时内侦破分别为100%、20%；50%左右的案件在72小时内侦破，盗窃类刑事案件发案数上年下降36.67%；三类可防性案件比上年下降54.69%，四类犯罪起诉数比上年上升31.58%、增幅全市第一。

【整治黄赌毒问题】 2020年，泉州市公安局泉港分局常态化整治治安问题，全年共立行政案件1709起、查处1050起。打击涉赌涉黄违法犯罪，组织3次全区公安机关开展扫黄打非专项整治统一清查行动，组织开展打击整治网络赌博、打击整治黄赌等专项行动，全力斩断黄赌犯罪团伙的“人员链”“资金链”“技术链”“利益链”，共查处涉赌刑事案件566起、行政案件1734起；破获涉黄刑事案件140起、查处行政案件1060起；5月20日，摧毁省公安厅督办的组织卖淫团伙，抓获50名涉嫌卖淫活动的违法犯罪嫌疑人，采取刑事强制措施11人、行政拘留39人。开展禁毒百日攻坚战、“飓风肃毒2020”会战冲刺攻坚行动、2020年“净边”专项行动，破获毒品刑事案件3起，抓获毒品犯罪嫌疑人3人、起诉3人，查获吸毒人员24人次。

【打击破坏森林和野生动植物资源违法犯罪】 2020年，泉州市公安局泉港分局开展代号“春季行动”“昆仑行动5号”“绿剑行动”专项行动，严厉打击破坏森林和野生动植物资源违法犯罪行为，办理涉林刑事案件立案2起，移送起诉4起，破案2起，其中破获一起省厅督办非法收购国家珍贵、濒危野生动物案。

【打击经济犯罪】 2020年，泉州市公安局泉港分局深入开展“云端2020”、打击非法集资、打击恶意逃废债务犯罪、昆仑“4号”等专项行动，全年共完成“云端”系统下发的省外涉众型经济犯罪协查任务36起，立经济犯罪案件94起、破案65起，抓获犯罪嫌疑人28人、网上在逃人员3人。6月2日，在省公安厅经侦总队、市公安局、市税务局、人行泉州中心支行的统一指挥下，联手市局经侦支队成功破获公安部督办的“3·24”虚开增值税发票案，抓获犯罪嫌疑人16名，捣毁虚开窝点4个，涉案价税高达10亿余元，取得2020年福建“百城会战”开门红。

【“百名警长进百村”活动开展】 2020年，泉州市公安局泉港分局主动适应社会治理新趋势，组织开展“百名警长进百村”活动，全局101名副股级以上民警分别挂钩全区101个村（社区），担任“警长”，围绕“打牢基础、抓实防控、防范电诈、化解矛盾、助力发展、联系群众”等6个方面开展进村入户工作，零距离服务群众，提升基层治理水平。全年共走访11119人次（其中人大代表、政协委员46人次，案件受害人1176人次，重点信访人149人次，民调不满意当事人159人次），开展治安防范宣传4087次，征集意见建议653条，慰问老党员19人，侦（协）破案件15起，息访20件，为民办实事215件，化解矛盾纠纷286起。11月30日，《人民日报》刊发《福建泉州泉港区101名公安干警下沉到村 早一步介入零距离服务》报道。

【执法规范化建设】 2020年，泉州市公安局泉港分局在全市率先推行法制员派驻制，制定出台《派驻法制员工作实施意见（试行）》《派驻法制员每月绩效考评办法》，派出法制大队8名业务骨干对基层执法活动实行零距离监督、贴近式指导。落实“日巡查、周小结、月通报”和“每案必评”执法质量制度。完成执法办案管理中心改造建设任务，增加7个派出所和分局业务大队的智能案件管理系统，通过定制执法物联网管控平台与现有的福建省警综平台执法办案系统等平台对接，实现对各单位办理案件的卷宗管理、办案期限预警。是年，分局获“福建省公安机关执法质量优秀单位”称号。

【反走私社会治理】 2020年，泉州市公安局泉港分局针对泉港成品油走私这一历史遗留问题，制定治理对策，高频率、大力度组织开展联合设卡、拉网清村、海上查缉、路面巡查、智能打击等“五大行动”，查处成品油走私刑事案件9起、行政案件59起。同步启动公安沿海防控体系建设，建设高清探头、电子围栏、警用无人机等现代高科技设备，实现对往过船只的实时监控，形成以科技手段为引领，以队伍、制度两大保障为支撑，以“打、管、扶”三位一体打击走私社会治理“123”新模式。全国反走私综合治理调查研究中心推介泉港反走私社会治理新模式。

【深化公安“放管服”改革】 2020年，泉州市公安局泉港分局按照“一镇一所”，推动沙格、上西、狮东三个边防所与所在辖区公安派出所合署办公，方便群众办事；全面推行户籍业务网上办理，实现户口和身份证等24项公安服务事项网上申办，共受理身份证和户口业务39001笔。出入境窗口共受理、审核公民各类因私出国境申请1740人次，为防疫抗疫、复工复产和特别紧急事由人员开通办证绿色通道736人次，受理审核工作高质量完成。推进特行、枪爆物品、公章刻制业等行政审批和服务事项进驻区行政服务中心，实行服务管理数字化、便利化，完成34家特种行业电子证照上传。有序开展第七次全国人口普查户口整顿工作，梳理纠正户口异常数据35291条，摸排在校无户口学生418人，解决落户172人，保证人口统计数据准确性。截至2020年12月31日，全区共113633户422541人，其中，男性217767人、女性204774人。

交警

【概况】 2020年，泉港区交警大队围绕事故预防“减量控大”总目标，以预防和减少交通事故为首要任务，以疫情防控、安全隐患大排查大整治、复产复工、复学复课、创城创卫等为重点，做好“防风险、护安全、战疫情、保稳定”各项工作，为辖区经济社会发展营造良好道路交通环境。交通安保工作、交通事故调处、文明交通创建等做法分别被省委办《八闽快讯》、公安部《道路交通管理》刊发以及《福建法治报》等省部级媒体报道。是年，全区共发生适用一般程序处理交通事故140起、比上年上升6.87%，造成人员死亡28人、比上年下降15.15%，受伤136人、比上年上升12.4%，直接经济损失45300元、比上年上升18.43%。

【疫情防控】　2020年，泉港区交警大队把疫情防控作为紧要政治任务，提高疫情防控勤务等级、优化勤务安排，最大限度将警力下沉一线，发挥交警职能优势，配合交通、卫健等部门在驿坂高速出口等设置7个公路检疫点，加强疫情期间入境车辆及驾驶人源头管理工作，确保各项疫情防控工作形成闭环。结合辖区企业复工复产实际，协同有关部门做实做细恢复正常道路交通秩序各项措施，本着“标准不降低、服务不停顿、业务不中断”工作原则，主动推行车驾管业务“网上办、预约办、延期办、加急办”等服务模式，服务企业复工复产，为经济社会发展营造安全稳定的交通环境和优质高效的服务环境。

【网格化交通管理】　2020年，泉港区交警大队按照“高峰疏堵保畅、平峰巡格巡线”要求，全面推行网格化交通管理，加强路面疏堵巡控，提高见警率、管事率。结合“双创”活动，将违法查处、安全宣传、隐患排查、源头管控、交通安保等工作充实到网格化管理，丰富网格化交通管理内容，建立健全交通安全防护网，助推辖区交通管理水平提档升级。网络化交通管理新模式实行以来，辖区道路见警率和管事率明显提高，交通违法行为得到及时纠正，交通安全形势持续平稳。

【创城创卫】　2020年，泉港区交警大队落实每日早晚高峰时段全区12个主要路口交通疏导、每周不少于2次创城创卫交通安全专项整治，采取“贴单、拖车、锁车、曝光”等措施，加强重点路段的动态管控，严查各类显见性交通违法行为。按照“应划尽划”的原则，组织专门力量对辖区13条主次干道、14所学校、11条背街小巷停车泊位、标志标线进行全面排查，推进交通安全设施建设，提升辖区文明、规范停车、行车秩序水平。累计新增小车停车泊位1935个、摩托车泊位7174个，交通标志标牌57个、交通标线450平方米、重新施划小车位1803个，最大限度挖掘利用现有停车资源，扩大停车容量，以缓解停车难问题。

2020年12月10日，全区公安交警业务技能竞赛举办　（林弘棂 摄）

【交通安全隐患整治】　2020年，泉港区交警大队以交通安全隐患大排查大整治大宣传活动暨百日攻坚活动为载体，发挥道安平台和集成指挥作用，坚持问题导向、目标导向和结果导向，围绕“人、车、路、企业”等要素，开展“国省县道路中开口隐患、占道施工安全隐患、长下坡和马路集市安全隐患、超载货运场站源头安全隐患”等专题摸排。建立隐患清零机制，对排查出的安全隐患严格实行清单管理，逐条逐项制定整治计划、明确责任单位和整治期限，做到“一企一档、一路一策、一点一策、一校一策”。共排查“人、车、路、企业”交通安全隐患187处，已销号187处，销号率100%；上报市指挥部67处，已销号67处，销号率达100%。泉港区“四举措”筑牢交通领域安全防线的经验做法得到市道安办肯定、行文推广。

【重点车辆管理】　2020年，泉港区交警大队开展重点车辆逾期未检验、逾期未报废排查清理工作，建立定期通报机制，定期通报全区八类重点车辆工作情况，建立重点车辆隐患清单。对逾期未检及未报废的重点车辆所有人进行逐一函告，分别寄发847辆次和126辆次。依托“泉州市重点车辆监管平台”，及时掌握本辖区运输企业驾驶人的动态信息，对存在隐患的驾驶人建立隐患清单并及时清理。是年，全区八类重点车辆检验率99.51%、注销率100%；重点驾驶人审验率99.76%、满分学习率99.48%、换证率 99.25%，均达省道安办要求。

【交通违法查处】　2020年，泉港区交警大队结合事故预防“减量控大”、安全生产三年行动、道安三年专项行动等，常态化组织开展酒醉驾、货车（渣土车）、假套牌、摩托车、低速电动车等专项整治行动；依托交警执法站、临时执勤点，定期组织各类统一行动，联合惠安大队开展异地交叉用警执法统一行动，严查各类重点交通违法行为，形成常态化严管严查态势；每月定期组织开展交警、城管、交通执法联合行动，严查货车（渣土车）超限超载。全年现场查处各类重点交通违法行为23292起，其中醉驾186起、酒驾358起、货车超载30%以上675起、农村重点车辆超员269起、涉牌4247起、涉证3621起、重点车辆超速10%以上72起、摩托车超员2300起、摩托车未戴头盔11559起、大中型客车校车超员4起、疲劳驾驶1起，非现场执法196197起。

【交通宣传教育】 2020年，泉港区交警大队以“文明交通行动计划”为载体，常态开展交通安全宣传“七进”活动，加强阵地建设。结合专项行动，开展春运、疫情防控、大排查大整治大宣传、事故预防“减量控大”“创城创卫”“一盔一带”安全守护等主题宣教活动。借鉴疫情防控经验，制作《交通安全有规则 共同遵守好道德（方言版）》等顺口溜、宣传片，通过农村“小喇叭”“村村响”、LED屏幕等方式滚动播放，《秀丨福建泉港小交警：教你交通安全顺口溜》宣传短片首次获“学习强国”平台推介。联合庄重文实小自编自演《校园交通安全宣传快板》，以接地气方式上好抗“疫”复学交通安全宣传课。下发交通领域严重违法和安全隐患举报有奖方案，对外公布有奖举报活动，助力交通安全大排查大整治大宣传。联合区融媒体中心制作《交警在线》栏目，广泛开展交警坚守路面执勤疏导交通、帮扶好人好事、感人事迹的正能量宣传，取得良好宣传成效，实现疫情防控期间舆情稳定。是年，全年共在市级以上各类媒体刊播稿件30余篇，组织随警采访50多次；发送安全提示短信80余万条，推送微信580多篇，制作并下发宣传资料5万余份，分发折页、宣传单等宣传材料10余万张。

【警务服务改革】 2020年，泉港区交警大队落实公安交管“放管服”35项改革措施，全面推出减免手续“一证办”、普通业务“一窗办”、个性服务“自助办”、社会网点“代理办”、依托科技“网上办”、改进流程“快捷办”。推进“警保、警邮、警医”合作，全区首家可办理新车注册登记的龙腾机动车登记服务站正式成立投用。践行“枫桥经验”，探索推行“1+6”“互联网+”“四定工作制”“五心调解法”等交通事故调处新模式。公安部《道路交通管理》先后刊发《泉州市泉港交警大队践行“枫桥经验”积极探索推行交通事故调处新模式》《泉州：推进车管规范化建设》信息。开展下乡考试、上门查验等便民服务，组织涂岭镇、南埔镇等偏远村居开展摩托车驾驶证下乡考试3批次，为群众办理摩托车驾驶证123人次，开展上门查验服务1家、查验机动车20辆。

表6

2020年全区道路交通事故四项指数一览表

项目	事故起数			死亡人数			受伤人数			直接经济损失		
比较数 事故类别	2020年（起）	与上年同期相比 2019年（起）	与上年同期相比 增长率（%）	2020年（人）	与上年同期相比 2019年（人）	与上年同期相比 增长率（%）	2020年（人）	与上年同期相比 2019年（人）	与上年同期相比 增长率（%）	2020年（万元）	与上年同期相比 2019年（万元）	与上年同期相比 增长率（%）
道路交通	140	131	6.87%	28	33	15.15%	136	120	13.33%	4.53	3.825	18.43%

检 察

【守护人民生命财产安全】 2020年，泉港区检察院坚持总体国家安全观，依法惩治各类刑事犯罪，做好检察环节保安全、护稳定、促和谐工作。办理审查批准逮捕案件125件208人，审查起诉案件358件559人。起诉故意伤害、抢劫、强奸等严重暴力犯罪59人；起诉盗窃、抢夺、诈骗等多发性侵财犯罪83人。提前介入“5·24”重大交通事故案等有重大影响案件。加大打击利用拆迁房票管理漏洞实施的诈骗犯罪，依法对涉案金额309万元的合同诈骗案被告人提起公诉并建议从重判处有期徒刑十二年六个月，保障安征迁工作开展。严厉打击非法经营成品油犯罪，批准逮捕9件48人，提起公诉21件70人，有效遏制辖区走私柴油相关犯罪多发势头。

【扫黑除恶专项斗争】 2020年，泉港区检察院坚持“是黑恶犯罪一个不放过、不是黑恶犯罪一个不凑数”，精准把握“六清”行动核心要义，做到疫情防控不放松、扫黑除恶再加速。强化诉前主导，增强提前介入引导取证的针对性和实效性。坚持“破网打伞”“打财断血”同步推进，自专项斗争以来，办理涉黑案件1件20人、涉恶案件7件23人，批捕起诉恶势力集团（团伙）6个，追捕4人，追诉2人，成功打掉泉港一高速“碰瓷”恶势力犯罪集团。结合治安顽疾和行业乱象制发检察建议6份，协力铲除黑恶犯罪滋生土壤。

【化解社会矛盾纠纷】 2020年，泉港区检察院结合疫情防控部署，扩宽为民服务新渠道，深化落实“群众来信件件有回复”，通过信件、“12309”检察服务热线及网络平台，受理群众来信来访168件。开展检察长接待日18场次，领导带案下访8场次，依法及时解决群众合理合法诉求。改进执法方式方法，深入基层调处化解矛盾纠纷，提升执法满意率。

【司法救助案件办理】 2020年，泉港区检察院紧盯疫情对困难群众和低收入群体的影响，办理因案致贫返贫的司法救助案件2件6人，发放司法救助金6万元。

【民事行政检察监督】 2020年，泉港区检察院以贯彻实施民法典为契机，加强对民事司法活动的监督，提高检察建议质量与效果。办理民事行政检察监督案件12件。针对辖区部分中小学校园周边商户存在违规销售烟草制品和“三无”产品等现象，向烟草、市管等部门发出检察建议2件，烟草、市管部门随即开展专项整治行动，检查经营主体98家，查扣“三无”及危险玩具12箱，下架销毁“水晶泥”等不合格玩具135盒，引导8家经营主体办理食品经营许可证，发出责令改正通知313家，立案查处3家；在办理郑某涉嫌拒不执行判决、裁定一案中，针对其被冒名顶替办理房产转移登记的情况，向区自然资源局发出规范不动产登记审核工作的检察建议，区自然资源局随即主动开展不动产登记受理审核自查自纠工作。

【呵护未成年人健康成长】 2020年，泉港区检察院深入贯彻实施《中华人民共和国未成年人保护法》，做好幼儿合法权益保护工作，协同泉港区人民法院、泉州市公安局泉港分局、泉港区教育局、共青团泉港区委员会、泉港区童心实验幼儿园签订法制宣传教育基地合作协议，在童心实验幼儿园设立“护航幼儿园成长活动”基地，12月31日联合制定“雏鹰护航计划”实施方案。“护航幼儿园成长活动”基地内设普法长廊、场景模拟室、心理咨询室、微型展馆、多媒体室等宣传功能，提高幼儿家长、民办校园工作者的法治素养，加强与其他司法机关的衔接配合，形成有效的未成年人保护机制，为幼儿健康成长保驾护航。

【聚焦生态环境和资源保护】 2020年，泉港区检察院探索生态检察与公益诉讼的融合机制，在严惩破坏生态资源犯罪的同时，对于破坏的生态资源和生态环境，贯彻恢复性司法理念，拓展恢复性司法运用领域，全面开展生态修复工作。对2起滥伐林木案件提起刑事附带民事公益诉讼，要求补植复绿，责令赔偿森林生态系统损失费共计92万余元，被告人从宽处理，实现法律效果、社会效果和生态效果的有机统一。

2020年6月15日，防范非法集资宣传活动在锦绣广场开展 （区检察院 供图）

【“检村共建”党建服务品牌建设】 2020年，泉港区检察院党支部和界山镇东张村党支部在2017年结对共建基础上，围绕“党建+”开展系列共建活动。年初，选派一名副科后备派驻乡村振兴挂钩村东张村担任第一书记，疫情期间第一时间安排3人疫情防控党员先锋队小分队参与东张村疫情防控工作。印制《关于依法严厉打击疫情防控期间违法犯罪行为的通告》、制作典型案例的宣传海报、法律知识宣传页，加强疫情防控法治宣传和法律服务，组织“疫情防控法律法规宣传”活动，发放法治宣传品600多份、张贴100份通告、制作法治宣传板6块。组织党员干警前往界山镇东张村与东张村共同开展庆祝中国共产党成立99周年、端午检村共建交流活动。结合打击非法集资月、宪法宣传周等活动，组织干警深入挂钩村开展专项宣传及平安泉港建设入户宣传，提升村民“三率”认识和法治意识。

法 院

【概况】 2020年，泉港区人民法院统筹推进常态化疫情防控和服务经济社会发展为主线，聚焦精准化司法服务、精深化执法办案、精品化改革创新、精细化社会治理、精英化队伍建设，各项工作取得新进展。全年受理案件8142件，办结7824件，结案率96.09%，位列全市基层法院第二，各项办案质效指标持续向好；13人次受省市级以上表彰。

【参与新冠肺炎疫情联防联控】 2020年，泉港区人民法院落实依法防控要求，选派15名优秀干警组建港法疫情防控突击队，投身镇村等抗疫一线。发布联合通告，严厉打击扰乱疫情防控工作秩序的10类行为。出台疫情期间司法保障经济社会发展8条举措，精准助力企业复工复产。开辟涉疫情案件审判绿色通道，妥善审理涉疫情案件24件，审结全省首例涉疫情诈骗案在中央电视台《新闻联播》播出。疫情期间推进在线诉讼，远程立案1526件，线上审理328件，网络查控3129件，当事人足不出户即可办理诉讼事项。

【扫黑除恶】 2020年，泉港区人民法院纵深推进“六清”行动，坚持打准打狠、打深打透，移送涉黑恶相关线索60余条，审结涉黑恶犯罪案件8件43人。依法严惩“碰瓷”犯罪，审结陈飞强等三人高速公路“碰瓷”涉恶犯罪一案，《人民法院报》进行专题报道。开展“打财断血”专项执行行动，判处罚金和追缴违法所得累计298.8万元，执行到位290.8万元。针对社会治理短板和行业管理漏洞，运用司法建议，扩大办案社会效果，发出司法建议20余份，推动健全防范打击的长效机制。

【优化营商环境】 2020年，泉港区人民法院落实司法服务优化营商环境40条举措，审结商事案件604件。维护诚信交易和市场秩序，依法审结涉生产、分配、流通、消费领域各类合同纠纷142件。开展民营经济服务保障行动，妥善审理涉民营企业和企业家各类纠纷94件。审慎采取查封、扣押、冻结等强制措施，最大限度减少对中小企业和个体工商户生产经营的影响。建立常态化府院联动协调破产工作机制，受理强制清算和破产案件4件，审结爱德利运输公司破产案，实现债权1000多万元，推进“僵尸企业”有序退出市场。

【重大风险隐患排查】 2020年，泉港区人民法院发挥金融审判服务实体经济、规范金融市场秩序作用，审结金融借款、融资租赁等案件539件，标的金额6138万元。开展各类民间投融资机构专项整治，严厉打击职业放贷、高利转贷、套路贷等违法犯罪行为。坚决防范安全生产事故，组织干警进村居、访企业，深入排查安全生产隐患。深化涉诉信访化解攻坚行动，排查案件风险隐患2件，化解长期信访案件2件。

【依法惩治刑事犯罪】 2020年，泉港区人民法院审结刑事案件329件473人。依法严惩故意伤害、抢劫等严重暴力犯罪案件42件67人。严厉打击涉成品油犯罪，审结相关案件33件73人，维护泉港公共安全，推动成品油市场规范有序。开展禁毒斗争，审结毒品犯罪案件7件7人。参与“断卡”行动，严惩电信网络诈骗犯罪，审结9件14人。专项整治“醉驾”，审结危险驾驶犯罪案件77件77人。加大个人隐私保护力度，严惩侵犯公民个人信息犯罪，审结阮传雄侵犯公民个人信息案等案件。配合监察机关惩治腐败犯罪，坚决斩断“围猎”与“被围猎”的利益链。完善生态环境损害赔偿制度，在全市率先设立生态环境损害专项资金账户，依法督促2名滥伐林木的被告人缴纳森林生态系统服务功能损失费92万元。强化自然资源和野生动物保护，审结林某非法收购珍贵、濒危野生动物案，筑牢生态司法保护屏障。

【民生权益保障】 2020年，泉港区人民法院平等保护当事人合法权益，审结民事案件3336件。密切关注教育、医疗、住房等民生诉求，审结相关案件276件。坚持“房子是用来住的、不是用来炒的”，妥善审理房地产纠纷案件274件，促进房地产市场平稳健康发展。深化家事审判改革，审结婚姻、抚养等家事案件618件，维护稳定、和谐的婚姻家庭关系。注重未成年人权益保护，审结区民政局申请撤销性侵未成年人的梁某监护人资格一案，该案入选全省少年审判典型案例。参与根治拖欠农民工工资行动，审结劳动争议案件180件，为劳动者追回报酬1277万元。加大困难群众和低收入群体帮扶救助力度，落实帮扶资金3万元，缓减免交诉讼费4.97万元，发放司法救助金12万元，传递司法温暖。

【深化府院良性互动】 2020年，泉港区人民法院与区政府召开第三次府院联席会议，协同推进一站式多元解纷和诉讼服务体系建设、行政争议调解、文化和自然遗产保护等工作。深化异地管辖“123”全程全域行政争议调解模式，联合南安市人民法院出台《行政争议多元化解机制实施细则（试行）》，委托调解行政案件6件。设立驻区河长办法官工作室，联合开展巡河及增殖放流工作，护航水域生态文明。与泉州中院、鲤城法院海丝史迹保护巡回法庭创建司法保护协同平台，设立诉讼服务工作站，推进泉港区“非遗”保护和传承走向深入。

【巩固提升攻坚成果】 2020年，泉港区人民法院执结案件3549件，执行到位5.28亿元。开展“六稳”“六保”专项执行行动，执结群众反映强烈的涉民生、拖欠民营企业中小企业债务案件171件。贯彻善意执行理念，规范纳入失信名单和限高消费，探索建立守信激励机制。健全执行查控机制，对3931名被执行人的存款、不动产、车辆、股权、保险理财等提起查控。推行网上司法拍卖，成交81件次7302.28万元。重点整治规避执行、抗拒执行等顽疾，审结拒不执行判决犯罪案件4件5人。推行“分段集约”执行模式，实现执行案件和执行事务繁简分流、分权实施，促进执行工作更加高效、透明。提升执行服务水平，建设一站式执行服务中心，接待群众来访1.9万人次，快执案件806件，发放执行案款2.41亿元。

【落实司法责任制】 2020年，泉港区人民法院完善审判人员权责清单，落实独任法官、合议庭办案责任制，做到让审理者裁判、由裁判者负责。压实院庭长监督管理职责，带好头、管好人、办好案，院庭长带头办案5905件，占全院结案总数的75.6%。健全审判委员会定案把关和专业法官会议个案咨询服务机制，召开审判委员会、专业法官会议20次。推行类案和关联案件强制检索制度，提高判决可预测性和透明度，着力防范“类案不同判”。常态化开展案件评查，组织庭审观摩和案件评查21场次，开展文书和庭审记录评比43件次，3篇文书获评全市优秀裁判文书二、三等奖，提升案件质量。

【优化升级诉讼服务】 2020年，泉港区人民法院完善便民立案机制，自助服务端立案185件，网上立案1266件，跨域立案75件，诉讼服务实现“就近能办、同城通办、异地可办”。联合邮政部门设立统一集约送达中心，送达案件文书7583件次，送达周期平均每次缩短5天，邮递妥投率提升17个百分点。率先在全市推行诉讼费网上收退，为2455名当事人网上退费820.41万元。全市首家实行生效短信告知及免开法律文书生效证明制度，当事人凭生效短信即可办理执行立案，共便捷立案2731件。《人民法院报》以“为群众减负、让办案增效——福建泉州泉港区法院打造一站式建设工作纪实”为题报道，省法院院长吴偕林到泉港实地调研并高度肯定。

【强化执法办案科技支撑】 2020年，泉港区人民法院加强电子卷宗随案同步生成和深度应用，扫描生成电子卷宗7275册。完善电子卷宗与数字档案对接机制，馆藏档案100%数字化，实现跨域远程查阅。推广庭审语音识别、文书智能纠错、类案强制检索等应用，助力快审“加速度”、精审“高质量”。运用移动微法院办理案件1503件，“指尖诉讼、掌上办案”惠及3878名当事人。借力信息化拓展司法公开广度和深度，及时推送案件审判执行流程信息3万余条，裁判文书上网6193篇，庭审直播720场。

【联调共治】 2020年，泉港区人民法院整合调解资源，推动诉源治理，联合区司法局建设矛盾纠纷多元化解中心暨诉非联动中心，诉前调解案件2174件，调解成功率82.98%，收案首次实现比上年下降10.6%，矛盾纠纷源头治理效应日益显现。深化“分调裁审”机制改革，推进案件繁简分流，诉前分流1884件，速裁快审结案1900件，出具表格式文书1097份。

【促进矛盾根治】 2020年，泉港区人民法院畅通群众诉求表达渠道，开展院长接待日活动22场，受理来信来访104件。加强与村居、调解组织的沟通联络，深入基层了解案件情况172场次，就地化解矛盾纠纷121件次。常态化开展判后回访和释法答疑，回访案件当事人177人次，及时答复法律咨询385件次，一审服判息诉率93.53%，高出全市法院均值1.52个百分点，位居全市第二。平安建设“三率”涉法院工作的各项指标大幅提升，创历史新高。

【服务重点深化基层法治】 2020年，泉港区人民法院聚力重点项目攻坚，支持行政机关依法开展安征迁、“两违”治理等工作。设立法官工作室，4名干警入驻，为安征迁项目提供法律咨询和服务。以法治手段保障重点项目推进，快立快审快结涉房票案件41件。审结涉案金额309万元的泉港首例涉

2020年12月1日，区人民法院组织干警到界山镇玉湖村开展宪法宣传活动

（区人民法院 供图）

房票诈骗案，依法判处被告人林某有期徒刑十二年六个月。发挥人民法庭参与基层社会治理职能，南埔法庭审结案件956件，妥善化解涉案征迁的分家析产、相邻权和离婚后财产纠纷等案件40件。

【精准普法促进群众自治】 2020年，泉港区人民法院落实普法责任制，开展巡回审判、法治讲座、法律知识竞答等活动43场，用群众语言讲好法治故事。加强未成年人法治教育，法制副校长走进中小学开设普法课堂，邀请中小学生到院参加模拟法庭、观看法治微电影。联合区检察院、公安分局等建设青少年及儿童法治教育基地，实现在校学生、家长、教师、社会力量良性互动，共同促进青少年健康成长。成立民法典宣讲团送法进企下乡，开展法官说“典”活动11场。发挥司法裁判评价指引作用，发布典型案例185篇，让鲜活案例成为全民共享的法治“公开课”。针对社会热点问题发布微文212篇，68篇工作报道和案例被《人民法院报》《福建法治报》等媒体采用，微信公众号在全省法院系统排名前列。

司法行政

【推进“七五”普法检查验收】 2020年，泉港区司法局实地检查58个单位，对全区“七五”普法规划实施情况开展全面验收工作，系统总结“七五”普法以来取得的成效，高标准通过泉州市“七五”普法验收检查。

【落实普法转段对接工作】 2020年，泉港区司法局开展疫情防疫法治宣传、民法典宣传等专项法治宣传活动，推动全区运用法治思维和法治方式开展疫情防控工作，为创建“吉祥泉港”营造良好的法治氛围，全年共开展各类普法宣传活动190余场次，发放宣传材料68000余份。指导督促各单位落实“谁执法谁普法”工作责任制。发布各季度部门学法计划指导建议，强化政府公务人员的法治思维和法治观念。

【宪法宣传教育活动】 2020年，泉港区司法局将宪法学习宣传列入年度普法工作计划和学法重点内容，组织开展2020年“宪法宣传周”活动，利用线上线下各种宣传载体广泛宣传宪法法律法规，开展宪法宣传活动50余场次，在全区范围内推送25万条法治短信和20万条朋友圈，营造浓厚的学法用法氛围。强化“谁执法谁普法”责任落实，在全区建立普法责任清单制度，明确宪法宣传是国家机关的共同普法责任。将宪法学习宣传作为普法规划的一项重要检查标准，指导督促全区开展宪法学习宣传活动。

【深化法治乡村建设】 2020年，泉港区司法局重点培养“法治带头人”和“法律明白人”，成立36家“两代表一委员”普法工作室，发挥法治阵地聚集效应，推动普法工作升级。推动“三治融合”，增强法治文化阵地宣传的针对性和有效性，发挥阵地聚集效应，扩大法治宣传覆盖面。

【加强规范性文件合法性审核】 2020年，泉港区司法局推进规范性文件备案审查工作。全年共发出规范性文件备案提示函9件，向市政府及区人大常委会报备规范性文件12件。督促区直部门，各镇（街道）做好本单位规范性文件备案工作，加强对规范性文件的监督管理，共对各镇（街道）、区直各部门报送的15件规范性文件进行合法性审核。组织开展野生动物保护规范性文件专项清理工作、现行排除限制竞争政策措施专项清理工作、食品药品领域规范性文件专项清理工作、涉及《中华人民共和国民法典》规范性文件专项清理工作、不符合《优化营商环境条例》规范性文件清理工作，做好2020年度全区行政规范性文件例行清理工作。配合上级做好立法调研工作，组织开展各类立法征求意见25件次，各类重要文件征求意见40余件。

【依法履行复议应诉职责】 2020年，泉港区司法局转发《福建省司法厅关于印发福建省行政复议案件办理程序规定指导意见的通知》，开展本级复议机构有关任务分解，要求各单位各部门抓好落实。全年共办理区政府行政复议案件10件，应对以区政府为被告或第三人一审行政案件11件，处理行政裁决1件，答复行政复议咨询4件。

【拓展提升“法治政府建设年”成效】 2020年，泉港区司法局各责任单位根据《法治政府建设拓展提升项目清单》按时序推进，包括民生领域立法、法治服务水平提升、依法全面履职、优化营商环境、矛盾纠纷化解、法治思维运用和基层治理能力等在内的7个方面得到提升，法治政府建设向纵深推进。

【推行行政执法“三项制度”】 2020年，泉港区司法局依托区政府门户网站建立公示栏，统一公示全区行政执法机关行政执法信息；梳理确认全区41个行政执法主体，明确执法主体资格。开展3次行政执法案卷评查工作，及时反馈问题，督促各执法单位落实整改。梳理全区行政执法部门行政裁决工作，共梳理14项行政裁决事项。推广证明事项告知承诺制，通过第一批实行承诺制的政务服务事项共14项。落实重大执法决定法制审核制度，要求各执法部门配齐配强法制审核力量，明确重大法制审核范围及清单，全区法制审核程序规范有序。召开府院联席会，及时互通案件情况，深化府院互动，加强行政与司法相衔接。开展“依法行政”专题培训会，全区各镇（街道）、区直单位领导干部共90人参加，提高领导干部依法行政意识。

【法律服务工作者队伍管理】 2020年，泉港区司法局召开律师、法律服务工作者会议，加强对法律服务机构管理指导，重视引进区外法律人才，教育培训法律服务工作者队伍，规范法律服务行业秩序。

【法律服务群众】 2020年，泉港区司法局在已成立的38个“一村一法律顾问”示范点的基础上扩大示范点创建工作。引进区外志愿律师，提升法律服务质量、效率，更好地发挥法律顾问服务基层的作用。

【优化公共法律服务供给】 2020年，泉港区司法局开展各项法律服务预约服务、公证书邮寄送达等法律服务新模式，着力打造优质高效的法律服务环境。全年办理各类公证878件，其中：国内民事792件，涉外、涉港澳台86件，与老百姓密切相关的公证事项占95%。受理法律援助案件339件，其中刑事198件，民事141件。接受法律咨询4028人次（包括现场来访咨询），为339名受援人免收法律服务费用123.20万元，挽回经济损失4059.61万元。2020年，全覆盖扩大辩护案件数133件，法律帮助660件，其中认罪认罚598件。

【提升多元纠纷化解体系】 2020年，泉港区司法局制定下发《泉港区基层法治建设及调解能力提升专项行动实施方案》《实施行政争议调解“泉港模式”深化提升专项行动实施方案》，深化基层法治建设及行政争议多元化解纠纷解决机制建设。深化“金牌带星牌”工作模式，组建“金牌调解员巡回导师团”，以“三个结合”实现人民调解和队伍建设双赢共进。全年共开展巡回授课交流7堂，参与的调解员200多人。加强行业性专业性调解组织和企业调委会建设，成立涉军、访调对接人民调解组织，组建百人企业调解室。加强矛盾纠纷排查调处，对疫情防控工作中产生的矛盾纠纷，转变工作模式，提供及时有效的调解服务。1—12月，共调处各类矛盾纠纷1564起，调处1564起，调处率为100%，成功调解1551起，调解成功率99.17%。

【行政争议调解】 2020年，泉港区司法局完善人民调解、行政调解、司法调解的互动机制，在7个区直行政主管单位成立行政调解委员会，构建25个职能部门和7个镇（街道）的联动联席会议工作制度，打造“源头治理、多元化解、全程全域、共治共赢”的泉港行政争议调解新范本。10月，省高院院长吴偕林和市委常委林锦明亲临现场调研指导，区司法局被全国省授予“人民调解先进集体”称号。行政争议调解中心受理30件，受理率100%，其中调解成功23件。

【推进社区矫正改革发展】 2020年，泉港区司法局以7月1日《中华人民共和国社区矫正法》正式实施为抓手，深化社区矫正“135”工作模式：明确一个主体。依法成立区社区矫正委员会和区社区矫正管理局，明确区社区矫正管理局为区级社区矫正执行主体。组建3支队伍。在社区矫正管理大队下组建3个执法中队，优化整合出局机关和司法所的21名公务员充实到社区矫正执法队伍，解决执法力量不足问题；招录17名司法协理员，配齐配强社会工作者队伍，各司法所工作人员均达到5名以上；每个村（社区）聘用1～3名社区矫正协管员，广泛招募和吸收社会志愿者参与到社区矫正工作中。推进“五化”建设。坚持场所与装备配套，高标准建成布局合理、功能齐全的社区矫正中心，添置人脸识别、人证比对、人脸指纹签到机、LED奖惩公示显示屏等高科技设备，推进执行标准化；坚持规则与程序双控，建设“中心+终端”全过程执法记录和在线指挥调度平台，编制《工作指南》，推进执法规范化；坚持联动与督察并行，深化与公安分局的社矫对象出行数据合成共享、与检察院的联合督查、与洛江监狱刑罚执行一体化建设等制度，推动形成“部门+监狱”共建共治共享的协作联动工作机制，推进监管网格化；坚持科技与智慧互联，深化“智慧矫正”建设，综合运用社区矫正远程视频督察系统、监管指挥平台、社矫App、定位腕带以及远程视频督察系统、“雪亮工程”、钉钉、微信等技术，拓展延伸社区矫正信息化核查方式，构建“线上+线下”全方位、多渠道的监管模式，推进核查信息化；坚持教育与服务同步，整合和组织区直部门、社区矫正教育管理基地、领航社区矫正服务中心等社会资源，探索教育帮扶“基地+组织”新模式，持续提升社区矫正非执法类项目外包给社会组织比例，推进帮扶社会化。是年全区共接收社区矫正对象253名，在矫对象309名，期满解除矫正顺利回归社会232名，作出警告29人次、训诫16人次，收监执行3人，有力维护全区社会安定稳定。

【安置帮教对象走访排查】 2020年，泉港区司法局对全区登记在册的1600名安置帮教人员进行摸底排查，对疫期衔接回归的143名刑满释放人员实行清单化管理，建立台账，及时掌握其动态。通过线上线下等方式与监狱、镇（街道）沟通，做到“两类人员”无缝对接，做好疫情防控期间刑满释放人员衔接安置工作。

军事

人民武装

【民兵队伍建设】 2020年，泉港区人武部（以下简称区人武部）按纲施训、从严组训，突出练技能，打基础、强能力，训考并举，以考促训，提升军事训练质效。常态抓实专武干部和民兵干部骨干队伍训练，抓好教学组训、基础技能和专业技能训练，培养一批专业技术教学力量。按照“稳打基础、固强补弱、全面抓建、整体提升”思路，调整布局、优化结构、规范标准、创新模式，完成军分区赋予的基干民兵整组任务。围绕提高应急应战能力，以突出重要目标防卫、巡逻警戒、物资供应等课题演练，狠抓民兵应急分队与各专业保障分队作战行动与指挥协同训练，提高民兵遂行多样化军事任务的能力。

【国防动员】 2020年，泉港区人武部围绕“完善国防动员体系”的新要求，把主责压实、把主业练精。调整组织领导机构，颁发《泉港区国防动员委员会关于调整组成人员及成立海上动员办公室的通知》，做好年度国防动员潜力调查，探索规范重点潜力核查制度，确保辖区潜力资源能够有效进入作战方案、行动决策和支援保障行动；征兵工作保质争先。

【征兵工作】 2020年，泉港区人武部按照“两季征兵、全年准备”的工作思路，围绕“五保一降”的目标要求，完成兵员征集工作。

【规范化建设】 2020年，泉港区人武部投入30余万元，补充完善民兵应急连战备器材室，按照反恐维稳、防汛抗洪、抗震救灾、森林灭火四类，补充采购战备物资和器材，提高民兵应急连的规范化建设程度和应急应战能力。

【国防教育】 2020年，泉港区人武部创新方法手段，区分教育对象，抓住重要时段，推进国防教育开展。7月1日，结合“七一”党日活动，组织国防教育讲师和应征大学毕业生参观国防兵器展；9月9日，组织国防教育办公室成员、基干民兵参观国防教育中国画展；9月19日，结合第二十个全民国防日，组织区部机关人员、基层专武干部、民兵营长以及基干民兵观看电影《八佰》。结合民兵整组、各类集训和重要任务活动，通过布置国防教育氛围、集训动员和邀请专家授课的形式开展基干民兵国防教育。

人民防空

【人防设施建设】 2020年，泉港区人防办受理城市新建民用建筑修建防空地下室审批，审批相关结建面积；受理城市新建民用建筑易地修建防空地下室审批，征收人防易地建设费；受理人防工程竣工验收备案，验收竣工面积。

【人防队伍建设】 2020年，泉港区人防办围绕“平战结合，常备不懈”的理念，人防办做好人防专业队伍优化工作，建立7支人防专业队伍。

【防空警报试鸣】 4月4日10时，泉港区人防办准时组织防空警报鸣响一长声3分钟，表达全国人民向新冠肺炎疫情牺牲烈士和逝世同胞的哀悼。9月18日，组织“9·18”防空警报试鸣活动，组织山腰街道锦祥社区、龙山社区居民以及泉港二中、福师大泉港实验中学师生开展应急疏散演练，成功试鸣防空警报，分发人防知识问答宣传单。

双拥共建

【慰问驻军部队】 2020年春节期间，泉港区委区政府组织慰问驻泉港部队，区委书记梁炳辉、区委副书记苏松炎、副区长庄一鸣走访慰问泉州市军分区、泉港区武装部，为驻军部队送去慰问物资，并组织“三挂一”双拥共建单位为驻军部队送去慰问物资。

【走访慰问优抚对象、困难群众】 2020年春节前夕，泉港区退役军人事务局开展重点优抚对象、困难退役军人走访慰问活动，慰问789人次，发放慰问金39.45万元。“八一”建军节期间，走访慰问困难优抚对象20余人，慰问金1.5万元，慰问重点优抚对象789人，发放慰问金23.67万元以及食用油、大米等慰问品。

【支援驻泉港部队开展疫情防控】 2020年上半年，泉港区退役军人事务局协调配送防护口罩1.36万只、消毒水64桶、体温监测仪14个、防护服上百套（防护手套）等防疫物资支援驻军部队疫情防控。

【走访慰问功臣】 2020年8月3日，泉港区退役军人事务局联合区人武部和所在镇、村，以“敲锣打鼓、放鞭炮、送橘子”等形式走访慰问入伍服役30年及以上的军人和荣立二等功及以上的军人家属。

【颁发“抗美援朝纪念奖章”】 2020年10月中旬，泉港区退役军人事务局联合泉港区人社局，为全区5位参加抗美援朝出国作战的老兵颁发“抗美援朝出国作战七十周年纪念章”。

退役军人事务

【退役士兵社保接续补缴】 2020年，泉港区退役军人事务局完成全区符合条件退役士兵社保接续补缴工作，退役士兵办理社保补缴工作办结率100%，位居全市前列。

【欢迎退役士兵返乡】 2020年，泉港区退役军人事务局开展各项退役士兵返乡欢迎工作，从区级各办事部门到乡镇（街道）、泉港汽车站，利用横幅、LED电子屏幕、微信公众号发布欢迎标语，为返乡退役军人提供一站式报到服务，悬挂光荣牌。

【优待抚恤】 2020年，泉港区退役军人事务局为全区享受国家抚恤生活补助优抚对象发放各类抚恤补助，完成全区享受国家定期抚恤补助优抚对象数据核查工作。

2020年7月30日，泉港区委书记梁炳辉（右一）带队走访慰问驻军部队

（图/区退役军人事务局）

外 事

【概况】 2021年，泉港区维护国家主权、安全、发展利益，加强涉外舆论监测、研判和预警，稳妥处置涉外案（事）件，督促企业完善境外项目安防方案和应急预案，牵头协调全区“外防输入、内防扩散”工作，做好涉外疫情防控工作。引导企业向上争取扶持资金，组织指导企业申报省级2020年利用外资专项资金和市级2020年应对新冠肺炎疫情加大外商投资企业到资奖励资金，为项目建设、投产、走向市场提供精准服务、营造良好环境。

【涉外疫情防控】 按照省、市、区有关涉外疫情防控工作部署，牢牢把握“外防输入”这一根本，抓早抓细抓实各项防控措施。落实海外领事保护政策，及时向相关企业宣传涉外疫情防控政策和要求，针对企业中方派驻人员回国述职或轮换等情况，第一时间介入，提前做好境外返泉人员疫情防控工作。对肖厝码头罹患急症急需救治的俄罗斯籍船员的处置工作受到省外办领导肯定。做好还乡出国务工人员和海外留学生人文关怀工作，落实“五个一”工作措施。

侨 务

【概况】 2020年，泉港区推动侨情普查和贫困归难侨调查摸底工作，开展侨发宣传，引导界山镇、东张村等镇村参与侨乡文化名镇名村创建。加强与华侨华人沟通联络，宣传疫情防控知识，遵守住在国政府的防疫规定。

【侨界帮扶】 2020年，泉港区开展贫困归难侨调查摸底工作，补助8名低保散居贫困归难侨1.92万元，补助2名遭遇大病大灾归难侨人员0.7万元。

【侨益维护】 2020年，泉港区通过现场宣传、微信平台推送涉侨法律法规多方式结合，加大涉侨普法力度。配合市侨联在南埔镇惠屿村开展以“纪念《中华人民共和国归侨侨眷保护法》颁布30周年”为主题的侨法宣传活动，邀请福建尚民律师事务所律师，现场为海岛群众解答涉法疑难问题，提高侨界群众合法权益的保护意识。按照《中华人民共和国归侨侨眷权益保护法》《福建省实施〈中华人民共和国归侨侨眷权益保护法〉办法》等法律法规维护海外华侨和归侨侨眷的合法权益，规范涉侨案件、信访件的受理、调处、诉讼机制。

【侨乡文化名镇名村创建】 2020年，泉港区开展侨乡文化名镇名村创建工作，界山镇获评泉州市侨乡文化名镇，界山镇东张村获评福建省侨乡文化名镇名村。创建“侨胞之家”，东张村侨联被命名为全国侨联系统优秀“侨胞之家”（全市唯一获评的行政村）、省级“侨胞之家”示范点。

【涉侨疫情防控】 2020年，泉港区加强与华侨华人的“点对点”沟通联络，及时了解疫情状况、防疫诉求，推送宣传国内关于疫情防控的基本常识，引导做好科学防护和物资储备，将工作、学习、生活安排好，取消不必要的社团活动。泉港籍华侨华人能严格遵守住在国政府的防疫规定，没有出现扎堆回国、回乡现象。

台港澳事务

【港澳工作】 2020年，泉港区成立区、镇、村三级有关工作专班，实现有关工作人员队伍网格全覆盖。推动香港泉州泉港联谊总会成立工作，组织泉港籍香港社团乡亲参加“撑国安法”网上签名活动、全港齐撑“国安立法”大行动，推进港澳乡情普查工作。旅港乡亲钟保家、林荣元、庄仲江等乡贤捐款23690元，以实际行动支持冬奥、助力冬奥。峰尾镇郭厝村后埭仔自然村“张福国、庄友娘家族”捐资100万元修建后埭仔自然村自来水和800米水泥硬化路。

【鼓励台湾青年到泉港发展】 2020年，泉港区贯彻宣传中央、省、市等对台优惠措施，以及省、市关于探索海峡两岸融合发展新路的实施意见（若干措施），落实落细各项惠台利民政策措施。加强与在台乡亲社团的联系，搭建与台湾青年交往、促进感情和事业深度融合的平台。出台《泉港区鼓励和支持台湾青年来泉港创业就业若干措施（试行）》等惠台措施，为台湾青年来泉港实习、就业、创业，提供政策支持保障。实施针对台湾青年的线上线下同步招聘活动，征集30个符合台湾青年特点的工作岗位在“泉港人力资源”公众号发布，提供针对性就业服务，吸引台湾青年就业意向人员在线互动。

【支持台胞参与乡村振兴建设】 2020年，泉港区鼓励支持台湾建筑师、文化创意团参与峰尾镇诚峰村整治与修缮设计指导咨询与村庄活化计划“陪护式”服务，获得省级50万元的“以奖代补”资金支持。

【台胞关怀服务】 2020年，泉港区开展“台商台胞服务年”活动，落实干部挂点联系服务台企制度，帮助解决台商在发展中遇到的困难和矛盾纠纷。维护台商台胞合法权益，多次协调解台企矛盾纠纷求助事项。为2名台籍考生办理身份证明，为11名老龄台胞发放生活补助3.84万元，“两节”期间慰问困难、老龄台胞15户。

【推动两岸石化产业深度合作】 2020年，泉港区依托肖厝港和石化园区优势，落实石化产业转型升级路线图，重点围绕石油化工、生物科技、精密机械等台湾优势产业，加大对台招商引资引智力度。国乔泉港石化丙烷脱氢及聚丙烯项目实现线上签约，总投资500亿新台币（折人民币116亿元）。

【两岸文化交流】 2020年，泉港区突破疫情影响，以线上线下结合方式推动两岸交流活动。举办以“传承北管文化，演绎两岸情缘” 2020年两岸（泉州）北管文化线上交流活动，在泉港区文化中心和台湾彰化忠圣宫，泉港锦祥北管艺术团和台湾彰化花坛御夆阁剧团的团员们通过视频连线的方式“云”同台，共奏古乐、共叙情谊，推动两岸民间的文化交流。挖掘闽台村同名、祖同宗、食同味、语同音、曲同调、俗同风、厝同型、耕同样等富有中华民族特色的现象，通过线上、线下等各种形式交流，加强与台湾苗栗县竹南村等开展经常性互动，探索闽台文化交流的新形式、新途径、新载体。发挥民间信仰同根同源的优势，做好前黄镇龙凤宫、南埔青龙庙、峰尾镇姑妈宫、界山镇霞段宫、涂岭镇乌石宫庙的线上对接交流工作，培育一批对台民间信仰交流示范点，密切联系广大信众，筑牢两地乡亲的情感纽带。

2020年7月27日，峰尾镇召开港澳乡情普查推进会　　（区委统战部 供图）

经济管理与监督

宏观经济管理

【概况】 2020年，全区地区生产总值716.34亿元，比上年增长2.8%；第三产业增加值140.48亿元，比上年下降1.4%；固定资产投资比上年下降16.6%；规模以上工业增加值比上年增长5.1%；居民人均可支配收入30157元，比上年增长5.6%。

国有资产监督管理

【概况】 “十三五”期间，泉港区国资办在泉港区委、区政府、区国资委的正确领导下，贯彻落实中共十八大、十九大精神和上级关于深化国有企业改革工作决策部署，深化国有企业改革、完善国资监管体系、提升国有企业发展质量。至2020年底，泉港区区属各国有企业资产总额累计273亿元、营业收入4.1亿元，较“十二五”末分别增长152.78%、186.71%，利润总额1.07亿元，较“十二五”末增长35倍。2020年，区属国有企业承担政府性投资项目、民生项目52个，发挥国有企业重点项目建设主力军作用，推进交通道路、各类管网、石化产业配套、景点保护与开发以及其他公共基础设施的建设运营。

【深化国企整合重组】 2020年，泉港区整合关闭泉港区食品公司现有3家牲畜定点屠宰场，将泉港区国有资本投资运营有限公司100%持有的泉港区食品有限公司股权注入泉港区高新产业园区建设有限公司，发展壮大高新国有资产业务板块，完成食品公司股权划转、全员劳动合同制、薪酬分配制度、工资总额预算等相关工作，推进落实国企整合重组。出台《泉港区交通文旅板块国企整合重组方案》，部署全区交通、文旅板块国有企业改革，整合全区交通运输与文化旅游资源，建立交通文化规划、建设、运营机制，形成“交通+文旅”融合联动发展。

【国企经营发展】 2020年，泉港区国有企业泉港新城投资有限公司与泉州市金融控股集团、福建美丽谷公司组建合资公司，处置全区建筑综合垃圾，提升城市管理水平。区大众公交有限公司探索智慧停车建设之路，获取特许经营权组建合资公司，实现国有企业、民间资本发展红利共享。区高新产业园区建设有限公司参与组建清源创新实验室市场化资产运营公司，实现实验室技术成果、知识产权、产业化项目优先在泉港区转化，打造校地、校企协同创新和深度融合发展典范。区国有资本投资运营有限公司成立三级子公司福建港安供应链管理有限公司，填补国有企业供应链金融业务空白。采取流动资金、融资租赁、发行公司债等方式，获得金融机构授信29.6亿元，其中发行债券规模22.3亿元，中小企业融资担保公司为501户企业提供融资担保信贷4.34亿元。

【健全国资监管】 2020年，泉港区国资办在原有基础上，出台《泉港区区属国有企业工程建设监督管理实施意见（试行）》《泉港区国有资产管理委员会关于规范区属国有企业招用工审批工作的意见》《泉港区国资委所出资企业房产出租管理暂行规定》《泉港区国资委所出资企业国有资产交易监督管理规定》《泉港区国资委人事权属管理的企业领导人员选拔任用管理办法（试行）》等5份配套监管文件，深化国有企业工程建设、人才选用、资产交易等领域的监督，拓宽国资监管层面，推动监管纵深发展。

【规范房产租赁行为】 2020年，泉港区出台《泉港区国资委所出资企业房产出租管理暂行规定》，规范国有企业房产出租行为，健全国资监管体系，提高国有资产使用效益及房产出租工作的透明度，维护国有资产安全。

【强化责任督检考核】　2020年，泉港区国资办强化责任督检考核，督促监管企业履行社会职责。完善“三重一大”决策制度，国资运营公司纪委派员列席区属国有企业“三重一大”会议，共计列席378个议题，加强源头监管。泉港区国资办、国资运营公司纪委开展3次国资委主任办公会议议定事项专项督查，对区属7家国有企业落实情况跟踪督办。部署并开展区属国有企业年度绩效评估工作，细化优化年度考核指标，确定差异化考核导向和内容，以考评促发展。督促国有企业履行安全生产主体责任，健全消防安全检查制度。推进扫黑除恶专项斗争，配合开展清欠工作，有效防范和打击企业非法集资，多举措优化企业发展环境。开展房屋隐患百日大排查大整治专项工作，将企业安全生产纳入企业负责人绩效考核体系，推动落实国有企业安全生产主体责任。

【完善现代企业制度】　2020年，泉港区国资办推进完善职业经理人制度。配合区委组织部做好市场化招聘的区管国有企业领导班子考核工作，建立健全有效的国有企业负责人激励和约束机制，酝酿《泉港区国资委所出资企业负责人经营业绩考核办法》《年度区属国有企业领导人经营责任状》等文件。深化国有企业劳动、人事、分配制度改革。按照“机构精简、岗位精炼、人员精干”原则，对国有企业权属子公司领导班子任前考察、研究国有企业中层管理人员选拔任用方式，推动国有企业形成能上能下、能进能出的选人用人机制。推动国企混合所有制改革优化股权投资。鼓励国有企业引入民营企业、外资企业、区外国企参股组建合资公司，发挥比较优势，形成战略合作，提高国企的盈利水平和市场竞争力。

【上级专项工作落实】　2020年，泉港区国资办完成区内3011名各级国有企业社会化管理工作，落实上级剥离国有企业办社会职能和解决历史遗留问题的重大决策部署。根据省财政厅、省人社厅、省国资委《关于报送福建省划转部分国有资本充实社保基金纳入划转范围企业有关事项的通知》等文件要求，对7家国资委出资企业情况进行调查摸底，征求统计局、市场监管局、人社局等相关单位意见，形成划转意见上报。按照《关于开展国资监管系统国有资本布局和产业链水平情况摸底调查的通知》及省市等文件要求，指导开展国资国企摸底工作，收集全区所涉及相关产业国有资本数量等信息，摸底全区国有资本布局的产业链各环节上下游基本情况及产业发展水平情况，形成调研报告，为国资监管和各企业经营管理提供数据支撑，为科学编制“十四五”规划国有企业篇章提供参考依据。区国有企业按照《关于印发〈泉州市促“六稳”“六保”追赶方案〉的通知》文件精神，对162户承租国有房屋的服务业小微企业和个体工商户，免除上半年3个月租金，累计减免67.8万元，助力复工复产。按照泉港区关于建立政府向区人大常委会报告国有资产管理情况制度意见要求，对区属各国企国有资产管理情况和数据汇总核实，完成企业国有资产管理情况专项报告起草，提出报告修改完善意见。

金融监管

【概况】　2020年，受全球疫情影响，泉港区企业陆续复工复产后销售量较低，部分上下游企业复工情况不一，对企业后续还款能力造成一定影响。截至12月末，全区不良贷款余额2.59亿元，扣除由洛江区承担新文行灯饰0.3亿元不良贷款后，最终不良贷款余额2.29亿元，信贷风险总体稳定可控。

【资金增存】　2020年，泉港区推进域外资金回存，增加资金存放量，鼓励产业龙头企业将营业收入、结算资金留存本地，主要协调联合石化将更多的存款回归泉港，余额50亿元。引导银行业机构盯紧原有重点客户及潜在客户，做优综合金融产品和服务，加大对企业结算资金、闲置资金的营销力度，吸引域外资金回流，争取福海粮油上海总部20亿元存款调回泉港区。截至12月末，全区人民币存款余额270.77亿元，比年初增加49.16亿元，增长率22.18%。

【资金增贷】　2020年，泉港区推动银行对全区在建项目、已落户企业和正在洽谈意向企业增加贷款，开展政银企对接工作，组织四场政银企对接会，促进银企对接授信超百亿元；鼓励银行对全区重点企业、优质企业发放贷款支持；推动银行加大对中小微企业、个体工商户支持力度，缓解疫情受困各类信贷主体融资难题。至12月末，人民币贷款余额232.92亿元，比年初增加4.37亿元，增长1.9%。

【百名行长进企业活动开展】　2020年，泉港区金融办印发《泉港区金融工作办公室关于成立金融服务企业专业小分队的通知》，推动组织银行行长到企业一线开展走访活动，梳理问题清单、制定帮扶措施、宣传政策红利。4月28日以来，共走访企业485家次，涉及融资需求金额11.3亿元；落地贷款融资需求企业205家次，金额5.37亿元；开票企业4户共3610万元，另2户贷款融资需求1079万美元。其中，金融办自行走访、参与走访企业41家次，涉及融资需求87950万元，落地企业贷款10户38500万元，解决企业转续贷、降利率等问题21家40750万元。

【争取企业纾困资金贷款投放】　2020年，泉港区出台《关于加快推进中小微企业纾困专项资金贷款工作的通知》《纾困投放情况通报》等文件，推动各行业主管部门加强审核力度，督促各银行业机构优化审贷流程，提高审贷效率，推动纾困资金贷款在泉港区落地。全年共为20家企业办理纾困贷款授信11845万元，累计放款9976万元。

【专项信贷资金】 2020年，泉港区与银行机构对接，争取政银企战略合作，为全区企业疫情期间提供专项贷款资金，统筹疫情防控和经济社会发展，合理、科学、有效支持实体经济复工复产。辖区6家金融机构为建筑业协会提供120亿元用信额度，邮储银行为企业提供疫情防控专项信贷资金5亿元，泉州银行为区外烩餐饮业提供专项信贷资金3000万元，已授信20户350万元。

【强化抗疫企业放贷】 2020年，泉港区全面排查辖区抗疫企业及中小企业复工复产资金需求，推动银行机构对辖区企业加大授信、放贷等优惠服务，支持企业稳定长足发展。共推动10家银行机构对接辖区28家企业总计21亿元融资需求，其中，中国银行为福海粮油新增授信3亿元，完成放款2.29亿元；工商银行为福海粮油发放3笔2436万美元贷款；农业银行为湄洲湾氯碱工业新增3亿元等。

【发挥政策性融资担保作用】 2020年，泉港区健全政策性融资担保机构体制机构建设，出台《泉港区支持政策性融资担保业务发展实施方案》，逐步完善担保公司专业团队、尽职免责制度，加快与银行机构对接，推动全区担保业务落地发展，解决企业融资担保问题，降低企业财务成本。截至12月末，区担保公司与建设银行泉港支行等7家辖内银行达成合作协议，担保额度合计18亿元；累计开展担保业务740户次4.34亿元，其中为小微、“三农”等个体工商户、个人经营贷担保731户3.45亿元，为企业担保6户9笔0.89亿元，完成市政府下达的任务指标。

【措施建立企业金融帮扶】 2020年，泉港区对辖区可能受疫情影响41家企业逐家制定帮扶措施，推动银行机构落实调整贷款期限、变更还款方式、调整结息频率、降低利率、再融资等帮扶措施。每日督促跟踪银行机构帮扶企业情况，为8家企业调整付息方式4.24亿元，为355家企业贷款12.3亿元提供优惠利率，为54家企业办理无还本续贷、转续贷14.4亿元；动用区政府应急保障专项资金为2家企业办理应急转贷6笔10911万元。

【地方金融监管】 2020年，泉港区加大对互联网金融、P2P、非法集资、交易场所、类金融机构等各类风险的排查工作，联合网信办、市场监督管理局、公安分局、惠安银保监组统一行动，排查“线上网贷”举报件一起。开展地方金融组织安全隐患排查，对办公场所、营业场所、员工宿舍等方面展开全覆盖安全检查，从房屋的结构安全、用电用气安全、消防和应急通道畅通等方面逐一排查。

统计

【完成第七次人口普查】 2020年，泉港区严格落实普查方案，组建普查机构，建立督查机制、工作责任机制、信息共享机制三项工作机制，落实普查经费预算350万元，配备数据采集设备410台，选聘普查指导员和普查员2125人，通过短信，微信、横幅、广告牌等多种形式加大宣传力度，为普查工作的顺利推进提供有力保障。全区101个村（居）共标绘建筑物86378个，划分普查小区1662个，在新冠肺炎疫情下，全区登记率100%，普查短表登记工作进度在全市排名第一，通过国家、省市验收。

【强化监测预判预警】 2020年，泉港区统计局适应生产总值统一核算改革要求，重新研究制定生产总值核算重点指标统计表，按月度动态监测相关指标数据，做好分析汇总表，及时开展预警监测，做好对上协调，增强工作的主动性。完成全年各项数据指标统计。推进固定资产投资统计，密切跟踪项目报送情况，利用大小会议对项目入库要求和报送依据进行深入讲解，使各镇（街道）对投资报送凭证、层层审核要求、数据报送时间做到入脑入心，将项目资料收集工作前置，提高投资报送成功率。

【提升统计服务效能】 2020年，泉港区统计局按时编发统计产品，把《统计年鉴》《统计月报》《统计公报》作为“拳头”产品定期编发，向社会各界提供及时、完整的统计数据。每月定期整理统计月报，通过微信、短信发送给区领导及主要部门，通过泉港区人民政府门户网站向社会公布，为全区各项指标、数据的参考、查询提供权威资料。强化数据分析。面对新形势、新要求，围绕区委、区政府中心工作，撰写一批有价值的统计分析和信息。累计共编发工作动态2篇、统计信息32篇、统计分析3篇，专报增刊1期。

【依法统计依法治统】 2020年，泉港区统计局在全区统计系统范围内组织开展统计造假专项整治工作，对辖区“四上”企业开展“双随机”统计执法检查。在全区开展统计法规培训和专题学习，将《中华人民共和国统计法》等相关统计法律法规加入党校干部培训必备课程。广泛开展普法宣传，借助第七次全国人口普查广泛宣传统计法律法规，通过中国统计开放日和12月4日国家宪法日开展统计法规宣传活动，形成“家喻户晓，人人支持人口普查”和

“人人了解统计，人人支持统计”良好氛围。

审计

【概况】 2020年，泉港区审计局开展重大政策措施落实情况跟踪审计，重点关注疫情防控、“六稳”、“三促进”、财力财源挖掘、创新驱动发展等政策措施落实情况以及重大投资项目推进情况，促进经济健康发展。

【疫情防控专项审计】 2020年，泉港区审计局开展应对疫情“六稳”措施落实情况跟踪审计。结合新冠肺炎疫情防控资金和捐赠款物专项审计实施，把应对疫情“六稳”措施落实情况列为各项审计项目审计内容。开展新型冠状病毒感染的肺炎疫情防控财政资金和捐赠款物专项审计。重点关注各级财政安排的疫情防控专项资金分配拨付、管理使用，社会捐赠款物的接受、分配使用、管理和重点保障企业贴息贷款的分配管理使用情况。

【开展挖掘财力财源专项调查】 2020年，泉港区审计局开展国有资产和资本运营管理情况调查，通过审计，摸清家底、提高资产效益，使有限的财政资金发挥最大政策效应，有效发挥国有资产的积极作用。开展土地收储和存量情况调查，通过摸清所有权清晰、闲置情况明确、统筹可出让形成财力的资产土地，提出科学制订土地收储保有量与净地出让量计划，提升土地收储出让的运作能力，提高土地出让收入征收水平、增强政府投资建设能力。

【预算执行情况审计】 2020年，泉港区审计局强化预算执行情况及决算草案审计，重点关注财政政策提质增效和政府过“紧日子”情况、中央八项规定及其实施细则精神贯彻落实情况、预算分配、资金安全和绩效情况，以及地方政府债券、部门决算草案编制、其他财政收支等方面情况。按期高质量完成2019年度区本级预算执行情况及决算草案审计，促进盘活使用存量资金1891.38万元，促进为民办实事项目经费、脱贫攻坚项目经费、建设经费等专项资金拨付使用1730.66万元；选取区工信局、民政局等2个部门开展预算执行情况审计。开展职业教育、社保就业、公共卫生服务、支持中小企业发展和管理、自然资源等5个科目审计，推动2个土地整理项目建设进度，促进公共卫生服务专项资金拨付使用422.95万元。根据《泉港区开展“1+X”专项督查推动中央八项规定精神深入落实的工作方案》要求，深入开展中央八项规定精神“1+X”专项审计，重点检查涉及的区直部门单位公务接待费、因公出国（境）费、公务用车购置及运行维护费和会议费培训费开支情况。8月26日，受区政府委托在泉港区第四届人大常委会第26次会议上作《关于2019年区本级预算及其他财政收支情况的审计报告》及《关于2018年度区本级财政预算执行情况审计整改情况的报告》，接受区人大对被审计单位2019年审计查出问题整改情况满意度测评，获得满意等次。

【经济责任审计与自然资源离任审计】 2020年，泉港区审计局根据区委组织部委托，经区委审计委员会批准，开展13个部门单位涉及14位科级领导干部开展任期（任中）经济责任审计，并结合经济责任审计开展涂岭镇党委书记、原镇长自然资源资产离任（任中）审计。提出审计意见及建议47条，被采纳率100%。审计促进增收节支345.15万元，非金额问题整改到位167项，促进部门建章立制33项，做好干部管理、考察和选拔、任用，提高领导干部管理能力和水平，加强制度建设和党风廉政建设。

【国有企业审计】 2020年，泉港区审计局深入贯彻落实中共中央办公厅、国务院办公厅《关于深化国有企业和国有资本审计监督的若干意见》，开展泉港新城投资有限责任公司、泉港石化工业区建设发展有限公司两个区属国有企业的财务收支情况审计，加强区国有企业及国有资本审计监督，促进国有企业深化改革，提高经营管理水平、做强做优做大，为国有企业健康发展保驾护航。

【专项审计调查】 2020年，泉港区审计局根据上级审计机关及区委区政府决策部署，加大扶贫、教育、医疗、社保等民生保障资金和项目审计力度。开展“两不愁三保障”专项审计调查，重点审计调查扶贫办、教育局、住建局等部门在保障贫困群众饮水安全、义务教育、住房保障等方面的政策落实情况。经审计发现，存在义务教育学龄段儿童未上学、区住建局保障房建设任务进展缓慢、部分贫困户饮水安全无后续保障等问题。根据市审计局统一部署及《中共泉港区纪委办公室 泉港区监委办公室关于开展民生领域损害群众利益问题集中整治的通知》文件要求，开展泉港区中央革命老区扶贫建设资金“最后一千米”专项督查。以2018年至2020年6月以来中央革命老区扶贫建设专项资金为主，通过督查整治中央革命老区扶贫建设专项资金分配、使用和管理中存在的失职渎职、吃拿卡要、优亲厚友、贪污受贿、侵占私分、挤占挪用、虚报冒领，以及无故拖延项目验收、滞留延压资金等问题。开展网络安全建设和绩效审计。对区教育局、区城管局以及区财政局等3个单位的信息系统的安全性、可靠性和经济性进行监督检查，揭示信息系统规划、建设和运行管理中存在的突出问题和重大风险隐患，提出审计意见建议，推动完善相关制度，促进提高资金使用绩效。开展内部审计工作情况重点抽查。根据《泉州市审计局关于开展内部审计工作情况重点抽查的通知》要求，对区教育局、山腰盐场及新城投资公司等部分单位及国企开展内部审计工作重点抽查，推进审计署《关于内部审计工作的规定》贯彻执行，落实《审计署关于加强内部审计工作业务指导和监督的意见》，加强依法属于审计机关审计监督对象的单位的内部审计工作，做好内审工作的业务指导和监督。根据市审计局统一部署，市县联动，开展湄洲湾航道四期工程—南岸航道工程（南山片区公共航道）建设管理情况审计调查，查找工程建设管理过程中存在问题，分析原因，提出审计建设性意见建议。开展新增财政资金直达市县基层直接惠企利民情况专项审计，通过对新增财政资金筹集、分配、拨付下达、管理使用及发挥绩效情况进行全程跟踪审计，促进资金及时拨付、精准使用、安全高效，推进深化供给侧结构性改革和高质量发展。

市场监督管理

【优化营商环境】 2020年，泉港区市场监督管理局推进企业设立"一窗通办"。企业开办由"设立登记、公章刻制、初次申领发票"3个环节压缩为"设立登记、初次申领发票"2个环节，对企业设立登记的审批流程、材料及表格进行再梳理、简化、优化，企业开办时间压缩至4小时。全年新增市场主体12097户，其中，内资企业1451户，外资企业6户，个体工商户10646户。推行部门联合抽查，推动各涉及"双随机"监管部门完善联合抽查事项清单，督促各行业主管部门制定抽查计划并牵头落实其主管行业领域的跨部门"双随机、一公开"监管。建立抽查对象库65个，入库市场主体3.91万户，开展"双随机"抽查20次，共抽查市场主体445个，完成抽查并实施结果公示445个。

【食品安全监管】 2020年，泉港区市场监督管理局结合疫情防控、创城创卫分别在食品生产、流通、餐饮服务等环节开展农村假冒伪劣食品、"两超一非"、保健市场乱象整治、小作坊专项、学校及周边食品安全、网络餐饮、冷链食品等专项整治行动，共立案查处食品违法案件82件，其中简易案件35件，一般程序案件47件，移送公安1起；深入开展食品抽检和食品快检工作。共开展食品监督抽检1062批次，不合格16批次，合格率98.5%，开展食品快速检测快检抽样10748批次，问题样品3批次，已全部召回销毁，并在"泉港市管"微信公众号当天公示快检结果；强化食品安全培训工作。开展泉港区外烩餐饮食品安全、全区进口冷链食品安全监管暨预防性消毒培训等培训工作，培训食品从业人员359人；引入商业保险赔偿机制，创新农村聚餐食品安全监管模式，推动全区101个村（社区）购买农村集体聚餐食品安全责任保险；引进第三方食品安全巡查机构辅助开展创城创卫常规巡查工作，整合形成双创指标检查表，制定2轮全覆盖巡查计划，助力创城创卫指标化、高频化、社会化，形成对现有监管力量的有力支撑。

【药品安全监管】 2020年，泉港区市场监督管理局严格标准，做好药械许可工作。办理药械经营许可52件，医疗器械批发企业注销2件；紧盯疫情防控，规范处方药销售，加强执业药师履职监管。巡查检查药械经营单位214家次，检查定点医院2家次，对13家镇级及以上医疗机构不定期开展监督检查，立案查处4起药品领域违法违规行为。开展中药饮片专项整治工作，共完成中药饮片经营、使用单位自查76家，其中使用单位14家，覆盖率100%，立案查处7起，有效规范中药市场秩序。

【强化特种设备监管】 2020年，泉港区市场监督管理局开展特种设备隐患大排查大整治百日攻坚行动。共检查特种设备使用单位354家次，排查安全隐患138处，完成整改138处，立

2020年11月27日，泉港区进口冷链食品安全监管及疫情防控工作部署会召开
（区市场监管局 供图）

案查处6件；开展重点使用单位安全大检查。抽取辖区60家特种设备相关单位列入日常重点监督检查单位清单，检查发现安全隐患19处，下发《指令书》2份，完成整改19处。开展移动式压力容器安全专项整治，推进5家移动式压力容器充装单位运行公共信息服务平台。开展气瓶充装使用管理专项整治。严格要求区内4家液化气瓶充装单位和2家工业气瓶充装单位规范企业自有气瓶充装、检验行为，推进气瓶二维码信息化管理工作；开展电梯安全专项整治工作，重点关注医院、超市、居民小区电梯维保和安全使用情况，共检查电梯使用单位145家，发现隐患43处，查封电梯14台，隐患整改闭环43处，立案1件。

【强化市场监管执法】　2020年，泉港区市场监督管理局强化价格监管，在全区范围内开展口罩、消毒液等各类防控医药用品价格监督检查工作，共检查药店1005家次，发放《关于肺炎防治医药用品价格行为的警示告诫函》67份，共分发《致全区广大经营者一封信》400份，与各类市场主体签订《诚信经营承诺书》156份；开展涉企收费自查清理工作，检查转供电主体17户次，责令整改2家，清退26485.942元，立案查处1起未按政府定价向商户收取转供电电费案；强化广告整治。开展房地产广告、医疗美容广告、互联网广告、非法集资风险等虚假违法广告专项整治工作，共立案查处广告案件数12件；强化信用监管。推进涉企信息归集工作，全区各参与部门共归集信息9816条，其中涉企行政许可信息2553条、涉企行政处罚信息2249条、涉企检查抽查信息3533条、涉企联合惩戒信息268条、涉企小微扶持信息1189条。

【消费维权】　2020年，泉港区市场监督管理局综合运用“12315”、互联网、来信、来访、传真、短信等方式，构建全方位、立体化的群众诉求表达平台，及时解答群众咨询，高效处理广大群众投诉、举报、建议件。2020年，共接到消费者投诉举报1026件，其中投诉505件，举报521件，办结率均为100%，共计为消费者挽回经济损失14.64万元。

【知识产权】　2020年，泉港区市场监督管理局强化知识产权创造、运用、保护和服务等。是年，全区发明专利拥有量382件，每万人发明专利拥有量11.37件，比上年增长5.28%。福建师范大学石化研究院新成立“福建省高分子材料产业知识产权联盟”，设立“福建省高分子材料产业知识产权运营保护中心”，为泉港区首次在知识产权领域获得的省级平台。福建师范大学石化研究院环境友好型高分子材料创新引领高价值专利培育项目被列为2020年泉州市高价值专利示范项目。截至2020年12月底，全区共有国家知识产权优势企业2家，福建省知识产权优势企业4家，通过知识产权管理体系认证企业7家；有中国驰名商标3件，马德里商标3件，地理标志证明商标1件。

安全生产监督管理和应急管理

【概况】　2020年，泉港区应急管理局贯彻落实国家、省、市、区安全生产和应急管理工作会议精神和各级领导指示批示，深刻吸取各类事故教训，强化安全生产责任落实，坚守“红线”意识，坚持防控结合、标本兼治，统筹推进安全隐患大排查大整治和安全生产专项整治三年行动深入开展，狠抓企业主体责任落实，严厉打击非法违法行为，完善应急管理体系建设，抓好各类安全生产和应急管理法律法规的贯彻执行。截至12月29日，泉港区共发生生产安全事故7起（均为一般生产安全事故），同比下降22.2%，累计伤亡8人（其中死亡4人、受伤4人），同比下降50%，实现事故起数和伤亡人数“双下降”，未发生较大以上生产安全事故。安全生产管理机制创新做法在省改革办《福建改革财经情况》刊发。

【安全生产宣传】　2020年，泉港区应急管理局采取贴近企业、贴近实际、贴近生活、贴近群众的宣传教育方式，打造全媒体、分众化安全生产宣传教育工作格局。优化运行《安全第一线》电视专栏和“泉港应急管理”微信公众号，为生产经营单位和人民群众提供优质便捷的资讯服务，共播出《安全第一线》电视专栏36期，微信公众号共发布各类信息771条。组织200多个单位、9000多人参加全国安全知识竞赛答题活动，总积分居全省第二。开展安全宣传“五进”活动508场，累计28025人参与，分发安全生产知识手册1万余份。

【危险化学品专项整治】　2020年，泉港区应急管理局组织应急、工信、市监、城管、公安等15个部门单位，以港口、码头、物流仓库、石化园区为重点，对涉及储存危化品的企业开展全方面安全检查，督促企业落实各项安全防范措施，加强对危化品生产、储存、经营、运输、使用等各环节的日常管理。全年共检查危化品企业183家次，发现隐患问题434项，完成整改421项，限期整改13项。

【烟花爆竹专项整治】　2020年，泉港区应急管理局坚决贯彻落实“两关闭”工作要求，提升全区烟花爆竹零售点整体安全经营条件，遏制非法经营及防范安全事故发生。区烟管办组织各成员单位和各（镇）街道在烟花爆竹零售旺季开展烟花爆竹零售“零容忍”联合执法检查，推进烟花爆竹经营环节安全工作。全年开展4次联合执法检查，随机抽查烟花爆竹零售点36家，检查发现安全隐患和问题75项，责令整改75项，落实整改隐患率100%。

【非煤矿山专项整治】 2020年，泉港区应急管理局重点整治非煤矿山安全设施“三同时”手续不齐全、安全生产主体责任不落实、事故防范措施不到位等问题，确保各项整治措施落到实处。全年共开展非煤矿山安全检查9家次，发现隐患24项，完成整改24项，整改率100%。全区仅有的1家非煤矿山于2020年9月21日采矿许可证到期，安全生产许可证于9月18日交回市应急管理局。

【森林防灭火专项整治】 2020年，泉港区应急管理局按照早安排、早行动的原则，在重要入山口设立防火临时检查站，严格检查登记过往行人和车辆，凡进入林区的机动车辆携带火种一律没收，并对当事人进行防火安全教育，同时结合疫情防控工作部署，明确清明节期间全面暂停陵园、骨灰堂、寺庙和零散墓地祭扫活动，从源头上管控火源，最大限度降低火灾风险。全年共发布6份禁火令，组织森林火灾隐患专项治理行动85次，消除森林火灾隐患28个。

【工业八大类专项整治】 2020年，泉港区应急管理局突出以粉尘涉爆、涉氨制冷、有限空间作业、高温熔融金属作业等为重点，坚持重点检查、突击抽查、巡回督查，严格落实作业审批、通风检测、作业前风险确认、现场监护、应急处置与救援等各项要求，强化企业生产过程安全管理，增强企业安全生产实效。全年安全检查中共发现隐患364项，完成整改326项，限期整改38项。

【严格督促企业主体责任落实】 2020年，泉港区应急管理局注重提升企业安全本质水平，通过加强监管执法，提高企业违法违规成本，倒逼企业自觉落实主体责任。分2批次对51家企业主要负责人和安全管理人员开展《安全生产法》《安全生产事故隐患排查治理暂行规定》等法律法规和行业标准规范等管理知识进行考核测试，有效检验企业从业人员安全生产履职和管理能力，增强企业安全意识和法律意识。坚持“把安全隐患当成事故对待”的理念，组织开展“零容忍”“五落实五到位”“清零”等“双随机”执法检查专项行动，重点查处违法生产经营、隐患拒不整改、指令拒不执行等典型违法违规行为，坚决实施“四个一律”“五个一批”。全年立案查处23起，行政处罚171.27万元。对企业主体责任落实不到位、安全生产工作走过场、隐患排查治理不力的生产经营单位，坚决予以公开曝光，在区主流媒体曝光7家企业，跟踪企业整改落实情况，直至整改完毕；定期在泉港区政府网站和“泉港应急管理”微信公众号曝光行政处罚信息。通过微信公众号推送、电视播放、文件通报等形式，采取“以案释法”的方式分3批次、共通报5家企业违法违规行为的行政处罚情况。严格要求事故调查组按照“四不放过”的原则和相关程序开展事故调查处理，依法做出行政处罚，严格追究事故责任，确保事故调查按期结案，及时向社会公布调查处理结果，有力地推进安全生产各项工作的落实。全年共开展事故调查3起，依法追究相关责任单位5个、责任人12个。

2020年6月22日，副区长黄少伟带队开展“端午”节前安全生产检查暨“危险化学品重大危险源督长制”督长检查 （区委报道组 供图）

【提升应对事故处置能力】 2020年，泉港区应急局完善应急管理工作机制，开展应急演练，积极预防和应对突发事件，有效保障安全和社会稳定。全面梳理《泉港区生产安全事故灾难应急预案》以及各系统应急预案，明确区安办、负有安全生产监督管理和服务保障职责的区直有关部门（单位）、属地政府在各个响应层级中的工作职责、紧急处置措施等内容，为科学处理生产安全事故提供保障。委托应急管理部研究中心开展全区事故风险评估、应急资源调查及总体应急预案、安全生产专项应急预案修订工作，督促企业制定完善安全生产应急预案，确保政府及其有关部门和相关企业应急预案相互衔接，形成有机整体。坚持定期不定期组织相关部门和企业开展生产安全事故应急救援演练，全面提升应对各类生产安全事故能力。全年共组织开展各类应急演练117场次，累计参演人数3400余人次。12月16日组织省、市、区三级联动的危险化学品生产安全事故综合应急演练，演练内容包括高空救援、企业自救及伤员转移、政府应急响应和救援等，400多人参加演练和观摩，动用应急指挥、消防及抢险救援专用车辆30余台。

【安全隐患大排查大整治】 2020年，泉港区应急管理局深化安全隐患大排查大整治。落实省、市部署，成立全区安全隐患大排查大整治指挥部，由区党政主要领导亲自挂帅，党政班子全员参与，42个部门作为成员单位，建立了综合协调、宣传、组织、纪律、房屋安全排查整治、危险物品和工矿企业排查整治等8个职能组，建立会商联络、排查整治、重大隐患挂牌督办、信息报告、督查督办、群众举报联动等6项制度，对大排查大整治实行战时指挥，统一协调，统一行动，形成攻坚合力。按照“急重轻缓、危险先排、安全问题先解决”的方法，明确条块分工，集中精力、人力、物力，“拉网式”推进危险物品、房屋安全、道路安全、工况企业、自然灾害、消防安全等行业领域安全隐患大排查大整治，横向到边、纵向到底，确保不漏“一村一户一企”。全区累计排查处置五类重点场所房屋95062栋（面积2250万平方米）；整治危险物品安全隐患1313条、道路安全隐患64处、交通企业（场所）安全隐患179项、消防安全隐患2623处、工况企业安全隐患660条、地质灾害安全隐患372处。坚持多媒联动，发挥网络平台、电视、“云视讯”、微信等社交媒体作用，推介全区大排查大整治经验做法，推动100多篇典型做法在全国各类媒体刊发播出，其中《今日头条》刊发《泉港：创新“12345”工作模式 推行危险物品排查整治》进行专题报道；《福建新闻联播》播出《泉州泉港：“云”直播危楼拆除》进行专题报道等。

【创新安全监管方式】 2020年，泉港区应急管理局推行“四化”整治。以排查专业化为基础，发挥区安全长驻专家以及市、区两级专家库技术支持，派出专家服务组155个，编制行业领域《检查导则》12项，为排查隐患提供专业支持。以风险标识化为指引，建立风险隐患“数据库”清单，绘制96家规上企业“红橙黄蓝”四色安全风险空间分布图，标识定性，实行“一张图”管理。以执法战役化为抓手，综合运用约谈、警告、处罚、停产停业、关闭取缔等多种惩戒措施，累计责令停产停业整改企业38家，取缔关闭企业21家，纳入联合惩戒名单3家（其中“黑名单”2家、“关注对象”1家），行政处罚企业16家、罚款45.24万元。以管控明细化为目标，对每个隐患、每个风险，明确责任人、整治节点，确保隐患闭环管理。其中省、市督导通报问题52项，均整改完毕。构建“二督”机制。区主要领导挂帅督战，带头履职尽责，深入一线督促指导整治工作。区领导分片督导，网格化挂钩，定期抽查重点片区、重点行业、重点企业，细督严查。区安指办联合区两办督查室、区效能办、应急局，施行动态协调督促，共开展督导7次，下发通报6份，通报问题9个大类、39个小项，重点督促各相关单位重大事故隐患整改，推动各类隐患问题靶向整治，收集汇总各级各相关部门整治开展情况，为分析研判、统筹推进大排查大整治工作提供重要基础信息。落实“六单”监管。严格按照省、市、区统一部署要求，指导各级各部门建立本行业领域、本辖区隐患排查治理“六张清单”，通过列出“监督清单、问题清单、整改清单、验收清单、执法清单、问责清单”等六张清单，解决监管企业底数不清、隐患问题情况不明、监管执法不严以及问责不到位等问题，强化清单管理，对隐患问题一项项对账清零。各级各部门共建立“六张清单”30套，摸排全区生产经营单位2800家。

【防范化解重大安全风险隐患】 2020年，泉港区应急管理局紧盯重大事故隐患和重大安全风险，建立重大问题库，全面排查梳理全区重大安全生产问题，建立第二批重大安全生产问题库，由区领导进行挂钩整治，督促各级各相关单位履行安全生产责任，做好重大风险点管控和重大事故隐患整治，解决推动一些长期停滞不前的安全生产“疑难杂症”问题。全区12项重大安全生产问题整治到位，全部完成整改。推行“152030”工作法，由各镇（街道）、各行业主管部门定期分析统计本辖区、本行业内重大事故隐患排查治理情况，统一汇总后于每月15日前上报区安办，区安办于20日前将重大安全隐患及需协调问题抄报区领导，各镇（街道）、各有关部门单位落实安全隐患跟踪整改，并建立信息管理台账，于30日前将重大安全隐患排查整改及协调解决问题的落实情况上报区安办。全区共摸排重大安全隐患21项，完成整改21项。严格按照重大事故隐患判定标准开展隐患排查治理，对检查中发现的28项重大事故隐患予以挂牌督办，明确整改责任、资金、方案、预案和期限“五落实”要求，严格督促有关责任单位整改重大事故隐患，加强日常检查指导，建立整改清单实行台账式管理，跟踪推进隐患整改，做到不整改到位不摘牌。

消 防

【概况】 2020年，泉港区消防大队忠实践行习近平总书记授旗训词精神，团结带领全体指战员真抓实干、攻坚克难，推进灭火救援、火灾防控、队伍管理等各项任务，完成以防、灭火为中心的各项工作任务，实现队伍和火情“双稳定”，处置“6·30”泉州玺堡家居科技有限公司厂房火灾、“7·25”沈海高速油罐车侧翻事故等一系列的急、难、险、重任务。全年，大队共接警出动947起，其中火灾37起（火灾起数比上年下降46.38%），出动消防车1358辆次，消防人员7789人次，抢救、疏散被困人员72人，抢救财产价值2607余万元。

【提升队伍救援水平】 2020年，泉港区消防大队针对辖区石化企业多、高速交通事故多发特点，将抢险救援作为队伍工作拓展的方向，做好处置突发事件和灾害的应急准备。推动落实《泉港区人民政府办公室关于建立健全消防救援联勤联训联动工作体系的通知》，加强与社会救援力量的联勤联动联训工作，多次组织骨干队员深入5支企业专职队，督促指导队伍建设、执勤训练等工作，开展联合演练。联合区委区政府开展液化石油气储罐泄漏事故救援演练，联合5家企业专职队开展危险化学品综合应急演练、大型商业综合体联合实战演练、区公共交通突发事件应急处置演练等活动3次，在实战中提升队伍区域综合应急处置能力。

【落实消防安全责任】 2020年，泉港区消防大队提请召开区政府常务会，推动制定印发《贯彻落实〈福建省消防安全责任制实施办法〉若干意见》，推动各镇（街道）、行业部门做好宣贯工作。组织召开消防安全工作会10余次，消防工作联席会议4次，半年消防工作督导1次；区委书记梁炳辉、区长颜朝晖、副区长柯明好等区领导带队督导检查消防安全工作11次。深化重点单位消防安全标准化管理，抓好消防安全“四个能力”建设和消防安全“三提示”工作，督促53家重点单位落实消防安全“户籍化”管理和“三自主两公开一承诺”制度，做到安全自查、隐患自改、责任自负。

【消防安全风险隐患化解】 2020年，泉港区消防大队围绕消防安全大排查大整治行动和“消防安全专项整治三年行动”工作，推动开展高层建筑、居住出租房、工贸企业、小加工作坊、生命通道、自建房加工场所等领域消防安全治理，开展“三合一”场所隐患“回头看”行动。联合住建、城管、交警等部门开展消防车通道治理行动，完成全区158个住宅小区消防车通道划线工作，划线率100%。针对石化企业实地检查38家/次、发生短信提醒200余条、发送提示函34份、集中约谈15人、电话拉动测试演练企业专职队171次，修订预案26份，加强石化企业消防安全监管。聘请15名消防技术专家协助开展房屋消防安全隐患排查和人员密集场所房屋结构安全隐患核查，成立专班推动自建房加工场所消防安全专项整治工作。

【区域性消防安全突出隐患整治】 2020年，泉港区消防大队推动区域性火灾隐患问题“锦祥社区”的整改工作，将消防设施提升工程纳入锦祥片区（一期）老旧小区改造。全区共检查单位484家，发现并整改火灾隐患168处，行政处罚13家，临时查封2家，“三停”2家，罚款6.4万元。全年未发生较大以上火灾事故。

【消防宣传教育】 2020年，泉港区消防大队推动消防宣传“五进”工作，借助楼宇视频、移动运营商、消防广告宣传车、公交车等载体开展常态化消防安全提示宣传；与泉港区委宣传部合作，设立消防安全知识专栏、三年行动专项整治专栏；搭建消防宣传新平台，联合区大众公交公司开拓一条“消防主题公交线路”，开展流动宣传。对接区科协、区城市管理局，推进市级应急消防科普教育基地建设、消防主题公园建设工作，应急科普教育基地建设纳入区科技馆二期项目一并设计。组织开展消防培训讲座60余场次、开展消防灭火疏散演练58场次，发放各类宣传资料50000余份。

【推动优待政策落地】 2020年，泉港区消防大队推动落实消防救援人员优待政策，走访区人社局、卫健局、文旅

2020年3月18日，泉港区政府召开全区消防安全大排查大整治暨百日攻坚行动部署会

（区消防大队 供图）

局、金融办等部门，向全区13个职能部门发文推动在就业、看病就医、金融业务办理、旅游出行等方面的优先优待政策落实落地，在区服务窗口、车站、银行、医院等行业单位均设置“消防救援人员优先”窗口。

【政府小型消防站建设】 2020年，泉港区消防大队推动政府小型消防站建设，争取专项建设经费100万元，在前黄镇建设政府小型消防站一个，推动开展小型消防站调研、选址、设计、室内装修等工作，12月30日前完工并入驻，投入执勤。

海关监管

【概况】 2020年，泉州海关驻泉港办事处在总关党委和泉州海关党委的坚强领导下，学习贯彻习近平新时代中国特色社会主义思想，落实中共十九届四中、五中全会精神，对标新海关建设愿景和“质效提升年”部署安排，马上就办、真抓实干，推动疫情防控、复工复产等各项工作取得新成效。办事处获评厦门海关2016—2019年度先进集体称号。

【疫情防控】 2020年，泉州海关驻泉港办事处立足辖区口岸卫生检疫职能部门坚守在国门第一线，融入地方联防联控体系，严格落实“五类人员”属地联防联控机制处置措施，有序做好“三查三排一转运”，确保无缝衔接，闭环管理，新冠肺炎疫情零感染。

【综治平安】 2020年，泉州海关驻泉港办事处成立由“一把手”担任组长的综治工作领导小组，明确创建工作机构具体成员、责任人和主要职责。建立领导干部抓业务工作与综治（平安建设）“一岗双责”制度，将综治工作纳入单位年度工作计划。办领导深入各业务现场30余次，指导强化疫情防控、反走私、打击“洋垃圾”、卫生检疫、动植物检疫、“非洲猪瘟”防控等易发生安全隐患的工作，及时排查化解隐患。

【强化正面监管】 2020年，泉州海关驻泉港办事处压实安全生产监管责任，推进六大领域安全生产专项整治三年行动，深化口岸反恐等联防联控机制，加强“扫黄打非”工作，一线关员自主研发危化品留样箱获全国海关系统首个此类型实用新型专利。建立健全安全风险和疫情防控体系，开展入境口岸监测调查、检疫性实蝇监测、外来杂草监测、黄瓜绿斑驳花叶病毒监测、舞毒蛾监测，对监测到的外来入侵有害生物假高粱、红火蚁，监督并协助地方农业部门指导物流码头、进口粮食加工企业采取有效防控措施进行除害处理，保障国门生物安全。督促各港区建立健全医学媒介预防与控制、口岸固体、液体废弃物、饮用水、食品监管工作，改进口岸卫生综合环境。

【服务地方重点发展规划】 2020年，泉州海关驻泉港办事处建立针对泉港区重点发展项目的跟踪机制，将海关系统各项服务经济举措融入服务“百宏石化250万吨/年精对苯二甲酸（PTA）”“国乔石化丙烷脱氢及聚丙烯”等重大建设项目发展中。指导肖厝物流码头按照口岸指定口岸建设标准要求，促进进境粮谷指定口岸（扩项）早日通过考核验收。

【助力辖区支柱产业发展】 2020年，泉州海关驻泉港办事处支持石化产业高质量发展，创新探索“一企一策”，助力国家重点工程中化泉州石化乙烯项目一次开车成功，中化泉州石化实现炼化一体化转型。助力口岸粮油产业平稳发展，实现进境大豆、出口豆粕无障碍通关并逆势增长，支持企业时隔两年重启出口饲料豆粕，拓展国际市场。加强与行业协会的合作，提高企业应对国际技术性贸易壁垒的能力，为辖区家具、食品企业和出口蔬菜备案基地建设保驾护航。

【优化口岸营商环境】 2020年，泉州海关驻泉港办事处落实“六稳”“六保”任务，助力口岸经济平稳增长，推广关税保证保险、汇总征税，引导企业用足用好优惠政策，缓解资金压力。“两步申报”“提前申报”试点推广成效明显，进出口整体通关时间大幅压缩，统计分析专报1篇获海关总署署长倪岳峰等4位署领导圈阅，1篇获泉州市市长王永礼批示。

【危化品安全监管】 2020年，泉州海关驻泉港办事处学习贯彻习近平总书记关于安全生产工作的重要指示批示精神，严格落实党中央、国务院关于安全生产重大决策部署，汲取天津“8·12”事故、江苏响水“3·21”事故的惨痛教训，以政治高度认识防范重大安全风险的重要意义，制定完善《泉港办强化危化品安全监管工作方案》，将安全监管纳入《泉港办风险防控清单》，与辖区涉危企业签订《关企安全监管合作备忘录》，建立安全生产管理员联络配合机制，强化监管作业场所经营单位的安全主体责任，健全安全隐患处置排除机制，提升发现和处置安全监管风险能力。组建刘李雄专业团队工作室，制作微课程“安全防护无小事，麻痹大意酿大祸”入选海关总署全员培训优秀自制课程并上线海关全员培训系统共享。设立安全生产监管墙，编写安全登轮口诀，编印《进出口危化品现场监管安全手册》，配发阻燃防静电工作服及执法所需的各项防护设施设备和工具，加大对船舶代理及第三方业务人员的安全操作培训，增强防护意识，提升安全防护能力。

【综合治税】 2020年，泉州海关驻泉港办事处注重加强税政调研，注重税收预测分析、进度监控、绩效评估和专项督导，落实总署税政改革，突出属地纳税服务功能。强化价格风险分析，加强大宗散货后续滞期费跟踪，提升审价补税作业成效。

【保持打私高压态势】 2020年，泉州海关驻泉港办事处加强涉税领域化验力度，强化口岸监管场所、货物、船舶、上下船员的全方位监管，增强打私合力，以查发走私的成果体现监管有效性。推动“国门利剑2020”“蓝天2020”等专项行动，严厉打击洋垃圾、濒危物种、毒品、枪支弹药、农产品、涉税敏感商品等重点领域走私，维护口岸外贸秩序安全稳定。

海事监管

【概况】 2020年，泉港海事处以“交通强国”和“一流海事机构”建设为总体目标，围绕海上交通安全监管中心工作，夯实海事处“三基”和“三化”建设，做好“十三五”规划收官工作。严厉打击到港船舶违法违章行为，保障港航经济有序复工复产，辖区海上交通安全形势保持稳定。

【强化船舶载运危险货物监管】 2020年，泉港海事处加强船载危货信息化监管。贯彻落实《福建海事局关于全面加强船舶载运危险货物安全监管工作的意见》要求，加强船载危货申报管理，严查船舶瞒报谎报行为，实施危货申报“两员”违法记分；强化动静态业务信息协同，优化危货申报和防污作业等管理信息支撑，保障现场精准执法。完善辖区危防管理基础数据。运用“清单工作法”全面梳理更新辖区船载危险品名录和码头靠泊能力及作业资质，分类标识常见危险货物名称、技术说明书和应急处置指南。完善船舶防污染应急机制。省内率先推动县区级政府发布《泉港区海上危化品事故应急救援预案》，逐步形成“政府主导、部门联动、企业主责、社会参与”的防污染应急机制。提高溢油应急处置能力。结合第四批（NSM）体系公司运行和清污单位应急能力抽查，推动辖区清污单位（兴通港口服务公司、友福）规范化经营管理。联合湄洲湾港口发展中心、辖区码头和清污单位开展应急演练，提高辖区码头和清污单位防污染应急处置能力。深化危险品船“检、驱”工作机制。加强源头管控和差异化管理，与中化公司落实“检、驱”行动计划，滞留低质量危化船并淘汰出运力市场，有效推动福建联合石化公司、泉州振戎石化仓储有限公司建立并完善码头（货主）高质量选船机制，从源头管控到港危险品船舶安全风险。

【保障客渡运安全形势稳定】 2020年，泉港海事处以《福建省渡运管理办法》发布为契机，走访区交通运输局、区应急管理局、南埔镇政府、惠屿村委会等部门，加强渡运办法学习宣贯，明确渡运管理各方职责，推动政策落地实施。加强客渡船现场安全监管，利用CCTV、AIS等远程监管手段开展渡运船舶航行动态跟踪抽查，组织安检员对两艘客渡船节前安检和应急演练，督促指导船舶对缺陷100%整改复查。强化恶劣气象信息预警，严格督促客渡船落实限禁航措施，严禁渡船超抗风等级航行。协调泉州市气象部门在惠屿岛增设气象观测点，实时监测渡运航线现场风力等级。开展客渡船监管回头看活动。对照《客渡运船舶安全监管回头看重点任务工作清单》，从各方责任落实、渡运条件改善、重点难点突破、工作品牌创建等方面逐一落实具体对应举措。推动地方政府落实属地责任。推动渡运管理纳入地方安全生产目标考核，加大渡口渡船更新改造、燃油补贴等财政资金保障支持力度。推进非法载客违法综合治理。贯彻落实《泉州市人民政府办公室关于进一步加强滨海旅游休闲活动安全管理工作的通知》，推动惠屿岛实行渡船免费政策，大幅压缩非法载客利益空间。疫情期间，推动地方政府加强乡镇船舶管理，统一刷涂船名船号、登记造册和落实进出港报告制度。加大客渡运安全宣传力度，体现海事服务作为，多次开展“水上交通安全知识进校园”“护航学生渡”等宣传活动，在央视新闻频道等多家中央和省市主流媒体报道。

【落实疫情防控举措】 2020年，泉港海事处强化内部疫情防控管理，制定疫情防控期间重点工作任务清单，层层压实疫情防控责任，做好等防疫物资储备、人员出行报告、食堂分餐和办公场所卫生消毒等工作，落实体温测量、核酸检测等一线执法人员安全防护措施。严防境外疫情海上输入，主动对接泉港区疫情防控专班，参与对沿海乡镇船舶管控督导，推动地方政府落实乡镇船舶管理属地责任；协同海警、渔业部门开展海上防疫巡查和船舶现场检查。落实口岸联防联控和应急处置机制，协同港口口岸和地方卫健、交通等部门做好入境船舶船员管控，督促指导辖区航运公司和到港船舶落实疫情防控操作指南，做好船员健康申报和严禁搭载非本船船员承诺。依法保障船员合法权益，严格落实六部委关于船员换班和精准防控要求，推动国际航行船舶船员顺利换班，妥善处置和救治中外船员发热和伤病事件，招商局、中远海运、中海化工等国内外航运企业送来锦旗和感谢信。常态化应用CCTV、AIS、船舶报告系统等信息化手段开展“电子巡查”，探索开展“非接触式”远程审核和问询检查，通过“远程监管”手段发现船舶违法线索查处违法案件。服务港航企业复工复产。在疫情初期，开辟“绿色通报”优先保障重点企业重点物资进港装卸；为保障船舶安全适航，协调口岸部门妥善解决验船师登轮检验检修问题；服务保障中化三期回填、湄洲湾航道四期、肖厝5～6号泊位、百宏石化重大件运输等省市重点涉海工程项目有序复工复产。实现辖区船舶进出港艘次和港口货物吞吐量保持稳定增长，港口重点工程建设积极有序推进，疫情防控和安全形势保持平稳有序。

【统筹推进专项整治活动】 2020年，泉港海事处按照《交通运输部关于印发〈水上交通安全专项整治三年行动实施方案〉的通知》的总体部署和上级工作要求，泉港海事处坚持问题目标导向，聚焦重点难点问题，运用“互联网+海事监管”，结合日常巡查和现场检查，统筹推进各专项整治活动开展。严厉打击涉砂船舶违法行为，加强船舶动态跟踪，协查、处罚、扣证多措并举，协同地方公安和海警部门，从严从重查处配员不足、无证人员上船、关闭AIS、进出港未报告的违法砂船，有效震慑砂船违法行为。按照上级统一部署，调派人员参与扣押内河船集中整治行动，加强与公安、海警、渔业等涉海部门执法协作，建立联动机制，加强行刑对接，形成监管合力，协同泉港区公安分局海防大队和“打私办”完成扣押船舶集中转场，接收移送涉案船舶，拆解报废“三无”船舶。惩处长期逃避海事监管船舶，按照福建局、泉州局专项方案要求，全面梳理辖区登记和在港活动、超过1年不接受现场监督、安全检查或无进出港报告的船舶清单。结合辖区港内船舶清查和第四批NSM公司体系推进工作，利用系统排查、电话询查和现场检查方式加强信息核实，逐一核实船舶监管信息和实际运营状况，督促长期停航船舶所有人落实安全生产主体责任，提交情况说明和安全承诺书。针对长期逃避海事监管船舶不同类型，分类施策，采取安检、滞留、处罚等手段及时滚动更新船舶清单和推进情况。整治水上无线电违法行为。利用“净海卫士”小程序开展在港船舶无线电巡查，对通航密集区、船舶集聚区等重点水域开展集中整治，协同局指挥中心和海洋渔业部门、东海航海保障中心开展现场无线电监测巡查，联合莆田秀屿、湄洲岛海事处、厦门航标处等部门多次开展联合巡航执法，查处“一船多码”、未持有无线电证书、未按规定保持AIS开启或不规范录入AIS信息案件。

【重点领域隐患排查治理】 2020年，泉港海事处做好重点时段海上安全监管工作。根据辖区船舶安全监管规律，加强春节、“两会”、中秋、国庆、入沪等重点时段和重大活动期间监管和安全保障任务。重点时段现场监管和动态巡航，落实辖区防台工作部署。结合“冬防”工作，加强节前渡运船舶安全检查、恶劣气象限禁航和学生放假渡运安全宣传工作，部署开展辖区水工作业活动监管和辖区航运公司节前走访检查工作，与湄洲湾港口局、航标站等涉海部门开展海上联合巡航执法行动。加强涉水工程项目安全监管。按照“挂图作业”监管思路，抓好中化三期回填、湄洲湾航道四期、肖厝作业区5～6号泊位等水工作业项目安全监管。强化现场巡查监控力度，整顿作业区通航秩序，督促落实企业主体责任，消除船舶不安全作业行为。按照“一项目一档”要求建立工作台账。开展通航环境安全隐患排查整治。加强对湄洲湾口水域现场巡查，保障湄洲湾口船舶定线制和报告制于7月1日顺利实施。协同局交管中心做好湄洲湾船舶进出港交通组织和超大型船舶进出港护航监护；联合泉港区农水局渔业执法大队走进峰尾渔港渔村，对百余名渔船民开展防范商渔船防碰撞安全宣传教育；督促辖区国电、沙格等码头业主开展码头前沿水深维护疏浚，推动海事监管和航海保障一体化融合，重点整治港区水域专用航标、助航设施和警示标志维护，对泉州振戎石化码头下发责令限期落实专用航标隐患整改通知。打好蓝天保卫战和污染防治污攻坚战。落实“2020年全球限硫令”和船舶大气污染物排放控制区监管要求，开展船舶燃油质量、船舶生活污水、船舶压载水抽检工作，查处船舶使用不合规燃油和船舶在港区排放压载水未按规定报告违法行为。

【优化海事侧营商环境】 2020年，泉港海事处加强执法规范管理，落实“双随机、一公开”要求，利用综合执法系统，从目标选船、任务派发、执法实施、任务反馈全流程管理，在执法程序、着装规范、执法用语等方面规范执法人员执法行为，全程规范使用执法记录仪和执法装备。开展执法案卷评查，探索海事行政处罚案件集中“快办”，试行“非现场执法类”处罚案件“零笔录”“非接触”办理，梳理完善常见海事违法行为案件查处模板，加速行政处罚案件证据采集、审核和审批等执法环节信息流转，提高行政处罚办案效率。加强海事信用管理，对接地方政府联合惩戒平台，将海事执法信息录入到智慧安监平台、安全隐患大排查大整治信息系统，实现“一处不守信，处处受影响”的辐射放大效应，提高海事执法社会影响力。优化营商环境，通过科技赋能、优化流程、整合资源，推进执法和行政效能提升。创新远程监管工作举措，深化“互联网+政务服务”，实行推行海事业务“一网通办”“远程预约”、适应船员任解职管理模式转变，开展港建费稽核、油污基金征收等开展业务远程受理，实现政务受理“一趟不用跑”。落实中央政策红利，按照上级关于港建费阶段性减免等政策，通过比对码头作业信息、核查征管系统数据、现场稽查等方式打击逃缴港建费行为。

2020年5月25日，肖厝出入境边防检查站联合海警部门开展锚地联合巡航

（肖厝边检站 供图）

边防检查

【概况】 2020年，肖厝出入境边防检查站共检查出入境（港）船舶1163艘次、人员22945人次，实现“三零”目标维护口岸安全稳定。站党委连续9年考评优秀，被评为2019年度泉州市“一类平安单位”，1名民警获评泉州市海上搜救先进个人。

【口岸防控】 2020年，肖厝出入境边防检查站研究出台《加强疫情期间工作十项措施》《防范疫情输入工作方案》《常态化疫情边检工作指引》。开展打击口岸非法出入境“边封”“警灯”行动，进行24小时巡查。出动警力200余人次，与码头企业签订承诺书16份，发放宣传资料100余份，紧密扎牢疫情防控防线。密切与地方联防联控机制沟通，与海警开展海上联合巡查3次，排查船舶51艘。向地方疫情防控指挥部、海关、卫健、交通、出入境等部门推送涉疫信息36000余条，实现“三零”目标。

【提升“放管服”质效】 2020年，肖厝出入境边防检查站聚焦“六稳”“六保”任务，走访企业了解需求，深化“单一窗口”和“网窗”等便民服务平台应用，开通“复工复产”热线，建立“警企互联”微信群，帮助企业全面复工复产。针对疫情期间船员换班、紧急救助等问题，主动协调开通绿色通道，实施24小时通关服务。共服务办理离船入境船员182人，紧急救助受伤船员6人。主动服务泉州口岸开发开放大局，调研指导中化外走马埭码头申请对外开放泊位工作，提供法律法规和边检业务指导支持。

【队伍建设】 2020年，肖厝出入境边防检查站开展“坚持政治建警 全面从严治警”教育整顿活动，研究出台《关于加强队伍教育管理八条刚性措施》，科学制定6项内容82个具体任务，建立3+1挂钩教育帮扶机制，开展网上督导39次，专项督察9次，共发现问题65个，提出整改建议45条。队伍连续24年保持无违法案件、无重大事故、无严重违纪、无信访举报。打造“肖厝边检”微信公众号，组建培养新闻宣传骨干队伍，发布推文27期，上稿省市级新闻媒体29篇，“学习强国”平台3篇。

财政 税务

财 政

【概况】 2020年，泉港区一般公共预算总收入89.4亿元，比上年下降7.77%。其中，地方一般公共预算收入25.58亿元，比上年增长1.03%。全区一般公共预算支出35.91亿元，比上年增长8.88%。

【加大协税护税力度】 2020年，泉港区财政局依托协税护税共享机制，密切跟踪服务重点税源企业。加强部门协调联动，实行财政收入清单化管理，细化落实协税护税工作清单。制定出台扶持石化产业加快发展的若干意见，调整完善优惠政策，吸引区域外企业回归纳税，增加税费收入0.5亿元。争取出口增值税免抵调指标入库5.86亿元。调整规范全区存量房交易市场税收管理。

【争取政策资金支持】 2020年，泉港区财政局精准分析研究上级补助政策、重点投向和直达机制，协调部门争取上级政策和资金补助，加大向上争取资金的积极性，全年争取各项补助资金15.03亿元，缓解财政减收压力。

【兜住重点支出底线】 2020年，泉港区财政局制定财政库款保障应急预案，建立实施工资保障监测预警和风险评估机制，统筹财政收支差额、“三保”支出预算执行、政府债务风险、库款管理等监测机制。全年“三保”支出17.49亿元，占一般公共预算支出的95.94%，超过2019年省定标准。办理资金2.6亿元，即到即办分配下达，支持“六稳”“六保”工作。

【保障疫情防控经费】 2020年，泉港区财政局坚持特事特办、急事急办的原则，启动财政应急保障机制，提前拨付应急资金。简化资金拨付流程，资金直拨企业。开通政府采购绿色通道，加快疫情防控物资采购。落实人员待遇，规范发放防疫人员临时性补贴。全年投入新冠肺炎疫情防控经费5563万元，其中：本级紧急动用预备费和调整存量资金2573万元。

【服务实体经济发展】 2020年，泉港区新增减税降费4.87亿元，办理出口退税5.52亿元。因地制宜梳理形成应对新冠肺炎疫情扶持企业发展政策措施的申报指南，实施助企纾困政策，阶段性降低税费、减免租金并减免企业三项保险单位缴费，支持企业复工复产。兑现各类企业扶持资金1.07亿元、外资扶持奖励资金2448万元。

【促进产城融合发展】 2020年，泉港区筹集“项目攻坚2020”保障资金21亿元，助力218个重点项目完成投资295亿元。投入30亿元支持石化安控区建设。投入农林水事务经费和城乡社区经费，全面落实扶贫政策，顺利完成农村人居环境整治任务。支持开展住宅小区、集贸市场、主次干道专项整治，完成厕所革命、垃圾分类、危房改造、农房整治等年度任务。

【优化预算支出结构】 2020年，泉港区财政局坚持精打细算过紧日子，严格预算支出管理，压减非刚性、非重点项目支出和“三公”经费，全年节省资金0.78亿元。及时批复年初预算，加快转移支付预算下达进度，督促资金分解落实，发挥资金效益和政策作用。把好预算支出关口，控制预算追加事项。盘活存量资金，收回结转结余资金3.96亿元。

【强化政府债务管理】 2020年，泉港区从四方面推动政府债务有序化解：“借”，新增政府债务依法提请区人大常委会审批，严格履行债券发行程序，争取政府债券27.76亿元。通过竞争性评审，进入全国建制县区债务化解试

2020年7月20日，2020年上半年全区经济运行分析会召开

（区委报道组 供图）

点。“用”，将债券资金及时拨付项目建设单位，最大限度发挥政府债券作用。“管”，细化完善政府债务化解工作方案和机制，做好还本付息平衡，规范债务日常管理。“还”，按时归还债务本息，将政府性债务余额严格控制在省政府核定债务限额内。

【夯实基本民生基础】 2020年，泉港区民生支出27.87亿元，统筹保障基本民生，做好“六稳”“六保”工作。投入9184万元保障为民办实事项目建设。加大教育投入，巩固城乡统一、重在农村的义务教育经费保障机制。支持深化医药卫生体制改革，加快泉港区医院病房大楼2#楼、门诊医技综合楼建设。投入2600万元支持加快构建现代文化服务体系。支持深化平安泉港创建，实施“雪亮工程”四期、反走私防控体系建设，支持社会治理网络化服务管理。

【推动财政体制改革】 2020年，泉港区贯彻落实预算法实施条例。密切对接、做好财政事权和支出责任划分改革工作。强化预算执行管理，树立过紧日子的思想。推进预决算公开工作，完善预决算公开标准体系，62个一级预算单位全部完成预决算公开。深化政府采购制度改革，规范政府采购管理。

【提高财政监管水平】 2020年，泉港区财政局加强财政性暂付款项管理，清理往来款12.66亿元。全年完成国库集中支付38.38亿元，节约资金成本0.78亿元。开展绩效运行“双监控”，实施绩效管理项目164个，预算绩效目标管理覆盖率100%，连续三年获评市级优秀等次。重点对5个项目9.95亿元绩效评价及1个部门整体支出评价，开展“1+X”、账表一致性、财政扶贫政策落实、危房改造补助、会计信息质量检查。

【推进国资国企改革】 2020年，泉港区财政局落实向区人大常委会报告国有资产管理工作制度，首次全面报告全区国有资产管理情况。做好划转部分国有资本充实社保基金基础工作，全面完成国有企业退休人员社会化管理工作。政策性融资担保公司为506户中小企业、个体户提供融资担保授信4.34亿元，超额完成市政府下达融资担保业务放大2倍的任务。采取项目贷、融资租赁、发行公司债、PPN、债权融资计划等方式，获得金融机构授信资金，保障国企建设项目资金需求。

税 务

【概况】 2020年，泉港区组织各项收入97.41亿元。其中：税收收入86.85亿元，税性收入占比89.16%；一般公共预算总收入85.19亿元，占全区一般公共预算总收入95.29%；区一般公共预算收入22.18亿元，占全区一般公共预算收入86.71%。落实支持疫情防控和经济社会发展的各项税费优惠政策，全年累计减税降费3.32亿元。向省、市、区政府和省税务局报送调研、专报，为政府决策提供参考，获得表扬性批示13次。其中，与上级局联合报送的《国际原油价格大幅波动对福建省石化企业影响分析》获省长唐登杰批示；《关于阶段性减免企业社保费政策落实中的新情况、新问题》获市长王永礼批示。独立报送的《泉港区南山石化园区产业链税收分析报告》获常务副市长洪自强批示；《风险防控助扫黑 一案三查共除恶——泉港区税务局积极作为推动“平安泉港”建设》获市委常委、政法委书记林锦明批示。

【税种管理】 2020年，泉港区税务局落实疫情防控重点保障物资生产企业留抵退税政策、部分受疫情影响困难企业的免征增值税政策、运输疫情防控重点保障物资取得免征增值税优惠政策、疫期期间出口退税政策等支持疫情防控与复工复产的各项税收政策，落实好加计抵减和增量留抵退税政策、普惠型小微企业增值税优惠政策等减税降费政策，支持企业发展。加强年度汇算清缴，2019年度正常户企业所得税汇算清缴申报4409户，申报率为99.84%。落实研发加计扣除优惠政策，全区24户企业申报享受加计扣除，增长14.29%。落实企业所得税疫情防控优惠政策，兑现政策红利，助推企业复工复产。落实个税改革新政，6.92万人享受减除费用提高和税率级距优化的优惠，累计减免税款8247.97万元；1万人实际享受到专项附加扣除优惠，减免税款1043.85万元；累计预扣减税影响2076.84万元。加强土地增值税清算力度，完成20个房地产项目清算审核，清算审核后应补土增税税款1176.3万元，退税756.13万元。建立协同协作工作机制，对接自然资源局、水利水务公司等部门，共同搭建协同配合的管征平台。通过媒体、微信、纳税人学堂等方式做好资源税法宣传、培训，密切关注资源税的税种认定调整、申报表变化及征收管理方面存在的问题，确保资源税法落地实施。做好涉外税收管理工作，服务“走出去”企业，加强政策宣传，主动落实税收优惠政策，做好反避税案源审核工作，稳步推进国际税收管理。

【税收征管】　2020年，泉港区税务局加强税源户籍管理，增进同市场监督部门的联系，做好两部门状态差异户的核实摸底工作。推进税收执法协作联动机制，强化与公安、法院等司法机关信息互通，在欠税清理、司法执行、破产处置等方面加强税务司法协作，保障国家税收权益。健全完善税收风险管理领导小组机制，制定规范化、程序化工作流程，开展税收风险管理工作。以扫黑除恶专项斗争工作为牵引，结合四部委联合打击虚开发票、骗取退税违法犯罪两年专线行动，发挥稽查职能，对虚开、骗税、制售非法发票等违法行为予以坚决打击。全面推行三项制度有效执行，通过行政执法公示信息平台公示12大类公示信息，使用执法记录仪记录217条信息，执行重大执法决定法制审核工作5条。

【畅通办税缴费渠道】　2020年，泉港区税务局整合全职能中心办税服务厅设置，完成办公场地装修改造，打造良好办税环境。推行增值税发票OTO申领寄送，实现发票“无忧”领用。畅通城乡居民医疗保险多元缴费渠道，落实窗口汇总申报预约机制，增设“一键缴费二维码”、移动POS机划缴、现金税费征缴窗口，满足多元化缴费需求。集中开展走访调研，建立“历史遗留安征迁群众办理权属转移手续便捷通道”，安排专人对接办理权属转移业务，为安征迁群众办理购房安置落户提供“一站式”服务。

【拓展便民服务举措】　2020年，泉港区税务局落实总局网上办税事项，拓展“非接触式”办税举措，2020年网上申报率98%以上，网上办理涉税事项办理率95%以上。开设网络课堂“直播授课”，加强税收优惠政策宣传辅导，扩大纳税人政策知晓度。利用微信“小程序”推行电子登记制度，组建服务团队提供微信远程咨询辅导，创建“增量房办理交流群”“税e链服务群”等增进税企交流，有效提升办税体验。

【助力企业复工复产】　2020年，泉港区税务局落实延期申报政策，全年共受理延期申报1070户次。落实延期缴纳税款措施，提升审批速度，2020年审核通过25户延期缴纳税款申请，办理缓缴税款14.14亿元。提速“出口退税”受理审核，实现申报“即报即审”，税款“应退尽退”，2020年再压缩审批时限20%，累计办理出口退税5.52亿元，同比增长3.38倍。与辖区8家金融机构建立“银税互动”协作机制，为367家企业提供贷款，贷款金额达9669.87万元。

2020年2月20日，区税务局组织区局全国巾帼文明岗、青年文明号、党员志愿者到驿坂高速路出口疫情防控检查站慰问疫情防控一线执勤人员

（区税务局 供图）

石化工业园区

【概况】 2020年，泉港石化工业园区围绕打造“先导先行的石化产业生态圈”目标，紧扣“安全环保、招商落地、服务配套、党建引领”四条工作主线，推动石化产业集群发展，园区各项事业迈上新征程、取得新突破，实现石化产值1147亿元，完成税收78.5亿元，连续八年跻身中国化工园区前20强。

【盯优择商】 2020年，泉港石化工业园区紧盯赶超目标，深化“五个一批”，抓好签约、开工、投产三个关键环节，集中力量开展项目攻坚。实施以商引商、产业招商，做好项目招商推介、服务对接，新签约台湾国乔丙烷脱氢及聚丙烯、佳化化学烷氧基化新材料、凯美特过氧化氢、华特沥青加工等4个项目，总投资128.1亿元，其中上半年成功引进总投资500亿元新台币台湾国乔项目，为泉州市近三年投资额最大的台资项目，省委省政府主要领导首次为单个项目视频见签，该项目将拉动形成总投资180亿元的“LPG→丙烯→环氧丙烷→聚醚”产业链。储备联合石化二期新建120万吨/年乙烯及其下游产业装置、桐昆集团年产500万吨PTA（精对苯二甲酸）、巴陵石化合成橡胶、北航超高分子量聚乙烯等一批好项目。

【项目建设】 2020年，泉港石化工业园区深入实施“项目攻坚2020”“春季攻坚行动”活动方案，推进项目建设进度。2020年新开工天骄聚醚多元醇（二、三期）、中燃湄洲港湾码头及仓储等2个项目，总投资19.3亿元。新投产立亚特种陶瓷材料先驱体产业化、丰鹏废催化剂综合利用、凯美特食品级二氧化碳、钟山化工表面活性剂（二期）等4个项目，总投资12.66亿元。

【发展循环经济】 2020年，泉港石化工业园区经过几年的实施，引进建成一批废弃物资源化利用项目并投产，循环产业链初步形成，取得良好经济环境

2020年7月29日，石化工业园区党工委班子落实市委联动巡察组巡察整改意见专题民主生活会召开 （林弘桟 摄）

效益。2020年国家部委批复同意园区循环化改造示范试点工作中期调整及延期验收申请，园区按照调整后内容督促企业加快建设进度。严格按照规范管理专项资金，截至2020年底，下达循环经济发展专项资金总计8609.751万元，组织区直相关部门对项目专项资金使用情况等进行检查，确保资金使用安全、规范、高效。

【有毒有害气体环境风险预警平台建设】 2020年，泉港石化工业园区推进泉港石化工业园区有毒有害气体环境风险预警平台建设。对照工作目标，倒排工期，每周召开例会进行调度，践行“一线工作法”，推进项目建设，按时序顺利建设完成，完成初步验收工作并投入试运行。

【构建环保安全体系】 2020年，泉港石化工业园区坚持“党工委领导、管委会负责、纪工委再监督、科室监管、企业主体”原则，召开研究部署工作会议（包括党工委会议、主任办公会、安全生产季度会）19次，研究安全环保工作，领导带队深入企业开展各类巡查64次，检查企业181家次，共发现隐患问题780条，其中科室常态巡查发现问题隐患158条，第三方专家巡查发现问题隐患622条；园区纪工委将安全环保巡查工作与责任制再监督同部署、同推进，参与巡查3次，发出整改督办函1份。采用实战演练与桌面推演相结合，组织开展应急演练，2020年共组织开展应急演练共13次，参与人数683人次，强化政企协同能力。吸取“3·7”事件教训，按照省、市、区有关工作安排，结合园区实际全面摸排房屋安全隐患。现场开展工作300多人次，完成排查企业34家，房屋602栋，面积62万平方米，创新“六定”模式，127处房屋安全隐患全部整改到位，保障园区企业生命财产安全。

2020年6月5日，中国石油和化学工业联合会化工园区工作委员会到泉港石化园区调研“十四五”规划相关情况 （泉港石化园区管委会 供图）

【理顺环保安全协同机制】 2020年，泉港石化工业园区探索园区、应急管理局、生态环境局、第三方专家协作协同机制，建立信息共享、研判会商、协作配合、线索移送、组织保障等协作配合机制，打造制度化、常态化、规范化的协作监督机制。

【创新环保安全监管】 2020年，泉港石化工业园区通过签订协议方式，发挥第三方专业技术服务力量及危险化学品企业安全管理人员、专业技术人员的作用，每月开展安全隐患排查治理，排查企业安全环保问题和隐患，督促企业制定有针对性的整改方案和措施，消除安全环保各类风险隐患。

【项目要素保障】 2020年，泉港石化工业园区协调南山片区一期征迁扫尾工作，协调乡镇和安控区拆迁指挥部，完成土地平整约650亩，拆除房屋11栋（面积约5200平方米），为园区入驻项目提供用地保障。坚持园区高质量发展，盘活土地资源，2020年度园区获得省级（以上）开发区土地集约利用第一名。

【规划提升服务】 2020年，泉港石化工业园区修编优化园区上位规划，使石化产业发展方向清晰、项目明确，公用工程项目合理布置。当前园区形成以《泉州市泉港石化港口新城总体规划（调整）（2008—2020）》和《福建省湄洲湾石化基地发展规划修编（2011—2020）》为基础，以市政、防洪排涝、电网、供热、消防等专项规划为骨架的规划体系，为入驻企业选址布局和基础配套提供理论依据和技术支撑。2020年，协助编制《湄洲湾（泉港、泉惠）石化基地总体发展规划（2020—2030）》；推动园区规划与国土空间规划协调衔接，启动编制园区单元控规和地块控规；盯紧国家用海审批窗口期，推动南山片区二期，为产业发展提供空间载体；结合海域政策、开发现状等实际情况，提出安控区搬迁分期实施计划。

【推进标准化建设】 2020年，泉港石化工业园区内基础设施框架基本建成，服务入驻产业项目的配套需求。是年在建配套项目共14个，其中前期谋划项目3个；续建、新建项目11个，总投资约1.6亿元，年度投资8330万元。其中物业服务中心、经六路支路、主干道绿化景观提升工程、仑埔路二期综合管网工程、桥溪路二期综合管网（百宏专管）、施厝路至经六路北段污水管网工程及南埔路至新奥燃气调压站段支管廊工程等7个项目均完工，E区边坡防护工程完成至项目总工程量的50%。东邱路（二期）工程进行路基堆载预压；下穿漳泉铁路斗尾及支线通港铁路段支管廊开展前期工作。策划生成一批项目，连通3个片区的配套设施。

【提升服务水平】 2020年，泉港石化工业园区弘扬“马上就办、真抓实干”等优良作风，成立联合石化、百宏、国亨等三个工作服务专班，全方位对接服务，全时段跟进、全要素保障。同时聚焦服务企业作风问题，对园区服务企业每半年开展一次问卷调查，及时发现解决问题，推动做好“六稳”工作、落实“六保”任务，构建亲清政商关系，优化营商环境。秉承“园区人”精神，坚持“月嫂式”服务，发挥专班作用，为国亨、百宏、联合石化等企业提供一条链服务，及时协调解决企业存在的困难和问题。如督促推进台湾国亨项目涉及的公用基础配套设施、公用管廊规划建设，协调解决项目建设用水、用电、用气、管廊等配套需求。提供精准式服务，全程式帮扶，促进企业早建设早投产。通过开展“三个一批”园区环境整治提升活动，整改安全文明施工相关问题76个，为入驻企业提供良好营商环境。疫情期间，园区组建3支党员先锋队、服务队、应急队，执行“一企一策”，精准护航，确保企业防疫生产“两不误”，发挥各级党组织战斗堡垒作用和党员先锋模范作用。及时协调解决龙头企业联合石化人员返岗、多家企业防疫物资需求，促成钟山化工公司与兴业银行对接贷款，协调联合石化等15家企业近千名员工进行核酸检测，打通企业复工复产难点堵点。

泉港新材料高新技术产业园区

【储备创新创业人才资源】 2020年，泉港新材料高新技术产业园区有序推进“中国福建化学工程科学与技术创新实验室”建设，召开省实验室第一届理事会第一次会议，完成共建协议签订、第一批7名电子化学品领域院士专家学士委员会聘任等工作，成立清源创新实验室成果转化基地。园区深化与福州大学、福建师范大学的合作，引进福州大学、福建师范大学30多名石化科技专家落户泉港从事教学科研工作。

【优化人才创新创业政策】 2020年，泉港新材料高新技术产业园区全面对接人才“港湾计划”，制定出台《关于加快集聚优秀和紧缺专业人才的若干意见》《泉港区高层次人才认定暂行规定》《泉港区高层次人才享受工作生活待遇暂行规定》， 侧重中低层次基础性人才的评价认定，对园区第六、七层次人才认定范围、认定标准进行拓展延伸，盘活人才存量，扩大紧缺急需人才储备。完善《关于进一步提升科技创新能力的若干规定》《关于加快建设石化高新技术孵化基地的若干意见》等支持人才创新创业的奖励优惠措施，为园区人才创业提供全面支撑和保障。每年投入600万元专项资金用于人才创办科技型企业的项目研究、成果转化等方面奖励和补助，帮助具有发展潜力的企业迅速成长。2020年，引进永邦科技、植护科技等6家科技型人员或大学生创业企业。园区科技型人才创业企业共计53家，从业人员668人，实现主营业务收入突破50亿元。

【实施园区人才发展中长期规划】 2020年，泉港新材料高新技术产业园区突出产业转型升级、高新园区“二次开发”和发展定位，启动高新园区的人才发展中长期工作，委托石油和化学工业规划院（北京）编制完成《福建泉港新材料高新技术产业园区总体发展规划（2020—2035）》《福建泉港新材料

2020年11月27日，福建省高分子材料产业知识产权联盟在泉港成立

（区委报道组 供图）

高新技术园区产业发展规划（2020—2035）》，重点确定以石化新材料为主导，重点引进和培育电子及半导体化学品、新能源技术、石墨烯材料、催化剂、3D打印材料、大数据等方向的高级人才，协同推进人才教育培训等，打造人才聚集型的高端智慧新材料、新技术产业园区。

【推动科研转化】 2020年，泉港新材料高新技术产业园区向上对接申报人才科技项目。全年推荐5家企业申报2020年第一批国家高新技术企业、9家企业申报2020年度省级高新技术企业入库备案、组织8家企业（含复审）申报第二批国家高新技术企业；新增省科技“小巨人”企业5家，市瞪羚企业培育库入库企业6家，市级众创空间2家。共组织50余家科技型企业项目负责人和技术负责人参加高新技术企业培训会，帮助提升企业申报高企的业务能力和知识水平，2020年，新增3家高新技术企业。走访服务企业60家，帮助梳理汇总企业知识产权需求35项，举办人才申报、创业咨询、项目申报等专题培训会2期、组织参加泉州市专利申请实务中级研修班1期，参训人员180人次。

【创新引导扶持】 2020年，泉港新材料高新技术产业园区加强对“创客”的引导扶持，鼓励优加众创空间（省级）、闽创众创空间（市级）、涂岭红茶众创空间（市级）等众创空间加大投入，完善基础设施，为区内创客提供创业保障。全年园区众创空间共计开展各类创业培训活动120多场，项目路演28场，免费培训创客2000多名，创客注册企业40家以上，培育一批创新能力强、生存能力强、盈利方式丰富的初创型科技企业。构建创客媒体公众号平台，结合O2O展示，利用泉港电视台、泉港新闻网等新闻媒体的宣传优势，为创客提供线上线下相结合的产品推广活动，目前园区共组织众创空间举办创业成果（产品）推进会10场，参加省内外展览50多次以上，拓宽创新产品销售出路，拓展市场空间。

【人才交流活动】 2020年，泉港新材料高新技术产业园区举办泉港区石化产业发展专题研修班，邀请中化泉州石化有限公司首席专家刘建等6名专家授课，组织区内石化产业相关职能部门、石化企业负责人50余人参训。邀请清华大学等高校14名化工新材料专业人才组建成立“石化博士服务团泉港行”活动，为企业发展提供技术服务。组织参加2020年石化产业人才安全技能竞赛，园区派出2支代表队6名石化产业人才参加比赛，通过“以赛促练、以赛促学”方式提升人才实践水平。

【拓宽创新创业引才平台】 2020年，泉港新材料高新技术产业园区以清源创新实验室为依托，完成泉港石化高新技术孵化基地（省级科技型孵化器）、福建师范大学泉港石化研究院、福州大学石油化工学院、国家阀门产品质量监督监测中心等科研院所和公共服务平台建设。强化园区内本益新材料等区级人才直接联系点政策资金支持和创新平台提升，推进化肥催化剂国家工程研究中心、石化科技众创园等一批产学研平台建设。共建有7个省级企业工程技术研究中心，15个市级企业工程技术研究中心、行业技术开发中心。

【加快建设泉港石化科技众创园】 2020年，泉港新材料高新技术产业园区加快建设泉港石化科技众创园作为未来泉港人才创新创业“总部”，累计投资6000万元。完成众创园场地修整、规划验收、消防验收、不动产权登记、房屋价值评估、项目功能区划分、运营方案制定等工作。

【推进园区科技创新平台建设】 2020年，泉港新材料高新技术产业园区实施“平台+项目+人才”聚才模式，跟进华侨大学“高端鞋材中试平台”、浙江大学“工业固体废物综合利用研发平台”、中石油“润滑油研发分中心”等创新平台。强化“一室两院四中心”和现有研发平台整合提升，支持福师大泉港石化研究院加快建设“福建省环境友好高分子材料创新中心”，引导佑达环保公司与福州大学石化学院开展合作，推进“电子精细化学新材料工程技术中心”建设完成。

种植业

【概况】 2020年，泉港区实施“藏粮于地、藏粮于技”战略，保障粮食生产能力。全年播种面积1921.87公顷、总产量1.10万吨。加强农业生产物资调运储备，开通阻碍“菜篮子”产品和重要生活物资流通举报电话，全区累计调运储备种子21.8吨、化肥2155吨、农药55吨。推进耕地地力保护补贴资金审核发放工作，汇总审核全区耕地地力保护补贴面积3553.86公顷，发放补贴491万元，调动农民群众种粮积极性。强化金融保险支持，实施水稻保险工作，依照自愿原则调动各村投保水稻面积618.17公顷，总保额649.08万元，惠及农户7676户，有效降低水稻种植风险。优化蔬菜种植供给结构，加强市上下达6000亩在田蔬菜管理，利用冬闲田和空置大棚设立应急种植基地，发展叶菜类、茄果类、瓜类等优势蔬菜生产，新增春种应急叶菜种植面积52.4公顷。

泉港区农业发展布局分为东部滨海农业经济区和西部绿色农业区。粮食作物主要集中在涂岭、界山、前黄和南埔四个镇，以稻谷、甘薯、花生等作物为主。涂岭、界山为泉港粮食作物的主产区其产值均为全区前列，涂岭镇的稻谷、花生、豆类等作物产值皆为全区第一，甘薯产值全区第二，稍低于界山镇。蔬菜产业主要集中在界山、涂岭、前黄、后龙4个镇，其中界山为全区最大的蔬菜生产区，涂岭居次。花卉种植主要以涂岭镇，后龙、前黄种植部分花卉。水果种植主要集中于涂岭、前黄、界山和后龙。其中涂岭为全区最大的水果和茶叶种植区。农业服务业主要以涂岭为主，其他镇均有发展。

【绿色农业发展】 2020年，泉港区实施化肥农药使用量零增长减量化行动，创建茶树病虫害绿色防控示范区面积80公顷，带动辐射面积200公顷。组织引导农业企业、农业基地开展主要农作物病虫害绿色防控和统防统治，推广绿色防控1566.67公顷，辐射推广绿色防控3440公顷，统防统治示范面积920公顷，辐射推广统防统治2300公顷。实施测土配方施肥项目，采集送检土样27个，发放施肥建议卡和施肥指导意见0.16万份，开展粮食作物田间肥效试验3个，采购发放水稻配方肥32.7吨，建立商品有机肥示范片13.33公顷，辐射推广有机肥3866.67公顷，建立水稻配方肥示范片13.33公顷，辐射推广测土配方施肥面积7800公顷。完成前三季度化肥农药使用监测工作，化肥使用总量2382.75吨（折纯量），较上年同期减幅5.6%，农药使用总量216.36吨（商品量）。

【农业项目推进】 2020年，泉港区紧盯目标任务，加快高标准农田建设，2019年共计获批447.8公顷。完成涂岭镇、南埔镇2019年高标准农田建设，直接受益农业人口512人，农业综合生产能力显著提高。推进2020年高标准农田建设，推进654.13公顷批复面积建设，项目受益人口29718人。推进设施农业建设，新建设施农业大棚5.33公顷，总投资1000多万元。依托区位优势，加快实施现代农业项目，推进2020年新型农业经营主体发展特色农业项目建设，策划生成建设项目3个，总投资990万元。开展2020年市级现代农业产业园建设，生成建设项目2个，总投资150万元。推荐泉港区樟树林旅游开发有限公司申报泉州市休闲农业示范点。推荐泉港区安拉庄园、绿优家庭农场申报闽台农业融合发展示范基地，拓展闽台基层交流广度和深度。强化农业项目管理，建立农业项目库，其中：省级农民创业示范基地项目入库摸底4个，计划投资1083.2万元；现代农业产业园项目入库摸底15个，计划投资1858.2万元；休闲农业项目入库摸底4个，计划投资1022万元；农业基地建设项目入库摸底8个，计划投资9363.4万元。推进设施农业建设，新建设施农业大棚3.53公顷，总投资700万元，拨付省级补助资金261万元。

【强化农安监管建设】 2020年，泉港区加强风险监测，严打假劣农资，推进食用农产品合格证制度与一品一码追溯制度并行，保障蔬菜、水果、畜禽等主要农产品有效供给、安全供给，确保人民群众生活需要和消费安全。2020年累计开展线上巡查人数2975人次，巡查主体数2800家，生产主体上传282份生产档案、赋码批次5903批；开展线下巡查92家次，出动工作人员230人次。完成农残快检3965份，市级农产品质量安全监督抽样118个，合格率均为100%；开展省级农产品质量安全监督抽样70个。全面开展安全生产检查，全面排查事故隐患和安全风险，共检查农资经营网点12家次、种植业主体80家次，出动排查人员230人次，发现隐患12处，整改到位12处。发展品牌农业，绿兴种植场、格仔山合作社、小平养殖场、禾兴公司、嘉元公司认证无公害农产品，金维他公司绿色食品完成复查换证。

林 业

【林业安全生产】 2020年，泉港区组织各相关企业及时开展消防安全和房屋安全自查，对国有林场各工区房屋进行排查，共检查木材加工和林业相关企业18家，先后出动检查38次，参加检查人员82人次，检查单位共60家，共排查隐患19处，所有隐患均已隐患整改到位。及时下发企业安全生产主体责任告知书，与全区18家林业企业签订企业安全生产主体责任承诺书。疫情发生以来，加强对农（集）贸市场、超市、餐饮单位、电商平台等经营场所的查处力度，全区共出动100次，出动人员400人次，出动汽车90辆次，拆除群众擅自挂设捕鸟网40张，刑事立案案件办理违法养殖国家二级珍贵濒危野生动物案件1宗，没收猕猴3只。发布《泉州市泉港区自然资源局关于开通野生动物保护有奖举报热线的通告》，对提供有价值破坏野生动物资源线索的群众予以奖励。出台《泉州市泉港区人民政府关于划定野生动物禁猎区和禁猎期的通告》。在“防输入”工作上抓主动、抢先机，全面摸清20家涉林企业复工计划、用工规模、外来员工人数、拟返岗人员等情况，督促各企业按照《企事业单位复工复产疫情防控措施指南》落实防控要求。将野生动物的相关标语和《关于禁止野生动物及其制品交易的通告》发到各镇、各村，要求广泛宣传，远离“野味”。全区共张贴公告等和播放LED宣传标语1000条、结合日常检查发送宣传材料9000份。引导前黄镇坑内村协志黑斑蛙养殖场转为水生动物养殖。根据全省自然保护地优化整合方案，将保护价值不高的大雾山县级公园给予撤销，并将相关佐证材料上报全市汇总。

【森林防火】 2020年，泉港区根据省市要求，于1月1日进行森林防火职能移交，由自然资源局派人协助应急部门开展森林防灭火工作，做好“传、帮、带”，加强森林防火宣传、巡逻工作。1月14日，副区长黄少伟带队检查虎岩寺森林防火情况。春节前夕，自然资源局领导带队对各镇（街道）和重点林区进行防火检查，重点检查森林防火标识、重点区域隐患、防火宣传开展和物资器材储备情况。针对春节人员大量返乡，祭祀用火增多的现象，开展春节森林防火宣传周活动，出动宣传车15车次，悬挂横幅249条。利用“春节回家种棵树”活动开展森林防火宣传，共发放宣传材料3600多份。在3月10日至4月10日，开展春季森林防火宣传，加强重点地段、时段的森林防火宣传，及时发布禁火令。3月14日，联合笔架山林场在涂岭林村开展森林防火宣传活动，共发放宣传材料1580多份；3月31日、4月1日、9月30日联合泉州森林消防大队开展森林防火进村活动，进14个村庄发放宣传单、宣传纸抽、宣传画册、手提袋等宣传物品10000多份；国庆期间，护林员开展森林防火宣传，共向5100多人次进行宣传。发放《森林防火“威”课堂》7000多份、发放森林防火宣传手册4.5万份、森林防火宣传手提袋6000个，联合泉港广播电视台共播放2期有关森林防火工作宣传的节目，利用“泉港广电”“泉港自然资源”“泉港应急管理”等微信公众号发布17期森林防火有关知识，出动宣传车6天，发布防火短信27万条，印制禁火通告0.9万份粘贴到人员流动量大的场所和主要进山路口。

【造林绿化】 2020年，泉港区在2019年8月造林任务摸底排查基础上，对每个山头地块、村庄进行现场核实，多次邀请市营林站到现场进行地块核实和技术指导。项目确定后，要求各造林业主做好采伐和林地清理、作业设计，调动本地劳动力就近上山造林。在疫情防控较为稳定后，指导各镇（街道、林场）加快林地整地和苗木调配、造林绿化，完成造林136.67公顷。春节前，按注册名单将苗木发放到个人，完成春节回家种植树”活动。植树节期间，按照上级绿化委的精神，部署全区义务植树节，要求各镇根据疫情防控情况选择适合的地点和时间开展工作，全区共有4个镇5个点开展义务植树，种植苗木2300多株。以福厦高速铁路、沈海高速公路沿线为重点，全面排查沿线及村庄绿化规划落实情况，做好补缺补漏。延续2019年年底沿线村庄利用村旁、水旁、路旁等造林工作，邀请省林科院进行造林技术指导，全区共完成村庄绿化12处、完成“两带一窗口”的前欧村造林14.67公顷。

【林业有害生物防治】 2020年，泉港区施放白僵菌粉炮8000发，绿僵菌药剂250千克，松墨天牛诱捕芯1120条，做好松材线虫病防控情况。聘请第三方编制泉港区2021—2023年度松材线虫病综合防控项目总体方案，完成公开招标，确定中标单位。开展松材线虫病疫木检疫执法专项行动，对木材生产经营企业、苗木生产经营单位、电力仓库等18家单位企业进行检查，尚未发现违法违规加工、运输松木行为。加快松枯死木清理力度，要求各镇（林场）根据2020年松枯死木普查情况和平时巡查情况对松枯死木进行清理。

【野生动物防控】 2020年，泉港区自然资源局深入野生动物养殖场所检查，要求对野生动物进行封存，严禁一切交易活动。组织护林员深入林区开展巡查，搜寻粘鸟网、捕鸟笼等非法猎捕设备，并进行清理。宣传野生动物相关法律法规，利用LED屏，微信等媒体网络进行宣传。到农贸市场、农家乐等检查野生动物加工交易情况。发布泉港区野生动物禁猎期和禁猎区的通告。根据上级的要求，做好前黄镇坑内村的协志黑斑蛙养殖的换证养殖交接工作。

【林业报批】 2020年，泉港区根据全区经济发展情况，及时聘请第三方编制泉港区生态公益林布局优化调整方案，对调入的区域进行实地调查，完成增加生态区位上报，完成调整方案及附件，并与省、市林业主管部门沟通衔接。主动服务，指导业主进行林地征占用材料申报，办理木材运输证676份，林木采伐许可证95份，建设项目用海预审1份，转报涉林报批工程项目8个，获批林地面积21.6739公顷，审核转报林地延期项目3个，使用林地面积37.0219公顷，审核转报林地注销项目2个，注销林地面积19.587公顷。

畜牧业

【概况】 2020年末，泉港区生猪存栏3.65万头，出栏4.05万头；羊存栏1.53万只，出栏3.3万只；家禽存栏159.42万羽，出栏275.59万羽；肉蛋奶总产量16297.21吨，比上年增长20.8%。

【发展现代畜牧业】 2020年，泉港区发展规模化标准化养殖，支持养殖场新改扩建，培植规模大生产能力强的大型畜牧集约化养殖企业，扩建2家，新建1家，增加生猪养殖容量5000多头，发展多楼层立体养殖场2家，创建省级优质农产品示范基地1家，年度获得无公害农产品证书的养殖场4家。推进智慧畜牧业发展，以数据化为手段，全面实行生猪电子识别和检疫电子出证，禾兴生态、嘉元农牧蛋鸡养殖场通过联网技术实现智能化生产管理。

【动物疫病防控工作】 2020年，泉港区共免疫猪口蹄疫5.9113万头、牛羊口蹄疫2.944万头、禽流感128.97万羽、新城疫65.6万羽、小反刍兽疫2.734万只，群体免疫密度均达到90%以上，应免率均达到100%。持续抓好非洲猪瘟防控，开展消毒灭源工作，投入消毒药剂4吨，消毒重点场所30多个，面积359.57万平方米。加强动物疫病监测，共血清检测7023份、环境样品棉拭子检测67份，病原学检测均呈阴性。监督屠宰场非洲猪瘟PCR自检3203份，均呈阴性。

【畜禽养殖污染防治】 2020年，泉港区完善畜禽养殖污染动态巡查机制，明确区、镇、村各级职责，建立包片、包村、包养殖场户的监管网络，确保每片、每村、每场户有人巡查、有人监管。加大宣传力度，摒弃乱堆乱放、偷排漏排等不文明行为。共发放宣传材料500余份，开展网络培训200余人次，拆除临时搭盖鸡窝鸭舍4300余处，农村环境得到有效提升。全区畜禽粪污综合利用率96.09%，规模养殖场粪污处理设施装备配套率100%，获全市考核优秀等次。

【动物卫生监督】 2020年，泉港区加强动物检疫，共实施产地检疫生猪2.7434万头，屠宰检疫生猪8.2715万头；监督屠宰环节无害化处理病害猪32头，病死猪无害化处理率100%；检测“瘦肉精”5571份，合格率100%；省、市农产品质量安全监督抽检91个，合格率达100%。加大执法力度，全年立案查处畜牧兽医案件5起。加强调运监管，实施“点对点”调运1476批次，跨市调入生猪5.117万头、猪肉产品131.5吨，保障市场供应稳定。

渔 业

【概况】 2020年，泉港区水产品总产量8.8298万吨，比上年增长0.19%，其中捕捞产量2.3896万吨，海水养殖产量6.2987万吨，淡水产量1415吨。渔民人均收入2.3898万元，比上年增长4.3%。

【服务渔业生产发展】 2020年，泉港区做好渔业生产服务工作，确保强农惠农政策落实到位。发放55艘渔船2019年度捕捞机动渔船油价补贴，发放补助资金301.9317万元。实施肖厝-惠屿网箱养殖设施清退及升级改造工作，通过淘汰老旧木质渔排、养殖泡沫浮球等渔业设施，建设新型环保全塑胶养殖渔排。制发《2020年泉港区水产品中禁用药物残留快速检测工作方案》，完成水产品中禁用药物残留快速检测80批次，合格率100%，未发现违法用药行为；配合开展省级产地水产品质量安全监测、海水贝类卫生监测及赤潮毒素监测，抽检水产品样品30份。开展2020年渔业资源增殖放流，分别于7月9日在峰尾海域开展第一次增殖放流活动，投放日本对虾7650万尾、黑鲷46.52万尾、黄鳍鲷18.69万尾、大黄鱼67.85万尾；11月10日在泗洲、山外水库开展第二次渔业资源增殖放流活动，投放淡水鱼苗鲢鱼9.5万尾、鳙鱼9.3万尾。

水利建设

【深化水库管护改革】 2020年，泉港区创新水库物业化管护工作获得水利部太湖局好评，重庆、河北、湖北等多个市、县以及省内多个县市兄弟单位到泉港交流学习。加大创新力度，探索堤防水闸第三方管护，启动12千米海堤、6座水闸管护试点工作。强化河长工作举措，引入人大代表“巡河问水”、河湖管护市场化运营等做法先后多次获水利部官网、中国网、福建日报等媒体宣传推介。优化项目施工管理，抓好水利工程现场施工监管，坝头溪流域综合整治项目作为全市唯一一个水利工程，被市渣土办定为四类现场观摩学习点，接受12个县市区现场参观。

【项目建设】 2020年，泉港区计划实施水利项目19个，计划投资3.613亿元；全年完成投资3.89亿元，占年度计划的107.7%；其中重点项目5个，计划投资3.4亿元。坝头溪流域综合整治顺利推进，累计完成投资4.72亿元，占项目总投资的66%；坝头溪水系连通工程完成全部产值；新建双溪水库通过完工验收；重点防洪项目顶五孔水闸改建工程建成并验收投入使用；全面启动城乡供水一体化项目规划。推进库区移民，5个后扶项目顺利推进，完成项目验收21个，按时发放移民直补372.48万元，走访慰问三峡移民和困难移民79人次，发放慰问金4.94万元。围绕脱贫攻坚和乡村振兴，加快实施农田水利设施建设、农村饮水安全巩固提升、清新流域建设和水土保持建设“四大行动”，补齐民生水利短板。农田水利建设投资1200万元，比上年增长20.5%，菱溪水库中型灌区改造项目完成建设；实施农村饮水安全巩固提升工程3个，解决9200人饮水安全问题；开展为民办实事农村自来水改造工程8个，惠及人口4.962万人；建成黄田溪、龙马溪清新流域样板工程5.5千米，“生态两岸、富美乡村”格局初显；完成水土流失治理面积208.03公顷（其中林业部门141.36公顷）。完成东张村、秀溪村等10个市级水土流失治理项目，累计完成排水沟3千米，护岸护坡1.1千米，河道清淤1千米，封育林66.67公顷，造林141.36公顷，累计完成投资591万元。

【建后管护】 2020年，泉港区做好水利设施建后管护。推进工程管护机制创新，水库物业化管护工作取得良好成效，推动水利工程社会化管理，在全省率先试点水闸海堤物业化管护工作，涉及后龙镇、峰尾镇海堤12千米、水闸6座，试点项目投资30万元。监督落实水土保持。出动执法车辆5次，执法人员10人次，检查生产建设项目6个。组织区直部门、相关业主对“天地一体化”监管中发现的33个不合规扰动图斑进行整改，销号6个，整改26个。审批建设项目水土保持方案22件，应征收水土保持补偿费133.1362万元，已全部缴纳到位，征收率100%。完成水土保持设施验收报备项目5个。开展在建水利工程质量安全“双随机、一公开”检查3次，通过互联网向社会公布；落实质量、安全、进度检查整改，专项检查12次，通报和反馈问题36个，跟进整改反馈36个；举办全区小型水库日常管理与汛期防洪调度培训会、应急抢险演练，受训人员60人，加强水利工程汛期管理，提高管理人员对突发事件的应对能力。

【水资源管理】 2020年，泉港区以中国水周、世界水日为契机，通多种形式开展水法律、法规宣传教育活动，增强社会公众水法意识、水危机意识和水资源保护意识。举办公开宣传活动1次，发放宣传单1500份、宣传小礼物150份，制作并悬挂横幅15幅，制作户外大型广告牌1座。抓实河湖长制，摸底22个“四乱”台账，销号13个，省、市交办的32个涉水问题已全部整改并反馈。组织3场“人大代表巡河问水”，解决问题6个，6个乡镇交接断面有5个较上季度水质提升1～2个档。面向扶贫户、低保户增设4个公益性巡河岗位，发放工资2万元。抓好水源地建设，加大泗洲水库水源地保护力度，增设宣传牌26块，修建环库防护网4.2千米；建成引水渠修复工程，增加灌溉供水和生态补水量600万立方米/年；建成防汛仓库、水质监测站，提升水库防汛应急保障能力，实现饮用水水源地水质实时线上监测。抓紧水价改革，县级农业水价综合改革总体实施方案（2018—2025年）编制完成并获批；菱溪水库灌区农业水价综合改革项目完成建设并通过验收。

防汛抗旱

【概况】 2020年，泉港区累计降雨量980.8毫米，比上年同期少18%。降水量年内主要集中在5—6月的梅雨季节及7—9月的台风季节，主要表现短历时强降雨较多。入汛以来，全区共发生5次强降雨过程，2次降雨过程强度较大，全区各镇（街道、场）均遭受不同程度的洪涝灾害，没有河流发生超警戒水位。

【风雨汛情】 2020年，泉港区台风频发但影响相对往年较小，共有4个台风相对较有影响，分别为“黑格比”“米克拉”“美莎克”“沙德尔”，其中台风“米克拉”影响较大。截至12月，区防汛抗旱指挥部共启动防台风Ⅳ级应急响应4次，防台风Ⅲ级应急响应1次，防台风Ⅱ级应急响应1次，启动防暴雨Ⅳ应急响应8次，转移各类危险区域人员871人次，组织撤离、进港渔船77艘次。未发生因台风暴雨而引发的人员伤亡事件。

【落实防汛基础工作】 2020年，泉港区严格落实以行政首长负责制为中心的各项责任制，全区水库（山塘）、水闸、海堤的行政责任人、主管部门责任人、技术负责人均在泉港电视台公布，接受社会监督。加强部门协同合作，在区防汛抗旱指挥部的统一指挥下，各成员单位按照防台风预案的职责分工，各司其职，各负其责，加强信息沟通，强化灾情会商，形成工作合力，共同做好防汛防台风工作。坚持汛期24小时值班制度，实行党政领导带班制度，加强对灾害性天气的预报监测、预警预报。

【应急管理预警】 2020年，泉港区及时修订各类预案，按照“横向到边、纵向到底”的要求，完善应急预案体系。更新危旧房屋、危险灾害点、应转移人员情况、出海船只等相关信息。对各类监测预警通信系统进行全面检查调试，采取措施加强系统运行维护和管理，保障预警监测、指挥通信等系统正常运行。加强对应急备用电源、手摇警报器、预警铜锣的管理使用，检查镇、村雨量筒是否能够正常运行，检修预警广播线路，提高基层预警信息的发布能力。

【防汛物资队伍管理】 2020年，泉港区落实防汛抢险物资、器材，共储备土工布3000平方米，木材3000根，防汛编织袋5万条，抢险冲锋舟4艘，橡皮舟9艘，救生衣150件，救生圈80个和其他一批防汛物资器材与工具。共建立41支1908人灾后重建服务队伍、24支376人区直机关单位防汛突击分队和应急抢险队伍、110支1466人群众性抢险队伍和民兵、预备役等各类抢险救灾队伍。强化防汛指挥调度。梳理更新区防指所有成员单位及各类防汛责任人联系信息，并输入山洪灾害预警系统发送平台，用于接收天气、暴雨、台风动态以及防汛指令等各类预警信息。2020年汛期，共发出超过865条次预警信息指令，传真4213份，督促防汛机制和防范措施的落实；注重点对点预警，在强降雨时段，通过预警平台和电话及视频会商系统，对已经发生或预报即将出现强降雨的地区适时实施点对点预警指挥，提醒和督促重点降雨地区开展防范。

【防汛安全检查】 2020年，泉港区防汛办共组织7次防汛安全隐患专项检查，重点检查地质灾害隐患点、高陡边坡、临水临山建筑工地、危旧房屋、地下室、低洼易涝地带、滞洪区高空悬挂物、排水沟渠、水库、山围塘、堤防、海堤、水闸、渔排、渔船等，确保全区安全度汛。全年共发现防汛安全隐患189处，并督促应改尽改。

【防汛基础能力建设】 2020年，泉港区开展防汛指挥信息系统汛前检查。严格执行高清应急视频会商系统周联调制度，确保系统运行正常。开展全区防汛集群电话、卫星电话通话测试，及时缴充防汛通信设备费用，确保汛期防汛值班和应急需要。对全区防汛监测预警设备进行摸排，对存在问题的前烧、凤阳、潼清等视频监测站及时加以整改。增购防汛应急物资及设备。汛前合计投入近55万元，采购了一批防汛应急物资及设备，包括轮式抽排水车、潜水设备、照投设备、橡皮艇、冲锋舟、应急救援包等。开展防汛业务知识培训。4月下旬通过防汛高清视频会商系统召开一次全区脱贫攻坚、防汛抗旱工作专题培训会议，邀请市防办专家讲授防汛业务知识，南埔镇肖厝村作防汛防台风工作经验交流。开展村级危险区域群众自主转移避险演练，7—8月组织人员对全区7个镇（街道）危险区域群众自主转移避险演练及防汛物资、避灾点进行全面检查。在统筹做好常态化疫情防控工作的基础上，要求各镇（街道）开展村级危险区域群众自主转移避险演练，全区涉及危险区域群众的33个村全部完成危险区域群众自主转移避险演练。

【汛前安全检查】 2020年，泉港区应急管理局开展汛前安全检查工作，从细排查整治自然灾害问题，重点针对水工程、海洋渔业、水上交通、城镇防涝、地质灾害、避灾安置等内容开展自然灾害隐患检查，共发现隐患339项，整改到位332项，限期整改7项；储备土工布3000米，木材3000根，抢险冲锋舟4艘，橡皮舟9艘，救生衣150件，救生圈80个，建立41支1908人灾后重建服务队伍、24支376人区直机关单位防汛突击分队和应急抢险队伍、110支1466人群众性抢险队伍和民兵、预备役等各类抢险救灾队伍，推进防汛基础能力提升。

工业

2020年11月27日，泉州市石墨烯产业技术创新联盟在泉港成立

（区委报道组 供图）

综述

【规模以上工业企业】 2020年，泉港区规模以上工业企业100家，涉及石油化工、纺织鞋服、食品饮料、建筑建材等产业。全区25个工业行业大类中有16个行业增加值实现正增长。2020年，规模以上工业增加值比上年增长5.1%；工业技改投资比上年增长41.5%；工业用电41.52亿千瓦时，比上年增长1.0%。

石油化工产业集群

【概况】 2020年，全区规模以上石油化工企业28家。做长做优石化产业链条，石化项目新引进4个，开工3个，投产4个，石化产值在成品油及化工品价格大幅下降中仍稳定在千亿元以上。

【产业典范】 2020年，泉港区钟山化工、天骄化学、迅达石化等3家企业项目入选2019年省级智能制造试点示范企业项目。石化园区8年蝉联中国化工园区前20强，推进循环化改造。

纺织鞋服产业

【概况】 2020年，全区规模以上纺织服装与鞋材鞋业企业9家。

【绿色产品研发】 2020年，泉港区百川科技公司建设绿色工厂和绿色供应链管理企业，研发生产绿色产品，公司再生原液着色涤纶DTY产品获认定为国家级、省级绿色设计产品。

食品饮料产业

【概况】 2020年，全区规模以上食品饮料业企业10家。福海公司建设绿色工厂，公司获认定为国家级、省级绿色工厂。

【行色特点】 2020年，泉港区除福海粮油、益海嘉里等几家规上工业企业外，其他粮油企业大都集中在海产品加工、就地取材或利用其港口优势从外地购进原料加工的粗加工水平，

2020年10月23日，益海嘉里泉州福海粮油工业有限公司举办“福建省粮食安全宣传教育基地”揭牌仪式
（区委报道组 供图）

缺少精加工产品，行业总体上仍属于传统工业。

【产业推进】 2020年，泉港区实施粮油食品产业园区总体规划，福海粮油完成四期建设，金维他燕麦深加工自动化智能化生产项目开工建设，推动粮油食品产值稳定在100亿元以上，打造功能完善的粮油加工集散基地。福海粮油、益海嘉里、泉怡饮料、晶海轻化等企业引进工业机器人，率先完成“机器换工”，福海粮油、益海嘉里、泉怡饮料等企业创建“数字化车间”。

建筑建材产业

【概况】 2020年，全区规模以上建筑建材企业18家，实现产值94.89亿元，比上年减少8.7%。产品涉及排水管材、人造石英原石、井盖、预应力混凝土管桩等领域，规模较大的企业有纳川管材、路通管业、建华建材等。和利建材率先引进工业机器人，完成“机器换工”。

【产业特点】 2020年，从产业链角度来看，泉港建筑石材行业产业链比较完善，涉及上游的矿山开采、荒料贸易至下游的石雕加工等。涌现出达强石雕、安兴石材、鑫龙石业、龙盛石业、恒鹏石材、中日石石业等一批规模以上石材行业企业。

电力工业

【概况】 2020年，国能（泉州）热电有限公司发电量110.76亿千瓦时，售热量1215.9万吉焦，资产负债率41.13%，实现利润7.34亿元，经济附加值完成4.23亿元，全厂供电标准煤耗301.58克/千瓦时，入厂含税标煤单价732.97元/吨、入炉不含税标煤单价662.48元/吨。

【生产建设】 2020年，国能（泉州）热电有限公司主要生产技术指标完成及同比情况：全厂供电标准煤耗301.58克/千瓦时，同比降低1.08克/千瓦时；全年消缺率99.52%，提高1.83%，全年消缺及时率80.19%，提高5.67%。采取的主要措施：推进风险预控与隐患治理“双重防控”机制落地；加强缺陷管理工作。完成西大门建设，危险废弃物仓库成为省内火电行业首个通过竣工验收仓库。

国能（泉州）热电有限公司一期供热创新技改项目现场
（国能（泉州）热电有限公司 供图）

【经营管理】 2020年，国能（泉州）热电有限公司在疫情期间主动服务园区热用户复工复产，开发老用户新增用量，供热量保持持续增长，创历史新高。以内控预算为抓手，降低生产、材料成本费用，充分研究疫情期间信贷优惠政策，取得国开行复工复产优惠信贷额度2亿元，较同期基准利率优惠1.65个百分点；科学制定全年发电策略，推进公司内部机组发电替代优化，争取热电联产政策落实，取得最大额度供热奖励电量3.04亿千瓦时，机组利用小时五大第一。年度利润在集团172家火电厂排名第10位，保持集团前列。

【安全环保】 2020年，国能（泉州）热电有限公司安全和环保指标完成情况：实现连续安全生产5516天，主要污染物达标排放率均为100%，未发生影响企业形象的环保事件。安全技改和节能减排、环境治理等投入情况：环保类技改投入3829.35万元，安全类技改投入5675.68万元，其他类技改投入520.9万元。

【科技创新】 2020年，国能（泉州）热电有限公司以创新驱动发展，高标准组织实施一号机组供热科技创新项目，提高燃煤电厂综合提效能力。公司全年获得9件实用新型专利授权，申请发明专利10件，申请实用新型专利10件，投稿科技论文53篇（其中5篇被核心期刊录用），申请3项软件著作权（2项已授权），1个项目获评集团公司QC小组活动成果二等奖，4项成果获得福建省2020年度百万职工“五小”创新奖，1名员工获评集团公司“科技创新先进个人”称号，科技创新实现“量、质”齐升。推广使用集团ERP系统。

盐 业

【概况】 2020年，山腰盐场牢固树立“发展是第一要务”“生产是第一发展”的生产经营理念，围绕“十三五”规划和“经营要稳、产品求精、顺势而变、共克危局”的总体布局，坚持“夯基础、固本源、抓管理、促发展”工作部署，坚持以深化盐业体制改革和企业体制改革工作为抓手，按照“企业增效、工人增收，推进盐业体制改革深入人心，推动企业和谐稳定发展”的总体要求，推动全场上下克服多变的气候影响、激烈的市场竞争、产量连续高产、库存压力剧增等困难，攻坚克难、做足支撑，确保原盐稳定高产、产量质量并重，保持企业有序运营，较好完成全年目标任务。

【生产经营】 2020年，山腰盐场全场生产原盐产量8.85万吨，完成年计划的118.05%，比上年增加21.62%；销售原料盐5.43万吨，完成年计划的85.15%，比上年减少32.03%，年终库存盐9.9万吨；实现销售收入3400万元，全年产量增加，销量下降，工人年人均实现收入5.31万元。

2020年7月15日，山腰盐场举办2020年度员工职业技能提升培训班开班仪式，全场共77名管理人员参加培训 （山腰盐场 供图）

金 融

银行业

中国人民银行惠安县支行

【概况】 2020年，中国人民银行惠安县支行落实中央经济工作会议精神和上级行工作会议要求，紧扣全面建成小康社会目标任务和“十三五”规划收官，坚持稳中求进工作总基调，坚持新发展理念，坚持以供给侧结构性改革为主线，坚持党建统领各项工作，紧密结合辖区（惠安县、泉港区、台商区）实际，执行稳健的货币政策，推动金融更好服务实体经济，坚决打赢防范化解重大金融风险攻坚战，落实区域金融改革，推进普惠金融，做好各项金融服务和外汇管理，落实“六稳”“六保”要求，推动金融支持疫情防控和经济社会发展各项政策措施落地见效。

【助力企业复工复产】 2020年，中国人民银行惠安县支行推动3000亿元专项再贷款政策落地。至3月13日，惠安辖区6家（惠安2家、泉港4家）全国性疫情防控重点保障企业全部完成授信，授信总额43600万元，发放贷款10笔，金额5646.06万元。落实上级各部门关于再贷款再贴现专用额度的发放和管理要求，率先推动再贷款再贴现专用额度1300万元在辖内农村信用社精准落地，支持当地企业复工复产。督促金融机构疫情期间落实现金收支两条线和回笼现钞消杀制度，至12月底，现金回笼消杀量129亿元。增强疫情期间外汇服务有效性。指导辖区外汇指定银行主动对接防疫物资生产企业，精简优化办理流程，支持抗疫企业恢复产能和扩大生产。

【执行稳健货币政策】 2020年，中国人民银行惠安县支行指导3家法人机构审慎规划信贷投放增量，确保实际增量与规划增量的（正、负）偏离度控在较小范围内。传导央行金融机构内部评级和MPA考核评估最新政策，做好地方法人机构狭义信贷调控工作。完成对法人机构信贷资产真实性的核实工作，做好核实情况报告工作。推进利率市场改革，加强对LPR（新的基准利率）改革的宣传，促进金融机构存量浮动利率贷款定价基准利率转换，督促辖区金融机构合理利率定价，成功处置化解辖区一起账户招投标对执行利率存在异议的问题。

【落实稳企业保就业政策】 2020年，中国人民银行惠安县支行发挥货币政策、监管考核、地方财政担保贴息、信用信息平台和核心企业信用增进等“几家抬”合力，加大对制造业和小微企业的信贷支持力度。通过对金融机构现场督导、组织辖区银行机构开展“金融支持稳企业保就业工作宣传活动”及机构“走百家企业”走访活动等活动，助企纾困。截至2020年12月末，辖区各银行业机构本外币各项贷款余额870.26亿元，比年初增加120.70亿元，比上年增长16.10%，其中制造业贷款增长16.65%。

【推动再贷款专用额度精准投放和两个货币创新工具的落实】 2020年，中国人民银行惠安县支行利用央行3000亿元低成本专项再贷款资金引导机构为辖区5家重点保障企业发放利率2.05%优惠贷款36057万元。发挥5000亿元再贷款再贴现专用额度增量、降价、扩面作用，率先在全省推动支农再贷款专用额度在辖区的精准落地，支持当地企业有序复工复产。引导3家法人金融机构做好1万亿元再贷款再贴现额度信贷支持涉农、小微企业工作和“普惠小微企业贷款延期支持工具”“普惠小微企业信用贷款支持计划”两项工具。至12月底，辖区3家法人机构发放符合再贷款支持要求的支农支小贷款35946万元，惠及农户或小微企业798户，稳定就业人数8457人；至12月底，辖区3家法人机构落实普惠小微企业贷款延期支持工具43749万元，落实普惠小微企业信用贷款支持工具17311万元。

【深化金融支持抗疫助企纾困】 2020年，中国人民银行惠安县支行联合主办2020年政银企融资对接签约活动，活动总授信29.97亿元。其中制造业项目11个、涉及疫情防控物资生产及相关行业项目9个，额度分别约3.95亿元、3.55亿元；下浮新投放的39亿元贷款利率5%～15%，其中15个项目贷款利率低于5%、4个项目给予基准及以下的优惠贷款利率，至12月底，辖区3家法人机构贷款加权平均利率比上年底下降近1个百分点。引导多家银行开通信贷需求的线上申请、审核、授信等金融创新服务。

【加强金融风险监测】 2020年，中国人民银行惠安县支行加大对法人金融机构的风险监测工作。及时做出风险提示，共发出5份风险提示或监管意见书，确保辖区法人机构不出现金融风险的底线。健全风险应急处置机制，开展辖区2家法人机构压力测试工作。建立健全金融风险监测机制，实时监测辖区金融机构信贷风险，截至12月，惠安辖区县域（含台商）不良贷款率为0.81%，控制在地方政府要求的最低风险线以下，比年初下降0.24%。建立与地方政府、金融监管部门的沟通协调机制，压实各方化解风险责任，形成工作合力。强化对辖区大型有问题企业的风险监测，促进多方联动采取有效措施及早化解风险。加强和执行重大事项报告制度管理，组织召开相关工作会议，印发《关于严格执行重大事项报告制度的通知》，重申重大事项报告制度，明确责任。强化央行评级，完善“两综合、两管理”工作。开展3家法人金融机构央行金融机构评级，促进辖区法人金融机构积极措施改善经营稳健发展。规范开展“两管理、两综合”工作，约谈综合评价结果排名靠后的银行机构，强化综合评价对金融机构风险防范化解的促进功能作用。做好存款保险宣传，推进存款保险标识启用工作。

【推动普惠金融和绿色金融业务发展】 2020年，中国人民银行惠安县支行贯彻落实《关于深化金融服务支持福建乡村振兴的措施意见》，重点推进金融支持乡村振兴模式，引导金融机构注重满足不同区域、不同层次、不同群体的差异化金融需求，聚焦精准扶贫、农村基础设施改善、本土特色支柱行业及农村产业兴旺等领域精准发力。截至12月底，惠安县金融精准扶贫贷款余额158102.45万元，均为来惠外地建档立卡贫困户，比年初增26.12倍，同比增25.55倍；办理“裸房贷”2166笔、金额1.75亿元。泉港区累计投资1150.5万元，建成农村饮水安全巩固提升工程12处，累计投放0.9亿元用于建设泉港区双溪水库，保障城乡应急供水；支持建筑企业新增29户，贷款3985万元；支持石雕企业新增17户，贷款金额878万元；为8户泉州市级重点龙头企业授信3470万元，为22户粮果蔬产业协会会员单位授信1156万元，为25户农业生产经营企业授信3213.5万元，为3家农家乐企业授信160万元，为4家生猪养殖企业授信232万元。运用绿色信贷业绩评价作用，推动金融机构健全绿色项目识别和差别化融资支持政策，引导辖区金融机构加大对节能减排环保防污项目的信贷投入推动绿色信贷总量持续扩大，占比提升。

【外汇管理和服务】 2020年，中国人民银行惠安县支行构建外汇政策绿色通道。疫情期间指导银行开通绿色服务通道，为企业和个人提供“网上办、邮寄办、预约办”等方式，至12月31日，办理企业名录业务102笔，登记表业务1笔。企业档案信息维护23笔，办理外汇局变更迁出审批2家，注销终止经营或不再从事对外贸易的名录企业1家。采用政务服务网上办理平台对企业信息审核校对，行政许可项目100%网上办理无差评；通过“邮寄办”办理外债变更登记5笔5150万美元。深化服务涉外实体经济，推动全口径跨境融资宏观审慎政策落地，缓解企业的融资难问题。推进跨境金融区块链服务平台应用“扩增量”。至12月末，辖内已有17家银行网点在该平台开通资本项目收入支付便利化真实性审核应用场景使用权限，已核验资本项目收入支付便利化业务4笔，金额313万元；企业通过跨境金融区块链办理应收账款融资25笔，金额1087万美元。支持贸易新业态健康发展，在全省率先推动1家外贸综合服务企业开通“新业态网上业务管理”功能。至12月31日查询20家企业，其中8家为A类名录企业，12家为非名录企业。防范跨境资金异常流动风险。强化跨境资金监测分析，开展资本项目大额收付汇监测分析19笔、金额95096万美元。开展贸易项下常态化监测，1—12月共对489家企业进行非现场监测分析，对C类企业到期重新评估1家。开展对泉港农业银行结售汇统计业务制度执行情况和国际收支统计申报情况现场核查；对连续两年未发生贸易外汇收支业务的名录企业开展清理工作，清理注销企业名录73家。清理货物贸易重点监测库企业名单，对符合标准的459家企业予以剔除重点监测库。加强事中事后监管，1—12月，监测预警企业9家90笔，金额53707.69万美元，列入非现场核查企业6家19笔，金额53602.32美元。开展外汇政策的调查与研究。参与上级分局调研“2020年一季度利润汇出大幅增长”引起总局关注、合作撰写的“大宗商品进口呈现分化态势”被省分局采用。开展《新冠疫情对辖内货物贸易进口企业影响的调查与分析——以联合石化、福海粮油为例》《关于提高涉汇主体产业链供应链稳定性和竞争力的专题调查报告》等课题。

【提高统计分析和调查研究质量】 2020年，中国人民银行惠安县支行贯彻落实金融统计制度，做好月度金融统计报表汇整工作，为“一县两区”政府部门和银行机构提供数据服务。健全工作制度，加强制度性和临时性调查工作，完善沟通服务机制。与辖区10余家定点调查企业建立稳固、顺畅的调查联系渠道，保障案例来源，全年共完成调查统计方面的5项制度性调查工作、4项临时性调查工作，收回7家定点企业的问卷190份，完成货币信贷方面的12项临时性调查及信息报送工作、1项季度性调查工作，参与货币信贷管理科年度重点课题“强监管背景下关于金融防火墙制度构建的思考”工作研究。针对新冠肺炎疫情对辖区经济金融的影响，加强对民营、小微、外资、台资企业的调查监测和分析，及时收集和上报分析案例，形成一批较有分量的调研分析报告。全年配合中支调查统计科完成4项专题调研任务、7项临时性调研任务，自主开展3个重点课题研究。全行共2篇主稿调研文章被《金融参考》刊用，共9篇主稿及参稿调研文章被《泉州金融研究》刊用。

【加强支付服务与监管】　2020年，中国人民银行惠安县支行推进移动支付业务拓展工作。加大宣传培训力度，引导机构拓展移动支付业务的行业应用，其中，全年通过“云闪付”缴学费平台收取学费笔数2.07万笔，金额1893.50万元。全面推动惠安创建移动支付示范县品牌建设工作，全年示范县建设拓展商户1772户，示范店建设完成41家。加强辖区支付结算管理。做好优化企业开户服务的宣传、督导工作，加强银行结算账户开立、变更和撤销的管理。引导机构加大农村倾斜，优化农村支付结算环境，提升农村地区支付清算服务能力。推动开展银行账户风险排查工作。联合惠安、泉港政府加大新型电信网络犯罪及非法支付领域监督管理力度，维护好辖区支付结算秩序；对3家金融机构开展涉诈涉案账户排查工作的现场督查，督促各银行落实工作措施，加强支付结算管理；组织辖内各涉案账户开户行对涉案账户开展倒查，提升银行防范电信网络新型犯罪的能力。

【征信管理服务】　2020年，中国人民银行惠安县支行深化“三信”评定工作，至12月底，辖内建立农户信用档案户数为285088户，评定信用农户数194557户。有188个信用村、5个信用镇；对已建立信用档案农户发放89882户，贷款余额919238万元。提升征信金融服务水平。推进央行内部（企业）评级工作推进央行内部（企业）评级工作，至12月底上报央行内部（企业）评级的企业有110户，支行受理柜面查询个人、企业信用报告各752笔、722笔；受理个人、企业异议申请各72笔、4笔，均能在20个自然日内回复征信主体，实现服务零投诉。做好辖区二代征信系统上线运行工作，新增1个征信自助查询机布放点。加强窗口指导做好应收账款融资服务平台推广应用工作。截至12月底，辖内注册用户总数14户、开通用户数12户，较上年分别增加4户、2户；融资笔数2笔、融资余额3.9667亿元，其中在线确认1笔、金额0.1667亿元；上传账款21笔，款账金额410.9亿元，上传笔数比上年增加17笔、账款金额比去年增加409.43亿元。构建征信宣传长效机制，推进社会信用体系建设。开展线上线下系列征信宣传活动，组织辖区金融机构参加2020年福建省金融业征信合规知识与技能竞赛，获全省团体三等奖。

【推动货币金银业务转型创新】　2020年，中国人民银行惠安县支行优化服务提升现金服务水平，开展违规使用人民币图样情况检查，清明期间对多家金纸店商铺摊点走访，引导群众爱护人民币法律意识。10月，组织辖内金融机构向各开户单位发放告客户书，开展整治拒收现金工作。开展人民币现金收付与流通环境调查问卷，加大日常监管力度，组织开展对金融机构的暗访工作，并做好2020年版5元纸币发行配套工作。提升反假货币工作水平。做好新形势下反假货币培训工作，要求辖内银行落实主体责任，督促各金融机构因地制宜开展反假货币培训工作，指导辖内银行疫情期间就线下网点、线上多媒体等渠道开展反假货币宣传工作。做好反假系统升级换代工作，了解系统运行中存在的问题及相关意见，做好调研工作。规范假币辖内金融机构解缴时间节点，全年全辖共收缴假人民币3826张，金额30.8万元，比上年分别下降17.3%和26.2%。辖区公安机关共收缴假币1445张、金额9.2万元，分别占同期金融机构收缴假币的60.7%和42.4%。开展形式多样反假宣传活动，分别于6月10日、8月7日、8月14日及8月18日等，开展进企业、进社区等反假宣传活动，共发放宣传资料3500余份，解答群众提出问题90余个，提高公众的防范假币意识和识别假币能力。

【推进国库发展】　2020年，中国人民银行惠安县支行完善内控管理，落实规章制度。建立健全各项有关业务操作规程，规范国库服务窗口流程，提升经理国库服务水平。推进国库会计核算标准化管理。夯实国库会计核算基础工作。高标准创建“省级支库示范库”，推进“省级支库示范库”的创建与申报工作。促进国库监督行为规范化。加强国库经收处、辖区集中支付代理银行的业务指导及管理，加大柜面监管力度，加强外来凭证的审查，全年柜面人员共退回和纠正不规范缴款书24笔、金额907.32万元，退回和纠正不规范支拨业务9笔、金额666.33万元，退回和纠正退库业务20笔、金额149.32万元。开展对辖区国债承销机构国债发行业务的巡查工作，共组织18次巡查，完成对11家国债承销机构、19家营业网点的巡查工作。推行国库统计分析和综合业务工作标准化。梳理国库条线业务工作，按照统一、规范、标准操作，实现国库统计分析工作标准化、规范化。与财政、征收机关和其他相关部门的联系和沟通，获取第一手信息资料，开展国库相关政策变动对辖区财税、金融影响的调查分析，对辖区财税、金融的热点、难点问题进行分析研讨。探索国库创新，提升服务水平。

【推进反洗钱监管】　2020年，中国人民银行惠安县支行加强反洗钱工作的指导。做好辖区金融机构业务人员的反洗钱知识培训，组织辖区金融机构开展反洗钱宣传工作。指导辖区金融机构加强反洗钱工作措施，推进扫黑除恶专项斗争工作。加大反洗钱的非现场监管工作力度。督促金融机构做好反洗钱年度报告，开展对辖区金融机构年度考核评级工作。督促辖区银、保、证各机构健全反洗钱内控管理制度，加大对辖区法人机构的反洗钱工作指导，督促建立辖区法人金融机构建立反洗钱工作机制，完善法人监管制度，提高辖区法人金融机构工作水平。加强反洗钱协作机制建设。指导辖区金融机构做好可疑交易线索摸排，加强与公安、法院等司法部门的沟通与联系，全年共接收12条重点可疑交易线索，9次与公安机关进行案情会商。与县法院、检察院、公安局、金融办探索建立协作机制共同推动辖区严打洗钱犯罪工作，整合社会反洗钱工作合力，加大辖区防范和打击洗钱犯罪力度。

【金融消费权益保护】　2020年，中国人民银行惠安县支行组织辖区金融机构对2019年金融消费权益保护工作开展自评估，并对2019年的工作情况进行评价。做好辖区《中国普惠金融指标体系（2019年版）》数据的采集和录入并上报。做好辖区中国普惠金融指标调查问卷（一县二区）。组织辖区金融机构“3·15”金融消费者权益日宣传活动。组织辖区金融机构开展2020年“普及金融知识，守住‘钱袋子’”金融知识普及宣传活动。组织辖区金融机构开展违规金融营销宣传专项整治自查、摸排，及时向市中支报送违规线索。做好金融消费权益保护案例报送工作，全年共报送6条案例。开展金融知识宣传优秀作品评选活动，组织辖区金融机构积极报送相关作品。组织辖区金融机构2020年“金融知识普及月　金融知识进万家　争做理性投资者　争做金融好网民”宣传活动。做好《中国人民银行金融消费者权益保护实施办法》学习教育。

中国银行保险监督管理委员会泉州监管分局惠安监管组

【概况】　2020年，泉州监管分局惠安监管组在泉港区委区政府、泉州银保监分局党委的正确领导下，贯彻落实中共十九届五中全会、中央经济工作会议、全国银行业保险业监督管理工作会议精神和党中央关于统筹推进疫情防控、经济社会发展工作部署，推进金融支持常态化疫情防控和企业复工复产，围绕“六稳”“六保”要求，稳步推进各项工作。

【强化监管引领】　2020年，泉州监管分局惠安监管组根据区政府、泉州银保监分局创新出台《关于进一步提升疫情防控和支持企业恢复生产金融服务工作质效的意见》，推动银行业机构加大满足复工复产金融需求。会同泉港区金融办，对各银行机构落实各级政策情况开展专项跟踪督导，督促各银行机构优化提升金融服务，主动靠前对接企业融资需求，了解企业受疫情影响情况，多措并举支持企业渡过难关。督促各银行机构结合自身特色，梳理在疫情防控期间惠企具体政策，通过泉港区金融办第一时间利用“泉港金融”微信公众平台等新媒体，向全区中小微企业宣传推广。8月、10月会同泉港区金融办等部门开展新形势下企业经营难点及突破策略主题分享暨银企对接会，现场对接签

2020年9月24日，区公安分局山腰所联合人行惠安支行、山腰街道办事处、中国移动泉港分公司等单位在永嘉天地开展“严禁买卖银行卡、电话卡”主题宣传活动

（区公安分局　供图）

订授信近121亿元。这些项目具有授信规模较大、突出产业导向、政策红利多等特点，助力企业复产复工和实体经济健康发展。推动制造业贷款逆势增长。至12月末，泉港区各项贷款余额较年初增加7.94亿元，比年初增长3.23%，其中制造业贷款余额较年初增加2.85亿元，比年初增长3.25%。推动落实减费让利政策，引导银行业向企业合理让利，助力稳住经济基本盘，疫情以来辖区银行业均有较大调降企业贷款利率。提升普惠金融服务成效，实现小微企业金融服务“增量扩面、提质降本”，推动开展“无还本续贷”业务，降低企业融资成本。

【推进重点领域金融风险防控】 2020年，泉州监管分局惠安监管组全面摸排辖区银行业机构信用风险底数，分析研判新冠肺炎疫情对信贷资产质量影响。坚持“真实反映、加快处置”原则，面上抓好摸底数、化存量、控新增“三个环节”，采取有效措施，防范“逾贷比”反弹。做好企业用信测算，防范多头授信、过度授信风险，对500万元以上风险客户进行名单制管理，专人负责对辖区信用风险进行跟踪监测。督促各银行业机构加大清收力度和积极向上争取政策支持，争取核销和打包转让资源，拓宽不良贷款处置渠道，加快存量不良贷款处置力度。开展“流动性管理深化年”活动，督促法人机构开展流动性风险排查，将主要股东风险情况纳入全面风险管理范畴。做好集中取款风险防控，组织辖区农小机构开展流动性压力测试和集中取款应急演练工作，集中取款应急演练着重检验应急预案操作性、有效性和提升员工应急处置能力。

【突出监管重点】 2020年，泉州监管分局惠安监管组推动地方法人机构强化对涉农、小微和民营企业的金融支持力度，通过“普惠小微信用贷款”专项营销活动、全面推行无还本续贷、加大制造业贷款投放力度等，纾解中小微企业困难，推动企业复工复产。抓好股东股权和关联交易排查整治。组织开展股东股权三年排查“全覆盖”、股权和关联交易专项整治“回头看”现场督查；提升内部管控机制。督促联社加强内控制度建设，开展制度后评价，并根据梳理结果和业务发展实际，及时加以补充、修订。全年累计制定新制度50份、修订制度11份、下发规范性通知13份。规范房地产信贷集中度过高问题，针对两家法人机构房地产贷款集中度超标问题，通过约谈、下发监管意见等监管手段，督促采取有效措施，有序整改。推进信用风险防控常态化管理，加强非现场监测及日常巡查，及时报告法人机构显性和隐性信用风险，督促联社巩固不良贷款处置“三年行动”成果，加大表内外不良清收处置，不良贷款实现“双降”。加强监审联动，提升非现场监管质效。全年针对日常监管发现辖内法人机构存在风险和问题，通过发出监管意见书、提出监管意见、进行审慎监管会谈（含约谈）、开展走访督导、开展三方会谈等监管措施，指导银行业机构结合主要风险点，在确定2020年度“查找风险，消除隐患”自查专项行动项目的同时，提升监事会履职效能，加强内部检查，加大监督问责力度。开展监管评级和高管人员履职评价。组织开展地方法人银行机构监管评级和高管履职评价，有针对性提出监管要求，实施分类监管。

【提升监管效能】 2020年，泉州监管分局惠安监管组传导监管政策，开辖区惠安县、泉港区、台商区银行业保险业2020年监管情况通报会，通报银保监会、福建银保监局监管工作会议和泉州银保监分局监管情况会议精神；分析辖区经济金融运行情况和存在问题，认清内外部形势。开展高管履职评价，辖区惠安、泉港和台商区三地银行业金融机构高级管理人员开展2020年度履职评价。做实信访消保工作，成立消费者权益保护中心，建立健全高管包案、接访、亲阅亲批制度，提高初次投诉事项一次性解决率，并强化督导和回访机制，将消费者权益保护、投诉处理工作相关指标纳入绩效考核体系，强化源头治理，提高金融服务水平。组织开展辖区银行业2020年元旦、春节期间两节安全大检查，并将检查发现问题在辖区进行通报，督促各机构及时组织整改，确保惠安、泉港、台商区银行业金融机构2021年度实现安全年。组织对辖区相关银行业保险业机构2020年“金融知识普及月 金融知识进万家 争做理性投资者 争做金融好网民”活动督导。及时向泉港区银行业协会传达金融方针政策、重大监管政策和工作重点，指导和督促银行业协会参与或承担银行业重大活动和相关工作，提升履职能力。指导召开年度会员大会，修订章程，开展相关活动，营造良好氛围，培育合规机制。

中国工商银行股份公司泉港支行

【概况】 2020年，中国工商银行泉港支行贯彻落实省、市分行的各项工作部署，做好“六稳”“六保”，以实干服务实体经济，围绕提升“核心竞争力”和“信贷风险防控”两大核心目标，深化改革，创新驱动，凝心聚力促发展。

【经营效益提升】 2020年，中国工商银行泉港支行利润核心指标大幅增长，实现拨备前利润13214.63万元；实现拨备后利润18432.4万元；净利润14212.88万元，比上年增加5970.64万元；本外币各项存款余额为79.07亿元；全行不良贷款率0.05%，资产质量总体保持良好水平。

【存款总额保持同业第一】 截至2020年12月末，中国工商银行泉港支行各项存款增量20.31亿元，同业增量第一位，且领先同业第二位9.05亿元。各项存款总量保持同业第一，扩大对同业的领先优势。

【中间业务收入稳步增长】 2020年，中国工商银行泉港支行中间业务收入实现总量和增量稳步提升，实现中间业务收入2920万元，同比增加685万元，中间业务总量同业第二位，增量同业第二位。信用卡专业占支行中收比重提升，成为支行中收来源和增长的第一大利器。

【营造安全经营环境】 2020年，中国工商银行泉港支行强化经营管理，加强信贷管理。落实省市分行信贷管理领域的各项风控制度，加强对风险点防控力度，一户一策，推进潜在风险客户贷款化解工作。加快不良资产处置，利用省市分行各项政策，从速从快做好清收处置工作。开展安全防范工作，落实安全防范责任制，提高全员安全意识和安全防范水平。做好风险警示教育，提高员工制度意识及风险意识。加强日常内部合规管理，加大现场风险排查力度，堵住业务操作环节中存在漏洞；加强员工行为排查，防范案件事故发生。

中国农业银行股份公司泉港支行

【存款业务】 至2020年12月31日，中国农业银行泉港支行本外币时点各项存款余额46.81亿元，比上年增长11.26亿元，增量占比31.93%，增量市场份额四行第二，其中：对公时点存款余额比年初增9.34亿元，完成年末收官计划的116.75%，对公存款连续7个月占据同业第一，市场份额四行第二；个人存款余额17.69亿元，比年初增加1.92亿元，增量占比40.40%，市场份额四行第二，8个月市场份额同业第一。本外币日均存款余额45.39亿元，比增13.75亿元，增量占比84.77%，市场份额第一，比年初上升3位。其中：对公日均存款增量12.46亿元，占比94.69%，四行市场份额第一，比年初上升2位；个人日均存款增量1.29亿元，占比42.81%，四行市场份额第二，比年初上升2位。全年累计新增对公开户307户、机构账户17户；新增日均存款50万元以上对公存款价值客户22户、新增日均存款5万元以上对公客户47户；新增第三方存管新增有效户1697户，完成市分行序时计划106.06%。新增贵宾客户72户，其中白金卡以上客户183户，比增23户。

【贷款业务】 至2020年12月31日，中国农业银行泉港支行本外币各项贷款余额43.60亿元，含自贸区美元贷款3.2亿元，贷款余额46.8亿元，比上年增长2800万元，贷款存量“四行”第二。全年累计投放对公贷款14.04亿元、还款13.78亿元；累计投放个人贷款3.85亿元、收回3.92亿元。至12月末，全行对公贷款余额34.03亿元，比年初减少2.91亿元。其中：普惠小微比年初增加4768万元（含低风险），完成市分行全年任务的52.98%；普惠小微新增有贷客户106户，比年初增加46户；生猪养殖贷款新增3户70万元、生猪养殖“惠农e贷”6户100万元。给予福海粮油公司新增授信1.5亿元，益海嘉里公司新增防疫专项贷款授信（优惠利率）1亿元，湄洲湾氯碱公司投放3000万元防疫专项贷款（全区首笔），再新增3亿元防疫专项贷款授信，确保后续防疫产品生产资金保障。至12月末，全行个人贷款余额9.58亿元（卡透1.36亿元），比年初减少187万元，其中：卡透支增加534万元，个人经营性贷款比上年增加7663万元、个人消费贷款下降8384万元。非“三农”经营个贷余额1.58亿元，比年初增加3387万元，年度计划完成率87%；一手住房贷款余额44319万元，比年初减少6810万元；二手房贷款余额2385万元，比年初减少367万元；非“三农”消费贷款余额4825万元，比年初减少884万元；“惠农e贷”余额1.35亿元，比年初增加5932万元，年度计划完成率91.3%。个贷不良余额786万元（不含卡透），比年初减少416万元，不良率0.96%，比年初下降0.48个百分点。

【中间业务】 至2020年12月31日，中国农业银行泉港支行实现中间业务收入（含管会不含资产处置收入）3465万元，比上年增加1024万元，完成率全市第一。从条线看，零售中间业务收入1612万元，比上年增加59万元，完成率87.31%；对公中间业务收入1853万元，完成率157.19%，完成率全市第二，比上年增加966万元；对公外汇中收1555万元，完成率264.01%，完成率全市第二。核心财务指标超额完成市行年度计划，累计实现拨备后利润6655万元，净利润5088万元，完成全年任务106%。

【风险管控】 至2020年12月31日，中国农业银行泉港支行不良贷款余额2592万元，比年初上升1210万元，不良率0.59%，其中：法人贷款不良余额1550万元，比年初上升1550万元；个贷不良余额786万元，比年初下降416万元；信用卡不良256万元，比年初上升76万元。个人按揭贷款转本工作提前10余天超额完成任务，总转本率64.37%，转本率全市第一；三年以上转本率72.18%，提升率33.63%，提升率全市第一。清收处置不良贷款（不含非重组上调）1307万元，其中现金清收742万元，呆账核销565万元，完成率189.42%。清收已核销贷款130万元，完成率130%。

【对公业务】 2020年，中国农业银行泉港支行累计为联合石化办理原油购付汇5.51亿美元，带动人民币日均存款6.53亿元，比增11952万元；落地福海粮油本外币组合业务5000万美元，贸易融资及外汇贷款14108万美元，签约期权8029万美元和利率互换8202万美元，引存三年期稳定存款3.93亿元，带动日均存款4.14亿元，比上年增长2.90亿元，带来中收约1484万元。落地某核心企业总部20亿元结构性存款。7月，与泉港区农业农村和水务局签订农村集体“三资”管理平台项目合作协议，于10月30日上线农村集体“三资”管理平台。上线泉港区住建局“住宅专项维修资金管理系统”项目，新增世茂、万商等楼盘公维金入账。

【零售业务】 2020年，中国农业银行泉港支行通过上下联动，帮助网点突破当地资源匮乏瓶颈，形成人人重视营销，人人参与营销的良好局面。建立每旬通报制度，鼓励先进，鞭策落后，营造“比学赶超”良好氛围。上半年实现实物类贵金属业务收入、偏股基金定投销量及个人有效客户净增排名第二。10月，私人银行月日均达标客户数比年初增加16户，完成年度计划160%，完成率位居系统内第三；卡网多个指标斩获省市第一。抽调业务骨干组成卡网工作团队，发挥部门联动和团队同向发力的整体带头作用，强化行部联动，增强机关服务基层的能力，实现卡网外拓业务，卡网指标提升。

中国银行股份公司泉港支行

【收入情况】 截至2020年11月末，中国银行泉港支行净收入完成10228.86万元，时序进度完成率77.6%，完成率排名第十三，其中净利息收入8702.75万元，拨备前利润完成8789.78万元。支行非息业务收入完成1526.12万元，时序进度完成率68.57%，完成率全辖排名第九。其中支行公司非息收入完成871万元，完成情况全辖排名第二。

【负债业务】 截至2020年12月末，中国银行泉港支行本外币存款时点余额31.66亿元，较年初下降3.16亿元，其中人民币公司存款时点余额16.03亿元，较年初下降2.2亿元，下降原因主要是核算中心代发下降3.23亿元。本外币公司存款日均余额19.45亿元，较年初下降3.29亿元，其中人民币公司存款日均余额19.31亿元，较年初下降3.34亿元。至12月末，人民币储蓄存款（含表内理财）时点余额15.43亿元，较年初下降-0.89亿元，人民币储蓄存款（含表内）日均余额15.95亿元，较年初下降-6343万元。个人全量金融资产时点余额18.18亿元，时点较年初下降0.95亿元；全量金融资产日均余额18.63亿元，日均较上年下降0.65亿元，增速-3.37%。

【资产业务】 截至2020年12月末，中国银行泉港支行人民币广义公司贷款余额34.59亿元，其中人民币狭义公司贷款余额34.2亿元，较年初下降5.18亿元。其中中小企业信贷工厂贷款余额为14096万元（含普惠金融人行定向降准口径对公条线贷款余额9329万元）。截至11月末，个人贷款（含银行卡）余额 7.1亿元，比年初增加5611万元。其中人民币零售贷款余额6.22亿元，时点较年初上升6652万元；应收账款余额0.88亿元，较年初下降1040万元。个人贷款（不含银行卡）市场份额19.36%，较年初增加0.24%，排名四大行第三。

【普惠金融业务】 截至2020年12月末，中国银行泉港支行利用普惠政策，重点推动普惠金融业务，普惠金融人行定向降准口径对公条线贷款余额10149万元，较年初上升3262万元。截至11月末，个贷普惠金融银保监会“两增两控”以及人行定向降准口径贷款余额均为4147万元（不含退标1645万元），剔除退标，仅较年初增长138万元，完成率7%。

【非息收入】 截至2020年11月末，中国银行泉港支行非息收入完成871万元，全辖排名第二。加大信用卡发卡和办理分期付款及外呼卡户分期推广力度。通过营销零贷客户、工惠卡客户、分期付款客户、代发薪客户及厅堂白名单客户等群体办理信用卡发卡及分期业务，累计办理分期付款564万元；制定了《泉港支行关于卡户外呼工作的阶段性冲刺方案》，累计办理外呼分期686笔，金额1209万元。截至11月末，新开借记卡快捷支付签数6310户，其中支付宝签约数1543户、微信支付签约数4767户。

中国建设银行股份公司泉港支行

【概况】 2020年，中国建设银行泉港支行以党建为引领，以考核为导向，以数字化经营为基石，落实新金融要求，践行三大战略，支持复工复产，持续加大存款、项目和重点产品营销，推动各项工作发展。截至12月31日，支行一般性存款余额366045万元，比年初新增66726万元；各项贷款余额264000万元，比年初新增29699万元；中间业务净收入3574.59万元，同比增长481.59万元；实现账面利润8271.25万元，同比增加234.25万元。

【存款业务】 2020年，中国建设银行泉港支行一般性存款受泉港石化安控区项目提前归还5亿元贷款影响，呈现先抑后扬态势，时点新增从年初开始一直负增长。采取客户分级常态营销，开展“访千走万拓客”劳动竞赛，农发行拆迁资金分流，地方国企、发债资金和财政专项债资金承接跟踪以及担保公司资本金拓展等举措。5月底开始，存款触底反弹，至12月底，反转到366045万元，比年初新增66726万元，时点新增四行第一，个人存款余额当地第一。

【贷款业务】 2020年，中国建设银行泉港支行落实建行总行十条举措。通过信贷绿色通道支持益海嘉里（泉州）粮油食品公司、湄洲湾氯碱公司等2家企业18500万元，福海粮油公司2116.31万美元，泉港医院防疫物资贷款2000万元。疫情过后，协助当地政府，为相关企业提供政府贴息纾困贷款70万元。践行新金融发展理念，响应绿色金融发展要求，分别为凯美特气体等3家公司提供2350万元普惠型绿色信用贷款，支持企业加速清洁化转型。落实数字化经营要求，办理网络供应链融资贷款2000万元。依托金融科技和大数据应用，纵深推进普惠金融贷款新模式、新空间和新生态。全年新增小微企业148户，新增普惠金融贷款13290万元，完成率120.82%，系统排名第三。抓住泉港区产城联动发展机遇，强化项目带动，支持实体经济，助推泉港经济加速发展。全年新增各项贷款37947万元，各项贷款时点余额达272248万元。其中，个人贷款余额115387万元，时点新增12362万元，占比居当地同业首位。

【经营效益】 2020年，中国建设银行泉港支行分析地域特点和市场需求，严守监管政策、紧抓市场机遇、拓展客户需求，加大服务创新和内涵优化，提升客户体验，探索中间业务增长新动能，常态化开展产品营销，中间业务保持较快增长势头。全年实现中间业务净收入3574.59万元，同比增长481.59万元，完成率103.79%；实现账面利润8271.25万元，同比增加234.25万元，增幅2.91%。

中国邮政储蓄银行股份公司泉港支行

【助力防疫】 2020年，中国邮政储蓄银行泉港支行践行国有大行责任担当，及时了解客户的资金融资需求情况，为受疫情影响的客户进行贷款停息、展期等金融措施，主动对接贷款到期或有资金需求的客户，采用线上放款方式。对疫情期间无法上班或经营的客户采取利息延期支付的方式，对存量到期的企业客户采取无还本续贷模式，有效缓解客户的还款压力。发放泉港辖区首笔企业纾困贷，突破两笔国企优信贷，解决了疫情受困企业及财政融资需求。主动与人社局沟通、探讨贴息项目的推进并带头与商贸市场管理委员会、沿街集中商铺联系进驻宣传事宜，新增政贷通-再就业担保排名全区第一。作为唯一银行代表承办泉港区建筑业银企对接会，扩大品牌影响力。

2020年3月5日，区政府与中国邮政储蓄银行泉州分行签订战略合作协议

（区委报道组 供图）

【惠农合作】 2020年，中国邮政储蓄银行泉港支行落实惠农合作项目，以农村合作社等组织为切入点，与邮政公司开展合作社和家庭农场联合走访，发挥邮政企业物流、资金流、信息流“三流合一”优势，搭建全方位惠农融资产品体系，推广线上贷款产品、对接线下贷款产品，优化产业链金融产品，为惠农客户提供全方位普惠金融服务。

【存贷款业务】 2020年，中国邮政储蓄银行泉港支行各项存款余额市场站位较去年上升一位；新增各项贷款提前完成市分行及区政府下达的年度增贷指标，增量占比排名泉港区银行业机构第四位，其中个人贷款增量占比排名泉港区银行业机构第二位。

泉州银行泉港支行

【经营业绩】 截至2020年底，泉州银行泉港支行各项存款余额为8.17亿元，比年初增加0.67亿元，其中储蓄存款余额4.2亿元，比年初增加0.65亿元；各项贷款余额4.5亿元，比年初增加0.4亿元。

【抗击疫情】 2020年，泉州银行泉港支行响应政府抗击新型冠状病毒感染的肺炎疫情“六稳”“六保”工作要求，发挥地方金融机构服务实体经济、服务居民社区的积极作用，与泉港区外烩餐饮行业协会、泉港区商家服务协会、泉港建材行业协会等多家协会建立战略合作伙伴关系，对各个行业协会进行“阳光授信”，给予金融方面的服务和帮助。通过整体授信、优惠利率、降低担保门槛等多项举措并举，为泉港区实体经济注入资金动力，助力各行各业复工复产，促进地方经济健康稳健发展。截至2020年底，累计办理小微及普惠贷款250笔，贷款余额1.13亿元。

【支持地方经济发展】 2020年，泉州银行泉港支行贯彻相关信贷政策，大力推动信贷投放，为地方经济发展引入“金融活水”。2020年二季度以来泉港支行主动协调泉州银行总行投资泉港区国有资本投资运营公司债券、泉港区水利水务建设发展有限公司债券，累计投资金额4.5亿元，在协调券商与推动同业投资发挥作用。

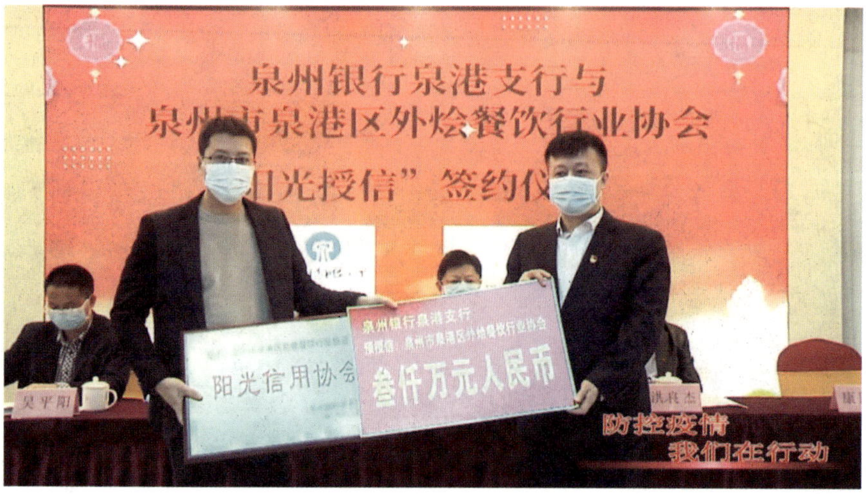

2020年3月3日，泉州银行泉港支行——泉港区外烩餐饮协会“阳光授信”签约授牌仪式举行

（泉州银行泉港支行 供图）

兴业银行股份有限公司泉港支行

【存款业务】 截至2020年12月31日，兴业银行股份有限公司泉港支行本外币存款余额126366万元，较年初新增41937万元，贷款余额449431万元，比年初新增26364万元，有效基础客户132户，比年初新增20户，普惠小微贷款客户新增3户，完成分行计划的200%。严格执行分行《关于进一步加强企金机构营销组织规范考评的通知》，做好业务规划，落实部门例会机制，重点加强对无贷户维护，利用“三问三推三必访”等标准工作方法做好客户回访，捕捉业务需求点，推广应用相关产品和服务，全年完成价值客户新增11户。以“提质扩量”为主题，加大资源配置与过程管理，开展系列专项营销活动，新拓展泉港城建、大众公交、泉港文旅、钜港环保、钟山化工、源昌地产等一批优质客户，培养发展中小企业客户。发挥公司业务营销龙头作用，带动对私业务发展。在石化安征迁项目的带动下，截至2020年12月31日，零售考评核心客户数8250户，零售储蓄存款余额57158万元。加大基本客户营销工作。做好基础客户群体的精细化管理工作，做好存量客户提升，实现基础客户群体可持续发展。在维持原有系统性客户的营销优势下，加大保证金业务的扩展力度，实现工程采购保证金、住房公维金等最大限度留存。运用“商行+投行”的发展理念，推进国有企业债券投资和债券监管账户营销工作。

【零售业务】 2020年，兴业银行股份有限公司泉港支行以“提质扩量”为主题，加大资源配置及过程管理，开展系列专项营销活动，新拓展一批优质客户。在项目拓展过程中，做好客户维护工作，巩固优质客户，发展有效客户，控制无效客户，提升客户的忠诚度和综合贡献度拉动负债业务增加。深耕织网工程，构造移动支付场景，以商场超市、百货为突破，以餐饮如何乐等高扣率行业商户为重点，结合分行微信商城和营销活动，盘活商户客户，获取商户线上线下的交易资金沉淀，增加结算存款。做好业务联动与创新，把代发工资、兴业通收单、代扣代缴、信用卡自扣等作为拓展结算型存款的重要抓手，加大低成本营销。2020年度零售模块核心客户增加8250户。

【资产业务】 至2020年末，兴业银行股份有限公司泉港支行贷款余额449431万元，比年初增长26364万元。贷款把握总行和当地政府“稳发展”政策机遇，主动对接市场需求，强化营销组织，加大投放力度。技改基金、政府购买服务、PPP项目贷款等相继实现突破。运用产业基金模式介入城镇化和基础设施建设领域，运用资本市场业务、供应链金融产品、技改基金介入上市公司和龙头企业。在优质项目拓展中，适当提高价格弹性，通过优惠让利应对同业竞争，适时主动介入、置换他行优质客户，加快政府下属企业及PPP项目融资工作。主动服务企业，加强辖区内上市企业福建纳川管材科技股份有限公司及永悦科技股份有限公司的合作精密度。通过总分支行联动营销，制定综合金融服务方案，拓展推动各种业务落地。主动对接福建钟山化工有限公司、益海集团下属泉州福海粮油工业有限公司等企业，解决民营企业融资难问题。拓展区国有五大集团业务。在区域内银行竞争较为激烈，加强与区国资委、财政局沟通协调，主动对接泉港水利水务公司、泉港大众公交公司等5大集团，争取授信。落地洛江区污水管网建设配套工程PPP项目等。至2020年末，个人贷款余额36072万元，比年初增加5558万元。个人贷款保持平稳，收益显现。

中国民生银行泉港支行

【经营情况】 至2020年12月31日，中国民生银行泉港支行存款余额4.23亿元，其中：对公存款余额1.82亿元，零售存款余额2.41亿元。支行贷款余额4.99亿元，对公贷款余额4.44亿元、零售贷款余额0.55亿元，其中：小微贷款余额3690万元。支行业务净收入1946万元，其中：公司业务净收入1271万元，零售业务净收入675万元。

【扩展存量增量客户】 2020年，中国民生银行泉港支行力争对公存量客户提升，完成支行对公年度任务指标。其中，圆梦圆教育投资集团授信额度在第四季度由5000万元增加至8000万元，新增集团内2家教育机构开立结算账户，有效带动结算提升及存款沉淀。纳川股份新增授信额度2000万元，专项用于履约保函的产品运用。新增低风险客户好兄弟体育公司，累计4600万元存款。

【提升金融资产总量】　至2020年12月31日，中国民生银行泉港支行金融资产月日均5.97亿元。加大理财、基金、保险等产品的培训和分享，建立全员营销意识，紧跟理财到期客户，加强营销，稳存增存。深挖拆迁代发项目，加强农发行、拆迁办的关系营销和互动，前端提升农发行在我行的拆迁代发规模，后端加强代发客户营销，提升金融资产沉淀率。

泉州农村商业银行股份有限公司泉港支行

【存款业务】　至2020年12月末，泉州农村商业银行股份有限公司泉港支行各项存款余额32.32亿元，比年初增加5.35亿元，增幅19.84%，其中储蓄存款22.65亿元，比年初增加2.81亿元，储蓄存款增幅14.19%。存款总量居泉港区银行业金融机构第四位；储蓄存款总量居泉港区银行业金融机构第二位。

【贷款业务】　至2020年12月末，泉州农村商业银行股份有限公司泉港支行各项贷款余额18.79亿元，比年初增加1.63亿元，增幅9.49%，存贷比58.14%。贷款总户数26704户，比年初增加4381户。个人贷款（含普惠卡）余额17.8亿元，比年初增加2.11亿元；个贷户数26679户，比年初增加4386户。个贷总额占贷款总额的94.76%，个贷客户数占总贷款客户数的99.91%。贷款总量居泉港区银行业金融机构第六位，个人贷款总量和增量5年居泉港区银行业金融机构首位。

【支农工作】　至2020年12月末，泉州农村商业银行股份有限公司泉港支行涉农贷款余额12.29亿元，比年初增加1900万元，增长1.57%。小额标准贷折算进件量20179户，完成全年任务的126.43%，其中成功宝进件10957户、房贷宝进件474户、菁英宝进件2696户、人才宝进件3户、企税宝进件68户、商户宝进件358户、满格贷进件363户、小微标准贷进件3户，人均折算进件量219户。实现101个村级股份经济合作社账户开立全覆盖，为11个薄弱村信贷资金支持共330万元，服务村级集体经济，推动乡村振兴。为渔民争取无还本续贷和利率优惠政策，疫情期间共办理196户1302.9万元贷款。发挥布设在各村的农村普惠金融便民点，疫情期间确保老年群体足不出村按时领取到养老金，协助村两委组织群众缴交城乡居民保缴费工作，全区普惠金融便民服务点共交易笔数247227笔，金额9292.49万元。

【“党建+金融助理”驻村全覆盖】2020年，泉州农村商业银行股份有限公司泉港支行共派驻金融助理32名，在泉港区101个行政村（居）党群服务中心设立101个金融助理工作站，实现金融助理驻村（居）全覆盖，依托分布在7个乡镇及主要人口聚居地的10个固定营业网点，配套农村普惠金融便民点，搭建了“网点—农村普惠金融便民点—金融助理”全方位立体式的服务网络，开创银村合作共赢新局面。

【服务实体经济发展】　2020年，泉州农村商业银行股份有限公司泉港支行结合疫情防控要求，借助“百行进万企”工程，调查研判民营小微企业在疫情冲击下的生产经营和融资状况变化，帮助企业产品上架省联社福农e付商城平台，拓宽销售渠道。落实银保监会和人民银行等惠企利民政策，为1家企业980万元贷款调整付息方式，为11家企业办理无还本续贷8147万元，为24家小微企业主和个体工商户办理延期贷款1051万元；为213家小微企业主和个体工商户办理支小再贷款4242万元；为158家小微企业主和个体工商户新增办理普惠小微企业信用贷款1600万元，解决融资担保难题，至12月末信用贷款余额11.15亿元，占总贷款59.30%。与泉港区税务局签订“征信互认　银税互动”合作协议，助力小微企业健康发展，为50户小微企业主授信2201万元，信用余额1580万元。

保险　证券　典当

中国人民财产保险股份有限公司泉港支公司

【概况】　2020年，泉港人保财险秉持“人民保险，服务人民”的宗旨使命，坚持以市场化为导向，致力保障和服务全区经济社会发展和民生改善。

【护航经济发展】　2020年，泉港人保财险围绕服务泉港经济发展，泉港人保财险探索保险服务模式。与应急管理部门、高校加强合作，以“保险+服务”模式加快推广环境污染责任险，现有投保企业4家。与专业保险经纪机构加强互动，结合日常风险防灾防损，为大型企业福建联合石化、古雷石化、南埔国电等提供综合风险保障。为福源工贸、瑞晟工贸、纳川股份、新文行灯饰等知名企业提供一揽子保险解决方案，保障企业稳健经营。强化与辖区银行战略合作关系，取得银保渠道大部分份额；承保朝阳公路、坝头溪PPP改造项目等。

中国人寿保险股份有限公司泉港支公司

【主要业绩】 2020年，中国人寿泉港区支公司总保费收入2.18亿元，比上年增长20.77%。其中长险首年标准保费2742.88万元；长险首年期交4644.20万元，比上年增长14.14%；十年期及以上期交保费2958.80万元；短险2797.93万元，比上年增长32.35%。全年给付满期金、生存金、养老金共计3259件，给付金额827.54万元；理赔案件3869件，给付金额1905.45万元。经办医保业务，全区参加基本医疗保险人数为36.54万人。其中城镇职工基本医疗保险参保人数3.74万人，城乡居民参保人数32.80万人。全年共有67.67万人次获得补偿。其中住院3.71万人次；特殊门诊16.36万人次，普通门诊47.6万人次。缴纳各种税收210.70万元。其中增值税及附加税87.58万元；个人所得税78.21万元。

【服务民生】 2020年，中国人寿泉港区支公司为全区19.64万人提供农村小额意外保险，风险保障累计1208743.2万元，全年赔付505.55万元。

【扶贫保险】 2020年，中国人寿泉港区支公司与泉港区农业农村水利水务局合作，为全区精准扶贫家庭1450户，办理意外医疗费用补充、意外住院收入损失、重大疾病、意外死亡及伤残、身故等案件共计34件，补偿金额31.89万元。与各镇合作为全区计生困难户7162户投保“计生家庭意外伤害保险”，实现一张保单保全家，为计生困难户提供意外伤害保险和意外医疗费用保险。2020年赔付50人次，补偿金额27.49万元。

【关爱女性】 2020年，中国人寿泉港区支公司与区、镇、村三级妇联进行交流沟通和配合，做好女性宫颈癌、乳腺癌“两癌”筛查活动，加大女性健康关爱力度，增强广大妇女特别是贫困家庭妇女健康意识。推出以“女性安康保险”为主的专属保障保险，降低妇女创业风险，解决广大妇女特别是贫困妇女因重大疾病、意外风险的保障问题。2020年，全区共有1753人参加保险，风险保障13985万元。

华鑫证券有限责任公司泉州南山南路营业部

【业务经营情况】 2020年，华鑫证券泉州南山南路营业部期初共有账户415户，期末共有账户709户，比上年增长70.84%；期初资产1061万元，期末资产3218万元，比上年增长203.3%；全年销售金融产品216万元，比上年减少191.2%；全年亏损68.5万元。联合东兴证券债券总部成功为泉港区新城投资有限公司非公司发行公司债券，发行规模5亿元，发行期限3年，发行利率5%。

【风险控制】 2020年，华鑫证券泉州南山南路营业部依托公司反洗钱数据平台和风险管理监控平台，对营业部的风险事件进行监控和处理，对全体员工进行反洗钱、合规展业、廉洁从业、产品说明等相关方面的培训，全年未发生风险事件。

华兴（泉州）典当有限责任公司

【业务经营情况】 2020年，华兴（泉州）典当有限责任公司全年营业收入719.31万元，利润总额260.63万元，净利润191.10万元。截至12月31日，在当业务119笔，典当余额8897.04611万元，典当余额较年初减少1173.486万元。是年，新增发放贷款133笔，金额6153.8万元，发放贷款笔数和发放贷款金额分别较2019年增长47.78%、62.71%。新增贷款笔均46.27万元。累计赎回121笔，累计回收本金金额7524.7万元（含部分赎当）。存量业务笔均74.77万元，较年初的94.12万元下降约20.56%，小额分散战略取得明显成效。

【房产“赎楼贷”业务】 2020年，华兴（泉州）典当有限责任公司开展房产“赎楼贷”新业务，选择当地及周边地区等较有实力的房产中介开展业务合作，推广房产买卖的赎楼贷业务。全年开展赎楼贷业务65笔，金额3340.8万元，笔均51.40万元，增加营业收入约 51.27万元。

【优质、小额房产抵押典当项目】 2020年，华兴（泉州）典当有限责任公司坚持“小额、分散”原则，发挥员工积极性，推进对小额房产抵押典当业务的开展。截至12月31日，公司今年新增房产抵押贷款62笔，金额2405万元，笔均38.79万元，推动业务结构向小额、分散的微贷方向发展。

【财产权利、动产质押典当业务】 2020年，华兴（泉州）典当有限责任公司开展财产权利（股权、外贸应收账款）及动产质押典当业务。全年开展股权质押2笔，金额260万元；通过与中信保合作，开展外贸应收款质押1笔，金额100万元，与二手车经销商合作开展机动车质押3笔，金额48万元。

【风险控制】 2020年，华兴（泉州）典当有限责任公司完善风控体系，加强贷后跟踪管理，对现在项目进行重新梳理，逐步回收项目资金，对异常项目进行逐步清收。对于新业务，严格业务操作流程具体化、格式化，通过业务决策小组共同把关，梳理风险点，有效降低风险。对新增房产抵押项目基本上采取分期还款方式。梳理在当项目，完善在当项目风险管理，加强对在当项目风险管控，加快对典当期限较长、额度较大的项目回收。加大异常项目化解力度，对存在异常项目，通过多样手段化解。截至12月31日，合计回收本息499.30万元（其中本金约428.60万元，综合费70.7万元）。

商贸 旅游

商贸经济

【概况】 2020年，泉港区共完成社会消费品零售总额133.87亿元，比上年下降15.7%。电子商务发展迅速，实现网络零售额24.96亿元，比上年增长48.79%，超过全市增速13.8%，其中农村网络零售额23.34亿元，比上年增长52%，超过全市增速17.3个百分点，居全市第二位。

【保障市场供应】 2020年，泉港区加强监测，稳定市场供应，重点指导超市、社区便利店、农贸市场等保障民生的企业，加油站、加气站等重点服务行业复工营业，设立线下商超“农超对接”应急直通车专柜7个，并推动线上农超对接运作，落实区级生猪储备3000头，冻肉储备140吨，满足广大人民群众的肉、蛋、菜等生活必需品需求。启动应急机制，疫情期间在全市率先启动口罩购买预约系统，实行线上预购，线下设立平价销售点，方便群众就近购买口罩，4天共投放口罩8万只。落实群众出行保障。

【推动复工复产】 2020年，泉港区制定详细复工方案，分类分批有序组织商贸企业复工复产。在全市率先实行集体用餐供配送。向全区机关、团体和企事业单位提供集体用餐供配送服务保障，避免企业集体用餐带来风险。做到防疫保供两手抓、两不误。帮助企业解决复工复产所需防疫物资短缺的问题，协调解决2万多只口罩、50支额温枪、200斤酒精及消毒液，全部发放城区主要市场、商超、民营加油站、屠宰厂等重点商贸企业。宣传科普疫情防控知识。区内各商超、农贸市场、餐饮企业、酒店宾馆全年转发典型案例和相关工作精神，做好疫情防控常态化工作，宣传疫情防控知识。宣传推广“八闽健康码”。向各商超、农贸市场等人员密集型场宣传推广“八闽健康码”的申领方式和使用方法，通过微信、QQ等互联网方式转发推广。

【产业直播助推乡村振兴】 2020年，泉港区首次试水“直播+助农+电商”新模式，开展政府和企业（农场）线上带货直播活动，集中展示优势产业、企业及优质产品。帮助泉港禾兴态农业、海西农业化解滞销的鸡蛋农产品60万余斤、辣椒33万余斤，助力销售鲍鱼30万斤，帮助养殖户减少经济损失。启动京东商城京喜溯源巡播计划，为全区中果红（福建）食品、金维他食品直播带货。启动“6·28”电商直播节，首期建设直播室16间，推广销售泉港区农产品和本地特色产品，开展电商直播培训，探索“邮政+电商+助农+直播”促消费新模式，开辟“邮政云上助农”直播基地，举办首场邮政惠农助农产业直播，推荐海西农业、悠然葡萄、金维他、鸿兴海藻、方已、新前沿生物等6家企业共13种产品，直播首日成交2200笔，观看直播人数15000人。

【推进实施消费扩容升级】 2020年，泉港区启动首届“吉祥泉港·云购节”活动，参与商家超200家，注册用户7.14万户，在线浏览量430多万人次，发放消费券2.4万份。组织辖区重点餐饮、家电等商贸企业参加6月24日启动“吉祥泉港·美食嘉年华”暨夜色经济示范街区创建活动，向全区发放百万消费券，行业覆盖餐饮、百货、电器、建材、通信等，拉动区商贸业销售回暖复苏。启动“全闽乐购”吉祥泉港促消费系列活动。自8月18日起，举办“农超对接直通车”精选产品现场推介、“夜泉港”直播、“寻味泉港”美食专题推介、文创集市以及亲子红团DIY等10场以上的“线上+线下”促消费系列活动。通过政银企三方联手发力在线发放不同种类、不同门槛消费券近50000张，覆盖餐饮、汽车、娱乐、休闲、文旅、体育等领域。

【推进全域电商提升行动】 2020年，泉港区共完成社会消费品零售总额133.87亿元，比上年下降15.1%。电子商务发展迅速，实现网络零售额24.96亿元，比上年增长48.79%，超过全市增速13.8%，其中农村网络零售额23.34亿元，比上年增长52%，超过全市增速17.3个百分点，居全市第二位。加强政策扶持力度。重新制定扶持商务发展政策，扩大惠政策覆盖面，共兑现10家电子商务企业2019年度扶持资金51万元。开展有针对性的电商培训指导。开展农贸电商培训3次，共培训困难家庭子女、退役军人、拆迁户、创业青年500多人，提升电商实操技能。提升壮大电商队伍。全面摸排全区农村电商村级服务站点，强化站点优化调整和管理工作。对于不符合服务功能要求的站点进行调整重建，提升站点服务水平，共关停8家不达标网点。至2020年底，全区共有运营网点21家，其中农村淘宝服务站11家，天猫优品服务站7家，天猫优品电器合作店2家，天猫优品体验店1家。

粮油储备与供应

【概况】 2020年，全区共轮出储备粮7459吨，轮入7457吨，投入资金210多万元用于区粮库智能化信息化、检验检测设备采购、粮库仓储设施及粮油检验室的功能提升改造。

【粮食抽检】 2020年，全年共抽检粮食及粮食制品共21批次40个样本，产品抽检全部合格。全区储备粮出入库检验共抽取17样本送泉州市粮油质量监测站检测，检查合格率100%。

烟 草

【经营税利平稳增长】 2020年，泉港区卷烟市场供需关系保持相对平衡，消费结构有所提升，全年主营业务销售额4.75亿元，比上年增长5.92%；上缴税利1.43亿元，比上年增长4.99%。

【卷烟打假】 2020年，泉港区烟草局实行卷烟制假隐患点分级管理，与森林公安、乡镇等部门联合排查6场次，实现制假隐患点排查常态化。加强与公安、交警、市管等部门的执法协作，对物流企业和运输渠道开展精准监管，查获超5万元运输假烟案件1起，过境假烟40件。通过日常监管和错时巡查相结合，共查处售假案件10起假烟2.54件，严厉打击市场售假行为。

【推进市场治理】 2020年，泉港区烟草局以线索经营和错时检查为突破手段，对卷烟经营大户实施动态监管，共查处重点户6户次，查获卷烟44件，取缔大户4户。严格落实专卖内管“一案双查”，发挥数据监管功能，利用真烟码段数据库精准倒查下线户，查获案件3起，遏制大户经营能力。

【升级许可服务】 2020年，泉港区烟草局严格执行烟草制品零售点合理化布局规定，加强新办登记管理，把好证件申办审查关。统一硬件设施设备和服务规范，为打造标杆行政服务窗口奠定基础。加强对停歇证件的核查清理，严格开展证件变更和停业整顿，提升烟草零售许可证含金量。

【零售终端转型】 2020年，泉港区烟草局以打造层次分明、布局合理、一体多能的终端体系为目标，为部分零售户配置卷烟陈列柜、刷脸支付机、烟架等物料，累计投入24万元，助推现代零售终端转型升级，美化零售户店堂形象。

【优化消费环境】 2020年，泉港区烟草局严格履行控烟履约的社会责任，结合创城创卫，全面清理零售点涉烟广告，加大对中小学校周边经营烟草制品的清理整顿。优化辖区吸烟环境，投入资金9万元，建成基本覆盖主要乡镇、重点街区的室外吸烟区、分类垃圾桶等设施110处。

供销合作

【春耕备耕】 2020年，泉港区完成冬储化肥1650吨、农药50吨。3月9日，开展“防疫情 助春耕 稳农业”送农资农技下乡进村活动，赠送有机肥80吨、《农技知识读物》500册和防控新冠肺炎宣传资料500份，惠及农户2000多户。

【服务乡村振兴战略】 2020年，泉港区举办泉港区农村电子商务公益培训，组织10个农民专业合作社参与各类农产品“线上”“线下”展销推介会。开设供销社助农电商直播间，探索“电商+助农+直播”，助力消费扶贫。开展“抢秋收、解民忧、惜农食”助农秋收活动，为芦朴村广大农户提供机器收割社会化服务。

【盘活存量社有资产】 2020年，泉港区制定出台《泉港区供销社系统社有资产巡查制度》，明确责任人20人，防止社有资产流失。投入资金对社有资产危房、破旧网点进行翻新修缮、维修加固，排除危房隐患。在主城区建设新增经营网点1198.02平方米，填补主城区无网点的空白。

【减租助农】 2020年，泉港区在疫情期间对社有资产承租户实施减免租金政策，为承租户减免租金71207元。开展与农商银行战略合作，为2家农民合作社和2个村提供抗疫助农授信资金3亿元。与农水局等7部门共同印发《“互联网+”农产品出村进城工程实施方案》，支持推动农产品出村进城的流通服务。

【安全生产工作】 2020年，泉港区开展房屋安全、消防安全隐患排查和安全生产“百日大整治”，聘请福建省中孚检测技术有限公司对房屋安全进行排查评估。开展安全生产专项整治三年行动，制定三年行动方案，开展安全生产培训、消防安全应急演练，印发安全生产公告150份，分发宣传单500份，签订安全生产承诺书120份。

对外经贸合作

【概况】 2020年，泉港区共完成实际利用外资5.26亿元人民币，比上年增长228.7%，完成年计划的277.9%。提前8个月完成全年实际使用外资任务，增幅居全市第1位。全年完成外贸出口额13亿元，比上年增长3%，完成进出口总额39.7亿元，比上年增长4%。

【稳定对外贸易】 2020年，泉港区协调海关等口岸部门为福建联合石化等企业暂缓缴交港口费用近1300万元。加大政策扶持力度雪中送炭，加强重点外贸企业调研，及时了解和监测全区重点外资外贸企业受疫情影响情况，聚焦企业复工和生产经营所需，实施重点企业“一事一议”“一企一策”，帮助企业协调解决设备、原辅料、资金、用工、物流及用人等实际困难。调拨到位口罩5万只，兑现连续稳产资金64万元，创造条件尽快复工达产，助力全区外资外贸稳定增长。通过微信公众号等沟通平台及时发布疫情防范相关政策和国际市场预警信息，引导企业正确应对各类风险。向企业宣传贸促会国际商事认证服务职能，为企业提供出具国际商事证明书服务等，引导企业渡过难关，为华星石化挽回合同违约损失90万美元。

【推动招商引资】 2020年，泉港区突出招商引资重点。以重点产业园区为平台，以构建“135”现代产业体系和打造传统、高新、重化“三大板块”为重点，推进“项目攻坚2020活动”。强化产业分析和项目策划。聚焦重点在谈项目，逐一化解项目规划选址、扶持政策、土地征用等瓶颈制约，全面推进“在谈项目促落地、在批项目促开工、在建项目促投入”。全区共对接项目4个，总投资123.37亿元。签约普洛斯物流园等项目，总投资122.87亿元。做好重点项目跟踪服务。争取联合石化乙烯及下游装置、皇家孚宝罐区等3个项目列入全省百大重点外资项目，由省、市、区三级联动，专班跟踪服务，定期会商协调，加快项目推进。3个项目总注册资金总额136亿元、利用外资总额83.5亿元，分别占全市17个入选项目注册资金总额189亿元的72%、利用外资总额118亿元的71%，入选项目数量和利用外资规模在全市“双居首”。

旅游业

【“文化云”助力文旅复兴】 2020年，泉港区联合举办“山海有约·云游泉港”助力文旅复兴、助推乡村振兴直播系列主题活动，以“云直播”为载体，推动区内旅游业品牌宣传、产品销售、品牌招商等各项工作；通过“直播+文旅助农+电商”等模式，举办第五届秀溪线上枇杷节等“云文旅”活动，提升乡村旅游的品牌影响力；举办海上惠屿“鲍”福助农线上直播，对惠屿特色海岛风光和伴手礼进行宣传推介。

【深化“海丝之光”品牌效应】 2020年，泉港区首推以“龙雀出渊”版本剧情故事为背景推出泉港海丝旅游路线，包括海丝聚落型遗存土坑村、海丝商船黑舶五青案福船、海丝航标圭峰塔，以及蕴藏海商开拓精神的玉笏朝天、黄素石楼、峰尾古城、山腰盐场、涂岭樟脚村、东张村南洋楼、惠屿岛等诸多海丝文化史迹。开展“文化和自然遗产日”泉港海丝游

2020年4月9日，涂岭镇先锋助农·秀溪线上枇杷节举行 （图/涂岭镇）

学汇活动，做好旅游市场宣传推介；联合举办吉祥泉港·美食嘉年华活动、泉港区“助力乡村振兴、助推文旅融合”系列活动、首届“6·28”电商直播节暨东青泉港电商直播基地揭牌活动等，通过系列活动促进文旅市场复苏，深化“海丝之光”品牌。

【打造文体旅融合试点村】 2020年，泉港区打造惠屿、后龙、前黄、东张、钟厝、诚峰等一批文体旅游融合试点村。惠屿村新增“惠屿号”客渡船、游客中心、海丝浮桥、海浪湾等设施和项目；黄田村新增七彩花海、栈道、热气球、喊泉等项目；前黄村以创建省级旅游村为导向，推进黄素石楼修缮、综合文化服务中心省级优秀示范点等项目建设；樟脚村完善基础配套设施，新增民宿、停车场等设施，推进樟脚红色文化、古民居、金钟潭等业态项目建设；土坑完善配套设施、做好招商引资、引入业态项目，打造文化旅游特色街区；东张村依托乡村振兴试点村，推进东张油画厅、荷花池景观改造、乡村文化记忆馆等项目建设；秀溪村以创建全国重点乡村旅游村为目标，推进停车场、游客中心、村级文化中心、农业观光等设施项目建设。黄田村获评省级三星级旅游村、前黄村获评省级乡村旅游村。新改建4座旅游厕所。东张村、土坑海商聚落获评 “六大旅游产品”项目。

【土坑村申遗整治修缮】 2020年，泉港区推进土坑村申遗整治修缮项目，项目主要对12栋古大厝进行修缮，对周边环境进行综合整治提升，对古民居周边涉及的现代建筑进行立面改造和维修，对遗产区的道路空间节点、市政管线和生态环境进行建设提升。截至12月，项目累计完成投资12902.9万元。创建特色旅游示范基地，入选泉州市“第三批”六大旅游产品。

2020年12月26日，泉港建区20周年暨“泉港有约·同游‘第二故乡’”土坑行直播活动在后龙镇土坑村举办 （区委报道组 供图）

【西部区域道路建设】 2020年，泉港区重点推进西部区域道路建设。2020年重点项目朝阳公路拓宽改造工程、朝阳公路至红星香蜜湖连接道路提级改造工程完成勘察设计、财政预算审核、施工和监理招投标，质安监、施工许可等前期工作，项目已开工。截至12月，西部区域道路建设完成工程总量1058.4259万元。

【泉港文旅IP卡通形象开发】 2020年，泉港区文旅开发有限公司精心打造一组以“福船”“浮粿”“红团”为设计原型承载泉港深厚底蕴和充满时代活力的泉港文旅IP卡通，用于宣传泉港文化旅游，提高泉港文化旅游的传播力和影响力。以泉港文旅IP卡通形象为设计元素，助推企业复工复产，助力创城创卫、推动平安国企创建。截至12月，累计推出“疫情防控”“复工复产”“创城创卫”等5个原创视频；开发设计6组创城创卫宣传版面、4组平安国企手绘海报。

【研学旅行项目开发】 2020年，泉港区文旅开发有限公司开发研学旅行项目，通过挖掘、推介泉港区海丝历史文化、传统文化、物产资源，为开展中小学生提供得天独厚的研学资源。以泉港区文化特征和特有资源为元素，设计研发两条示范线路和研学课程，分别为以山腰盐场、土坑古民居、大福古船模等为主的海洋文化课程和以黄素石楼、红星生态园、涂岭红茶馆等为主的人文生态课程。

【精品文旅路线推介】 2020年，泉港区文旅开发有限公司开发设计“红色游、工业游、旅拍游”等三类旅游产品，1条旅游线路入围“最美福建·旅游产品创意设计大赛”；向市有关部门推介党建线路5条，廉洁家风路线1条已被纳入泉州市廉洁家风旅游五条经典路线之一。联系并推动各大旅行社推介泉港一日游产品，据不完全统计，自7月份线路首推以来，累计吸引30个团队、多批自由行旅客近3万人次到泉港，一日游成果初步显现。

城乡规划

【概况】 2020年，泉港区自然资源局围绕区委区政府社会经济发展战略，推动城乡规划编制工作，提供高效优质规划服务，凸显城乡规划引领作用。落实土地保障与管理工作，全区共办理供地批复27宗，面积133.42公顷。

【优化国土空间格局】 2020年，泉港区做好城市总体规划与产业发展、土地利用、生态环境保护等规划的衔接，解决各类规划自成体系、内容冲突等突出问题，实现多规分立到多规合一的转变，建立统一的国土空间规划体系。区自然资源局全面启动国土空间总体规划编制工作，组织制定《泉港区国土空间总体规划编制工作方案》，成立国土空间总体规划领导小组，统筹推动国土空间总体规划编制工作；组织开展实地走访调研、线上线上问卷调查，征集国土空间现状基础信息、发展趋势和公众意愿；组织编制15个专题研究报告，对城乡发展战略、安控区利用、土地利用开发、陆海统筹等方面专项提出策略及规划建议；与各镇（街道）、区直部门协作划定城镇开发边界线初步方案。2020年泉港区自然资源局完成现状评估、生态红线评估调整、重大专题研究等工作，并提出国土空间总体规划初步方案。

【强化城乡建设管制】 2020年，泉港区自然资源局落实完成区域管控要求，指导区域开发建设，结合近期工作安排及项目建设需求，加快重点区域规划研究，结合最新公共设施配置要求，落实生态文明建设要求，推进《渔港经济区控制性详细规划》《凤安片区控制性详细规划》《高铁站站区控制性详细规划》《锦川片区控制性详细规划》等区域规划编制工作，启动城市中心一期控规修改及岩山片区控规修改等控规动态维护工作，强化控规可操作性。

【落实规划管控传导】 2020年，泉港区开展《泉港区生态连绵带总体实施规划》《泉港区乡村建设规划》和天湖岩郊野公园及九峰山郊野公园等修建性详细规划编制工作，强化重点区域和专项区域管理与控制。其中，《泉港区生态连绵带总体实施规划》研究划定生态屏障区、生态廊道区、生态体验区空间边界并提出相应管控要求；《泉港区乡村建设规划》统筹乡村空间布局，明确村庄建设规模，提出村庄发展方向，为国土空间规划夯实基础。

城乡建设

【概况】 2020年，泉港区住建局审批窗口共完成收件12540件，办结12540件（其中即办件7397件，即办率58.99%），办结率100%。受理施工许可证申请共35宗，面积54.94万平方米，其中房地产项目9宗，面积46.93万平方米；办理竣工验收备案39宗，面积174.42万平方米；受理商品房备案7397套（其中拆迁补贴4757套），备案面积65.04万平方米；二手房买卖2090宗（其中拆迁补贴855套），交易产权面积25.30万平方米；商品房按揭备案1914宗；在建工程抵押备案3宗，抵押金额27217.49万元。推进消防审验承接工作，共办理消防设计审查业务20件、消防验收业务44件。审核验收建设工程档案102宗，其中预验收合格52宗，接收和移交入馆50宗。接待单位和个人查阅利用城建档案约50人次，复制档案原件100卷约1757页。

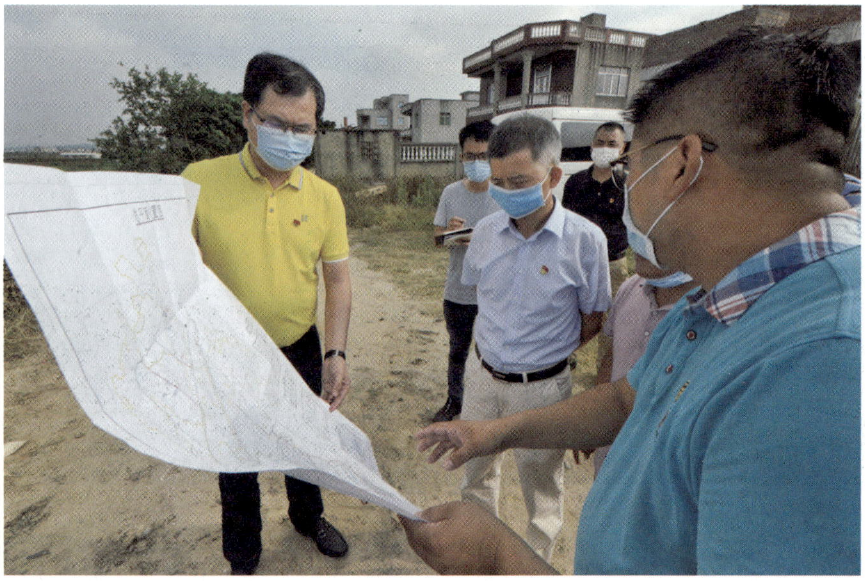

2020年6月20日，区委书记梁炳辉（左二）到山腰街道叶厝村检查调研乡村振兴工作
（区委报道组 供图）

【城市建设】 2020年，泉港区开展城乡基础设施建设暨促“六稳”“六保”城建专项攻坚活动，围绕园林绿化和生态连绵带建设、片区更新改造、重大市政交通及基础设施建设、历史文化保护传承、农村人居环境整治、公共建筑及其他项目等六大板块谋划项目，推进129个城建项目的建设实施，完成投资99.25亿元。22个市级城建项目完成投资34.79亿元。实施“项目攻坚2020”打通断头路、瓶颈路工程，策划项目3个，完成投资2515万元。海南街东段（一中段）、南龙路东延伸段、学府路北延伸段已贯通。确定111户危房纳入农村危房改造任务，其中76户列入省级危房改造任务，全部竣工，合计拨付补助资金575.95万元。前黄镇、涂岭镇小城市试点改革发展建设确定项目60个，完成投资43.25亿元。诚平村列入省级第三批传统村落；峰尾镇诚峰村、前黄镇前黄村纳入“十镇百村”工程名单，获得省级、市级1050万元的资金支持。

【房屋排查整治】 2020年，泉港区共排查并核实房屋95062栋，面积2250万平方米，通过“购买服务”委托4家专业检测鉴定公司，共出具排查报告1000余份，出具检测鉴定报告102份，累计收集市级交办件130件，市级督办件5件，区级交办件163件，区级督办件16件，全部核实处置到位。5月下旬，接受市第四工作组排查阶段抽查验收，以“零漏排”成绩通过市级抽查验收。12月23日，在全市率先实现重大安全隐患人员密集场所房屋、非人员密集场所房屋、督办件、交办件闭环处置“四清零”，处置进度居全市第一。3月23日，《泉港区推进房屋安全“百日大整治”行动》在《八闽快讯》正刊刊发；3月26日，《侨区快讯》以专报件形式专题刊发《泉港区“五个化”推进房屋安全“百日大整治”行动》；3月30日，《福建新闻联播》播发《泉州泉港：“云”直播危楼拆除》，报道全市各县（市、区）实时观摩界山镇鸠林村危房拆除现场情况；4月10日，《八闽快讯》以交流版形式专题刊发《守一方平安 保人民安全——泉州市泉港区扎实推进房屋安全“百日大整治”行动》；4月22日，《泉州晚报》报道《百日大整治在行动 泉港一场所自拆钢结构搭盖》。

【泉港新城投资有限责任公司项目建设情况】 2020年，泉港新城投资有限责任推行复工复产。聚福小区第三批次安置房及地下室竣工验收，第二、三批次共10幢楼移交给区住建局、山腰街道办事处按相关程序办理交房手续。荷福小区项目9幢楼主体全部封顶，同步墙体砌筑、水电、消防预埋、预留安装；祥云路改造提升工程完工；界山镇泉莆、一号、三号、新东西路道路工程进度因征地拆迁和资金拨付受到影响；推进泉港高铁站前广场及配套工程、泉港区高铁站周边配套道路及附属工程相关前期手续。采用EPC建设模式项目12个，郭厝溪流域清淤及补水工程完工；郭厝溪流域综合整治工程和水体整治工程正在施工建设。涂岭镇涂岭村寨山郊野公园工程竣工验收；锦绣街配套停车场工程完工；完成岩山公园慢道工程前期手续。完成经三路和纬六路（源昌项目段）市政道路工程相关前期手续，推进施工建设。泉港区农村生活污水及管网建设工程（郭厝溪流域段）完工；办理渔港路二期工程、岩山公园二期工程、纬六路延伸段市政道路工程、绿建周边道路、中兴街（锦川小区段）市政道路工程等5个项目前期手续。

“美丽乡村”建设

【概况】 2020年，泉港区围绕“产业兴旺、生态宜居、乡风文明、治理有效、生活富裕”的总要求，推进美丽乡村建设，完善公共配套设施，改善农村人居环境，提升农村宜居水平，打造“涂岭镇前欧村—小坝村—樟脚村—黄田村”“界山镇东张村—玉湖村—玉山村—涂岭镇秀溪村”两条市级乡村振兴示范线以及惠屿村、玉山村、鸠林村、涂坑村、诚峰村、钟厝村、前黄村、白潼村等8个市级试点村。

【农村人居环境整治】 2020年，泉港区深化农村厕所革命，新改建公厕18座，农村无害化户厕改造300户，所有行政村户厕改造无害化率均90%以上；完成编制《泉港区农村生活污水专项规划》，启动七镇连通工程PPP项目，农村生活污水治理的治理率达80%；加强村庄规划管理，完成7个省级乡村振兴试点村村庄规划编制；推进"两高"沿线整治提升，完成既有农房整治1040栋。

【农村基础设施建设】 2020年，泉港区实施水利项目19个、完成投资3.6亿元，双溪水库、顶五孔水闸改建工程完工验收，建成黄田溪、龙马溪2个清新流域样板工程和5条示范河段；实施3个农村饮水安全巩固提升工程、8个农村自来水改造工程，惠及5.9万人；强化农村生态治理，完成造林绿化1890亩、8个乡村休闲公园、10个口袋公园建设，初步评定33个行政村符合初级版"绿盈乡村"创建指标要求。深化河湖长制，探索成立区河湖物业化管理服务中心。

市政建设

【市政项目建设】 2020年，泉港区完成海南街东段工程（泉港一中路段）建设，完成岩山公园配套道路及停车场工程建设竣工验收，中兴街改造提升工程完成可研及项目建议书评审、完成新民街改造提升工程可研及项目建议书编制。国道324线风光互补路灯已完成招标工作。完成驿峰路坝头路口交叉口整治工程设计。完成学院路污水管道工程、南部截污水管道修复工程、泉港总部经济区配套市政工程、小流域整治（郭厝溪、后曾溪、上楼溪）、泉港区西部片区污水管道工程、坝头溪生态水系一期工程、龙山社区市政道路工程（一期）等配套污水管道建设。管网建设83千米，完成率151%，超额完成管网建设任务。郭厝溪黑臭水体段（峰尾镇郭厝村段）达到消除黑臭水体效果，各项水质检测指标均符合消除黑臭标准。推进植物园（二期）工程，10个口袋公园建设基本完成，324国道溪西段景观整治工程动工建设。

【市容环卫管理】 2020年，泉港区全面开展农村生活垃圾治理三年行动，7个镇（街道）92个行政村全部形成农村生活垃圾治理工作常态化，日转运生活垃圾约280吨。垃圾分类工作各项工作有序推进，厕所革命涉及12座城乡公厕建设任务全部完成。

【市政管养】 2020年，泉港区组织开展5次全区绿化养护专项检查及在建项目质量督查工作、基本完成管护路段施肥及补植工作、施用肥料、有机肥土壤约40吨、共补植乔木160株，灌木173株，地被、草坪约10000平方米。完成渔港路、祥云北路绿化养护接管工作。全区稳定供水水量3569万吨。2020年，上级部门下达泉港区供水管网建设任务35千米，督促完成供水管道建设35千米。不定期对源水、水厂进出水、管网末梢水进行随机采样检测，累计抽检539份，合格率99.25%。累计外运处置污泥约3600吨，共计产生费用约95.155万元，污泥无害化处理率100%。更换雨污水井盖、雨水箅75套，及时清淤、疏通管道长约12.25千米，总计投入约115万元。修复路面、人行道2200平方米、路缘石105米、安装减速垄180米、安装反光立柱420根、更换路灯电缆690米、400瓦钠灯120套、250瓦钠灯70套、150瓦钠灯92套、LED灯35套、玉米灯99盏、校正灯杆24杆、硬化整治400平方米。

供电服务

【电网概况】 2020年，泉港区境内有公用220千伏变电站3座、110千伏变电站4座；用户专用220千伏变电站1座、110千伏变电站2座。10千伏开闭所12座，10千伏线路99回1017.24千米，其中：公用线路77回865.86千米，专用线路22回151.38千米。0.4千伏线路2042条517千米。10千伏线路联络率96.1%，N-1通过率72.3%，10千伏缆化率32.4%。配电变压器2436台，其中公用变1199台，专变1237台。共有用电客户17.79万户，其中220千伏高压客户2户，110千伏高压客户3户，10千伏高压客户1047户，低压客户17.68万户（220伏户数165165户，380伏户数11678户）。

【供电服务情况】 2020年，泉港区全社会用电量累计48.38亿千瓦时，比上年增长0.67%，其中全社会工业用电量累计42.08亿千瓦时，比上年增长1.25%。自2月起，因疫情工商业电价执行95折，共惠及2.0589万户，优惠1757.81万元。全年高故障线路数量3条，比上年下降2条；10千伏百千米故障次数7.06次，比上年下降23.5%；10千伏分支线以上故障次数70次，比上年减少9次，比上年下降11.4%；累计配变故障停运率90.1%，比上年下降36.9%；累计频停台区数120台，比上年减少206台，比上年下降63.2%；低压高故障台区数4台比上年减少2台。配网总体投资金额1.2695亿元，配网项目竣工率100%、结算率100%、关闭率100%、支出率51%。

【优化电力营商环境】 2020年，泉港供电服务中心推行高压客户“三同时”、小微企业“1+1”服务模式，全面压降办电环节和时长，落实50～160千瓦小微企业低压接入，累计有18户小微企业完成新装增容；为3875位低压客户客户提供“一次上门、一次送电”的服务。推动电力工程破路联审机制落地见效，在区行政服务中心实行电力工程占用挖掘道路等“一窗式”联审服务，缩短用电客户实施电力工程破路所需的审批时间。主动靠前服务重点项目和企业用电，对接区发改局提前获取省市重点项目信息，主动了解客户用电需求，与市公司业扩中心联合开展业扩配套工程建设和客户内部工程的供电方案制定。简化客户办电手续，全面推行“互联网+”营销服务，实现低压新装增容过户等18项简单业务“一趟都不跑”，高压新装增容等3项复杂业务“最多跑一趟”，高压平均时长53.11天、低压平均时长4.75天。

【配网建设提升】 泉港供电服务中心推动区政府加强对电力建设的领导和支撑，定期召开电网建设领导小组和电力设施保护领导小组会议，研究220千伏界山高铁牵引站电源及新建110千伏山腰变电网规划、征地和建设项目、电力设施保护等工作，制定印发《泉港区电力设施建设补偿实施方案》，将电力建设受阻项目施工进度纳入区政府效能督办和各乡镇绩效考评。与区政府专项组织编制《泉港城区电力电缆管沟工程设计方案》，投资近亿元将中心城区七条道路的电力管沟建设纳入2020年、2021年重点项目开工建设，主要解决中心城区变电站10千伏出线“卡脖子”问题，满足大型安置性住宅小区用电需求。制定“安全提质双百”年度农配网建设工作目标，统筹设计、监理、建设等管理力量，突出业主项目负责制，年初开局即攻坚，年中提前进决战，大幅度提升年度竣工率、结算率、关闭率、财务支出率。

【配网运维提升】 泉港供电服务中心实行高故障线路整治领导挂钩，开展高故障、多故障成因分析，编制“一线一案”，督促落实综合整治措施，累计下达高故障线路整治项目10个、竣工率100%。加强电力设施保护和防外破工作，开展“三线搭挂”整治，严格电力外破执法索赔机制，建立“三线搭挂”四大运营中商联系工作群，对存在安全隐患的跨越道路的三线搭挂限期整改，杜绝出现新的三线搭挂问题；建立外破施工隐患台账15处，发放隐患通知书和安全告知书31单，完善现场防撞墩、警示标识，高危区域实行无休巡查和看护，外破故障比降66.6%。开展配电线路防雷专项整治工作，完成线路防雷改造项目18个，累计更换避雷器219组、加装避雷器816组；联合区工信局、自然资源局、涂岭镇政府开展强制联合行动，修剪砍伐树木3.4万棵。开展配网隐患排查治理，组织开关柜超声波局放检测713面，消除缺陷2处；针对高故障线路、易潮站房、分支箱、环网柜等重点设备开展带电检测工作，红外测温1157处，消除发热点39处；推动配电站房运行环境排查和整治，完善站房防进水防潮治理，完成8座环网柜、11座配电站房防潮封堵；全面排查退出172台涌流控制器开关保护功能。加强停电预算式管控，开展带电作业、合班作业，用户平均停电时间得到大幅压降。针对重点设备开展带电检测工作，完善站房防进水防潮治理。加强新建站房验收把关，严格按照省公司住宅小区典设标准做好新建站房验收接管工作。

水务项目建设

【概况】 2020年，泉港区水利水务建设发展有限公司共承办项目重点项目5个，总投资131922万元，完成投资约56390万元。

【农村自来水改造工程】 2020年，泉港区旧供水管道改造完成总投资390万元，改造前黄镇凤安村、界山镇玉湖村、山腰街道锦川村一期、菜堂村一期的供水管网约35千米，受益用户约3000户，解决群众安全饮水问题。

【菱溪水库至泉港区供水工程】 2020年，泉港区水利水务建设有限公司承办工程输水线路长18.766千米，建设包括输水隧洞14.722千米、输水管道4.044千米及管道附属建筑物等，输水线路从菱溪水库至泉港区共划分为三段线路；一是菱溪水库至湄丰水厂（南山水厂）线路长12368.192米；二是双溪水库至菱溪水库线路长2562.192米；三是湄丰水厂（南山水厂）至凤阳水厂支线线路长3838.513米。项目总投资约39453万元，截至12月，完成项目征地测量11.27公顷，交付用地6.33公顷；完成项目用地范围图变更审批，临时林地和临时用地批准，爆破手续审批等前期手续办理完成涉在建高铁交叉段设计方案及安全评估评审、高铁结构加强设计评审；完成施工专项方案和监测专项方案报东南铁路公司厦门指挥部审查，与高铁施工单位签订施工安全协议；完成虎岩山支洞、亭头和西坝场地平整、工区布置；完成西坝灌注桩施工；完成后张管道过河段围堰施工；完成虎岩山支洞掘进32.5米、蚁山隧洞出口掘进109.5米。累计完成投资额约5000万元。

【坝头溪流域综合整治项目】 2020年，泉港区水利水务建设有限公司承办坝头溪万里安全生态水系建设项目河道总长15.9千米（包括坝头溪干流段、坝头溪支流凤山溪、坝头溪支流古县溪），建设内容围绕划定河道岸线和河岸生态保护蓝线、河水改善、河床改良、河滩恢复和河岸修复等五个方面展开。泉港区坝头溪流域综合整治项目（坝头溪泗洲水库至坝头溪出海口共14.8千米的流域），以沿河两岸30米用地范围为基准进行控制，局部生态景观节点区域面积扩大，满足节点打造的需求，主要包括水利工程、环境综合整治及水生态修复工程、生态景观提升工程。约71504万元。截至12月底，累计完成总投资50010.16万元，其中建安费37057万元，征拆迁12953.16万元。

【泉港城区电力电缆管沟工程】 2020年，泉港区水利水务建设有限公司承办项目建设内容包括圭峰路新建电力排管约1.9千米，滨海南路新建电力排管约0.3千米；新民街北侧人行道铺设1.4千米排管；公园东路东侧人行道铺设1.9千米排管；中兴街南侧的非机动车道铺设3.3千米排管；学府路东侧人行道铺设1.4千米排管；东西二路南侧非机动车道铺设1.2千米排管。总投资11356万元。截至12月底，圭峰路已按计划完成电力管1800米的铺设工作，滨海路300米的电力管的铺设工作；城区电力管沟其余5条路区自然资源局已批复项目的设计方案，完成项目可研报告的编制并送区发改局审批，累计完成投资额约1040万元。

【峰尾工业区规划道路工程】 2020年，泉港区水利水务建设有限公司承办项目建设内容包括6条市政道路长2.67千米，宽12～24米，包括道路工程、交通工程、给排水工程、强弱电工程、照明工程、绿化工程等，拟分两期建设。总投资约9219万元。截至12月底，完成可研评审，委托编制土地利用规划调整方案，完成用地红线、宗地图测绘，进行用地预审和选址意见、设计招标等手续办理。

建筑与房地产

【概况】 2020年，泉港区建筑业总产值完成33.12亿元，比上年增长5.8%。是年开展建筑业稳产提质行动，选取闽阳航务、广泽建设、豪富建设、捷盛建设、城东建筑、祥和工程、华峰建设等7家施工任务足、增长潜力大、综合实力强的建筑业企业作为龙头扶持企业，形成“一企一策”挂钩帮扶台账清单，采取“点对点”帮扶。福建泉州闽阳航务工程有限公司晋升港口与航道工程施工总承包一级资质，是泉港区第一家总承包一级企业。贯彻落实《泉州市泉港区人民政府关于进一步扶持建筑业发展壮大的若干意见》，共有9家企业申请资质晋增奖励和落户迁入奖励，26家企业申请纳税贡献奖励，1家企业申请龙头培育奖励，2家企业申请企业创优奖励，2家企业申请重点保障优先。召开2020年泉港区建筑业银企对接会，邮储银行泉港支行、泉州银行泉港支行、农行泉港支行、恒丰银行泉港支行、兴业银行泉港支行、中行泉港支行等6家银行分别与区建筑业协会举行签约仪式，并分别授予区建筑业协会信用额度20亿元，授信总额度120亿元。

【建设工程监管】 2020年，泉港区共有受监在建项目125个，总建筑面积约379.46万平方米，世茂璀璨星城一期1～3号、5～10号楼及地下室项目获得省安全生产标准化优良项目，泉港区南山片区东邱路（一期）、经六路和桥溪路（一期）工程获评“刺桐杯”优质工程，3个项目获得市安全生产标准化优良项目。全年，共有23个绿色建筑项目通过竣工验收，建筑面积132.97万平方米，绿色建筑占新建民用建筑比重82.49%。

【房地产管理】 2020年，泉港区房价总体平稳，房源供应基本满足需求，

2020年8月15日，泉港区建材行业协会成立 （区委报道组 供图）

但受新冠肺炎疫情等影响，房地产交易和投资波动较大。是年完成房地产开发投资41.11亿元，比上年下降49.6%，新开工房地产项目7个，总建筑面积31.03万平方米，比上年下降77.83%。商品房完成销售74.61万平方米，比上年下降34.3%，销售额35.35亿元，比上年下降37.9%，其中商品住宅完成销售70.25万平方米，比上年下降33.1%，销售额31.77亿元，比上年下降35.6%。商品房交易均价4739元/平方米，比上年下降5.5%；其中商品住宅交易均价4522元/平方米，比上年下降3.7%。存量商品房完成销售21.40万平方米，比上年下降11.99%，其中存量商品住房完成销售12.41万平方米，比上年下降25.75%。

【物业小区管理】 2020年，泉港区新成立四季康城、东盛花苑、龙美家园、恒沣花园等4个小区业主委员会，组织逸涛小区、荷盛商住小区、春满城花园等3个小区业主委员会换届。开展“生命通道”集中整治，组织各物业小区对消防车通道标线标识施划和消防车通道障碍物清理工作，完成划线、标志施划50家，清理车道障碍物50家。是年完成永嘉天地D地块、嘉诚大厦等9个项目进行前期物业招投标。是年启动福炼生活区（二期）、逸涛小区、1号居住区等3个老旧小区改造提升工程，其中逸涛小区、1号居住区2个小区为市级为民办实事项目，福炼生活区（二期）为省级示范项目。改造工程全部完成，年度完成投资1312万元。

环境保护

【大气污染防治】 2020年，泉港区强化源头管控，加强重点行业、重点企业、重点区域等源头管控，推进石化行业大气精准治理减排。实施20个大气减排精准治理项目，石化园区内15家企业制定挥发性有机物“一企一策”综合整治方案，13家企业常规化开展LDAR治理。强化柴油货车尾气排放监管，开展柴油货车尾气排放上路抽测以及车辆集中停放地、维修地的入户监督抽测5次（其中联合路检4次、集中停放地抽测1次），抽查柴油货车93辆。强化大气监测能力建设，开展VOCs走航监测，为区域工业企业环境治理提供数据支撑，在石化园区新建1座空气自动监测站。强化生活源污染管控，督促46家餐饮店安装油烟净化装置，督促45个建设项目完成施工扬尘环境在线监测设备安装。

2020年8月5日，泉州市容市貌观察团到山腰街道锦祥社区检查指导环境卫生整治与管理工作 （山腰街道 供图）

【水污染防治】 2020年，泉港区落实河湖长制各项工作，通过强化源头污染整治、狠抓“四乱”清理、严密巡河督导等多项举措，增设河湖保洁公益性岗位，助推生活困难群众稳就业，实现河湖保洁与脱贫攻坚工作双赢。强化郭厝溪流域综合整治，基本消除郭厝溪黑臭水体。开展泗洲水库、菱溪水库饮用水水源保护区环境安全隐患排查整治工作，共计排查泗洲水库饮用水水源保护区环境问题5个，菱溪水库饮用水水源保护区环境问题3个，均完成整治。强化海上船舶污染防治，加强对船舶、渔船防污染设施检查，督促航运企业落实船舶水污染防治主体责任，落实渔船防污染环保设施配备和使用。

【土壤污染防治】 2020年，泉港区开展13家重点行业企业周边土壤环境监测工作，出台《泉港区土壤环境风险防控工作联席会议制度》《泉港区重点行业企业关停搬迁转产、规范拆除污染防治实施规定》，防范企业搬迁转产、规范拆除过程中的土壤环境污染。实施化肥使用量、农药使用量零增长减量化行动，全年化肥使用总量2739.26吨（折纯量）、农药使用总量313.86吨（商品量），完成耕地土壤环境质量类别划分。组织开展年度危险废物规范化管理考核、危险废物专项整治三年行动等一系列专项行动，共计检查企业80家次，排查发现问题41个，均已督促企业完成整改。

【环评审批】 2020年，泉港区生态环境局严格执行环保准入，抓好环保审批，服务企业发展。全年共审批建设项目环境影响评价文件65份，其中报告书7份，报告表58份。

【环境执法】 2020年，泉港区生态环境局加大环保执法力度，组织开展清水蓝天、环境执法大练兵、排污许可、饮用水源保护、环境安全等专项执法检查，全面检查企业建设项目环评和“三同时”落实情况、污染治理设施运行情况、环境应急管理执行情况等。共计出动执法人员900余人次，检查企业300余家次，对6起环境违法行为进行立案处罚，罚款83余万元。强化环境问题纠纷化解。严格实行“五个第一时间”处置和值班备勤制度，及时处理群众反映的环境问题，共化解环境污染纠纷119起。落实环保网格化监管。建立全区条块结合的网格化环保监管体系，三、四级网格员共开展巡查6586次，人均巡查数50.3次。

【环境应急管理】 2020年，泉港区生态环境局强化环境应急管理。开展环境安全隐患大排查大整治，督促指导危险化学品、危险废物处置企业、涉辐射企业等重点行业经营单位加强环境风险隐患排查，建立健全环境安全隐患排查治理档案，落实有效防范措施，消除隐患，确保环境安全。

【环境宣教】 2020年，泉港区生态环境局通过泉港电视台、区政府门户网站和移动信息平台定期向社会各界公布空气质量信息，增加区域环境质量透明度。开展“6·5”世界环境日系列宣传活动，开展发送环保知识宣传短信、开展“寻美泉港，环保未来”线上摄影比赛、点亮“泉港绿水青山”、人流量较多的广场LED播放MTV，进村入户宣传《公民生态环境行为规范（试行）》等活动。

城市管理

【概况】 2020年，泉港区城管局围绕区委、区政府的工作部署，以党的十九大精神为指引，贯彻落实中央和省委、市委、区委工作部署要求，开展“两违”综合治理，加快推进市政基础设施建设，加强市容市貌环境卫生整治，提升城市精细化管理水平。

【“两违”综合治理】 2020年，泉港区摸底排查113宗违法建设，排查面积54281.42平方米；拆除108宗，拆除面积53101.42平方米。“两违”年度拆违40万平方米。

【创城创卫】 2020年，泉港区城管局对全区环境卫生、“两违”、占道经营、流动摊点、车辆“滴撒漏”、破坏市政设施、广告牌乱设（破损）、市政设施损坏、牛皮癣、焚烧垃圾等行为进行日常性巡查，共组建6个督察，共巡查发现4536个问题，并全部转交责任单位整改。是年，创卫考评以来，公厕排名在全市创城范围平均分位居第一，社区、小区、街旁广场等项目位居第二，集贸市场位居第三，主次干道、内沟河等项目位居第四。

【安全生产】 2020年，泉港区制定并印发《泉港区城市管理系统安全生产隐患大排查大整治暨安全生产百日攻坚行动工作实施方案》，明确八项整治内容，制定全系统各行业领域安全检查表格，对表检查，集中精力、人力、物力在全区城市管理系统开展地毯式、拉网式安全隐患大排查大整治。重点整治城镇燃气行业、给排水行业、园林绿化、城市道路桥梁、垃圾处理、户外广告牌等行业领域安全隐患。共督促管辖企业自查自纠隐患数413条，整改413条；共组织检查组21次，专家督导5人次，出动人员72人次，填写检查记录47份，责令限期改正28家次，发现问题121处，整改121处。立案查处燃气安全违法行为1起，共处罚金6.15万元，扣押液化气钢瓶393只。

【市容市貌整治】 2020年，泉港区加强对城区示范街南山路等主要干道的日常市容市貌管理，累计清理占道经营、店外经营和流动摊贩1524起，宣传教育违反城市管理规定的人员120人次。组织开展露天餐饮油烟污染专项整治活动，引导各烧烤业主使用无烟烧烤设备，提倡使用绿色环保燃料。共查究125起，暂扣桌椅5套、蒙古包21个，对占道经营等违法行为立案处罚3宗，处罚金额3000元。实行“牛皮癣”市场化常态化管理机制，共清理“牛皮癣”4210余处。定期开展专项整治活动，形成长效管理机制，牵头组织5次联合检查，组织17次联合执法行动，要求在建工地清洗路面48次，立案处罚28宗，处罚金26600元。

交通　邮政　通信

公路

【公路概况】　截至2020年12月，泉港区公路通车总里程677.557千米（其中高速公路19.87千米、国道324和国道228小计52.58千米、农村公路列养县道51.923千米、农村公路列养乡道143.724千米、列养村道226.06千米，其余未纳入列养范畴的村道和自然村道合计183.4千米），等级公路通车里程421.707千米，公路网密度198.7千米/百平方千米，高于全市平均水平（全市公路网密度为150.23千米/百平方千米）。

【道路运输企业概况】　2020年，全区共有道路运输企业41家（其中客运企业3家、公交客运1家、出租客运1家、道路危险货物运输企业10家、普通货运企业28家），客运站2个，现有客车67部、公交车辆120部、出租客运86部、危运车辆232部、普货车辆536部；水路运输企业3家，各类运输船舶21艘23.8万载重吨；机动车驾驶员培训机构5家；在册机动车维修业户138家（一类汽车维修企业3家、二类汽车维修企业9家、三类汽车维修业户126家）。

【道路工程建设】　2020年，泉港区总投资657万元，推进道路工程建设。其中：G324线K125+165～K141+289段、G228线K4888+880～K4923+254段水泥砼路面破碎板修复工程，投资245万元。G324线K137+130～K140+800段沥青路面病害修复工程，投资147万元。G228线K4888+880～K4923+254段桥梁伸缩缝、板梁、盖梁等部位病害修复工程，投资19万元。国道228线K4888+880～K4923+254、国道324线K125+165～K141+289标线更新工程，投资246万元。

【窗口审批】　2020年，泉港区公路分局共办理路政案件33件，收取公路赔（补）偿费用246433元（其中路政许可案件10件，协议式管理案件20件，赔补偿案件3件）；开展联合整治行动9次，共清理违法堆积物568平方米，拆除违章2324平方米。

【公交运营概况】　至2020年末，泉港区大众公交公司共运营公交线路19条（其中跨区线路2条），线路总里程430千米。全年共发送公交车18.8万趟次，运营总里程420万千米，约搭载乘客420万人次；公车平台共为全区参改单位提供出行服务约4500次，运营里程约47万千米。

泉港大众公交校园专线撷影　　　　（区大众公交公司　供图）

【公交综合车站项目建设】 泉港区大众公交综合车站总用地面积28014平方米，总建筑面积10921平方米，其中：业务综合楼建筑面积8233平方米，汽车维修车间建筑面积2688平方米，绿地率18.32%，绿化面积5132.16平方米。泉港公交综合车站一期工程待验收；二期完成总体方案的确定及报批工作，土建、幕墙、机电、装饰及景观工程各专业施工图纸设计完毕，市政配套电力、通信、广电、水务专业已对接，施工图纸设计已完成。

【疫情防控】 2020年，泉港区大众公交公司针对不同人群采取不同的运营方案。为保障泉港区医院医务人员的通勤需求，开通“医护人员通勤专线”，实行“专人专车专线+乘车扫码登记系统”；为实现乘车人的可追溯管理，沟通支付宝等智能平台进行乘车人实名登记，引入智能测温一体机设备检查乘客体温和口罩佩戴情况。

【便民服务】 2020年，泉港区大众公交公司在高考期间投入4部新能源公交车为考生提供“爱心送考”接送服务，在考点安排志愿者进行保障。结合各校学生提交的公交出行需求，采取“一校一策”，分析开通“校园公交专线”可行性，缓解惠华中学、泉港六中等学校学生回家、返校节点的校园交通拥堵问题，减少安全隐患；用身份证、社保卡等能够证明年龄的有效证件替代老年人优待证，为60周岁以上老年人提供免费乘车服务。

港口 水路

【港区生产】 2020年，肖厝港区累计装卸作业船舶2339艘次，累计完成货物吞吐量1938.39万吨，比上年下降1.29%。受新冠肺炎疫情、海关对外贸进口煤炭调控以及联合石化公司老厂从2月下旬停产等影响，是年肖厝港区外贸货物吞吐量大幅下滑，辖区企业克服困难，加大市场调研和揽货力度，拓展新业务。沙格港务公司新拓展石灰石业务，增加吞吐量23.15万吨；肖厝港物流公司全年完成吞吐量首次突破300万吨；振戎石化公司承接多家贸易商甲醇及液碱仓储业务，此两种货物吞吐量全年同比大幅增量29万吨。对台贸易海上直航运输取得较大突破，全年完成吞吐量74万吨，同比去年增量48万吨，其中矿建材料出口台湾41.72万吨。

【项目建设】 2020年，肖厝港区完成建设项目投资27185万元。其中肖厝作业区5～6号泊位工程推进较快，累计完成投资8800万元；肖厝作业区18A～18C号泊位工程累计完成投资3027万元；鲤鱼尾作业区4号泊位工程及仓储项目12月份正式开工建设，全年累计完成投资（含项目前期投资）11549万元。福建联合石化环保设施项目及鲁新建材公司扩建矿渣粉储库项目，共计投资3809万元，均已完成建设。

【港区环保】 2020年，肖厝港区加快推动港区码头船舶污染防治能力建设，港区有3家企业通过船舶污染防治能力核查。推进国电公司、沙格港务公司、肖厝港物流公司的船舶污染防治能力建设。联合石化公司、振戎石化确保油气回收装置有效运行，对储罐喷淋降温，减少挥发性有机物（VoCs）排放；国电公司及沙格港务公司的煤炭、矿石干散货码头建设防风抑尘网或实现封闭存储、配备喷淋设备，减少港区作业扬尘。落实船舶污染物接收、转运、处置联单制度，加强与泉港海事处、泉港城管局、泉港生态环境局的协作联动，船舶污染物接收企业全年接收处置船舶洗舱水219立方米。督促企业落实环保应急管理要求，重新评估、修订《突发环境事件应急预案》。

【安全监管】 2020年，肖厝港区以安全生产专项整治“三年行动”为抓手，结合安全隐患排查治理及专家督导攻坚行动、每季度港口危险货物重大危险源企业督长制检查、安全生产百日专项整治行动、安全生产联合检查、港口危险货物企业现场（37项）检查、《港口安全生产标准化》（16项）检查、港口消防安全和防台防汛工作检查、港口设施保安工作检查等，抓好日常安全监督，突出重点企业、重点部位和薄弱环节。全年共审核审批港口危险货物作业1760艘次，全年累计开展安全检查87次/276人次，发出《安全生产管理意见书》22份，《事故隐患整改通知书》40份，发现安全隐患153项，对隐患实行闭环管理，企业全年累计投入整改资金168万元。

【疫情防控】 2020年，肖厝港区严格执行港口防疫和内部防疫部署，主动对接泉港区防疫应急指挥部交通组、口岸查验单位，配合解决船舶及时靠离泊、集疏运车辆及人员进出港区、船员换班进出港区等问题。疫情期间，所有抵港船舶均及时靠泊装卸货物运输，保障港口生产正常运行。

【沙格港务公司生产经营情况】 2020年，沙格港务公司开展商务活动，深化服务。与各主要客户保持日常沟通，做好船舶卸船、在港堆存、日常提发货等日常管控协调工作。落实疫情期间货物港务费、港口设施保安费及货物堆存费的减税降费政策，减轻客户负担。协助泉州鲁新在港区新建两个10000吨成品仓的手续、证件申报，成品仓于7月开工。5月，同浩帆工程公司签订中化17号泊位卸船作业现场监管服务承包业务，引导三明水泥煤业务回流。12月17日，完成2台10吨级装载机的采购交接，新装载机的投入使用将有效提升港口的装卸效率。开展客户走访、市场调研活动，争取到泉州闽光钢厂焦炭、石灰石、铁矿球等新货种的装卸业务，弥补铁精粉货种停止进口造成的缺口。推进经营管理，降本增效。坚持疫情防控常态化，按照“外防输入、内防反弹”和“人物同防”的要求，抓紧抓实抓细境外疫情输入防控工作，根据疫情发展形势，调整防控重点，组织公司全员落实“八闽健康码”健康上报登记，对上下船员进出港区严格落实信息登记，对于外贸船舶轮换船员严格要求出示有效期内的核酸检测报告。

中国邮政泉港分公司

【概况】 2020年，泉港邮政分公司累计实现业务收入3010万元，完成率93.9%，比上年同期增长3.5%，排名全市第二。剔除欠费收入考核数完成率91.8%，排名全市第一。收差完成690万元，完成率93.3%，排名全市第二。

【代理金融类业务】 2020年，泉港邮政分公司代理金融收入完成率、增幅均居全区第一。代理金融收入完成1598万元，完成率114%，同期增收303.3万元，比上年增长18.7%，排名全市第一，其中：个人利差收入完成1094万元，完成进度111.1%，比上年增长19.8%，收入进度及增幅均排名全市第一位；代理保险完成198.2万元，完成进度142.6%，较上年增长22.5%，进度及增幅均排名全市第一。1—12月，全区公司业务实现收入139.5万元，比上年增收32万元，比上年增长29.1%，增幅居全区第二位。代发项目全年累计完成代发单位16个2293户，代发金额9963万元，新增709户，其中12月新增代发客户10家，完成率全市前三；全年代发拆迁款1508万元，累计揽收拆迁款5900多万元；全年累计拓展微邮付1603户，余额提升3543万元，获得29万元收差奖励；净值理财、非货币基金等高效中间业务均完成市公司下达的阶段指标。

【邮务业务】 2020年，泉港邮政分公司函件业务创新转型发展。全年函件实现业务收入107万元，完成进度102%，居全区第4位。截至10月28日，封片战役完成市公司下达目标，为全省第一个提前完成封片战役的县区分公司，荣获省公司集传部传真贺电表彰。推动集邮业务项目带动发展。生肖贺岁项目实现收入88万元，比上年增长69%，为全区第一个完成生肖贺岁项目的单位。分销业务稳定发展。分销完成全年收入73.8万元，完成目标的101%，将泉消费项目与惠农项目相结合，上架6家合作社、家庭农场提供的农副产品，转介上架到泉州名特优线上商城，共产生订单金额30多万元。

【寄递融合】 2020年，泉港邮政分公司寄递国内标快完成良好，累计完成收入181.9万元，比上年增长17%。国际业务提前完成，1—12月累计完成240.1万元，完成进度116.4%。截至9月6日，提前116天完成国际业务经营预算指标。法院集约送达项目有突破，法院邮政合作后妥投率提升15个百分点，得到法院高院吴院长调研肯定，助力省市项目推动。

2020年8月21日，泉港区邮政惠农助农产业直播活动暨邮政惠农助农直播基地签约揭牌仪式在山腰街道锦川商业城举行 （区委报道组 供图）

通 信

中国电信泉港分公司

【概况】 2020年，中国电信泉港分公司全业务经营收入累计完成1.16亿元。天翼用户总数13.16万户，其中5G用户总数近2.13万户；固定电话用户总数5.54万户；宽带用户（含无线宽带）总数7.29万户，天翼高清用户总数3.68万户。

【助力智慧城市建设】 2020年，中国电信泉港分公司助力多行业智慧升级。承建泉港政务外网云平台及政务信息网云平台，推动5家单位10套系统政务上云，实现政务基础设施的集约化建设、集中式管理和一体化服务。

打造泉港区新高考走班排课及电子班牌项目、书香阅读系统、小升初报名系统等多个智能化项目，推进数字校园工程，实施多个智慧校园项目。建设泉港“120”指挥数调度系统项目，打造区域医疗信息化服务标杆。参与平安乡镇建设，持续为全区城市安全信息系统工程提升优质基础网络服务能力，承接“雪亮工程”四期项目，推进社会化视频监控能力接入，打造泉港综治“雪亮工程”平台。

【提升服务管控】 2020年，中国电信泉港分公司落实“客户服务领先行动”中服务能力提升和服务触点队伍建设工作方案，构建“客户说了算”的服务体系，优化并严格落实2020年客户服务考核办法，完善投诉升级管控规范，开展客户服务领先行动劳动竞赛，树立全员服务意识。优化5G业务资费、套餐政策，全面做好携号转网服务，优化业务流程，简化办理手续及流程，避免用户“多跑一趟”。定期开展服务培训、强化业务考核，落实营销规范，定期开展实体渠道服务检查，针对测评不满意问题专项分析提升。倡导践行“当日装、当日修、慢必赔”宽带服务承诺，做好工单过程管控，确保装维基础服务工作落实到位。

【坚实网络基础】 2020年，中国电信泉港分公司践行网络强国战略，奠定坚实网络基础。完成全区宽带网络所有主要光节点10G PON全覆盖工作，千兆用户接入能力7万户，全区60%区域具备受理千兆光网能力，为数字泉港建设奠定坚实网络基础。实现移动网络行政村以上区域4G信号连续全覆盖，聚焦城市重点区域、重点场景建设，建设完成首批5G建设工程69个站、215个载扇的建设开通，实现主城区连续覆盖、部分乡镇镇区覆盖、重点场景室内覆盖。建成集团政企分组OTN泉州城域网，新建骨干出口带宽20G；完成全区7家区直单位9个应用系统迁移至政务外网云平台和政务信息网云平台。加强光缆干线巡检力度，开展护线行动，投入700多万元进行线路整治、蜘蛛网清理等，对全区光缆干线资源进行摸底并划分维护区域确定维护责任人员，做到巡检日常化，责任清晰化，管理落地化，共建美丽乡村建设。

【助力疫情防控】 2020年，中国电信泉港分公司压实工作责任，签署防疫个人承诺书开展网络巡检，保障疫情期间的网络安全运行。快速响应泉港界山镇隔离区、泉港二院隔离区的光纤专线、监控网络的建设及应急开通，做好疫情防控通信保障；完成全区7个乡镇防疫隔离区视频监控的应急开通；根据各地防疫要求，快速响应，为节日期间返乡人员安装居家隔离监控。疫情期间，网络维护支撑组共出动33次，重点为各乡镇医卫生院做好网络保障及维护工作、完成光缆线路应急抢修、政务网络保障工作。利用LED、微信、短信等多种渠道开展复工复产后疫情防治知识科普宣传。组织党员、志愿者慰问疫情防控一线人员、送去防疫物资；开展“防疫护港·志愿同行”等志愿活动。配合泉港带货直播等各类网络支撑保障约8次，为员工购买消费券6万余元，助力泉州、泉港复工复产、消费带动。

【打击通信诈骗】 2020年，中国电信泉港分公司成立防范打击通信信息诈骗专项工作组，明确管理职责，细化工作目标。从源头管控，加强实名制、渠道代理商管理，严格办卡手续及实名认证；开展重点领域诈骗治理，防控风险“盲点”。利用大数据，加快响应处置，适时与公安反诈中心沟通交流，快速关停封堵涉案号码，开展协同打击。主动排查防诈防骗骚扰号卡清单，配合公安机关共关停大数据清单号码四百余个。累计发送11万条公益警示短信，普及防范打击通信信息诈骗知识，提升全民防范网络新型违法犯罪意识。维护网络信息安全和通信保障，成立领导小组、完善网络信息安全考核制度、全员100%签订网络安全责任状，开展网络安全宣传，强化网络信息安全的防范意识。

中国移动泉港分公司

【概况】 2020年，中国移动泉港分公司做好5G战略布局，重点聚焦核心热点区域与垂直行业应用，按需开展网络建设，实现场景化的精确覆盖。截至12月底，5G形成县城网格区域的连续覆盖。是年，泉港整体网格健康度排名全市前列。加快有线宽带建设，小区宽带建设主要针对个别弱覆盖区域、覆盖死角进行补点建设，根据市公司要求，所有站点先交维后上线，避免设备带病入网。补强无线网络覆盖，推进无线网络建设，完善无线网络优化及覆盖补强，提升用户满意度。巩固4G网络的全网覆盖能力，精细化进行LTE全区域性的覆盖规划及建设。在FDD项目建设方面，完成泉港主城区、县城城关，农村区域的FDD900连续覆盖。

【助力疫情防控】 2020年，中国移动泉港分公司把疫情防控的压力转化为打赢疫情防控阻击战的动力，通过大数据平台短信应用，助力泉港政府单位宣传疫情防控安全知识，及快速部署防疫工作，实现7个乡镇100%覆盖，累计发送73万余条。

【护航复工复产】 2020年，中国移动泉港分公司成立4支党员先锋队，由首席客户经理带头，实地走访区域相关单位，深入了解困难和需求，召开个性需求方案研讨会。共协助完成云视讯会议系统软终端5000余户，提供物联网卡助力乡镇疫情登记卡点无线监控使用。为政府单位及大型企业提供视频彩铃6000余户，加速疫情防范短彩信息普及，累计发送190万余条。

【保障通信】 2020年，中国移动泉港分公司在疫情期间，重点保障泉港医院的通信，重点保障基站27个，重点保障小区93个，重点保障专线18条，累计出动保障次数68次，出动保障人员136人次。

中国联通泉港分公司

【概况】 2020年，中国联通泉港分公司按照“客户信赖的智慧生活创造者”企业愿景，秉承“联通世界，创享美好智慧生活”企业使命，践行“客户为本，团队共进，开放创新，追求卓越”的企业核心价值观，聚合改革发展动力，致力服务泉港国民经济建设。

【基础网络建设】 2020年，中国联通泉港分公司新增4G基站285个，泉港区域内累计开通4G基站318个，全面完成4G网络VOLTE业务开通，实现数据语音一张网的演进。响应国家网络强国战略，加快落实政府工作报告中“关于提速降费，开展城市千兆宽带入户示范”的要求，加快现有EPON和GPON网络向10G PON升级。全年完成现有网络10GE上行网络改造升级，形成面向家庭客户4K视频能力、全场景智能家居接入能力的宽带网络，构建面向2H市场云产品接入能力的承载网络。

【5G基站建设】 2020年，中国联通泉港分公司完成106个5G基站建设。聚焦5G行业应用、2B网络建设需求，先后完成与西门子公司、泉州中车公司合作西门子全自动驾驶实验线建设。与水利部门合作洽谈5G无人机巡查服务项目；与泉港区主要医疗单位合作洽谈5G远程医疗服务项目，通过5G网络，实现远程会诊、移动查房、远程培训等全场景应用。

【推进网络“云化”】 2020年，中国联通泉港分公司落实联通集团、省、市公司“云网一体化”网络转型工作主线，在网络“四化”（SDN化、NFV化、云化、智能化）演进过程中，推动“云网边端业”五协同。完成县域MEC机房、边缘DC机房部署建设，实现5G+MEC为业务提供“超低时延、大带宽、大连接、本地化”能力，满足热数据的快速处理。打造智能承载网，加强IPRAN的承载能力，接入环80%可用于政企业务接入，刚性管道构建省内10毫秒时延圈，完成全网网络打通并具备上云能力。

【强化网络保障机制】 2020年，中国联通泉港分公司完成护网行动、“两会”、国庆等重大活动通信网络保障。在抗击新冠肺炎疫情及保障复工复产方面，做好防疫隔离点网络应急开通，为疫情防控提供通信保障。健全“云+网+X”的立体化服务体系，通过云视频，全年累计为区委区政府等多个重点招商项目提供2次云签约网络服务。

【创新经营模式】 2020年，中国联通泉港分公司利用公司“云、大、物”技术优势，依托福建联通东南研究院的平台开发能力，参与区“智慧城市”建设。参与公安局“利剑”平台、后龙镇福炼智慧小区、政协远程会议项目、国投服务楼项目、泉港区粮库智能化升级改造等多个项目的建设，服务政府的“五区战略”，助力泉港建设“绿色石化名城、现代活力港城、山海宜居美城”。

教育

综述

【概况】 2020年，泉港区以习近平新时代中国特色社会主义思想为指导，落实全国及省市区教育大会精神，按照《泉港教育现代化2035》确定路线图，实施《泉港区关于加快推进新时代教育工作的实施意见（2019—2022）》，严格新冠肺炎疫情防控举措，全区教育事业稳步发展。全区有各类学校146所，在校学生71504人。其中完全中学5所、独立初中8所（民办1所）、九年一贯制学校1所、十二年一贯制1所（民办），高中在校生5517人，初中在校生12753人；小学54所（民办2所），在校生34834人；幼儿园74所（民办50所），在园幼儿18245人；特殊教育学校1所，在校生146人；中等职业学校3所，其中公办1所、民办2所。

【教育项目建设】 2020年，泉港区按照“建设一批、竣工一批、报建一批”工作思路，建立“五项工作机制”，有序推进项目建设。全区教育项目建设实现从幼儿园到大学较为完备的国民教育格局。全年共投入3.2亿元，推进学校基建项目18个，新增中小学幼儿园学位5100个。针对多年制约教育发展的问题，成立“七大专项”工作小组，落地敲实每项任务，实现泉港五中和福师大泉港实验中学校内个人建房拆除、泉港五中校外扩征用地、三川中学操场用地征用、无证民办幼儿园专项整治、天竺中学升格更名南埔中学，及泉港航运职专迁移等历史问题清零。

【教育信息化】 2020年，泉港区在教育城域网建设的基础上，完成智慧校园建设学校3所。完成设备及服务采购10批次共1822.08万元，其中采购学生课桌椅9000套、电脑2800台、直饮水机178台。完成教育云平台升级与推广使用，推进与各教育教学应用平台及OA办公系统融合，通过政府采购落实教育云平台三级等保测评工作，加强校园网络信息安全监管。

【提升办学品位】 2020年，泉港区15所中学均通过“义务教育管理标准化学校”认定，成为全市第二个全部完成福建省义务教育管理标准化学校创建县区（市）。推动“两香校园”创建，携手福师大福清分校书法教育研究中心团队，在“回田格”书法课题研究上加强合作，召开经验交流现场会；开展全区小学“校园全员大阅读”活动，将阅读和书写纳入教育质量监测考评，确立“两香校园”基地校12所，提升校园文化品位。

【“区管校聘”工作】 2020年，泉港区在全省率先实现“区管校聘”全覆盖，省市先后在泉港召开现场会，推广“泉港经验”，山西、辽宁等地到泉港考察学习。在全区生源持续回升的情况下，三年累计减员287人，有效缓解超编缺人问题，提高岗位利用率，达到减员增效提质目的，增强教师队伍活力。

【优化师资队伍结构】 2020年，泉港区招聘编内中学教师5人、小学教师21人，为教师队伍增添新鲜血液。招聘编外小学幼儿园合同教师115人，缓解教师队伍结构性紧缺问题。组织对42位“名校长”“名师”和30位“名班主任”开展履职考核。开展教师校际交流，共交流校长、教师229人。

【教育科研】 2020年，泉港区共10项课题获省教育科学“十三五”规划2020年度立项，10项课题获市级立项。推荐4项教学成果参加省、市2020年基础教育教学成果奖评选。完成10项市级和36项区级“十三五”规划(第二批)立项课题结题验收；在泉港五中、三朱学校、蒙古族小学和北大培文实验学校举行4场区级课题研讨活动。

【优化培训项目】 2020年，泉港针对一线教师需求整合优化，设计疫情防控特殊时期教师培训项目，聚焦新高考新中考复习教学、新入职教师岗前培训、小学科学教师实验操作技能培训、小学英语教师能力提升等重点项目，推进信息技术2.0提升工程试点工作。开展各类培训6批次，培训教师854人次。

【在线教学】 2020年，泉港区根据教育部“停课不停学”部署，制定“关于在线教学”的指导意见，提出“序、量、度、评”在线教学的总体要求。进修学校组织参加泉州市网上在线授课志愿者行动项目，依托13个区级名师工作室和9个高考学科研究室，组建线上学科教研指导核心团队，录制初中语文3节微课、直播课2节、小学语文4节微课、小学数学8节微课、直播课7节、小学英语7节微课在泉州市教育资源公共服务平台展播，指导全区中小学生在线居家学习。

【依法督政督学】 2020年，泉港区开展省级“两项督导”反馈意见整改工作，履行督政职能。根据《福建省人民政府教育督导办公室关于反馈泉港区“两项督导”省级督导评估的意见》，向区委区政府专题汇报，梳理存在问题，进行整改责任分解，提交区政府常务会议研究，落实部门整改责任。落实“对市督导”“两个只增不减”，追补2019年小学“生均一般公共预算支出”资金1009.98万元。重新调整督学责任区，全区中小学幼儿园分成七个片区，增补12位责任督学，实现中小学、幼儿园全覆盖。运用区责任督学挂牌督导平台，完善“1+N”（一个平台+督导清单、学校自查、实地督导、亮点推荐）督导工作机制，有效发挥督导在促进全区教育发展的助推作用。

【教育评价】 2020年，泉港区创新“看起点、比进步、论贡献”办学评价体系，多维度评价学校办学质量。引入第三方评价机制，实施“管、办、评”分离制度。加强教育质量管理，落实质量监测结果运用，对质量管理落后校进行诊断指导，提升中学管理水平和教育教学质量。

【五育并举】 2020年，泉港区开展学生德育、体育、美育、劳育及科技创新教育等，通过泉州市全国文明城市总评、泉港区省级文明城区实地测评，全区未成年人思想道德建设项目成绩居全省第4名、全市第1名。学校获评集体荣誉省级8项次、市级25项次，教师获奖国家级1人次、省级6人次、市级50人次，学生获奖国家级1人次、省级22人次、市级151人次，获评市级“优秀组织奖”3个。新增文明校园省级1所、市级4所、区级17所，入选福建省中小学劳动教育实践特色项目1个。通过市级语言文字工作督导评估暨三类城市语言文字达标评估验收。

【师德师风建设】 2020年，泉港区出台《泉港区教育系统“弘扬高尚师德，抵制有偿家教”专项整治活动实施方案》，加大查处教师有偿补课及违规违纪行为的力度，规范教师行为。严格在职人员和编外工作人员日常考勤及请销假制度，建立健全出入境证件管理及审核台账。严格执行各项工资福利政策，开展“1+X”规范津贴补贴专项督查。

【区教育发展基金会成立】 2020年12月28日，在建区20周年之际，泉港区教育发展基金会成立，热心乡贤及企业家踊跃捐资2.67亿元，加上之前的教育基金1.39亿元，全区教育基金总额超过4.06亿元。全区有教育基金会、教育促进会、奖教奖学等各类教育基金80多个，奖教助学、尊师重教氛围蔚然成风。

【疫情防控】 2020年，泉港区建立“红黄绿”三色管理模块，“八个精准”抓好复学复课疫情防控。实施“百医连百校”，选派92名优秀医护人员“点对点”挂钩学校。“停课不停学”，疫情防控与教学管理两不误。建立“三查三加倍三闭环”机制，组织核酸检测8470人次，下拨口罩36.7万个、消毒液14.7万升等多批抗疫物资，确保全区学校顺利复学。选派259名党员教师支援镇村（社区）做好疫情防控工作。全区教育系统33个基层党支部（总支）累计捐款13.87万元。开展“五专”行动护航师生心理健康，累计开展复学专项心理健康讲座及团体拓展活动51场次，参与师生、家长1.2万人次。

【校园安全工作】 2020年，泉港区开展学校安全隐患大排查大整治暨百日攻坚行动，共排查出安全隐患163个，完成整改163个，整改完成率100%。全区校舍D级危房重大隐患6个，已全部拆除销号，共拆除面积12509平方米。其中，泉港五中校内集资楼、福师大泉港实验中学“小黄楼”等历史遗留校园安全隐患问题清零。加快推进全区中小学幼儿园安全防范建设三年行动计划，实现“三率”（校园封闭管理率、安保人员配备率、视频联网率）100%。妥善解决历史遗留问题，成立无证民办幼儿园专项整治工作领导小组，区政府办印发《关于无证民办幼儿园专项整治工作的通知》，联合住建、自然资源、消防等部门进行实地核审会商，整改规范准入一批，取缔13家。加强校车安全管理，全年共培训民办园园长、校车驾驶员150多人次，与全区所有配备校车学校签订校车安全管理责任状，联合区交警大队对全区59辆校车全面“大体检”。

【服务安征迁工作】 2020年，泉港区教育局围绕区委、区政府中心工作，成立工作专班，开通“绿色服务通道”，简化安征迁群众子女入学办理流程，缩短办理时限，解决安征迁群众子女就学后顾之忧，石化安征迁子女100%做到“上好学”。益海实验小学、第二实验小学教育集团及泉港二中等城区优质学校100%安置涉迁群众子女2280人，其中小学1926人，初中354人。

【教育扶贫】 2020年，泉港区普通高中免学费发放资金849.06万元，受益学生10937人次。生源地助学贷款申请通过974笔，贷款金额775.23万元；发放松柏助学金26.7万元，受益学生71人。公办寄宿制义务教育阶段营养改善计划资金落实195.9万元，受益学生3480人。发放德和助学金、学前资助金、义教家庭困难学生生活补助金、高中国家助学金及少数民族资助金等各类助学金236.75万元，受益学生近4000人。发放免费教科书37.48万册、《泉州地理》3844册。

2020 年度福建省教育科学规划课题结题名单

表 7

序号	课题名称	课题负责人	申报单位	验收结果	课题编号
1	基于核心素养下中小学美术衔接教学的策略研究	庄陆祥	泉港六中	优秀	FJJKXB18−604
2	传承圭峰海国文明的体验式校本课程开发与实践	刘谷海	圭峰中学	优秀	FJJKXB18−335
3	民间体育活动走进校园	白鸿英	区第二实小教育集团和星校区	良好	FJJKXB18−266
4	基于落实数学核心素养的笔记学习实践研究	吴文中	泉港二中	合格	FJJKCG18−606
5	地理实践力在泉港宜居环境建设策略研究中的运用	陈华莲	泉港五中	合格	FJJKXB18−525
6	基于常态课堂的普通中学生生涯辅导研究与实践	刘凤辉	泉港六中	合格	FJJKXB18−728
7	农村初中校开展社团活动可行性研究	黄建兴	圭峰中学	合格	FJJKCG18−619
8	语文核心素养下的低年级言语表达能力提升的实践与研究	吴成贵	区第二实小教育集团福炼校区	合格	FJJKCG18−631
9	基于乡土资源开发和利用下的“荷教育”初探	蔡庆辉	益海实验小学	合格	FJJKXB18−561
10	运用“思维导图”优化小学语文教学过程的实践研究	陈惠娥	益海实验小学	合格	FJJKXB18−354
11	基于侨乡文化背景下的乡村学校研学旅行活动探究	陈国华	界山玉湖中心小学	合格	FJJKXB18−658

泉州市教育科学“十三五”规划（第二批）课题结题名单

表 8

序号	课题名称	负责人	申报单位	检查结果	课题编号
1	小学数学课堂教学中问题跟进式的实践研究	邱良洪	区教师进修学校	优秀	QG1352−140
2	基于大数据的“三求”历史教学研究	肖定华	区教师进修学校	良好	QG1352−141
3	基于化学核心素养培养的单元设计研究	黄旭文	泉港一中	合格	QG1352−142
4	英语演讲提升中学生综合能力的实践研究	王能华	泉港二中	良好	QG1352−143
5	基于学生核心素养发展的初中英语校本作业设计研究	王梅珠	美发中学	优秀	QG1352−144
6	融入数学文化，提升小学生数学素养的实践研究	刘春秀	庄重文实验小学	合格	QG1352−145
7	基于核心素养的小学科学微课教学模式探究	郑红波	区第二实小教育集团和星校区	合格	QG1352−146
8	自主学习模式区角游戏中教师有效支持策略的实践研究	杨红芳	实验幼儿园	良好	QG1352−147
9	基于核心素养下培养低段学生自理能力的教育实践研究	庄素琼	庄重文实验小学	合格	QG1352−148
10	基于化学学科核心素养的初中化学实验教学的实践研究	郑　惠	天竺中学	合格	QG1352−149

学前教育

【概况】 2020年，泉港区学前教育各项指标及评价排名泉州市第一，普惠性幼儿园覆盖率为97.39%，高于全市89.65%平均水平，居全市第1位。其中公办幼儿园在园幼儿数占比为51.63%，高于全市51.31%平均水平。《中国教育报》2020年12月27日以《普及普惠奋力攻坚新跨越 学前教育十年发展收好官》为题刊发泉港区“实施普惠性幼儿园等级评定办法”的典型做法。

【学前教育布局调整】 2020年，泉港区根据《泉港区“十三五”学校布局和建设专项规划》精神，统筹城乡改革发展与乡村振兴变化趋势，结合公办、民办幼儿园现有布局，统筹公办幼儿园建设。设立界山中心幼儿园九峰园区、界山第二中心幼儿园狮东园区、峰尾中心幼儿园两个分园区、山腰中心幼儿园分园区，完善学前教育布局。

【公办园建设】 2020年，泉港区动工建设第二实验幼儿园学府园区、南埔第二中心幼儿园两个项目，投入5000万元，增加学位近840个。盘活资源，利用中小学闲置校舍进行公办园改扩建，改扩建公办性质幼儿园4所：峰尾中心幼儿园诚平园区（诚平小学校舍改建）、峰尾中心幼儿园圭峰园区（圭峰小学校舍改建）、山腰中心幼儿园菜堂园区（菜堂小学校舍改建）、界山第二中心幼儿园狮东园区，共增加学位1100个。

【支持集体办园】 2020年，泉港区鼓励支持街道、村集体举办公办性质的幼儿园，为辖区孩子入园学习提供便利，为社会提供普惠性服务。是年，南埔镇肖厝村、沙格村集体办园，分别建立南埔镇肖厝幼儿园、南埔镇沙格幼儿园；福源工贸有限公司幼儿园由民办转为集体办，集体办园提供公办学位近千个。

【学前教育资金投入】 2020年，泉港区建立完善公民办幼儿园财政投入保障机制，累计投入809万元。公办园生均公用经费逐年递增，2020年度生均公用经费650元，确保不低于省定标准。是年，学前教育政府购买服务投入1300万元，普惠性民办幼儿园生均公用经费标准不低于公办园的生均公用经费。开展四批普惠性民办幼儿园申报及评估，全区42家普惠性民办幼儿园获得定级，普惠性学前教育学位占比95%以上。

【规范民办园管理】 2020年，泉港区根据《泉港区学前教育政府购买服务实施方案》《泉港区普惠性幼儿园等级评定办法和等级评定标准（试行）》《泉港区普惠性民办幼儿园政府购买服务补助资金使用管理办法》文件精神，对普惠性民办幼儿园的办园规模、园所建设标准、办园规范与安全管理、教职工“五险一金”、承诺限价收费等七项必备条件定期审核，对办园情况随机督查，规范办园行为，促进民办学前教育健康发展。区政府办、教育局、住建局、自然资源局及消防审验专家库专家组成区联合核审组，对全区15所存量无证民办幼儿园进行联合评估审核，经过专项整治与整改提升，均取得办学许可证。

【办园行为督导评估】 2020年，泉港区对幼儿园办园行为实施督导评估，对2019年度办园行为督导评估的问题整改情况开展回访核查，督促相关幼儿园提升办园品质。是年，组织评估组对本年度选定的13所公民办幼儿园进行办园行为督导评估，形成《泉港区2020年度幼儿园办园行为督导评估报告》。落实省、市、区教育《关于开展幼儿园“小学化”专项治理工作实施方案的通知》文件精神，通过专项督导、监管、双随机检查形式纠正“小学化”倾向。

【优质幼儿园建设】 2020年，泉港区印发《关于开展学前教育片区管理、联动帮扶活动的通知》，通过联动帮扶促进城乡学前教育协同发展。支持公民办幼儿园创建省、市、区示范园。后龙泉欣幼儿园、后龙湄苑幼儿园、界山灵心幼儿园申报创建区级示范园。全区示范园覆盖率50%以上，提前实现三年行动目标。培育实验幼儿园、童心实验幼儿园等五所省级保教改革建设幼儿园项目。开展泉港区幼儿园“教坛新秀”评选，幼儿园岗位全员练兵，促进幼儿园教师素质提升。

表9

2020年泉港区幼儿园基本情况表

学校名称	教学班数（个）				在园（班）			人数（人）		
	合计	小班	中班	大班	小班	中班	大班	合计	其中：女	其中：男
2	7	9	10	11	17	18	19	20	21	22
	554	172	174	208	5464	1661	1561	18245	8143	10102
实验幼儿园	22	10	6	6	402	10	0	879	380	499

续表 9

学校名称	教学班数（个）				在园（班）			人数（人）		
	合计	小班	中班	大班	小班	中班	大班	合计	其中：女	其中：男
区实验幼儿园锦川分园	15	5	6	4	196	165	189	600	282	318
区第二实验幼儿园	18	8	5	5	320	0	0	720	328	392
区第二实验幼儿园顺南分园	9	4	3	2	157	0	0	360	151	209
山腰中心幼儿园	9	3	3	3	118	10	2	349	167	182
山腰中心幼儿园菜堂园区	3	1	1	1	40	37	42	119	55	64
英才幼儿园	5	1	1	3	13	7	8	80	32	48
山腰路加幼儿园	3	1	1	1	25	4	3	83	33	50
山腰小太阳幼儿园	5	2	1	2	34	8	7	160	66	94
咚咚城市幼儿园	8	2	3	3	63	0	0	266	119	147
树文幼儿园	7	2	2	3	44	7	10	182	82	100
童心（工业区）幼儿园	14	5	4	5	158	0	0	431	178	253
泉欣幼儿园	8	3	2	3	56	24	0	200	101	99
康轩阳光幼儿园	10	2	3	5	55	29	30	291	140	151
蓝海国际蓝天幼儿园	7	3	2	2	71	0	0	212	86	126
南埔中心幼儿园	12	4	4	4	160	37	31	480	229	251
南埔多彩幼儿园	13	5	4	4	133	0	0	388	190	198
育英幼儿园	5	1	2	2	25	0	0	115	50	65
智慧树幼儿园	6	2	2	2	40	15	3	163	73	90
南埔镇沙格幼儿园	6	2	2	2	78	80	80	238	98	140
南埔镇肖厝幼儿园	6	2	2	2	80	80	80	240	107	133
湄苑幼儿园	8	3	2	3	57	3	0	222	95	127
南埔中心幼儿园惠屿岛分园	3	1	1	1	29	12	25	87	31	56
前黄中心幼儿园	9	3	3	3	111	0	0	360	149	211
丑小鸭幼儿园	9	3	3	3	88	0	0	259	131	128
卓艺幼儿园	4	1	1	2	28	0	0	86	38	48
前黄大榕树幼儿园	9	2	3	4	71	0	0	273	117	156
后龙中心幼儿园	9	3	3	3	120	10	4	338	155	183
后龙第二中心幼儿园	12	4	4	4	160	0	0	480	216	264
新蕾幼儿园	5	2	1	2	42	5	13	140	61	79
后龙小燕子幼儿园	3	1	1	1	5	0	0	30	15	15

续表 9

学校名称	教学班数（个）				在园（班）			人数（人）		
	合计	小班	中班	大班	小班	中班	大班	合计	其中：女	其中：男
后龙聚秀幼儿园	4	1	1	2	13	6	0	70	33	37
福源工贸发展有限公司幼儿园	16	5	5	6	202	38	80	639	254	385
星星幼稚园	7	2	2	3	35	10	0	143	61	82
后龙红太阳幼儿园	4	1	1	2	12	1	0	70	32	38
后龙蓝天幼儿园	5	1	2	2	17	28	1	118	57	61
灵心幼儿园	10	3	3	4	92	106	127	325	151	174
丽景幼儿园	9	3	2	4	91	65	142	298	151	147
小神龙幼儿园	6	2	2	2	34	59	77	170	75	95
后龙禾苗幼儿园	6	2	2	2	37	26	1	174	77	97
峰尾中心幼儿园	12	4	4	4	160	0	0	449	208	241
峰尾中心幼儿园诚平园区	3	1	1	1	40	0	0	120	59	61
峰尾中心幼儿园圭峰园区	6	2	2	2	62	0	0	190	81	109
花蕾幼儿园	9	3	3	3	82	0	0	248	115	133
峰尾镇春苗幼儿园	7	2	2	3	45	0	0	207	90	117
郭厝益苗幼儿园	5	1	2	2	28	0	0	126	50	76
童心（峰尾）幼儿园	8	1	2	5	29	0	0	223	120	103
泉港咚咚幼儿园	8	2	2	4	57	22	16	270	115	155
童心实验幼儿园	17	5	6	6	175	0	0	600	280	320
涂岭中心幼儿园	6	2	2	2	80	0	0	240	109	131
涂岭小天鹅幼儿园	5	1	2	2	30	5	0	124	52	72
涂岭小灵童幼儿园	9	2	3	4	56	24	10	281	111	170
童话幼儿园	11	2	3	6	58	62	0	375	156	219
童心幼儿园	12	3	3	6	87	3	0	365	149	216
涂岭方圆幼儿园	4	1	1	2	26	6	5	92	36	56
土型小学教学点	2	0	1	1	0	14	0	60	26	34
五社小学附设园	4	1	1	2	32	0	0	137	65	72
樟脚小学附设园	6	2	2	2	48	35	30	149	68	81
寨后小学教学点	2	0	1	1	0	19	0	63	28	35
黄田小学教学点	2	0	1	1	0	35	31	70	33	37
涂岭中心秀溪教学点	2	0	1	1	0	32	13	65	22	43

续表 9

学校名称	教学班数（个）				在园（班）			人数（人）		
	合计	小班	中班	大班	小班	中班	大班	合计	其中：女	其中：男
涂岭中心小坝教学点	3	1	1	1	14	14	6	34	16	18
界山玉湖中心幼儿园	9	3	3	3	122	30	8	369	188	181
界山第二中心幼儿园	12	4	4	4	165	41	46	489	228	261
界山第二中心幼儿园狮东园区	6	2	2	2	87	86	66	239	113	126
界山第三中心幼儿园	8	2	3	3	84	130	129	343	148	195
小艺星幼儿园	12	4	4	4	110	18	0	355	148	207
棒棒堂幼儿园	5	1	2	2	19	9	10	130	62	68
界山镇槐山幼儿园	7	2	2	3	71	22	48	284	112	172
童星幼儿园	3	1	1	1	17	28	13	58	27	31
梧桐树幼儿园	4	2	1	1	46	0	0	99	43	56
港华幼儿园	9	2	3	4	71	110	139	320	142	178
界山小学附设园	3	1	1	1	30	34	36	100	43	57
鸠林小学附设园	4	1	1	2	21	0	0	133	54	79

基础教育

【小学均衡发展】 2020年，泉港区推进义务教育管理标准化学校创建，15所小学申报创建福建省义务教育管理标准化学校通过验收。全区33所小学通过省义务教育管理标准化学校评估验收，占小学总数的61.11%，逐步实现小学教育优质均衡发展。

【细化常规管理】 2020年，泉港区落实《泉港区小学教学常规管理实施细则（试行）》，规范教学常规，做到“减负增效”。落实教学“阳光监督岗”，减轻学生课业负担。规范招生行为，严控招收片外生。重点落实年段集体备课制度，抓实课后随笔反思，实行“查巡课制度”，在疫情防控的严峻形势下，确保教学秩序正常。

【精品校本课程打造】 2020年，泉港区从学生发展需要出发，构建有特色的校本活动课程，打造庄重文实小“北管音乐”、第二实小福炼校区“石油环

2020年10月6日，泉港二中七年级学生开展社会实践活动 （泉港二中 供图）

保”、益海实小“荷文化”、涂岭中心小学“五星教育”、南埔中心小学“南榕争星”、峰尾中心小学“莲峰书香”、后龙中心小学“涂氏家训”等乡土文化课程，引领学生探索家乡文化，培养热爱家乡情感。

【书香墨香校园建设】 2020年，泉港区打造“两香校园”，提升学校内涵。在峰尾中心小学召开“两香”校园创建推进现场会，把阅读和书写纳入教育质量监测考评范围。全区小学“校园全员大阅读活动”普遍开展，每周有3个以上早读时间诵读国学经典篇目。鼓励学生双休日、节假日多读书、读好书。依托福师大福清分校书法教育研究中心，开展《基于文化传承的小学师生规范汉字书写水平提升的实践研究》课题研究，结合互联网+平台模式，构建学校、中心、专家、家长、学生五位一体的学习科研平台，提高全区教师钢笔字、毛笔字、粉笔字书写能力，提升学生规范汉字书写水平。

【课后延时服务】 2020年，泉港区根据泉州市教育局、市总工会联发《泉州市推进小学开展课后服务工作实施意见（试行）》要求，制定《泉港区教育局关于〈泉港区人民政府办公室关于印发泉港区推进小学课后服务工作实施意见（试行）的通知〉》。是年秋在泉港区第二实小集团、益海实小、庄重文实小等4所学校试行，实行课后服务，解决家长后顾之忧。参与课后延时服务学生4564人，辅导教师471位，财政投入经费80万元。

【合作办学】 2020年，泉港区政府与福建师大签订合作办学协议，双方联办福师大泉港实验小学、福师大泉港实验中学，引进名校长、名师团队，促进办学水平提高。成立“名师工作室”“高研室”“高考攻关小组”，开展中高考学科教研攻关等系列活动，借力“漳平一中、永安一中、德化一中联考”，与宁化一中和百校联盟考试进行横向对比，指定专门导师负责跟踪跟进，加强复习迎考研究，为提高中高考质量奠定坚实的基础。实行“提尖增量”导师制，加强学科培优补短、帮扶培养。泉港二中入选“福建省普通高中课程改革基地建设学校”和省基础教育学科教学研究基地校（初中语文），全区获评市级优课6节，1人获小学英语学科全市第一名。

【初中均衡发展】 2020年，泉港区以管理标准化、教改示范校创建为抓手，成立创建领导小组，组建指导团队，建立督促检查、汇报展示和交流视导制度，加快提升义务教育管理水平。三川中学、坝头中学顺利通过福建省义务教育管理标准化学校市级评估，坝头中学通过省厅抽查认定。至此，全区初中学校100%通过福建省义务教育管理标准化学校认定，提前完成省、市要求。

【优质高中建设】 2020年，泉港区以达标高中、课程改革基地校、特色高中等建设为载体，对接新高考综合改革，打造高中优质品牌。推进普通高中达标创建后的整改和建设，实行动态跟踪管理，推动普通高中新一轮发展。组建评估组，组织开展调研指导工作，指导泉港一中一级达标高中校创建复评。泉港六中通过省三级达标高中资格评估认定。全区各高中校以达标创建为契机，改善学校办学条件、注重学校内涵建设，提升办学水平。

【科技创新教育】 2020年，泉港区重视科普教育活动，注重科技辅导员培训，开展形式多样的青少年科技创新、电脑制作比赛、机器人大赛、高中学科奥赛等活动，发现和培养一批学有专长的优秀学生。组织参加市级及以上青少年科技创新大赛、机器人大赛、学科竞赛、电脑制作等比赛，共有89项获奖。泉港五中、界山玉湖中心小学荣获2020年“泉州市青少年科技示范学校”称号。

【规范初中招生】 2020年，泉港区落实教育部、省市区初高中招生工作实施意见，全面完成初高中招生计划。保障外来务工人员子女平等接受义务教育，是年秋初中随迁子女新生907人，办理征迁群众子女新生101人。

【中高考成绩】 2020年，泉港区中考高分取得突破，全区最高分607.1分，居泉州市第31位，550分以上考生占比增幅明显。全区考生“9A”220人，385分以上2077人，达到全市中等水平。“三率”全面提升，全科平均分395.84分，超过全市普高最低录取控制线11分。全区高考本科上线比率明显提高，本科上线人数935人，上线率59.9%，与去年837人（51.96%）相比提高7.94%。全区600分以上33人，高分段人数比去年增加19人。

2020年泉港区小学基本情况

表10

学校名称	教学班数（个）	毕业生数（人）	招生数（人）		在校生数（人）						
			合计	受过学前教育	合计	一年级	二年级	三年级	四年级	五年级	六年级
叠加合计	841	4690	6126	6120	34834	6130	6371	6282	5527	5348	5176
滨海小学	10	0	74	74	258	74	56	43	31	27	27
涂岭中心小学	33	205	275	275	1670	275	294	312	270	269	250

续表 10

学校名称	教学班数（个）	毕业生数（人）	招生数（人）		在校生数（人）						
			合计	受过学前教育	合计	一年级	二年级	三年级	四年级	五年级	六年级
蒙古族小学	10	42	72	72	349	72	69	59	55	52	42
路口小学	6	17	19	19	106	19	18	22	16	19	12
驿坂小学	9	29	63	63	293	63	64	50	44	32	40
邱后小学	6	17	35	34	132	35	19	24	21	18	15
溪西小学	6	16	32	32	161	32	26	26	27	22	28
五社小学	6	6	4	4	53	4	16	7	6	15	5
樟脚小学	6	3	20	20	69	20	13	11	8	10	7
寨后小学教学点	6	3	7	7	34	7	5	8	5	5	4
黄田小学教学点	2	0	3	3	8	3	5	0	0	0	0
涂岭第二中心小学	14	73	103	103	548	103	117	95	85	66	82
山腰中心小学	42	276	335	335	2044	335	405	393	288	295	328
新宅小学	11	50	87	87	568	87	107	105	106	108	55
山腰第二中心小学	18	108	146	146	716	146	145	104	110	109	102
益海实验小学	80	318	807	804	3901	808	785	673	620	517	498
鸢峰小学	11	55	71	71	363	71	61	66	61	59	45
菜堂小学	6	17	48	48	255	48	44	38	45	42	38
普安小学	6	23	41	41	216	41	46	36	37	30	26
前黄坝头中心小学	18	105	153	153	882	153	146	163	137	138	145
凤林小学	6	22	19	19	119	19	21	24	17	22	16
前黄小学	6	42	52	52	265	52	47	35	50	40	41
古县小学	6	30	44	44	217	44	45	35	23	43	27
凤北小学	6	18	18	18	101	18	16	16	18	15	18
丑小鸭小学	6	28	21	21	145	21	23	27	21	21	32
后龙中心小学	26	159	193	192	1239	195	193	231	189	196	235
峰前小学	0	22	0	0	0	0	0	0	0	0	0
和平小学	6	35	40	40	197	40	36	34	32	32	23
区第二实验小学教育集团和星校区	22	104	140	140	915	140	160	176	164	160	115
顺南小学	10	18	37	37	293	37	57	64	47	50	38
峰尾中心小学	30	214	238	238	1494	238	272	263	228	225	268
奎壁小学	12	64	92	92	448	93	81	78	62	61	73

续表 10

学校名称	教学班数（个）	毕业生数（人）	招生数（人）		在校生数（人）						
			合计	受过学前教育	合计	一年级	二年级	三年级	四年级	五年级	六年级
联岩小学	6	22	22	22	138	22	24	23	20	25	24
峥嵘小学	6	20	21	21	131	21	13	25	17	36	19
前亭小学	9	50	58	58	341	58	62	71	50	48	52
诚平小学	13	93	103	103	626	103	119	103	102	93	106
圭峰小学	12	107	89	89	535	89	87	97	73	96	93
南埔中心小学	30	227	224	224	1507	224	270	264	243	257	249
天湖小学	12	54	79	79	450	79	75	85	71	68	72
柳厝小学	6	13	30	30	175	30	28	47	27	21	22
涂岭中心秀溪教学点	2	0	3	3	6	3	3	0	0	0	0
涂岭中心小坝教学点	0	0	0	0	0	0	0	0	0	0	0
涂岭中心燕山教学点	0	0	0	0	0	0	0	0	0	0	0
天竺小学	12	70	83	82	481	83	71	98	81	72	76
凤翔小学	12	93	85	85	500	85	86	88	90	80	71
仙境小学	6	20	22	22	145	22	30	24	24	29	16
施厝小学	0	23	0	0	0	0	0	0	0	0	0
先锋小学	0	41	0	0	0	0	0	0	0	0	0
沙格小学	9	39	56	56	312	56	42	43	48	62	61
肖厝小学	12	49	75	75	430	75	68	86	71	72	58
界山玉湖中心小学	27	162	242	242	1300	242	254	220	203	196	185
界山小学	12	72	80	80	511	80	100	94	90	77	70
鸠林小学	12	88	74	74	441	74	65	79	65	74	84
河阳小学	6	23	39	39	221	39	33	39	32	37	41
大前小学	6	38	42	42	210	42	30	34	31	35	38
狮东小学	7	56	36	36	289	36	51	65	35	50	52
东凉小学	6	43	36	36	214	36	26	39	35	31	47
岭头小学	12	66	91	91	491	91	77	82	76	83	82
槐山小学	6	17	37	37	131	37	24	20	19	11	20
区第二实验小学教育集团福炼校区	33	280	261	261	1497	261	276	273	234	232	221
庄重文实验小学	48	330	428	428	2417	428	442	420	442	362	323
区第三实验小学	32	241	249	249	1524	249	300	308	227	231	209

续表 10

学校名称	教学班数（个）	毕业生数（人）	招生数（人）		在校生数（人）						
			合计	受过学前教育	合计	一年级	二年级	三年级	四年级	五年级	六年级
三朱学校	21	135	192	192	987	192	188	171	146	146	144
北大培文实验学校	24	99	80	80	765	80	135	166	152	126	106

2020 年泉港区初中基本情况表

表 11

学校名称	教学班数（个）				毕业生数（人）	招生数（人）	在校生数（人）				
	合计	按年级分			合计	合计	合计	其中：女	按年级分		
		一年级	二年级	三年级					一年级	二年级	三年级
叠加合计	282	99	94	89	3522	4623	12753	6116	4623	4322	3808
山腰盐场美发中学	43	18	15	10	523	901	2199	1046	901	773	525
民族中学	3	1	1	1	18	52	128	72	52	34	42
博文中学	24	8	8	8	295	365	1021	399	365	347	309
三朱学校	8	3	3	2	87	129	311	166	129	106	76
坝头中学	7	2	3	2	90	97	302	160	97	114	91
三川中学	17	6	6	5	221	272	820	419	272	313	235
圭峰中学	23	8	7	8	332	406	1111	578	406	369	336
南埔中学	24	8	8	8	341	358	1097	580	358	374	365
鸠林中学	13	4	4	5	200	177	572	246	177	202	193
北大培文实验学校	24	8	7	9	208	284	877	279	284	267	326
泉港六中	18	6	6	6	260	324	874	449	324	280	270
泉港一中	18	6	6	6	236	324	899	428	324	285	290
泉港二中	32	11	11	10	406	528	1471	754	528	516	427
泉港五中	16	6	5	5	146	212	556	291	212	183	161
惠华中学	12	4	4	4	159	194	515	249	194	159	162

2020 年泉港区高中基本情况表

表 12

学校名称	教学班数（个）				毕业生数（人）	招生数（人）	在校生数（人）				
	合计	按年级分			合计	合计	合计	其中：女	按年级分（总计）		
		一年级	二年级	三年级					一年级	二年级	三年级
叠加合计	130	45	42	43	1933	1838	5517	2857	1838	1799	1880
北大培文实验学校	6	6	0	0	0	210	210	76	210	0	0

续表 12

学校名称	教学班数（个）				毕业生数（人）	招生数（人）	在校生数（人）				
	合计	按年级分			合计	合计	合计	其中：女	按年级分（总计）		
		一年级	二年级	三年级					一年级	二年级	三年级
泉港六中	18	6	6	6	214	218	664	302	218	231	215
泉港一中	36	12	12	12	551	499	1590	851	499	531	560
泉港二中	28	8	10	10	499	398	1341	742	398	462	481
泉港五中	24	7	8	9	385	296	1053	562	296	355	402
惠华中学	18	6	6	6	284	217	659	324	217	220	222

特殊教育

【特教资源中心建立】 2020年，泉港区按“一个机构，两个牌子”成立“泉港区特殊教育资源中心”，分别由区教育局、民政局、卫健局、残联等相关人员组成资源中心组织机构。配备办公室主任、教研室主任各1人，巡回指导教师3人，康复师3人，心理咨询师2人，承担随班就读和送教上门教育评估及巡回指导任务，为涂岭中心小学和前黄坝头中心小学随班就读基地校提供服务。特教资源中心共投入100多万元按标准配建。

【课题引领】 2020年，泉港特校市级立项课题“培智学校足球康复训练课程开发与利用的实践研究”和“培智学校职高阶段手工皂专业教育康复课程的开发与利用的实践与研究”开题。在泉州师院和市教科所的指导下，特校课题组撰写多篇论文发表于省、市级特教论文刊物和国家级刊物上，促进教师教育科研能力和教学技能的提升。编印《感觉统合》《闽南童玩康复指导册》《丝网花》《面点》职高学生康复教育校本训练教材，发挥省级残疾人足球基地和职业教育基地作用。

【岗位练兵】 2020年，泉港特校开展教师赛课活动，以赛促练促学。进修学校和局初幼教股多次到校指导，随机深入课堂听研课，解剖教学疑难，提高教学水平。3位老师分获市特殊教育优质课评选自闭症组一等奖、智障组及听障组二等奖。开展“三笔字”比赛和普通话比赛，每周精选教师作品进行展示，期末举行“三笔字”、普通话技能现场赛，成绩纳入学校量化考核。

【劳艺体教育】 2020年，泉港特校针对新冠肺炎疫情开展“助残脱贫，决胜小康”第三十次全国助残日暨泉港特校第17届校园艺术节活动。区残联、区教育局开展关心慰问、送康送教活动。学校举办线上文艺节目、微视频、摄影绘画作品、防疫知识竞答评选，评出校级先进助残个人、自强好少年、最美家庭，并予以表彰。学校发挥脑瘫足球、手工DIY、DIY手工皂、心理健康、丝网花、面点制作等优秀校本课程优势，培育学生课余兴趣，让每个学生都能掌握一项体育、一项艺术活动的技能。

【特校康教特色】 2020年，泉港特校学前阶段开设六大康复领域课程，实施领域式个别化康复教学。职业高中阶段以文化类和职业技能康复课程学习为主，根据学生需要选修康复类课程。完善“送教上门”教学管理制度，坚持为无法入学的重度残疾对象开展送教上门服务，进行康复、评估和IEP制定等教学。围绕第29个国际残疾人日，举办“赋予残疾人权利、确保包容与平等”为主题的文艺会演，开展关心慰问、送康送教活动。

2020年泉港区特殊教育基本情况表

表13

学校名称	特教教学班数（个）																	特教学生情况（人）																	
	教学班数																	毕业生数（人）		招生数（人）															
	合计	小学阶段							初中阶段					高中阶段							小学阶段							初中阶段				高中阶段			
		计	一年级	二年级	三年级	四年级	五年级	六年级	计	一年级	二年级	三年级	四年级	计	一年级	二年级	三年级及以上	计	其中：女	计	计	一年级	二年级	三年级	四年级	五年级	六年级	计	一年级	二年级	三年级	计	一年级	二年级	三年级及以上
泉港区特殊教育学校	15	8	1	2	1	1	1	2	3	1	1	1	0	3	1	1	1	49	10	46	82	12	16	8	12	13	21	42	15	15	12	22	10	8	4

职业教育和终身教育

【谋划复办职专】　2020年，泉港区教育局和泉港职专多次组织到福清、泉州、晋江、惠安等地职专学校学习办学经验，与福州大学石化学院、泉港石化园区、石狮通达集团等单位企业探讨职专的办学方向、专业设置，撰写《泉港职专发展五年规划》和《泉港职专复办报告》，为区委区政府复办职专提供参考。

【职业技能培训】　2020年，泉港职专结合新农村建设对各种人才的需求开展培训，其中育婴员参训人数96人，通过70人；保育员参训人数83人，通过47人。开展SIYB创业培训30人，花卉班培训55人，水果班培训65人，征拆迁农民劳动力转移培训116人。泉港航运学校开展渔业职务培训，全年培训学员1586人次。

【职业融合教育】　2020年，泉港特校经过四年职业高中教育办学，探索总结职业教育经验。根据学生个体条件设置职业培训课程，以就业市场为导向设置课程，紧抓职业教育实习这一最关键的环节，与泉州华蓉福利印务有限公司、泉港日盛印刷厂、福建炼化福源保温材料有限公司等企业联合建立职业教育培训实习基地，提高学生综合职业能力。

【开放教育】　2020年，泉港区开放教育本科毕业生25人，专科毕业生64人。其中行政管理本科11人，学前教育专科26人、行政管理专科24人。全区开放教育共招收新生250人，其中本科110人、专科140人。

【终身教育】　2020年，泉港区贯彻落实《福建省终身教育条例》，构建各部门通力协作、社会各界共同参与的终身教育格局，投入30万元用于社区建设、终身教育培训及社区教育活动。健全终身教育联络员制度，在“9·28”终身教育活动日，区终身教育促进委员会联合区科协、科技局、卫生局、泉港社区学院等单位开展终身教育专题宣传活动，营造终身教育的良好社会氛围。发挥社区学校作用，加强各社区学校的内部管理，发挥社区学校技能培训等方面的作用。

科技

科技创新与市场

【强化创新主体培育】 2020年，泉港区推荐5家企业申报2020年第一批国家高新技术企业、9家企业申报2020年度省级高新技术企业入库备案、组织8家企业（含复审）申报第二批国家高新技术企业。全年新增高新技术企业11家，推荐支持涂岭红茶众创空间、闽创众创空间获批2020年市级众创空间，推荐支持立亚化学公司、迅达石化公司获批2020年市级新型研发机构，全区现有省级以上高新技术企业24家，入库福建省2020年科技型中小企业23家，省科技小巨人领军企业24家。

【推进“两区一园”建设】 2020年，泉港区编制印发《福建泉港高新技术产业园区总体发展规划》和《福建泉港高新技术产业园区产业发展规划》，通过司法竞拍、零地招商等渠道，累计盘活高新园区闲置低效用地14.67公顷，闲置办公楼、厂房5.5万平方米，完成皮革集控区场地土壤检测专家评审，6家企业顺利移除市生态环境部门“疑似污染地块清单”，服务灿华再生资源公司的“年产PE改性再生料”项目加快建设、总投资约2.5亿元；启动泉港石化科技众创园（一期）基础设施建设，完成办公楼、宿舍楼等装修工程，同步开展招商工作，新设立5个专家工作站，中试厂房引进福建佑达等4家科研企业入驻中试，对接北京国科及北京青创等第三方服务机构洽谈运营众创园事宜；泉港新材料高新技术产业园区在泉州高新区“一区多园”2020年度考核位列第6名。

【创新平台建设】 2020年，泉港区服务推进“中国福建化学工程科学与技术创新实验室”基础设施建设，完成共建协议签订、第一批7名电子化学品领域院士专家学士委员会聘任等工作；支持福建师范大学泉港石化研究院获批“福建省高分子材料产业知识产权运营保护中心”，正式挂牌“福建省合成树脂功能化产业技术创新研究院”，加快电子精细化学新材料工程技术中心建设，扶持佑达环保公司进驻石化科技众创园开展“TFT面板清洗剂”“高浓度CF显影液”等产品中试（“CF用高浓度显影液的技术开发” 创新项目获得第八届福建创新创业大赛三等奖），落地泉港石化园区产业化生产，总投资1亿元，实现福建省湿电子化学品产业化零的突破。

科技服务

【优化科技扶持政策】 2020年，泉港区制定《疫情防控期间支持企业科技创新工作五条措施》《新经济抢滩布局行动工作实施细案》《推动科技服务业创新发展实施方案》等，对省、市及区科技计划项目等10个办理事项采取全流程网办，做到业务办理“不见面”；抓好区委巡察整改，修订内控管理完善制度举措22项，邀请派驻纪检监察组全程监督2020年度全部项目评审专家抽取8批次（涉及市级项目9个、区级33个），提高依法依规履职水平；编制发布2020年度区级科技项目申报指南，围绕“科技战疫，创新强国”主题，开展农村科技线上远程培训、科技创新成果展示、科技讲堂、科技创新帮扶等科技活动周系列活动，营造声势强劲的科技创新热潮。

【搭建引才引智载体】 2020年，泉港区推荐获批2020年度省级科技特派员5人、团队科技特派员1个，推荐获批2020年度市级科技特派员7人，推荐获批2019年度省级科技特派员6人、补助经费12万元，涉及群众文化、种植技术等领域，科技赋能乡村振兴；招收引

2020年8月23—29日，泉港区开展2020年度“科技人才活动周”宣传活动

（区科技局 供图）

进优秀科研人员23名，其他省级人才2名，旗山学者2名、博士13人（其中5人有博士后经历）、硕士97人，付贤智院士团队及国家级人才鲍晓军、江莉龙等7个高水平科研团队确定成为首批入驻省实验室的科研团队。全区入选市级高层次人才508人，省级高层次人才76人，国家高层次人才19人，为产业转型发展提供人才支撑。

【助力企业复工复产】 2020年，泉港区建立线上线下服务机制、重点企业局领导挂钩联系制度，协调帮助小丰医疗科技、中科职业卫生监测等科研企业解决产品研发急缺设备，联系福建省医疗器械和药品包装材料检验所落实口罩统一送检工作，为企业科技复工复产精准“补钙”。紧急启动区级应对新型冠状病毒感染的肺炎疫情科技计划，对疫情防控领域的科技项目，采取“一事一议”方式给予立项支持，优先保障项目资金，相关做法得到中国科技网等刊发；3个项目获市、区疫情防控专项立项，后补助30万元；疫情防控期间建立复工复产线上服务平台2个、常驻业务骨干4名，参加组织纪律督导人员1名，接受咨询服务60余人次。

科技计划项目

【概况】 2020年，泉港区推荐3个项目申报科技部“科技助力经济2020”国家重点专项，获立项1个、国拨经费50万元；推荐19家企业30个项目申报市级以上科技计划项目，获立项6项；引导推荐百川科技、钟山化工等7家企业列入2020年市级企业技术中心培育对象，企业研发支出4600万元；奖励2019年度区级企业自主创新奖励项目16项262.09万元。

科技成果与奖励

【概况】 2020年，泉港区争取清源创新实验室建设补助经费到位1.5亿元；获得2019年度备案入库省级高新技术企业省级承担奖补资金56万元、市级承担奖补资金42万元、2018年度企业研发经费补助资金省级承担奖补资金81.26万元、省级科技创新券补助6.1万元、省级众创空间新增孵化用房补助5万元；获得2020年度三批市级科技计划项目经费补助共计111.5万元；组织5家企业申报2020年度小巨人领军企业研发费用加计扣除奖励305.83万元、17家企业申报企业研发经费投入2019年度补助591.46万元。

2020年9月27日，清源创新实验室第一届理事会第一次会议召开

（区科技局 供图）

防震减灾

【全面摸底排查避灾点】 2020年，泉港区建立“村（居）自查、镇（街）检查、部门督查”三级排查体系，以避灾点的选址、房屋结构、通风排水、消防应急通道、用电用气等方面为重点，加大摸底排查力度，切实摸清全区避灾点底数和建设情况，绘制全区避灾点分布图，制作避灾点标识牌和路线指示牌，并按照边排查、边整改的原则，消除各类安全隐患。全年提升建设纳入市为民办实事项目，泉港区“5·12”防灾减灾周宣传活动在中国网海丝泉州频道刊登报道。

【落实监测预报和预警工作】 2020年，泉港区开展地震监测业务，推广地震预警终端。参加省、市地震局组织的业务培训；做好地震监测数据的日常采集、分析、上报和月报表、会商、台站年度运行报告、年度观测工作报告报送工作。加强地震监测设施和观测环境保护，落实地震观测台站和宏观观测点月巡查制度，共排除泉港一中地震监测台站故障2次，推进地震监测台站标准化建设。截至2020年底，共建成160处地震预警发布终端，超额完成“十三五”规划的任务目标数155处。

【防震减灾宣传教育】 2020年，泉港区开展防震减灾“五进”，加强群防群测意识。联合区教育局组织泉港一中、泉港二中、泉港五中和福师大泉港实验中学开展新生入学防震减灾知识讲座。组织参加全市防灾减灾知识视频讲解比赛，获优秀奖一个。开展泉港区《中华人民共和国防震减灾法》实施情况调研。结合科技活动周、防灾减灾日、“7·28”地震纪念日和国际减灾日等活动，广泛动员社会力量参与防震减灾科学普及。分发防震减灾宣传折页，依托“泉港应急管理”微信公众号、宣传短信、广播电视、泉港科技馆（地震科普馆）等渠道，普及防震减灾知识。全年共开展防灾减灾宣传活动22场次，发放防震减灾宣传材料8种共4万多份，发送防震减灾宣传彩信5万多条。

【增强地震应急处置能力】 2020年，泉港区推进地震灾害风险防治，提升地震应急响应能力。开展建设工程地震安全监管检查，参与综合减灾示范社区建设情况，制定房屋设施抗震加固工程实施方案。加大防震减灾法律法规宣传教育力度，“5•12”全国第12个防灾减灾日宣传周期间，组织全区近100所中小学校开展校园防震减灾宣传和地震紧急疏散演练，5万多名师生参与。向每个地震应急避难场所各拨付维护经费1万元，开展地震应急避难场所季度巡查，确保在地震或其他灾情发生需要启用地震应急避难场所时，各个场所正常启动运行。

地质灾害防治

【地质灾害隐患排查】 2020年，泉港区组织人员及技术专家对已登记造册的地质灾害隐患点、高陡边坡等，进行全面核实排查，核实和掌握隐患类型、威胁范围、威胁对象和危害程度的动态变化等，明确每个地质灾害隐患点的防灾责任人和防范措施。发现26处地灾隐患点及高陡边坡点的警示标志遗失或标志模糊，全部整改到位。配合各镇（街道）、各职能部门对职责范围内监管的区域进行拉网式排查，对位于地灾易发区的城镇、乡村、集市、医院、监狱、养老院、学校等人员集中地；铁路、公路等交通干线沿线和重要工程建设活动区等区域；以及涉疫医疗、观察、检测场所和避灾点是否避开可能遭受泥石流、滑坡、崩塌等地质灾害威胁的危险地段进行全面覆盖排查，不留一处死角。对地灾点、高陡边坡的“两卡”进行检查，有丢失、损坏的再次补发（共补发30份）。对原有的监测人员进行核对排查和必要的调整，做到“点点有人管、处处有人抓”。

【调配地质灾害排查整治力量】 2020年，泉港区制定《泉港区地质灾害风险隐患大排查大整治详细工作方案》，明确地灾大排查大整治涉及的各镇（街道）人民政府、区直各部门工作职责。要求各镇（街道）发动驻村干部、协管员、群众及监测员等进行拉网式的大排查，发现新的地灾隐患点，要及时上报纳入地灾隐患点清单管理，落实防范措施；发现有变形迹象或险情的，设立警示标志，及时启动地灾应急预案。发现重大险情的，及时按规定上报。各镇（街道）人民政府、区直各部门未发现新的地灾隐患点。全区核销地质灾害隐患点和高陡边坡点23处，减少威胁35户157人生命财产安全，现存地质灾害点隐患点2处（其中涂岭1处，后龙1处）；高陡边坡点24处（其中南埔9处，前黄1处，后龙3处，涂岭7处，峰尾4处）。对以上地质灾害点和高陡边坡点，严格按照要求建立区—镇（街道）—村（居）三级地质灾害监测管理网络体系，建立以区、镇（街道）主要负责人负总责的责任制，将地质灾害群测群防任务分解到镇（街道）、村（居）两级，明确具体监测人和监测单位责任人。

文化

公共文化

2020年9月25日，泉港区创建国家公共文化服务体系示范区迎检动员大会召开

（区文体局 供图）

【公共文化设施建设】 2020年，泉港区完善公共文化设施，区文化馆做好国家一级馆复评，图书馆按国家一级馆标准完善，博物馆新增海丝非遗馆。7个镇（街道）文化站提升项目全部达标验收。村（社区）综合文化服务中心列入区级为民办实事30个，实现全覆盖，按照标准建设和提升。涂岭镇综合文化站入选2020年全省文旅功能融合试点，前黄镇前黄村综合文化服务中心入选基层综合文化服务中心省级优秀示范点，涂岭镇秀溪村综合文化服务中心入选全省村级综合文化服务中心提升项目，前黄镇后张村、南埔镇惠屿村列入市级村（社区）基层综合文化服务中心示范点。《峰尾：共享文化惠民成果，为幸福生活“加码”》《东张村：公共文化治理齐参与 提升百姓生活幸福感》《乡贤捐楼，群众赠书！这个文化服务中心很不错》等在省、市、区电视台播报。

【公共文化供需对接】 2020年，泉港区创新公共文化供给新模式，打造“线上+线下”的文化供给新格局，通过实施“云文化”工程，推送“书”暖人心、“艺”暖人心和“游”暖人心等公共文化“线上”服务，丰富群众精神文化生活。图书馆移动图书馆App系统推出互联网+图书馆服务，提供100多万种电子图书、7800万篇报纸全文、3000多种特色专题的在线阅读以及下载后的离线阅读等服务。针对产品、受众、到达率，采取“上挂下联”的办法，链接国家、省和市公共文化场馆的数字文化资源，推进上下一条线，全区一张网，服务全覆盖，实现公共文化服务与群众文化需求有效对接。在线下实施文化惠民工程，开展公益性免费培训、文艺会演和公益巡演系列文化惠民活动，丰富群众精神文化生活。村（社区）层面，各村（社区）依托文化骨干力量，自发组织广场舞、太极拳、健身气功等活动，群众参与文化活动成为生活常态。

【公共文化多元参与】 2020年，泉港区确立《深化公共文化群众参与性治理》研究课题，并列入泉州市开展公共文化服务体系创新体制机制试点工作。

公共文化体育机构免费辅导群众开展常态化文体活动。全区成立328支文艺团队，每个村（社区）均有3个以上。这些乡村文艺团队以群众喜闻乐见的文化巧切入，通过小故事、潮元素、微传播相结合，让“土文化”以新形式“飞入寻常百姓家”。在试点工作的基础上，印发《泉州市泉港区深化公共文化群众参与性治理的实施方案》，形成有效运行的长效机制，实现公共文化服务供需平衡。

文博工作

【夯实非遗传承体系】 2020年，泉港区涂岭红茶、峰尾渔网具制作、山腰海盐晒制被列入文化和旅游部全国公共文化发展中心确立的2019年地方资源数字化建设项目——“泉州海丝文化微视频”；推荐螺钿制作技艺、圣公陪妈祖、泉港掌中木偶戏公布为第六批市级非物质文化遗产代表性项目，公布第一批推荐区级非物质文化遗产代表性项目代表性传承人19人，推荐第八批市级物质文化遗产代表性项目代表性传承人10人和第五批省级物质文化遗产代表性项目代表性传承人3人。

【扩大非遗对外影响】 2020年，泉港区与腾讯新文创合作发展“水密隔舱福船数字文创项目”，创立以“水密隔舱福船数字文创项目”为载体的海丝文创共享区，通过数字化的虚拟现实演绎方式，赋予传统文化以新的内涵。6月13日，中央电视台新闻频道播报泉港区创立海丝文创共享区的新闻《虚拟现实线上线下 助力海丝文化传承创新》。在“水密隔舱福船数字文创项目”合作的基础上，围绕“共享海丝、共享文化”主题，共同打造中国首款海丝人文手游《新剑侠情缘手游·龙雀出渊》版本，为中国手游首次尝试将海丝文化植入到游戏中，互动用户数85万，视频播放量735万人次，整体曝光量3500万次。泉港海丝文创共享区入选腾讯新文创四月月报，在腾讯办公区宣传海报位、电视屏幕展示。

【文物保护】 2020年，泉港区做好第九批省级文物保护单位补充申报遴选工作，完成新桥张氏建筑群申报第九批省级文物保护单位文本制作，送交市政府申报。做好为民办实事项目省级以上（含省级）文保单位电气线路套管敷设和智慧安全用电系统建设。结合全区房屋安全大检查，开展文博单位消防和建筑物安全集中排查整治，组织开展文物安全消防演练。消除文保单位安全隐患。完成省级文物保护单位定线落图工作，报市局论证验收工作。完成海丝非遗厅提升工程并投入使用；编制《泉港土坑村古建筑群消防工程项目设计方案》并通过省文物局评审。开展全区不可移动文物补查并完成各级文物保护单位档案的收集和整理工作。与市文博支部共建，举办昔日涛声的记忆——泉州22个申遗点图片展。

文化市场管理

【文体旅市场疫情防控】 2020年，泉港区文体旅游局在疫情发布后，执法人员第一时间深入文化体育旅游市场第一线劝导娱乐场所、网吧经营场所、体育场馆、星级酒店、旅游景区立即停止营业，组织分成三个检查组昼夜加强巡查，全区娱乐场所、网吧、体育场馆、星级酒店、旅游景区全部暂停营业，杜绝疫情在密集型场所进行传播和传染。

【房屋安全隐患排查整治】 2020年，泉港区文体旅游局加强文化体育旅游市场经营场所房屋情况的研析和判断，联合第三方消防安全机构对娱乐场所、网吧、体育场馆、星级酒店、旅游景区等经营场所房屋安全隐患的排查整治，建立一企一档资料，排查发现的安全隐患问题全部整改到位。

【文化体育旅游市场复工复产】 2020年，泉港区文体旅游局在疫情期间做好文化体育旅游经营单位复工复产诉求解释工作，加强沟通协调，对接省市文体旅部门，跟踪复工复产相关政策。加强市场检查，现场督导文化经营单位严标准高质量落实各项防控规定，做好资料整理建档，推进复工复产工作。

【文化市场执法管理】 2020年，泉港区文体旅游局制定建立《文化市场日常检查制度》《文化市场罚没物品管理制度》等规范制度，加强执法人员业务学习交流，案件案例探讨分析，注重廉洁自律教育，执法大队全员参加文化和旅游部文化市场技术平台网络培训。开展文化市场专项整治行动。坚持线上监督和线下执法相结合的工作原则，按规范开展文化市场“双随机、一公开”执法检查，重点打击非法出版物专项行动；开展校园周边文化市场整治专项行动，开展经营性演出专项排查检查，开展艺术品市场专项检查，开展社会艺术考级排查摸底等工作。全年共开展执法检查32次，检查人员85人次，发出整改通知书5份，取缔2家无证黑网吧，办理案件1件。

【推进“扫黄打非”】 2020年，泉港区文体旅游局开展“清源2020”专项行动，深化查堵反制境外非法出版活动，从源头上堵截非法出版物、反动宣传刊物等进入寄递渠道；开展“净网2020”专项行动，深化打击网络淫秽色情信息。加强网上巡查力度，密切关注网上舆情信息动态，依法对属地新闻网址、商业网址、论坛和个人微博客进行全面排查，遏制政治类有害信息和淫秽色情信息，加强对不良网络信息和有害信息的监控。开展“剑网2020”专项行动，发挥文化综合执法作用，坚持日常巡查和重要时间节点集中检查相结合，打击网络侵权盗版违法行为；开展“秋风2020”专项行动，查处有害和非法少儿出版物及信息。全年共出动执法人员20人次，检查校园周边书店和图书报刊经营单位21家次，共收缴盗版中小学教辅材料20多本，检查出版物印刷企业5家次。

党史研究

【党史宣传教育】　2020年，泉港区委史志室深入锦祥社区、山腰庄氏光正嫡系堂开展党史和地方志法规宣传，通过赠送地情书刊、发放党史和地方志法规知识手册、地情卡等，及现场讲解等方式向群众介绍党史和地方志法规知识，提高党史和地方志工作社会知晓率。到泉港区益海实验小学开展地情文化进校园活动，参与异地商会文化宣讲，增进学生及在外乡贤对家乡地情文化、党史等知识了解。成立党史和国防教育宣讲队，拍摄《红色头北》纪录片，利用重要纪念日节点，举办主题教育或纪念日活动。承办“惠安暴动”90周年纪念活动暨泉州市红色文化、廉洁家风经典旅游线路启动仪式，弘扬传承红色文化精神，活动点击量200万＋。加大史料整理、投稿送稿力度，在“学习强国”平台发表《海上抗日游击队活动点——后龙湾》《北海区工委驻地旧址》《苏法全：置生死度外，传播革命火种》等红色史料3篇。

【党史研用】　2020年，泉港区委史志室通过征集、调研、查阅档案、工作交流等形式，抢救、挖掘本地红色资源素材。出版《红色记忆——泉港革命史通览》《陈平山传略》。开编《泉港组织史资料》，筹备汇编2001年以来区委大事记、历届区党代会材料。协助编纂《中国共产党惠安县历史》（第二卷）。做好每月《区委大事记》的采编、校核、刊发工作。申报三朱地下交通站旧址、“惠安暴动”红一团集结地旧址、陈平山烈士纪念碑、陈平山故居、吴敦仁烈士纪念碑等五个革命遗址为泉州市第二批党史教育基地；筹建泉港区党史教育基地——王好发旧居、中共惠安直属区委机关旧址、中共涂岭“火花”支部活动点。启动“三区联创”项目，到仙游县委党史研究室、仙游县方志办、洛江区委史志室，相关镇、村对接，签订“三区联创”协议，筹备党建共建推动医疗保障服务三坪革命老区活动。开展县际工作交流，到惠安档案馆、惠安革命历史博物馆、长泰县委史志室等地调阅资料，采访关键人物，收集资料，组织人员到漳州长泰参加吴国珍故居揭牌仪式。

2020年9月16日，纪念“惠安暴动”90周年暨泉州市红色文化、廉洁家风经典旅游线路启动仪式在泉港举行　　（区委报道组 供图）

地方志

【志鉴编纂】　2020年，泉港区委史志室严格按照《地方志书质量规定》要求，根据区志评议稿修改方案，吸收有关专家、学者的建议，优化志稿总篇目、框架结构、篇幅章节，组织修志业务骨干多方搜集整理补充有关资料，做好区志评议稿的修改和缺漏资料补充工作。基本完成所有卷的修改工作，已送出版社审定，取得刊号，完成“两全”目标。协调推进《泉港区教育志》《泉港区盐业志》《泉港区海防志》评稿审验工作，指导《泉港法院志》编纂。完善村志编纂指导组工作机制，修改完善《凤阳村志》；指导肖厝、东张、土坑、诚平、钟厝、樟脚等村村志村史书籍编纂，其中东张村、肖厝村、土坑、诚平等村已完成初稿。出版《泉港年鉴（2020）》。《泉港年鉴（2019）》获评福建省优秀年鉴（2019卷）三等年鉴。完成《福建年鉴（2020）》《泉州年鉴（2020）》泉港部分撰写。

【文史资料整理】　2020年，泉港区委史志室整理出版古籍《鸡肋集》。与区民宗局继续联合编纂《泉港宗教》系列丛书。出版《海丝港市遗址》，举行发行仪式。协同区妇联等单位完成《馨风传家——泉港区家风故事汇》一书编纂。开展口述历史采编工作，共采访56篇。加快《泉港历史文化》《烽火泉港》编纂步伐，协助推进“闽南金三角”丛书、《古驿道》、《古寺庙》等书籍的资料征集工作。与卢琦后代筹备编纂《卢琦传》。

【方志馆建设】 2020年，泉港区委史志室开展方志馆二期布馆工作，完成民生馆和侨史馆布馆工作，推进泉港红色文化馆建设，接待广东江门市方志办、泉州海关泉港办事处、兰陵文化研究会、泉港区跆拳道协会等15批次，200多人次。联合区委宣传部，完善方志馆爱国主义教育基地建设，完成场馆布置等。做好全国各地政协、兄弟单位等捐赠图书的登记整理工作，接受区内外捐赠图书11批次，共98册。通过外出学习、单位联谊、主动索取等，广泛征集、购买图书，累计藏书1万多册。

【刊、网建设】 2020年，泉港区委史志室办好《泉港月志》《泉港地情卡》，刊印《泉港月志》3期，分发区直各单位、异地商会和代表性人物，及时宣传区委、区政府决策部署和工作进展。优化“志慧泉港”公众号建设，全年发布微信152条，传播方志正能量。

【方志文化调研】 2020年，泉港区委史志室完成2020年泉州市优秀传统文化传承发展专项资金项目《陈平山传略》、2020年泉港区福安文艺创作奖励扶持基金项目《卢琦传》的课题申报工作。完成2020年泉港区社会科学规划项目《史志工作助推乡村振兴战略的实践与探索——以泉州市泉港区为例》《泉港红色文化的传承与弘扬研究》，以及2020年度党建调研课题《党建共建推动红色文化传承发展的思考》等课题撰写上报工作。推动2019年市社会科学规划项目“海丝背景下泉港头北话在台湾的传播与发展”课题研究，并已结题。指导论文《尔健思隐好家风，民族团结好窗口——畲家钟厝村家风文化与民族团结进步窗口建设例谈》入选“闽东之光”首届畲族文化研讨活动。论文《方志工作主动助推乡村振兴的实践与探索——以泉州市泉港区为例》入选首届全国方志论坛暨中国地方志学会方志分会2020年年会。

【实施“志慧工程”】 2020年，泉港区委史志室紧扣方志工作联系广泛、资源丰富优势，推进传志、用志工作。与东南早报联合开编“泉港小吃”专栏，宣传推介泉港小吃文化。做好寻根谒祖对接活动，派员到莆田协助迁居岳秀的肖厝族人寻根。联合区档案馆开展“乡村文化记忆”项目建设，推进东张、肖厝、土坑、诚平、诚峰等村“乡村记忆文化”项目建设，指导布馆和地情丛书编纂，峰尾镇诚平村、界山镇东张村、后龙镇土坑村、南埔镇肖厝村通过市级验收。开展陈同文化及路口村历史文化研究，推动路口村“红色文化村”建设。参与组织“千年古驿道”探访活动。完善峰尾、后龙方志工作联络站制度建设，探索“开门修志”民间参与的新模式。

【推进“三同工程”】 2020年，泉港区委史志室立足泉港方志工作文献权威、联系广泛、人才汇聚等资源优势，通过开展同宗对接、同名对结、同化对续等形式，搭建两岸方志文化交流新平台，推进两岸人员交流。1月12日，金门农中黄来访，探访两岸文化交流；5月14日，协商台胞林日项目建设，推进两岸方志文化交流；8月28日，接待高雄台胞林日，协商推进两岸三同文化交流。

【探索“一岸一路工程”】 2020年，泉港区委史志室围绕古代渔、商船行走的海岸线，沿着泉港姓氏迁播的陆上路线，追访、记录在外泉港人牧海耕渔的足迹。收集整理泉港浦城移民信息资料，出版《泉港人在浦城》。协同区委统战部、区工商联两次召开在外乡贤普查工作会，启动《泉港人在海南》编纂，记录泉港人在海南的足迹。

档案管理

【推动“乡村记忆文化”项目建设】 2020年，泉港区档案馆主动融入乡村振兴战略大局，将“乡村记忆文化”工程纳入区委区政府为民办实事项目。与东张村、诚平村、肖厝村、涂坑村等四个第二批试点村签订项目协议书，开展项目推进调研活动，拨付补助经费9万元，推动第二批试点村的初期建设工作。围绕市“乡村记忆文化”项目建设测评标准的要求，联合区委史志室指导前黄村开展“乡村记忆文化”项目建设，落实首批试点村的收尾工作，以90.5分的高分顺利通过市级验收，取得“优秀”等次。

【做好区级机构改革中档案工作】 2020年，泉港区档案馆以两办名义转发《泉港区档案局关于做好区级机构改革中档案工作的意见》，明确区级涉改部门和单位做好档案收集、整理、保管、利用和清点、交接等工作，重新编制或修订机关文件材料归档范围和文书档案保管期限表，做好档案接收进馆及相关准备工作，防止因接收不及时出现档案遗失等情况。

【促进严格规范公正文明执法】 2020年，泉港区档案馆根据《泉港区人民政府办公室关于全面推行行政执法公示、执法全过程记录、重大执法决定法制审核三项制度的通知》的要求，结合单位实际，制定全面推行行政执法公示制度、执法全过程记录制度、重大执法决定法制审核制度，规范行政执法主体，深化依法管档实践，推进严格执法。

【区级重点项目档案管理】 2020年，泉港区档案馆严格按照《中共泉港区委办公室、泉港区人民政府办公室关于做好泉港石化工业区安全控制区房屋征收补偿档案管理的通知》要求，联合总指挥部办公室走访调查7个片区指挥部，全面了解7个片区安控区房屋征收补偿档案数量、保管条件、经费保障、管理机制等相关情况，确保安征迁过程中形成的文件材料收集归档齐全、完整、真实、准确。跟踪全区土地承包经营权确权登记颁证工作进度，多次实地走访区农水局，为施工方解答档案收集、整理过中的疑问，指导施工方开展档案整理、数字化加工，明确档案业务规范、加工环节与质量要求。

【档案监督指导】 2020年，泉港区档案馆加强与各单位档案人员的业务知识、规范标准、操作技能的沟通交流，解答相关档案业务的具体问题，采取现场走访、电话咨询、邮件沟通等多种方式开展业务各类档案指导，包括文书档案、婚姻档案、村级档案、农村土地承包经营权确权登记颁证档案、石化安控区房屋征收补偿档案、污染源普查档案、“不忘初心、牢记使命”主题教育档案、渔船油补档案、财政指标档案等，累计指导农水局、民政局、台办等20个单位，针对存在问题，提出整改的具体指导性意见，督促有关单位及时改进。

【档案安全防范】 2020年，泉港区档案馆按照相关制度与要求进行档案信息安全管理，实行专人专岗，落实档案安全保密工作。严格落实档案库房安全管理制度，按照“八防”的要求，定时对库房内的温湿度进行监测，根据变化情况，进行归纳分析，利用现有条件，对库内温湿度进行调控。定期打扫库内卫生，保持库内的清洁、整齐、美观。定期检查库内各种设备，发现故障，及时维修，确保设备的正常运转。

【完善档案馆藏资源】 2020年，泉港区档案馆接收统战部、民政局、台办等5个单位的档案，其中文书档案20卷7517件，婚姻档案5610件，会计档案67卷，实物58件。开展档案资料征集工作，向宣传部、史志室、政协办等单位征集老照片，向区委办、党工委、史志室等单位征集图书资料，重点收集国家领导人在泉港考察调研照片19张、视频3件、贺电2件。规范整理档案资料，整理编目文书档案159件，实物档案301件，重大活动档案139卷，图书资料1000册，数码照片5002张。区档案馆现有63个全宗，文书档案6216卷90586件，专门档案5437卷71541件，寄存的档案31237卷，数码照片档案5002张，实物档案301件，图书资料2161册。

【档案宣传】 2020年，泉港区档案馆按照省、市的文件要求，结合实际制订“6·9”国际档案日宣传活动方案，开展宣传活动。通过移动平台在6月9日向全区移动手机用户发送档案知识宣传短视频。通过电视台在循环播放“6·9”国际档案日宣传标语，扩大宣传效果。与锦祥社区联系，联合开展档案宣传活动，通过发放宣传册、宣传品，增强群众的档案意识。在单位门户网站及时发布宣传活动实时动态，提高群众参与度。12月4日，开展第六个国家宪法日暨“宪法宣传周”法制宣传活动，发放档案法治宣传手册，讲解档案法律知识。

【推进档案数字化】 2020年，泉港区档案馆坚定实施“存量数字化、增量电子化”战略，加快馆藏传统载体档案数字化工作，指导区各单位开展档案数字化工作，接收民政局、史志室、统战部等5个单位的档案数字图像文件7.63万页，数字化馆内文书档案、重大活动档案、国电福建南埔电厂项目房屋征收补偿档案2.14万页。馆藏档案数字图像文件数量195.55万页，数字化比例99.98%。

【到期档案鉴定】 2020年，泉港区档案馆制定档案鉴定工作制度，成立档案鉴定工作领导小组，摸底馆藏到期未鉴定的档案数量，馆藏应鉴定档案数量27875条，鉴定档案20197条，开放档案数量7226条，鉴定档案数量占应鉴定档案比例为72%，开放档案数量占全部完成鉴定档案数量的比例为35%，优化馆藏档案价值体系，推进档案信息资源开放利用。

【档案服务社会】 2020年，泉港区档案馆拓展档案的利用途径，通过现场查档、电话咨询、邮件沟通、传真传送等多种形式，提供便捷的档案服务。2019年，共接待档案用户1270人次，提供档案、资料利用3413卷（件）次，复印和传真档案资料7351页。通过对外利用文书、婚姻、房屋地契、会计、一体化项目征地拆迁补偿等档案，较好发挥档案参考凭证作用，起到提供决策依据、编史修志、法律诉讼、调解婚姻矛盾、确定房屋土地权属、房产过户、清理固定资产、财务审计、孩子入学等作用，解决群众纠纷矛盾，促进社会和谐稳定。

【现行文件利用】 2020年，泉港区档案馆规范政府信息公开文件接收流程，主动接收全区各单位公开文件，规范整理公开文件，便于群众查询利用。截至12月底，接收34个单位共1544份信息公开文件，内容涉及医疗卫生、劳动人事、社会保障、物价审计、财政税收等方面。

广播 电视 电影

【政务服务】 2020年，泉港区融媒体中心围绕区委区政府工作大局，牵头策划“防抗疫情我们在行动”“决战决胜脱贫攻坚”“项目攻坚2020”“安全隐患大排查大整治百日攻坚”“网络孝文化节”“创城创卫进行时”“我这20年”“20年，我们一起走过”等多个话题议题，凝聚发展共识。

2020年8月26日，县级融媒体中心省级验收组到泉港开展验收工作

（刘泽阳 摄）

【媒体传播提质增效】 2020年，泉港区融媒体中心推进《泉港新闻》质效提升，采播新闻700多条在市级以上媒体播出，其中24条中央级媒体（3条在央视《新闻联播》）播出、101条在省级媒体（14条在福建电视台《福建新闻联播》）播出、561条在市台播出。与新华网合作拍摄《山水泉港》宣传片在新华网客户端发布获130万余人次阅读量。“i泉港”政务微信公众号共有71条民生新闻阅读量破万人次，2条10万人次，在疫情防控、民生服务、舆论引导上发挥作用。

【民生服务】 2020年，泉港区融媒体中心针对疫情期间农副产品滞销问题，深入乡村，牵头开展海上惠屿“鲍”福助农直播活动、秀溪枇杷节暨“暖春先锋助农”活动等“云直播”50多场。战疫期间，深入一线采访报道，编辑《战疫风采》25期，推出50个先进典型（集体），展示全区各方块防控疫情的感人事迹和奉献精神。帮助因疫情而受困的农民售卖产品，在疫情防控阻击战中彰显媒体人作为，获评“泉州市学雷锋示范点”称号。

【融媒体中心通联站成立】 2020年9月，泉港区融媒体中心在7个镇（街道）建设成立融媒体中心通联站，整合基层宣传通讯员、网络阅评员、民间新媒体人士等，将信息来源触角延伸至镇村、部门。

2020年10月23日，泉港建区20周年百村行系列报道开机仪式举行

（区委报道组 供图）

【证照申办】 2020年，泉港区融媒体中心应媒体融合发展需求，申办互联网新闻信息服务许可证、信息网络传播视听节目许可证、APP电子版权认证证书、计算机软件著作权登记证书等证件，均为首批获得许可、发证。其中，互联网新闻信息服务许可证为全省首批17个之一，全市首批2个之一。

【广播、电影播映】 2020年，泉港区融媒体中心完成全年1104场次放映任务。结合疫情防控、复工复产、中共十九届五中全会、脱贫攻坚、乡村振兴等内容，发挥农村有线广播“村村响”在泉港区101个行政村（居）全覆盖的优势，采用普通话、方言播放和新媒体传播等方式，向基层群众播报防疫知识、政策宣传等。

报刊 图书

【图书馆运营概况】 2020年，泉港

区图书馆以泉州市创建国家公共文化服务示范区为契机，倡导全民阅读，建设书香泉港，贯彻落实区委区政府关于文化工作的决策部署，服务广大读者。疫情期间，实行闭馆不闭网，每周通过微信公众号线上宣传各种相关的防疫知识，开展线上防疫知识竞赛。因疫情防控需求，图书馆闭馆4个月后开馆实行每天限流200人，暑假期间为方便读者借阅，将每天限流200人提升至400人，全年的借阅量为17.96万册次。名列全国县级图书馆微信订阅号影响力TOP100，全省县级图书馆微信订阅号影响力TOP5。

2020年10月23日，泉港区社会科学普及宣传周启动仪式举行

（区委报道组 供图）

【电子图书馆建设】 2020年，泉港区图书馆在闭馆期间新增多种电子数据资源：QQ阅读、云图有声（有声图书馆）、移动图书馆、博看期刊、连环画、泉港图书馆小程序等，让读者可以足不出户在家随心阅读。闭馆期间电子资源的点击量30万人次。

【阅读推广活动】 2020年，泉港区图书馆开展形式多样的阅读推广活动，线上活动5场，线下活动28场。开展流动车进校园活动，在省文明风刊播上，获泉州市图书馆协会颁发的阅读推广工作先进单位。

【“百姓书房”、分馆及图书流动站管理】 2020年，泉港区图书馆实行所有百姓书房和分馆通借通还，对百姓书房的图书进行更换。百姓书房获得“全国先进农家书屋和基层图书发行单位”称号。新建4个图书流动站和1个分馆（泉港一中分馆）。

【新华书店经营概况】 2020年，泉港区新华书店坚持党的思想文化传播优先、主旋律图书发行优先原则，建立新华书店政治理论读物发行创新服务体系。履行国企社会责任，发行好《习近平在厦门》《习近平在宁德》等系列采访实录和《习近平谈治国理政》第三卷等主题出版物，确保在特殊时期泉港区广大党员干部开展学习。疫情期间，面向泉港区免费提供各类线上教育、阅读资源，开通小程序网购平台、电话代购、快递派送等多项服务，建立泉港新华书店读者微信群，通过微信推送方式，向读者推介新书、好书。

【新华书店卖场升级】 2020年，泉港区新华书店完成卖场转型升级改造，打造集图书销售、休闲、少儿阅读、文创产品、咖啡饮品等多种业态于一体的复合型综合文化消费中心。发挥新华书店作为党的宣传阵地和国有文化企业的优势，推动泉港内机关、单位、学校、社区及周边农村的全民阅读活动，带动“书香社会”建设。是年，被区委宣传部授予“泉港区理论宣讲进万家‘1+3’工程”“泉港区全民阅读活动基地”。

体 育

【场馆建设】 2020年，泉港区新建省为民办实事项目笼式足球场1个，市为民办实事项目多功能运动场1个、全民健身驿站3个。锦绣雄峰建材投资100多万元新建1600平方米的雄峰羽毛球馆、霸王龙体育文化有限公司投资100多万元利用旧厂房改建3个篮球馆等。全区体育场地数量1105个，体育场地总面积71.91万平方米，人均体育场地面积2.14平方米，区、镇（街道）、行政村（社区）、自然村（小区）四级公共体育设施网络、城区“15分钟体育健身圈”和乡村“30分钟体育健身圈”基本形成。

【第八届全民健身运动会举办】 2020年，泉港区举办泉港区第八届全民健身运动会篮球、足球、乒乓球、羽毛球、太极拳、健身气功、广场舞、围棋、象棋等项目比赛16场次，近1800名运动员参加赛事活动。

卫生 计划生育

卫生事业

【概况】 2020年，泉港区以深化医药卫生体制改革为抓手，注重改革创新，聚焦重点，精准发力，提升现代卫生健康体系建设水平。全区各级各类医疗卫生机构卫生技术人员1671人，其中执业（助理）医师607人，注册护士679人，其他卫技人员385人，千人均执业（助理）医师2.01人，千人均注册护士2.3人。全区共有各级各类医疗机构182个，区直共设妇幼保健院、区卫生计生执法大队和区疾病预防控制中心等3家全额拨款事业单位；区直设泉港区医院、泉港区中医医院2家差额拨款事业单位；镇级卫生院设山腰、南埔、界山、后龙、涂岭、峰尾6家公立卫生院，均规范建设有内、外、妇、儿、中医等基础临床科室和检验、影像、药剂等辅助科室以及公共卫生组。此外，设有仁爱医院（加挂前黄镇卫生院牌子，为二乙综合医院）、前进中医医院、泉港合众医院、泉港第三医院、同济医院、视明眼科医院6家民营医院，设有门诊部、诊所、村卫生所（室）等。全区共有床位数1680张，其中泉港区医院350张；妇幼保健院60张；乡镇卫生院470张；其他各级各类床位数800张，千人均床位数4.8张。

【医药卫生体制改革】 2020年，泉港区实施县级医院综合能力提升工程。结合世行贷款医改促进项目实施，推进县域医疗服务技术、协作、信息等三大平台和县域消毒供应、心电诊断、临床检验、医学影像、病理检验和远程会诊等六大中心实质性运作，项目由全省统一招投标进行建设。加强重点学科建设提升医疗服务能力。利用附一院优质资源，加强学科建设，普外科已申报创建省级重点专科，区医院、南埔中心卫生院、山腰社区卫生服务中心与泉州市第一医院建立胸痛联盟，提升区域医疗服务能力。完善综合监管制度。加强对医疗费用以及大处方、大检查、欺诈骗保、药品回扣等行为的监管，严格控制医药费用不合理增长，重点监控门诊和住院次均费用、医疗总费用、收支结构、大型设备检查阳性率、超常规使用的药品和辅助性营养性药品的使用情况，以及检查检验、自费药品、医用耗材收入等占医疗收入比例情况，确保门（急）诊和住院次均医药费用不超过全市同级同类医院平均水平。

【医疗服务体系建设】 2020年，泉港区加大卫生项目建设力度。泉港区医院病房大楼2号楼及附属配套设施工程2020年全年总投资额3940万元。完成市为民办实事项目，实施“呵护母婴健康工程”，完成2020年市为民办实事“两癌”筛查任务1100人、产前筛查任务650人，完成率100%。

【综合监督】 2020年，泉港区加大饮用水、公共场所、学校卫生、涉水产品、消毒产品的卫生监督力度，保持公共场所持证率100%、持证单位量化公示率100%、对涉水产品企业年监督覆盖率达100%，全区学校卫生综合评价覆盖率100%。建立消毒产品生产企业不良名单制度，曝光不合格产品及问题单位。打击非法行医共开展日常监督巡查190次，出动卫生监督员380人次，巡查医疗机构、诊所518家次。立案调查无证行医案件8起，使用非卫技人员案件2起，没收非法所得70058元，并处罚款120000元。受理核查涉嫌无证行医举报件8起，抄告销售过期药品线索1条，净化医疗服务市场。加强职业健康日常监督检查。督促用人单位开展职业病危害现状评价、职业病危害因素监测和从业人员职业健康体检工作。

【公共卫生服务】 2020年，泉港区巩固基本公共卫生服务水平，人均基本公共卫生服务经费标准由60元提高到65元。全区共建立居民电子健康档案320532份，电子建档率95.40%；65岁及以上老年人体检23897人，体检率82.70%。高血压和糖尿病患者健康管理数均达标；严重精神障碍患者2167人，在册率6.45‰，规范管理率89.62%。推进家庭医生签约服务。全区已组建44个家庭医生签约服务团队，通过基层门诊患者就诊、基公卫慢性病下乡随访、微信公众号、健康教育宣传讲座、家庭医生签约服务团队进村设点等形式广泛宣传，充分告知签约服务具体内容及惠民政策。至2020年底，全区共签约27171人，全人群签约率8.09%，重点人群签约17011人，签约率9.77%。

【疾病预防控制】 2020年，泉港区强化传染病防控，规范处置疫情。抓好以霍乱、登革热、手足口病、人感染高致病性禽流感等重点传染病的监测与预警，开展重点传染病督导检查，指导各医疗卫生单位落实各项防控措施，防止出现重点传染病的暴发和流行。对1例疑似新冠肺炎病例，36例新冠肺炎确诊病例、疑似病例、无症状感染者的密切接触者，2例一般接触者开展流行病学调查；严格落实隔离医学观察、环境终末消毒等疫情防控措施，有效防止新冠肺炎疫情发生、流行。提升免疫规划工作质量。举办泉港区免疫规划业务知识培训班，强化免疫规划队伍建设，提高免疫规划工作质量。加强重点传染病监测工作。做好人高致病性禽流感防控家禽从业人员血清学监测，完成血清标本采集10份，结果均为阴性；规范做好全区霍乱外环境监测工作，共采集检测水样60份、海产品120份，均未发现产毒阳性标本；开展手足口病监测工作，全年共完成20份手足口病标本检测，其中COX-A16阳性2份，其他肠道病毒阳性4份。对各医疗卫生单位发热门诊、肠道门诊设立运行、预检分诊制度的落实情况进行专项督导，指导各医疗卫生单位落实各项防控工作措施。

【新冠肺炎疫情防控】 2020年，泉港区做好重点人群返乡摸排管控。组织各镇（街道）开展重点人群摸排管控，累计排查管控国内重点地区入区人员3643人，落实集中隔离医学观察295人，居家隔离医学观察3346人（含境外人员）。落实核酸检测应检尽检。全区核酸检测能力每天1380份（其中区疾控中心2套设备，日检测能力552份；泉港区医院3套设备，日检测能力828份）。加大重点人群核酸检测频次，全年累计落实各类人群核酸检测66598人次。强化农村地区疫情防控。联合区农林水局成立工作专班，出台工作方案，发动工商联、镇村，动员在外乡亲和外来人员留在本地过年。经初步摸排统计，全区在外务工经商人员23857人，劝导2884名留在当地过节；外地员工在泉港人员16455人，劝导1387名留在本地过年。做好大规模人群核酸检测准备。指导各镇村规范设置采样点，制定采样现场示意图和流程图，按标准配备采样物资。全区共设置大规模人群核酸检测采样点127个，建立核酸采样队伍30支182人，在全区各镇（街道）开展全面疫情防控应急演练。

2020年10月19日，2020年全区基本公共卫生服务项目推进暨业务培训会召开

（区卫健局 供图）

【卫生健康宣传教育】 2020年，泉港区卫健局强化新媒体宣传工作，在“泉港卫健”微信公众号开辟“防控疫情 我们在行动”“最美战疫人”专栏，及时宣传报道系统疫情防控工作动态和做好卫生健康系统奋战在“疫”线典型事迹宣传，共推送工作动态129篇、先进典型事迹48篇，形成良好宣传氛围。主动联系各级媒体做好宣传工作，在中国人口报、健康中国、福建东南网、福建省卫健委网站、泉港信息等媒体及网站上发表稿件174篇（期），其中国家级5篇。开展健康教育倡导，在泉港广播电视台《人口与健康》栏目开办健康知识讲堂，结合广大群众普遍关心的卫生热点问题，每周一期开展多种形式的卫生防病和健康教育。在泉港区政府网站、泉港卫健微信平台发布防控科普知识宣传，共计推送740余条。制作《三减三健宣传折页》《居民健康素养手册》《除四害手册》《吸烟危害宣传单》等一批宣传材料8万份，及时分发到各镇（街道）和各相关单位，向广大群众和经营单位宣传健康教育和控烟等知识。统一设计健康教育宣传栏版

面格式，指导各单位在显目位置进行刊登，各公共场所每2个月进行更新，各医疗卫生单位每月进行更新。全区累计设置健康教育宣传栏260多个并及时更新，有效提升居民健康教育知识的知晓率。制《致从武汉、湖北来到泉港乡亲朋友的一封信》《预防新型冠状病毒感染九大要点》等宣传资料11.4万份。编制六则新冠肺炎科普小短信，通过移动、电信短信平台推送相关短信101万条。制作两幅大型宣传版面，制作6条新冠肺炎防护健康宣传横幅在区主干道悬挂，进行户外宣传。推进创卫复审迎检工作，多次召开迎接国家卫生城市复审卫生组工作推进会议，制定迎接国家卫生城市复审卫生组工作方案和《2020年迎接国家卫生城市复审健康教育与宣传工作方案》，成立工作机构，明确职责任务，细化考核指标。分两期开展病媒生物防制、健康教育宣传、控烟工作培训班，培训170余人；印制并发放禁烟标志10000个，控烟劝导员臂章1300个、控制吸烟宣传折页30000份至全区各单位；通过泉港卫健微信公众号，向全社会发出禁烟倡议书，加强控烟宣传，增强公众对烟草烟雾危害的认识；推动无烟医疗机构、无烟校园、无烟机关等创建工作，创建区级无烟单位155家。成立2个督导组，分4个区域对城区40多个窗口单位和公共场所的控烟工作每周进行督导，发现问题督促限时整改到位，确保控烟工作落到实处。

【农村户用厕所改造】 2020年，泉港区卫健局联合区农水局、住建局、环保局制定《2020年泉港区农村户厕无害化改造建设项目工作实施方案》和《关于做好2020年农村户厕无害化改造建设项目工作的通知》，将300户改厕任务分解至各镇（街道），其中南埔镇20户、界山镇70户、后龙镇20户、峰尾镇60户、山腰街道35户、前黄镇40户、涂岭镇55户。每户按2000元标准补助，共计60万元，已拨付到位。开展2020年泉港区农村改厕项目动员会暨技术培训班，科学指导基层开展好改厕工作。

【妇幼保健服务】 2020年，泉港区加强妇幼保健工作，全年孕产妇系统管理率92.69%，高危筛查率57.53%，高危管理率100%，孕产妇产前筛查率93.09%，孕产妇死亡率为0，3岁以下儿童系统管理率93.50%，5岁以下儿童死亡率3.19‰，婴儿死亡率1.91‰，新生儿死亡率1.06‰，剖宫产率32.49%，新生儿访视率94.22%，妇女常见病筛查率92.50%，六个月母乳喂养率96.10%。全区共有8500人参加艾梅乙检测，孕产妇检测4659人，其中艾滋病检测率99.98%，阳性率0.04%；梅毒检测率99.98%，孕产妇梅毒感染率0.24%；乙肝表面抗原阳性率8.72%。落实妇幼健康公共卫生服务项目，完成地中海贫血防控任务1200对，增补叶酸预防神经管缺陷2612人，省级“两癌”筛查3300人，免费孕前优生健康检查1693对，免费产前筛查诊断血清学筛查1122人。推进妇女儿童发展纲要重难点指标落实。针对两纲指标中妇女常见病筛查率偏低问题，联合区财政局、区妇联制定印发《在全区免费开展“两癌”筛查服务项目活动的通知》，对区内20～64周岁妇女开展妇女常见病筛查，重点对35～60周岁的妇女开展免费“两癌”筛查项目，全年完成区级“两癌”筛查2.1万多人。

【人口监测与家庭发展】 2020年，泉港区落实全区“十关爱”利益导向机制。按照中央提出的“老人老办法”原则，开展农村计划生育“二女”家庭“安居、成才、致富、亲情、保障”五项工程，严格兑现计生各类奖励扶助。2020年，安居工程60户，投入180万元；成才工程帮扶311人，投入67.3万元；致富工程帮扶30户，投入60万元；保障工程帮扶32415人，投入资金641万元；亲情工程帮扶603人，投入30万元。农村部分计生家庭奖励扶助（60周岁及以上）发放531人，农村部分计生家庭奖励扶助（50～59周岁）发放1917人，城镇部分计生家庭奖励扶助发放68人，农村二女结扎家庭奖励发放5328人，贡献奖发放人数334人，各项扶助制度累计兑现奖励金达886.48万元。实施计划生育特殊家庭关爱行动。对全区年满49周岁的计划生育特殊家庭每人每月给予1200元的特别扶助金（省、市标准1000元），全年共为23人发放特别扶助金33.12万元。对新发生的失独家庭，一次性给予经济援助1万～4万元。拨出专项资金开展走访慰问，在中秋、春节等节日对特殊家庭进行慰问，每户慰问金在1000元至3000元不等。开通泉港区医院和各卫生院、社区服务中心落实计生特殊家庭医疗服务绿色通道。

【基层法规工作】 2020年，泉港区卫健局依法推进简政放权。依法妥善处理全面两孩政策实施前后的有关政策衔接问题，实行一、二孩生育登记服务制度，下放三孩生育审批权给各镇（街道），简化群众办证手续。全年全区共办理一孩生育登记1589对，二孩生育登记2584对，审批办理第三孩再生育服务证122本。

医疗保障

【推进参保扩面】 2020年，泉州市医保局泉港分局联合区财政局、税务局组织开展年度全区城乡居民医保参保筹资工作，采取广泛宣传发动，挂钩培训指导，实施进度通报等措施，推动参保任务落实。结合“医保服务进企业”活动，开展社保法释法宣传，督促企业依法为员工办理职工医保。加强与区扶贫办、卫健局、民宗局、残联等部门及镇村的协同配合，全面排查特殊对象参保情况，确保困难群众基本医保应保尽保、实现全覆盖。是年全区基本医保参保人数共计365385人，其中：城乡居民医保参保327982人，职工医保参保37403人。

【医保扶贫】 2020年，泉港区加大医保扶贫政策宣传力度，建立大额医疗费用监测机制，通过医保信息系统线上搜索和组织镇村开展线下摸排，及时引导医疗费用负担重、符合救助条件的参保患者申报重特大疾病救助和一次性定额救助，发挥大病保险、医疗救助托底保障功能，减轻贫困人口医疗费用负担。全年通过医保系统“一站式”救助25808人次，累计结算医疗救助金额636.65万元；办理重特大疾病救助11人次，累计补助金额17923.24元。

【强化医保基金监管】 2020年，泉港区开展医保基金运行监测，每月分析基金使用状况，做好预警预报，确保医保基金安全有序运行。全年泉港区筹集医保基金共计32766.98万元，其中：城乡居民医保基金24106.68万元、职工医保基金8660.3万元（不含个人账户部分），年度基金支出27086.71万元，其中：城乡居民医保基金支出22196.36万元、职工医保基金支出4890.35万元；基金使用率82.66%，收支形势基本平稳。推行医保基金监管网格化模式，对辖区内定点医药机构实行人员挂钩、定期轮换，采取线上后台数据比对和线下现场稽核相结合方式，综合运用“三函两牌”、信用评价等措施，实施有力基金监管。会同区卫健局、市管局制定出台《关于建立联席会商联动机制的工作方案》，对定点医药机构监管实行联席会商、联合稽查、联合培训、工作通报等联动机制，形成部门合力，增强监管力度。开展基金专项治理行动，配合省、市医保局飞行检查、交叉检查，处置上级移交及自查发现问题，严厉打击违法违规使用医保基金行为。全年共出动稽查人员497人次，发出函牌62张，处罚79家次，暂停医保定点医药机构资格1家，拒付违规基金及罚处违约金共计194.79万元。

【落实医改工作任务】 2020年，泉州市医保局泉港分局贯彻落实国家和省、市“三医联动”改革要求，会同区财政、卫健等部门推进医改各项任务的落地见效。开展按病种收付费工作，密切跟踪项目医院执行363个市定按病种收付费开展情况，及时纠正应纳未纳、选择性按病种收付费等违规问题，2020年度辖区按病种支付开展率50.23%，达到世行贷款项目考核指标要求。推动落实药品耗材集中采购和统一结算机制。做好以医保支付结算价为基础的联合限价阳光采购改革政策的落地实施，挤压虚高药品耗材价格水分，降低全区医用药品耗材价格，减轻群众就医负担。全年辖区医疗机构累计采购药品耗材金额10309.66万元，结算货款10263.8万元，结算率稳定在98%以上。跟进国家、省中标降价药品采购工作。开展跟进国家、省药品集中采购中标药品有关政策的宣传培训，定期组织采购情况督导检查，严格督促区内各公立医院足量采购降价药品、及时调价到位。全年辖区跟进采购国家、省药品集中采购中标药品共涉及125个品种，累计为患者节省医药费用1052万元。

【改进医保服务质量】 2020年，泉州市医保局泉港分局开展窗口人员礼仪培训，推行微笑服务和亲情服务举措，设立群众疑问解答茶室，让群众办事更放心、更舒心。梳理疫情防控期间医保经办“不见面”服务措施，将通过微信、电话、电子邮箱等可以办结的27个事项固化为“不见面办”常态服务项目，简化办事流程、提高办事效率。推行医保服务“5＋2”模式，安排每日人员值班，为群众提供延时错时医保电话办理服务。推动医保服务关口前移，在涂岭镇便民服务中心开设区内首个乡镇医保经办窗口，实行“区镇同办”“一站式”服务，让群众少跑腿、就近办理医保事项。全年医保经办窗口共受理经办事项28305件，工作日平均办件112件，办结率100%。

【疫情防控医疗保障】 2020年，泉州市医保局泉港分局落实新冠肺炎疫情防控医保政策，开通患者报销“绿色通道”，建立“一站式”服务机制。在疫情初期，及时向定点收治医院泉港区医院预付医保基金700万元，

2020年11月26日，国家医保局在泉州举办的国际医保经验学习培训班学员一行到泉港区参观考察医保经办服务　　（泉州市区保局泉港分局 供图）

协助采购急缺药品，保障疫情防控临床用药需求。助力企业复工复产，专门编制企业医保服务指南，做好阶段性减征职工基本医疗保险费政策兑现服务。全年为全区1200多家企业办理减免职工基本医疗保险费共计1754.95万元。

计划生育

【概况】 2020年，泉港区计生协会各级组织128个，会员31585人，占全区总人口8%；各级协会理事1126人，协会小组长733人；全区共创建先进镇（街道）协会5个，占比71%；合格村（社区）协会和一流村（社区）协会95个，占比95%，其中一流村协会54个，占比54%；“五好”协会小组520个，占比70.7%；全区共培植一流村“样板”村25个，合格村“样板”村35个，“五好协会小组”典型283个；“六好”示范村（居）50个，占镇（街道）总数50%。泉港区暖心家园项目点被中国计生协会确认为全国暖心家园项目示范点（福建省2个）。

【特色活动】 2020年，泉港区计生协会从符合资助条件的帮扶户中精准帮扶22名（含往年），采取四年全程资助的方式每名2万元（每年0.5万元）帮助贫困计生女孩上大学，共发放助学金17万元。实施紧急救助，全年共救助因病因灾造成生活特别困难的计生家庭23人次，发放救助款6.9万元。开展宣传服务系列活动，以“五月份协会会员活动日”为契机，开展优生优育、“全面二孩”政策、儿童早期发展、青春健康教育进校园、走访慰问计生困难户和计生特殊家庭等系列活动。

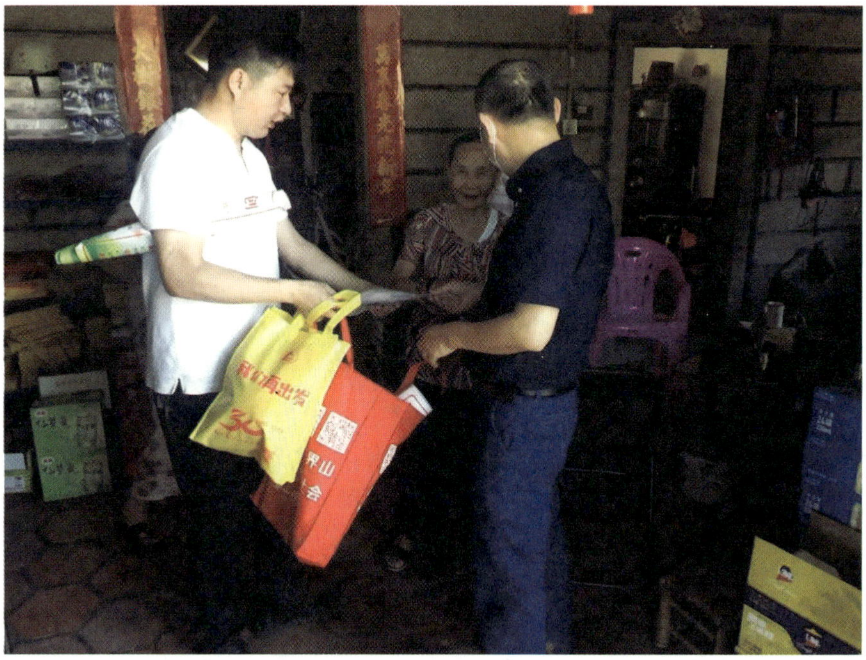

2020年6月17日，区计生协会到界山镇鹅头村宣传普及“三率”测评工作、计生维权等知识 （区计生协会 供图）

【生育关怀】 2020年，泉港区各级计生协会围绕新时期计生协会“六项重点任务”，开展生育关怀行动。累计筹集生育关怀基金682.2万元，其中社会募集127.2万元，拓展和实施生育关怀项目29个，创建和拓建就业培训、“三优”服务等类型的生育关怀基地12家，建立“青春健康教育进校园”拓展点11个。

【计生家庭帮扶项目】 2020年，泉港区实施幸福工程帮扶，全区运行中幸福工程项目120个，帮扶资金110万元（其中省5万元，募集资金8.5万元，区配套43万元，镇街道配套53.5万元），累计投入资金306.3万元，涉及7个镇（街道），101个行政村，惠及人口2586人。全区累计投入项目550个（其中一至十八轮项目已到期，完成项目510个，收回资金296.3万元）。实施计生家庭意外伤害保险，为全区10000户计生家庭办理意外伤害保险，全年全区共出险44户理赔金37.27万元。

【失独家庭帮扶】 2020年，泉港区新发生2例失独家庭，区计生协会第一时间到家慰问，并带上慰问金每户15000元。及时走访关怀，为全区19户计生失独家庭办理意外伤害保险。采取购买服务的形式，与第三方签订协议，在各个重大节日对全区19户失独家庭逐户上门走访，共慰问80人次，发放慰问金19万元；成立19个失独家庭“关爱小组”，建立经常联系、走访慰问、了解需求、解决问题制度。

【企业计生协会建设】 2020年，泉港区共建立独立型、联合型、挂靠型流动人口和企业计生协会14家，覆盖流动人口育龄妇女2158人，占80%以上，其中50人以上企业计生协会7家，组建率100%。投入10万元，创建3个市级流动人口企业计生协会示范点，4个区级流动人口企业计生协会示范点。

民政事业

【为民办实事项目推进】 2020年，泉港区民政局实施省委省政府、市委市政府和区委区政府部署的为民办实事项目，如期完成1个自然灾害避灾点改造提升工程、50户低保安居工程、5个居家养老服务站、1个农村幸福院、2个社区居家养老照料中心、1个区域性养老服务中心、2个新型社区治理试点工作等省市区三级为民办实事项目，提升社会效益。

【社会救助】 2020年，泉港区加大城乡最低生活保障制度力度，发挥兜底保障作用，做到应保尽保、应救尽救。全年全区城乡低保对象补差采取每人每月775元、每人每月543元、每人每月388元三档实施。特困人员分散供养标准每人每月1010元；集中供养标准每人每月1210元。全年共发放各类生活保障金6719.52万元，低保人均补差从2019年的402.53元提升到498元。疫情初期，及时为因疫情防控造成暂时性失去生活来源的611户困难家庭发放临时救助金101.82万元，重点关怀留守老年人、散居孤儿、困难残疾人等560户特殊对象，共慰问发放粮油780份，口罩8000个，生活用品1200份；分发倡议书和宣传单18000份，未雨绸缪化解困难群众的急难愁盼。开展农村低保经办中“漏保”问题专项整治，共排查各类困难群体对象8855人，符合低保条件新纳入低保203人。开展低保安居工程建设，投入300万元帮助50户居住在危房的城乡低保家庭建设安居房。投入26.54万元为社会救助对象人身意外伤害保险。巩固提升全国“救急难”综合试点工作，简化优化临时救助审核审批程序，开通“先行救助、后补手续”绿色通道，救难型救助工作审批压缩至5个工作日，区级临时救助提高至单笔5000元，将单笔补助金额3000元以下由镇（街道）负责审批发放，全年为1055位生活困难的家庭和个人发放临时救助金237万元。开展2020年“505”微公益“微光成炬·助力脱贫攻坚”活动，帮助困难群众实现微心愿575个，爱心物资价值28.75万元。创新“505守护”工程，为320户“三留守”特殊困难家庭安装智能监控“云守护”，实现“一对一”关爱帮扶及“互联网+线上线下”关爱服务。为全区25名孤儿、265名事实无人抚养儿童、88名留守（困境）儿童建立专属档案，发放生活保障金198万元。提高残疾人两项补贴标准并建立动态调整机制，共发放残疾人两项补贴953万元。

【推动殡改纵深开展】 2020年，泉港区推动殡改纵深开展，全年遗体火化2192例，遗体火化率和骨灰寄存率均100%。从源头上对骨灰进行管控，骨灰盒纸质普通防伪标签全面升级为二维码防伪标签，防伪系数大幅提升，避免骨灰流失“二重葬”。通过殡仪馆每个季度全区的死亡人员火化名单与公安、卫计等部门的死亡人员户口注销台账进行比对核查，对出现有死亡记录，却没有在区内殡仪馆火化记录的情况采取镇（街道）、村倒查机制，确保不遗漏。区民政局扩大惠民殡葬覆盖面，与区财政联合出台《关于发放文明治丧基本殡葬服务费的通知》，为辖区内严格遵守移风易俗规定文明治丧的治丧人（逝者须有本区户籍），发放文明治丧基本殡葬服务费1000元/例。全年共审核通过1908份申请，补助基本殡葬服务费190.8万元。

【移风易俗宣传】 2020年，泉港区民政局利用清明、冬至两节集中祭扫的习俗，通过微信公众号，转发朋友圈，印发宣传手册、倡议书，建立网上纪念馆、开通预约祭扫平台等多种方式统筹做好清明祭扫安全保障与疫情防控工作相结合，采取献一束花，植一棵树，清扫墓碑，家庭追思，网上祭故人等文明方式表达缅怀之情，引导群众错时、错峰、从简祭扫。摒弃点香烛、烧纸钱、燃放烟花爆竹等陈规陋习，倡导文明低碳祭祀。

【社会事务管理】 2020年，泉港区民政局开展专项社会事务管理，行政许可事项和公共服务项目事项全部进驻区行政服务中心，简化审批事项办事流程，实行标准化管理；规范行政服务自由裁量权标准，梳理办事流程、压缩审批事项办理时限，为每一项审批服务事项制定审查细则。全年共办理结婚登记2792对、离婚登记988对，补发（补领）婚姻登记证件508对。涉港、澳、台、华侨及外国人结婚登记1对。婚姻登记行政确认件合格率100%。全区共有社会组织359家，其中社会团体237家，民办非企业119家，基金会2家。全年依法审批成立社会团体4家，登记成立民办非企业11家，注销社会组织12家。

【行政区域界线联合检查】 2020年，泉港区开展界山—涂岭、涂岭—前黄2条行政区域界线联合检查，共25.79千米，全线实地无埋设界桩。边界线自勘界后持续稳定，没有发生边界争议和群众性事件。

劳动与保障

【企业用工服务】 2020年，泉港区依托区内人力资源服务公司开展企业用工调查，全面了解掌握企业用工动态，征集企业空岗9700多个，提供针对性就业服务。强化就业信息宣传，通过升级微信公众号、举办人社直播间、开发“想就业 来找我”微信小程序，丰富信息宣传形式。

【人才招聘】 2020年，泉港区开展线上线下同步招聘活动，举办春季人力资源市场网络招聘会，达成就业意向2885人，开展夏季人力资源市场现场招聘会、金秋线上招聘会，达成就业意向320多人。举办“想就业来找我”泉港人社直播间开播仪式，吸引5000多名就业意向人员在线互动。

【职业培训开展】 2020年，泉港区实施征迁劳动力职业技能培训为民办实事项目，统筹就业市场岗位需求，举办针对性职业技能培训，组织就业创业培训、技能培训63期，参训人数4638人，兑现资金230余万元。鼓励自主创业，为22名创业人员发放创业担保贷款315万元，间接和直接带动就业80多人。

【开展参保扩面工作】 2020年，泉港区开展形式多样、内容丰富的宣传活动，全方位多角度宣传相关政策法规，推进建筑施工企业工伤团体险，积极开展特殊群体扩面工作，联合民政、残联、卫健等部门做好贫困人员、残疾、优抚等特殊群体数据动态更新和参保台账管理，完成符合城乡居民保条件贫困人员8968人的参保登记，代缴城乡居民保险费103.3万元，实现所有贫困人员应保尽保，60周岁以上应发尽发。

【机关事业单位养老保险制度改革】 2020年，泉港区开展机关事业单位历史数据迁移、职业年金归集清算、“中人”档案重核、待遇重算等工作。完成职业年金清算135家单位，退休中人待遇重算86家单位、重算人数699人。

【社保基金监管】 2020年，泉港区依托互联网技术和人脸识别技术，开展城乡居民养老保险待遇领取资格认证，完成认证5.4万人，认证率居全省前列。结合应用养老金领取资格认证信息共享比对系统，及时核减死亡的养老保障待遇，杜绝养老金多领、冒领。

【劳资关系优化】 2020年，泉港区开展“和谐同行”企业培育、集体协商“要约行动”多项活动，推动企业复工复产。编制疫情防控期间劳动关系处理操作指引，妥善处置劳动保障案件工作，预防劳资纠纷发生。对规模以上企业发出邀约16份，签订集体合同5份，企业劳动合同签订率96%。

【工资保障】 2020年，泉港区多渠道宣传《中华人民共和国劳动合同法》

2020年9月19日，区人社局举办以泉港传统小吃加工制作为主题的第五期征迁劳动力技能培训班
（区人社局 供图）

《保障农民工工资支付条例》等劳动法律法规，开展“依法维权 共建和谐”走进石化园区、普安工业区和“根治欠薪”宣传活动，现场接访100多人次，发放宣传单页1500多份。督促企业落实实名制和农民工工资专户、工资保证金等制度，在建项目纳入实名制和工资专户系统覆盖率92.98%，新增建筑施工企业预存工资保证金40家，现金800多万元，银行保函金额3000多万元。开通“想就业 来找我”小程序网上举报投诉渠道，设立劳动争议案件“绿色通道”，畅通群众维权通道。开展 “在建工程项目落实工资支付制度”“高温津贴”“根治欠薪”等专项检查，涉及各类用人单位168户和劳动者1万多人，检查建筑企业47家和劳动者7600多人，下发关于农民工工资专户询问通知书12家和高温津贴询问通知书5家，督促5家企业落实实名制管理和农民工工资专户。协调处理劳资纠纷8起，涉及员工19名，涉案金额22多万元；处罚一起娱乐场所使用未成年工案。

【劳动争议预防化解】 2020年，泉港区创新建立和落实仲裁建议书、庭审观摩、庭前短信提醒机制，加强劳动争议预防和化解。推动劳动争议调委会在各镇（街道）实现全覆盖，建立百人企业调解室和36家大中型企业劳动争议调委会，引导当事人通过调解组织解决劳动争议，完善区镇村企四级调处网络。开展企业劳动保障及用人单位工资支付行为信用等级评价工作，评价A级守信企业13家、工资支付行为守信用人单位17家，严重失信企业和用人单位各1家，将评价结果纳入企业劳动保障守法诚信档案。

民族宗教

【完善民族工作机制】 2020年，泉港建立区委统一战线工作领导小组民族工作联席会议制度和区直部门、民主党派、商协会挂钩帮扶民族村（社区）和民族中（小）学校工作制度，动员区统战系统成员单位、有关团体挂钩联系民族村（社区）帮助做好新冠肺炎疫情防控工作，及时研究部署、统筹协调全区民族工作，完善协调协作机制。

【推进民族乡村振兴】 2020年，泉港区争取各级少数民族补助资金150万元，实施鸾峰村矿底环境整治工程等7个少数民族补助资金项目，完成鸾峰村机耕道排水排污硬化、鸾峰村文化墙、后柳自然村公共厕所等工程项目建设。联合区财政局等开展少数民族资金使用管理和项目实施情况监督检查，督促发挥资金最大效用。落实少数民族村居低保、特困、孤儿等困难群众551人补助336万元，同心安居工程7户各级补助54.95万元。小坝村入选首批省民族乡村振兴示范点培育名录。

【凝聚民族团结共识】 2020年，泉港区统战部重点课题调研《以文化促发展——泉港区民族乡村振兴的实践》在《福建民族宗教》刊发，《“老同志”出马一个顶俩》《为了30多万人的安全饮水》《民族团结温暖落难异乡人》《从家家养狗到夜不闭户》入编泉州市《民族好故事》。郭厝村“脱贫攻坚工作队”变身“疫情排查先锋队”，郭厝回族文化馆举办青少年书法、北管等培训班，弘扬传承优秀传统文化。

【民族团结进步宣传】 2020年，泉港区统战部制定《关于全面深入持久开展民族团结进步创建工作铸牢中华民族共同体意识的实施方案》，组织庆祝建区20周年暨第十三个民族团结进步宣传月系列活动，开展宣传月启动暨中国少数民族特色村寨揭牌仪式、《融情相依 吉祥泉港》民族村（社区）风采云展示、民族理论政策法规知识网络有奖竞答、少数民族趣味运动竞赛、民族文艺演出等，营造浓厚民族团结进步宣传氛围。

【完善宗教工作机制】 2020年，泉港区参照省委、市委做法，将区宗教工作联席会议调整为区委统一战线工作领导小组宗教工作专题会议，制定《中共泉港区委统一战线工作领导小组宗教工作专题会议制度》，建立健全情报信息协作、联合执法等机制，形成党委领导，相关部门各司其职、协同配合的工作格局。

【宗教、民间信仰领域专项整治】 2020年，泉港区在全市率先指导宗教、民间信仰活动场所施行“双暂停、两不”防控举措，落实常态化疫情防控，全区宗教领域实现零疫情。深入开展全区宗教活动场所安全隐患大排查大整治及专项整治三年行动，全年开展安全检查47次，检查场所全覆盖，发现并整治安全隐患92处，排查房屋安全隐患9个，其中8处完成维修加固，1处完成危房拆除，实现闭环管理，推动荷池清源庵房屋重建工作取得实质性进展。深化“四进”场所活动，有条件场所升挂国旗127处。开展“正信仰、守戒规、讲修行、树形象”宗教教风建设年主题创建活动，提振宗教教风道貌。妥善调处肖厝基督教堂与真诚堂长达15年的厕所矛盾纠纷，虎岩寺送子观音造像补办手续获得国家民宗局许可。通过联合执法、综合执法等形式，加强对基督教私设聚会点日常巡查监管，防止复办或新增聚会点。加强与网信、文体旅游、市场监管、公安等部门会商，开展佛教道教商业化、清真食品管理等整治活动，注销疑涉非法宗教活动单位1家，及时制止非法活动发生。

【宗教界帮扶活动】 2020年，泉港

区宗教界秉承“扶危济困、利益人群”的优良传统，响应移风易俗倡议，主动参与脱贫攻坚，助疫情、助学、助医、助贫、助居等落实帮扶资金131.5万元。区佛教界响应“大手拉小手”教内帮扶活动，市、区佛协及云门寺、天湖寺、虎岩寺、南埔圆通寺等携手捐助帮扶35个困难场所共计17.5万元，传递宗教界正能量。

老龄事业

【养老事业健康发展】 2020年，泉港区总人口42.25万人，老年人口62746人，占全区总人口的14.9%。居家社区养老服照料中心覆盖率100%；城乡社区养老服务设施覆盖率达100%；民营床位占比90.05%，同比增长33.19%；医养结合养老机构占比100%；护理型床位数占比59.3%，同比增长3.45%；养老床位总数2372张，同比增长5.24%；每千名老年人拥有床位数39.3张。全区70～79周岁、80～89周岁、90～99周岁、100周岁以上老人四个年龄段高龄补贴发放标准分别为每人每月50元、80元、100元、500元，全年累计发放高龄补贴1607万元。

【老年协会规范化建设】 2020年，泉港区加强老年协会规范化建设。经村级自评、镇级考评及区级实地抽查，对69个建设达标村级老年协会发放补助经费及会长津贴共计124.2万元。

【村级老年服务中心建设】 2020年，泉港区建设南埔镇天湖村、界山镇玉山村、山腰街道陈庄社区、前黄镇古县村、涂岭镇汉阳村等5个村级老年服务中心，区财政每个补助12万元，共计60万元。

【“长寿之乡”品牌运营】 2020年，泉港区卫健局联合区融媒体中心，以“百岁·生活”为主题，摄制一系列反映全区百岁老人幸福、健康生活的短视频，在泉港广播电视台和泉港卫健微信公众号同步推出，宣传泉港中国长寿之乡良好形象。

【敬老活动开展】 2020年，泉港区卫健局组织开展“提升健康素养，乐享银龄生活”主题宣传活动，宣传普及老年健康科学知识和老年健康相关政策，增强老年人健康意识，提高老年人的健康素养和健康水平，营造有利于老年人健康生活的社会环境。组织全区老龄委各成员单位紧扣“弘扬养老孝老敬老传统，共建共享老年友好社会”主题的“敬老月”系列活动，营造浓厚尊老、敬老、爱老、助老的社会氛围，提升全区老年朋友们的参与感、获得感和幸福感。参与第四届“网络孝文化节”活动，牵头组织“孝文化·一起秀”H5作品征集活动，面向全社会征集“孝文化”优秀H5作品，活动共征集到36个作品，通过网络评选和专家评选综合考评的方式，综合评选出一等奖1名、二等奖5名、三等奖10名、优秀奖10名，泉港孝德人物、敬老服务项目、优秀家风故事、特色品牌活动等为内容，图文并茂、音效融合，集中展示“泉港孝德之乡”形象。

泉港区慈善总会

【概况】 2020年，泉港区慈善总会本着“慈善为人，善誉济世”理念，以开展慈善救助，尽力为特困群众排忧解难作为慈善工作的出发点和落脚点，开展“扶贫、救灾、安老、助孤、助学、扶残、助医”等慈善救助。全年共募集慈善款845.25万元，发放慈善资金1169.51万元。

【换届选举】 2020年12月12日，泉港区慈善总会召开换届选举大会。会长连启明代表本会第一届理事会向大会作工作报告。总会成立以来，共募集资金20962.85万元，其中统筹使用善款1021.79万元，定向专项捐赠款18645.57万元，惠及困难群众16万人次，为困难人群排忧解难，维护社会公平，促进社会和谐稳定作出贡献。会上举行慈善捐

2020年10月25日，泉港区第四届“网络孝文化节”活动举办

（区委报道组 供图）

赠仪式，海南盛达集团庄学添、庄学进兄弟捐赠人民币1000万元，设立“泉港二中庄德金奖教奖学金”。

【慈善捐赠】 2020年，泉港区慈善总会积极募集善款，会长、秘书长登门拜访社会各界爱心人士，争取支持。福建宝众房地产开发有限公司捐赠240万元，上海佰迦乐大光明影城有限公司捐赠46万元用于峰尾镇卫生院疫情防控；厦门市达亿实业发展有限公司捐赠2万元用于疫情防控；乐东福安房地产开发有限公司捐赠60万元；儋州泉安房地产开发有限公司捐赠70万元。

【慈善救助】 2020年，泉港区慈善总会开展慈善助医、慈善助残、慈善助学、慈善助困活动。开展白内障复明手术，成功帮助32名白内障患者实现白内障复明梦想，累计为患者减免医疗费用1.69万元。为因患重大疾病造成家庭基本生活陷入困境，特困人员、最低生活保障对象、最低生活边缘对象提供大病救助，列支120.9万元，救助大病患者331人。投入51.5万元支持新型冠状病毒感染的肺炎疫情防控工作。救助12名孤残群众，累计为病残群众救助4万元。开展调查摸底，在分析每个贫困学生家庭经济情况和个人条件基础上，确定扶助对象，为65名贫困大学生助资38万元，列支456.44万元用于部分学校教师奖教奖学。春节期间，会长连启明一行走访慰问特困家庭18户慰问资金9.1万元，向7个乡镇700户困难家庭，送去价值22万元的救助物资。投入10万元慰问关爱贫困妇女儿童；投入122.4万元慰问贫困户、寺院孤寡、急难救助376人次。

【慈善公益】 2020年，泉港区慈善总会开展助老活动，支持村级老协会活动、重阳节慰问困难老人740人次14.8万元。根据捐资者定向专项慈善基金的用途，列支善款185.6万元，用于泉港区教育事业文体活动；投入73.58万元为涂岭镇卫生院购置医用电梯、服务用车。投入8万元用于自来水建设；投入51.5万元用于贫困家庭“爱心链接”。

关心下一代工作

【主题教育活动】 2020年，泉港区以铸牢中华民族共同体意识为主线，开展青少年爱国主义和社会主义核心价值观主题教育活动。将推动关心下一代工作融入“吉祥泉港”创建工作大局，围绕创建主题和创建内容，常态化开展乡土乡情学习体验、向“国家勋章”“最美奋斗者”英雄模范学习、缅怀革命先烈、开展红色夏令营、主题宣传教育等实践养成教育。加强党史国史教育基地建设，开展“中华魂”“党史国史教育网上竞赛”等读书比赛活动，找准爱国主义教育与青少年心理的契合点、与家乡情感的共鸣点、与切身利益的结合点，探索更多具有时代特点的教育形式和载体。结合广泛开展“我们的节日”文化系列活动，按照《新时代爱国主义教育实施纲要》和《新时代公民道德建设实施纲要》要求，推进“传承红色基因，争做时代新人”主题教育活动，开展中华经典诵读、网上节日主题活动、乡土特色民俗活动进校园、“一带一路”优秀文化传承活动等，引导未成年人了解传统文化。适应“互联网+关爱”的新形势，运用网络新媒体，网上网下营造青少年爱国主义和社会主义核心价值观教育的良好氛围。全区共组织报告团26个，共有报告员180名，全年作报告120人次，开展主题教育活动82次，受教育青少年13260人次。

【基层关工委组织创建】 2020年，泉港区关工委夯实基层关工委工作基础，落实基层关工委组织建设措施，调整充实基层关工委创“五好”动态管理考评方案。11月13日，区关工委2020年“基层建设提升年”现场推进会在南埔镇召开，观摩学习南埔镇关工委加强班子建设、阵地建设、制度建设和内业资料归档及基层创“五好”等工作，南埔镇关工委、涂岭镇关工委、锦川村青少年社会教育活动中心3个先进基层单位先后作典型经验交流发言。结合村居选举换届前抓早抓及时调整关工委成员，动员“五老”同志参加关心下一代工作，对村居关工委组织成员进行补充调整。组织区、镇（街道）、村居广大“五老”学习领会习近平总书记就做好关心下一代工作重要指示精神暨纪念中关工委成立30周年大会精神，增强使命担当。全区各地共围绕6个调研课题，组织下基层开展调研12次，参加调研人数共有126人，形成调研报告2篇。全区“五老”参加关工委人数共有3780人，其中新增加“五老”人数30人。

【典型示范引领】 2020年，泉港区关工委推选典型，发挥引领示范作用。前黄镇利用辖区内三朱地下斗争展览馆、纪念碑等红色教育阵地和省级传统文化名村品牌，组织宣讲团开展核心价值观教育活动，举办“爱惜粮食”“预防溺水安全知识讲座”“机器人跳舞展示”等系列活动，《福建日报》刊载该活动。南埔镇村奖学奖教助学金发放102万元，镇关工委联合镇公益事业促进会为辖区中小学、幼儿园共送去1万个学生口罩，为学校疫情防控排忧解难。天竺村创办全市首家“乐龄学堂”，学员近200人参与关工委工作，成立“乐龄护学队”“网吧义务监督队”，护送南埔中学和天竺小学学生安全上下学。惠屿村成立健康无职老党员、老干部“护船队”，长期配合镇联防队员、沙格所警员护送本村小学生安全登船、下船。界山镇利用鸠林中学“泉港区青少年法制教育基地”平台，组织“夕阳红法治宣讲团”，携手政法部门开展法治教育宣讲。峰尾镇关工委以“创五好”为工作重点，推进“村校联建”“学校家长开放日”工作，全镇各行政村均建立奖教助学基金，结合移风易俗引导宫庙“香火钱”变为“公益款”。涂岭镇关工委推进无职党员青少年关爱岗，做好计生户、低保户、单亲户子女结对帮扶。后龙镇在镇司法所设立未成年人权益诉讼窗口，吸纳辖区内党员、大学生村官组建志愿者服务队，开展青少年公益诉讼服务和“留守儿童”“贫困大学生”的关爱活动。山腰街道办事处拨出1万元专项经费用于“基层建设提升年”工作。教育系统关工委结合“书香校园”创建，在全区中小学校建设14间“心天地多媒体互动阅读教室”。

【阵地建设】　2020年，泉港区整合共享妇联牵头建成的23个儿童之家和关工委建成的8个青少年社会教育活动中心，指导建立健全各项管理制度，完善硬件设备，开展项目服务，达到资源共享，阵地共用，活动联办管理使用效应。暑期招收儿童1800多名，开展53班次，为孩子们提供形式丰富的暑期公益培训课程。在疫情防控常态化新形势下，开展“学党史国史，传承红色基因”线上答题活动，线下活动以室外活动为主，丰富公益实践培训。市关工委对8个青少年社会教育活动中心抽检考评定级，其中锦川活动中心为优秀，狮东、凤阳、仙境、诚峰、涂岭5个活动中心为良好，锦祥、割山2个活动中心为合格，获7.16万元财政运转经费补助。

【青少年思想建设】　2020年，泉港区后龙镇、前黄镇、山腰街道关工委主动配合辖区内学校开展纪念抗战胜利75周年系列活动，组织老干部讲述当地抗战历史故事，弘扬爱国爱家精神。界山镇、涂岭镇、峰尾镇、南埔镇、教育系统关工委注重青少年思想教育和美德践行，邀请宣讲团、报告团进校园举办专题讲座，组织开展“我们的抗疫防疫故事”“弘扬雷锋精神，开展道德实践”“文明城市创建志愿打扫卫生服务行动”“勿忘国耻，圆梦中华”“新时代好少年”“网上祭英烈”红色革命教育和“孝敬、友善、节俭、诚信”为主要内容经典诵读等主题活动。

【法治关爱服务活动】　2020年，泉港区关工委联合区人民检察院在前黄镇凤阳村设立的未成年人观护基地，建立含心理辅导室、沙盘室、检察官办公室、志愿服务中心等在内的观护基地，为涉罪未成年人开展法制教育、行为矫正、心理疏导和技能培训等社会帮教工作提供了支撑和保障。联合举办以拒绝校园欺凌、青少年网络道德建设为主题的“青春与法治同行”法治宣传。联合区检察院、团区委、区民政局、区教育局、区妇联等部门分别为服刑人员子女、辖区内中小学开展“梦启今夏•情暖蔷薇”暑期夏令营暨儿童关爱保护政策宣讲进村（居）活动、“圆梦蒲公英”夏令营活动，配合科协“启梦者”科普巡展；邀请市关工委副秘书长、福建重宇合众律师事务所律师吴金文到青少年社会教育活动中心作《民法典与青少年同行》辅导讲座。

【拓展家庭教育渠道】　2020年，泉港区关工委配合区妇联、教育局通过开展“争做合格家长，培养合格人才”“传承好家风，关爱暖童心”“寻找最美家庭”等各种形式的家庭教育活动。组织师生及家长收看《福建教育五老说》直播栏目，学习宣传《福建省家庭教育促进条例》，整合“青少年社会教育活动中心”“儿童之家”阵地资源，指导推进家庭教育，助推家校育人合力。全区有校外家教学校18个，家教人员98人，校外教育辅导站17个，校外辅导员250人，举办家教培训班34期，受教育人数7600多人。

【爱心助学】　2020年，泉港区各基层关工委发挥所长，配合当地党政、商会、基金会开展捐资助学和奖学奖教活动，推动全区爱心助学活动健康发展。全年受奖受助老师、学生数共3070人，发放奖学奖教金580万元。

【关爱留守流动儿童、特殊群体青少年】　2020年，泉港区关工委联合民政局牵头制定《泉港区留守儿童关爱保护工作联席会》文件，健全工作机制，明确相关部门工作职责，细化关爱保护措施。联合区妇联开展“我们和留守流动儿童在一起”主题关爱活动，赠送价值5000元的学习用品。安控区涉迁镇、村关工委组织“征拆子女转学服务队”，对20名适龄留守儿童疑似辍学名单入户调查，摸清就学去向，动员辍学生返校学习。通过募捐等形式筹集防疫资金，为学校送去成人和儿童口罩12000多个。投入复学防疫一线，主动协助配合所在地中小学有序开展复学准备工作，做好校园周边公共服务人员体温检测工作。点对点、面对面开展复学准备和校园周边环境整治，支持辖区中小学校做好疫情防控和复学复课工作。配合公安机关开展“百名警长进百村”关爱建档立卡孤儿和农村留守儿童等特殊群体学生，让疫情防控更有温度。“六一”国际儿童过节期间，组织走访慰问困难“美德少年”“榜样少年”，开展关爱外来工子女“微心愿”活动，“全国助残日”文艺会演，深入庵堂寺庙开展“关爱孤弃儿童”公益活动，营造关爱未成年人的社会氛围。峰尾镇关工委动员乡贤企业家、各村宫庙捐出“香火钱”11.45万元。表彰“峰尾好少年”、慰问孤儿、留守儿童、外来务工子女等贫困家庭儿童共计205人。南埔镇关工委、仙境村关工委开展系列关爱活动，投入5000多元为仙境小学围墙外铺设84米排污管道，解决围墙排水堵塞问题带来的安全隐患，联合仙境宫董事会各送去2000元慰问金。

南埔镇

【概况】 南埔镇地处泉港区东北部，湄洲湾南岸，陆域面积40平方千米，下辖15个行政村，总人口80296人，是泉港建设海丝绿色石化城的重要区域，是全国九大炼油基地和四大中转港所在地之一。南埔镇属亚热带海洋性气候，年平均气温28℃，平均降水量1240.9毫米，相对湿度77%，主导风向为东北风，夏季以西南风为主，年平均风速为7.15米/秒。传统文化底蕴深厚，民俗风情丰富，泉州唯一海岛行政村——惠屿岛先后被农业农村部评为“全国最美渔村”“中国美丽休闲乡村”。有省级文物保护单位沙格灵慈宫、区级文化风景点天湖岩等名胜10多处，每年一度的端午海上龙舟赛有500多年历史。2020年，南埔镇各项社会事业高质量发展，地方级工商税收等主要指标在全区领先，获泉州市2017—2019年度文明镇、泉港区重点工作先进集体等荣誉，在泉港区2020年度各镇（街道）绩效考评中获优秀等次。

【经济建设】 2020年，南埔镇完成地方级工商税收入库32225万元；完成固定资产投资45.86亿元，限上销售额47.94亿元，限上零售额4.30亿元。财税收入首次突破3亿元大关。福厦高铁山头寺隧道出口、一号特大桥、泉港站等控制性工程基本建成，高铁站区及配套工程快速推进。5～6号泊位、西滞洪区等一批遗留问题妥善解决。佑达环保、天骄化学、碳四烷基化等3个项目竣工投产。通用环保型粘胶剂、盛宝利聚合多元醇、新立基沥青、钜港油脂废弃物综合利用等4个项目竣工在即。西建减水剂、金鹏稀释剂、天骄化学三期等一批项目前期加快推进。闲置厂房“零地招商”成效明显，新引进益海嘉里、天原化工等2个销售平台，闽阳航务、华锋建设、中建商品混凝土等3家回归企业，新增税收约7000万元。

【城镇建设】 2020年，南埔镇按照“盆景”变“风景”发展思路，完成6个微景观改造、建设项目，建成塘头村等乡村休闲公园、“四好农村路”2.3千米、“道路亮化”294盏。完成第一批“留住青山绿水，记住乡愁”工程评比活动，推进第二批“留住青山绿水，记住乡愁”工程建设。培育柳厝村、凤翔村等2个移风易俗示范点，以点带面，试点先行。利用农村集体产权制度改革成果，盘活资产资源，使集体资产保值增值，实现全镇经营性收入50万元以上的村2个、20万～50万元的村9个、10万～20万元的村4个。全年共投入资金80多万元，完成塘头村、南埔村、天竺村、凤翔村河道清淤共计2.5千米、石砌护坡1.2千米。全面落实河湖长制工作，同界山镇河长办建立上下游联动机制，联合开展巡河，设立“河长制人大代表工作室”“河长制人大代表联络站”，发挥人大代表的社会监督作用。

【社会事业】 2020年，南埔镇坚持以人民为中心，建成村级综合文化中心2个、“儿童之家”2家、农村幸福院1个、乡村一体化卫生所2所。开展移风易俗和文明创建，通过2017—2019年度泉州市文明镇考评。全年南埔镇公益事业促进会筹集慈善基金100万元，南埔乡贤累计捐资泉港区教育发展基金会6212万元。天竺中学升格为南埔中学，撤并4所拆迁村小学。完成转移就业957人，劳动力技能培训390人；居民保、城乡居民基本医疗保险参保缴费率分别达99.36%、99.62%。聚焦“两不愁三保障”，新增低保对象55人、提升档次48人，建成农村女儿户安居工程13户、低保安居工程4户，实施困难老年人家庭适老化改造107户。完善镇村退役军人服务体系，发放自主就业退役士兵经济补助金21人99.29万元，重点优抚对象和60周岁以上农村籍退役士兵信息采集率100%。镇退役军人服务站被评为全国乡镇（街道）枫桥式“退役军人之家”，为全区首个。

【平安建设】 2020年，南埔镇创建平安、吉祥泉港，打造天竺村“乐龄e族”、塘头高铁警务执勤点、凤翔平安铁路和惠屿岛海上警务中心等8个特色宣传点。开展安全生产专项整治三年行动、自建房加工场所整治，累计排查房屋14066栋，发现重大安全隐患26栋，完成拆除18栋、加固8栋。排查生产经营（企事业）单位220个，发现隐患2575项，完成整改2575项，28家自建房加工场所全部完成消防安全评查。全年共办理区、镇人大代表意见建议33件，综合满意率100%。加强干部履职监督，受理业务内信访件8件，办理答复8件。坚持“外防输入、内防扩散”原则，依靠群众联防联控，群防群控，落实防控成效。在全区率先开展封闭式管理，管理规定被区委转发各镇参考实施。率先通过抖音、微信等新媒体平台广泛宣传动员，通过网格化和大数据手段常态化进村入户开展排查，严格按照分区分级差异化健康管理办法开展工作。严格加强爱德利隔离观察点管理，接收观察对象。强化海上疫情管控，有效杜绝疫情从海上传入，实现南埔“零疫情”。

界山镇

【概况】 界山镇位于泉港区北部，毗邻仙游县枫亭镇，陆域面积30平方千米，土地总面积738公顷，其中耕地面积113.07公顷，山地面积563.73公顷。海域面积20千米，林地面积近2000公顷，辖界山、鸠林、鹅头、河阳、狮东、东张、玉湖、玉山、槐山、大前、东凉、下朱、岭头等13个行政村，总人口59383人，是福建石化基地的北部工业区所在地，通行闽南语和兴化语（莆仙话）。交通条件便捷，沈海高速公路、福厦客专及国道324线、228线贯穿全境，东临沙格万吨码头，南与漳泉肖铁路相邻。有完全中学1所，初级中学1所，小学9所，其中6所学校获“泉州市文明学校”“泉港区文明学校”等称号。民风淳朴，社会稳定，文化底蕴丰厚，回龙灯、十音等民间文化较有特色，有唐朝槐山古窑址、千年古刹清莲庵、清九峰山烽火台等风景名胜，获评泉州市侨乡文化名镇、泉州市“零酒驾”示范镇、泉港区“十佳”移风易俗镇，新培育福建省乡村治理单位1个、泉州市乡村振兴试点村2个、全国侨联系统优秀“侨胞之家”1个。

【经济建设】 2020年，界山镇推动重大工程项目建设上集中突破，全年实现固定资产投资8.79亿元，比上年增长37.1%，工商税收4954万元，比上年增长8.4%。围绕“项目攻坚2020”，承建的16个区级重点项目完成投资12.3亿元（不含天佑能源项目），肖厝作业区18ABC、中海油服等项目克服疫情影响按时序推进，海雁涂料、天泰金属等项目竣工投产。创新镇村联动机制，选派富有征迁经验的干部组建项目攻坚指挥部、专项突击队，全面开展征拆“清零扫尾”行动，安控区下凉尾指挥部突破安征迁瓶颈，房屋搬迁协议签订在全区率先清零，房屋搬迁协议签订率100%、腾空率98.18%、拆除率92.47%；福厦客专、国亨化学、七镇连通等项目全面完成征地扫尾任务，及时供给项目用地。其中：供给国亨化学项目土地53.33多公顷；完成河阳储备用地项目征地任务。落实区委、区政府16条优化营商环境新举措，主动实施打通“五难”操作链实施方案等援企惠企稳岗政策，投资100多万元建成镇工业小区自来水工程，疫情期间协助辖区企业销售农产品10万吨。

【城镇建设】 2020年，界山镇推动镇村融合建设。界山新城天马华耀城一、二期项目即将交付使用，市民广场通过初验，4条市政主干道正加速推进。加快推进辖区村老旧危房和存量石头房改造步伐，累计审批农村个人建房手续140宗，完成农村危房改造（含修缮）19户，拆除“两违”98宗。基本完成玉湖村自来水等项目提升改造，建成鸠林村村史馆和东张村“乡村记忆文化”馆、侨史馆。推进农村人居环境整治，巩固提升“千村整治、百村示范”美丽乡村建设成果，健全完善“户分类、村收集、镇转运”的农村生活垃圾治理体系，全镇卫生死角基本清除。落实“一革命四行动”，建成污水处理管网14千米、检查井580个，无害化改造农村户厕70户，实现农村卫生厕所全镇覆盖。新打造“东张—玉湖—玉山”泉州市乡村振兴示范路线1条，鸠林、玉山两村获评泉州市市县级乡村振兴试点村。全镇13个村集体年经营性收入均10万元以上，其中：年经营性收入20万元以上的村达8个，占辖区村数量的60%以上。

【社会事业】 2020年，界山镇践行共享发展理念，优先保障民生投入，办结区级为民办实事项目15件，完成第七次全国人口普查。在全区率先启动困难老年人家庭适老化改造，给101户高龄老年人、失能半失能老年人送去安全与温暖。落实城乡居民最低生活保障政策，实施低保安居工程12宗，发放各类救助、生活保障金960万元，惠及1298人，城乡居民养老保险缴费率位居全区首位。开展征迁劳动力培训，达成就业意向200人次。实施中小学教育扩容工程，新建改建扩建惠华中学教师“周转房”、鸠林中学综合楼等项目，完善教育软硬件设施。探索医疗改革，实施分级诊疗制度，构建界山卫生院紧密型医联体，累计建成农村卫生所一体化项目8个。落实优抚安置政策，建成镇村退役军人规范化标准化服务站14个。开展多轮次档内档外人员问题排查，引导复工复产企业吸纳本地用工，帮助200多名群众在家门口就业，实施“同心工程”19宗，发放专项补助资金27.81万元，稳定全镇3个区级以上扶贫重点开发村、57户225名困难群众脱贫成果。完成辖区贫困户饮用水抽样检测，免费为贫困户安装水表和净水器112个，保证“两不愁三保障”工作落实落地。坚守生态红线、环境底线，创建“高级版”“中级版”“绿盈乡村”各1个，推进农业面源、建筑扬尘、餐饮油烟、油品制售、非法畜禽养殖、露天垃圾焚烧等污染治理，专项整治石材（石雕）加工厂30家，关停非法洗沙场2家，打好蓝天、碧水、净土保卫战。在全省首创“农业河长”“夕阳红”巡河队，建成党代表巡河工作室3个，开展河长巡河285次、河道专管员巡河1725次，完成龙马溪玉山段景观提升整治等治水项目建设，辖区流域全年平均水质稳定在Ⅲ类，典型做法在水利部、省水利厅门户网站及中国经济网、福建河湖长制公众号上刊发。细化落实全区《开展“套路贷”违法犯罪活动专项整治工作方案》《预防和打击电信网络诈骗违法犯罪工作方案》，强化涉诈线索摸排整治，严厉打击银行卡、电话卡违法买卖，维护群众合法权益。

【平安建设】　2020年，界山镇组织1000多名党员、人大代表、镇村干部、老协会成员、志愿者、热心群众冲锋一线，分兵把守、扎紧“口袋”，当好示范员、战斗员、宣传员，坚决铸牢“泉州北大门”第一道防线。落实“三个三”机制，选派干部担任“驻企防疫联络员”，发挥市委党史和地方志研究室以及区挂钩下派干部、镇相关职能部门、村“两委”四级联动作用，采取“引导+指导+督导”方式，推动辖区所有企业、项目全部有序复工复产，实现11所中小学全部如期复学复课。结合强基促稳三年行动开展吉祥泉港创建巩固年活动，在全区率先建设“民法典”公园、率先启动“民法典进农户”志愿服务活动，投入50多万元完善社会治理网格化服务中心规范化建设，建立专职网格员队伍，新增“雪亮工程”（四期）高清视频监控、人脸识别监控及“天翼看家”视频监控，化解矛盾纠纷66件。按下“乘胜追击、决战决胜”“加速键”，实施“六清”行动，打好“扫黑除恶专项斗争”收官之战。推进国家安全宣传教育和公共安全领域大排查大化解大整治行动，做好防汛抗旱工作，统筹推进食品药品安全、信访、疫情防控等工作。开展安全隐患大排查大整治行动、整治各类隐患1260项。实施房屋安全“百日大整治”行动，累计排查12538宗，完成所有安全隐患房屋封房、加固、拆除等处置，“云拆除”等做法打响全市危房拆除“第一炮”，房屋安全隐患排查整治以“零漏排”成绩通过泉州市抽查验收。推动“三合一”、小作坊、自建房加工场所、宗教场所消防安全整治走在全区前列。

后龙镇

【概况】　后龙镇地处泉港区东部，湄洲湾南岸国家级石化产业基地前沿，陆域面积16.5平方千米，海域面积35平方千米，海岸线总长9千米，下辖上西、峰前、许厝、割山、后田、后墘、土坑、东山、田里、后龙、柳亭、坑仔底等12个行政村和栖霞社区，总人口近51453人，为泉港中心组团之一。近年来，后龙打造泉港区现代化港口商贸文化旅游强镇，城区商贸、房地产、交通物流、金融、购物、休闲、娱乐、餐饮等配套服务日臻完善。依托泉港植物园、为为国际商业综合体、东方伟业城市广场等项目为主体的商贸平台基本形成，商贸物流集散中心区功能日益显现。

【经济建设】　2020年，后龙镇完成地方级工商税收1.54亿元，比上年增长11.2%；完成固定资产投资10.86亿元；完成限额以上商业销售额24.38亿元。17个重点项目完成投资18.5亿元，15个项目超序时进度。其中，兴通船务新增运力项目、天骄化学材料生产项目（二、三期）、180千吨/年油脂废弃物综合利用项目、华星石化增建液化石油气储罐项目、福炼社区老旧小区改造提升工程等5个项目实现开工建设，湄港商住楼二期项目、泉港后龙医养结合综合体项目、东方伟业城市广场（二期）、邱厝馨秀庄园（2017-2号地块）等4个项目实现竣工投用。安控区第五片区后田村、东山村陆续完成协议签订任务。全镇规上工业企业、限上商业企业、重点在建项目、重点服务业企业、超百万纳税大户企业、规下工业企业复工率100%，产能基本恢复，其他中小微企业复工率98%以上。全镇完成招商引资签约项目8个，总签约金额15.13亿元，涉及华星石化综合大楼、华星管道改线工程、泉港鲜之肴食品厂、兴通船务新增运力、泉州振戎综合楼、泉宁塑胶技改、福源单身公寓改造和东港新建成品油及化工品仓储等项目。

【城镇建设】　2020年，后龙镇全面完成祥云路改造提升工程，祥云中路—驿峰路东段—滨海中路—南龙路“商贸物流人流回旋圈”打造形成规模，东方伟业、为为国际等两个商贸综合体辐射能力提升，餐饮、服饰、电商等一众企业商家陆续入驻。推进三川中学运动场及附属设施工程和后龙中心幼儿园二次装修工程建设。完成道路新建、扩建等路面硬化约1千米，对龙狮路及延生段破损路面进行全面的修补完善，划清道路边缘线和铺设路口减速带。累计投入资金4500余万元，基本完成福炼老旧小区供水、供电改造、社区冷库改物业用房、苗木修整补种、临时便民中心、配套停车场、安防系统和停车系统等项目建设。福炼生活区党群服务中心及配套基础设施项目完成前期项目设计、预算、招投标等工作，正处于基础结构施工。完成港尾溪、虎石溪、正古溪等六条河流治理工程，完成后田村正古溪北岸道路硬化和护坡加固、景观提升工程。全镇所有行政村户用厕所无害化改造普及率90%以上。许厝村、割山村、土坑村生活污水处理设施建成并投入使用。完成2018—2020年度省级文明镇创建届期总评工作和区级文明村申报工作，后埯村、柳亭村、后龙村、割山村获评区级文明村。

【社会事业】 2020年，后龙镇组建应对秋冬季新冠肺炎疫情防控工作网格专班，聚焦重点人群和对象，强化摸排跟踪，严格管控重点场所，推广“八闽健康码”，全镇普及率98%。实现城乡低保动态管理，调整和清退低保对象51人，新增低保对象33人。开展临时困难救助49人，发放临时救助资金67500万元。对摸底87户困难老年人家庭适老化改造对象进行适老化改造。13个村（居）被征地养老保障实现“全覆盖”，领取被征地养老保障金人员共计4686人，发放被征地养老保障金1087多万元。组织参加区人社局举办的人才招聘会1场，实现劳动力转移人数近1040名，引导500多名青年就业。对全镇31户C、D级危房住房户提出改造整改意见，上报争取改造资金。持续加大村级扶贫巩固力度，后龙村、割山村分别争取2020年市级财政扶贫专项资金（村集体经济创收项目）15万元，市级、区级贫困村田里村、后埯村、割山村争取扶贫开发重点村建设项目补助资金各20万元。

【平安建设】 2020年，后龙镇通过泉港区房屋安全隐患排查市级抽查验收，全部录入省房屋安全信息管理系统。开展行业安全生产隐患大排查大整治活动，重点检查超市、宾馆和酒店等企业，健全完善“一企一档”内业资料。推进不动产登记，已上报不动产登记证88宗，集体土地证过户52宗。全面打击偷私渡违法犯罪活动，排查大小船只382艘，渔船民647名，全部纳入疫情期间网格化管控服务机制进行管理。创新联防联控机制，后龙镇社会治理服务中心完成设计规划，后埯村、后龙村村级综治中心完成主体装修，全镇治安案件发案率比上年下降10%，刑事案件结案率比上年提升7.8%，矛盾纠纷调处66起，调处成功率100%。镇扫黑办协同后龙派出所上报涉黑涉恶线索1条，协助打掉涉嫌卖淫嫖娼的黑恶势力团伙1个。

峰尾镇

【概况】 峰镇尾位于湄洲南隅最突出部，俗称“峰尾半岛”，是泉港区中心城区之一，建制于1999年8月，辖内诚峰、诚平、前亭、峥嵘、联岩、上楼、郭厝、奎璧等8个行政村，辖区陆域面积12平方千米，海域面积32平方千米，海岸线长13千米，可利用滩涂600公顷，总人口57787多人，主要有刘、林、黄、陈、房、郑、郭、张、朱、杨、王、李、卢、涂、肖、冯、邱、唐、任、庄、余、蔡、程、胡等诸多姓氏分布于各村落。海陆交通发达，历史上曾被称为闽南四大渔业重镇之一。文化底蕴浓厚，北管、古船模制作等入选各级非物质文化遗产名录。

【经济建设】 2020年，峰尾镇实现工商税收7682万元，固定资产投资额6.44元，限额以上商业销售额4.22亿元，比上年增长5.1%；限额以上商业零售额3.48亿元，比上年增长18.1%。全年完成重点项目投资16.9亿元，其中20个在建项目年度投资14.83亿元，累计完成投资额15.06亿元。推进名峰华苑、恒大雅苑、恒达佳苑、源昌·锦绣壹号等26个区级重点项目，诚峰一级渔港建设工程基本完工，诚平二级渔港于年底动工建设。发展紫菜深加工产业，成立晋港海洋科技有限公司，引进全市第一条全自动紫菜深加工生产线和一条半自动深加工生产线，日生产能力40吨。

【城镇建设】 2020年，峰尾镇完善垃圾中转站设备更新，完成超过55千米污水管网建设，8个行政村实现全覆盖，加快推进污水管网连通建设和雨污分流改造。完成河道清淤2.8千米，完成13条共4374米道路硬化铺设和5处村道提级改造。全年累计投入1053万元完成24件为民办实事项目。针对镇区鱼仔街“脏乱差”情况，依法拆除鱼仔街两侧违章建筑30余处1000多平方米，平整空地2000多平方米建设口袋公园和停车场。开展人居环境大整治行动，拆除乱搭乱建1835平方米、旱厕341个、鸡窝鸭舍9204处，清理杂物乱堆乱放7328处，清理淤泥垃圾903处，海漂垃圾850吨。围绕历史文化保护等工作生成项目17个，完成投资2395万元，推动古城古街整治、历史建筑修缮、保护规划及一批基础设施项目落地建设。

【社会事业】 2020年，峰尾镇纳入城乡低保998人，“五保户”90人，孤儿63人，全年累计发放低保金559多万元，发放临时救助金49人次5万多元，实现贫困对象“应保尽保”目标。筹集48万元帮扶低保安居工程对象8户，计生纯女户安居工程对象6户、计生困难家庭55户，办理廉租房30户、公租房6户，多户联建45户，完成个人建房审批155宗。投入教育经费200多万元，推动五里海沙实验小学、行政核心区实验小学和公办幼儿园规划建设，完成圭峰中学教学综合楼、学校大门建设，完善奖教奖学、助教助学制度。持续巩固慢性病防控先进镇建设，开展妇女“两癌”

筛查、老年人免费体检等关爱服务。落实峰尾卫生院规范化建设和乡村卫生服务一体化管理，推行“先看病，后付费”模式和家庭医生签约服务项目。

【平安建设】　2020年，峰尾镇积极应对新冠肺炎疫情，在辖区重要路口、主干道设立体温监测点19个，实行24小时值守；组建11个工作组对辖区42个住宅小区138幢4196套房屋及22个在建工地流动人口开展地毯式大排查；对全镇船舶、渔民进出港报备核查，开展无证船舶、违法载客运货专项打击行动，累计排查船舶300余艘次，签订责任书228份。开展房屋安全隐患大排查大整治，共摸排房屋11474栋，摸排民房重大隐患总数124栋，腾空89栋，整改5栋，拆除30栋，关停、腾空人员密集场所隐患4栋。推进“雪亮工程”建设，安装视频监控摄像头，实现海上、陆地视频监控全覆盖。依托滨海党群融合服务中心，成立海港平安综合平台和涉海纠纷调解委员会，安排专人及星牌调解员进驻，开展积案化解攻坚年行动，推行信访评理室，成功化解2起信访积案。

山腰街道

【概况】　山腰街道位于泉港区东南部，是泉港区的政治、经济、文化中心，区位优势突出，交通便利，基础设施良好，系省级绿色生态街道、安全社区。辖区总面积33.6平方千米，耕地273.89公顷，海域面积12平方千米，海岸线长18.3千米，浅海滩涂养殖面积544.8公顷，辖10个行政村、7个社区居委会，户籍人口7.31万人，常住人口7.86万多人，系著名侨乡。文化积淀沉厚，被命名为“中国民间文化艺术（闽南戏曲）之乡”，被福建省文化厅授予首批“闽南文化生态保护实验区（北管音乐）示范点”，盛行的北管、南音、掌中木偶、歌仔戏、高甲戏，系第一批国家级非物质文化遗产。2020年，重点项目建设综合考评指数、石化安控区征迁工作等位列各镇（街道）首位，吉祥泉港、组织工作、区委决策部署落实等12个单项考核获得全区第一名，强基促稳、统战、新冠肺炎疫情防控等6个单项考评获得全区第二名，党建、消防安全、“两违”综合治理等6个单项考评获得全区第三名；获“2020年度泉港区重点工作先进集体”等荣誉称号。

【经济建设】　2020年，山腰街道累计实现固定资产投资20.20亿元，地方级工商税收入库1.84亿元。37个区级重点项目（在建项目28个，预备项目9个）累计完成投资34.0345亿元，其中17个项目竣工投产。安控区第四片区累计协议签订2344栋，完成99.96%，腾空2244栋房屋，完成95.77%，拆除2129栋房屋，完成90.87%，整体进度位列七个片区前列。完成辖区土地征用25.58公顷。加大生物医用材料、新能源材料、节能环保材料等领域招商引资，做好淘汰落后技术、化解过剩产能，盘活一批闲置厂房，实现“存量”招商。疫情初期，引进植护医疗用品有限公司十二条生产线及福建宜港医疗器械有限公司年产五万吨熔喷布等项目落地投产，在辖区培育一批健康产业、医疗器械、防护用品以及“新基建”项目。加大总部经济区、万星城市广场的招商力度，希尔顿欢朋酒店、嘉诚石化总部大楼、纳川5A写字楼等项目入驻总部经济区，推动中心城区繁荣带延伸。泉港工力文化产业园项目进行设备安装调试；与喜盈门家居洽谈入驻，打造新的城市综合体。对接居然之家及福安酒店。打造中心工业区——永嘉百汇、锦川小区、总部经济区、山腰老街等四个核心商圈，提升第三产业发展规模。结合中心工业区“退二进三”，统筹布局夜色经济、新零售产业，打造集特色美食、服饰、农副产品及休闲为一体的泉港区商业中心。按照“一村一品”思路，推进畲族联村特色乡村旅游项目规划、招商；加大普安、鸾峰、钟厝、叶厝的高标准农田项目建设力度，推行“企业+合作社（家庭农场、基地）+农户”模式，培育粮油、蔬果、畜禽、水产、花卉苗木等优势农渔产品。打造“金维他”燕麦片等现代农业示范企业（基地），实行产销一体化经营，促进农业发展产业化、规模化。推动聚福、龙山、荷池等社区店面、公用房出租，加大村集体经济增收力度，村财收入20万元以上村居58%，10万元以上村居100%。

【城镇建设】　2020年，山腰街道加快万商凤凰城（二期）、锦川实验小学、双百幼儿园等项目建设，引进建材超市、商业超市，建成锦川片区商业圈。完善聚福小区、锦川小区、源昌及其周边地段的交通、商业设施、金融快递、文化娱乐等。开展辖区批而未供用地专项攻坚，盘活普安工业区等闲置用地、闲置厂房。完成菜堂湿地公园景观与滞洪排洪工程，加强工业废气、扬尘、机动车排放等污染防治。以驿峰中路沿线两侧的海滨村、新宅社区以及坝头溪流域两侧的菜堂村、锦川村为试点，抓好主干道、主河流周边“裸房”整治，提升城区整体形象。开展清洁家园、清洁田园、清洁水源、公厕改造等村庄清洁“三清一改”行动。加快城区路网建设，提升改造南山北路、钟山路道路，贯通中兴街西段等梗阻路。实施城市街景、绿景、夜景、水景等“四景”提升工程，开展市容市貌、交通秩序、庄园市场等专项整治，加快锦祥片区老旧小区改造一期、一号居住区等老旧小区改造，推进垃圾分类投放、收集、处置。以海盐文旅小镇、山腰老街市民广场项目建设为契机，改善老街交通出行、卫生管制、公共设施等。推动石结构房屋改造、农村自来水管网提升改造；实施农村饮水安全巩固提升工程，加快菜堂、锦川等农村自来水改造工程项目、新宅农村生活污水处理项目建设。抓好“四好农村路”、乡村休闲公园建设，打造乡村微景观。加快郭厝溪、锦川二田港溪流综合整治、菜堂湿地公园建设，打造城市亲水系统。

【社会事业】 2020年，山腰街道实施物业管理规范提升三年行动，引导无物业管理小区成立业委会，推广村集体制物业企业管理模式，加快街道、村居两级集体制物业企业成立，完善物业管理体系，推动物业服务专业化、规范化发展。总结锦祥社区、聚福社区物业纠纷调解委员会经验，增强社区物业调解能力，减少社会矛盾。配合安控区动迁人口向主城区转移情况，完善城市配套设施，提升城市承载功能，深挖就业岗位。根据群众需求，量身定做“培训菜单”，举办护工家政等技能培训，举办劳务对接会和招聘会，为缺工企业和富余劳动力搭建用工对接平台。关注新脱贫、边缘困难群体收入，建立贫困人口返贫预警等机制，加大低保兜底对象和特困人员的“两不愁、三保障”保障力度。实施民生“XIN”行动，巩固普安村省级医养结合示范单位创建成效，搭建聚福社区老年人活动中心“互联网+”居家养老救助智能平台，完善中心敬老院基本公共医疗卫生服务配套，落实妇女“两癌”免费筛查和关爱女孩五项工程。发动辖区乡贤捐资助学，为泉港教育发展基金成立募集善款5000多万元。推进街道文化站、村级文化服务中心、居家养老服务站等项目建设，建成普安省级五星级幸福养老中心。

【平安建设】 2020年，山腰街道按照“外防输入、内防反弹”原则，把住境外和国内高中风险地区疫情输入、走私偷渡疫情输入、入境冷链物品疫情输入、集中隔离人员传染、医疗机构院内交叉感染“五个风险点”，强化多渠道监测和多点触发预警机制、疫苗接种、公众个人防护“三项措施”，掌握疫情防控主动权。全面落实“党政同责、一岗双责”制度及党政领导干部全员安全生产责任制，推进风险分级管控和隐患排查治理双重预防体系建设，强化道路、校园、建筑企业、森林防火等重点领域安全生产工作的勤查严管，及时消除各类安全隐患，杜绝重大生产安全事故的发生。开展“强基促稳”行动、“吉祥泉港”创建，坚持以扫黑除恶、公共安全突出问题大排查大化解大整治等活动为契机，梳理汇总存在的问题隐患，建立任务清单，明确责任领导和责任部门，限期完成问题隐患整治。制定《山腰街道社会治安巡逻队管理办法》，强化巡逻队每月绩效考评机制，开展“警、村、企、校”联防联控，提升整体维稳工作效能。提升网格化管理水平，深度融合“网格化管理+综治中心”大数据资源，做实做细社会创新治理。发挥安泰调解工作室、“四锦一体”联合调解“和”作社的作用，推进“法治山腰”建设。勤查严管道安、消防、森林防火、房屋安全、企业生产等重点领域安全生产，建立“政府购买服务、专家查找隐患、企业抓好整改、部门督促销号”闭环管理机制，及时消除各类安全隐患，杜绝重大生产安全事故发生。2020年，辖区未发生重大群体性事件。

前黄镇

【概况】 前黄镇于1999年建镇，地处泉港区西南部，东临后龙镇、西接涂岭镇、南毗山腰街道和惠安县辋川镇、北靠南埔镇，面积33.3平方千米，下辖13个行政村，年末户籍人口43885人。先后获评全国重点镇、国家级生态乡镇、福建省卫生乡镇、泉州市小城市试点镇、泉州市首批特色小镇等。2020年，以全市首批特色村镇扶持创建试点、市级加强乡镇政府服务能力试点建设为契机，全镇上下凝心聚力创新业，统筹推进新冠肺炎疫情防控和经济社会发展工作，推进项目建设、推动经济高质量发展，聚力打造宜居宜业科教研创全国重点镇。

2020年8月18日，吉祥泉港促消费系列活动启动仪式暨艾倪文创园开园仪式在前黄镇举行
（区委报道组 供图）

【经济建设】 2020年，前黄镇实现限额以上批发零售住宿餐饮业销售额完成32.9亿元，比上年增长21%；限额以上批发零售住宿餐饮业零售额完成2.52亿元，比上年增长11.5%；本级工商税收0.87亿元。确定区级重点项目42个，其中在建项目31个，预备项目11个，其中26个项目超时序进度推进，完成投资17.69亿元。开普勒三期、天隆年产400万只锂电池项目、智能中医健康管理太空舱项目、天益达年产钢构件2500吨项目、水性涂料新材料研发中心和中试基地、中平神马生产线优化提升等13个区级重点项目竣工或正式投产。

【城镇建设】 2020年，前黄镇29个小城镇建设项目累计完成投资24.88亿元，超时序进度推进银泰大学城（一期）、万商凤凰城（一期）、蓝海国际（二期）等7个房地产项目。

【社会事业】 2020年，前黄镇办好区镇两级24件为民办实事项目。坚持危房改造和脱贫攻坚两手抓，完成13户计生、低保安居工程、省级农村危房改造等各类住房保障项目。完成86户299人精准脱贫工作，扶助残疾学生和残疾人家庭子女就学，为残疾人购买意外伤害保险。征集“505”微心愿31个，做好“阻疫不阻爱”的暖心服务。完成第七次全国人口普查，为党委、政府的发展决策提供科学依据。投入140万元完成昆山水系连通整治工程项目，启动新港溪生态修复工程，坝头溪流域综合整治被确定为全市观摩学习点。

【平安建设】 2020年，前黄镇创新开展“三联三融三满意”吉祥前黄创建活动，推动“强基促稳”，扫黑除恶治乱。完成第四期“雪亮工程”与人脸识别系统项目建设。多元化解矛盾纠纷，全年排查调处各类纠纷112起，调解成功率100%。开展“拉网式”摸底核查行动，推进打击成品油走私、查处赌博等专项行动，群众安全感和幸福感得到显著提升。

涂岭镇

【概况】 涂岭古称“桃岭”，位于泉港西部，与惠安、洛江、仙游接壤，面积157平方千米，下辖21个村、1个社区，人口约5.65万人，承接泉港城区拓展延伸，辐射界山、前黄两镇和惠安、仙游相关镇。先后获评国家级生态镇、省级特色景观旅游名镇、省级安全社区、市级“文明镇”等荣誉。建设主线是“小城市·大健康·新乡村”，目标旨在打造闽南生态休闲名镇升级版，作为泉州市小城市培育试点，编制完成“中心突破、两翼并进”的城镇建设规划。乡村振兴示范线路列入全市首批10条创建示范线，获评省级乡村振兴特色镇、2020年全国森林康养基地试点建设乡镇和旅游休闲乡镇，以总评分第1名的成绩荣获“泉州十佳特色小城镇”称号。

【经济建设】 2020年，涂岭镇实现限额以上批发零售住宿餐饮业销售额18.88亿元，比上年增长92.5%；限额以上批发零售住宿餐饮业零售额3.50亿元，比上年增长15.6%；固定资产投资12.23亿元，比上年增长14.8%；完成税收入库0.51亿元，比上年增长15.9%。43个区镇两级重点项目全年完成投资18.6亿元，累计完成项目征地1500多亩、坟墓搬迁500多穴。其中，普洛斯智能仓储物流园项目正在开展征迁扫尾工作；涂岭第二中心幼儿园、新辉大二期、恒昌盛、建东二期、坝头溪流域综合整治等一批项目征迁扫尾任务基本完成并实现供地。完成白潼、樟脚等7个村129公顷高标准农田建设，全镇22个村（居）村财收入均达到10万元以上，其中14个村（居）村财收入20万元以上，新增村财收入项目30个，增加村财收入140.82万元。全年共建设省级乡村振兴特色镇项目6个，完成投资总额1.45亿元。主动对接省级大中型库区移民后扶项目示范区优惠政策，策划生成10个项目38项内容，向上争取帮扶资金2000万元。

【城镇建设】 2020年，涂岭镇优化西部道路交通网，组织实施涂岭镇农村公路普修工程，朝阳公路拓宽改造及红星香蜜湖连接道路提级改造工程基本完成征地拆迁，部分路段正在施工建设；全年共建设省级乡村振兴特色镇项目6个，完成投资总额1.45亿元。结合疫情防控要求，在全镇范围内开展环境卫生大整治、大清理、大消杀爱国卫生运动；保持“两违”综合管控高压态势，抓好土地卫片执法监督检查和土地例行督察问题整改。创建下炉村市级“无裸房村”和前欧、涂岭两个村市级农村人居环境整治示范村，通过全国文明城市暨省级文明城区创建和省市区农村人居环境整治考核验收。加强泗洲水库、菱溪水库饮用水水源地保护区巡查，出台涂岭镇河道保护公约，提升溪流水质，建设坝头溪西吴段示范河段景观提升工程，全面完成第二轮中央生态环保督察问题整改。

【社会事业】 2020年，涂岭镇围绕补齐住房、医疗、教育、安全饮水短板，累计发放各类救助金、补助金、慰问金600多万元，全镇50户173人保持稳定脱贫，未在疫情期间出现返贫现象。抓好25件为民办实事项目，全年实现农村劳动力培训1158人，新增农村劳动力转移就业1186人，城乡居民保缴费率创历年新高。举办第五届“大美涂岭”秀溪枇杷采摘节、涂岭“暖春先锋助农”大型网络推介等活动，镇党政主要领导亲自上阵直播带货，在全市乃至全省率先开展“直播+先锋助农+电商+扶贫”新模式，实现当日线上交易额30多万

2020年1月17日，泉港区“把爱带回家”暨“儿童之家”素质展演在涂岭镇前欧村文明礼堂举行（区委报道组 供图）

元，帮助辖区农户解决疫情时期农产品滞销问题。开展退役军人信息采集和光荣牌悬挂工作，完成退役军人服务站规范化建设。拓展“互联网+”居家养老助残服务，完成清美、汶阳居家养老服务站和前欧村日间照料中心建设，为全镇1493名残疾人投保意外伤害保险，为全镇18周岁以下青少年参保重大疾病险。举行第四届涂岭镇朝阳公益促进会奖教奖学金颁奖仪式，发放奖金助学金近50万元。打造前欧、涂岭、寨后等3个村级“儿童之家”，建成清美、驿坂全民健身驿站以及五社村多功能运动场，通过国家级公共文化服务体系示范区创建验收检查，完成第七次全国人口普查工作。严格落实宗教工作三级网络两级责任制，开展移风易俗等活动，前欧村获评全国文明村称号，白潼村、松园村获评省级文明村称号。

【平安建设】 2020年，涂岭镇开展“治安最安全、执法最满意、社会最平安”吉祥泉港创建，推进“强基促稳”三年行动、社会治理法治化促进年等活动，完善“1+5+N”社会治理网格化服务，对辖区农村“天网”平安防控体系进行全面检修升级。深化矛盾纠纷多元化解机制改革，芦朴村“邻里矛盾纠纷”及路口村“宅基地纠纷”案件的调解做法被福建电视台综合频道《调解有一套》栏目专题报道。开展房屋安全“百日大整治”及安全生产专项整治三年行动，落实好自建房加工场所消防安全专项整治，累计排查各类房屋17015栋，整治人员密集场所一般安全隐患房屋139栋（处），处置重大安全隐患房屋5栋；拆除非人员密集场所重大隐患房屋51栋，落实房屋结构安全性鉴定1143份；完成省、市、区督办件和交办件25件，办结率100%。聘请第三方专业机构安全专家提供业务指导，创新推行电子巡更巡检系统，智能化开展安全隐患排查整治，督促企业和监管部门落实责任，实现安全生产常态长效管理。

山腰盐场

【概况】 2020年，山腰盐场围绕“十三五”规划和“经营要稳、产品求精、顺势而变、共克危局”的总体布局，立足发展稳定大局，坚持以深化盐业体制改革和企业体制改革工作为抓手，按照“企业增效、工人增收，推进盐业体制改革深入人心，全面推动企业和谐稳定发展”的总体要求，推动全场上下克服多变的气候影响、激烈的市场竞争、产量连续高产、库存压力剧增等困难，保持原盐稳定高产、产量质量并重，较好完成全年目标任务。

表 14

2020 年度山腰盐场主要经济指标完成情况

指标名称	单位	2020 年度数据	比上年增长
原盐产量	吨	88500	21.62%
原料盐销售	吨	54300	−32.03%
原盐销售收入	万元	3400	持平
工人人均收入	万元	5.31	持平

【企业管理】 2020年，山腰盐场加强与泉港区职业中专学校、泉州海峡职业培训学习合作开展岗位技能培训班，全场77名管理人员（含海晶物业公司）参加培训，全员完成线上线下学习及线上考试并获得资格证书，推进员工素质提升。全面推行目标管理责任制，围绕年度工作目标任务，科学安排，落实责任，措施到位，责任到人，较好完成全

年目标任务。以提高产量和质量并重为目标，加大生产滩场设备维修投入，全场克服用沙价大幅度提升、用工人数不断减少和气候条件恶劣、工作量大等困难，集中时间开展好春、冬两季滩场设备维护，夯实滩场质量，确保滩场设备完好，为盐业生产优质高产打好基础，全年滩场设备维修共计投入50余万元。开展“质量管理年”活动，发挥“一线工作站”职能作用，在工区班组生产一线中发现问题，解决问题，为提升企业生产管理水平提供保证。

【品牌建设】　2020年，山腰盐场坚持打造山腰海盐“原生态、纯天然、全人工”的传统独特生产制作工艺，突出“做大做强、高端高质”品牌优势，发挥省内盐企排头兵作用，以国字牌“生态海盐”创建工作为着力点，做强做优“山腰盐”拳头产品，加快形成“特色鲜明、优势突出”高端盐产业龙头基地。是年，东海工区、西海工区原料盐基地获评首批全国“生态海盐”认证证书；“山腰盐”等8类项目被国家知识产权局认定为“商标注册证”，“山腰盐”申请注册地理标志商标正式被国家知识产权局受理；环境管理体和质量管理两个体系认证通过方圆标志认证集团专家组审核验收。

【安全管理】　2020年，山腰盐场坚持安全为先，贯彻“安全第一，预防为主，综合治理”安全发展理念，落实安全生产“一岗双责”，成立安全隐患大排查大整治、房屋隐患安全整治领导小组，坚持排查专业化、风险标识化、管控明细化，安全隐患全面整治。加强生产安全和防汛备汛工作，突出安全生产“标准化三年”建设和常态化消防防汛安全应急演练演示，开展常态化安全检查机制，排查各类安全隐患，共投入100多万元安全生产经费，用于危房拆除改建、消防安全建设和标准化海堤加固建设及更新老化电力设备设施等，消除电力设施老化造成的安全隐患，营造起“重视安全、关爱生命”的安全生产氛围。全年未发生重特大安全事故。开展“平安盐场”创建工作，拨付综治专项经费60多万元用于各工区安全建设、盐田整治、56路网络监控系统维护等配套设施，坚决打击偷窃盐斤及非法侵占盐田边界堤岸、盐田、水库等国有资产，共清理埭港工区盐田周边群众侵占盐田26处，拆除清理建筑物及种植地2处、面积300多平方米，确保国有资产不流失，通过市、区“七五”普法总结验收检查。盐场被中共泉港区委、泉港区人民政府评为“2019年度全区一类平安单位”。

【项目建设】　2020年，山腰盐场在坚守传统产业主体地位的基础上，探索符合企业实际，推动服务重点项目攻坚有序运作。按照年度目标任务，做好现场协调和服务保障，严抓工程质量、安全和进度三大关口，推进盐场海晶大厦项目建设；推进代管项目泉港区总部经济区配套市政工程项目进度，完成山腰海沙排洪水闸扩容改造工程项目建设可研方案初稿；完成代管项目山腰顶五孔水闸改建工程完工验收。配合做好自然资源部对泉港区海岸线修测成果数据质量抽查工作，按照上级有关要求，11月对埭港、五四两个工区全部停产，对停产区域的78名干部职工工资参照相邻工区工人工资标准进行发放，着手做好停产工区班组废转和分流安置工作，减少企业损失，确保盐区安定稳定。根据各工区班组需求，加大技术革新、设备更新、基础设施等方面投入，电动运盐车成功在全场广泛推广。

【盐工业旅游】　2020年，山腰盐场突出“盐文化”的竞争力，顺应产业升级浪潮，推广盐田文化旅游资源，坚持高端嫁接、高位推进，与泉州市米采文化传播有限公司、泉州市美途国际旅行社有限公司协作开展盐文化基地研学实践活动，累计接待服务68批3900多人次学生进行研学实践活动，省内外单位的专家、学者及众多散客来盐场观光旅游。人民日报、新华社、央广等20家中央、省、市知名主流媒体记者组成的采风团到东海工区盐文化体验基地开展采风活动。下江晒盐技艺坊连续三届被泉州市委宣传部、市社科联命名为“（2015—2022年）泉州市社会科学普及基地”，山腰海盐传统晒制技艺列入泉州市非物质文化遗产系列展示，“盐文化”品牌深化推介。

2020年12月1日，由新华社等20多家主流媒体记者大咖组成的“知名主流媒体泉港行”采风团走进山腰盐场

（山腰盐场 供图）

2020年泉港区地方荣誉一览表

表 15

单位	荣誉称号	授奖机关	授奖文号
泉港区	全省团结进步重点区	福建民族与宗教事务厅	闽民宗〔2020〕43号
泉港区	福建省慢性非传染性疾病综合防控示范区	福建省卫生健康委	闽卫疾控发明电〔2020〕419号
泉港区	首届全国公共资源交易百强县	中国公共资源交易跨区域合作联盟	—

2020年泉港区先进单位一览表

表 16

单位	荣誉称号	授奖机关	授奖文号
福海粮油有限公司	第五批国家级绿色制造（绿色工厂）	工信部	—
百川资源再生有限公司	第五批国家级绿色制造（绿色设计产品）	工信部	—
泉州市公安局交通警察泉港大队	全国一等县级车辆管理所	公安部	公交管〔2020〕261号
涂岭镇前欧村	全国文明村	中央精神文明建设指导委员会	—
涂岭镇秀溪村	第一批国家森林乡村	国家林业和草原局	—
百姓书房	第八届全国服务农民、服务基层文化建设先进集体	中央宣传部、文化和旅游部、广电总局	—
山腰街道钟厝村	中国少数民族特色村寨	民委办公厅	民委发〔2019〕141号
泉港一中井（福建局）	2019年度全国地震监测预报观测资料质量评估水位测项二等奖	中国地震局监测司	中震测函〔2020〕18号
农工党泉港总支	纪念中国农工民主党成立90周年优秀基层组织	农工党中央	—

续表 16

单位	荣誉称号	授奖机关	授奖文号
泉港石化工业园区管委会	2020 中国化工园区 30 强	中国石油和化学工业联合会化工园区工作委员会	中石化联园委发〔2020〕6 号
界山玉湖中心小学	2019 年全国青少年校园篮球特色学校	教育部	—
界山玉湖中心小学	2019 年全国青少年校园足球特色学校	教育部	—
福建师大泉港实验中学	全国青少年篮球特色学校	教育部	—
泉港区生态环境局	第二次全国污染源普查表现突出的集体	国务院第二次全国污染源普查领导小组办公室	国污普〔2020〕5 号
龙岩市惠安泉港商会	2019—2020 年度全国“四好”商会	中华全国工商业联合会办公厅	
界山镇东张村侨联	全国侨联系统优秀“侨胞之家”	中华全国归国华侨联合会办公厅	中侨发〔2021〕3 号
涂岭镇	2020 年全国森林康养基地试点建设单位	中国林业产业联合会	中产联〔2020〕114 号
泉港区司法局	全国人民调解工作先进集体	中华全国人民调解员协会	中调协〔2020〕5 号
泉州恒昂工贸有限公司	中国红十字奉献奖章	中国红十字总会	—
泉港区科技馆	2020 年全国科学实验挑战赛优秀组织单位	中国科协部门	科协普函传字〔2020〕60 号
泉港区计划生育协会	全国暖心家园项目示范点	中国计划生育协会	中国计生协关于确定暖心家园项目点的通知（国计生协办〔2020〕21 号）
泉港区公共资源交易管理办公室	2020 年度全国公共资源交易十佳机构	中国公共资源交易跨区域合作联盟	—
泉港二中	全国青少年手球传统学校（2019—2022 年）	中国手球协会	—
山腰盐场东海工区、西海工区	全国首批“生态海盐”认证	中国盐业协会	—
泉港区宣传系统党委	全省先进基层党组织	中共福建省委	—
泉港区宣传系统党委	福建省抗击新冠肺炎疫情先进集体	中共福建省委、省人民政府	—
泉州市公安局泉港分局指挥情报中心	福建省抗击新冠肺炎疫情先进集体	中共福建省委、省人民政府	—
泉港区委宣传部	福建省级文明单位（2018—2020 年度）	中共福建省委、省人民政府	—
天马科技集团	福建质量奖	福建省人民政府	—
界山玉湖中心小学	福建省第二批百个中小学劳动教育实践特色项目（科技种植园）	福建省教育厅	—
福建师大泉港实验中学	福建省首批百个中小学劳动教育实践特色项目	福建省教育厅	—
泉港区第二实验小学教育集团（福炼校区）	少年 70 周年中国颂“阅读校园”	中共福建省委文明办、福建省少工委、福建省关心下一代工作委员会、福建省广播影视集团	—
泉州市公安局泉港分局侦破“3•24”虚开增值税专用发票案专案组	贺电	福建省公安厅经侦总队	闽公经传发〔2020〕110 号
山腰街道普安村	福建省乡村振兴试点村	—	—
百川资源再生有限公司	2020 年省“专精特新”中小企业	福建省工业和信息化厅	—
福海粮油有限公司	第四批省循环经济示范试点	福建省工业和信息化厅	—

续表 16

单位	荣誉称号	授奖机关	授奖文号
佑达环保材料有限公司、顶新日用有限公司	省 2020 年入库备案省级高新技术企业	福建省工业和信息化厅	—
天马科技集团、福海粮油有限公司	2020 年度工作创新“十佳”单位	福建省农业农村厅	—
泉港石化工业园区管委会	省级（以上）开发区 2020 年度土地集约利用第一名	福建省自然资源厅	—
界山镇东张村	第三批福建省侨乡文化名镇名村	中共福建省委统战部、福建省住房和城乡建设厅、福建省文化和旅游厅、福建省归国华侨	—
界山镇东张村	第二批省级文明乡风联系点示范村	中共福建省文明委	—
南埔镇沙格村	省级乡村治理试点示范村	福建省农业农村厅	—
南埔镇天竺村	省级乡村治理试点示范村	福建省农业农村厅	—
福海粮油有限公司	福建省粮食安全宣传教育基地	福建省粮食和物资储备局、福建省农业农村厅、福建省教育厅、福建省科学技术厅、福建省妇女联合会	—
福建师范大学泉港石化研究院	加挂“福建省合成树脂功能化产业技术创新研究院”	福建省科学技术厅	福建省科学技术厅关于对 15 家“福建省产业技术创新重大研发平台”加挂“福建省产业技术创新研究院”牌匾的通知（闽科资〔2020〕24 号）
福建师范大学泉港石化研究院	成立“福建省高分子材料产业知识产权联盟和知识产权运营保护中心”	福建省知识产权局	福建省知识产权局关于支持成立福建省高分子材料产业知识产权联盟和知识产权运营保护中心的函（闽知函〔2020〕1 号）
泉港区人民检察院办公室	对全省信息有较大贡献的单位	福建省人民检察院	闽检办发〔2021〕1 号
德立化工有限公司、洋屿环保科技有限公司、洋屿土壤科技有限公司	福建省 2020 年第四批入库科技型中小企业	福建省科学技术厅	—
百川资源再生有限公司、建华建材有限公司、纳川管业有限公司、天骄化学有限公司、钟山化工有限公司、福海粮油有限公司、益海嘉里有限公司	省一二三产业“百千”增产增效行动方案制造业重点企业	福建省工业和信息化厅	—
兴通海运有限公司	一二三产业“百千”增产增效行动方案第一批服务业企业	福建省服务业发展厅联席会议办公室	—
佑达环保有限公司	2020 年第六批入库科技型中小企业	福建省科学技术厅	—
天骄化学有限公司	2020 年度第一批省工业和信息化重点新产品推广目录	福建省工业和信息化厅	—
顶新日用品有限公司	2020 年第八批入库的 145 家科技型中小企业	福建省科学技术厅	—
兴通海运集团	2020 年度福建省重点拟上市后备企业	福建省地方金融监督管理局	—

续表 16

单位	荣誉称号	授奖机关	授奖文号
天骄化学有限公司、安然纺织有限公司、路通管业有限公司、建华建材有限公司	2020 年度福建省工业和信息化高成长培育企业	福建省工业化和信息化厅	—
金维他有限公司、路通管业有限公司、玺堡家居有限公司	2020 年度科技小巨人领军企业研发费用加计扣除奖励专项资金奖励名单和金额	福建省科技型中小企业技术创新中心	—
界山镇鸠林村	省级乡村治理试点示范单位	中共福建省委农村工作领导小组办公室、中共福建省委组织部、中共福建省委宣传部、福建省农业农村厅、福建省民政厅、福建省司法厅	—
泉港区人民检察院泉州“碳九”泄漏事故专案临时办案组	2020 年度全省检察机关优秀办案团队	福建省人民检察院	闽检发办字〔2021〕12 号
泉州市公安局交通警察泉港大队	全省一等县级车辆管理所	福建省公安厅	闽公传发〔2020〕79 号
界山镇东张村	省级侨乡文化名村	中共福建省委统战部、福建省住房和城乡建设厅、福建省文化和旅游厅、福建省归国华侨联合会	—
峰尾镇诚平村	福建省第三批省级传统村落名录	福建省住房和城乡建设厅、福建省文化和旅游厅、福建省财政厅	—
涂岭镇	省级乡村治理试点示范单位	中共福建省委农村工作领导小组办公室等六部门	闽委农办〔2020〕7 号
泉港区供销合作社联合社	全省供销合作社系统先进集体	福建省人力资源和社会保障厅、福建省供销联合社	闽人社表彰〔2020〕36 号
涂岭镇综合文化站	省级文旅功能融合试点单位	福建省文化和旅游厅	—
涂岭镇松园村	泉州市 2018—2020 年度省级文明村	福建省委办公厅、省政府办公厅	—
涂岭镇白潼村	泉州市 2018—2020 年度省级文明村	福建省委办公厅、省政府办公厅	—
涂岭镇小坝村	福建省首批民族乡村振兴示范村	福建省民族与宗教事务厅	闽民宗〔2020〕54 号
北大培文实验学校	福建省义务教育管理标准化学校	福建省教育厅	闽人社表彰〔2021〕3 号
三朱学校	福建省义务教育管理标准化学校	福建省教育厅	—
北大培文实验学校	福建省义务教育管理标准化学校	福建省教育厅	—
涂岭镇黄田村	2020 年度福建省三星级乡村旅游休闲村	福建省文化和旅游厅	泉文旅〔2020〕153 号
涂岭镇秀溪村	福建省第一批高级版“绿盈乡村”	福建省生态环境厅	—
前亭小学	福建省义务教育管理标准化学校	福建省教育厅	—
诚平小学	福建省义务教育管理标准化学校	福建省教育厅	—
鸢峰小学	福建省义务教育管理标准化学校	福建省教育厅	—
山腰中心小学	第三届福建省校园微拍大赛二等奖	福建省教育厅	—
福建师大泉港实验中学	福建省五四红旗团（总）支部	共青团福建省委	—

续表 16

单位	荣誉称号	授奖机关	授奖文号
兴通海运股份有限公司	福建省五一劳动奖状	福建省总工会	闽工〔2020〕68号
泉港区医院急危重症医学部	福建省五一先锋号	福建省总工会	闽工〔2020〕68号
国网泉州供电公司泉港供电服务中心南区供电营业厅	福建省工人先锋号	福建省总工会	闽工〔2020〕30号
中国邮政集团公司泉州市泉港分公司福炼邮政支局福炼邮政支局	福建省工人先锋号	福建省总工会	闽工〔2020〕30号
界山镇东张村侨联	省级侨胞之家	福建省归国华侨联合会	—
福海粮油有限公司	福建省非公企业党建带工建示范点	福建省总工会	—
南埔镇妇联	福建省“三百四有”创建活动基层妇联组织示范单位	福建省妇女联合会	—
涂岭镇前欧村妇联	福建省“三百四有”创建活动基层妇联组织示范单位	福建省妇女联合会	—
泉港区科学技术协会	2020年福建省全国科普日“优秀组织单位”	福建省科学技术协会	闽科协普〔2020〕30号
泉港区科技馆	2020年福建省全国科普日“优秀组织单位”	福建省科学技术协会	闽科协普〔2020〕30号
天马科技集团	2020福建省民营企业100强、福建省民营企业制造业榜单50强	福建省工商业联合会	—
南埔镇	泉州市2017—2019年度文明镇	中共泉州市委、泉州市人民政府	泉委〔2020〕52号
山腰街道锦川村	泉州市2017—2019年度文明村	中共泉州市委、泉州市人民政府	泉委〔2020〕52号
山腰街道钟厝村	泉州市2017—2019年度文明村	中共泉州市委、泉州市人民政府	泉委〔2020〕52号
泉港区人大常委会机关	泉州市2017—2019年度文明单位	中共泉州市委、泉州市人民政府	泉委〔2020〕52号
政协泉港区委员会机关	泉州市2017—2019年度文明单位	中共泉州市委、泉州市人民政府	泉委〔2020〕52号
中共泉港区委办公室	泉州市2017—2019年度文明单位	中共泉州市委、泉州市人民政府	泉委〔2020〕52号
泉港区人民政府办公室	泉州市2017—2019年度文明单位	中共泉州市委、泉州市人民政府	泉委〔2020〕52号
泉港区委组织部	泉州市2017—2019年度文明单位	中共泉州市委、泉州市人民政府	泉委〔2020〕52号
泉港区委精神文明建设办公室	泉州市2017—2019年度文明单位	中共泉州市委、泉州市人民政府	泉委〔2020〕52号
泉港区委统一战线工作部	泉州市2017—2019年度文明单位	中共泉州市委、泉州市人民政府	泉委〔2020〕52号
泉港区委政法委员会	泉州市2017—2019年度文明单位	中共泉州市委、泉州市人民政府	泉委〔2020〕52号
泉港区委机构编制委员会办公室	泉州市2017—2019年度文明单位	中共泉州市委、泉州市人民政府	泉委〔2020〕52号
泉港区委区直机关工作委员会	泉州市2017—2019年度文明单位	中共泉州市委、泉州市人民政府	泉委〔2020〕52号
泉港区发展和改革局	泉州市2017—2019年度文明单位	中共泉州市委、泉州市人民政府	泉委〔2020〕52号
泉港区教师进修学校	泉州市2017—2019年度文明单位	中共泉州市委、泉州市人民政府	泉委〔2020〕52号

续表 16

单位	荣誉称号	授奖机关	授奖文号
泉港区人力资源和社会保障局	泉州市 2017—2019 年度文明单位	中共泉州市委、泉州市人民政府	泉委〔2020〕52 号
泉港区卫生计生执法大队	泉州市 2017—2019 年度文明单位	中共泉州市委、泉州市人民政府	泉委〔2020〕52 号
泉港区审计局	泉州市 2017—2019 年度文明单位	中共泉州市委、泉州市人民政府	泉委〔2020〕52 号
泉港区广播电视事业局	泉州市 2017—2019 年度文明单位	中共泉州市委、泉州市人民政府	泉委〔2020〕52 号
泉港区供销合作社联合社	泉州市 2017—2019 年度文明单位	中共泉州市委、泉州市人民政府	泉委〔2020〕52 号
泉港区残疾人联合会	泉州市 2017—2019 年度文明单位	中共泉州市委、泉州市人民政府	泉委〔2020〕52 号
泉州市公安局油城分局	泉州市 2017—2019 年度文明单位	中共泉州市委、泉州市人民政府	泉委〔2020〕52 号
泉港区自然资源局	泉州市 2017—2019 年度文明单位	中共泉州市委、泉州市人民政府	泉委〔2020〕52 号
中国移动通信集团福建有限公司泉港分公司	泉州市 2017—2019 年度文明单位	中共泉州市委、泉州市人民政府	泉委〔2020〕52 号
福建广电网络集团股份有限公司泉港分公司	泉州市 2017—2019 年度文明单位	中共泉州市委、泉州市人民政府	泉委〔2020〕52 号
中央储备粮泉州直属库有限公司	泉州市 2017—2019 年度文明单位	中共泉州市委、泉州市人民政府	泉委〔2020〕52 号
山腰盐场	泉州市 2017—2019 年度文明单位	中共泉州市委、泉州市人民政府	泉委〔2020〕52 号
中国建设银行股份有限公司泉州泉港支行	泉州市 2017—2019 年度文明单位	中共泉州市委、泉州市人民政府	泉委〔2020〕52 号
中国农业银行股份有限公司泉州泉港支行	泉州市 2017—2019 年度文明单位	中共泉州市委、泉州市人民政府	泉委〔2020〕52 号
泉州农村商业银行股份有限公司泉港支行	泉州市 2017—2019 年度文明单位	中共泉州市委、泉州市人民政府	泉委〔2020〕52 号
山腰街道办事处	泉州市 2017—2019 年度文明单位	中共泉州市委、泉州市人民政府	泉委〔2020〕52 号
泉港区石化工业园区管理委员会	泉州市 2017—2019 年度文明单位	中共泉州市委、泉州市人民政府	泉委〔2020〕52 号
泉港区委党校	泉州市 2017—2019 年度文明单位	中共泉州市委、泉州市人民政府	泉委〔2020〕52 号
泉港区住房和城乡建设局	泉州市 2017—2019 年度文明单位	中共泉州市委、泉州市人民政府	泉委〔2020〕52 号
泉港区交通运输局	泉州市 2017—2019 年度文明单位	中共泉州市委、泉州市人民政府	泉委〔2020〕52 号
泉港区文化体育和旅游局	泉州市 2017—2019 年度文明单位	中共泉州市委、泉州市人民政府	泉委〔2020〕52 号
泉港区卫生健康局	泉州市 2017—2019 年度文明单位	中共泉州市委、泉州市人民政府	泉委〔2020〕52 号
泉港区统计局	泉州市 2017—2019 年度文明单位	中共泉州市委、泉州市人民政府	泉委〔2020〕52 号
泉港区总工会	泉州市 2017—2019 年度文明单位	中共泉州市委、泉州市人民政府	泉委〔2020〕52 号
泉港区妇女联合会	泉州市 2017—2019 年度文明单位	中共泉州市委、泉州市人民政府	泉委〔2020〕52 号
泉港区应急管理局	泉州市 2017—2019 年度文明单位	中共泉州市委、泉州市人民政府	泉委〔2020〕52 号
泉州市公路局泉港分局	泉州市 2017—2019 年度文明单位	中共泉州市委、泉州市人民政府	泉委〔2020〕52 号

续表 16

单位	荣誉称号	授奖机关	授奖文号
泉州市泉港生态环境局	泉州市 2017—2019 年度文明单位	中共泉州市委、泉州市人民政府	泉委〔2020〕52 号
泉港区兴通海运股份有限公司	泉州市 2017—2019 年度文明单位	中共泉州市委、泉州市人民政府	泉委〔2020〕52 号
泉港新城投资有限责任公司	泉州市 2017—2019 年度文明单位	中共泉州市委、泉州市人民政府	泉委〔2020〕52 号
山腰街道锦祥社区	泉州市 2017—2019 年度文明社区	中共泉州市委、泉州市人民政府	泉委〔2020〕52 号
泉港区消防救援大队—泉港一中	泉州市 2017—2019 年度军民共建单位	中共泉州市委、泉州市人民政府	泉委〔2020〕52 号
泉港五中	泉州市 2017—2019 年度文明校园	中共泉州市委、泉州市人民政府	泉委〔2020〕52 号
惠华中学	泉州市 2017—2019 年度文明校园	中共泉州市委、泉州市人民政府	泉委〔2020〕52 号
山腰盐场美发中学	泉州市 2017—2019 年度文明校园	中共泉州市委、泉州市人民政府	泉委〔2020〕52 号
三川中学	泉州市 2017—2019 年度文明校园	中共泉州市委、泉州市人民政府	泉委〔2020〕52 号
泉港区第二实验小学教育集团	泉州市 2017—2019 年度文明校园	中共泉州市委、泉州市人民政府	泉委〔2020〕52 号
泉港区第三实验小学	泉州市 2017—2019 年度文明校园	中共泉州市委、泉州市人民政府	泉委〔2020〕52 号
涂岭中心小学	泉州市 2017—2019 年度文明校园	中共泉州市委、泉州市人民政府	泉委〔2020〕52 号
山腰中心小学	泉州市 2017—2019 年度文明校园	中共泉州市委、泉州市人民政府	泉委〔2020〕52 号
峰尾中心小学	泉州市 2017—2019 年度文明校园	中共泉州市委、泉州市人民政府	泉委〔2020〕52 号
南埔中心小学	泉州市 2017—2019 年度文明校园	中共泉州市委、泉州市人民政府	泉委〔2020〕52 号
后龙中心小学	泉州市 2017—2019 年度文明校园	中共泉州市委、泉州市人民政府	泉委〔2020〕52 号
界山玉湖中心小学	泉州市 2017—2019 年度文明校园	中共泉州市委、泉州市人民政府	泉委〔2020〕52 号
前黄坝头中心小学	泉州市 2017—2019 年度文明校园	中共泉州市委、泉州市人民政府	泉委〔2020〕52 号
圭峰中学	泉州市 2017—2019 年度文明校园	中共泉州市委、泉州市人民政府	泉委〔2020〕52 号
三朱学校	泉州市 2017—2019 年度文明校园	中共泉州市委、泉州市人民政府	泉委〔2020〕52 号
泉港区特殊教育学校	泉州市 2017—2019 年度文明校园	中共泉州市委、泉州市人民政府	泉委〔2020〕52 号
泉港区益海实验小学	泉州市 2017—2019 年度文明校园	中共泉州市委、泉州市人民政府	泉委〔2020〕52 号
泉港区实验幼儿园	泉州市 2017—2019 年度文明校园	中共泉州市委、泉州市人民政府	泉委〔2020〕52 号
泉港区第二实验幼儿园	泉州市 2017—2019 年度文明校园	中共泉州市委、泉州市人民政府	泉委〔2020〕52 号
陈碧星家庭	泉州市 2017—2019 年度文明家庭	中共泉州市委、泉州市人民政府	泉委〔2020〕52 号
陈锦春家庭	泉州市 2017—2019 年度文明家庭	中共泉州市委、泉州市人民政府	泉委〔2020〕52 号
林兴贵家庭	泉州市 2017—2019 年度文明家庭	中共泉州市委、泉州市人民政府	泉委〔2020〕52 号

续表 16

单位	荣誉称号	授奖机关	授奖文号
林波家庭	泉州市 2017—2019 年度文明家庭	中共泉州市委、泉州市人民政府	泉委〔2020〕52 号
柯俊沐家庭	泉州市 2017—2019 年度文明家庭	中共泉州市委、泉州市人民政府	泉委〔2020〕52 号
肖建祥家庭	泉州市 2017—2019 年度文明家庭	中共泉州市委、泉州市人民政府	泉委〔2020〕52 号
南埔镇沙格村	泉州市 2017—2019 年度文明村	中共泉州市委、泉州市人民政府	—
中共泉港区交通系统委员会	先进基层党组织	中共泉州市委、泉州市人民政府	泉委〔2020〕9 号
山腰下江晒盐技艺坊	第五届（2020—2022 年）泉州市社会科学普及基地	中共泉州市委宣传部、泉州市社会科学界联合会	泉社联〔2020〕19 号
泉港区交通运输局	2019 年度安全生产标准化建设先进单位	泉州市交通运输局	泉交安〔2020〕5 号
峰尾中心小学	泉州市三八红旗集体	泉州市教育局	—
福建师大泉港实验中学	2019 年泉州市第一届“关爱杯”中小学生健身气功邀请赛、二等奖	泉州市体育局、泉州市教育局	—
南埔派出所、警保室	集体三等功	泉州市公安局	泉公令〔2020〕1 号
泉州市公安局泉港分局	“向英模致敬”教育整顿大型主题活动组织奖、文艺创作三等奖	泉州市公安局	—
泉州市公安局泉港分局	全市公安机关全警实战大练兵比武竞赛团体第 4 名	泉州市公安局	—
泉州市公安局泉港分局户政大队	全市公安机关全警实战大练兵标兵集体	泉州市公安局	—
泉州市公安局泉港分局刑侦大队	2020 年各项工作成绩突出集体	泉州市公安局	泉公综〔2021〕146 号
路通管业有限公司、博超实业有限公司、纳川管业有限公司、百川资源再生有限公司、洋屿环保科技有限公司	2020 年度市瞪羚企业培育库入库企业	泉州市科学技术局	—
庄重文实验小学	2019 年泉州市中小学合唱比赛三等奖	泉州市教育局	—
庄重文实验小学	2019 年泉州市情景剧比赛《安全小纵队》荣获三等奖	中共泉州市委宣传部、泉州市教育局、泉州市公安局	—
泉港区益海实验小学	泉州市文明校园创建工作先进学校	泉州市教育局	—
南埔中心小学	2019 年泉州市第一届“关爱杯”中小学生健身气功邀请赛集体一等奖	泉州市体育局、泉州市教育局	—
南埔肖厝小学	2019 年泉州市第一届“关爱杯”中小学生健身气功邀请赛集体二等奖	泉州市体育局、泉州市教育局	—
南埔天湖小学	2019 年泉州市第一届“关爱杯”中小学健身气功邀请赛集体二等奖	泉州市体育局、泉州市教育局	—
泉港区委政法委员会	2020 年度市县党政领导平安建设（综治工作）责任书考评优秀等次	中共泉州市委政法委员会	—
泉港区委政法委员会	2018—2019 年度全市政法（平安）宣传示范单位	中共泉州市委政法委员会	—
肖厝出入境边防检查站	一类平安单位	中共泉州市委政法委员会	泉委政法〔2020〕37 号
泉港区委政法委员会	2020 年度泉州市机关特色党建项目评展三等奖	中共泉州市委市直机关工作委员会	泉委工〔2020〕综 40 号
涂岭镇	泉州十佳特色小城镇	泉州市发展和改革委员会、泉州市自然资源和规划局、泉州市住房和城乡建设局等单位	—

续表 16

单位	荣誉称号	授奖机关	授奖文号
涂岭镇	泉州市第一批创建零酒驾示范单位	泉州市道路交通安全领导小组办公室	泉道安办〔2020〕57 号
泉港区财政局	征兵工作先进单位	泉州市征兵领导小组	
泉港区大众公交有限公司	泉州市首届“安全文明行车单位”	中共泉州市委宣传部、文明办等 10 个部门	泉公安警支〔2020〕90 号
泉港区融媒体中心	第四届泉州市广播影视岗位技能竞赛优秀组织奖	泉州市文化广电和旅游局	—
泉港区融媒体中心	2020 年度泉州市学雷锋活动示范点	中共泉州市委宣传部	—
泉港区融媒体中心	2019 年度泉州十佳政务微信公众号	中共泉州市委网信办	—
泉港区融媒体中心	2019 年度泉州政务微信最具影响力公众号	中共泉州市委网信办	—
界山镇东张村	泉州市创建零酒驾示范行政村	泉州市道路交通安全综合整治工作领导小组办公室	—
界山镇东张村	市级优秀乡村记忆文化馆	中共泉州市委党史和地方志研究室、市档案局（馆）	—
界山镇东张村	第三批泉州市旅游村	泉州市文化广电和旅游局	—
界山镇东张村	市级百个移风易俗典型村	泉州市移风易俗领导工作领导小组	—
界山镇玉湖村家风家训馆	泉州市家风家训馆	中共泉州市纪律检查委员会、中共泉州市委宣传部、中共泉州市委文明办、泉州市妇女联合会	—
界山镇鸠灵村、玉山村	泉州市市县级乡村振兴试点村	中共泉州市委实施乡村振兴战略领导小组	—
农工党泉港总支	农工党泉州市委会 2020 年度五星级基层组织	农工党泉州市委会	—
农工党泉港总支	2020 年度社情民意工作标兵单位	农工党泉州市委会	—
山腰街道钟厝村	泉州市市县级乡村振兴试点村		—
山腰街道共青团委	泉州市五四红旗团委	共青团泉州市委、泉州市教育局	—
三朱学校	泉州市文明校园	中共泉州市委文明办	—
三朱学校	泉州市优秀乡村（城市）学校少年宫“一宫一品”培育项目《南音》	中共泉州市委文明办、泉州市教育局	—
涂岭溪西小学 601 中队	2018—2019 年度泉州市优秀少先队中队	共青团泉州市委、泉州市教育局	—
泉港区特殊教育学校	泉州市文明校园创建工作先进学校	中共泉州市委文明办、泉州市教育局	—
泉港区实验幼儿园	泉州市文明校园	中共泉州市委文明办、泉州市教育局	—
泉港区实验幼儿园	泉州市文明校园创建工作先进学校	中共泉州市委文明办、泉州市教育局	—
泉港区实验幼儿园	泉州市机关特色党建项目展评二等奖	中共泉州市委市直机关党工委	—
泉港区实验幼儿园	泉州市闽南童谣大赛幼儿组二等奖	泉州市教育局等	—
百川资源再生有限公司、纳川管业有限公司	2020 年度泉州市高成长性科技企业（战略性新兴产业成长型企业）培育入库企业	泉州市科学技术局	—

续表 16

单位	荣誉称号	授奖机关	授奖文号
厦门市泉州泉港商会	5A 级社会组织	厦门市民政局	—
界山玉湖中心小学	泉州市五四红旗团（总）支部	共青团泉州市委	—
福海粮油有限公司	十佳工匠精神企业（单位）	泉州经济年会年度峰会	—
峰尾边防派出所	市见义勇为先进工作站	泉州市见义勇为协会	泉义协〔2020〕15 号
南埔中心小学	泉州市第十一届运动会篮球赛团体第六名	泉州市十一届运动会组织委员会	—
中国人民财产保险股份有限公司泉州市泉港支公司营业服务大厅	泉州市“工人（五一）先锋号”	中国人民财产保险股份有限公司泉州市泉港支公司	泉工〔2021〕5 号
泉港区文旅开发有限公司	泉州市第三届红十字应急救护技能大赛团体一等奖	泉州市红十字会	—
泉港区文旅开发有限公司运营管理部	2020 年泉州市“工人（五一）先锋号”	泉州市总工会	泉工〔2021〕5 号
泉港区疾病预防控制中心	疾病控制与应急股获评泉州市三八红旗手(集体)	泉州市妇女联合会	泉妇〔2020〕10 号
山腰街道征迁组	第十三届“泉州青年五四奖章”集体	泉州市青年联合会	—

2020 年泉港区先进个人一览表

表 17

姓名	工作单位	荣誉、称号	授奖机关	授奖文号
林佳平	南埔镇人民政府“调解超市”	“大排查、早调解、护稳定、迎国庆”专项活动表现突出个人	司法部	—
胡　胜	泉州市公安局泉港分局	个人嘉奖	公安部	公奖字〔2020〕
刘泽阳	泉港区委宣传部	2020 年度“全国优秀少先队辅导员”	团中央、教育部、全国少工委	中青联发〔2020〕14 号
林金辉	泉港区卫健局副局长	纪念中国农工民主党成立 90 周年先进个人	农工党中央	—
杨新智	泉港石化工业园区管委会	2020 中国化工园区管理者“改革创新贡献奖”	中国石油和化学工业联合会化工园区工作委员会	—
朱光宇	泉港区生态环境局	第二次全国污染源普查表现突出的个人	国务院第二次全国污染源普查领导小组办公室	国污普〔2020〕5 号
柳铅玉	涂岭镇	全国优秀河（湖）长	水利部河湖管理司	—
陈荣章家庭		全国最美家庭	中华全国妇女联合会	—
刘泽阳	泉港区委宣传部	2020 年（第六届）全国人才工作新闻摄影暨短视频比赛三等奖	中国人才杂志社	—
林小宇		2020 年度中国人才杂志优秀通讯员	中国人才杂志社	—
钟龙山	山腰盐场	2019 年度《中国盐业年鉴》和《会员通讯》编辑征订工作优秀个人三等奖	中国盐业协会	中盐协〔2020〕41 号
肖德兴	泉港区委政法委员会	福建省政法委系统先进工作者	中共福建省委政法委员会、福建省人力资源和社会保障厅	闽人社表彰〔2021〕3 号

续表 17

姓名	工作单位	荣誉、称号	授奖机关	授奖文号
张煌祥	泉州市公安局泉港分局	全省“禁毒2019两打两控”暨“飓风肃毒2019”会战行动成绩突出个人	福建省禁毒委员会办公室	—
郑倩妮	—	福建省公安民警英烈基金工作成绩突出个人	福建省公安厅	闽公政〔2020〕114号
刘文党、庄燕红家庭	—	2020年福建省抗疫最美家庭	福建省妇女联合会、福建省卫生健康委员会	—
吴辉木	—	2020年度福建省乡村振兴先进个人（优秀科技特派员）	中共福建省委实施乡村振兴战略领导小组	—
郑平庭	泉港区委宣传部	全省广播电视系统先进工作者	福建省人力资源和社会保障厅、福建省广播电视局	—
吴勇斌	泉港区委宣传部	2019年度全省宣传文化系统舆情信息工作先进个人	中共福建省委宣传部	闽委宣办〔2020〕7号
林平山	泉港区委宣传部	2019年度福建省网评工作先进个人	中共福建省委网信办	泉委网信办〔2020〕24号
林小莉	泉港区人民检察院	福建省人民检察院、福建省教育厅、福建省司法厅授予“法治进校园”全省巡讲活动表现突出个人	福建省人民检察院、福建省教育厅、福建省司法厅	闽检会〔2020〕11号
张钻锋	泉港生态环境局	2019年生态环境保护执法大练兵表现突出个人	福建省生态环境厅	闽环保总队〔2020〕15号
杜镇金、连颖煜	泉港区人民检察院	福建省检察官协会关于第十二届全省检察理论研究年会征文活动三等奖	福建省检察官协会、泉州市人民检察院、泉州市检察官协会	闽检协会〔2020〕2号 泉检发办字〔2020〕63号
肖惠中	农工党泉港总支	农工党福建省委会纪念中国农工民主党成立90周年先进个人	农工党福建省委会	—
林金辉、韩秀娟家庭	泉港区卫生健康局、前进中医院	福建省抗疫最美家庭	福建省妇女联合会、福建省卫生健康委员会	—
强新星	福建省湄洲湾港口管理局港	最美奋斗者	中共福建省直机关工会工作委员会、共青团福建省直工作委员会、福建直属机关妇女工作委员会	—
刘文党家庭	山腰街道	福建省抗疫最美家庭	福建省妇女联合会、福建省卫生健康委员会	—
吴良江	福建联合石油化工有限公司	福建省五一劳动奖章	福建省总工会	闽工〔2020〕68号
陈锦春家庭	—	福建省最美家庭	福建省妇女联合会	—
郭玉凤	峰尾镇	福建省三八红旗手	福建省妇女联合会	—
刘泽阳	泉港区委宣传部	2019年度优秀通讯员	《福建日报》社	2020年8月25日福建日报第8版
刘泽阳	泉港区委宣传部	壮丽70年，奋进新时代——福建老区巨变”征文活动三等奖	福建省老区建设促进会	闽老促〔2020〕15号
刘泽阳	泉港区委宣传部	福建新闻摄影作品三等奖	福建省新闻工作者协会、福建省新闻摄影学会	—
林弘棖	泉港区委宣传部	2019年度优秀通讯员	《福建日报》社	—
林弘棖	泉港区委宣传部	2019年度通讯员好新闻二等奖	《福建日报》社	—
林弘棖	泉港区委宣传部	2019年度通讯员好新闻三等奖	《福建日报》社	—
朱光宇	泉港生态环境局	福建省金牌工人	福建省总工会	闽工〔2020〕30号

续表 17

姓名	工作单位	荣誉、称号	授奖机关	授奖文号
郭玉凤	峰尾镇郭厝村	福建省三八红旗手	福建省妇女联合会	—
傅国强	泉港区委宣传部	第四届海上丝绸之路国际艺术节筹备工作先进个人	中共泉州市委、泉州市人民政府	泉委办〔2020〕2号
傅国强	泉港区委宣传部	泉州市2017—2019年度精神文明建设先进工作者	中共泉州市委、泉州市人民政府	泉委〔2020〕52号
陈三龙	泉港区委精神文明建设办公室	泉州市2017—2019年度精神文明建设先进工作者	中共泉州市委、泉州市人民政府	泉委〔2020〕52号
林银秀	泉港区委精神文明建设办公室	泉州市2017—2019年度精神文明建设先进工作者	中共泉州市委、泉州市人民政府	泉委〔2020〕52号
黄一喜	前黄镇	泉州市2017—2019年度精神文明建设先进工作者	中共泉州市委、泉州市人民政府	泉委〔2020〕52号
蔡志启	泉州市公安局泉港分局	个人三等功	中共泉州市委组织部、泉州市人力资源和社会保障局	泉委组综〔2020〕62号
苏剑华	泉州市公安局泉港分局	个人三等功	中共泉州市委组织部、泉州市人力资源和社会保障局	泉委组综〔2020〕62号
黄亿元	泉州市公安局泉港分局	个人三等功	中共泉州市委组织部、泉州市人力资源和社会保障局	泉委组综〔2020〕62号
林波家庭	泉州市公安局泉港分局	第一届泉州市文明家庭	中共泉州市委文明办	—
庄超龙	山腰街道	泉州市优秀民兵干部骨干	泉州市军分区	—
庄福猛	山腰街道	泉州市优秀民兵干部骨干	泉州市军分区	—
黄清源 郑小梅	泉港区人民检察院	泉州市检察机关第八届检察理论研讨会论文三等奖	泉州市人民检察院、泉州市检察官协会	泉检发办字〔2020〕63号
郑建辉	泉州市公安局泉港分局	2019年度全市公安信访工作成绩突出个人	泉州市公安局	泉公传发〔2020
魏金平	泉州市公安局泉港分局	个人三等功	泉州市公安局	泉公令〔2020〕4号
陈顺开	泉州市公安局泉港分局	个人三等功	泉州市公安局	泉公令〔2020〕1号
连钦海	泉州市公安局泉港分局	个人三等功	泉州市公安局	—
吴伟兵	泉州市公安局泉港分局	个人三等功	泉州市公安局	—
黄星火	泉州市公安局泉港分局	个人三等功	泉州市公安局	—
庄珺炜	泉州市公安局泉港分局	个人三等功	泉州市公安局	—
出学典	泉州市公安局泉港分局	个人三等功	泉州市公安局	—
陈靖亮	泉州市公安局泉港分局	个人三等功	泉州市公安局	—
王林火	泉州市公安局泉港分局	个人三等功	泉州市公安局	—
王永革	肖厝出入境边防检查站	海上搜救先进个人	泉州市海上搜救中心办公室	—
陈楚天	泉港区融媒体中心	泉州市广播影视岗位技术能手（泉州市广播电视网络安全岗位竞赛三等奖）	泉州市文化广电和旅游局	泉文旅〔2020〕200号

续表 17

姓名	工作单位	荣誉、称号	授奖机关	授奖文号
唐钊淦	泉港区融媒体中心	泉州市广播影视岗位技术能手（泉州市广播影视全媒体采编岗位竞赛二等奖）	泉州市文化广电和旅游局	泉文旅〔2020〕200号
林伟平	泉港区融媒体中心	泉州市广播影视岗位技术能手（泉州市广播影视全媒体采编岗位竞赛活动优秀奖）	泉州市文化广电和旅游局	泉文旅〔2020〕200号
钟　观	泉港区融媒体中心	泉州市“学习新思想 谱写新篇章”主题活动先进个人	泉州市文化广电新闻出版局、黎明职业大学、泉州广播电视台、泉州市广播影视协会	—
钟伟科	泉港区人民法院	2018—2019年度泉州市“优秀少先队志愿辅导员”	共青团泉州市委、泉州市教育局	—
曾小龙	泉港区人民法院	市第十一届运动会行业组男子1500米第一名男子3000米第一名	中共泉州市委政法委员会	泉委政法〔2020〕16号
陈智平	泉港区人民法院	2019年度参政议政先进个人	民革泉州市委会	—
		民革泉州市2020年抗击新冠肺炎疫情先进个人	民革泉州市委会	—
连青竹	泉港区人民法院	全市法院“优秀裁判文书”二等奖	泉州市中级人民法院	泉中法办〔2020〕5号
郭文波	泉港区人民法院	全市法院“优秀裁判文书”三等奖	泉州市中级人民法院	
林天法	泉港区人民法院	泉州市审判业务专家	泉州市中级人民法院	泉中法〔2019〕62号
陈庆玉	泉港区人民法院	全市法院系统第三十二届学术讨论会二等奖	泉州市中级人民法院	泉中法明传〔2020〕200号
孙婷婷	泉港区人民法院		泉州市中级人民法院	
黄婷婷	泉港区人民法院	全市法院系统第三十二届学术讨论会三等奖	泉州市中级人民法院	—
钟小玲	泉港区人民法院		泉州市中级人民法院	
苏惠玲	泉港区人民法院	全市法院系统第三十二届学术讨论会优秀奖	泉州市中级人民法院	
林家庆	—	2019年度泉州市五一劳动奖章和泉州市重点项目建设功臣	泉州市总工会、泉州市发展和改革委员会	泉工〔2020〕25号
刘跃民	中共泉港区委机构编制办公室	泉州市重点项目建设标兵	泉州市总工会、泉州市发展和改革委员会	泉工〔2020〕19号
肖明春	民建泉港支部	抗击新冠肺炎疫情先进个人	中国民主建国会泉州市委员会	泉民建〔2020〕32号
戴清秀	农工党泉港总支	2020年度社情民意信息工作先进个人、宣传工作先进个人	农工党泉州市委会	—
蔡娇娟	峰尾镇	泉州市优秀共青团干部	共青团泉州市委	—
郭　亮	泉港区融媒体中心	第十三届“泉州青年五四奖章”	共青团泉州市委、泉州市青年联合会	—
庄珺炜	泉州市公安局泉港分局	泉州青年五四奖章	共青团泉州市委、泉州市青年联合会	—
庄细强	福建红运当头工艺有限公司	泉州工匠	泉州市总工会	—
肖小燕	泉港区文旅开发有限公司	泉州市“金牌工人”	泉州市总工会	泉工〔2021〕5号
林增辉	山腰街道	第十三届“泉州青年五四奖章”	泉州市青年联合会	—
郑慧琼	山腰街道	泉州市三八红旗手	泉州市妇女联合会	—

续表 17

姓名	工作单位	荣誉、称号	授奖机关	授奖文号
钟一红	山腰街道	泉州市三八红旗手	泉州市妇女联合会	—
曾淑娟	峰尾镇	泉州市三八红旗手	泉州市妇女联合会	—
钟　观	泉港区融媒体中心	泉州市三八红旗手	泉州市妇女联合会	—
郭一腾	五里海沙餐饮投资管理公司	泉州青年五四奖章	共青团泉州市委、泉州市青年联合会	—
张飞鹏	百川资源再生有限公司	2019 年度经济人物	泉州经济年会年度峰会	—

2020 年泉港区党政军群领导及相关人员名录

2020 年在任的副处级（含）以上领导名表

区　委

书　记　梁炳辉
副书记　颜朝晖
　　　　苏松炎
常　委　王志安　9 月任
　　　　王晓莺
　　　　刘　刚
　　　　彭垂鼎
　　　　王洪龙　11 月任
　　　　张井丽　12 月任
　　　　曾华忠　11 月任
　　　　松吉泽仁　8 月任
　　　　陈沙龙　至 9 月
　　　　施有良　至 11 月
　　　　王文晖　至 11 月

区人大常委会

主　任　陈守川
副主任　赵琼花
　　　　黄胜富
　　　　邱彬侨
　　　　王国明

区政府

区　长　颜朝晖
党组副书记　陈沙龙　9 月任
　　　　陈相成
　　　　刘敏坚　至 9 月
副区长　张井丽　12 月任
　　　　傅文星
　　　　郭荣华（挂职）
　　　　庄一鸣
　　　　陈剑锋
　　　　王志强
　　　　王艺彬
　　　　黄少伟
　　　　柯明好
　　　　蔡奔腾　10 月任
　　　　谢梓骞　至 9 月
　　　　陈清拥　至 8 月
副处级干部　柯东阳
　　　　苏纯益

区政协

主　席　陈龙津
副主席　陈国才
　　　　陈庆堂
　　　　邱金谋　至 12 月
　　　　王梅珠
副处级干部　钟海平

区人民法院

院长 / 党组书记　林天法

区人民检察院

检察长 / 党组书记　黄清源

石化工业园区

党工委

书　记　梁炳辉
副书记　陈沙龙　9 月任
　　　　刘敏坚　至 9 月
委　员　张剑辉
　　　　杨新智
　　　　陈宗旗
　　　　谢梓骞　8 月任
　　　　杨柳刚　12 月任
　　　　蔡寅鸣　至 12 月

管委会

主　任　陈沙龙　9 月任
　　　　刘敏坚　至 9 月
副主任　张剑辉
　　　　杨新智
　　　　陈宗旗
　　　　谢梓骞　9 月任
三级调研员　刘辉煌
四级调研员　陈宗德

纪工委
书　记　　杨柳刚　12 月任
　　　　　蔡寅鸣　至 12 月

2020 年科级及以上干部和相关人员名单

区委办
主任／区委办系统党委书记
　　　　　林坤清　1 月任
　　　　　刘地惠　至 1 月
副主任／二级主任科员　　蔡志阳
四级调研员　　　郑月琼
纪检监察组组长　　邱晓峰
副主任　　郭景滨　3 月任
　　　　　肖咸强　6 月任
　　　　　林志江　至 6 月
区委办系统党委专职副书记
　　　　　苏文举　至 5 月
档案馆（局）
副馆长　　张和亮
机要局（密码管理局）
局　长　　庄永梅
区委台港澳工作办公室
主　任　　林坤清　1 月任
　　　　　刘地惠　至 1 月

组织部
部长／三级调研员　　彭垂鼎
常务副部长／党群系统党委书记
　　　　　姚泽安　5 月任
副部长／四级调研员
　　　　　庄玉兴　至 5 月 /6 月任
副部长　　戴春涛
副部长／非公企业和社会组织党工委书记／二级主任科员　施德林
副部长／二级主任科员
　　　　　林云彬　5 月任
二级主任科员／部务会成员　　王清洪
党群系统党委专职副书记／二级主任科员
　　　　　林加贵　6 月任
纪检监察组组长　　林毓丞
非公企业和社会组织党工委专职副书记
　　　　　刘建荣
四级主任科员　　洪韦阳　至 4 月
公务员局
局　长　　姚泽安（兼）　5 月任
老干局（机构改革并入组织部）
局　长　　庄玉兴（兼）

宣传部
部长／三级调研员　　刘　刚
常务副部长／宣传系统党委书记
　　　　　傅国强　5 月任
副部长　　林贤庆
　　　　　郑平庭
　　　　　钟兴枝
　　　　　陈三龙
　　　　　李美美
二级主任科员　　杨瑞光
宣传系统党委专职副书记／二级主任科员
　　　　　庄敬松
纪检监察组组长　　庄聪敏
四级调研员　　王文远
新闻出版广电局局长
局　长　　郑平庭（兼）

统战部
部　长　　王晓莺
常务副部长／统战系统党委书记／四级调研员　　胡伟强　5 月任
副部长／侨办主任　　叶松青
副部长　　林顺建
统战系统党委专职副书记／二级主任科员
　　　　　张奕相
纪检监察组组长／二级主任科员
　　　　　连芙蓉

政法委
书　记　　王志安　9 月任
副书记　　杨新智（兼）　3 月任
　　　　　陈剑锋（兼）　至 3 月
常务副书记／政法系统党委书记
　　　　　林素宝　5 月任
副书记／四级调研员　　薛小明
副书记／综治办主任　　肖德兴
政法系统党委专职副书记／四级调研员
　　　　　陈福才
副书记／一级主任科员
　　　　　陈爱顺　至 5 月 /5 月任
纪检监察组组长／二级主任科员
　　　　　刘峥安
副书记　　林群英（挂职）　至 11 月
二级主任科员　　肖美辉

编委办
主　任／四级调研员
　　　　　刘跃民　6 月任
纪检监察组组长　　林毓丞
副主任　　陈小琴
　　　　　陈丽云
事业单位登记管理局
局　长　　陈银祥

区委区直机关工委会
书　记　　彭垂鼎
常务副书记／二级调研员　　汪文炎
副书记／纪工委书记／二级主任科员
　　　　　李晋瑜
委员／人武部部长／二级主任科员
　　　　　郑钦钊

文明办
主　任　　陈三龙
副主任／二级主任科员　　汪旗平
纪检监察组组长　　庄聪敏

巡察办
主　任　　林志江　6 月任
　　　　　林永明　至 6 月
副主任／二级主任科员　　陈阵隆
巡察一组组长／正科级巡察专员
　　　　　庄文海
巡察二组组长／正科级巡察专员
　　　　　林良海
巡察二组副组长／副科级巡察专员
　　　　　刘平霞
巡察一组副组长　　郭安妮　至 9 月

区委党史和地方志研究室
主　任　　林进辉

副主任　　肖咸强　至6月
纪检组长　郑燕金
四级主任科员　　柯金清

区委党校
校　长　　彭垂鼎
常务副校长　王清洪　至8月
副校长　　庄惠煌
纪检组长　刘子龙
副校长　　林旭升
副科级组织员　庄聪勇

区融媒体中心
主　任　　陈春通　5月任
副主任　　黄　俊　5月任
　　　　　肖立宝　5月任

区广播电视台
台　长　　陈春通（兼）　5月任

区关工委
主　任　　郭厚宝
常务副主任　　肖全清
　　　　　　　唐庆辉
　　　　　　　林锡明
　　　　　　　施毓斌

老年大学
校　长　　林志成
常务副校长　　肖枫生

区人大常委
区人大常委会华侨民族宗教委主任
　　　　　王平阳
区人大常委会人事代表委主任
　　　　　王恭恳
区侨联主席　　王梅珠
区人大常委会内务司法委主任
　　　　　庄雪辉
区人大常委会教育科学文化卫生委主任
　　　　　刘大安
福建联合石化公司技术与规划部设计高级工程师　吴荔琳
区人大常委会人事代表委主任科员
　　　　　邹春梅
区直机关党工委常务副书记　　汪文炎
区人大常委会农村财政经济委主任
　　　　　林淑萍
区总工会常务副主席　　林瑞群
华榕实业公司总经理　　林　蓉
区人大常委会办公室主任　　郑志阳
区人大常委会环境与城乡建设委主任
　　　　　施月春
泉港一中副校长　　　黄旭文
福建医科大学附属闽南医院／泉港区医院院长　　赖繁彩
区委组织部副部长　　戴春涛

区人大常委会办公室
主　任　　郑志阳
副主任　　陈学明　至6月
　　　　　钟叶嘉　6月任

人事代表委员会
主　任　　王恭恳
二级主任科员　　邹春梅
副主任　　黄白莹　至8月

农村财政经济委员会
主　任　　林淑萍
副主任／二级主任科员　　柯必琴
二级主任科员　　雷朝祖

内务司法委员会
主　任　　庄雪辉

环境与城乡建设委员会
主　任　　施月春
副主任　　林文庆

教育科学文化卫生委员会
主　任　　刘大安

华侨民族宗教委员会
主　任　　王平阳
二级主任科员　　郭文龙

纪检监察组
组　长　　陈健康
副组长　　蒋冠航

区政府办
主任／政府办系统党委书记／四级调研员
　　　　　刘昭暄
支前办主任　　林小平
二级主任科员　王明通
纪检监察组组长／二级主任科员
　　　　　刘志春　6月任
副主任／三级主任科员
　　　　　曾永顺　6月任／5月任
副主任　　肖坚松
政府办系统党委专职副书记　　刘冷华
副主任　　庄勇峰
　　　　　郭小强
　　　　　胡伟强（兼）　至5月
纪检监察组组长　　曾永顺　至6月

区政府外事办公室
主　任　　刘昭暄

区政府侨务办公室
主　任　　叶松青（兼）

发展和改革局
局长／经发系统党委书记／四级调研员
　　　　　刘玉强
副局长／二级主任科员　　张章水
　　　　　　　　　　　　高永康
纪检监察组组长　　杨宗辉
经发系统党委专职副书记　　刘伟斌
副局长　　陈阿芳

粮食和物资储备局
局　长　　刘玉强（兼）

教育局
局长／教育系统党委书记／四级调研员
　　　　　陈建雄　5月任
二级主任科员　　肖腾伟
副局长／二级主任科员　　庄金红
纪检监察组组长　庄凤强
副局长　　郑荣泊
　　　　　陈荣华
二级主任科员　　陈春法
副局长　　刘成峰（挂职）

教育督导室
主任（副科级）　　钟惠河
副主任　　郭哲章
副科级督学　　林成强
　　　　　　　林　峰
　　　　　　　黄江红
　　　　　　　肖美琴　1月任

教师进修学校
副校长（主持）　连建华
副书记　陈荣标
副校长　郭玉福
副书记　庄景煌
原副书记　郭卫东

科技技术局
局　长　吕伟成
副局长／二级主任科员　陈泉忠
二级主任科员　肖来章
四级调研员　陈玉顺
纪检监察组组长　庄凤强

工业和信息化局
局　长　吴文辉
副局长／一级主任科员
　陈宏义　5 月任
副局长／二级主任科员　肖培坤
二级主任科员　叶家云（盐场挂职）
　朱文峰
纪检监察组组长　杨宗辉

民政局
局　长　刘开南
副局长／二级主任科员　刘地春
二级主任科员　刘国成
四级调研员　庄学忠
副局长　肖锦萍　至 6 月
纪检监察组组长　柯华连
副局长　曾淑娟　6 月任

革命老根据地建设办
主　任　刘开南

双拥办
主　任　刘开南

司法局
局　长　柯富华
副局长／二级主任科员　王华森
二级主任科员　林　锋
副局长　林永招
　谢智灵
二级主任科员　林清安
　庄伟彬
纪检监察组组长／正科级纪检监察员
　刘峥安

财政局
局长／财政系统党委书记／四级调研员
　李海军
副局长（正科级）　骆志雄
二级主任科员　庄绍新
党组成员／三级主任科员／副局长
　苏文举　5 月任 //6 月任
副局长　王建华
纪检监察组组长　陈玲玲
财政系统党委专职副书记　黄宝真
副局长　林　娟（挂职）

国资委办公室
主　任　傅文星

金融办
负责人　肖坚松　至 9 月
　王建华　10 月任

会计核算中心
主　任　庄榕健　6 月任

人力资源和社会保障局
局长／三级调研员
　吴太平　至 6 月 /5 月任
局　长　肖锦萍　6 月任
副局长／二级主任科员　王辉团
二级主任科员　黄奕彬
纪检监察组组长　柯华连
党组成员／副局长
　林益清　5 月任 /6 月任
四级主任科员　陈志蓉
四级调研员　占　斌　至 6 月

人力资源服务中心
主　任　陈鹏飞

社会保险中心
主　任　庄文强
四级主任科员　林春荣

自然资源局
局　长　林昀瑜　9 月任
副局长　柯建华
　张小峰
　张澄海
纪检监察组组长　朱建兴

不动产登记中心
主　任　张宇翔

监察大队
大队长　刘文明

住房和城乡建设局
局长／建设系统党委书记／四级调研员
　郭志雄
副局长／四级调研员　刘荣安
纪检监察组组长／二级主任科员
　朱建兴
二级主任科员　吴文锋
副局长　林文华
建设系统党委专职副书记　王金准
二级主任科员　刘荣华

交通运输局
局长／交通系统党委书记／党组书记／四级调研员　朱辉阳　8 月任
交通战备办主任　陈金章
副局长／一级主任科员
　林龙峻　5 月任
交通系统党委专职副书记／二级主任科员　林　宏
副局长　林家庆
纪检监察组组长　张新锋

交通运输管理所
所　长　肖龙良
四级主任科员　王志聪

交通执法大队
大队长　肖明春

农业农村和水务局
局长／党组书记　刘婉娥　8 月任
局长／农水系统党委书记
　庄学根　至 8 月
副局长／二级主任科员
　黄锦川　至 8 月
农水系统党委专职副书记／二级主任科员
　潘华卿
副局长／二级主任科员　庄延平
副局长　庄稼地　至 8 月
纪检监察组组长　曾华庆

海洋与渔业局
局　长　　庄学根　至8月
　　　　　刘婉娥　8月任
海洋与渔业执法大队
教导员　　柯汉泽
副主任科员　　陈　斌　至8月
农业机械管理站
主　任　　钟云申
防汛抗旱指挥办公室
主　任　　黄庆香
森林派出所
所　长　　庄稼地
教导员　　郭鑫堂　至9月
泗洲水库管理处
主　任　　钟三阳
书　记　　庄佳珍
国有笔架山林场
支部书记　陈信平
副场长　　柯凌珍
纪检组组长　　连淑珍
副书记　　王文铿
副场长　　施珺瑜

商务局
局　长　　肖银河
副局长／二级主任科员　　陈永和
副局长　　黄亮明
二级主任科员　　郭淑平
纪检监察组组长　杨宗辉
粮食局
局　长　　肖银河
市场服务中心
主　任　　陈庆好

文化体育和旅游局
局　长　　刘　冰
副局长／二级主任科员　　丁思金
副局长　　朱冬阳
纪检监察组组长　　庄聪敏
文化市场综合执法大队
大队长　　肖良水

卫生健康局
局长／卫生健康系统党委书记／四级调研员　　施文勇
老龄委办专职副主任（正科级）
　　　　　朱双远
副局长／一级主任科员
　　　　　吴海鹰　5月任
副局长／二级主任科员　　林逢喜
纪检监察组组长／二级主任科员
　　　　　陈红榕
二级主任科员　　陈宗忠
副局长　　林金辉
副局长　　庄江梅
卫生健康系统党委专职副书记
　　　　　施惠鑫
副局长　　林龙章（兼）
二级主任科员　王慧敏（兼）
流动人口计生管理站
站　长　　林志燕
卫生计生执法大队
大队长　　李荣枝
疾病预防控制中心
主　任　　张辉良
书　记　　陈玲玲　7—9月
书　记　　钟志海　至6月
泉港区总医院
党委书记　蔡奔腾　10月任
　　　　　谢梓骞　至10月
院　长　　林琴棋　至8月
院长／党委副书记
　　　　　郑　炜　8月任
副院长／党委副书记
　　　　　林明良　12月任
副院长／党委委员
　　　　　丁　健　12月任/8月任
　　　　　朱　明　12月任
　　　　　曾加龙　12月任
纪委书记　周　慧　12月任
区妇幼保健院
院　长　　吴顺珠
支部书记　庄丽梅

退役军人事务局
局　长　　肖德宝
副局长／二级主任科员　　庄清平
纪检监察组组长　　柯华连

应急管理局
局　长／四级调研员　　庄向阳
副局长／党组副书记
　　　　　沈先勤　至8月/7月任
二级主任科员　　刘建康
副局长　　连阿富
纪检监察组组长　吴长盛
党组成员／副局长
　　　　　柳亚宾　5月任/6月任
党组成员／总工程师
　　　　　施春婷　1月任
防汛办主任　　黄庆香　8月任
地震办主任　　刘顺章

审计局
局　长　　刘森海
副局长／二级主任科员　　林向晖
副局长　　陈德义
四级主任科员　　连　杉
纪检监察组组长　陈玲玲

市场监督管理局
局长／市场监督管理系统党委书记／四级调研员　洪良杰　6月任
副局长（正科长级）　　肖庆荣
二级主任科员　　庄焕文
　　　　　　　　邱江群
副局长　　吴平阳
　　　　　邱宗金
纪检监察组组长　　陈爱珍
市场监督管理系统党委专职副书记
　　　　　施宗清
二级主任科员　　李杰忠
药品安全总监　　王能斌　至8月
副局长　　陈必山　1月任
四级主任科员　　刘咏声　8月任
南埔镇市场监督管理所所长
　　　　　刘咏声　至8月
南埔镇市场监督管理所所长／二级主任科员　　黄锦川　8月任
南埔镇市场监督管理所指导员
　　　　　蔡栋兴

界山镇市场监督管理所所长
陈荣升
界山镇市场监督管理所指导员
苏挺进
后龙镇市场监督管理所所长
朱添英
后龙镇市场监督管理所指导员
郭颖颖
峰尾镇市场监督管理所所长
肖良忠
峰尾镇市场监督管理所指导员
林毓熙
山腰街道市场监督管理所所长
庄华辉
山腰街道市场监督管理所指导员
苏继红
前黄镇市场监督管理所所长
陈义忠
涂岭镇市场监督管理所指导员
张荣杯
市场监管执法大队大队长
连晓军

知识产权局

局　长　洪良杰

统计局

局　长／四级调研员　林永骏
副局长／二级主任科员　陈其开
二级主任科员　柳秀琴
纪检监察组组长　陈爱珍

社会经济调查队

队长／二级主任科员
庄丽红　8月任
四级主任科员　连景卿

信访局

局　长　胡伟强　至5月
党组书记／局长　郭小强　5月任
副局长／二级主任科员　庄乙平
二级主任科员　黄志忠
纪检监察组组长／正科级纪检监察员
刘峥安

城市管理局

局　长　程进强
二级主任科员　肖辉鹏
副局长／二级主任科员　蔡惠祥
纪检监察组组长　陈健康
党组成员／副局长
陈必山　1月任

市政公用事业管理处

主　任　肖辉鹏
副主任　张国文

城市管理综合考评中心

主　任　庄明才

行政服务中心管理委员会

主　任　邱清满
副主任　郭东玲
纪检监察组组长　曾永顺

供销合作社联合社

主　任　郭淑平
纪检组组长　王福强
副主任　曹元书
四级主任科员　柯淑洋

民族与宗教事务局

局　长　林顺建（兼）　5月任
纪检监察组组长／二级主任科员
连芙蓉

广播电视局(改革后整合进融媒体中心)

局　长　郑平庭　至5月
副局长　陈春通　至5月
黄　俊　至5月
纪检组长　连森阳　至6月

广播电视台

台　长　陈　连　至5月

政协常委

福州海汇生物科技实业公司董事长
王国财
泉港吉利农业综合开发公司总经理
王　康
区妇联主席　叶彬彬
泉州锦绣东方实业公司副董事长
朱庆山
泉州德诚高新树脂公司总经理
朱肖芳
庄士机构国际有限公司联席董事总经理
庄家丰
泉港第二医院院长　庄清宝
民进泉港支部主委／德立化工公司总经理
李祎山
佛山康拓陶瓷有限公司副董事长
连国鹏
区政协办公室主任　连　治
福建天骄化学材料有限公司董事长
连清强
福建德惠实业有限公司董事长
肖惠扬
福州大学石油化工学院副院长
邱　挺
福建百川资源再生科技公司总经理
张飞鹏
泉港汽车运输有限公司总经理
陈桂宾
民革泉州市委会专职副主委　陈海鹏
区政协经济科技环保委主任　林立忠
海南众志富强建设集团公司董事长
林志强
农工党泉港总支主委／卫计局副局长
林金辉
泉港安达房地产公司总经理　林宗辉
福建大德房地产公司董事长　林　勇
陕西洪盛设计装饰工程公司董事长
郑益洪
区政协提案委主任　柯红星
区政协学习文史委主任　柯秀明
区政协社会法制委主任　姚泽安
区工商联常务副主席　龚锦泉
区佛教协会会长　释振仁
区政协台港澳侨文教卫体委主任
温东莹
民建泉港支部副主委／前黄司法所所长
廖晓红

区政协办公室

主　任　连　治

副主任　　赖剑凌

四级主任科员　　王少伟

区政协提案委员会

主　任　　柯红星

四级主任科员　　吕美莲

区政协学习文史委员会

主　任　　柯秀明

二级主任科员　　陈春碧

区政协经济科技环保委员会

主　任　　林立忠

区政协台港澳侨文教卫体委员会

主　任　　温东莹

区政协社会法制委员会

主　任　　姚泽安　至6月

纪检监察组

组长／二级主任科员　　张新峰

区纪委（监委）

书　记／主　任　　陈沙龙　至9月

书记／主任人选　　王洪龙　11月任

副书记／副主任／四级调研员

陈荣川

李拥群

常委／监委委员（正科长级）

吴静宜

蔡玉辉

常委（正科长级）　　陈惠旺

王博古　6月任

监委委员／二级主任科员　　陈国凤

陈华彬

一级主任科员　　林永明　6月任

监委委员／正科级纪检监察员

王博古　至6月

办公室主任（副科长级）　　刘莺莺

组织和宣传部部长（副科长级）

施凉凉

信访室主任（副科长级）　　何锡平

案件监督管理室主任（副科长级）

吴航标

第一纪检监察室主任（副科长级）

王龙滨

第二纪检监察室主任（副科长级）

柯春辉

第四纪检监察室主任／二级主任科员

林金乐

第五纪检监察室主任（副科长级）

陈成龙

案件审理室主任（副科长级）

林海豹

组织和宣传部副部长／四级主任科员

庄婉雯

第三纪检监察室主任／正科级纪检监察员

陈华彬　至6月

人武部

部　长　　施有良　至11月

栗桂珍　11月任

政　委　　曾华忠

法院

院长／党组书记四级高级法官　　林天法

副院长／四级高级法官　　林建乐

王月明

王梓榕

纪检监察组组长／一级主任科员

刘鸿志　/5月任

审委会专职委员／四级高级法官

黄华木

政治处主任（正科级长）　　王金乌

执行局局长／四级高级法官　　黄旭辉

审委会委员／立案庭庭长／四级高级法官

陈光营

审委会委员／二级主任科员　　邱生云

刑事审判庭庭长　　胡元明

民事审判庭庭长　　蔡兴凤

生态环境庭庭长　　连青竹

审判管理办主任　　许淑锋

综合办公室主任　　庄萍萍

监察科科长　　林修庆

南埔人民法庭庭长　　叶绿萱

司法警察大队政委　　许建红

立法庭副庭长　　黄　威

郑平珍

刑事审判庭副庭长　　陈碧梧

民事审判庭副庭长　　郭文波

生态环境庭副庭长　　庄毅芬

执行局副局长　　欧建平

罗德棉

南埔人民法庭副庭长　　林勤富

纪检监察组副组长　　庄志辉

二级主任科员　　陈肇新

林文将

林福泉

检察院

检察长／党组书记三级高级检察官

黄清源

副检察长／四级高级检察官　　林书涛

陈荣茂

副检察长（正科级）／党组成员

张志庚　至11月

副检察长／一级检察官

李新鹏　11月任

纪检监察组组长／二级主任科员

林少涛

政治部主任（正科级）　杜尽英

第一检察部主任／一级检察官

李俊张

第三检察部主任／一级检察官

杜镇金

正科级检察员　　张刚彬

一级检察官　　詹金飞

一级检察官　　吴　诚

四级主任科员　　林叶德

一级检察官　　郑志杰

林光平

柳双兴

区总工会

主　席　　刘　刚　至1月

王文晖　1—11月

常务副主席　　林瑞群

副主席（正科级）　　傅文海

副主席　　刘宗强

陈惠锋（挂职）

杜天瑞（兼）

纪检监察组组长　　邱晓峰

团区委

书　记　　刘婉娥　至8月

副书记　　庄子汉

纪检监察组组长　　林毓丞

区妇联

主　席　　叶彬彬

副主席　　郭清芳
　　　　　钟晓蓉
纪检监察组组长　　林毓丞

区工商联（总商会）
主席／会长　陈庆堂
常务副主席／四级调研员　　龚锦泉
党组书记　　林顺建　5月任
副主席／二级主任科员　　庄俏忠
纪检监察组组长／二级主任科员
　　　　　　　　　　　　连芙蓉

区侨联
主　席／三级调研员
　　　　　庄学根　8月任
主　席　　王梅珠　至8月
副主席／二级主任科员　　廖联深
副主席　　钟俊波
纪检监察组组长／二级主任科员
　　　　　　　　　　　　连芙蓉

区科协
主席／四级调研员　　林建南
副主席／二级主任科员　　柯长青
　　　　　　　　　　　　林雅阳
四级主任科员　　谢凤祥
纪检监察组组长　庄凤强

区社科联
主席／四级调研员　　钟兴枝
二级主任科员　　邱良清
纪检监察组组长　庄聪敏

区计生协会
会长／正处级干部　朱合兴
常务副会长／四级调研员　　林龙章
专职副会长／二级主任科员　潘高成
纪检监察组组长　　陈红榕

区残联
理事长　　叶月明
副理事长／二级主任科员　　柯进枝
纪检监察组组长　　柯华连

区文联
主　席　　李美美
纪检监察组组长　　庄聪敏

区贸促会
会　长　　肖天定
副会长／二级主任科员　　程志斌
纪检监察组组长　　杨宗辉

区红十字会
会长／四级调研员　蔡奔腾　10月任
会　长　　黄玉真　至10月
专职副会长／二级主任科员　王慧敏
二级主任科员　　庄小琼
纪检监察组组长／二级主任科员
　　　　　　　　　　　　陈红榕

民革支部
主　委　　陈海鹏
副主委　　林文将
　　　　　陈德义

民盟总支
主　委　　王梅珠
副主委　　王明通
　　　　　刘碧新
　　　　　段靖莲

民建支部
主　委　　庄志林
副主委　　廖晓红
　　　　　陈志东

民进支部
主　委　　李祎山
副主委　　陈小琴

农工党总支
主　委　　林金辉
副主委　　陈其开
　　　　　陈鹏飞
　　　　　庄绍坤

致公党总支
主　委　　庄一鸣

副主委　　肖坚松
　　　　　蔡文宝

国有资本投资运营有限公司
董事长／党委书记　　李海军
总经理　　庄勇生
副总经理　　郭龙光
纪委书记　　林锦建
副总经理　　陈小敏

山腰盐场
场长／副书记　　叶家云
书记／副场长　　陈鸿荣
副场长　　庄震山
纪委书记　　林文瑞
宣传委员　　邱丽丽
组织委员　　钟珊丽
副场长　　沈庆峰
　　　　　刘少伟

新城投资有限公司
执行董事／总经理　　邱建忠
副总经理　　连惠阳
　　　　　　王家沛

水利水务建设发展有限公司
执行董事　　庄　猛
总经理　　陈炯棱
副总经理　　陈志强
　　　　　　郑佳峰

石化工业区建设发展有限公司
总经理　　段存成
副总经理　王志福

高新产业园区建设有限公司
执行董事／总经理　　朱志卿
副总经理　　朱侨阳
　　　　　　吴志平

大众公交有限公司
执行董事　　林文煌

文旅开发有限公司
执行董事　　施茂春

石化工业园区下属机构

机关各科室

园区纪工委副书记／监察组副组长
林燕清
综合科科长 郭惠卿
综合科二级主任科员 陈惠锋
规划建设科科长 林亚平 1月任
经济发展科科长 庄民芳
环保安监科科长 陈江奖 至8月
沈先勤 8月任
环保安监科科技副科长 连聪明

石化应急救援中心

主 任 汪永良
副主任 柯汉文
郑忠吉

湄洲湾港口发展中心

主 任 蒋少怀
副主任 余贤顺
陈华清
正处级干部 吴玉忠
副局长 陈贵华
陈鸿朝
纪委书记 陈 宇
办公室主任 张金荣
人事处处长 林仲谋
政治处主任 林慰敏
财务处处长 陈荣贵
规划建设处处长 陈建新
港航运行处处长 郑 峰
物流发展处处长 肖 富
安全监督处副处长 王家祥
监察审计处处长 吴剑沨

肖厝港务站

站 长 李庆社

消防救援大队

代理大队长 徐文龙
教导员 付海波

泉州海关驻肖厝办事处

主 任 翁瑞泉
副主任 严少群
陈瑞峰

泉港海事处

副处长 郑华林
傅金塔
谢镜山

公安分局

局 长 王艺彬
政 委 王福东
副局长 刘祖河 至7月
陈宾阳
郑惠山
纪委书记 方炳金 至3月
林 波 3月任
委 员 沈雪林 至5月

指挥情报中心

主 任 刘伟龙
教导员 出学典

政工室

主 任 林炳坤

警务保障室

主 任 王 盛

国保大队

教导员 黄舜东

刑事侦查大队

大队长 许晓文
教导员 钟振忠

治安大队

教导员 潘庆斌

禁毒大队

大队长 郑志明
教导员 王云龙

法制大队

大队长 陈章华

巡特警反恐大队

大队长 钟昱明

经侦大队

大队长 陈秋荣
教导员 钟一彬

拘留所

主持工作 陈敬华

南埔派出所

所 长 陈宾阳
副所长 郭宝金 9月任
杨安聪 12月任

界山派出所

所 长 苏碧义
教导员 赵廷国 3月任

后龙派出所

所 长 王发红
教导员 陈玉标 9月任
副所长 余卫民 至9月
何聪明 9月任
郑建辉 9月任
庄毅苗 至9月
肖惠山 至9月

山腰派出所

所 长 林伟荣
副所长 肖惠山 9月任
林 猛 9月任
张景东 9月任
何聪明 至9月
兰祥雄 至9月
教导员 陈玉标 至9月

前黄派出所

所 长 黄建清 6月任
教导员 林 波
余卫民 9月任
副所长 陈锦阳
兰祥雄 9月任
张景东 至9月

涂岭派出所

所 长 陈如平
副所长 庄毅苗 9月任
林 猛 至9月
郭宝金 至9月

油城分局

副局长 黄国荣（主持）
蔡培鹏
办公室主任 李书杰
法制科副科长 庄清勇
国保大队大队长 庄聪平
治安大队大队长 刘祖炎
刑侦大队副大队长 许文忠

海防大队
负责人

峰尾边防所
负责人　曾凡亮
协助负责人　杨如及

沙格边防所
负责人　赵廷国

上西边防所
负责人　张超英

狮东边防所
负责人　陈武纬
协助负责人　郑少锋

生态环境局
局　长　郑明炎
副局长／二级主任科员　刘　忠
副局长　潘灿民
　　　　苏秀丽
二级主任科员　陈立仁
　　　　　　　朱华章

医保分局
局　长　李肇晖
二级主任科员　李金顶
区保分中心主任　陈玲玲

交警大队
大队长　苏兴福
副大队长　林万通
　　　　　卢筱洁
　　　　　黄金雄　7月任

公路分局
局　长　洪五洲
副局长　庄进明
　　　　张小阳

供电客户服务分中心
主　任　吴友斌
书　记　肖朝岁　至10月
　　　　许佳健　10月任
副主任　杨志宏
　　　　陈银水
　　　　魏志民　至10月
　　　　陈艺斌　10月任

邮政分公司
总经理　陈毅力　至5月
　　　　林玉玺　5月任
副总经理　王成辉　至9月
　　　　　王冰莹　9月任

烟草专卖局
局长／经理　郑礼林
副经理　唐晓莉
副局长　黄宝塔
纪检员　谢凯鸿

福州大学石油化工学院（泉港校区）
党委书记　叶志清
院　长　鲍晓军
副书记　岳志强
副院长　江义平
　　　　邱　挺
　　　　侯琳熙
　　　　陈全成

福建师大泉港石化研究院
院　长　陈登龙
院长助理　陈志东
办公室主任　刘成峰

国家阀门检测中心
常务副主任　郑荣部

中国电信泉港分公司
总经理　洪建荣
副总经理　郑远福
　　　　　谢杰林　至6月
　　　　　林子滨　9月任

中国移动泉港分公司
经　理　叶育文　至3月
　　　　陈志远　3月任
副经理　郑荣奎　11月任
　　　　张加平　至12月
　　　　陈惠阳　至11月

中国联通泉港分公司
总经理　黄荣贵
副总经理　陈秋兴
　　　　　季明涛

泉州沙格港务有限公司
总经理／书记　陈人琼
副总经理　黄　燕
　　　　　陈电联

国电泉州热电有限公司
总经理　张志业
副总经理　柯恩概
纪委书记　程　皓
副总经理　严晓生
总工程师　柯展煌
总会计师　田　忠

广电网络集团泉港分公司
总经理　孙鸿佳　至1月
　　　　沈少伟　1月任
副总经理　连惠强
总经理助理　吴小茴

新华书店
经　理　陈铮锐
副经理　张文锋

税务局
局　长　江　岚
副局长　郭远腾　至8月
　　　　林建立　至8月
　　　　张继斌
　　　　庄灿阳
　　　　吴培德
纪检组组长　何成刚

肖厝边防检查站
站　长　吴　冰
政　委　李　铭
副站长　庄铭源
办公室主任　李　杰
边检处处长　何武宜

中国人民银行惠安县支行
行　长　　陈志强
副行长　　何福来
　　　　　余文华
副主任科员　　唐丽娟

泉州银监分局惠安监管组
组　长　　陈培忠
副组长　　朱亚芬

工商银行泉港支行
行　长　　蔡旭东　至7月
　　　　　乔　鹏　7月任
副行长　　谢福明
　　　　　柯闻琴

农业银行泉港支行
行　长　　程志强
纪委书记　黄梓庭
副行长　　吴金禄
　　　　　连灿彬

中国银行泉港支行
行　长　　林溪水　至5月
　　　　　吴金春　5月任
副行长　　周永坚
行长助理　柯盛良
纪检监察员　　庄榕斌　6月任

建设银行泉港支行
行　长　　郑文江　至4月
　　　　　邱晓剑　4月任
副行长　　林伟桑
　　　　　张毅伟

兴业银行泉港支行
行　长　　林振源　至8月
　　　　　骆泽峰　8月任
副行长　　郭燕腾
　　　　　郑洁梅
综合科长　刘月珍
业务科长　刘晓云

邮政储蓄银行泉港支行
行　长　　谢慧玲　至5月
　　　　　郭圳辉　5月任
副行长　　陈建坤　至5月
　　　　　施士金　5月任
　　　　　林楷锋　11月任

民生银行泉港支行
行　长　　张立玮

泉州银行泉港支行
行　长　　康跃章　至12月
　　　　　杨清江　12月任
副行长　　张碧聪　至2月
行长助理　庄东洋

农商银行泉港支行
行　长　　庄吓农
副行长　　吴惠煌
　　　　　吴振添
　　　　　周凌君　7月任

恒丰银行泉港支行
行　长　　郭永建
副行长　　于运年

人民财产保险公司泉港支公司
经　理　　洪顺筑
副经理　　傅剑锋
　　　　　董　寅

人寿保险公司泉港支公司
总经理　　刘依依
副经理　　孙志根
协　理　　蔡志琴
　　　　　黄育彬　8月任

人寿财产保险公司泉港支公司
经　理　　蔡少东

中华联合财险公司泉港营业部
经　理　　刘琼玫

太平洋财产保险公司
经　理　　郭亮亮

平安人寿保险公司
经　理　　王辉清

平安财产保险公司
经　理　　曾乙波

泰康人寿泉港营销服务部
经　理　　汪学武

华泰保险泉港代理店
经　理　　刘惠军

华兴（泉州）典当有限公司
董事长／总经理　　李云川
综合财务部经理　　庄佳丽

华鑫证券泉港营业部
总经理　　王征宇

南埔镇
党委书记　陈宗德
副书记／镇长／一级主任科员
　　　　　陈宝喜 /8月任
人大主席　庄晓健
二级主任科员　　陈秋财
　　　　　　　　肖良平
　　　　　　　　王小林
　　　　　　　　林汶美
综治副书记／政法委员
　　　　　王碧山　3月任
副书记　　连小彬（挂职）　至11月
非公企业和社会组织党委专职副书记／
宣传委员　　　　苏荣燔
党委委员／秘书　　刘建阳
组织委员　林培勇
人武部部长／副镇长　庄凤滨
统战委员　吴爱泉
纪委书记／监察组组长
　　　　　陈彬阳　7月任
党委委员　陈宾阳　11月任
副镇长　　曾斌忠
　　　　　连小敏
　　　　　连俊廉
科技副镇长　　陈振阳

司法所所长　吴志勇
综合便民服务中心主任
陈坤山　7月任
综治副书记/政法委员
王碧山　至5月
纪委书记/监察组组长
刘志春　至6月

界山镇
党委书记　王峻峰
副书记/镇长　庄占彬
人大主席　刘勇芳
二级主任科员　郭文图
林礼贤
康良兴
刘荣川
副书记　王碧山　5月任
综治副书记/政法委员
钟声宏　3月任
统战委员　吴亦伟
秘书/人武部部长　林开辉
组织委员　张伟强
纪委书记/监察组组长　吴碧扬
宣传委员　庄燕红　3月任
党委委员　苏碧义　11月任
副镇长　林明财
陈　连　6月任
柳亚宾　至5月
科技副镇长　邱东华
司法所所长　王锡波
社会事务服务中心主任
张建伟　7月任

后龙镇
党委书记/四级调研员
刘　勇　5月任
副书记/镇长　张燕婷
人大主席　林进财
二级主任科员　黄凤禧
王高阳
林兴荣
郭勇诚
副书记　郭先锋
综治副书记/政法委员/副镇长
刘坤忠　3月任
党委委员/人武部部长　陈清泉
秘书/统战委员　卢凌峰
宣传委员　陈惠仁
纪委书记/监察组组长　蒋冠航
组织委员　庄阳江
党委委员　王发红　11月任
科技副镇长/二级主任科员　潘鸣航
副镇长　连　维　3月任
司法所所长　何金露
社会事务服务中心主任
苏剑锋　7月任
科技副镇长　连　维　至3月
四级主任科员　王华章　至5月

峰尾镇
党委书记　柯明好　至1月
党委书记/四级调研员
蔡奔腾　1月任/5月任
副书记/镇长　林素宝　至5月
张志成　7月任
人大主席　林宗文
二级主任科员　欧阳雁桂
王传林
黄仁成
副书记/组织委员　郑伟伟
综治副书记/统战委员/政法委员
王宏辉　3月任
宣传委员/二级主任科员　蒋海昆
纪委书记/监察组组长　陈玉林
党委委员/秘书　庄明海
党委委员/副镇长　郭安鹏　3月任
党委委员/人武部部长
陈　斌　8月任
党委委员　曾凡亮　11月任
副镇长　黄瑞清
连森阳　6月任
司法所所长　柯子兵　6月任
社会事务服务中心主任
郭晓波　7月任
司法所四级主任科员　庄华滨
科技副镇长　郭景滨　至3月
党委委员/人武部部长
林益清　至5月
副镇长　曾淑娟　至5月
四级主任科员　柯子兵　至5月
副镇长　李建辉　至11月

山腰街道
党工委书记/四级调研员
柯永进　5月任
副书记/办事处主任/一级主任科员
连溥恩　1月任/8月任
副书记/办事处主任
林坤清　至1月
人大工委主任　刘梅坤
综治副书记/政法委员
曾荣桂　3月任
非公企业和社会组织党委专职副书记
刘文党
宣传委员/二级主任科员　庄文兴
统战委员/人武部部长　庄绍鸿
党工委秘书　庄涌涛
纪工委书记/监察组组长　肖宇斌
组织委员　王琼英
党工委委员　林伟荣　11月任
副主任　庄建国
郭小国
郑松兴
林平坤
司法所所长　黄咸吉
社会事务服务中心主任
林锡强　7月任
党工委委员　陈宾阳　至11月

前黄镇
党委书记　蔡奔腾　至1月
党委书记/四级调研员
刘地惠　1月任/5月任
副书记/镇长/一级主任科员
郭森波　2月任
人大主席　郑学栋
二级主任科员　郭永山
张志平
组织委员/非公企业和社会组织党委专职副书记　林小波
综治副书记/政法委员
庄增加　3月任
人武部部长/副镇长　林兴贵

纪委书记／监察组组长　林锃锭
宣传委员／统战委员
蔡文贵　7月任
党委委员／秘书　吴谋冻　5月任
党委委员　黄建清　11月任
副镇长　刘雅萍
副镇长人选／副镇长
钟志海　6月任/12月任
科技副镇长／二级主任科员
左青鹭　8月任
司法所所长　王华章　6月任
社会事务服务中心主任
钟凤平　7月任
党委委员／秘书　黄金奖　至1月
科技副镇长　庄燕红　至3月
副镇长　吴谋冻　至5月
王雪萍　至5月

涂岭镇
党委书记／四级调研员
柳铅玉　5月任
副书记／镇长　连溥恩　至1月
副书记／镇长人选／镇长
黄金奖　1月任/4月任
人大主席　陈国镇
二级主任科员　连琼华
综治副书记／政法委员
林荣顺　3月任
非公企业和社会组织党委专职副书记
施连斌
副书记／组织委员　陈伟宏
纪委书记／监察组组长　庄敬民
党委委员／人武部部长　林　强
统战委员／秘书　刘小军
宣传委员　郭鑫堂　9月任
党委委员　陈如平　11月任
副镇长　庄东平
司法所所长　钟娟丽
综合便民服务中心主任
林志伟　7月任
科技副镇长　郭安鹏　至3月
二级主任科员　郭惠明　至5月
张志成　至7月
宣传委员　钟叶嘉　至5月
副镇长　郑瑞彬　至10月

2020年泉港区百岁及以上老人情况表

表18

序号	姓名	性别	周岁年龄	民族	婚姻情况	文化程度	健康状况	居住地
1	肖清娘	女	105	汉	丧偶	小学	良好	南埔镇柯厝村
2	张员娘	女	102	汉	丧偶	文盲	健康	南埔镇柯厝村
3	麦钦娘	女	105	汉	丧偶	文盲	一般	南埔镇南埔村
4	张玉英	女	100	汉	丧偶	文盲	一般	南埔镇南埔村
5	肖喜屙	女	100	汉	丧偶	文盲	一般	南埔镇南埔村
6	邱仁全	男	100	汉	丧偶	文盲	一般	南埔镇邱厝村
7	林八娘	女	100	汉	丧偶	文盲	一般	南埔镇沙格村
8	吴荣娘	女	100	汉	丧偶	文盲	一般	南埔镇柳厝村
9	柯金娘	女	104	汉	丧偶	文盲	差	南埔镇施厝村
10	陈青妹	女	100	汉	丧偶	文盲	差	南埔镇天湖村
11	施庆娘	女	100	汉	丧偶	文盲	残疾	南埔镇先锋村
12	王文二	男	102	汉	丧偶	文盲	一般	南埔镇天竺村
13	郑聪娘	女	102	汉	丧偶	文盲	一般	南埔镇天竺村
14	陈祖星	男	100	汉	初婚	小学	一般	南埔镇凤翔村
15	林其娘	女	102	汉	丧偶	文盲	健康	南埔镇凤翔村
16	朱屿仔妹	女	108	汉	丧偶	文盲	一般	界山镇大前村
17	陈文娘	女	102	汉	丧偶	文盲	一般	界山镇岭头村

续表 18

序号	姓 名	性别	周岁年龄	民族	婚姻情况	文化程度	健康状况	居住地
18	陈顺娘	女	102	汉	丧偶	文盲	一般	界山镇下朱村
19	刘吓宝	女	101	汉	丧偶	文盲	一般	界山镇界山村
20	肖妹妹	女	101	汉	丧偶	文盲	一般	界山镇狮东村
21	林土福	女	101	汉	丧偶	文盲	一般	界山镇狮东村
22	潘凤姑	女	100	汉	丧偶	文盲	一般	界山镇河阳村
23	陈福清	男	100	汉	初婚	文盲	一般	界山镇鸠林村
24	黄荣娘	女	100	汉	丧偶	文盲	一般	界山镇玉湖村
25	王黄鹎	女	111	汉	丧偶	小学	健康	后龙镇许厝村
26	刘秋娘	女	102	汉	丧偶	小学	健康	后龙镇栖霞社区
27	林良妹	女	101	汉	丧偶	文盲	一般	后龙镇峰前村
28	刘聪娘	女	101	汉	丧偶	文盲	一般	后龙镇田里村
29	连社堂	女	100	汉	丧偶	文盲	一般	后龙镇割山村
30	黄贤娘	女	100	汉	丧偶	小学	健康	后龙镇后龙村
31	林顺娘	女	100	汉	丧偶	小学	差	后龙镇栖霞社区
32	林才妹	女	100	汉	丧偶	文盲	一般	后龙镇上西村
33	陈细妹	女	100	汉	丧偶	文盲	一般	后龙镇土坑村
34	刘锻娘	女	102	汉	丧偶	文盲	差	峰尾镇峥嵘村
35	郑秋水	男	101	汉	丧偶	文盲	差	峰尾镇峥嵘村
36	黄兴娘	女	101	汉	丧偶	文盲	差	峰尾镇诚峰村
37	张明娘	女	100	汉	丧偶	文盲	差	峰尾镇诚峰村
38	林水娘	女	104	汉	丧偶	文盲	失明	峰尾镇诚平村
39	庄冬妹	女	101	汉	丧偶	文盲	残疾	峰尾镇诚平村
40	林玉进	男	103	汉	丧偶	文盲	差	峰尾镇奎壁村
41	庄芹妸	女	100	汉	丧偶	文盲	良好	峰尾镇郭厝村
42	林美珠	女	106	汉	丧偶	文盲	一般	山腰街道锦川村
43	黄早妹	女	100	汉	丧偶	文盲	一般	山腰街道锦川村
44	庄国财	男	100	汉	初婚	文盲	差	山腰街道锦川村
45	程有吓	女	101	汉	丧偶	文盲	健康	山腰街道海滨村
46	庄志宗	男	101	汉	丧偶	小学	健康	山腰街道埭港村
47	朱贤妹	女	105	汉	丧偶	文盲	健康	山腰街道菜堂村
48	张晏娘	女	104	汉	丧偶	文盲	健康	山腰街道菜堂村
49	李送妸	女	101	汉	丧偶	小学	健康	山腰街道锦塔社区

续表 18

序号	姓 名	性别	周岁年龄	民族	婚姻情况	文化程度	健康状况	居住地
50	程贵娘	女	100	汉	丧偶	文盲	健康	山腰街道钟厝村
51	庄　醒	女	100	汉	丧偶	文盲	健康	山腰街道叶厝村
52	刘　姜	女	101	畲	丧偶	文盲	一般	山腰街道鸢峰村
53	庄清妹	女	107	汉	丧偶	小学	一般	山腰街道锦山村
54	庄庆珠	女	106	汉	丧偶	文盲	一般	前黄镇后张村
55	方玉妹	女	103	汉	丧偶	小学	差	前黄镇古县村
56	连　娘	女	100	汉	丧偶	文盲	健康	前黄镇古县村
57	陈美妸	女	100	汉	丧偶	小学	良好	前黄镇凤林村
58	肖琴吓	女	100	汉	丧偶	小学	一般	前黄镇凤阳村
59	何盛妹	女	100	汉	丧偶	小学	一般	前黄镇前烧村
60	周谦希	男	104	汉	丧偶	初中	一般	涂岭镇黄田村
61	许　摒	女	102	汉	丧偶	初小	一般	涂岭镇黄田村
62	王秀莲	女	104	汉	丧偶	初小	一般	涂岭镇涂岭村
63	张送妹	女	100	汉	丧偶	小学	一般	涂岭镇五社村
64	泮尾妹	女	100	汉	丧偶	文盲	差	涂岭镇世上村
65	陈秋妹	女	100	汉	丧偶	小学	一般	涂岭镇小坝村

泉港区非物质文化遗产传承人

表 19

姓名	单位	荣誉称号	授奖机关	授奖文号
庄炳文	泉港北管协会	福建省第五批非遗传承人	福建省文化和旅游厅	闽文旅非遗〔2021〕2 号
刘宗训	泉港峰尾照相馆	福建省第五批非遗传承人	福建省文化和旅游厅	闽文旅非遗〔2021〕2 号
陈祖基	惠华中学	泉州市第八批非遗传承人	泉州市文化广电和旅游局	泉文旅〔2021〕19 号
庄少强	泉港掌中木偶艺术团	泉州市第八批非遗传承人	泉州市文化广电和旅游局	泉文旅〔2021〕19 号
庄志飞	山腰埭港芗剧团	泉州市第八批非遗传承人	泉州市文化广电和旅游局	泉文旅〔2021〕19 号
黄永金	峰尾镇丰海永金造船厂	泉州市第八批非遗传承人	泉州市文化广电和旅游局	泉文旅〔2021〕19 号
庄细强	泉港区工艺文化交流协会、泉州红运当头商贸有限公司	泉州市第八批非遗传承人	泉州市文化广电和旅游局	泉文旅〔2021〕19 号
施国良	南埔镇施厝村	泉州市第八批非遗传承人	泉州市文化广电和旅游局	泉文旅〔2021〕19 号
吴明田	泉港老年大学、南埔镇仙境北管传承示范点	泉州市第八批非遗传承人	泉州市文化广电和旅游局	泉文旅〔2021〕19 号
刘铮宗	泉港圭峰文化研究会北管传习所	泉州市第八批非遗传承人	泉州市文化广电和旅游局	泉文旅〔2021〕19 号
黄汉宗	前黄掌中木偶戏团	泉州市第八批非遗传承人	泉州市文化广电和旅游局	泉文旅〔2021〕19 号

附　录

媒体看泉港

福建造船人古法复原明代福船

在福建泉州市泉港区峰尾渔港造船厂，一艘长约 30 米、深 2.15 米的大型福船边，穿着工服的黄唐阳正在忙碌。他参与建造的1∶1复原明代福船，已进入制作收尾阶段，将于本月底下水。

泉州是古代海上丝绸之路起点城市，泉港区是“中国水密隔舱福船文化之乡”。黄唐阳出身于泉港区峰尾镇黄氏造船世家，这个世家已经延续十多代，祖先曾为郑和下西洋打造过宝船。

福船是中国四大古船之一。黄唐阳从 14 岁开始学习造船，掌握了水密隔舱福船制造技艺。这一技艺 2010 年被列入世界非物质文化遗产名录，2014 年成为国家级非遗项目。

此次，黄唐阳和当地 10 多名造船技艺人，为建造这艘大型福船忙活了大半年。“懂得古法造船的人渐渐老去，我的孩子也不再学习造船技艺，再过几年只怕找不到人复原这样的福船了。”黄唐阳说。

这正是黄唐阳的表弟、泉州福船古船模制作有限公司负责人林配宗出资召集行家里手造船的主要原因。“我身边的黄氏造船技艺人，年龄最大的 85 岁，最年轻的也有五六十岁，再不造船就留不住这门古老技艺了。”林配宗说，这艘福船建成后可以放到大海，也可以作为景观船，目的是让更多人特别是学生来参观，从中了解福船技艺和泉州的“海丝”文化。

（2020年12月8日刊发于《人民日报海外版》，记者 许雪毅）

福船造船技艺人用防水桐油灰填满福船的缝隙和钉孔（新华社记者 魏培全摄）

福建泉港：延伸石化产业链 推动产业转型升级

面对疫情影响，今年以来，福建省泉州泉港石化工业园区

这是11月30日拍摄的泉港石化工业园区龙头企业福建联合石油化工有限公司厂区

11月30日，在园区下游配套企业福建福源凯美特气体有限公司中央控制室，工作人员监控设备运转

积极推动石化产业转型升级，增加产业附加值，延伸石化中下游产业链条。打造以联合石化为龙头，大型炼油、三大合成材料、大宗有机原料、下游深加工等组成的石化产业结构。

这是11月30日拍摄的泉港石化工业园区龙头企业福建联合石油化工有限公司厂区（无人机照片）

面对疫情影响，今年以来，福建省泉州泉港石化工业园区积极推动石化产业转型升级，增加产业附加值，延伸石化中下游产业链条。打造以联合石化为龙头，大型炼油、三大合成材料、大宗有机原料、下游深加工等组成的石化产业结构。

（2020年11月30日刊发于《新华社》，
记者 魏培全）

这个村子真好看！

位于福建省泉州市泉港区涂岭镇西北部山区的樟脚村，历史悠久。村里用石头建成的房屋层层叠叠，错落有致。近年来，泉港区充分利用樟脚村的特色资源，着力开展生态休闲旅游，推进美丽乡村建设。

这是12月1日拍摄的涂岭镇樟脚村村貌

游客在涂岭镇樟脚村观赏古民居（12月1日摄）

这是12月1日拍摄的涂岭镇樟脚村村貌（无人机照片）

这是12月1日拍摄的涂岭镇樟脚村村貌（无人机照片）

樟脚村村民在屋顶制作萝卜条（12月1日摄）

这是12月1日拍摄的涂岭镇樟脚村村貌

这是12月1日拍摄的涂岭镇樟脚村村貌

这是12月1日拍摄的涂岭镇樟脚村村貌

这是12月1日拍摄的涂岭镇樟脚村村貌

这是12月1日拍摄的涂岭镇樟脚村

（2020年12月1日刊发于《新华社》）

珠联璧合！福建泉州泉港区石化产城融合，共促协调发展

泉港，因良港而得名，因石化而兴城。

20年时间，昔日的盐碱地蜕变成了大公园，昔日的海滩涂变成了产业园，昔日的旱坡地崛起了新城区……位于福建省东南之滨的泉州市泉港区，即将迎来建区20周年。

图为锦绣湖美景　　（陈晓龙 摄）

这20年来，从蹒跚学步到风华正茂，泉港一路奋进、一路奔跑，立足产业优势，做足石化产业文化，以产业崛起带动城市建设，以改善民生为最终落脚点，交出一份群众满意的厚重答卷，成功破解了产业发展和城市建设如何珠联璧合的难题。

石化版图从零到人均GDP泉州市第一

在中国化工版图上，泉港绝对算得上是浓墨重彩的一笔。从1993年福建炼油厂建成投产到2009年炼油乙烯一体化合资项目建成投产，再到如今的石化产业集群，历经20多年开拓进取，泉港打造出“中国石油化工泉港园区”“国家循环经济示范试点园区”“国家九大炼油基地之一”这些国字号品牌。

对于福建经济发展而言，泉港亦有重要的战略意义。福建炼油厂的建成不仅结束了福建不产一滴油的历史，炼油乙烯一体化项目更是将没有油田的福建推进石化强省行列。泉港石化产业，是福建省产业结构调整的重要战略布局。

在国家和福建省委、省政府的重视和努力下，在湄洲湾建设一个大型石化基地的构想，被列入国家“七五”计划重点建设项目。

泉港区持续秉承“大项目—产业链—产业群—产业基地”的理念，全力推动石化产业集聚。目前，泉港是中国石油化工园区、国家循环经济示范试点园区和福建省十大新增长区域、千亿产业基地。2015—2019年泉港GDP连续突破300亿元、400亿元、500亿元、600亿元、700亿元大关，2019年GDP总量居福建省第20位，人均GDP居福建省第3位、泉州市第1位。2020年上半年，该区实现地区生产总值332.06亿元，外资利用、工业投资、技改投资、项目投资等指标增幅居全市第一，财政总收入、地方收入等指标增幅居全市第二。

辖区内的泉港石化工业园区，规划面积29.6平方千米，已开发利用18.84平方千米，2019年石化产值达1111亿元，2013—2020年8年蝉联中国化工园区20强，排名从2018年第16名上升至2019年第14名、2020年第12名，是福建省内公用配套最完善、物流条件最优越、产业生态最成熟的石化基地。

泉港是国家一类口岸、首批对台直航点和福建省“两集两散”重要港区。该区已建成码头泊位10万吨级3座、7万吨级2座、5万吨级1座、3万吨级1座和一批千吨级码头泊位，在建5万吨级泊位2座，基本形成以油气化工储运为特色，以深水泊位码头为主体，配套比较完善、功能比较齐全的码头泊位群。

石化基地展宏图　　（陈晓龙 摄）

巨轮入港 （陈荣玉 摄）

新城建设实现“提品质”“高颜值”

锦绣广场、植物园等网红地，在泉港区家喻户晓。今后，该区城市空间的标志性地点将越来越多，如福厦高铁泉港站、岩山公园等。

祥云路上的泉港首座人行天桥通行、遍布城区的“小黄人”站点、奔跑在道路上的“绿巨人”新能源公交车……让泉港人民实实在在感受到新城建设带来的福利。

新城一角 （刘燕林 摄）

建区伊始，泉港基础设施基本从零起步，20年来，中心城区和小城镇公共设施和市政基础设施不断完善，泉港文化中心、泉港会议中心、泉港医院等基础设施配套逐步完善，锦绣公园、植物园、玉笏朝天公园、红星生态园等项目逐步落地，街头绿地多点开花。

从建区时的弱基础，到如今的高楼林立、城市功能丰盈的品质新城，有目共睹的变化来自城市发展由“量的扩张”向“质的提升”转变。建区以来，泉港累计投入产城融合项目资金达到50亿元，中心城区建成面积扩大到12平方千米，2.5平方公里的城市核心区初具规模，城市形象明显改观。

数十年一步一个脚印，泉港实现了城乡面貌从“小村镇”向“新城区”的巨大变迁。

飞速发展之下的泉港，产业规模迅速扩大，人民生活水平不断提高，但“厂村混杂”逐渐成为泉港历届党委政府、企业和人民群众共同关注的问题。

为彻底解决“厂村混杂”的历史遗留问题， 2017年泉港启动了石化工业区安全控制区项目，在石化厂区和居民生活区建设绿化隔离带，涉及3个镇17个建制村，约5.3万人，斥资约355亿元。

泉港区加快推进城市组团式发展，坚持“保供应、稳房价、促动建”，分批组织、有序推进商品房上市供应，近年来办理预售房地产项目77个，上市房源建筑面积358万平方米，最大限度满足动迁群众房票安置购房需求，极大改善了群众的居住条件和生产生活环境。

特别是引入恒大集团、世茂集团、源昌集团等一批品牌房企，使得泉港市场供应多样化且项目品质明显提升，大体量楼盘带来巨大人流量还带动了周边商业的快速发展和升级配套，推动泉港区房地产从“头层皮式”开发到“集中成片”布局，城市建设从“规模扩张”向“量质齐升”转型。

民生投入是一条大幅上升的曲线

2020年，泉港投资500万元以上的教育基建项目28个，总建筑面积约27.89万平方米，计划投入约12.75亿元；年度计划投入约4亿元，预计今年新增中小学幼儿园学位5100个，可满足群众就学需求，有效缓解城区入学压力。

“十三五”以来，泉港累计投入教育建设资金近3.8亿元，成批量实施中小学、幼儿园的校舍新改扩建项目。至今年秋季，已累计完成校舍新改扩建项目49个，新增幼儿园学位2835个，新增小学学位15050个，新增初高中学位5840个，投入4000多万元，完善农村中小学教育教学设施设备。

2017年起，泉港实行普通高中免费教育，每年免除学杂费1000万元以上，实现了从小学到普通高中阶段共12年“普惠制”免费教育。这是泉港建区20年来社会事业发展的一个缩影。

翻开泉港区的“账本”，民生投入是一条大幅上升的曲线，公共财政资金更多地向民生领域倾斜，民生支出不断提升。建区20年来，泉港倾心为民，以“缺什么补什么”为导向，每年把80%以上本级财力投入到教育、文化、卫生、社会保障等各项社会事业方面，不断补齐社会事业短板，推动“基本民生”向“质量民生”转变，不断增强群众的获得感。

乡村振兴扎实推进。2017年全区市定1501名建档立卡贫困户全部提前“摘帽”。

社会保障稳步提升。该区“救急难”工作被列为全国试点，自2015年以来，共发放各类救助金4300多万元，救助2.2万多人次。

医疗体系不断健全。2018年在与福建医科大学附属第一医院联合办医的基础上，探索打通省、市、区、镇、村的“3+2+1+X”县域医疗卫生共同体，有效推动优质资源下沉，让泉港及周边区域的广大群众真正在家门口享受优质、便捷、安全的省级优质医疗服务。

文化事业蓬勃发展。泉港先后获得“中国海港文化之乡”“中国北管音乐文化之乡”“中国水密隔舱福船文化之乡”“中国海盐文化之乡”等荣誉称号。

（2020年12月3日刊发于《中国县域经济报》，记者 黄长秋）

福建省泉港区：打造经济发展型长寿之乡样本

今年102岁的百岁老人李送蚵依旧耳聪目明，不仅能穿针引线，还在记者面前打起了一套自创的“百岁健身操”。12月1日，六代同堂、儿孙百名的她透露给记者长寿秘诀：最主要的就是保持好心情，不要有太多的想法；生活要有规律，饮食定时定量，每天坚持运动。

李送蚵生活的泉港区是“中国长寿之乡”，目前全区共有百岁老人65人，每10万人口超过15人，现最高龄者111岁。2013年，泉州市首个“中国长寿之乡”花落泉港区；7年后的2020年，正逢泉港建区20周年，这里的百岁老人与7年前对比，竟然成倍增长，长寿的持续性也在七年间逐年增加，80岁以上老人更是多达近万名。

泉港区老人的“长寿密码”究竟是什么？日前，记者走访了泉港区多个乡镇、社区，探究泉港区如何从社会福利、医疗保障、敬老爱老等方面，着手打造经济发展型长寿之乡样本。

好山好水好养人

泉港人为何延年益寿？适宜的环境、科学的饮食、良好的心态都是必不可少的“长寿密码”。泉港区属南亚热带海洋性季风气候，终年温暖湿润，光照充足。这里生态环境良好，空气优良率达97.8%，是个气候宜人的人居福地。

泉港物产资源丰富，是福建省重点生态绿色农业和渔业养殖基地之一。当地盛产龙眼、荔枝、枇杷、杨梅、杨桃、芒果等20多种名优水果及茶叶、食用菌、蜂蜜等土特产。海水产品更是数不胜数，鱼、虾、蟹、贝、藻类、头足类等品种达上百种。这些天然绿色食品，天天出现在泉港百姓的餐桌上，成为食疗养生长寿佳品。

泉港人不但摄入的食物种类丰富多样，而且懂得科学饮食，粗细、荤素搭配，营养均衡。他们还顺应自然规律，讲究起居、运动、精神养生，养成良好的生活习惯，有利于健康长寿。

长寿最重要的还是心态。泉港是个沿海地区，多种文化的交融，使得这里的百姓心胸开阔，人与人之间相处和睦，有良好的社会氛围。“泉港的老寿星们多拥有良好的心态，平和豁达、心胸开阔、善良纯朴是泉港人长寿的一个重要原因。”泉港区总医院院长郑炜说。

经济发展“滋养”长寿土壤

泉港在2013年被评为经济发展型“中国长寿之乡”。与自然生态型和水土元素型的长寿类型不同，经济发展型最大的特点是经济快速发展，积累了一定的社会财富，为全社会提供更多的保障与福利，使得人们的健康水平得到提升，延缓衰老、延长寿命。

建区20年来，泉港经济快速、持续发展，老年人群体也享受到经济和社会发展的成果。全区现有70个居家养老服务站、1所综合福利中心、6所乡镇敬老院，为老年人提供生活照料、家政服务、紧急救援、精神关怀、康复护理等服务。

泉港还积极创新社区居家养老卫生服务方式。据泉港区卫健局局长施文勇介绍，泉港创新开展了“医养结合式”托老养老服务工作，将医疗服务拓展到居家社区养老服务照料中心、农村幸福院、敬老院、农村居家养老服务站等养老服务机构，为老年人提供针对性、个性化的基本医疗卫生服务和健康管理服务，实现“养中有医”“医中办养”。

泉港还在泉州市率先实行高龄老人补贴制度，全区老人按照70～79周岁、80～89周岁、90～99周岁、百岁以上4个年龄段，高龄补贴发放标准分别是每人每月50元、80元、100元、500元，2019年度累计发放1500多万元。

此外，泉港区的贫困老人已全部纳入低保对象，农村“五保”和低保的老年人参加新农合和新农保，政府为其交纳个人应承担的参保金。全区老年人均可免费乘坐公交车、入公园，还有就医免费挂号等福利。

“‘中国长寿之乡’如今成了泉港的一张名片，提升了泉港的知名度，反过来又推动了经济社会发展，形成一个良性的循环。”泉港区委书记梁炳辉说。

敬老爱老成风尚

孝亲敬老的良好氛围、丰富的精神文化生活，也是泉港人长寿的关键原因。

近年来，泉港积极倡导福寿文化、德孝文化、养生文化，通过广泛开展尊老敬老系列活动，评选表彰“泉港之光道德模范”“泉港十大孝”“敬老文明家庭”“敬老助老积极分子”等，泉港形成了一种爱老敬老的风气，潜移默化地影响到每一个人，让老年人老有所依。

记者在采访中也发现，泉港当地人从虚岁49岁开始，每十年一大庆，岁数逢九逢十都要举办寿庆，有“岁寿长久”的寓意。每逢寿庆，子女以及亲朋好友就会为老人们送上寿桃、寿面、寿糕、寿烛、寿幛、寿联等传统祝寿礼品，祝愿老人健康长寿。

除了营造良好的社会氛围和家庭氛围，泉港区开展了很多文化娱乐和体育健身活动，让老年人老有所乐。为加强老年文化体育活动场所建设，泉港建立了一批区、镇（街）、村（居）老年活动中心及老年健身点，为老年人锻炼身体、丰富文化生活创造条件。积极鼓励老年人参加书画、摄影、北管、南音、雕艺、盆景等各类文艺团体（协会），举办老年人文化节、健身运动会、书法展，组建老年腰鼓队、舞蹈队，组织登山活动、门球邀请赛以及太极拳、太极剑表演等。

“形式多样的活动愉悦了身心，丰富了文化生活，又强健了体魄，泉港的老年人自然就健康长寿了。”朱双远说。

（2020年12月4日刊发于《光明日报》，记者 张诗瑶 高建进）

目睹惠屿蝶变，是一种幸福

“五一”假期后的周末，泉州的曾先生从泉港的肖厝码头登上惠屿号渡轮，10多分钟后到达惠屿岛。

十几年后的故地重游，他发现这里变样了。“以前小舢板过渡，现在换成了钢制渡船，码头也是新建的。”曾先生举目望去，低矮石头房大多换成了两三层高的楼房，“都认不出来了”。

惠屿岛，位于湄洲湾主航道西侧，隶属于泉港区南埔镇，是泉州市唯一的海岛建制村。这个2平方千米的小岛上，生活着399户1486名居民。

不只是外来的曾先生，在岛上生活了将近50年的肖美昌说：“以前完全无法想象能过上现在的生活，目睹惠屿蝶变是一种幸福。”

“茧生”困境

“上世纪90年代以前，惠屿人靠海吃海，以捕捞维生。”惠屿村第一书记肖清林说，2003年惠屿村人均年收入还只有2450元，位列泉港区倒数第一。

与陆地隔离的惠屿村，岛上人均只有1厘地，加上缺乏淡水，几乎产不出口粮，面临“茧生”发展困境。物资靠船运进岛，生活成本高。岛上村民常年从事捕捞，不重视教育，大多没文化，外出谋生都难。

2009年前，村民只靠着老祖宗留下的两口淡水井“捞”水吃：用轮胎的内胎，犁片划一个口，系下井底，慢慢一点一点吸进去，30斤的水要“捞”2个多小时。水井边日夜都有人排队，“滴水相争”成为常事。

照明靠煤油灯，过渡靠小舢板，小学村部都是石头危房……“当时，在全镇所有的评比中，惠屿只有计划生育排第一，因为没有人愿意嫁过来，人口出生率很低。”讲到惠屿村的过去，肖清林无比感慨。

村民和村干部心里都憋着一句话：再这样下去，惠屿没有未来。

“蝶变”逆袭

正当惠屿的村干部们坐不住的时候，扶贫政策给惠屿村带来了翻天覆地的变化。

2003年，架设跨海输电高压线路，电缆飞架海峡穿过海底，惠屿岛有了梦寐以求的光明，结束了不通电的历史。与此同时，海岛的电信设施与陆地对接成功，从此惠屿人不出岛，就能与外界互联，海岛不再是“孤岛”。

2009年12月31日，惠屿岛越海饮水工程正式通水，惠屿进入“自来水”时代，原本不能用的洗衣机、热水器开始进入百姓家中。

2010年，“泉港号”钢制渡轮通航，出行难解决；2015年，告别了没有有线电视的历史；2019年，惠屿岛新码头和游客服务中心建成……

在一个个扶贫“输血”项目激活海岛“肌体”的同时，惠屿人谋发展的内生力量也喷薄而出。

肖清林依然记得2003年的那场村两委会。村民代表和村两委班子外出霞浦等地考察学习回来后一致决定：“我们必须做好海的文章，发展海水养殖。”

海水养殖需要资金，村主干到南埔农信社寻求信贷支持。肖清林对当天的情景记忆犹新："村委会承诺担保，这在当时是一个有风险的承诺。"

为了实现这一承诺，村主干一回村就召开村民大会，大家一致通过"养殖户把房产做抵押，贷款必须用于养殖，如果恶意赖账，卖房偿还"等联合体条款。很快，第一笔贷款批下来26万元，成为30多名养殖户的启动资金。"我当时获贷6000元，那时对我来说是天文数字。"如今已经是惠屿海水养殖专业合作社副理事长的养殖大户肖美昌说，他从牡蛎、海带开始养起，如今鲍鱼养殖规模达到上百万粒。

在村主干的引领下，养殖户们团结互助，也都做到了按期还贷。"30日交利息，我们28日就交，村里大喇叭一广播，全部交齐。"肖美昌说，收齐当月利息，村主干乘船送到银行，十几年来风雨无阻，从未落下一日，从未欠下一分。

信用记录完美，惠屿村在2012年被中国人民银行评为全省首个"金牌信用村"。惠屿村民到农商银行无抵押贷款的额度从3000元至8000元提高到10万元至30万元。惠屿村民只要凭身份证就可以获得10万元的无抵押贷款。至2018年，各金融机构对惠屿村的信用贷款达到6000万元。

有了信贷"活水"的支持，在肖美昌等大户的带动下，惠屿岛海水养殖规模迅速扩大。

惠屿村除了牡蛎、海带外，开始养殖鲍鱼、海参等品种，全村319户从事海水养殖。品种多样化，养殖规模化，推动着惠屿村人均年收入不断上新台阶。2006年，村民人均年收入5000元，到2012年人均3万元，再到2019人均6万元……

惠屿村凭着外力帮扶项目和内生产业富民，实现了村民人均年收入从泉港区倒数第一到全区最高的逆袭。

转型新生

如果说惠屿2003年从海洋捕捞到渔业养殖的第一次转型之路，是为了摆脱贫困，那么如今第二次从渔业养殖到生态休闲渔村的转型之路，则是着眼于可持续发展。

"海水养殖已成规模，但因其是重体力行业，又是经验性工作，我们面临劳动力短缺的现实问题，外聘都难。"肖清林说，必须转型。

站在惠屿岛上，举目四望，东北面可见莆田，西可见泉港，南可见惠安。这个处于湄洲湾主航道西侧，离陆地只有1.8千米的小岛，地理位置优越。于是，发展休闲旅游业成为村民们的共识和期望。近年来，在国家美丽乡村建设和乡村振兴的大背景下，惠屿村制定了30年的发展规划，持续打造岛上惠屿、海上惠屿、陆上惠屿。

"岛上的路以前只有一人宽，现在越来越宽了。"惠屿岛上的民宿主人肖晓红说。不只是道路在改建，争取到国家、省市有关部门的支持，7500万元建设资金已经到位，海岛整治修复保护工程项目正在推进，包括海洋修复、民房改造、巷道整修、景观绿化提升、防护堤环岛路建设、沙滩整治等。

"这些项目都是对标4A级景区建设的。"肖清林说，惠屿村成立了惠屿岛旅游开发有限公司，实行集体股份制改革，村民全员入股，以期实现"资源变资产，村民变股民，民房变民宿"。愿景中，惠屿岛将成为一个生态休闲旅游产业园。

在整治修复一新的大澳沙滩旁，一个新型网箱养殖渔排夺人眼球，红顶的小木屋色彩亮丽。"木质泡沫网箱改成了塑胶环保网箱，养殖效益更高。上面可以垂钓、餐饮、休闲、体验，可以抗12级台风，使用寿命15年。"肖清林说，投入3500万元改造全村网箱，虽然成本较之前提高了三四倍，但从长远看将推动海水养殖业从"规模产量型"到"质量效益型"转型，从"传统养殖"到"现代设施养殖"转变。

目前，惠屿村正申请一个集中养殖区域，与航道、锚地分割开来，加上改造后的网箱，将形成一个集体验观光、餐饮休闲为一体的现代化休闲养殖基地。去年，村里成立了集体所有制的渔业开发公司，统一建造新型网箱后，出租给渔民，全村人作为股东可分红。

"我们有信心，不超过2025年，年人均收入达到10万元。"肖清林踌躇满志。

（2020年5月29日刊发于《福建日报》5月29日第9版，记者 王敏霞，通讯员 庄国辉 实习生 曾昕茹）

泉港区二〇二〇年国民经济主要指标

表20

指标	单位	累计	增长（%）
一、地区生产总值	亿元	716.34	2.8
其中：第一产业	亿元	10.84	0.2
第二产业	亿元	565.02	4.4
第三产业	亿元	140.48	−1.4
二、农林牧渔业总产值	亿元	19.95	1.7
三、规模以上工业增加值	亿元	—	5.1
四、固定资产投资（不含省反馈铁路数据）	亿元	—	−16.6
其中：项目投资	亿元	—	27.8
房地产开发投资	亿元	41.11	−49.6
五、社会消费品零售总额	亿元	133.87	−15.7
六、一般公共预算总收入	亿元	89.40	−7.8
其中：一般公共预算收入	亿元	25.58	1.0
七、一般公共预算支出	亿元	35.91	8.9
八、期末金融机构本外币存款余额	亿元	272.34	21.4
其中：人民币存款	亿元	270.77	22.2
九、期末金融机构本外币贷款余额	亿元	252.40	3.5
其中：人民币贷款	亿元	232.92	1.9
十、实际利用外资（验资口径）	亿元	5.26	277.9
十一、居民人均可支配收入	元	30157	5.6
其中：城镇居民人均可支配收入	元	39011	2.8
农村居民人均可支配收入	元	22698	5.7

区四届人大五次会议代表建议责任分解表

表 21

建议编号	代表团	领衔代表	建 议	承办单位
5001	区直	王春林	关于加强拆迁款合理化利用的建议	农水局 国资办 各镇（街道）
5002	区直	王春林	关于加强主城区道路建设的建议	住建局 城市管理局

续表21

建议编号	代表团	领衔代表	建 议	承办单位
5003	区直	王春林	关于加强交警监控柔性执法的建议	交警大队
5004	南埔	林　煌	关于加大农村环境卫生整治经费投入的建议	城市管理局 各镇（街道）
5005	南埔	林　煌	关于提高全区农村自来水覆盖率和生活污水集中收集处理率的建议	生态环境局 水利水务公司 城市管理局
5006	南埔	林　煌	关于有序规范放开农村闲杂地建房审批的建议	农水局 自然资源局
5007	南埔	林　煌	关于加大对河长制和村级环境卫生整治经费投入的建议	农水局 各镇（街道）
5008	南埔	陈文金	关于天竺企石自然村镇区规划翻建审批的建议	自然资源局 南埔镇
5009	南埔	陈文金	关于支持南埔镇区向高铁站区转移建设综合性门户城镇的建议	交通运输局 自然资源局 南埔镇
5010	南埔	陈丽珍	关于进一步加强对南山北路两侧景观提升的建议	交通运输局 自然资源局 城市管理局 南埔镇
5011	南埔	陈秀发	关于开发利用南埔镇凤翔村至前黄镇坑内水库连片旅游资源的建议	文体旅游局 自然资源局 南埔镇 前黄镇
5012	南埔	陈秀发	关于将南埔镇凤翔村等村庄纳入市区管理统一管理建设的建议	城市管理局 南埔镇
5013	南埔	柯惠嘉	关于尽快移交柯厝村新建避风坞生产建筑和祭江台用地的建议	自然资源局
5014	南埔	施志良	关于石化安控区征迁后需要解决的民生问题的建议	人社局 住建局 教育局
5015	南埔	陈培成	关于加快扶持泉港手球项目发展的建议	教育局 文体旅游局
5016	南埔	陈培成	关于锦川小学及早建成招生的建议	教育局 住建局 财政局
5017	南埔	肖良霞	关于加快推进南埔中心小学综合楼扩建项目的建议	教育局
5018	南埔	林宗辉	关于加强学校食堂建设保障校园食品安全的建议	教育局 市场监管局 卫健局
5019	南埔	林宗辉	关于扩宽通港路、国道 228 的建议	交通运输局 区公路分中心
5020	南埔	王锡明	关于尽快完善对区内 101 个村入驻企业征收卫生管理费机制的建议	南埔镇 城市管理局
5021	南埔	柳秀辉	关于支持村级乡村振兴项目的建议	工信局 南埔镇
5022	南埔	肖微美	关于提前科学规划好肖厝沙格惠屿港墘四村与泉港石化工业区安全控制区和谐共荣共生交通道路网络的建议	交通运输局 石化园区规建科 自然资源局 南埔镇
5023	南埔	肖清林	关于加快建设惠屿岛生态休闲渔村旅游产业园的建议	南埔镇 文体旅游局 农水局

续表21

建议编号	代表团	领衔代表	建议	承办单位
5024	南埔	肖清林	关于将肖厝村、惠屿岛岸线整治修复工程列入自然资源部资金补助项目的建议	自然资源局 交通运输局 农水局
5025	南埔	陈宝喜	关于支持零地招商增加税收收入的建议	发改局 自然资源局 税务局
5026	南埔	吴友开	关于尽快给予拨付南山北路改建拆迁补偿款和延长房票期限的建议	交通运输局
5027	界山	林　蓉	关于疫情下要加强中小企业生存和发展的建议	人社局 财政局 税务局
5028	界山	林　蓉	关于解决安控区拆迁存在就业和教育问题的建议	人社局 教育局
5029	界山	林　蓉	关于复建塔山文化公园荐福书院的建议	山腰街道 文体旅游局 自然资源局
5030	界山	陈国华	关于在全区农村学校全面施行配餐和课后服务的建议	教育局 发改局
5031	界山	朱叶兴	关于在界山镇选址建设泉港职业中专学校的建议	教育局 界山镇
5032	界山	朱叶兴	关于尽快开工建设国道228线界山东张至山腰普安公路的建议	交通运输局
5033	界山	朱叶兴	关于办精界山镇初中校的建议	教育局
5034	界山	朱叶兴	关于提升“泉州北大门”建设的建议	界山镇 区公路分中心 住建局 城市管理局 自然资源局
5035	界山	柯荔滨	关于做大做强界山新城项目的建议	界山镇 农水局 城市管理局 自然资源局
5036	界山	柯荔滨	关于加快泉港第五实验小学建设的建议	教育局
5037	界山	柯荔滨	关于加快九峰山公园建设的建议	界山镇 财政局
5038	界山	柯荔滨	关于增加泉港城区停车位的建议	城市管理局
5039	界山	陈义清	关于做优做强界山现代农业的建议	农水局 界山镇
5040	界山	陈义清	关于进一步增加公交车班次的建议	大众公交公司
5041	界山	陈义清	关于铺设南枫路部分路段沥青的建议	交通运输局 界山镇
5042	界山	陈丽琼	关于提升界山镇龙马溪玉山段绿化亮化工程建设的建议	界山镇 城市管理局
5043	后龙	林进财	关于泉港职业中专学校恢复招生，大力发展我区职业教育工作的建议	教育局 自然资源局 人社局
5044	后龙	王平阳	关于稳妥解决峰前村征迁后涉海生产问题的建议	农水局 自然资源局 后龙镇
5045	后龙	郭滨东	关于解决泉港五中体育馆等建设用地问题的建议	教育局 自然资源局
5046	后龙	郭滨东	关于设立村级“小区协管员”的建议	住建局 各镇（街道）

续表21

建议编号	代表团	领衔代表	建 议	承办单位
5047	后龙	刘俊辉	关于整村拆迁群众被征地养老金办理流程简化的建议	人社局 各镇（街道）
5048	后龙	刘俊辉	关于为农村基层组织减负松绑的建议	卫健局 城市管理局 医保分局
5049	后龙	林双福	关于整改栖霞社区相关管道设施的建议	后龙镇 城市管理局 消防救援大队
5050	后龙	林双福	关于建设栖霞社区东侧道路的建议	后龙镇
5051	后龙	庄珍珍	关于增设坑仔底村生态园林护林员和划拨防灭火专项经费的建议	自然资源局 后龙镇
5052	峰尾	林华慰	关于全面贯彻落实《福建省家庭教育促进条例》的建议	妇联 教育局
5053	峰尾	林华慰	关于在埭沙路西段（埭沙路和祥云路交叉绿灯路口至泉港第一医院后门处）增设“斑马线”标识的建议	城市管理局 交警大队
5054	峰尾	林华慰	关于加强无物业小区管理的建议	住建局 各镇（街道）
5055	峰尾	林悦庆	关于尽快招聘补充编内小学幼儿园教师的建议	教育局 人社局 编办
5056	峰尾	林悦庆	关于提高编外合同教师待遇的建议	教育局 人社局
5057	峰尾	刘宗凯	关于加强我区海上执法力量的建议	农水局 泉港海事处
5058	峰尾	林淑华	关于复建塔山文化公园荐福书院的建议	山腰街道 文体旅游局 自然资源局 侨办
5059	峰尾	林淑华	关于做好蚁山古人类遗址公园前期发展规划的建议	文体旅游局 自然资源局 前黄镇 涂岭镇
5060	峰尾	林淑华	关于加强对服刑人员未成年子女关爱的建议	司法局 教育局 民政局 妇联 各镇（街道）
5061	峰尾	刘华龙	关于规范架设各类缆线的建议	工信局 电信公司 移动公司 联通公司 广电网络公司
5062	峰尾	刘良水	关于进一步加强我区食品及冷冻食品卫生安全管理的建议	市场监管局 卫健局
5063	峰尾	刘良水	关于对五里海沙海岸生态修复的建议	自然资源局 农水局 峰尾镇 后龙镇
5064	峰尾	刘荣德	关于帮助我区群众登记集体产权的房屋不动产的意见	自然资源局 各镇（街道）
5065	峰尾	房太明	关于扶持村居老年协会活动经费的建议	卫健局 各镇（街道）
5066	峰尾	郭志勇	关于沿海大排档规范管理的建议	峰尾镇 后龙镇

续表21

建议编号	代表团	领衔代表	建 议	承办单位
5067	峰尾	林惠华	关于增设我区公办幼儿园的建议	教育局
5068	峰尾	刘碧珍	关于打造主城区村级休闲文化广场的建议	城市管理局 自然资源局 财政局
5069	峰尾	姜 伟	关于合理设置道路中间护栏掉头区的建议	城市管理局
5070	峰尾	郭晖香	关于生活垃圾分类收运处理的建议	城市管理局 各镇（街道）
5071	峰尾	刘荣德	关于帮助办理休闲渔业观光船舶证照的建议	文体旅游局 峰尾镇
5072	山腰	庄送平	关于在埭港村开设公办幼儿园的建议	教育局
5073	山腰	庄惠民	关于加强城市管理的建议	城市管理局 商务局 生态环境局 市场监管局
5074	山腰	庄惠民	关于加强规范居民小区物业管理的建议	住建局 各镇（街道）
5075	山腰	庄惠民	关于保障社区工作者待遇的建议	组织部
5076	山腰	连永忠	关于加强餐饮业排烟和排污的建议	城市管理局 生态环境局 市场监管局
5077	山腰	连永忠	关于解决城区拆迁户就业问题的建议	人社局 各镇（街道）
5078	山腰	连永忠	关于加强城区教育建设的建议	教育局
5079	山腰	连永忠	关于加强对天然气市场管理的建议	城市管理局 市场监管局
5080	山腰	连永忠	关于适当提高股级岗位待遇的建议	组织部 人社局
5081	山腰	连永忠	关于加快打通泉港主城区海南街断头路的建议	城市管理局 自然资源局 山腰街道
5082	山腰	林锡强	关于垃圾分类收集车辆及建设处理终端的建议	城市管理局 各镇（街道）
5083	山腰	刘美梅	关于加大小微企业扶持力度的建议	财政局 税务局 人社局 工信局
5084	山腰	郑艺平	关于学校严格落实“垃圾分类、教育先行”的建议	教育局 城市管理局
5085	山腰	钟月英	关于解决钟厝片城市公交的建议	交通运输局 大众公交公司
5086	山腰	唐双平	关于新建山腰街道新宅小学教学楼的建议	教育局 自然资源局
5087	山腰	唐双平	关于加强城区中心小学周边交通安全管理的建议	交警大队 教育局
5088	山腰	庄绍波	关于在城区规划中增设停车场的建议	住建局 自然资源局 城市管理局
5089	山腰	庄凤文	关于山腰老街施行单行道管理的建议	交警大队 山腰街道

续表21

建议编号	代表团	领衔代表	建 议	承办单位
5090	山腰	何凤明	关于对昆山水系下游溪床全面清淤疏道的建议	农水局 城市管理局 山腰街道 前黄镇
5091	山腰	庄海波	关于村居新能源充电桩的建设	发改局 工信局
5092	山腰	庄朝阳	关于创建村（居）集体稳定长久收入方案的建议	农水局 住建局
5093	山腰	王恭恳	关于加快泉港老旧小区管道燃气改造的建议	住建局 城市管理局 各镇（街道）
5094	山腰	王恭恳	关于给泉港城区部分老旧小区加装电梯的建议	住建局 市场监管局 各镇（街道）
5095	山腰	王恭恳	关于大力清理盘活低效闲置国有资产建议	国资办
5096	前黄	刘地惠	关于前黄镇控制性详细规划编制设计的建议	前黄镇 住建局 交通运输局 自然资源局
5097	前黄	郑学栋	关于拓展招商选资工作的建议	工信局 石化园区经发科 发改局
5098	前黄	连曙煌	关于为农村基层组织减负松绑的建议	卫健局 城市管理局 医保分局
5099	前黄	连曙煌	关于提高农村基层干部待遇的建议	组织部
5100	前黄	连曙煌	关于切实提高农村保洁员工资待遇的建议	城市管理局 各镇（街道）
5101	前黄	吴河辉	关于加快盘活普安高新开发区闲置土地和厂房的建议	科技局 工信局 前黄镇
5102	前黄	杨玉泉	关于减轻新农合缴费负担及提高报销额度的建议	医保分局
5103	前黄	黄细民	关于解除计划生育社会抚养费类失信黑名单的建议	卫健局 法院
5104	前黄	黄细民	关于解决高铁项目建设遗留问题的建议	交通运输局 前黄镇
5105	前黄	黄细民	关于农村安全饮水工程全覆盖的建议	前黄镇 水利水务公司
5106	前黄	连建良	关于建立综合性养老机构的建议	卫健局 民政局
5107	前黄	连敬阳	关于规范我区农村住房规划的建议	农水局 自然资源局 各镇（街道）
5108	前黄	黄淑娥	关于解决“一户有宅不能就地翻建”的建议	农水局 自然资源局
5109	前黄	刘琼英	关于加强泉港主城区小学交通安全的建议	交警大队 城市管理局
5110	前黄	陈宝山	关于加强对学校管理监督的建议	教育局
5111	前黄	朱国兴	关于加大公办幼儿园建设的建议	教育局
5112	前黄	连玉清	关于发展壮大村级集体经济的建议	组织部 农水局

续表21

建议编号	代表团	领衔代表	建 议	承办单位
5113	前黄	钟新新	关于继续加大扶持泉港区莺峰小学发展的建议	教育局 统战部（民宗局）
5114	前黄	钟新新	关于加快打造泉港国家级石化科技研创“硅谷”的建议	发改局 科技局 自然资源局 财政局 前黄镇
5115	涂岭	柳铅玉	关于开展农村“三线三杆”集中整治的建议	工信局 电信分公司 供电服务中心 广电网络公司 各镇（街道）
5116	涂岭	陈国镇	关于加大农村村容村貌和环境卫生整治力度的建议	农水局 住建局 城市管理局
5117	涂岭	陈国镇	关于支持涂岭镇加快发展森林康养产业的建议	发改局 自然资源局 文体旅游局
5118	涂岭	出文彬	关于进一步做好全民体育健身工作的建议	文体旅游局 各镇（街道）
5119	涂岭	出文彬	关于将涂岭镇经八路与纬六路纳入全区公共市政管理范围的建议	城市管理局 涂岭镇
5120	涂岭	出文彬	关于改造涂岭镇324国道沿线村居自来水管道的建议	涂岭镇 水利水务公司
5121	涂岭	出文彬	关于为村干部办理养老保险的建议	组织部
5122	涂岭	刘国桂	关于在324国道白潼村路段增设车辆限速测速仪的建议	交警大队 区公路分中心
5123	涂岭	刘国桂	关于支持涂岭镇增设公办幼儿园的建议	教育局
5124	涂岭	陈伟聪	关于加快推进西部旅游公路黄田至笔架林场路段工程建设的建议	涂岭镇 文旅公司
5125	涂岭	陈庆辉	关于加快推进泉港区路口小学扩建工程建设进度的建议	教育局
5126	涂岭	陈庆辉	关于加快推进涂岭辖区污水处理的建议	城市管理局 涂岭镇
5127	涂岭	陈红华	关于妥善处理失地农民养老保障问题的建议	人社局 自然资源局 各镇（街道）
5128	涂岭	任丽明	关于完善农村卫生服务体系的建议	卫健局
5129	涂岭	陈惠昭	关于进一步加快全区特别是涂岭镇全域旅游发展的建议	文体旅游局 文旅公司 涂岭镇
5130	涂岭	陈惠昭	关于开展坝头溪流域沿岸两侧房屋外立面及坡屋顶集中专项整治的建议	前黄镇 涂岭镇
5131	涂岭	张志平	关于加大教师办课后有偿补习班专项整治力度的建议	教育局
5132	涂岭	王永明	关于泉港区行政服务中心推行电子缴费服务的建议	行政服务中心
5133	涂岭	王永明	关于加强我区餐饮具卫生消毒监管的建议	卫健局 市场监管局
5134	涂岭	吴美连	关于加强对农村养猪场监管的建议	生态环境局 农水局
5135	涂岭	邱宝辉	关于抓紧建设泉港六中及涂岭中心幼儿园生活污水处理池的建议	生态环境局 涂岭镇 城市管理局

续表21

建议编号	代表团	领衔代表	建 议	承办单位
5136	涂岭	陈适雄	关于划拨专项资金用于坝头溪河道及景观设施日常维护的建议	农水局 山腰街道 前黄镇 涂岭镇
5137	涂岭	潘惠平	关于开展路口至白潼324国道两侧景观综合整治的建议	涂岭镇 城市管理局 交警大队
5138	涂岭	王志成	关于支持地方特色农产品及加工食品认证的建议	农水局 市场监管局
5139	涂岭	王志成	关于调整各村集体建设用地用林指标支持增加村财经营性收入的建议	自然资源局 农水局 各镇（街道）
5140	涂岭	吴海蓉	关于创新基层学校教师队伍管理体制机制激发农村基础教育发展活力的建议	教育局
5141	涂岭	吴海蓉	关于加大编制内中小学及公办幼儿园新教师招聘力度的建议	教育局 编办 人社局
5142	涂岭	蒋丽霞	关于对学校周边社会托管中心进行规范管理的建议	市场监管局 教育局 公安分局 消防救援大队
5143	涂岭	出东玉	关于解决石头房等危旧房屋翻建审批难的建议	自然资源局 农水局 住建局 涂岭镇
5144	涂岭	出东玉	关于加大我区桉树林相优化改造力度的建议	自然资源局 涂岭镇
5145	涂岭	陈红华	关于“十四五”期间在泉港区涂岭镇规划增办一所初中校的建议	教育局
5146	涂岭	陈红华	关于加快推动涂岭镇驿坂至大雾山公路提级改造工程进度的建议	涂岭镇 文旅公司

区政协四届四次会议重要提案摘要

区政协四届四次会议期间，共收到委员提案188件，其中党派团体提案67件。经提案委初审、复审，予以立案179件。现将部分重要提案摘录如下。

1. 出小彬：《关于发展壮大村级集体经济的提案》（编号A20009）

内容摘要：关于集体经济股份制改革的几点建议：①成立全区发展壮大村集体经济领导小组，实行区、镇、村三级“挂图作战”，将工作纳入年终目标考核，把发展村级集体经济作为农村集体产权制度改革的重点工作，明确目标任务、完成期限和考核评价；②按照全面启动、重点安排、典型带动、示范引领的原则，实施农村集体产权制度改革工作实行先试点、后推广的模式，确定几个试点村，为全区探索多种符合实际的发展模式，盘活集体资产，壮大集体经济，全面推进农村集体产权制度改革提供成功经验，树立示范“范本”；③成立村集体股份经济合作社，实行三个统一。统一管理，即村党组织牵头进行清产核资、确权登记、量化评估、有效整合、合部入社，实行统一规划耕作、统一收储购销；统一用工即组建产业工人队伍，吸收本村富余劳动力，动员本村外出务工人员就地务工；统一筹资，由合作社作为独立法人，承接各类政策性财政资金、申请抵押贷款，吸纳民间投资入股等。

2. 黄燕：《关于发展泉港区旅游的几点建议的提案》（编号A20015）；致公党泉港总支：《关于完善旅游产品体系，推动我区乡村旅游向新业态发展的提案》（编号A20016）；民进泉港支部：《关于做好我区文化旅游方面工作的提案》（编号A20017）；连怀孟：《关于推动我区旅游文化、生态环境与体育赛事融合发展的提案》（编号A20018）

内容摘要：以文化旅游业发展助推国家产城融合示范区建设，建议：①区政府启动泉港区文化旅游方面专项规划，对我区文化旅游资源进行摸底分类、统筹安排、建设、完善提升，为今后的发展提供科学指导和开发支撑；②加强旅游基础设施建设，完善旅游服务体系，丰富旅游产品，促进品牌化经营、规范化管理；③加大投资，提升旅游景点建设、海岸线景观建设、惠屿岛品牌建设和老街文化保护建设；④创新人才培养机制，依托高校或职业技术学校，对从事旅游行业的人员进行系统专业文化培训，加强旅游人才的储备和引进。⑤落实支持鼓励文化旅游业发展的各项政策措施，加大资金保障力度，释放创新发展动力。

3. 林茂：《关于改造建设泉港夜市（美食）街区的提案》（编号 A20032）

内容摘要：打造具有泉港当地特色文化韵味的美食商业街区，形成独特的夜市文化，带动夜经济的发展，建议：①打造泉港文旅品牌，建立泉港“夜经济”新的时尚地标，推动泉港的创意产业和地区经济发展；②将中心工业区一带闲置厂房向场景化、体验式、互动型综合型文化创意消费场所转型，在无须投入大量资金的前提下，最大限度地发挥旧厂房的作用，并将它扩展到商业用途及其他用途，获得最大的经济效益；③能加速农村劳动力转移，吸引下岗人员再就业和解决富余劳动力，成为提升城市活力、拉动经济发展的一个新引擎。

4. 连秀忠：《关于保护开发蚁山的提案》（编号 A20023）

内容摘要：蚁山是泉州市级文物保护单位，加大对蚁山的遗址文物保护有着极其重要的人文价值和意义。建议：①成立由区政府等相关单位为领导协调机构，制定保护开发规划，列入为民办实事项目；②处理好文物保护与开发建设的关系，做成一项推动乡村振兴、惠泽民生、造福子孙万代的良心工程。

5. 农工党泉港总支：《关于对南山北路进行升级改造的提案》（编号 A20024）；民革泉港支部：《关于南山路（北段）提级改造及中间隔离带设置的提案》（编号 A20003）

内容摘要：南山公路（北段）是我区城区主干道之一，发挥着连通城乡南北组团重要作用，由于该路段弯道和上下坡路段较多，机动车和非机动车没有分离，人车混杂事故多发。建议对该路段进行升级改造，道路设计上进行机动车和非机动车分离，减少弯道、减小弯度，并在道路两侧进行绿化、美化，仙境路口、凤翔路口和二化大门口等重点路段加装隔离栏杆，把该路段建成“文明之路”“安全之路”。

6. 吴笛：《关于推进泉港区农村生活污水治理的提案》（编号 C20038）

内容摘要：大部分农村生活污水只经过化粪池简单处理或未经处理直接排放，造成农村整体水环境恶化，直接影响村民的生活和健康。建议：①完善规划，因地制宜地选择污水治理模式。加强对各镇、村做好实地调研，学习借鉴周边省市的先进经验，实地学习交流。②引入社会资源，积极整合多方力量，共同推进农村污水处理设施的建设。③通过试点村先行启动污水处理设施、纳户管网等建设工程，探索一套适合本区域为全区推广有用、耐用、适用、好用的污水处理系统奠定基础。④加强维护管理，推动建立农村污水治理设施长效管控机制。明确运营维护责任主体，通过多元共治的形式，以政府、市场、村民的多方参与共同治理农村生活污水，建立长效的监管体系。⑤开展多种形式的农村环保知识宣传教育活动，提高村民的生态环保意识。

7. 农工党泉港总支：《关于城区道路使用智能化井盖的提案》（编号 C20042）

内容摘要：为改善城市形象，提高工作效率，建议：①城区道路统一使用防沉降防水防噪球墨铸铁智能井盖，结合物联网智能化技术，通过数据化管理，切实提高相关部门的管理效率，保障人民群众的安全和正常生活以及相关设备的正常工作；②构建监测、统计、分析、大数据、云计算等多功能的应用平台，做到提前预防、数据分析、联动报警，使井盖管理部门实现灵活派工、高效预警巡检、事件快速处理等功能，全面提升城市安全质量、城市管理水平、智慧城市的建设。

8. 钟晓蓉：《关于解决泉港石化安控区项目住房困难户住房难的提案》（编号 C20037）

内容摘要：如何妥善安置弱势群体，是安征迁项目必须面对的一个难点也是重点问题，建议：①认真做好安征迁项目中住房困难户（含“五保户”）的调查摸底工作，登记造册，做到底数清，逐户落实，对特殊安置问题需有针对性地妥善解决。②做好适合住房困难户（含“五保户”）居住的房源信息收集工作，建立房源信息库，符合政策的争取按照公租房、廉租房等形式，租金尽量全免，切实帮助解决家庭困难。③根据《泉港石化工业区安全控制区项目房屋征迁补偿安置实施方案》（泉港政综〔2017〕85 号）有关规定：“人均居住面积少于 35 平方米的，所有补偿款不足以购买任何一套商品房的住房困难户，政府可提供保障房。”建议落实保障房，确保住房困难户（含“五保户”）妥善安置。④对于涉迁村的困难户（含“五保户”）要做好送温暖活动，逢年过节多开展走访慰问活动。

9. 民建泉港支部：《关于改善小区物业管理，提升物业服务质量的提案》（编号 C20004）

内容摘要：为加强物业管理，提升社区自治水平，建议：①由政府相关职能部门对全区小区物业管理进行一次排查，制定或完善相关规范性文件。②加大行业监管力度。行业主管部门应履行好对物业公司监管职责，建立业主对物业公司的意见建议通道，及时有效地对物业公司的服务进行监管。③通过增加人员配置，制定合理收费标准，公开收费使用情况，规范服务或专业服务行为等提高物业公司专业化服务水平。④要采取多种形式，多措并举，宣传物业管理的重要性，宣传诚信理念，帮助业主树立“花钱买服务”意识，按时交纳物业费。⑤物业所在地的政府组织、社区应积极发挥桥梁媒介作用，为物业公司和业主搭建交流平台，增强双方的信任感和和谐度。⑥加强对小规模小区的管理，对无法自己管理的小区建议与相邻小区合并管理，成立共同物业管理委员会，共用一个物业公司，进行协同管理。⑦加大行政部门对物业管理公司的管理及扶持力度。

10. 民盟泉港总支：《加强对食品外卖行业质量监管的提案》（编号 C20098）

内容摘要：近年来，食品外卖行业兴盛，但从事人员的健康管理、卫生设施、营业场所监管难度大，为此建议：①区食安委要通过互联网平台对我区外卖餐饮企业进行全部登记造册，对食材不定期取样监测，加强源头管理；②委托第三方建立评价制度，对每一单的送餐业务进行跟踪评价；③督促外卖企业推广明厨亮灶工程，力促实现在线监测。

11. 郭维国：《关于重视我区公立基层卫生院人才流失现象的提案》（编号 B20022）

内容摘要：近年来，由于基层待遇普遍偏低，医疗人才流失现象比较严重，个别卫生院已出现断层现象。为此建议：①重新审核出台《卫计系统紧缺急需专业和薄弱学科岗位财政补助》，对取得初中高级职称及紧缺专业卫生技术人员进行补助，以稳定新招聘人员，培养年轻医技骨干，引进高职称技术人员。同时，对取得中级及以上职称的专业卫生技术人员进行每月 1000 ～ 2000 元的补助，或适当提高补助。②启动公立基层卫生院职工周转房建设，为新进人员提供便利的住宿条件，甚至鼓励为同在我区基层卫生院工作的夫妻提供生活必备的起居室。同时，教育局要解决公立基层卫生院医技人员儿女就学问题。③区团委、妇联、工会等部门要适时组织开展单身人员的婚介派对活动，组织活动参加的范围不仅限于卫生系统内或跨系统，辖区内的大中型企业都应参加进来。④区人社局、编办要对公立的基层卫生院人员每年的招聘数额要给予倾斜，鼓励招聘泉港籍人员。区人社局可考虑基层卫生院人员在职称评聘上给予突破职数限制，只要医技人员能考得相应职称就可聘用。⑤区卫健局要组织基层卫生院对新进的医技人员进行外派培养，联合区总工会开展临床业务技能竞赛交流，邀请业界专家来泉港开展学术交流培训，对在职人员考取更高学历进修要提供便利。

12. 致公党泉港总支：《关于建立完善查询系统，增强普惠性幼儿园监管力度的提案》（编号 C20060）

内容摘要：学前教育不仅关系孩子成长，更关系到整个民族振兴的未来。结合泉港区大力推行普惠性幼儿园建设的工作部署，特提出以下三条建议：①将公平原则合理配比幼儿园资源，有关部门与社区、街道等部门配合，对现有社区及其附近的幼儿园分布情况等进行全面了解和记录，结合不同街区情况，调整普惠性幼儿园的建设规划；②建立完善查询体系，有关部门将包括政策规划、指导意见、普惠性幼儿园详细信息等在内的官方信息经由统一的渠道向全社会发布；③实行有效的监督措施，即财务监督、采购监督和教学监督。

13. 泉港区政协驻厦门联络委：《关于进一步改善泉港城区部分道路配套交通安全设施的提案》（编号 C20011）

内容摘要：随着我区城市化进程加快，一些城区主要路段道路交通安全有待进一步加强，为此建议：①完善交通标志标识，全面查漏补缺、增设限速、禁停等标志标识，在事故多发路段配备安全警示牌；②合理设置城区“市政交通护栏”“人行道斑马线”，坚决避免行人和非机动车斜插过道、被迫走机动车道等情况的发生；③改善道路亮化工程，对连接各镇街道的主干道加装路灯，并提升亮度，对农村公路可采用节能的 LED；④对新建、修缮的道路进行科学设计，同时建立长效管理机制，定时开展检查和整改；⑤集中开展交通安全知识宣传普及工作，切实提高车辆尤其是非机动车辆驾驶人的安全意识。

14. 农工党泉港总支：《关于普及我区中小学生急救知识教育和培训的提案》（编号 B20020）

内容摘要：在中小学校内宣传急救知识教育和培训是非常重要的普及方法，为此建议：①在全区中小学校开展急救知识技能教育和培训演练。区教育局对全区中小学校作出教育培训要求，区卫健局、区红十字会采用急救理论知识和模拟教学设备进校园的现场培训方式。②打造急救普及培训平台。建议我区建立应急救护指导站，明确专人负责，开展实践活动。区红十字会与卫健局紧密合作，加强急救培训师资建设。③强化学校重点人群的急救技能培训，尤其对体育教师、班主任、辅导员等开展急救技能岗前培训。④加大急救知识的宣传，区红十字会要通过公益广告、网站、微信等多种形式，大力普及急救知识，营造良好新局面。

15. 致公党泉港总支：《关于推进美丽乡村建设，完善农村建筑垃圾治理的提案》（编号 A20027）

内容摘要：当前，我区治理农村建筑垃圾的困难较多，存在不少问题，为此建议：①把农村建筑垃圾治理纳入实施乡村振兴战略专项行动之中。各相关部门统筹规划农村基础设施建设和改造，从源头上减少建筑垃圾。②建立农村乡镇建筑垃圾处理机制，完善农村垃圾治理服务体系。③加快在农村示范推广一批建筑垃圾再生产品利用工程，结合美丽乡村建设，提升农村人居环境。④完善农村建筑垃圾治理的制度和政策、法规体系，应尽快在土地使用、税收减免等层面出台可操作的具体方案。

16. 民盟泉港总支：《关于有计划推进道路整改措施的提案》（编号 A20033）

内容摘要：近几年，泉港道路整改频繁且速度较慢，给人民群众出行带来诸多不便，破坏城市整体形象，也造就了泉港“有路变无路”的困惑。为此建议如下：①有计划分步骤推动道路整改。例如驿峰路和祥云路同时施工建设，造成车辆拥堵、尘土飞扬。可以根据轻重缓急分路段推进。②道路两边树木的移栽要追踪成活率，许多较好的树木在不适合的季节大量死亡，造成资源浪费。③道路整改要及时清扫路面污垢，同时进度推进要及时跟踪到位，便于快道顺畅通行。

17. 民盟泉港总支：《关于创建泉港土坑古民居文化一条街的提案》（编号 A20039）

内容摘要：结合土坑古民居保护，并结合土坑的“港市遗址”这一遗迹进行合理开发，创建泉港文化一条街，丰富土坑的文化内涵，建议如下：①学习外地区成功经验，例如晋江五店市、福州的三坊七巷等；②招商引资合作开发，利用社会力量，缓解财政压力；③政府要做长远计划，有效嫁接，推动文化工程建设。

18. 民革泉港支部：《关于预防泉港区青年人才流失的提案》（编号 B20003）

内容摘要：近年来，我区对人才工作在制度、政策及人才引进方面取得一定成绩，但青年人才外流情况依旧比较突出，为此建议：①可以针对性地调整技术型青年人才的考核聘用政策。②继续加大对科研型青年人才的财政、政策扶持力度，更深层次引导各单位各部门积极解决青年人才在我区教育、住房和在我区开展科研项目保障等问题，更好地引进并留住科研型青年人才。③优化投资创业环境，在一定程度上加大力度给予税收政策优惠，鼓励其他青年人才自主创业。

19. 连筱兰：《关于规范校外培训机构的提案》（编号 B20006）；陈觎希：《关于加强我区校外培训机构监管的提案》（编号 B20007）

内容摘要：建议如下：①开展校外培训机构全面排查备案工作。严把校外培训机构准入标准，重点对培训机构、培训内容和培训人员等进行备案。②完善管理机制。在排查备案的同时，结合培训机构的特点，联合各部门梳理形成更为全面、综合、有效的管理制度，明确、落实各部门职责，完善部门联动、线上与线下联动的工作机制。③探索创新更为有效的管理举措。一是推进“一网通办”建设工作，二是建立学杂费专用账户制度，加强对培训机构的资金安全监管，三是推进建立教育培训领域信用管理体系，进一步完善教育培训市场的发展环境，培训机构规范办学，促进教育培训市场健康发展。

20. 民建泉港支部：《关于加快餐厨废弃物处理场建设，提升泉港食品安全水平的提案》（编号 C20007）

内容摘要：为进一步加快推进我区餐厨废弃物资源化利用和无害化处理工作进程，保障人民食品安全，提出如下建议：①成立餐厨废弃物管理工作领导小组，明确部门职责分工，加大组织协调和服务保障。②出台餐厨废弃物管理办法，强化制度约束，发挥部门联动优势，齐抓共管，把餐厨废弃物管理纳入规范化管理轨道。③将餐厨废弃物处理建设项目纳入重点工程项目，加快处理设施建设速度，并同步进行市场化运作。④建立科学合理的餐厨废弃物收运、处理体系，对餐厨废弃物实行统一收运，配置专门收集箱桶和收运车辆，规范收运方式。⑤制定相关优惠政策，加快市场化运作。对餐厨废弃物处理项目实施收运、处置一体运营，实行特许经营，参照外地做法，政府给予补贴。同时研究完善相关扶持政策和措施，支持餐厨废弃物资源化利用和无害化处理项目建设。⑥加强对“地沟油”专项整治。⑦加大宣传力度，增强餐饮企业、从业人员和广大市民遵纪守法和环境卫生意识，逐步养成垃圾分类存放的良好习惯，为餐厨废弃物统一收运、集中处理奠定坚实的社会和群众基础。

21. 段靖莲：《关于提高我区海上溢油应急能力及港口危化品作业安全整治的提案》（编号 C20033）

内容摘要：我区对海上溢油问题和危化品管理的应急处置管理能力有待提升，为此建议：①溢油应急管理要通过分析溢油事件的原因、过程和结果，有效集合多方面资源，对溢油事件有效预警、控制和处理，尽量降低溢油事件的危害；②加强无人机巡检巡查的应用，降低巡检成本，提升机动化水平；③开展危险化工品港口作业安全整治行动。

22. 农工党泉港总支：《关于逐步推进供水公司统一接管居民住宅二次供水设施的提案》（编号 C20049）

内容摘要：目前，我区尚无建成通水且统一接收维护管理的居民住宅二次供水设施。大部分住宅小区管供水人员更换频繁，卫生知识薄弱，蓄水池清洗和水质消毒不专业。部分老旧住宅小区，无物业管理，设施老化，群众用水安全问题迫在眉睫。由此建议：①新建住宅供水设施委托供水公司负责统一建设，费用由建设单位承担，供水设施工程建设收费按照我省定价目录等有关规定执行；若由建设单位或产权人自行建设的，其设计方案需征求供水公司意见，并采用符合技术要求的产品、材料和设备。②已建的住宅二次供水设施由供水行政主管部门组织，供水公司与相关业主单位代表共同参与验收；对设施完好、运行正常并满足二次供水设施建设技术要求的，可作为试点，经验收合格后交由供水公司管理。③对于需要改造或完善的二次供水设施，由城管部门牵头组织分步分类，逐步推进技术改造，改造并验收合格后交由供水公司管理。④少部分二次供水设施老化、无物业管理、水质不达标的住宅小区，建议纳入为民办实事工程，争取一定的改造资金保障。

23. 民进泉港支部：《关于加强校园及周边食品安全监管工作的提案》（编号 C20070）

内容摘要：校园及周边食品安全事关青少年儿童的生命安全和身体健康，为此建议：①区市场监管局、教育局、城管局区卫计局要按照职能分工，强化协同，联合开展学校食堂全覆盖检查和“双随机”检查，联合指导学校食堂达到“健康食堂”的标准。②市监局、教育局要继续加大对学校及周边食品安全监管力度，充分利用“明厨亮灶”网格监管中心，及时对学校食堂存在的问题即时督促整改。③继续开展相关科学知识普及和宣传教育活，强化对学校周边小餐桌食品从业人员的食品安全知识和预防食物中毒知识的宣传和培训，提高从业人员的食品安全意识。

24. 农工党泉港总支：《关于加强城区中心中小学周边交通安全管理的提案》（编号 C20044）

内容摘要：我区城区中小学门口车流量大，交通秩序混乱，给学生出行带来安全隐患。为此建议：①大力倡导绿色出行交通理念。交警部门加强与教育部门联动，广泛开展绿色出行的文明交通宣传，通过发放倡议书、开展“校园无车日”等活动改变家长的交通行为。②科学规划设置接送车辆停放点。根据城区学校实际停车需求，结合周边道路实际情况，科学设置“上放学交通安全通道”，在有条件的学校门口及周边道路合理规划非机动车、机动车临时停车点，引导接送学生车辆有序停放。③加大整治路面交通文明秩序。采取上下学高峰疏导、平峰整治措施，通过执勤巡逻警力巡查、技术监控网上抓等手段，对学校门前违停车辆进行依法查处，并加大处罚力度。

25. 叶彬彬：《关于加快泉港家政服务业市场引领的提案》（编号 C20090）

内容摘要：家政服务业在增加就业、改善民生，促进第三产业发展等方面有着非常重要的意义。因面临供不应求、市场失序等困境，发展现状不容乐观。为此建议：①区政府要制定推动本地区家政服务业发展政策，工作机制，扶持家政服务企业，鼓励企业从事培训、介绍就业、管理服务一条龙；②通过市场化、品牌化、项目化、集聚化的方式来培育示范性较强的家政服务品牌企业，构建家政服务一体化信息化服务平台；③加大宣传、推动诚信经营、服务，实现不持证不上岗、不培训不入户，构建泉港良好家政服务品牌。

26. 林茂：《关于建设泉港区全民综合性体育馆的提案》（编号 B20014）

内容摘要：建议如下：①加大公共体育场地设施建设力度。建设一个综合性的体育运动场所，并无偿向社会开放。②实施公共体育场地设施提升工程。维护好现有公共体育设施，完善城区及乡镇一些公共场所的体育设施，安装体育器材，以方便群众体育锻炼。③将公共体育设施建设列入城市建设规划统筹实施，要求新建小区必须按规划标准建设群众健身场所，配置健身设施，并与住宅区主体工程同步设计，同步施工，同步投入使用。

27. 民进泉港支部：《关于在公共场所增加配备 AED 的提案》（编号 C20020）

内容摘要：自动体外除颤仪（AED）的早期介入，是目前针对心脏骤停非常有效的抢救手段，为此建议：①成立专项基金对 AED 进行补贴，由卫健委出台详细的公共场所应急物资管理方案，推动各公共场所特别是体育健身场馆所和企事业单位合理安装 AED；②宣传民法对于紧急情况下的施救者有免责的保护条款，进一步完善法律法规；③大力推动急救知识进学校、进社区、进机关等，全面普及急救知识，以提升院前急救知识与公众知晓率；④借鉴浙江绍兴的相关经验，把公共场所 AED 纳入全市联网的智能化管理云平台，做好后续维护和规划布局。

28. 连秀忠：《关于下放特殊门诊办理权限的提案》（编号 C20075）

内容摘要：特殊门诊免费服务对于减轻全区人民群众医疗负担、保护群众特别是老年人的健康意义重大。目前这个权限收归到区级医院，这对特殊门诊的作用大打折扣。为此建议，由区卫健部门根据泉港实际情况，借鉴其他地方好的经验做法，加强监管，将特殊门诊的办理权限再次下放到镇级卫生院，方便群众就近办理，真正让群众“只跑一次”。

29. 农工党泉港总支：《关于加强卫生应急队伍装备建设的提案》（编号 C20046）

内容摘要：近几年我区在卫生应急建设方面投入较少，对突发卫生事件处置方面能力较差，为此建议：①相关部门应根据辖区实际情况拟定建设方案，纳入本级财政预算，逐年加强投入，从而有效提升辖区卫生应急能力；②加强卫生应急演练，组建应急队伍，开展卫生应急演练，提升辖区卫生应急处置力；③制定队伍管理办法，加强队伍规范化管理，并在实践中不断完善有关制度，确保队伍持续具备卫生应急能力。

30. 孟红瑛：《关于泉港区内执教的编外教师职称评定的提案》（编号 B20001）

内容摘要：在我区内，民办学校教师，乃至公办学校编外教师，无法参与职称评定，成为制约我区高水平教师人才引进的一个最大阻碍。如能解决民办学校教师以及编外教师在我区的职称评定问题，能够加快我区高水平教师队伍建设的步伐，吸引更多优秀的教育人才来我区执教，激发我区教育发展活力。建议由泉港区人力资源和社会保障局给予政策上的支持和协调解决，民办学校和公办编外教师的职称评定问题，以及涉及流动人口档案管理的问题。

31. 林琴棋：《关于实施“健康中国”战略，迫切需要发展泉港康复医学，力争把泉港区中医医院康复科打造成“闽南”康复医学中心的提案》（编号 B20004）

内容摘要：政府要加大康复医学的加大投入，完善设施，在人员、资金、政策等方面给以支持倾斜。建议如下：①加强康复医学专业人才队伍建设。通过健康教育、业务培训和技术推广等方式培养康复医学实用型人才的，培养兼具传统中医康复技术和现代西方医学康复技术的复合型康复医学人才。②加大资金投入，添置康复医疗专业方面仪器设备。③加强康复医学医护人员的服务意识培训，引入竞争机制，对医护人员进行规范化管理。④加强康复知识科普宣教和对康复医学文化的宣传力度。做大、做强泉港区中医医院康复专科，力争把它打造成泉港（闽南）康复医学中心。

《泉港年鉴（2021）》参编单位主审和主撰人员名单

表 22

单位	主撰	主审
区纪委监委	林腾程	陈荣川
区委办	黄茂林	柯金清
区委保密办	黄茂林	庄永梅
区委巡察办	连颇颇	林志江
档案馆	潘　婷	张和亮
信访局	刘秀金	郭小强
组织部	王一帆	姚泽安
关工委	庄培阳	肖全清
宣传部	傅国强	刘　刚
文明办	李志远	陈三龙
统战部	刘金燕	胡伟强
政法委	唐龙建、李佶硕	林素宝
编办	陈银祥、陈志红	刘跃民
党工委	庄建国	李晋瑜
区委党校	丁　萍	庄惠煌
人大办	董慧娟	郑志阳
政府办	陈裕盛	曾永顺
政协办	郭淑娟、郑加丽	连　治
金融办	刘　杰	王建华
行政服务中心	肖臻辉	邱清满
区委史志室	陈小燕	林进辉
发展和改革局	肖小斌	刘玉强
工信局	刘喜山	吴文辉
商务局	柯勇财	肖银河
教育局	陈金森、张庆辉	肖腾伟
民宗局	潘淑梅、方玲玲	林顺建
区侨办	庄诗余	叶松青
科技局	庄学林	吕伟成
民政局	刘俊阳	刘开南

续表22

单位	主撰	主审
司法局	王志珊	柯富华
财政局	夏　扬	黄宝真
国资办	李丽婷	苏文举
人社局	陈敏树	肖锦萍
住建局	郑惠春	王金准
城管局	吕晗御	程进强
交通运输局	陈　伟	朱辉阳
农水局	曾甜甜	潘华卿
文旅局	巫永祥	陈小平
卫健局	庄碧青	施文勇
医保分局	黄龙泉	李肇晖
审计局	林燕杰	刘森海
统计局	蔡黎薇、林瑞振	林永骏
生态环境局	林佳煌	郑明炎
应急管理局	叶永桢	庄向阳
退役军人局	肖　斌	肖德宝
市管局	林俊杰	洪良杰
融媒体中心	郭小青	肖立宝
供销社	林朝阳	郭淑平
泉州市泉港新城投资有限责任公司	程伟锋	邱建忠
石化园区管委会	林雅婷	陈惠锋
石化工业区建设发展公司	刘梅琴	王志福
泉港高新产业园区建设公司	王小强	朱志卿
水利水务公司	林新忠	郑佳峰
泉港文旅公司	钟吉美	施茂春
大众公交公司	陈怡婷	林文煌
人武部	辜珍兰	李小清
法院	许淑锋	林天法
检察院	许晓娇	陈荣茂
总工会	林黎阳	林瑞群
团区委	李文富、刘芹兰	庄子汉

续表22

单位	主撰	主审
妇联	连莉昭	钟晓蓉
工商联	林梅莺	龚锦泉
侨联	陈凤黔	庄学根
科协	林　芳	林建南
计生协会	张建彬	林龙章
残联	钟青建	叶月明
文联	肖惠珠	李美美
社科联	庄晓芬	钟兴枝
慈善总会	柯明清	庄学忠
贸促会	陈珍萍	程志斌
红十字会	邱淑钦	王慧敏
民革支部	庄燕平	陈德义
民盟总支	朱小红	王梅珠
民建支部	施锦英	庄志林
民进支部	张　菊	李祎山
农工党总支	戴清秀	林金辉
致公党总支	连秀祥	庄一鸣
公安分局	出学典、蔡志启	王艺彬
交警大队	李明斌	苏兴福
海防大队	袁春辉	沈雪林、何俊斌
消防救援大队	王建新	付海波
自然资源局	戴翠莲	林昀瑜
税务局	吴　婕	郭增辉
公路分局	段培香	洪五洲
湄洲湾港口管理局	郑　宁	李庆社
邮政集团泉港分公司	房真真	汪冰莹
烟草专卖局	陈国太	唐晓莉
肖厝出入境边防检查站	林奕君	李　杰
泉州海关驻肖厝办事处	王　龙	陈可炎
泉港海事处	吕　婕	郑华林
电信	蔡晓敏	洪建荣

续表22

单位	主撰	主审
移动	杨慧玲	陈福鸿
联通	陈育环	王传取
广电网络	陈志江	孙鸿佳
沙格港务公司	吴燕逸	郭安然
新华书店	陈　锴	陈铮锐
电业客服	卢家焱	陈艺斌
人行惠安支行	杨桂相	何福来
银监惠安办事处	华　毅	陈培忠
工商银行	钟志宏	乔　鹏
农业银行	连玮玮	陈友民
中行	陈志东	易晋莱
建行	郑建芳	黄新强
兴业银行	刘月珍	骆泽峰
邮储银行	陈丁伟	郭圳辉
泉州银行	潘春华	庄东洋
恒丰银行泉州泉港支行	傅海杭	于运平
农商银行	王德洋	庄吓农
民生银行	颜中阳	张立玮
人民保险	林　静	肖丽君
人寿保险	张柏立	刘依依
华鑫证券有限责任公司	洪庆忠	王征宇
华兴典当有限责任公司	许辉庆	李云川
南埔镇	陈坤山	陈宝喜
界山镇	陈华锦	刘荣川
后龙镇	庄　坚	卢凌峰
峰尾镇	陈温玲	庄明海
山腰街道	郭媛枫	庄湧涛
前黄镇	赖佳佳	郭森波
涂岭镇	庄舒芬	刘小军
山腰盐场	钟龙山	叶家云
国电泉州热电有限公司	李国鑫	陈国宝

说 明

一、本索引采用主题词分析法，按主题词首字汉语拼音字母顺序排列。

二、栏目、分目标题用黑体字。“特载”“专记”“年度要闻”“大事记”“荣誉 人物”“附录”内容不作索引。

三、索引主题词后的数字表示页码。

四、空一字起排的款目为上一主题的“附见”。

D

K

Y